1986 年河西史前考古调查队在甘肃永昌金川峡水库马家山湾遗址调查
（左：水涛；右：李水城）

本书出版得到

国家重点文物保护专项补助经费资助

本书资料整理、研究得到下列单位的资金支持：

国家教委人文社会科学研究青年基金
教育部"九五"博士点重点项目研究资金（项目号：96JBZ780001）
国家哲学社会科学研究基金（项目号：00BKJ004）
北京大学（社会科学部）211工程专项资金

在此谨向上述机构表示衷心感谢！

河西走廊史前考古调查报告

甘肃省文物考古研究所
北京大学考古文博学院

编著

文物出版社

封面题签：严文明

封面设计：周小玮
责任印制：陆　联
责任编辑：杨新改

图书在版编目（CIP）数据

河西走廊史前考古调查报告/甘肃省文物考古研究所，北京大学考古文博学院编著 . —北京：文物出版社，2011.8

ISBN 978 - 7 - 5010 - 3212 - 9

Ⅰ.①河… Ⅱ.①甘…②北… Ⅲ.①河西走廊 – 石器时代考古 – 考古调查 Ⅳ.①K872.42

中国版本图书馆 CIP 数据核字（2011）第 140462 号

河西走廊史前考古调查报告

甘肃省文物考古研究所
　　　　　　　　　　编著
北京大学考古文博学院

*

文 物 出 版 社 出 版 发 行

（北京东直门内北小街 2 号楼）

邮编：100007

http：//www.wenwu.com

E-mail：web@wenwu.com

北京君升印刷有限公司印刷

新 华 书 店 经 销

787×1092　1/16　印张：35.25　插页：2

2011 年 8 月第 1 版　2011 年 8 月第 1 次印刷

ISBN 978 - 7 - 5010 - 3212 - 9　定价：350.00 元

The Report on the Survey of Prehistoric Archaeology in the Hexi Corridor

Compiled by

Gansu Provincial Institute of Cultural Relics and Archaeology

School of Archaeology and Museology, Peking University

Cultural Relics Press

目 录

插 图 目 录

彩 版 目 录

图 版 目 录

壹 绪 言

1877 年，德国柏林大学著名地理学家李希霍芬（Ferdinand von Richthofen）将一条东起西安、西至地中海东岸的东西交通大道命名为"丝绸之路"。在这条大道的东段，是中国的甘肃省，在甘肃省西部有一个长达 1000 公里的狭长地段，此即著名的河西走廊，又称甘肃走廊。

河西走廊是中国内陆连接中亚腹地的交通要道，也是一条重要的文化交流孔道。无论是在遥远的古代，还是在我们生活的今天，它在上述两个方面都发挥着积极的作用。正是因为河西走廊占据着这条连接东西方交通干道的重要一段，因此从很早起，这一地区就成为多民族的集居之地，往来商旅众多，民族文化交往频繁。回首历史，上迄远古时期的氐、羌土著，到日后先后兴起的月氏、乌孙、匈奴、汉、鲜卑、羯、吐蕃、党项、回鹘……多少民族在此征战厮杀，又有多少军旅在此匆匆掠过……

河西走廊是个有着独特景观的地理单元。这里壮丽的自然风光和多元的民族风情历来是探险家和旅行家向往的乐园。从古至今，在西起帕米尔、阿尔泰高原，东至河西走廊的大漠、绿洲和戈壁上，历朝历代的商贾、使节、朝圣者、旅行家、传教士、囚徒和乞丐络绎不绝地往来穿行。进入 19 世纪，在这条东西大道上出现了一批"丝绸之路上的魔鬼"，他们卑鄙地染指于中国新疆、河西走廊等地的文物古迹，掠夺劫持了大量的珍贵文物，在中国的考古学史上留下了令国人不堪回首的一段耻辱历史。另一方面，也正是通过这些探险活动，让世界上更多的人了解到这块广阔、神奇的土地。

（一）调查的缘起

河西走廊是历史上中国内陆通往西域、中亚、西亚乃至欧洲的必由之路。从 19 世纪末开始，不断有国外的探险家、旅行家和学者进入这一地区探险考察。在这个过程中，也有过一系列的重大考古发现，使得河西走廊迅速成为一个考古学的圣地。可是，由于河西走廊及其以西地区的地理环境特殊，地域偏鄙，加之工作条件差，生活艰苦，经济条件大大落后于内地，这些不利因素极大地制约了这个地区的考古发现与研究。

1947 年，从西北考察归来的裴文中先生曾说过这样一段话："在西北，那里有广漠无边、任人驰骋的地方，且多半是'处女地'，等待我们去调查。那里考古材料之丰富，我们学考古的人，只能以'遍地皆黄金'这句话来形容。其它自然科学也是如此"①。"我们常看见'开发西北'、'建设西北'等名词，但若真找人去西北，一定是因为'难'、因为'苦'，没有人去。以中国学术界而论，第一流的学者自然不去西北；即第二流及不入流者，也宁愿在平津京沪竞争一个小小地位，不肯前往"②。裴先生上述一番话难免有发牢骚之意，确也是个不争的事实。但是，尽管西北地区条件差，工作艰苦，充满各种各样的危险和磨难，但那里却是我国老一辈、而且也是一流考古学家最早涉足的地区，这其中就包括裴文中、夏鼐、苏秉琦等一批著名学者，他们亲自前往西北地区，通过一系列艰苦的工作拓展了大西北地区的考古，也由此奠定了他们各自的学术地位。

河西走廊的考古工作出现时间早，但工作时断时续。特别是以往这个地区的考古发现与研究大多限于历史时期，史前考古十分薄弱。正是在这一背景下，1986 年 9 ~ 12 月，北京大学与甘肃省文物考古研究所合作在河西走廊进行了一次大范围的史前③考古调查。这次工作的缘起主要出于以下两个方面原因：首先是国家政治和经济发展的需要。1985 年，时任中共中央总书记的胡耀邦前往甘肃省调查，他跑了不少地方，包括西北地区一些极其贫穷、落后的县市，也包括按照联合国有关机构认定不适宜人类居住的地方，如甘肃的定西地区、宁夏的西（吉）海（原）固（原）地区等。通过此次调研，后来中央提出可否在那些不适宜人类居住、缺水少地、环境恶化的黄土高原实行封山育林、退耕还林、种草种树。为此需要将这些地区的一部分百姓移民到环境条件稍好的地方，如甘肃西北部的河西走廊等。为了贯彻中央指示，甘肃省开始筹划移民试点活动。与此相关，上级有关部门要求甘肃省文物考古研究所派员先期到河西走廊选为移民点的地区进行考古调查。其次是考古学研究和学术发展逐步深入的体现。20 世纪 70 年代末至 80 年代初，甘肃省文物考古研究所在陇山附近的秦安大地湾遗址进行了大规模的考古发掘，并有一系列重要发现，这些新资料对于当时滥觞的有关中国文明起源的讨论提供了重要证据。1985 年盛夏，苏秉琦先生等一批著名考古学家聚首兰州，召开了"大地湾考古工作成果学术座谈会"。会议期间，与会学者前往秦安大地湾遗址进行考察，并就中国史前考古学的发展趋势及中国西北地区在中国文明起源上的地位等问题进行了研讨。这次会议的召开，对中国西北地区的文物考古工作，特

---

① 裴文中：《中国史前时期之研究》223 ~ 224 页，上海商务印书馆，1948 年。
② 裴文中：《中国史前时期之研究》223 页，上海商务印书馆，1948 年。
③ 广义地看，中国的大西北在汉代以前均属于史前时期。参见张光直：《考古学上所见汉代以前的西北》，《历史语言研究所集刊》第 42 本第一分 81 ~ 112 页，台北。

别是史前考古和文明起源的探索具有积极的推动作用。也就是在这次会议上，苏秉琦先生倡议，"初步设想，在明年七八月间，在此再召开一次以甘肃洮（河）黄（河）、河西（走廊）、湟水三地区古文化为课题的座谈会，形式照旧……希望以此为新的起点。"① 此次会议后，苏先生又风尘仆仆地赶赴内蒙古自治区包头市，考察那里的考古新发现，继续实践着他为之心驰神往的重构中国史前史的畅想。

在上述背景下，1986 年 9 月，受北京大学严文明先生委托，李水城前往兰州，与甘肃省文物考古研究所副所长张学正先生协商前往河西走廊开展史前考古调查的意向，双方一拍即合，决定由甘肃省文物考古研究所和北京大学考古学系新石器组联合组建"河西史前考古调查队"（下文简称"调查队"），具体工作由水涛（甘肃省文物考古研究所）②和李水城（北京大学考古学系）负责，河西地区各县市基层文物部门予以积极配合。调查于 1986 年 9 月上旬正式开始，当年 12 月结束，前后历时 3 个月。在这以后，应甘肃省有关部门的请求，河西史前考古调查队还先后前往甘肃省景泰、古浪县以及甘南地区进行调查③。

（二）河西走廊的地理、环境、气候、经济形态与矿产资源

河西走廊，亦称甘肃走廊。位于甘肃省西北部，因地处大河（黄河）之西，故名④。走廊东迄甘肃省中部天祝藏族自治县的乌鞘岭西北坡，西至敦煌市以西、疏勒河下游终端哈拉诺尔湖沼泽地带，与新疆维吾尔自治区罗布泊终端沼泽地相连。地理坐标为东经 92°12′ ~ 103°48′，北纬 37°17′ ~ 42°48′。走廊全境长 1020 公里，宽度一般在 50 ~ 60 公里之间。其中，最窄处位于永昌县南山一带，宽 20 公里；最宽处在敦煌市境内，达 140 公里。河西走廊地处青藏高原和蒙新高原之间，南面依托高耸的祁连山（南山），它是昆仑山脉向东部的延伸，自西北蜿蜒而东南，止于兰州左近。北面是由北山、合黎山、龙首山等一系列山脉组成的北山山脉，南北两山夹峙形成具有天然屏障的走廊⑤。如今，走廊全境共设有 20 个县、市，土地面积 405 亿亩（270197.58 平方公里），大体相当于一个浙江省的面积（图一；彩版一）。

河西走廊地处中国大西北地区，这里远离海洋，南北两侧有高山夹峙，属于典型的大陆性温带干旱、半干旱气候区。具体表现为日照长，积温高，昼夜温差大，夏热

① 苏秉琦：《"大地湾会"讲话（提要）》，《华人、龙的传人、中国人——考古寻根记》31 ~ 32 页，辽宁大学出版社，1994 年。
② 水涛现任南京大学历史系教授。
③ 甘南地区的考古调查由于 1987 年 4 月末的暴风雪而受阻，后由水涛等人完成调查。
④ 一般认为河西走廊东部始于乌鞘岭的西北坡。但也有人主张将甘肃永登县作为起点。
⑤ 走廊，作为一个地理专业名词，需具备两个条件：一是通道，二是通道两侧的屏障。

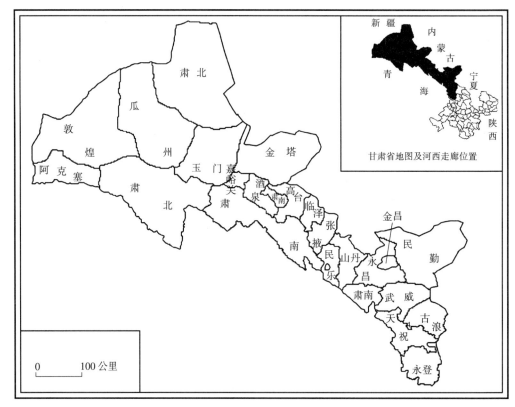

图一　河西走廊及各市县位置示意图

冬寒，干燥多风等特点。走廊境内降水量稀少，西部一带年均降水仅数十毫米，东部一带年均降水也不到 200 毫米。地面流水作用、干燥剥蚀作用和风力作用是该区域的主要外营力①。

　　河西走廊境内的水系均属于中亚内陆水系。这里的南山（祁连山）山脉发育有现代冰川，是河西走廊天然的"高山水库"。河西境内共有大小河流 57 条，其中，绝大多数发源于南侧的祁连山地，向北流入内陆盆地或逐渐渗入地下。区域内主要发育了三大水系，自东向西依次为：石羊河水系、黑河—北大河水系和疏勒河—党河水系。上述河流进入盆地后，由于人工引灌工程以及祁连山山前戈壁砾石地带的强烈渗漏，除黑河干流、北大河、疏勒河干流、党河以外，目前大多数河流已经断流或基本断流。

　　河西走廊的河川径流量来源于大气降水。通过降水、冰川、融雪、地下水等途径

---

① 有关河西地区的环境资料本报告参考了下列文献：1）任美锷、杨纫章、包浩生编著：《中国自然地理纲要》第十三章第二节，商务印书馆，1980 年；2）赵松乔：《河西走廊综合自然区划》（草案），1962 年，中国科学院地理研究所藏；3）朱忠礼：《我国北方地区冲积扇比较研究及数值模拟》，北京大学城市与环境学系博士研究生毕业论文，2002 年。

补给，因地区不同有一定差异。东部地区的石羊河水系主要以降水、地下水补给为主；中部黑河流域以降水、融雪、冰川、地下水混合补给为主；西部一带的疏勒河流域则以地下水和冰川补给为主。河川径流量年际变化主要受降水制约，同时也受冰川补给和流域蓄水量影响。河流径流量大小不仅要受流域面积大小的影响，也要受到流域内高山区面积在整个流域中比重的制约。在流域面积相近的河流中，高山区面积大，水量则多，反之则少。除东部地区外，西面的河流在穿越山麓冲积扇到达走廊北部时往往变成东西向流动，形成带状冲积平原。目前，河西走廊中东部冲积扇和西部冲积平原带是该地区主要的农业耕作区，在当地经济发展中占有举足轻重的地位。

河西走廊河流地貌的最大特征是河流上游河谷宽缓，河道成为漫流或辫状水系，两岸出现大面积的冲积平原。及至山体边缘的河流中游，则河道深切愈益加剧，比降增大，流速增高，河谷两岸出现多级阶地，在出山口附近深切形成十分幽深的峡谷。出山以后的河流下游则具有干燥山区山前平原河流的一般特征[①]。

河西走廊盆地南北两侧均为大型逆冲断裂控制边界。北侧是阿尔金断裂东段和走廊盆地北缘断裂带，南侧是祁连山北缘断裂带。盆地内部又可划分出若干次级构造地貌单元，由西向东依次有：玉门盆地、文殊山隆起、酒泉盆地、榆木山隆起、张掖盆地、大黄山隆起、武威盆地共四个次级盆地和三个横向隆起。在走廊盆地中，次级横向隆起东侧均以断层同沉积盆地相邻，由西而东的三条断层依次是：嘉峪关—文殊山断裂、榆木山东缘断裂和武威—天祝断裂，三者均为北西至北北西走向的右旋剪切逆冲断裂[②]。

走廊盆地组成地层可以划分为基底和盖层两大单元。基底地层由下部加里东构造旋回期的奥陶纪、志留纪浅变质岩系和上部晚古生代海西构造旋回期的石炭纪与二叠纪地层共同组成。在盆地中，这些地层深埋于盖层地层下面。盖层地层由侏罗纪、白垩纪、新第三纪和第四纪地层组成，均为陆相碎屑物沉积。整个走廊盆地缺失老第三纪的古新世、始新世地层。走廊境内有三条最主要的北西西向断裂，呈波状平行排列，由南而北依次是昌马—俄博—毛毛山断裂带、祁连山北缘断裂带、龙首山南缘断裂带。

祁连山北麓是冲积扇极其发育的地带。由西而东，大则几百平方公里、小到几平方公里的冲积扇广布于山前地带。由冲积扇砂砾石层裸露形成的戈壁荒滩是祁连山北麓最具特征、也是最主要的自然景观和地貌类型。这些冲积扇的空间分布最显著的特征是，沿横向上的阶梯状多级展布和纵向上相对于若干沉降中心的集中。在纵向上，

① 尹泽生、徐叔鹰主编：《祁连山区域地貌与制图研究》，科学出版社，1992 年。
② 陈志泰、嵒顺民：《第四章 活动断裂带的地质、地貌证据及其时、空演化》，《祁连山—河西走廊活动断裂系》74～120 页，地震出版社，1993 年。

河西走廊盆地由若干次级盆地组成，祁连山北麓发育的冲积扇相应的有若干个集中区。

这些冲积扇在横向上阶梯状多级展布的特征有两层含义：一是指形成时代不同的冲积扇体在祁连山北麓整体上呈由南而北、年龄由老变新、地势由高到低的分带分级特征；二是指同一时期内同一河流在前进过程中，由于地势、地貌原因，发生多次堆积，形成多级冲积扇体的现象。在祁连山北麓，前者表现为早期形成的冲积扇体遭受强烈抬升，形成山前台地，早更新世扇体现已趋于变成山体组成部分①。这种现象在整个祁连山北麓，特别是中西部一带极为普遍。后者则主要是由于河西走廊盆地内部存在若干个次级横向隆起，河流每穿过一次隆起都将造成一次扇体堆积，西浪河、东大河、石油河、白杨河、北大河在出山后在向前流动过程中均发育了 2–3 级冲积扇（图二）。

走廊内扇体物质组成以 Q_{2-3} 砂砾石层为主体，扇面上部覆盖晚更新世晚期至全新世黄土、黄土状土、砂砾石层。全新世砂砾石层主要分布在现代河床及附近。在张掖

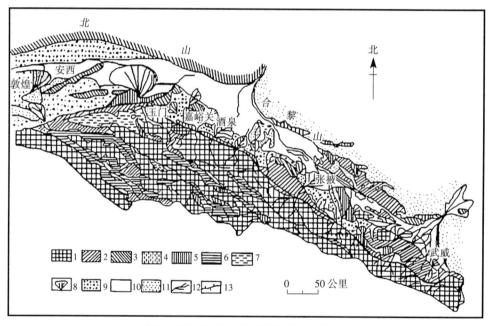

图二　河西走廊地貌略图及冲积扇分布

1. 高山　2. 中山　3. 低山　4. 丘陵　5. 台地　6. 宽谷平原　7. 盆地　8. 冲积扇　9. 冲积扇倾斜平原　10. 冲积平原　11. 沙地　12. 水系　13. 断层

（此图转引自朱忠理：《我国北方地区冲积扇比较研究及数值模拟》，北京大学城市与环境学系博士研究生毕业论文，2002 年。此次发表经重新描绘）

---

① 陈志泰、虢顺民：《第四章　活动断裂带的地质、地貌证据及其时空演化》，《祁连山—河西走廊活动断裂系》74～120 页，地震出版社，1993 年。

黑河、梨园河及武威北大河、东大河等河流冲积扇上，全新世沉积形成沿河道分布、略具扇体的形态。其中以黑河最为典型。扇面黄土的分布主要集中在走廊东部。大体以张掖黑河冲积扇为界，向东，黄土大面积覆盖在扇面之上。如古浪河冲积扇、西营河冲积扇黄土覆盖度基本可达90%，仅在古河道和扇体前缘弧形砂砾带上分布砾石滩地。黑河以西，扇面主要为砾石滩地，形成戈壁。如梨园河黄土仅呈条带状零星分布，石油河仅在扇顶高台地上有小面积存留，疏勒河扇体上部则全为砾石质戈壁。黑河扇体黄土覆盖也主要在东半部，西部仅在砾石滩地边缘有所保留。黄土的时代一般为晚更新世晚期至全新世①。

河西走廊境内地形起伏，大部地区海拔高1100～1500米。祁连山北麓主要为冲积—洪积扇构成的山前倾斜平原，扇形地表多由砾石组成，多砂碛、戈壁，很少可被利用。走廊中部是宽2～3公里的冲积平原，地表物质较细，多为次生黄土，便于引水灌溉，形成绿洲农业带。平原之间往往有一些干燥剥蚀的丘陵和山地，突兀于平原之上。其中，武威平原、张掖—酒泉平原、疏勒河平原就是被这些突起的丘陵、山地分割而成的。在平原中部多形成绿洲，其间穿插戈壁、沙漠。绿洲区域农业发达，是中国西北地区重要的粮棉基地。

河西走廊境内雨量稀少，热量丰实，干燥系数大。据研究，这种气候格局早在更新世晚期业已形成。河西地区也是西伯利亚气流南下的通道。这里冬季漫长，1月份平均温度−12～−8℃，极端低温超过−30℃。7月份平均温度20～26℃，极端高温高于40℃。年均温6～11℃，年降水量30～160毫米，大部分地区蒸发量达2000～3000毫米，年日照3000小时以上，无霜期160～230天。

河西地区分布有高山、戈壁、沙漠和平原绿洲。两山之间分割出三个大平原，土地面积共405亿亩，按使用价值可分为以下八类：

1) 宜农耕地，约占总面积的4.83%；

2) 宜农宜林宜牧土地，约占总面积的6.69%；

3) 宜农宜林土地，约占总面积的0.56%；

4) 宜林宜牧土地，约占总面积的2.53%；

5) 宜林土地，约占总面积的1.02%；

6) 宜牧土地，约占总面积的53.79%；

7) 适宜其他用途的土地，约占总面积的2.22%；

---

① 黑河阶地黄土层底部采样所测黄土热释光年龄为距今12562±746年。参见冉勇康、李志义、尤惠川、朱向军：《河西走廊黑河口断层上的古地震及年代研究》，《地震地质》第10卷4期118～126页，1988年12月。

8）不适宜用地，约占总面积的 28.56%[①]。

河西走廊的地带性土壤以灰棕荒漠土、棕色荒漠土和灰钙土为主，一般表现为剖面发育不佳，土层薄、质粗，水分和有机质缺乏。盐分特别是碳酸钙和石膏含量丰富，地带性植被亦相应表现为荒漠植被和荒漠草原。鉴于河西走廊不同地带环境差异甚大，有学者根据南山山脉走势，将其分为东部、中部、西部三个部分，自然水系也依此分成三段。但是，若考虑到南山山脉北侧斜面与沙漠之间的地形、气候、雨量、植被景观等综合指数，也可将此区域分为雨量略多、植物易生长的东部和雨量稀少、气候极度干燥的西部两大块（大致可以张掖—酒泉之间为界）。以东段的武威地区为例，其南部为山区和山间盆地，海拔 2200～2400 米；中段为绿洲，地势平坦，海拔 1500～1800 米；北部为腾格里沙漠，海拔 1500～1600 米。绿洲范围内年均气温 7.7℃，全年无霜期 167 天，年降水 174 毫米，蒸发量高达 2113 毫米，是降水的 12.1 倍。这一气候指数与兰州西部的永登县相差无几，所不同的仅仅是降水量略低，蒸发量偏高。以西部的酒泉地区为例，其南段沿山地带分布少量的小块绿洲和大片戈壁，海拔高程 1400～2000 米；中段为绿洲，地势平坦，海拔 1400～1500 米；北段为比高 100 余米的残丘。这里年均气温 6.9℃，全年无霜期 153 天，年降水 82 毫米，蒸发量则高达 2191 毫米，为降水的 26.7 倍。可见，走廊西段在气候、土壤、植被、环境等指数上明显劣于东段，这也是河西走廊东西文化发展不平衡的一个主要因素。

下面根据河西地区各地水、热、土壤和植被环境等不同自然条件的差异，将该地区分成东南部、中部、西北部和祁连山—阿尔金山地四个亚区。

1）走廊东南部地区。行政区划包括武威市、金昌市（永昌）和民勤县。海拔 1500～2500 米；年降雨量 150～200 毫米；干燥度 2.5～4；土壤系灰钙土，可种植旱地作物，如春小麦、糜子、谷子等温带作物，一年一熟。但若无灌溉，收获极不稳定。

2）走廊中部地区。行政区划包括山丹、民乐、张掖、酒泉至玉门镇一线。海拔 1200～1600 米；年降雨量 40～150 毫米；干燥度 4～15；地带性土壤为灰棕荒漠土，农业必须灌溉，如有水的保证，温带作物可一年一熟。

3）走廊西北部地区。行政区划包括瓜州（原安西）、敦煌两市县。平均海拔 1000～1500 米；年降雨量 40 毫米以下；干燥度 15 以上；地带性土壤为棕色荒漠土，农业绝对仰仗灌溉。

4）祁连山—阿尔金山地。自然植被垂直分布；水分条件好；热量丰富；适宜草木生长；可发展畜牧业，但不宜农业。

---

① 魏明孔编著：《甘肃河西走廊风物志》2 页，云南人民出版社，2001 年。

　　河西走廊属于绿洲农业区。从自然环境看，东西部差异甚大，但农作物的种类大致接近。各地的农作物主要以种植春小麦为主，其次还有糜子（黍子）、谷子（小米）、高粱、马铃薯、大麦、青稞、玉米和豆类等。其中，张掖、高台和酒泉等水热条件较好的地区还可种植少量水稻。经济作物主要有棉花、油料（油菜籽、胡麻、向日葵）、甜菜、大麻、瓜果、蔬菜、青饲料等。一些高寒山地县拥有良好的高山天然牧场，如天祝、山丹、肃南、肃北、阿克塞等地，饲养的动物主要有牛、羊、马和鹿等。

　　与走廊东侧毗邻的永登和景泰两县地理环境、气候状况与河西走廊近似，所种植的农作物种类也大同小异。其中，景泰县也有少量的水稻种植，永登县还是我国著名的玫瑰花香料产地。

　　河西地区的地质矿产资源非常丰富。据目前掌握的勘探资料，当地蕴藏矿种多达52 个，已发现 500 余处矿藏点。其中，黑色金属矿点 210 余处，主要有铁、锰、铬、钒等；有色金属矿点 100 余处，20 余个矿种。其中，镍的储量居全国第一位，钴居全国第二位，铜和锌居全国第四位。此外，还有金、银等稀有贵重矿产资源。非金属矿点有 200 余处。一类是属于化工原料类的芒硝、磷、硫、食盐、重晶石和砷等；另一类是冶金辅助类的原料，包括萤石、菱镁矿、黏土矿、白云岩、硅石等。其他还有作为建筑材料的石棉、石膏、水泥石灰岩、滑石、大理岩、陶瓷黏土、石榴石、白云母石等。此外，河西走廊的煤、石油和地热水等能源类资源也较丰富[①]。

（三）河西走廊的历史与考古工作

　　河西走廊有着悠久的历史，在我国的上古传说中就多次提及此地。《淮南子·主术训》记："昔神农之治天下也。……其地南至交趾，北至幽都，东至旸谷，西至三危，莫不听从"。《史记·五帝本纪》提到，高阳氏时，其土地"北至幽陵，南至高趾，西至于流沙"。上面所提到的三危、流沙，有人考证就是敦煌的三危山和额济纳旗的居延海。传大禹分中国为九州，已知晓这一地区。《尚书·禹贡》记有："黑水西河惟雍州"。"导弱水至于合黎，余波入于流沙"。这里的"弱水"即指额济纳河，"合黎"指高台县以北的合黎山。

　　上古，河西走廊为西羌居地。先秦时期，大月氏人居住于此。汉初，匈奴老上单于大破月氏，弑其王，迫使月氏西迁，河西遂为匈奴右地。大致以武威、张掖、酒泉、敦煌为中心，分别被休屠王、浑邪王占据。此后，匈奴不断骚扰汉地，遏阻东西交通，对汉朝构成严重威胁。汉元狩二年（公元前 121 年），汉武帝遣骠骑将军霍去病，将万骑出陇西击匈奴。同年夏，霍去病又与合骑侯公孙敖率兵自甘肃环县直插西北，穿巴

---

① 魏明孔编著：《甘肃河西走廊风物志》5 页，云南人民出版社，2001 年。

丹吉林沙漠，过居延泽，攻至酒泉。继而再东，"攻祁连山，扬武乎觻得"，收复张掖，匈奴浑邪、休屠王降，余众远遁。此后，汉武帝"列四郡，置两关"①，设郡县，筑塞垣，实行移民实边和分兵戍守策略，不断巩固建设河西，最终达到"张国臂腋，以通西域，隔绝匈奴、南羌，断匈奴右臂"的战略意图，丝绸大道从此畅通无阻。

东汉末至魏晋南北朝是中国历史上民族大融合的重要时期，河西地区在这方面尤为彰显。特别是在十六国时，匈奴、鲜卑、氐、羌和羯等民族先后经略河西，有些民族还建立了地方政权，影响深远。五凉（前凉、后凉、南凉、北凉和隋末大凉）时期，河西与东晋政权联系紧密，一度成为当时国内经济文化相对发达的一个中心。唐代后期，河西入于吐蕃。11世纪初，党项羌在河西建立西夏政权，全面控制河西。此后历经元、明、清三代，河西最终回归到一统的中原王朝。

河西走廊是中国内陆通往西域、中亚、西亚和欧洲的必由之路，也是中国考古学的一个圣地。19世纪末20世纪初，中国曾有三项震惊世界的重大考古发现②。其中两项就发生在河西，并由此奠定了河西在中国历史、考古、敦煌学、简牍学和中西交通史等研究领域的重要地位。由于历史原因，河西地区的考古尽管出现很早，但工作时断时续，极不正规。另一方面，受资料等各方面的限制，以往该地区的工作主要限于历史考古学，史前考古的发现与研究非常薄弱。

河西走廊比较重要的考古工作有如下一些：1906～1914年，英籍匈牙利人斯坦因（M. A. Stein）先后三次前往新疆和甘肃河西地区探险考察，并深入到玉门、酒泉和黑河流域（毛目）③。1924年，瑞典地质学家和考古学家安特生（J. G. Andersson）前往甘肃民勤、永昌等地进行考古发掘和调查，并有一系列的重要发现④。1927年，中（国）瑞（典）两国合组西北科学考察团，途经河西走廊。参与考察的瑞典地质学家布林（B. Bohlin）曾在甘肃酒泉采集到彩陶⑤，这也是河西走廊西部首次发现的史前文物。1933年，法国地质学家德日进（P. Teilhard de Chardin）与中国学者杨钟健随中（国）法（国）西北科学考察团前往西北，沿途在酒泉及明水之间发现史前遗址，在河岸50米范围的阶地上采集到石英岩打制的石器，被认为属于旧石器时代⑥。

---

① 先后在河西设立酒泉、武威、张掖、敦煌四郡，并修筑玉门关和阳关。

② 这三大发现是指清光绪二十五年（1899年）发现的商代甲骨，清光绪二十七年（1901年）发现的敦煌莫高窟藏经洞和清光绪三十三年（1907年）发现的敦煌汉简。

③ 斯坦因著，向达译：《斯坦因西域考古记》，台北中华书局重印本，1980年。

④ J. G. Andersson, Researches into the Prehistory of the Chinese. *BMFEA*. No 15, Stockholm, 1943.

⑤ 参见裴文中：《中国西北甘肃走廊和青海地区的考古调查》，《裴文中史前考古学论文集》263页，文物出版社，1987年。

⑥ 裴文中：《新疆之史前考古》，《中央亚细亚》（创刊号）35页，1942年。

抗战期间，著名画家张大千前往敦煌、安西（今瓜州）考察并临摹壁画（1940年）。随后，国民党元老于右任于 1941 年赴敦煌、安西考察，这些活动曾一度在陪都重庆官方和民间引发了西北考察的热潮。1942 年春，中央研究院历史语言研究所、中央博物馆筹备处、重庆正华教育基金会下辖的地理研究所三机构合组"西北史地考察团"，所长傅斯年选派劳幹、石璋如从四川李庄出发，前往河西走廊的敦煌、黑水流域（黑城）进行考古调查①。1944 年，北京大学和中央研究院历史语言研究所再次合组"西北科学考察团"，由向达、夏鼐和阎文儒组成"历史考古组"，分别从云南昆明和四川李庄前往河西走廊，在敦煌、安西等地考察榆林窟、踏实堡、锁阳城、桥子、双塔堡，后至酒泉返回。1945 年夏，夏鼐、阎文儒二人再次前往河西，在民勤调查发掘了沙井子、黄蒿井、三角城等遗址；旋即转赴张掖，在西城驿一带挖掘汉墓；然后赴南山考察马蹄寺、南古城，后经民乐、山丹转至武威，发掘喇嘛湾金城公主墓和慕容曦光墓②。

1948 年，中国地质调查所派遣裴文中前往西北进行考古学和地质学考察。5 月 30日~8 月 23 日，他与贾兰坡、刘宪亭、米泰恒、刘东生等分别前往甘肃和青海考察。其中，裴文中在永登及河西走廊的武威、民勤、永昌、张掖等地发现一批史前—青铜时代遗址，采集和挖掘一批文物③。同年，著名国际友人、社会活动家路易·艾黎（Rewi Alley）在山丹县四坝滩发现一批四坝文化遗物，并于 20 世纪 50 年代初移交甘肃省文物管理委员会收藏④。

1949 年以后的建国初期，百废待兴，河西地区的考古工作基本围绕兰新铁路的建设而展开，在沿线的天祝、古浪、武威、永昌、玉门等地均发现有史前—青铜时代遗址⑤。但直至 20 世纪 60 年代初，才开始在河西走廊进行主动性发掘。其中，已经发掘的重要遗址有：武威皇娘娘台遗址⑥、永昌鸳鸯池遗址⑦、金昌三角城

---

① 《石璋如先生访问纪录》247~271 页，访问：陈存恭、陈仲玉、任育德，记录：任育德，"中央研究院"近代史研究所，2000 年。

② 阎文儒：《河西考古杂记（上、下）》，《社会科学战线》1986 年 4 期 135~152 页，1987 年 1 期130~148 页。

③ 裴文中：《中国西北甘肃走廊和青海地区的考古调查》，《裴文中史前考古学论文集》256~264页，文物出版社，1987 年。

④ 安志敏：《甘肃山丹四坝滩新石器时代遗址》，《考古学报》1959 年 3 期 7~16 页。

⑤ 甘肃省博物馆：《甘肃古文化遗存》，《考古学报》1960 年 2 期 11~52 页。

⑥ 甘肃省博物馆：《甘肃武威皇娘娘台遗址发掘报告》，《考古学报》1960 年 2 期 53~71 页；甘肃省博物馆：《武威皇娘娘台遗址第四次发掘》，《考古学报》1978 年 4 期 421~448 页。

⑦ 甘肃省博物馆文物工作队、武威地区文物普查队：《永昌鸳鸯池新石器时代墓地的发掘》，《考古》1974 年 5 期 299~308、289 页；甘肃省博物馆文物工作队、武威地区文物普查队：《甘肃永昌鸳鸯池新石器时代墓地》，《考古学报》1982 年 2 期 199~227 页。

遗址①、柴湾岗—西岗遗址②、玉门火烧沟遗址③等，上述工作对河西地区史前文化谱系的建构和文化编年的研究奠定了根基。

（四）河西史前考古调查过程及报告的整理编写

1986 年 9～12 月，北京大学与甘肃省文物考古研究所联合在河西走廊进行了大范围的史前考古调查。此次考察历时久，范围广。考虑到季节、气候、人员安排、车辆配备等各方面的因素，考察的起点定在了河西走廊西端的敦煌市。第一，这是考虑到，调查工作在 9 月份开始，由于当时甘肃省文物考古研究所配备给我们考察的车辆一时难以到位，前期工作只能采取在各地租车或更为简便的调查方法（乘车、骑自行车或步行）。鉴于敦煌市的史前考古工作历来都很薄弱，掌握在案的遗址资料甚少，调查地点不多，工作量也相对要小一些。第二，考虑到调查开始时已进入仲秋，既将进入冬季，气温渐趋寒冷。河西走廊西部气候恶劣，冬季尤甚。如果先从西面开始调查，可以在气候条件尚好的秋季完成这一地区的野外工作，避开寒冷的冬季。第三，也是此次调查中最重要的一点，即随着调查工作的展开，调查队沿途采集的文物标本势必会不断增加，若从走廊西端开始调查，尽管考察车辆尚未到达，但采集标本相对较少，尚可随身携带行动，不会给调查工作带来过多不便。待日后标本增多之时，配备给我们的考察车辆也到位了。

遵照上述调查计划，调查队成员于 1986 年 9 月上旬乘火车从兰州前往酒泉市，然后转乘长途汽车赶赴敦煌市。调查正式开始以后，随着工作区域逐渐向东移动，最终考察了河西走廊 20 个县市中的 19 个。唯一没有前往的是地理位置偏僻、交通不便的阿克塞哈萨克族自治县。那里地处高寒山地，尚未建立相应的文物管理部门，也未曾听说有任何考古发现，遂决定放弃。另外有几个县、市，调查队员已经到达，但由于某些人为方面的原因未能展开充分调查。这里分两种情况：一类是当地从未发现任何史前时期的遗址和遗物线索，无任何调查目标，如肃北蒙古族自治县、肃南裕固族自治县、嘉峪关市和临泽县。另一类是当地发现有史前遗址，但在调查队抵达时，当地文物部门的业务人员外出，其他人员不明情况，无法进行调查，如古浪县、天祝藏族自治县。调查队后来曾再次赶赴这两个县，但最终还是没有实现调查的计划。

除田野调查之外，调查队也对河西走廊各县、市博物馆、文化馆收藏的史前文物

---

① 甘肃省博物馆文物工作队等：《甘肃永昌三角城沙井文化遗址调查》，《考古》1984 年 7 期 598～601 页；甘肃省文物考古研究所：《永昌三角城与蛤蟆墩沙井文化遗址》，《考古学报》1990 年 2 期 205～237 页。

② 甘肃省文物考古研究所：《永昌西岗柴湾岗：沙井文化墓葬发掘报告》，甘肃人民出版社，2001 年。

③ 甘肃省博物馆：《甘肃省文物考古工作三十年》，《文物考古工作三十年》（1949～1979）139～153 页，文物出版社，1979 年。

标本进行了资料收集工作，这些旧藏大部分不为外界所知，有些相当重要、珍贵。再有一种情况是，以往甘肃省文物工作队（现甘肃省文物考古研究所）在河西地区进行考古发掘时在当地留下少量文物标本，其中不乏完整器。这类遗址有些已遭到毁灭性破坏，有些由于其他原因一时找不到。因此，这部分标本亦弥足珍贵。经征得地方文物管理部门及甘肃省文物考古研究所领导同意①，我们将这些文物也收录到本报告。在此，我们向甘肃及河西走廊各级地方文物部门表示衷心的感谢！

1986 年我们对永登、景泰两县也进行了考察，并将调查收获收录入本报告，尽管两地已超出河西走廊的地理范围。

限于当时的条件，我们在调查中常常采用传统的徒步踏查法。首先，在各县市基层文物部门帮助下了解各地的古代遗址信息，观摩博物馆、文化馆旧藏文物标本，确定其属性，然后选择遗址进行调查。调查时除采集各类文物标本外，若发现有暴露的重要遗迹，如墓葬、灰坑等，在时间和条件允许的情况下，尽力作适当的清理或试掘。

此次调查从 1986 年 9 月 6 日开始，至 12 月 3 日结束。参与此次调查全程的有甘肃省文物考古研究所的水涛和北京大学的李水城。参加部分调查的有甘肃省文物考古研究所司机郭振威（10 月 14 日至 11 月 21 日）、司机马更生（11 月 28 日至 12 月 3 日）。吉林大学考古系教师许永杰②参加了在酒泉、玉门、张掖、民乐等地的调查（10 月 5 日至 10 月 22 日）。此外，瓜州县（原安西）博物馆李春元（9 月 22 日至 27 日）、玉门镇文化馆王维（9 月 28 日至 29 日）、酒泉市博物馆冯明义和郭俊峰（10 月 5 日至 17 日）、金塔县文化馆刘玉林（10 月 2 日至 3 日）、肃南裕固族自治县文化馆施爱民（10 月 24 日至 25 日）、永昌县文化馆张育德（11 月 2 日至 4 日）、景泰县文化馆焦信（11 月 28 日至 12 月 2 日）等陪同我们在各自所在县市甚至相邻县市进行调查，在此仅向他们及所在单位表示衷心感谢！

河西走廊史前考古调查工作结束后，1987 年 4 月 10 ~ 12 日，北京大学考古学系教授严文明先生前往兰州，观摩了 1986 年河西考古调查采集的全部文物，并指导李水城、水涛对调查资料进行整理。随后，李水城、水涛陪同严文明先生前往青海省西宁市，看望并指导青海省文物考古研究所彭云和北京大学研究生张弛对民和阳山墓地出土资料的整理工作。其间，在青海省文物局和省文物考古所领导格桑本、卢耀光、高东陆等陪同下，严文明先生、彭云、李水城、水涛、张弛、陈洪海前往化隆、循化两地考察清水河附近新发现的几处"仰韶文化遗址"（石岭下类型），并观摩了循化苏乎撒、阿哈特拉、苏志及民和核桃庄等遗址发掘出土文物。

---

① 我们曾特意就此征求甘肃省文物考古研究所副所长张学正先生的意见，并得到他的支持。
② 现任广州中山大学人类学系教授。

　　1987 年 4 月 23 日，甘肃省文物考古研究所临时派遣水涛与北京大学考古学系李水城前往甘肃省甘南藏族自治州合作市参加并辅导当地的文物普查，因突发特大暴风雪，调查工作难以为继，遂于 26 日返回兰州。

　　1987 年 5 月 2 日 ~ 6 月 15 日，水涛与李水城分别代表甘肃省文物考古研究所和北京大学考古学系，合作发掘酒泉市干骨崖遗址。发掘期间特别是在发掘工作的后期，对干骨崖遗址周围一带进行了详细的调查，新发现一批史前—青铜时代遗址，并对其中个别遗址做了小规模试掘。这些遗址包括：丰乐乡三坝洞子遗址、刘家沟口遗址、东岭岗遗址、高苜蓿地遗址、照壁滩遗址及金佛寺乡西高圪塔滩遗址。另外，发掘期间恰逢全国第二次文物普查（1987 年夏季），酒泉地区博物馆在清水镇调查发现了西河滩遗址，并采集一批遗物。与此同时，甘肃省文物考古研究所在金塔县调查发现了缸缸洼、二道梁子等遗址，也采集到一批遗物。为了使本调查报告的内容更加丰富，覆盖面更广，经征得有关部门同意，特将上述新发现的部分资料收录进本报告①。

　　另外，20 世纪 70 年代，甘肃省博物馆文物工作队在黑河下游左岸、今内蒙古自治区额济纳旗（当时划归甘肃省管辖）黑城附近的瑙高苏木②采集到少量史前时期遗物，包括有鬲足、鬲裆和个别的彩陶片③。1986 年底，时任甘肃省文物考古研究所所长的岳邦湖先生将这批材料特意转交给我们。鉴于额济纳旗在广义上也可划入河西走廊的地理范畴，这批资料也被收录到本报告。

　　1986 年末，河西走廊史前考古调查工作结束，随即开始室内整理修复工作。1987 年夏，在发掘酒泉干骨崖墓地期间，整理工作一度中断。待发掘工作结束以后，整理工作旋即恢复进行。

　　1988 年 10 月 ~ 1989 年 2 月，北京大学考古学系李水城前往甘肃省文物考古研究所进行室内整理工作，初步完成标本拣选、陶器拼对、修复、绘图及拍照等工作。其中，文物标本拍照得到甘肃省文物考古研究所所长岳邦湖、马建华④等同志的热情帮助；部分陶器纹饰拓片工作由甘肃省文物考古研究所图书资料室周佩珠同志帮助完成。有关调查报告的线图清绘工作部分得到陕西省考古研究所曹玮同志⑤和甘肃省文物考古研究所王辉同志的帮助。在此谨向上述各位表示衷心的感谢！

---

① 在上述遗址中，酒泉丰乐乡干骨崖、三坝洞子、刘家沟口遗址的调查试掘资料将收录到《酒泉干骨崖》报告，特此说明。
② 蒙古语，绿城之意。
③ 甘肃省文物工作队：《额济纳河下游汉代烽燧遗址调查报告》，《汉简研究文集》62 ~ 84 页，甘肃人民出版社，1984 年。
④ 现任职于上海龙华烈士陵园。
⑤ 现任陕西秦始皇兵马俑博物馆研究员、副馆长。

1993 年，长江三峡水库建设工程上马，三峡淹没区的地下文物保护发掘与论证工作成为中国考古界的重中之重，李水城和水涛①的工作重点均转向这一地区，并各自承担了重要工作。此后，二人先后去国外做访问学者，水涛的工作变动也非常之大，这些均对本调查报告的资料整理和编写工作造成一定干扰。2000 年，"酒泉干骨崖墓地——附河西走廊史前考古调查报告"获得国家哲学社会科学研究基金资助，报告编写工作得以全面恢复。2006 年，报告出版基金落实，编辑出版工作步入正轨。

附记：

（一）2005 年夏，北京大学考古文博学院李水城等前往河西走廊地区的武威市和张掖市，再次调查了民乐县东灰山遗址，并在该址采集一批土壤样本，目的是进一步了解该址发现的早期栽培作物种类及其确切年代。有关这批标本的整理和研究结果，将另文发表。

（二）2007 年 6 月中下旬，甘肃省文物考古研究所、北京大学考古文博学院、北京大学城市与环境学院、中国社会科学院考古研究所、北京科技大学冶金与材料史研究所等单位联合组队，前往河西走廊进行环境考古调查，并有重点地选择了一批遗址进行考察，包括近年新发现的几处重要遗址，采集一批遗物。为增强本调查报告资料的完整性，我们特意收录了张掖市黑水国西城驿遗址、玉门清泉乡大坨湾遗址、花海镇古董滩遗址的新资料。这里特别需要说明的是，上述资料中也收入了甘肃省文物考古研究所与北京科技大学冶金与材料史研究所 2007 年 6 月上旬在张掖市黑水国西城驿遗址、玉门花海镇古董滩遗址采集的部分遗物。

（三）为进一步充实本调查报告资料，2007 年 6 月下旬，李水城与甘肃省文物考古研究所王辉所长前往古浪县文化馆考察当地收藏的部分史前文物，决定增补古浪、天祝两县收藏的部分史前文物，以弥补 20 世纪调查时这两个县留下的空白。为此，甘肃省文物考古研究所专门派遣陈国科同志前往天祝、古浪两县搜集材料，撰写文字初稿并作了器物绘图。此项工作得到天祝、古浪两县文物部门的积极配合支持，在此向他们表示衷心的感谢！

---

① 1988 年，水涛进入北京大学考古学系攻读学位，直至 1993 年博士毕业分配到南京大学历史系任教，随即加入三峡水库淹没区地下文物保护发掘论证工作。

贰　景泰县

　　景泰县位于甘肃省中部，武威地区东南部，现归白银市管辖，地理位置为东经103°32′08″～104°44′28″，北纬36°43′35″～37°37′50″。本县东部与靖远县隔黄河为界，西接古浪县，南连兰州市，东北与内蒙古自治区阿拉善左旗、宁夏回族自治区中卫县毗邻，面积5483平方公里（图三）。

图三　景泰县及史前遗址位置示意图

景泰县地处黄土高原与腾格里沙漠的过渡地带，是河西走廊东端的门户。祁连山余脉向东延伸入景泰县境，分为南北两支，北支有昌林山（海拔 2954 米）、大格达南山与黄草塂山，它们是甘肃省内、外流区的分水岭。南支有老虎山（寿鹿山，海拔 3251 米）和米家山（海拔 3204 米）。南北两山之间及山前地带分布有山间盆地和滩地。景泰县境内地势较平坦，黄河在县东端自南向东北流过。境内其余河流都很小，而且稀少。县北部属于温带干旱性气候，南部属于温带半干旱性气候，年均温 8.2℃，年降水 189 毫米，蒸发量高达 3300 余毫米。

景泰于 1933 年建县，现有人口 23 万，居民以汉族为主，另有回族、土族等少数族群。

景泰的考古工作是在 1949 年以后开始的。1974 年，甘肃省博物馆文物工作队会同景泰县文化馆在该县芦阳镇发掘了张家台遗址，清理半山文化墓葬 22 座[①]。截至目前，该县已知的史前遗址仅有 5 处（见附录一）。

1986 年 11 月末，河西史前考古调查队结束了在河西走廊的野外考察，途经永登县前往青海省文物考古研究所参观。返回兰州后，按照原计划将进入室内进行资料整理。这年，在世界银行资助下，景泰县计划上马黄河第二期提灌工程。在工程开始前，上级部门要求甘肃省文物考古研究所先期进行考古调查。时任省文物考古研究所副所长的张学正先生希望河西史前考古调查队能够趁热打铁，继续前往景泰调查。经过短暂的准备，调查队在张学正亲自陪同下前往景泰县，在县文化馆同行协助下，调查队在当地对已知的三处史前遗址进行了调查，并对文化馆收藏的史前文物作了资料收集工作。

在前往景泰西北 50 万亩荒滩进行调查的前夜，突然天降大雪，这对即将开始的野外调查造成很大困难。因为调查区域正处在景泰县与内蒙古自治区阿拉善旗的接壤地带，也是腾格里沙漠向东的延伸，地势平坦，地表生长着大量的沙生植物。自然环境干燥恶劣，几乎没有人烟。面对如此之大的范围，没有任何线索，调查难度可想而知。最后，调查队只能驱车在广袤的原野上，试图寻找河流故道或断崖残壁，最后一直跑到内蒙古自治区阿拉善左旗境内，仍无任何线索。

调查队在景泰期间，对县内其他一些遗址进行了调查，现将调查收获介绍如下。

（一）张家台遗址

遗址位于景泰县城东南、芦阳镇东关村南 1 公里的张家台，此地为芦阳河（小河）南岸的一处岛状小山，背山面河，遗址所在地高出北侧芦阳河近 10 米。地理坐标为东经 104°10′10″，北纬 37°07′57″；海拔 1508 米（见图三）。

1986 年 11 月，河西史前考古调查队在景泰县文管所焦信所长带领下前往该址进行

---

① 甘肃省博物馆：《甘肃景泰张家台新石器时代的墓葬》，《考古》1976 年 3 期 180～186 页。

调查，未发现任何遗物。根据后来甘肃省的文物普查资料，可知该址占地面积约 15 万平方米，文化层厚 1~2 米。

1974 年，甘肃省博物馆文物工作队在该址发掘半山文化墓葬 22 座（编号 M1~M22）。其中，约一半为石棺葬，1 座半木棺、半石板葬，余皆为土坑葬。墓主均为单人，侧身屈肢，头向多朝东，次之朝南，个别向北。出土随葬陶器 50 余件，彩陶占 50% 强[1]。这次发掘的主要收获表现在以下几个方面：1）在我国西北地区首次发现新石器时代的石棺葬；2）这里儿童与成人的埋葬方式相同，而且葬在同一墓地内；3）与其他半山文化墓葬相比，张家台墓地随葬的彩陶数量略微偏低，器形相对偏小。

在此次发掘前后，景泰县文化馆在当地征集、采集到部分陶器和石器，收藏于县文化馆，现将这批文物介绍如下。

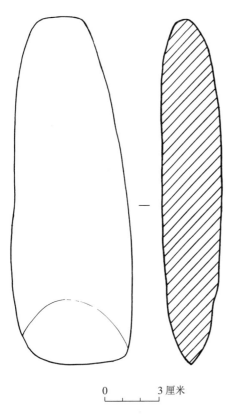

0 ____ 3 厘米

图四 景泰县文化馆藏张家台遗址
采集石斧（JZ-A017）

（1）石器

石斧 1 件。标本 JZ-A017[2]，打磨制作精细。长条舌形，顶端略窄，刃部略展宽，弧形双面刃。长 18.6、宽 6.7、厚 3.3 厘米（图四）。

（2）陶器

彩陶腹耳瓮 2 件。标本 JZ-A001，细泥红陶。喇叭口外侈，圆唇，斜直短领，广肩，圆鼓腹，腹部最大径略靠下置双腹耳，平底。器表及器口内沿打磨光滑，绘黑红复彩。器口内沿绘黑红彩弧线纹六组，每组三条，中间一条为红彩。器领绘黑彩波浪线，领下部绘红彩条带纹；腹部图案为四大圆圈纹，圆圈外圈为黑彩，内圈绘红彩，内核部位近乎菱形，核心上下左右对称地露出镂空的四枚梭叶。四大圆圈之间绘密集的网格纹。高 28、口径 16.5、腹径 32.8、底径 11.6、耳宽 3 厘米（图五，3；图版一，1）。标本 JZ-A002，细泥红陶。喇叭口外侈，厚圆唇，斜直短领，器口外两侧捏塑一对锯齿状花边小盲耳，斜溜肩，腹部最大径位置设双耳（残缺），下腹及器底部残

---

① 甘肃省博物馆：《甘肃景泰张家台新石器时代的墓葬》，《考古》1976 年 3 期 180~186 页。

② 本报告凡器物编号前有"A"字母者，为当地文化馆收藏标本。

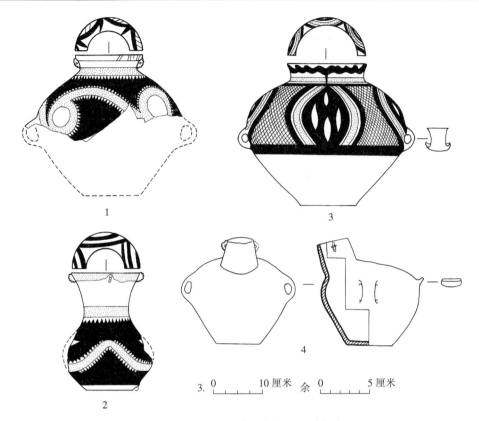

图五　景泰县文化馆藏张家台遗址采集陶器

1、3. 彩陶腹耳瓮（JZ－A002、JZ－A001）　2. 彩陶瓶（JZ－A005）　4. 禽形壶（JZ－A016）

失。器表及器口内沿打磨光滑，绘黑红复彩。器口内沿绘黑彩弧线纹六组，间以锥状短线。外口缘绘稀疏的短细线；领部素面，器颈部以下绘红彩横条带纹；腹部绘红彩旋涡纹四组，外周辅以黑彩弧边三角纹，内外边缘绘锯齿纹。残高8.6、口径6.8、腹径15厘米（图五，1）。

　　彩陶瓶　1件。标本JZ－A005，细泥红陶。大喇叭口，翻卷厚叠唇，细颈，扁圆鼓腹（两侧有残缺），平底。器表及口内沿打磨光滑，绘黑红复彩。器口内沿绘黑彩弧线纹四组，每组三条；器口外十字对称地捏塑四枚锯齿花边小盲耳，口沿和器颈绘红彩条带纹，腹部绘黑彩宽齿带纹、红彩垂弧线和黑彩垂弧锯齿纹、弧边三角锯齿纹。高11.5、口径6.9、腹径9.4、底径4.5厘米（图五，2；图版一，2）。

　　禽形壶　1件。标本JZ－A016，泥质红陶。此器模仿禽鸟造型，小口斜向一侧，尖圆唇，长颈斜直向前，以象禽鸟头颈，器口外两侧捏塑一对锯齿花边小耳，上有小穿孔，扁圆鼓腹，腹中部两侧置器耳一对，似像禽鸟羽翼；与器口相反方向的腹上部捏塑一扁条状竖纽，斜向后方翘立，象征禽鸟尾翼。背脊部圆弧，扁圆鼓腹，平底。素面。器表未

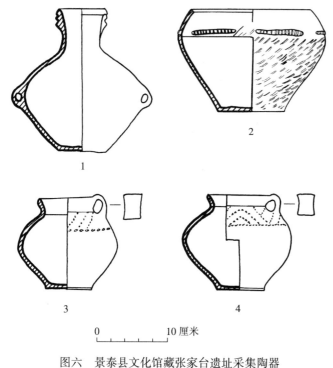

图六　景泰县文化馆藏张家台遗址采集陶器

1. 小口长颈壶（JZ－A004）　2. 敛口深腹钵（JZ－A007）

3、4. 夹砂单耳罐（JZ－A012、JZ－A011）

经打磨。高 10.5、口径 3.2、正面腹径 9.6、底径 4.5、腹耳宽 1.2 厘米（图五，4）。

彩陶壶　1 件。标本 JZ－A006，泥质灰陶。器口和器颈残失，球形圆腹，最大腹径部位设一对锯齿花边器耳，平底。器表绘褐色彩，上腹部绘横条带纹数道，大部脱落，不甚清晰。器表磨光。残高 8、腹径 10.4、底径 5.4 厘米（图七，6）。

小口长颈壶　2 件。标本 JZ－A003，夹细砂红陶。小喇叭口，尖圆唇外侈，细长颈，扁圆鼓腹，平底。器口外侧对称地捏塑一对"3"字形小耳，上有一小穿；在最大腹径处置一对器耳。素面。高 12.2、口径 4.2、腹径 11.6、底径 5 厘米（图七，8）。标本 JZ－A004，夹粗砂红陶，器表泛灰黑色，较粗糙，裸露有较粗的砂粒。小喇叭口，圆唇外侈，细长颈，扁圆鼓腹，平底。器口外侧对称地捏塑一对"3"字形小盲耳；最大腹径处置一对器耳。素面。高 19、口径 6.4、腹径 17.2、底径 7.2 厘米（图六，1）。

敛口深腹钵　1 件。标本 JZ－A007，夹砂灰陶。内敛口，圆唇，上腹圆鼓，下腹内敛，平底。最大腹径部位置贴塑六条横列附加堆纹，下腹饰较浅的斜向篮纹。高 13.6、口径 16.4、腹径 20、底径 9.2 厘米（图六，2）。

四耳罐　1 件。标本 JZ－A008，夹砂褐陶，器表色泽不匀，局部泛黑褐色。器口内敛，近球形鼓腹，口沿外两侧及最大腹径处各置一对小耳，平底。素面。高 8.8、口径 6、腹径 10、底径 5.5 厘米（图七，4）。

双耳大口罐　2 件。标本 JZ－A013，泥质黑陶。大口外侈，尖圆唇，器颈高粗，两侧置双大耳，扁圆鼓腹，小平底。素面。器表打磨。高 10.4、口径 10.6、腹径 12.6、底径 4.6、耳宽 2 厘米（图七，1；图版一，3）。标本 JZ－A014，细泥红陶。大口外侈，尖圆唇，器颈高粗，两侧置双大耳，扁圆鼓腹，小平底。颈下刻划一道细凹槽，耳面压印数道竖条纹。器表打磨光滑。高 8.8、口径 10.4、腹径 11.4、底径 4.4、耳宽2.4厘米（图七，2）。

夹砂单耳罐　2件。标本JZ－A011，夹砂黑陶。侈口，圆唇，斜直短领，圆鼓腹，下腹微内敛，平底。器口外一侧置单耳，耳面上端略高出器口。肩部和上腹部贴饰切割断开的折线、横线点状泥条堆纹。高12.8、口径10、腹径15、底径6.8、耳宽2厘米（图六，4）。标本JZ－A012，夹砂黑陶。侈口，圆唇，斜直短领，圆鼓腹，下腹略内敛，平底。器口外一侧置单耳，耳面上端高出器口。肩部和上腹贴饰切割断开的斜线、横线点状泥条堆纹。高12、口径8、腹径14、底径6.4、耳宽2.4厘米（图六，3）。

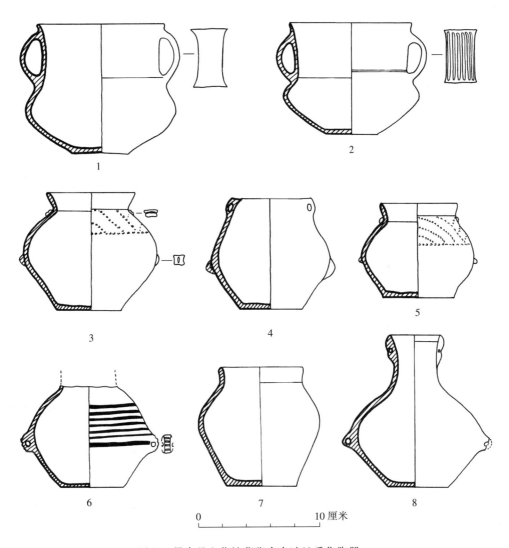

图七　景泰县文化馆藏张家台遗址采集陶器

1、2. 双耳大口罐（JZ－A013、JZ－A014）　3、5、7. 夹砂罐（JZ－A009、JZ－A010、JZ－A015）　4. 四耳罐（JZ－A008）　6. 彩陶壶（JZ－A006）　8. 小口长颈壶（JZ－A003）

夹砂罐　3件。标本 JZ - A009，夹砂黑陶。侈口，圆唇，斜直短领，圆鼓腹，下腹微内敛，平底。器颈下和最大腹径部位各捏塑一对乳突饰，乳突上压印凹槽；肩部、上腹贴饰切割断开的点状斜线、横线泥条堆纹。高 9.4、口径 7.4、腹径 11.4、底径 5.6 厘米（图七，3）。标本 JZ - A010，夹砂黑陶，厚胎。侈口，圆唇，斜直短领，扁圆鼓腹，平底。器颈下和最大腹径部位各捏塑一对乳突饰，肩部和上腹部贴饰切割断开的点状斜线、横线泥条堆纹。高 7.5、口径 6.5、腹径 9.7、底径 6.2 厘米（图七，5）。标本 JZ - A015，夹砂黑陶。微侈口，厚圆唇，短颈，鼓肩，斜直腹，平底。素面。高 9.5、口径 7、腹径 10、底径 6 厘米（图七，7）。

景泰文化馆上述藏品的性质均未超出半山文化的范畴。

（二）营盘台（马胡地沟口）遗址

地点位于景泰县芦阳镇城关村南约 1 公里处，遗址所在地的小地名叫马胡地沟口。地理坐标为东经 104°09′48″，北纬 37°08′01″；海拔 1520 米（见图三）。

河西史前考古调查队在景泰县调查时没能找到这处遗址。据后来甘肃省文物普查资料介绍，该址占地面积约 15 万平方米，文化层厚 1~2 米。在景泰县文化馆收藏 3 件该址出土的彩陶。据介绍，这是当地村民在农田浇水时冲出来的，后送交县文化馆收藏。

彩陶壶　2件。标本 JY - A01，泥质红陶。小口，尖圆唇，细长颈，广肩，斜弧腹，平底。器口外两侧捏塑一对锯齿花边小耳，上有细小穿孔；腹部正中靠上位置设一枚上翘的扁片錾钮，錾钮的上缘切割出齿状边缘；腹部设器耳一对。器表绘黑红复彩，器口外侧、颈部绘黑红彩横条带纹、粗大的三角纹，腹部主纹样为六组葫芦网格纹，葫芦纹的外轮廓绘红彩，葫芦内绘网格纹，葫芦纹之间绘相对的黑彩锥状纹，中心用红彩竖条带间隔开，周边绘密集的锯齿纹。器表打磨光滑。高 41、口径 10.4、腹径 35.2、底径 16.8、耳宽 3 厘米（图八，1；图版一，4）。标本 JY - A02，泥质红陶。小口，尖圆唇，长颈略粗，广肩，扁圆鼓腹，平底。器口外两侧捏塑一对锯齿花边小耳，耳上有细小穿孔；腹部置器耳一对。器表绘黑红复彩，器口外和颈部绘黑红彩横条带纹、粗大的三角纹，颈下绘黑红彩横条带纹，腹部绘六组葫芦网格纹，葫芦的外轮廓绘红彩，葫芦内绘网格纹，葫芦之间绘相对的黑彩锥状纹，中心用红彩竖条带间隔开，周边绘密集的锯齿纹。器表打磨光滑。高 23.6、口径 9.6、腹径 22.4、底径 8.8、耳宽 2 厘米（图八，2；图版一，5）。

彩陶腹耳罐　1件。标本 JY - A03，泥质红陶。喇叭外侈口，圆唇，斜直短领，扁圆鼓腹，最大腹径部位靠下设一对大耳，平底。器表及口沿内打磨光滑，绘黑红复彩。器口内图案八分式，以红彩梯形纹和黑彩短竖线互为间隔；器颈下绘横条带纹，腹部绘四组红彩旋涡纹，上部空隙绘细线网格纹，下部绘黑红彩弧曲线纹，黑彩上缘绘锯齿。高18、口径14、腹径23.2、底径10.4、耳宽2.6厘米（图八，3；图版一，6）。

营盘台遗址出土的这3件彩陶属于典型的半山文化。从陶器保存非常完整看，应是墓中的随葬器皿。可见，营盘台很可能是一处半山文化的墓地。经核对甘肃省文物普查资料，在该址未发现墓葬的线索（见附录一）。

（三）席滩遗址

地点位于景泰县芦阳镇寺梁村东300米外的荒滩地，芦阳河从遗址东北流过，遗址西侧有条泄洪河道，南面为通往旧县城（芦阳镇）的公路，地理坐标为东经104°06′46″，北纬37°08′43″；海拔1570米（见图三）。

1986年冬，河西史前考古调查队前往该址调查。遗址所在地为荒漠地带，植被环境很差。在我们调查之前，在遗址所在范围刚建好一座移民新村，对遗址造成很大破坏。调查过程中，在地表采集有细小的石器及石片，也发现一些夹砂红陶碎渣，器形不明。根据后来甘肃省文物普查资料，该址占地面积2.4万平方米，文化层厚0.2～1米。现将此次调查采集品及该县文

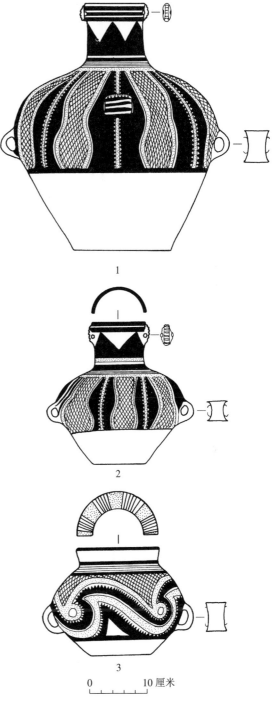

0　　　　　　10厘米

图八　景泰县文化馆藏营盘台遗址采集彩陶

1、2. 彩陶壶（JY－A01、JY－A02）

3. 彩陶腹耳罐（JY－A03）

化馆在该址采集的旧藏介绍如下。

（1）打制石器

全部系打制石片石器，器形均不大，大多一面保留原来的砾石表皮，另一面为劈裂面，周边略加修整。

石斧　4件。标本 JX－A001，舌形，两端稍窄，中间宽，下端有弧形器刃，加工修整痕迹不明显。一面圆弧，保留原砾石表皮，另一面为劈裂面。长8.3、宽4.1、厚1.2厘米（图九，1）。标本 JX－A002，黑色。梯形，顶端较窄，刃部展宽，圆弧器刃，两侧加工修整痕迹明显。一面微弧，保留大半原砾石表皮，另一面为劈裂面。长6.3、刃宽3.6、厚0.9厘米（图九，2）。标本 JX－A003，黑色。残缺后部大半，前段呈舌形，弧形器刃，有残缺，加工整修痕迹不明显。一面圆弧，保留原砾石表皮，另一面为劈裂面。残长4.5、宽3.8、厚1.2厘米（图九，4）。标本 JX－A004，黑色。残缺后

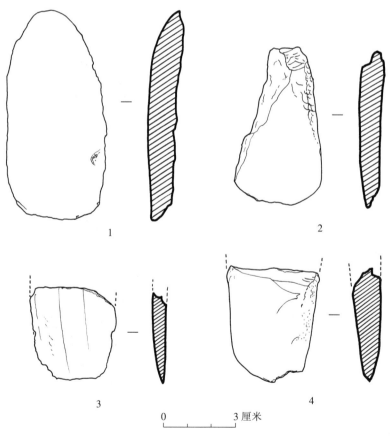

0 　　　　 3厘米

图九　席滩遗址采集石斧

1. JX－A001　2. JX－A002　3. JX－A004　4. JX－A003

部大半，前段舌形，弧形器刃，加工修整痕迹不很明显。一面圆弧，保留原砾石表皮，另一面为平整的劈裂面。残长3.7、宽3.6、厚0.6厘米（图九，3）。

（2）细小石器

石器原料以燧石和石英为主，色泽均较深。器类有石片、刮削器、尖状器等，个别石器有两面加工迹象，制作较精细。

刮削器　5件。标本JX－A005，黑色。平面扇形，断面三角形，沿扇面周边有两面加工修整痕迹。长2.75、宽1.8、厚0.65厘米（图一〇，4）。标本JX－A006，青绿色。平面近圆形，剖面较薄，周边有刃。长径1.7、短径1.5、厚0.25厘米（图一〇，6）。标本86JX－001，平面近椭圆形，剖面较厚，周边有刃。长3.6、宽2.25、厚0.7厘米（图一〇，7）。标本86JX－004，平面近三角斧形，剖面枣核形，周边有刃。底宽1.9、高1.7、厚0.35厘米（图一〇，11）。标本86JX－005，平面近三角形，剖面

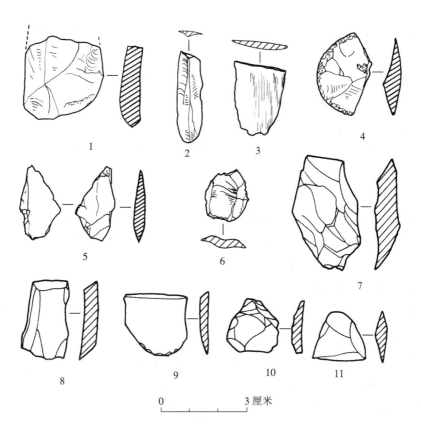

图一〇　席滩遗址采集细小石器

1. 石核（86JX－A032）　2. 石叶（JX－A009）　3、8、9. 石片（JX－A007、86JX－002、86JX－003）
4、6、7、10、11. 刮削器（JX－A005、JX－A006、86JX－001、86JX－005、86JX－004）　5. 尖状器
（JX－A008）

弧片状，刃部不明显。宽 1.7、高 1.65、厚 0.3 厘米（图一〇，10）。

石片　3 件。标本 JX - A007，黑色。舌形，打制小石片，剖面薄片状，刃部锋利。长径 2.3、短径 1.7、厚 0.2 厘米（图一〇，3）。标本 86JX - 003，舌形，打制小石片，剖面薄片状，刃部锋利。长径 2.15、短径 2、厚 0.25 厘米（图一〇，9）。标本 86JX - 002，平面近长方形，剖面稍厚，下端有利刃。长 2.6、宽 1.6、厚 0.5 厘米（图一〇，8）。

尖状器　1 件。标本 JX - A008，黑色。平面近三角形，锐角尖部有加工使用痕迹。长 2.45、宽 1.25、厚 0.45 厘米（图一〇，5）。

石核　1 件。标本 86JX - A032，平面近圆角方形，一面经简单打磨。用途不明。长 2.7、宽 2.6、厚 0.8 厘米（图一〇，1）。

石叶　23 件。标本 JX - A009 ~ A031，均系燧石质地，色泽有黄褐色、灰白色、灰绿色、白色、青白色、黄色、黑色、绿色、灰色等。大多为条状，断面三角形或梯形，长短不一，长者 4 厘米，短者不到 1 厘米，宽者 1 厘米，窄者仅 0.3 厘米。断面均在 0.1 ~ 0.3 厘米之间（图一〇，2；图一一）。

席滩遗址采集遗物中未见可判别文化性质者。根据遗址地表散落的一些碎陶片渣推测，该址的年代似未超出新石器时代晚期范围。考察景泰县文化馆的旧藏，该址的年代估计在新石器时代晚期至青铜时代早期之间。后经查对甘肃省文物普查资料，该址的文化性质被定为半山文化，但不知根据何在，这里仅提供作为参考。

（四）喜集水遗址

地点位于景泰县城南约 15 公里、包兰铁路东侧喜泉乡喜集水村西北约 300 米处，遗址北面有公路穿过，公路北面有一条泄洪河道，地理坐标为东经 103°59′09″，北纬 37°03′07″；海拔 1708 米（见图三）。

1986 年冬，河西史前考古调查队前往喜集水遗址调查，未采集到任何遗物。以往甘肃省文物考古研究所曾在该址征集半山文化的完整彩陶器，其风格与张家台墓地所出彩陶接近，应属于同时期遗存[①]。该址所在位置西邻铁路，北靠公路，早年修筑铁路和公路都可能对该址造成破坏。经查阅甘肃省文物普查资料，喜集水遗址占地面积 1.5 万平方米，文化堆积厚 1 ~ 2 米。曾在调查中发现墓葬等遗迹，并采集彩陶壶、彩陶罐、彩陶片以及装饰有附加堆纹、绳纹和篮纹的夹砂陶器等，文化性质属于典型的半山文化。

景泰县发现的史前遗址除席滩尚不确定外，全部属于半山文化，而且以墓葬为主。

---

① 张朋川：《中国彩陶图谱》图版 638 ~ 642，文物出版社，1990 年。

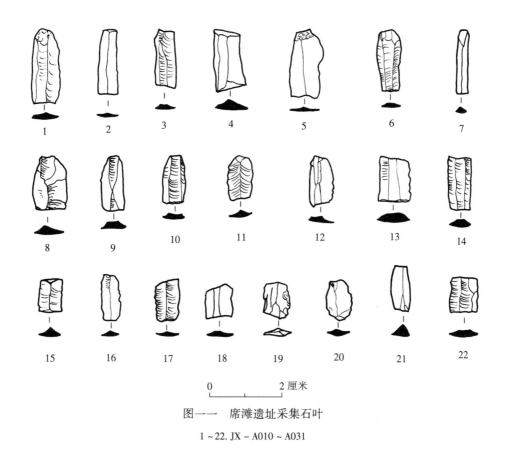

图一一　席滩遗址采集石叶

1～22. JX－A010～A031

这里的半山文化面貌与河湟地区完全一致。其彩陶表现出半山文化早中期的特征。比较特殊的一点是，在张家台、喜集水遗址①各发现一件绘红色单彩花纹的单耳彩陶罐，此类风格的彩陶在河湟地区不见，却在宁夏南部山区的西（吉）、海（原）固（原）一带较为常见，除使用红色单彩外，包括单耳罐的器形都很相似②。从景泰县的地理位置看，此类因素应该是受到后者影响的产物。

---

① 张家台遗址 M5 所出彩陶单耳罐，喜集水遗址彩陶单耳罐分别见张朋川：《中国彩陶图谱》图版635、642（文物出版社，1990 年）。

② 固原县文管所、中国历史博物馆考古部：《宁夏固原县红圈子新石器时代墓地调查简报》，《考古》1993 年 2 期 103～116、175 页。

叁 永登县

永登县位于甘肃省中部，现为兰州市所辖。该县东临皋兰县、景泰县，西部和西北与青海省民和回族土族自治县和甘肃省天祝藏族自治县为邻，南接兰州市红古区、西固区，全县面积 6090 平方公里，地理坐标为东经 102°35′37″ ~ 103°42′01″，北纬 36°11′39″ ~ 37°01′40″（图一二）。

永登县地处陇西黄土高原和祁连山地的交接带上。县内大部分地区被黄土覆盖，地理走向从西北向东南倾斜，平均海拔 2400 米，河谷地带海拔 1800 米左右。县内最高山峰为奖俊埠岭，海拔 3455 米。流经本县的河流有黄河的一级支流庄浪河和二级支流大通河，前者自本县中部纵贯而下，后者流经本县西部一隅。

永登县位于内地通向河西走廊的交通干道上，素有河西门户之称。西汉时期，此地分属金城郡的枝阳、令居、允街、浩亹四县。西晋建兴四年（316 年），"分金城为令居、枝阳二县，又立永登县，合三县立广武郡治于永登城"。此为"永登"之名始见于史书，意味永远五谷丰登。东晋在此设广武郡，治所在今永登县城。北魏改为广武县；隋改允吾县；唐武德二年（619 年），设广武县。乾元二年（759 年），改广武为金城县，归陇右道兰州管辖。安史之乱后，永登被吐蕃所占；北宋时由吐蕃角厮罗统治。景德年间，入西夏，属西凉府。元至元元年（1264 年）设庄浪县，归属永昌路。明洪武五年（1372年），改县为卫。清康熙二年（1663 年）改卫为所；雍正三年（1725 年）裁所，设平番县，属凉州府。民国二年（1912 年）归河西道，三年改归甘凉道；十六年废道；十七年改永登县，由甘肃省直辖。1949 年以后，本县先后被划归武威、张掖、定西、兰州。现全县有人口 50 万，汉族占 98%，少数族群有回、满、藏、土、东乡、蒙古族等。

永登县大部分地区属于温带半干旱性气候区，大陆性季风气候显著。年均温 5.9℃。年均降水 294 毫米，主要集中于夏秋两季。当地农业主要分布在河谷和山间盆地内。

永登县的考古工作开展较早。20 世纪 20 年代，瑞典学者安特生派助手到与永登为邻的享堂县（今青海民和县）调查，并在那儿发现了著名的马厂垣遗址。从其调查线路估计，若去民和，有可能途经永登。

1948 年 5 月，当时的中国地质调查所派裴文中先生前往甘肃、青海进行考古学和地

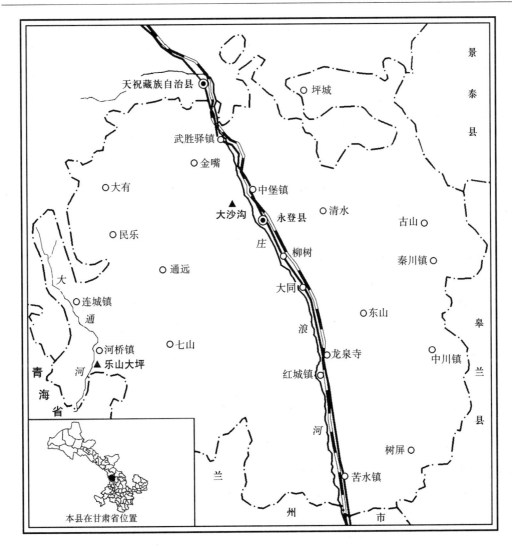

图一二 永登县及史前遗址位置示意图

质学调查。他在赴河西走廊途中路过永登，在县城东南2公里处的马兰阶地上调查发现3
处遗址，采集部分史前石器和陶器。另在一处倒塌的断崖上发现灰褐色绳纹陶，未见彩
陶。他推测这一地点颇像安特生划分的沙井期或辛店期的遗留。另有两处地点沿着长城
走向分布。裴文中对其中的一处地点作了小规模发掘，在耕土下约1米的文化层内挖掘出
石器、兽骨和彩陶片，还有1件残破的长方形石刀和2件残破的彩陶罐。他认为这处遗址
属于马家窑文化和马厂文化。从日后发表的资料看，这处地点应属马厂文化①。

———————————

① 裴文中：《中国西北甘肃走廊和青海地区的考古调查》，《裴文中史前考古学论文集》256～258
　页，文物出版社，1987年。

1949 年以后，甘肃省博物馆和北京大学等单位先后在永登县作过考古调查和发掘。已有的考古调查资料显示，永登县境内的史前遗址大多集中在庄浪河、大通河谷两岸的台地上，分布比较密集，目前已掌握的史前遗址 59 处。其中，经正式发掘的仅有蒋家坪（下坪）一处。曾在该址发现房屋基址和墓葬等遗迹，出土青铜小刀（残）、彩陶等重要文物，其性质属于马家窑文化和马厂文化，但这批资料至今尚未发表①。其他重要遗址点还有：蒋家上坪、连城、团庄、长阳甿②、杜家坪、庙尔坪、大沙沟、鳌塔等（见附录一）。

1986 年 11 月，河西史前考古调查队前往永登调查，在县文物管理所观摩了当地收藏的史前文物，主要包括马家窑文化、半山—马厂文化的陶器和石器，也有个别辛店文化的陶器。其中，以马厂文化的彩陶最多。这其中包括了不久前乐山大坪遗址盗掘收缴回来的 600 余件陶器。因我们在该县考察时间有限，加之永登已超出河西走廊范畴，故未对这里的资料进行收集。

在永登期间，河西史前考古调查队调查了大沙沟、乐山大坪两处遗址，采集一批遗物，主要为陶片。随后，我们前往青海省西宁市参观，途经兰州市红古区，在当地文化馆同行陪同下考察了红大坂坪遗址，未发现任何遗迹和遗物。现将永登县的考察收获介绍如下。

（一）大沙沟遗址

大沙沟位于永登县城北面城关镇五渠村西北约 2 公里的山坡上，距离县城约 5 公里，遗址所在地为庄浪河东岸的二级高台地，呈缓坡状，背山面河，距河面高度 20 ～ 30 米，遗址占地面积 5.5 万平方米。地理坐标为东经 103°13′33″，北纬 36°44′58″；海拔 2163 米（见图一二；图版二，1）。

大沙沟遗址最初发现于 20 世纪 50 年代，后被定为省级文物保护单位。调查时，遗址所在地已经弃耕，地表零星散落有陶片、残石器和兽骨等。在遗址东侧，有大片的断崖，暴露出文化堆积。从出露部分观察，文化层叠压于耕土层下，个别地段可见深达 2 米的灰坑，内含陶片、兽骨和炭渣等。与断崖相对的遗址远端地势较高，有一条通往红古区的简易公路穿过。在公路附近新挖了一条深沟，自北而南贯穿遗址的大部分，沟底散落着新挖出的陶片和人骨，估计附近有墓葬分布。我们在该址采集一批遗

① 张学正、张朋川、郭德勇：《谈马家窑、半山、马厂类型的分期和相互关系》，《中国考古学会第一次年会论文集》50 ～ 71 页，文物出版社，1980 年。

② 苏裕民：《永登团庄、长阳甿出土的一批新石器时代器物》，《考古与文物》1993 年 2 期 14 ～ 25 页（团庄、长阳甿两处遗址也是在遭到大规模破坏后，收缴近 300 件遗物，后收藏于永登县文化馆）。

物，主要为石器和陶片。

（1）石器

以打制为主，磨制石器少见，器类有刀、斧和砍砸器等。

1）打制石器

大石刀 1件。标本86YD–053，系石刀半成品。黑色石质。个体较大，长方形，一头宽，另一头稍窄，两面平整。刀背、刀刃和一侧经两面打击修整，已初具刀的雏形和刃部。长26、宽9.5、厚3厘米（图一三，1）。

石斧 1件。标本86YD–051，灰褐色石质。表面经粗略打磨，周边遗留有打制的疤痕，两面较平整，平面梯形，顶面稍窄，呈现出不很明显的双肩，刃部逐渐展宽，经双面打击修整出器刃。长13、宽11、厚4.3厘米（图一三，3）。

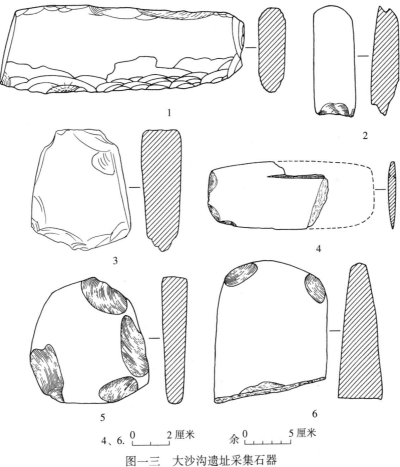

1

2

3

4

5

6

4、6. $\underset{0}{\llcorner}$ ＿ 2厘米   余 $\underset{0}{\llcorner}$ ＿ 5厘米

图一三 大沙沟遗址采集石器

1. 大石刀（86YD–053）   2、3、6. 石斧（86YD–058、86YD–051、86YD–054）

4. 石刀（86YD–055）   5. 盘状器（86YD–052）

盘状器　1件。标本86YD－052，系半成品。灰绿色石质。平面近圆形，两面平整，周边经简单打制修整，周边器刃尚未成型。长径13.6、短径12.4、厚1.8厘米（图一三，5）。

砍砸器　2件。标本86YD－050，石核石器。橄榄绿色，石料质地较好。平面近扇形，台面较平，劈裂面的打击点、辐射线非常清晰，弧形尖刃。长5.7、宽4.8、厚2.15厘米（图一四，2）。标本86YD－056，打制石片石器。平面扇形，剖面厚重，顶部尖锥状，保留有非常清晰的打击点、劈裂面和辐射线，弧形器刃经双面打击修整。长7.3、宽5.8、厚3.4厘米（图一四，1）。

刮削器　1件。标本86YD－057，石片石器。黑色石质。平面近三角形，两面较平，单面打击修整两侧的器刃。长7.6、宽5、厚1厘米（图一四，3）。

环状穿孔石器　1件。标本86YD－059，白色石质。打制半成品。此器原本近圆形，残缺少部分，器表满布打击时留下的石片凹窝。中心凹窝较大，似为穿孔部位，一侧似有刃。残长4.9、宽6.8、厚2.8厘米（图一四，4）。

2）磨制石器

石刀　1件。标本86YD－055，黑色石质。通体打磨，做工精细。此器为圆角长方形，残缺约1/3。一侧残留打制疤痕，近刀背处有一道两面打磨的细长条凹槽，系制作穿孔所为，但未磨透。残长6.6、宽3.65、厚0.4厘米（图一三，4）。

石斧　2件。标本86YD－054，灰色石质。通体磨制。此器圆角长方形，残存上半

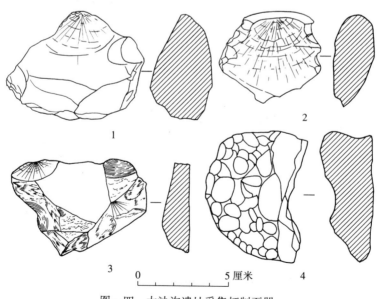

图一四　大沙沟遗址采集打制石器

1、2. 砍砸器（86YD－056、86YD－050）　3. 刮削器（86YD－057）　4. 环状穿孔石器（86YD－059）

部，顶部两侧残留打制疤痕，刃部缺失。残长7.2、宽6.1、厚2.4厘米（图一三，6）。标本86YD–058，灰绿色石质。通体磨制。长条形，横断面近半圆形，一面较平，另一面圆弧状，刃部残缺。残长11.6、宽4.6、厚3.1厘米（图一三，2）。

（2）陶器

主要是各类陶容器残片。所见全部为手制，有些经慢轮修整。部分器底断面显示采用了器底套接器帮的制作方法。多数为泥质红陶、灰陶，夹砂红陶、红褐陶、灰陶等。以带耳的罐、盆、瓮以及器盖等为大宗。有部分彩陶，泥质红陶为主，器表施红衣，绝大多数绘黑彩，个别绘黑红复彩。夹砂陶以素面居多，常见附加堆纹，分为较粗的附加堆纹和经切割断开的细泥条附加堆纹，也有少量压印联珠纹、小矩形纹等，器底常见压印编织席纹。

彩陶盆 4件。标本86YD–035，细泥红陶。大喇叭口外侈，尖圆唇，斜弧领较高，束颈，器口外置双环耳，扁圆鼓腹，下腹及器底残。器表及口沿内打磨光滑，施暗红陶衣，绘黑彩。口沿内绘彩，分上下两部分，上部间隔绘细线网格和相对的细斜线，下部绘连续大菱格。器领绘横列平行条纹，腹部残留少许折线纹，双耳绘横线纹。残高6、口径18、耳宽1.8厘米（图一七，4）。标本86YD–036，细泥红陶。喇叭状大敞口，尖圆唇外侈，宽粗的直颈，扁圆鼓腹，下腹及底部残。器表及口沿内打磨光滑，施红色陶衣，绘黑色彩。口沿内绘彩，分上下两部分，上部绘相对的细斜线，下部绘连续大菱格纹。器领绘横列平行条纹，腹部绘折线纹。残高6.4、口径16厘米（图一五，1）。标本86YD–037，细泥橙黄陶。尖圆唇，侈口，器口近乎直立，粗直颈，鼓腹，腹上部左右两侧捏塑一对盲鼻，腹部以下残。器表及口沿内打磨光滑，施褐色陶衣，绘黑色彩。口沿内彩绘横线和相对的斜线纹，器领和腹部绘横列的条带和宽带纹。残高5、口径12厘米（图一五，4）。标本86YD–039，泥质橙黄陶。喇叭口，圆唇。器表及口沿内打磨光滑，施褐色陶衣，绘黑色彩。口沿内彩分两部分，上部绘细斜线纹，下部绘菱格纹；器领绘横列平行条纹，腹部绘折线纹。残高8.6厘米（图一五，2）。

双耳罐 10件。标本86YD–001，夹砂灰陶。喇叭口外侈，圆唇，斜直领较高，束颈，器口外置双小耳，扁圆鼓腹，平底（残缺）。素面。器表内外抹光。残高16.2、口径10.8、腹径17.2、耳宽2厘米（图一六，1）。标本86YD–002，夹砂灰陶，内壁褐色，残留烟炱痕。喇叭口外侈，尖圆唇，斜直高领，器口外两侧置双耳，扁圆鼓腹，下腹及器底残。器颈下和器耳上部装饰戳印连续的椭圆点纹。器表及口沿内打磨光滑。残高11、口径12、腹径17.4、耳宽2厘米（图一七，8）。标本86YD–012，夹砂红褐陶，器表内外褐色。侈口，尖圆唇，斜直领较高，器口外两侧置双耳，肩部以下残。素面。器口内沿抹光。残高5、口径14、耳宽2厘米（图一七，7）。标本86YD–013，

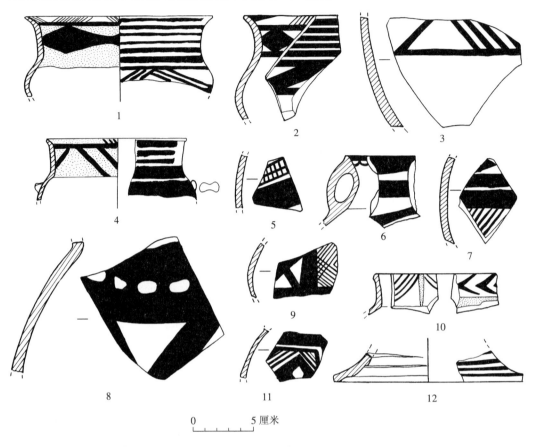

0　　　　5厘米

图一五　大沙沟遗址采集彩陶

1、2、4. 彩陶盆（86YD－036、86YD－039、86YD－037）　　3、5、7～11. 彩陶片（86YD－047、86YD－044、
86YD－045、86YD－046、86YD－049、86YD－041、86YD－048）　　6. 双耳罐（86YD－040）　　12. 圈足
（86YD－038）

夹砂灰陶。侈口，斜直高领，器口外两侧置双耳，肩部以下残。素面。器表和口沿内
经打磨。残高5.5、口径11、耳宽2.4厘米（图一七，5）。标本86YD－014，夹砂灰
陶。直口，圆唇，直立高领，器口外两侧置双耳，肩部以下残。素面。器表抹光。残
高6、口径14、耳宽2.5厘米（图一七，6）。标本86YD－015，夹砂灰陶。微侈口，
尖圆唇，斜直高领，器口外两侧置双耳，肩部以下残。素面。器表及口沿内抹光。残
高5.5、口径12、耳宽2.3厘米（图一七，3）。标本86YD－016，夹砂灰陶，内壁灰
黑色。微侈口，尖圆唇，斜直领较高，器口外两侧置双小耳，肩部以下残。器耳上部
戳印长方点纹。器表抹光。残高8、口径20、耳宽3.2厘米（图一七，2）。标本86YD
－018，残存器耳和口沿部分。夹砂灰陶。侈口，尖圆唇，斜直高领，器口外两侧置双
耳。素面，器表和口沿内磨光。残高8.5厘米（图一六，6）。标本86YD－019，夹砂

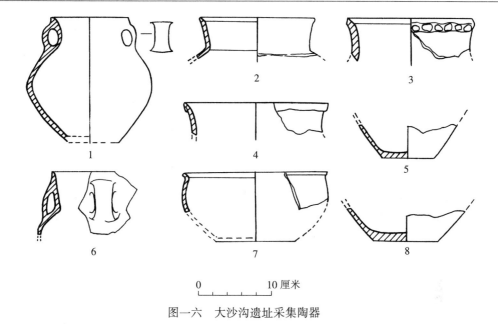

图一六 大沙沟遗址采集陶器

1、2、6. 双耳罐（86YD-001、86YD-019、86YD-018） 3、4. 瓮（86YD-021、86YD-023）

5、8. 器底（86YD-026、86YD-027） 7. 盆（86YD-007）

灰褐陶，内壁黄褐色，外表红褐色，器表残留灰黑色烟炱痕。外侈口，尖圆唇，斜直领较高，仅存器领。素面。残高4.8、口径16厘米（图一六，2）。标本86YD-040，仅存器耳部分。细泥橙黄陶。器表施淡黄褐色陶衣，绘黑色彩，器口内彩绘横带垂弧纹，器耳绘较粗的横带纹。残高5.8厘米（图一五，6）。

双耳盆 1件。标本86YD-009，泥质灰陶，胎芯褐色，内壁灰黑色，器表有烟炱痕。大敞口，尖唇，斜直高领，器口外两侧置双耳，圆弧腹，下腹略内敛，器底残。残高12、口径20、耳宽2.2厘米（图一七，1）。

盆 1件。标本86YD-007，细泥橙黄陶。敛口，短侈沿，圆唇，弧腹，下腹及器底残。素面。残高5.5、口径20厘米（图一六，7）。

瓮 8件。器形均较大。标本86YD-003，夹砂红陶，器表色泽不匀，局部泛红色或黄色斑块，有烟炱痕。直口，尖圆唇，直领，球形圆鼓腹，下腹及器底残。器颈下贴塑一周附加堆纹。残高26、口径24、腹径41.6厘米（图一八，6）。标本86YD-004，夹砂灰陶，器表施黄白色陶衣。大喇叭口，圆唇，斜直高领，圆鼓腹，下腹及器底残。素面。残高12.5、口径21.6、腹径29.2厘米（图一八，5）。标本86YD-005，夹细砂红陶。直口，尖圆唇，高直领，广肩，肩部以下残。器表施黄白色陶衣。口沿外及颈下贴塑两周附加堆纹。残高10.8、口径18.8厘米（图一八，1）。标本86YD-006，夹砂灰陶，色泽不匀，泛红褐色，有烟炱痕。侈口，尖圆唇，斜直高领，球形圆

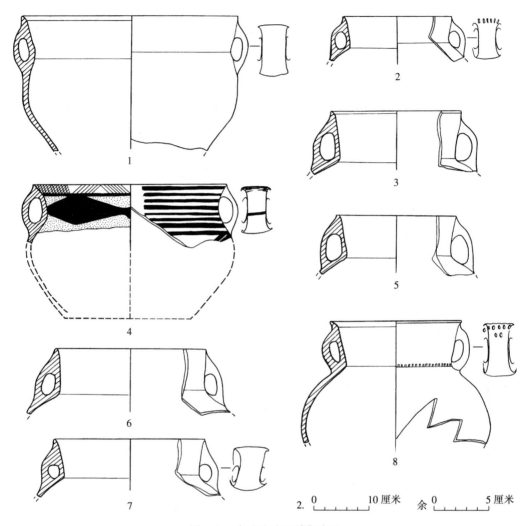

图一七　大沙沟遗址采集陶器

1. 双耳盆（86YD－009）　　2、3、5～8. 双耳罐（86YD－016、86YD－015、86YD－013、86YD－014、86YD－012、86YD－002）　　4. 彩陶盆（86YD－035）

腹，下腹及器底残。器表施黄白色陶衣，残高约20、口径20、腹径31.2厘米（图一八，3）。标本86YD－010，夹砂灰陶。器口、器领和器底残。颈下部贴塑一周附加堆纹。残高12.8、腹径26.4厘米（图一八，7）。标本86YD－020，仅存器口残片。夹砂灰陶。口沿外贴塑一周附加堆纹。残高4、口径24厘米（图一八，2）。标本86YD－021，仅存口沿残片。夹砂褐陶。器口较小。口沿外贴塑一周附加堆纹。残高5.2、口径17.6厘米（图一六，3）。标本86YD－023，夹砂灰陶。喇叭口，口沿外叠卷成尖圆唇。素面。器表内外磨光。残高4、口径20厘米（图一六，4）。

甑　1件。标本86YD－011，夹砂灰陶。仅残存器底近1/4，残留圆形甑孔7枚。

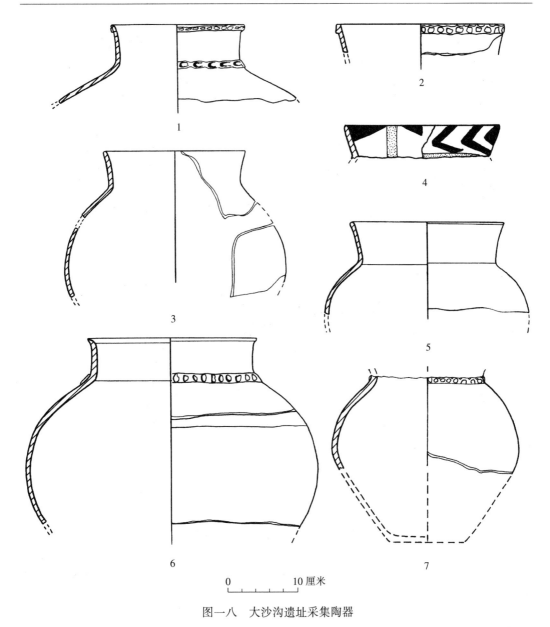

图一八 大沙沟遗址采集陶器

1～3、5～7. 瓮（86YD－005、86YD－020、86YD－006、86YD－004、86YD－003、86YD－010） 4. 彩陶片（86YD－042）

残高 1.2、底径 10、甑孔 0.9～1.1 厘米（图一九，13）。

　　器盖　2件。标本 86YD－008，夹砂红陶，器表泛黄白色。喇叭口，圆唇，盖面圆弧，顶部残。素面。残高 3.4、口径 14 厘米（图一九，12）。标本 86YD－029，泥质橙黄陶。仅存顶部斗笠状捉纽部分，盖纽顶部绘五角星形图案。器表施褐色陶衣，绘黑

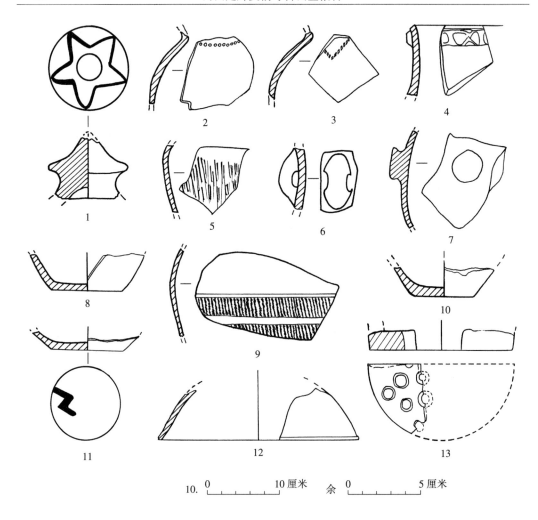

图一九　大沙沟遗址采集陶器

1、12. 器盖（86YD‒029、86YD‒008）　　2~5、9. 纹饰陶片（86YD‒024、86YD‒025、86YD‒022、86YD‒034、86YD‒033）　　6、7. 器纽（86YD‒031、86YD‒030）　　8、10. 器底（86YD‒017、86YD‒028）　　11. 彩陶罐器底（86YD‒043）　　13. 甑（86YD‒011）

色彩。残高 4 厘米（图一九，1）。

　　圈足　1 件。标本 86YD‒038，可能为陶豆或鼓圈足。泥质黄褐陶，器表绘黑色彩。器表绘横条带纹。内壁泥条盘筑痕迹明显。残高 2.4、口径 16 厘米（图一五，12）。

　　器纽　2 件。标本 86YD‒030，为罐或瓮类器腹部捉纽。夹砂褐陶，器表色泽不匀，局部泛红色或灰褐色。纽作圆形，短柱状。素面。高 1.2、纽径 3 厘米（图一九，7）。标本 86YD‒031，为安装在罐类器皿颈部的小纽耳。夹砂红陶。桥形纽，有一小穿孔（图一九，6）。

器底 9件。标本86YD-017，夹砂灰陶，内壁暗褐色。弧腹，小平底。素面。残高2.4、底径5厘米（图一九，8）。标本86YD-026，夹砂红陶。弧腹，小平底。器表施黄白色陶衣。残高5、底径7.2厘米（图一六，5）。标本86YD-027，夹砂灰陶，器表黄白色，内壁暗褐色。弧腹，平底。器底压印粗疏席纹（图二〇，3）。残高4、底径8.8厘米（图一六，8）。标本86YD-028，夹砂红陶，外表灰褐色。弧腹，小平底。器底压印粗疏的席纹（图二〇，6）。残高4、底径8厘米（图一九，10）。

彩陶罐器底 1件。标本86YD-043，细泥橙黄陶。上面绘黑紫色"Z"字符号。器外打磨光滑。残高1、底径5厘米（图一九，11）。

彩陶片 8件。标本86YD-041，彩陶罐口沿残片。泥质橙红陶。圆唇，斜直领。器表绘黑红复彩，口沿内绘黑彩垂弧线纹数组，每组之间用红彩竖条带纹间隔。器领绘黑彩连续横"人"字纹，下绘红彩横条带纹。器表打磨光滑（图一五，10）。标本86YD-042，彩陶瓮口沿残片。泥质橙红陶。尖圆唇，斜直短领。绘黑红复彩，器口内绘黑彩垂弧纹数组，每组之间用红彩竖条纹间隔。器领绘黑彩横"人"字纹，下绘红彩横条带纹（图一八，4）。标本86YD-044，彩陶罐腹部残片。泥质红陶，胎内掺加云母屑。器表施红褐色陶衣，绘黑彩宽带网格纹（图一五，5）。标本86YD-045，彩陶罐腹部残片。细泥红陶。器表施红褐色陶衣，绘黑彩宽带纹、细斜线纹。器表打磨光滑（图一五，7）。标本86YD-046，彩陶罐腹部残片。夹细砂红陶，胎内掺加云母屑。器表施暗红褐色陶衣，绘黑彩宽带和斜线纹，宽带上有圆形联珠状镂空未绘彩（图一五，8）。标本86YD-047，彩陶罐腹部残片。夹细砂黄褐陶。器表施褐色陶衣（大部脱落），绘黑彩横线、斜线纹（图一五，3）。标本86YD-048，彩陶罐腹部残片。泥质橙红陶。器表施暗红色陶衣，绘黑彩宽带纹、斜线纹和菱格纹（图一五，11）。标本86YD-049，彩陶罐腹部残片。泥质红陶。器表施暗红色陶衣，绘黑彩宽带、"X"及复线菱格纹（图一五，9）。

纹饰陶片 5件。标本86YD-024，双耳罐上腹部残片。夹砂陶，器表外红内灰，表面色泽不匀，局部白色泛黄。内壁施一层红褐色陶衣，器颈下饰一周压印联珠纹（图一九，2）。标本86YD-025，双耳罐上腹部残片。夹砂灰陶，器表红色。内壁施红褐色陶衣，在肩部位置饰"V"形切割的点状细泥条附加堆纹（图一九，3）。标本86YD-033，罐或瓮腹部残片。泥质黑灰陶，器表黑色，磨光。下腹部饰被横线抹断的竖列绳纹（图一九，9）。标本86YD-034，似为高领篮纹罐肩腹部残片。细泥橙黄陶。下腹饰竖列篮纹（图一九，5）。标本86YD-022，应为陶瓮器口残片。夹砂褐陶。器口外缘贴塑一周粗大的附加堆纹，堆纹表面压印凹窝（图一九，4）。

压印席纹陶片 6件。采集部分夹砂陶瓮、罐类器底，有的压印编织席纹，从保留下

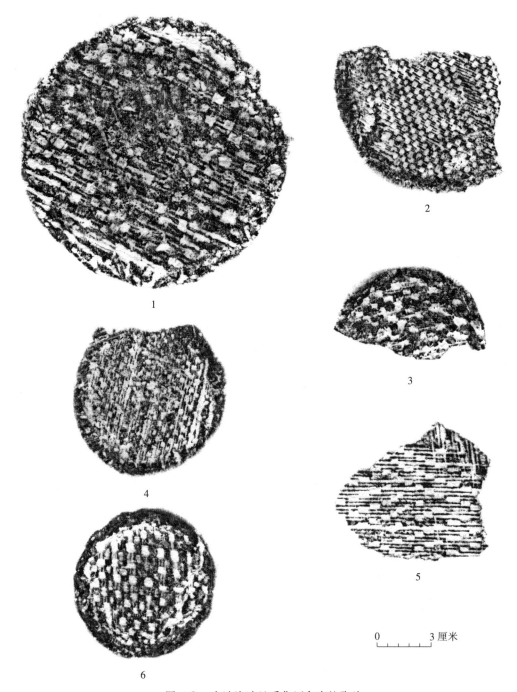

图二〇　大沙沟遗址采集压印席纹陶片

1. 86YD－063　2. 86YD－061　3. 86YD－027　4. 86YD－062　5. 86YD－060　6. 86YD－028

来的印记看，其编织原材料并不相同，而且编织手法也有差异，有些图案印记细密紧凑，显示其原材料较细，编制方法也相当细腻，标本如86YD－061、86YD－062（图二〇，2、4）。有些图案印记显得略为疏散，经纬线不是很清晰，表明其原材料也较细，编制方法不同，标本如86YD－060（图二〇，5）。还有一些图案比较松散，显示原材料似乎较粗，编制技法粗放。标本如86YD－027、86YD－028、86YD－063（图二〇，3、6、1）。

大沙沟是一处史前时期的聚落遗址。根据采集到的遗物，可知其性质属于马厂文化。采集遗物均为日常生活用具。其中，部分打制石斧、砍砸器和刮削器等以往在其他马厂遗址少见或不见。陶器中也有一些以往罕见的陶甑、器盖、短圆柱状蘑菇状器纽等。还发现有部分颜色呈纯灰色的素面磨光陶器，这类新因素对全面了解马厂文化及其区域特征很有帮助。此外，该址采集的马厂文化彩陶普遍施紫红色陶衣，所绘黑彩泛钢青色，很有特点。此类特征在永登一带的马厂文化中颇具代表性。

在大沙沟遗址发现有个别饰拍印篮纹的陶片，暗示该址可能含有齐家文化的遗存，前面提到的陶甑（底）等遗物也有可能属于齐家文化。

（二）乐山大坪遗址

乐山大坪位于永登县城西南约50公里、乐山村一社东约400米的峨岜坪上，此地距离河桥镇约5公里，遗址地处大通河东岸的二级高台地上，距离河面高度50米以上。遗址东部背山，西部面河，南北宽约60、东西长200米，面积约1.2万平方米。在台地下面公路两侧分别为许家庄和蒲家庄，地理坐标为东经102°52′50″，北纬36°28′38″；海拔1892米（见图一二；图版二，2）。

乐山大坪遗址是一处史前氏族公共墓地。早在1984年，当地村民在挖窑洞时曾挖出彩陶。1985年10月中旬，有盗墓者纠集附近村民在该墓地疯狂地连续盗掘了三天，将2000平方米内的200余座古墓盗掘一空，致使该墓地遭到毁灭性破坏。据永登县文化馆工作人员介绍，后来，当地公安部门从附近村民手中收缴回来的完整陶器就超过1000件（另有大量陶器被毁）。这批陶器中的600余件收藏在永登县文化馆，300余件收藏在兰州市博物馆，其余收藏在兰州市红古区文化馆。后来，兰州市博物馆将他们收藏的遗物整理发表。其中，不乏史前时期的陶器精品，包括7件珍贵的陶鼓[①]。

1986年11月18日，河西史前考古调查队前往该址调查。当时，遗址现场仍保留被盗掘后的狼藉景象。在遗址地表及台地断崖下面的农田内散落大量打碎的陶器及挖出的人骨。我们在现场采集了一些残破的陶器，兹介绍如下。

---

① 马德璞、曾爱、魏怀珩：《永登乐山坪出土一批新石器时代的陶器》，《史前研究》（增刊）201～211、99页，1988年。

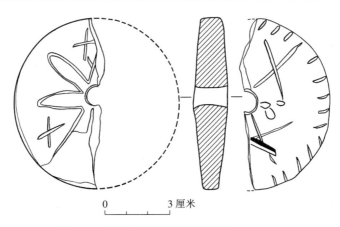

0   3厘米

图二一　乐山大坪遗址采集陶纺轮（86YL－001）

　　陶纺轮　1件。标本86YL－001，夹砂红陶，胎芯灰褐色。圆饼状，残缺一半，中间厚，周边减薄，中心位置钻有一圆孔。器表两面均刻划有花纹。其中一面围绕圆心穿孔刻划了一朵绽放的花朵，花瓣之间刻划"X"纹补白；另一面沿纺轮的圆面周边刻划连续短线纹，再在圆心周边刻划"X"纹并压印卵点纹。直径7.6、厚0.8～1.4、中心穿孔直径0.8～1厘米（图二一）。

　　陶鼓　4件。均系残片。标本86YL－002，系陶鼓上端接近口沿部位的残片。夹细砂橙红陶，胎内夹少量云母屑。器表施黄白色陶衣，绘棕红色彩，纹样为上下两道横条带之间绘折线纹（图二二，1）。标本86YL－003，为陶鼓一端大喇叭口部位残片。夹细砂橙红陶。器表施黄褐色陶衣，内外绘黑色彩。内彩残留一道横条带纹，器表绘宽带纹和粗疏的网格（图二二，4）。标本86YL－004，系陶鼓一端大喇叭口沿残片。泥质橙红陶，绘黑色彩。在大喇叭口外侧捏塑一周鹰嘴状錾突。绘黑红彩横条带纹和短斜线纹。残高5.2、口径26厘米（图二二，3）。标本86YL－005，为陶鼓细腰至大喇叭口一段残片。泥质橙黄色陶。素面。器内壁可见清晰的泥条盘筑痕迹。残高9.2厘米（图二二，2）。

　　钵　3件。标本86YL－006，夹砂橙黄色陶。内敛口，圆唇，斜弧腹，低矮的圈足。素面。高7.2、口径15、底径7.5厘米（图二二，5）。标本86YL－014，泥质红陶，器表橙黄色，绘紫褐色彩。内敛口，圆唇，弧腹，下腹及器底残。器口外沿绘宽带纹，颜料较浓稠。残高6.4、口径18厘米（图二五，5）。标本86YL－021，夹砂橙红陶，器表灰白色。口沿部分残缺，原器为内敛口，弧腹，平底。器底压印交错绳纹。残高5.3、底径6厘米（图二二，6）。

　　盆　4件。均为口沿和腹部残片。通过对在该址收缴的完整器观察，可知此类器的腹部均比较深，平底。标本86YL－007，夹砂红陶，器表橙黄色。短沿，圆唇外侈，扁

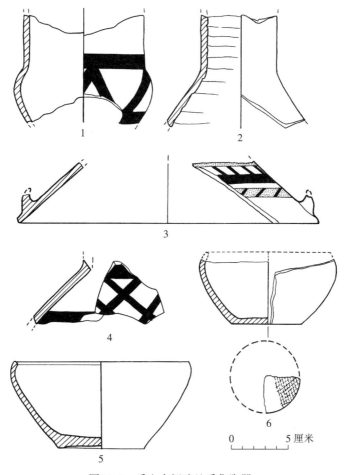

图二二 乐山大坪遗址采集陶器

1~4. 陶鼓（86YL－002、86YL－005、86YL－004、86YL－003） 5、6. 钵（86YL－006、86YL－021）

圆鼓腹，底部残。素面。残高 9.6、口径 20、腹径 24.4 厘米（图二三，4）。标本 86YL－008，夹砂红陶，胎内夹少量云母屑。短沿外侈，尖圆唇，扁圆鼓腹，底部残。素面。器表内外磨光。残高 9.6、口径 24、腹径 25.6 厘米（图二三，1）。标本 86YL－009，夹砂橙红陶，胎内夹少量云母屑，器表灰褐色，有烟炱痕。圆唇微向外侈，弧腹，底部残。素面。残高 6、口径 22、腹径 23.6 厘米（图二三，5）。标本 86YL－010，夹细砂红陶，胎内夹少量云母屑。侈口，圆唇，鼓腹，底部残。素面。残高 5.2、口径 18、腹径 18.4 厘米（图二三，2）。

夹砂罐 4 件。均系器口残片。标本 86YL－011，夹粗砂灰褐陶，胎内夹云母屑，器表附着烟炱。圆唇外侈，直立的粗短颈，圆弧腹，肩部以下残失，残留部分器底。器领部拍印交错绳纹，后被拍平，有不很明显的痕迹。颈部以下的肩部饰交错绳纹，在绳纹之上再堆塑切割断开的细泥条附加堆纹，构成横条带和连续菱格形状；器底拍

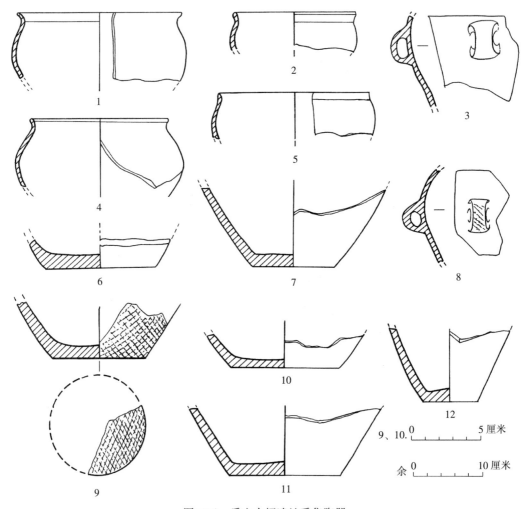

图二三　乐山大坪遗址采集陶器

1、2、4、5. 盆（86YL－008、86YL－010、86YL－007、86YL－009）　3、8. 瓮（86YL－028、86YL－027）

6、7、9～12. 器底（86YL－023、86YL－024、86YL－022、86YL－025、86YL－026、86YL－020）

印交错绳纹。残高 7、口径 15 厘米（图二四，4）。标本 86YL－012，夹砂红陶，胎内夹云母屑，器表附着烟炱。外侈口，圆唇，斜直短领，束颈，腹部及器底残。口沿处捏出波浪状花边，器口外两侧置双耳，耳面上端高出器口 1 厘米。领部素面无纹，肩腹部饰竖列绳纹，绳纹上再堆塑切割断开的细泥条附加堆纹，器耳贴塑一条斜向的附加堆纹。残高 6、口径 16、耳宽 2.2 厘米（图二四，1）。标本 86YL－013，夹砂红褐陶，器表残留烟炱痕。外侈口，厚方唇，斜直短领，束颈，口沿面捏出细密的波浪状花边，器口外两侧置双耳，下腹及器底残。领部素面无纹，肩腹部装饰交错绳纹，再堆塑切割断开的细泥条附加堆纹，构成横条带和连续菱格状；器耳贴塑两道横列附加堆纹。残高 5、口径 10、耳宽 1.4 厘米（图二四，3）。标本 86YL－019，夹砂红陶，胎内添加云母屑，器表灰白色。外侈口，尖圆唇，斜直短领，圆弧腹，下腹及底部残。素面。残高3.8、口径8.4厘米（图二四，2）。

彩陶双耳罐 2件。标本86YL－015，泥质橙黄陶，胎内夹少许粗砂粒。小口略外侈，圆唇，较高的直颈，器口外两侧置双耳，球形圆腹，下腹及器底残。绘褐、红色复彩。彩绘图案两分，器颈下绘横条带纹，腹部绘"X"线分割的菱形网格，两侧间隔以褐彩和红彩竖条带纹。残高12.8、口径9.2、腹径18、耳宽1.6厘米（图二五，1）。标本86YL－016，泥质橙黄陶。大口，短沿略向外侈，尖圆唇，肩部以下残。器口内及外表绘黑红复彩。口沿内彩绘黑红彩横条带、齿带和垂弧纹，口沿外绘

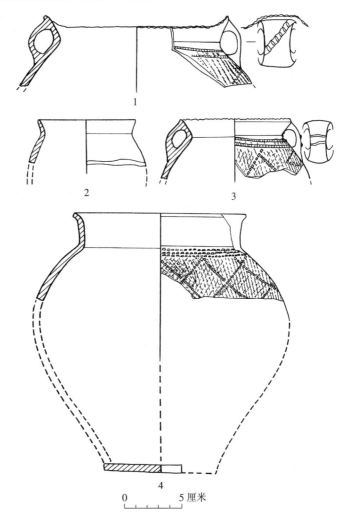

图二四 乐山大坪遗址采集陶夹砂罐

1. 86YL－012 2. 86YL－019 3. 86YL－013 4. 86YL－011

横竖条带组成的梯格纹，器耳绘黑彩垂鳞纹。残高5.6、口径16、耳宽2.2厘米（图二五，2）。

彩陶瓮 2件。标本86YL－017，口颈部残片。泥质橙红陶。喇叭口，圆唇外侈，细直颈，肩部以下残。器表绘黑红复彩，器表彩绘大部脱落，肩部残留红彩痕迹，其余漫漶不清。残高5.2、口径12厘米（图二五，3）。标本86YL－029，腹部残片。夹细砂橙红陶。腹部最大径以下置双耳。器表打磨绘黑色彩，器表绘棕彩棋盘格纹（图二五，4）。

瓮 2件。标本86YL－027，陶瓮腹部残片。夹砂橙黄陶。腹部最大径处置双耳，

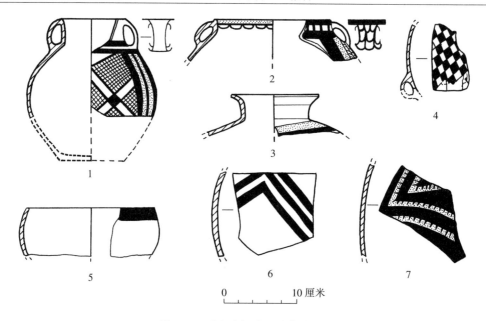

图二五　乐山大坪遗址采集彩陶

1、2. 彩陶双耳罐（86YL－015、86YL－016）　　3、4. 彩陶瓮（86YL－017、86YL－029）　　5. 钵（86YL－014）

6、7. 彩陶片（86YL－030、86YL－031）

耳面滚压斜向绳纹（图二三，8）。标本 86YL－028，陶瓮腹部残片。泥质橙黄陶。腹部最大径处置双耳。素面（图二三，3）。

器底　6 件。标本 86YL－020，夹砂褐陶，胎内掺少许云母屑，器表有烟炱痕。瘦腹，小平底。素面。残高 5、底径 4 厘米（图二三，12）。标本 86YL－022，夹砂红陶。下腹和器底拍印密集的交错绳纹。残高 4、底径 7 厘米（图二三，9）。标本 86YL－023，泥质红陶。素面。残高 4、底径 16 厘米（图二三，6）。标本 86YL－024，泥质橙红陶。弧腹，小平底。素面。残高 11、底径 12 厘米（图二三，7）。标本 86YL－025，夹砂红陶。素面。残高 4.5、底径 16 厘米（图二三，10）。标本 86YL－026，夹砂红褐陶。下腹斜直，平底。素面。残高 9.2、底径 16 厘米（图二三，11）。

彩陶片　2 件。标本 86YL－030，夹砂橙黄陶。器表绘暗褐彩折线纹（图二五，6）。标本 86YL－031，细泥橙黄陶。器表施淡褐色陶衣，绘黑红复彩弧线锯齿纹，在锯齿纹之间绘红彩弧线纹（图二五，7）。

纹饰陶片　6 件。标本 86YL－032，罐类器器底残片。夹砂橙红陶。器底部拍印交错绳纹，比较规整（图二六，1）。标本 86YL－033，夹砂橙红陶。器表拍印细密的交错绳纹，比较杂乱（图二六，2）。标本 86YL－034，夹砂橙红陶。器表拍印细线压划纹（图二六，3）。标本 86YL－035，夹砂橙黄陶。器表拍印细密的交错线绳纹，比较散乱（图二六，4）。标本 86YL－036，夹砂红陶。器表拍印细密的交错线绳纹（图二

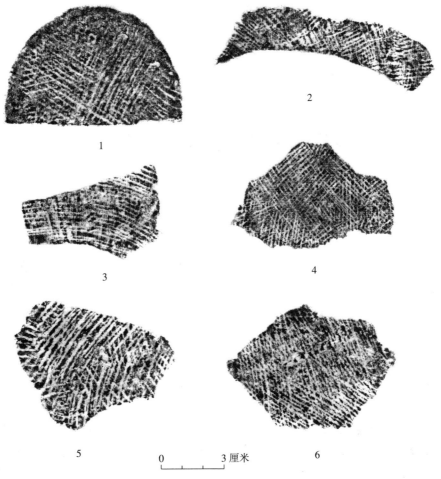

图二六　乐山大坪遗址采集纹饰陶片

1. 86YL－032　2. 86YL－033　3. 86YL－034　4. 86YL－035　5. 86YL－037　6. 86YL－036

六，6）。标本 86YL－037，夹砂红陶。器表拍印较粗疏的交错线绳纹（图二六，5）。

根据上述采集遗物，同时参考兰州市博物馆的藏品，可以确认乐山大坪遗址属于半山—马厂文化性质。有研究者认为，该遗址的时代属于马厂文化的早、中期[①]。但从兰州市博物馆发表的报告看，该址出土的部分彩陶腹部偏瘦，器表绘制黑红复彩花纹，尚保留有锯齿纹，特点是齿尖锋利细长，排列比较松散，有些锯齿纹的齿尖倾斜向一侧，此类彩陶的年代有可能早到半山文化末期[②]。

---

①　马德璞、曾爱、魏怀珩：《永登乐山坪出土一批新石器时代的陶器》，《史前研究》（增刊）201～211、99 页，1988 年。

②　李水城：《半山与马厂彩陶研究》，北京大学出版社，1998 年。

肆 天祝藏族自治县

天祝县位于甘肃省中部，东连景泰县，北靠武威、古浪两县，西接青海省，南接永登县。地理坐标为东经 102°00′52″ ~ 103°36′56″，北纬 36°39′38″ ~ 37°40′57″，面积6865 平方公里（图二七）。

天祝县地处祁连山地冷龙岭的分支雷公山—毛毛山与马雅雪山之间，政府驻地原在乌鞘岭北坡的安远镇，后迁至南部与永登县相邻的华藏寺。县境内海拔多在 2500 ~ 4000 米之间，山地海拔在 3000 米以上，最高的卡洼掌主峰大雪山高 4843 米，有冰川分布。在高山之间分布着狭窄的山间盆地，较大的有西北面的哈溪盆地和东南一带的坪城盆地。山间盆地的地势略平坦，分布有草场，是优良的天然高山牧场和农牧业区。

乌鞘岭位于天祝县中部、毛毛山西端，藏民称"哈香日"（意为"和尚岭"）。历史上，此地曾先后称作"洪池岭、分水岭、乌梢岭、乌沙岭"等。岭东西长 17、南北宽10 公里，主峰海拔 3562 米。乌鞘岭扼河西咽喉，是陇中黄土高原与河西走廊的天然界标，内外流河的分水岭和半干旱区向干旱区过渡的分界。这里气候多变，地势险要，自古即为重要的交通隘口和军事要塞。

天祝县境内的主要河流有大通河、金强河和石门河（均为庄浪河上游）、哈溪河（黄羊河上游）、闸渠河（杂木河上游）、西大滩河（古浪河上游）等。天祝县除东南一带属温带干旱性气候外，大部地区属高寒半干旱性气候，气温低，日照短，气候多变。年均温 – 0.3℃，年降水 355 毫米。

天祝于 1950 年建县，1954 年改为天祝藏族自治区，1955 年改自治县至今。全县现有人口 21 万，居民多为汉族，藏族居第二位（24%），其他还有土族、回族、蒙古族、满族等族群。

天祝是山区县，地理环境复杂多变，考古工作相对薄弱。20 世纪 50 年代修建兰新铁路时，曾在该县安远镇西北的萱麻河流域发现董家台遗址①。根据目前掌握的资料，该县发现史前遗址 4 处（见附录一）。

---

① 甘肃省博物馆：《甘肃古文化遗存》，《考古学报》1960 年 2 期 11 ~ 52 页。

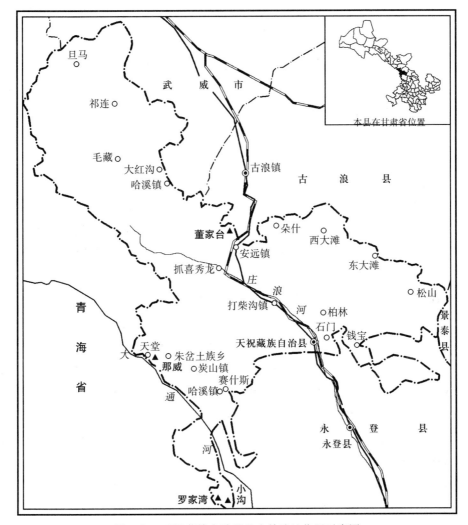

图二七　天祝藏族自治县及史前遗址位置示意图

　　1986 年 11 月 16 日，河西史前考古调查队前往天祝藏族自治县进行调查。据该县文化馆柴馆长（藏族）介绍，天祝县收藏有 20 来件史前时期的陶器，其中绝大多数属于马厂文化。由于当地的文物专职干部有事不在，未能观摩到这批馆藏文物。同年 12 月 3 日，河西史前考古调查队再次来到天祝县，由于当地文物专干未归，没能实现在当地考察的计划。此外，在武威市博物馆也收藏或展出有个别出自天祝藏族自治县的陶器，均属于典型的马厂文化。

　　2007 年夏，经与甘肃省文物考古研究所协商，为保证该调查报告资料的系统性和完整性，甘肃省文物考古研究所派员专程前往天祝藏族自治县文化馆，将当地馆藏的史前陶器资料进行了收集。现将这批馆藏文物介绍如下。

（一）小沟遗址

位于天祝县西南角的东坪乡（此地现已划归永登县管辖①）的最南端，甘肃省与青海省乐都县交界处，由此向东约 10 公里为大通河，河东为永登县河桥镇，东南约 5 公里即著名的蒋家坪遗址。遗址的地理坐标为东经 102°46′48″，北纬 36°31′01″；海拔 2209 米（见图二七）。

小沟遗址出土物均为旧藏，数量较多，现根据文化性质分别介绍如下。

1）马家窑文化

彩陶双耳壶　2 件。小沟遗址采集。馆藏号 001，泥质橙红陶。喇叭口，卷圆唇，宽平沿，细高颈，圆弧宽肩，肩腹部转折明显，斜直腹向下内收，上腹部安置对称双耳，平底。器表肩部以上绘黑彩，颈部、肩上部和下部绘粗细平行条带纹，肩中部绘四组似为"蚂蚱"造型的跳跃昆虫纹（或"弯腰之人"），每组纹样之间用数道侧弧线纹间隔开来。下腹部有明显的泥条盘筑痕迹，器表略经打磨。高 40、口径 12.5、肩径 32.6、底径 15 厘米（图二八，5；彩版二，1）。馆藏号 002，泥质橙黄陶。喇叭口，尖圆唇，细高颈，圆弧宽肩，肩腹部转折明显，斜直弧腹向下内收，腹上部安置对称双耳，平底。器表腹中部以上绘黑白复彩，颈部、肩上部和腹部绘多股平行条带纹，肩上部平行条带纹较细，等距离绘两枚涂黑的圆，内中用白彩绘倒"T"形纹。在这组纹样以下绘一组细线网格纹，也等距离地绘制两枚涂黑的椭圆，内中用白彩绘"工"字纹，在"工"字上面一横的下面绘两个白彩小圆点；在黑色椭圆周边等距离涂绘白彩小圆点。在这组纹样下面的宽带纹上等距离绘一周白彩小圆点。器表打磨光滑。高 28、口径 7.4、肩径 20.6、底径 8.6、耳宽 2 厘米（图二八，1；彩版二，2）。

彩陶小口瓮　1 件。小沟遗址采集。馆藏号 0056，泥质橙黄陶。小口外侈，有残缺，束颈，圆弧肩较宽，转折明显，腹上部置对称双耳，贴塑附加堆纹一周，下腹内收，平底。器表绘黑色彩，肩部绘数道黑彩细线波浪纹，折肩部位绘细线条带纹。器表上半部打磨光滑，下半部泥条盘筑痕明显。高 26.5、口径 9.1、腹径 29.4、底径 12 厘米（图版三，1）。

2）半山文化

彩陶禽形壶　1 件。小沟遗址采集。馆藏号 008，泥质红陶。杯形小口，位于器腹部前端，圆唇，直立颈，杯口两侧安置一对器耳，扁卵圆形腹，整体模仿禽鸟身体造型，腹部后端下部有一凸纽，以象禽鸟尾羽。器表通体经打磨，绘黑红复彩，器口内绘黑彩垂弧纹，器口外上半绘宽带锯齿纹，下半至上腹部绘红彩宽带和黑彩宽带锯齿

---

① 根据《甘肃省地图册》13 ~ 14 页，中国地图出版社，2001 年。

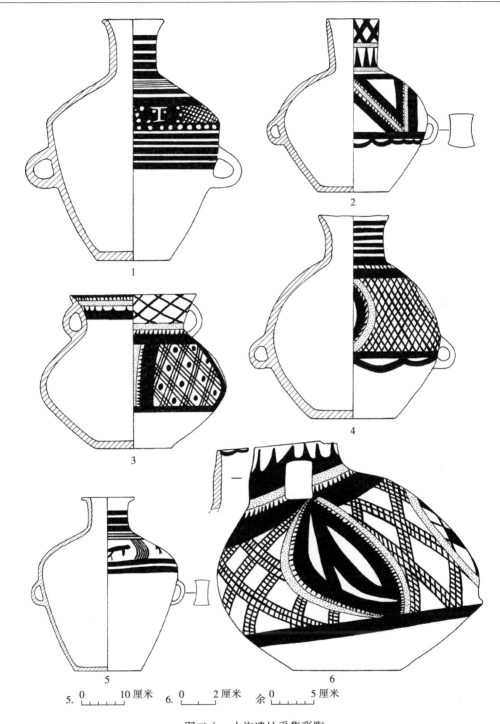

图二八　小沟遗址采集彩陶

1、5. 彩陶双耳壶（002、001）　2、4. 彩陶腹耳壶（0016、0015）　3. 彩陶双耳罐（004）　6. 彩陶禽形壶
（008）（1、2 为马家窑文化，余为半山文化）

纹，腹部主纹样为红彩橄榄叶形，内中绘同样形状的黑彩橄榄叶，黑彩外侧周边绘锯齿，中心绘黑彩"人"字。在三组橄榄叶纹样间绘梯格线组成的黑彩菱形网格纹。高13.2、口径5、腹径15.5、底径6.3厘米（图二八，6；彩版二，3）。

彩陶腹耳瓮　1件。小沟遗址采集。馆藏号0024，泥质红陶，胎质较粗。侈口，圆唇，斜直短领，圆鼓腹，腹中部置较大的双耳，平底。器表略经打磨，绘黑红复彩，口沿内彩脱落漫漶不清，腹部绘稍粗的横条带纹，黑红彩间隔，腹部主纹样绘三组折线纹，中间为红彩，外侧为黑彩，构图疏朗。高19.8、口径11.4、腹径21.5、底径10.5厘米（图三〇，5）。

彩陶双耳罐　1件。小沟遗址采集。馆藏号004，泥质红陶。侈口，高领，束颈，颈部对称置双耳，圆鼓腹，平底。器表施浅褐色陶衣，器表下腹以上部位绘黑红复彩。口沿内绘红彩条带纹、黑彩锯齿纹；器领部绘细线粗疏网格纹，颈下绘红彩宽带纹、黑彩锯齿纹，腹部主纹样四分式结构，由三股细线组成菱形网格，内中填以卵点纹，间隔以黑红彩竖条带，相对红彩一侧的黑彩绘密集的锯齿。器表打磨光滑。高18、口径15、腹径22、底径9厘米（图二八，3）。

彩陶腹耳壶　2件。小沟遗址采集。馆藏号0016，泥质红陶。杯形小口，尖圆唇，高直颈，圆弧肩，折腹，腹中部对称安置双耳，下腹内收成平底。器表施黑红复彩，颈部纹样分上下两段，上部绘斜线网格纹，下部绘竖向锯齿纹，腹部主纹样是在宽带纹之间绘黑红彩线条构成的"人"字折线纹，中间绘红彩，两侧绘黑彩，朝向红彩一侧带锯齿。图案下部绘垂弧纹。器表略经打磨。高19.9、口径6、腹径18.4、底径8.3厘米（图二八，2）。馆藏号0015，泥质红陶。喇叭形小口，细长颈，圆溜肩，弧腹斜收，平底。腹部置对称双环耳。绘黑彩、紫红彩。颈部绘黑红彩横条带纹，腹部绘四大扁圆圈纹，外圈紫红彩，内圈黑彩，周边绘锯齿。高23.5、口径8.4、腹径20.8、底径10厘米（图二八，4）。

3）马厂文化

彩陶双耳罐　2件。小沟遗址采集。馆藏号0039，泥质橙红陶。侈口，尖圆唇，短领，束颈，器口外两侧置对称双耳，圆鼓腹，下腹内收成小平底。器表施黄白色陶衣，绘黑红复彩。口沿内绘对三角纹、波浪曲线纹，器耳绘横条带纹；器表领部绘对叠三角纹，下绘红彩条带。主纹样两分式，绘黑彩宽折线纹，空白以三角细线网格纹补白。主纹样上部及两侧空白填补条带联珠黑点纹，底线下绘垂弧纹。器表打磨。高17.2、口径17、腹径22.3、底径7厘米（图二九，1；彩版二，4）。馆藏号0054，泥质红陶。大喇叭口，外侈，束颈，口沿至肩部安置器耳，扁折腹，小平底。器口内绘黑彩宽带纹，器领部绘黑彩网格卵点纹，腹部绘两组黑彩齿边宽带纹。高10.5、口径10.6、腹径14.4、底径6厘米（图二九，4）。

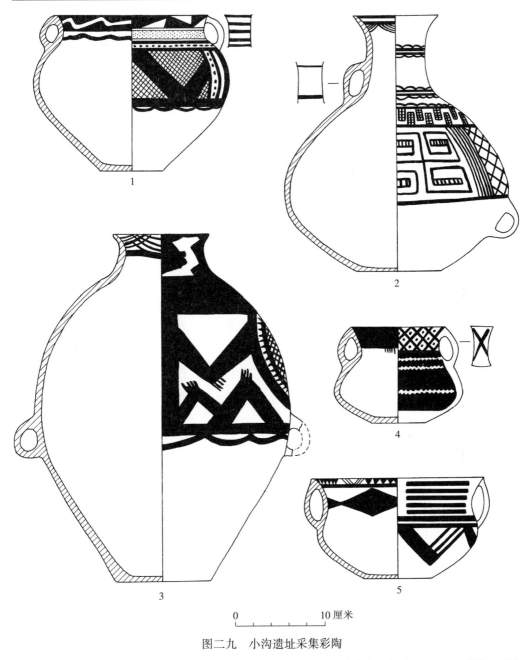

图二九　小沟遗址采集彩陶

1、4.彩陶双耳罐（0039、0054）　2.彩陶高低耳壶（0029）　3.彩陶小口瓮（0048）　5.彩陶双耳盆（0040）（均为马厂文化）

　　彩陶小口瓮　1件。小沟遗址采集。馆藏号0048，泥质红陶。喇叭小口外侈，微束颈，圆鼓肩，圆弧腹，腹中部对称置双耳，下腹内收成平底。腹中部以上及器口内施红褐色陶衣，绘黑彩。口沿内绘重复交错的垂弧线纹、横条带纹；器表颈部绘连续

"S"纹，肩部绘宽带纹，腹部绘两组大圆圈纹，外周绘锯齿内中绘细线网格纹；圆圈之间绘人蛙纹，底线下绘垂弧纹。器表打磨光滑。高 38、口径 10.8、腹径 28.6、底径 10.6 厘米（图二九，3）。

彩陶高低耳壶　1 件。小沟遗址采集。馆藏号 0029，泥质红陶。小喇叭口，外侈，细长颈，圆弧肩，鼓腹，下腹内收成小平底。肩颈部置一耳，下腹部相反位置另设一耳。器表经打磨，施红色陶衣，绘黑色彩。口沿内绘黑彩条带纹、垂弧线纹；器表颈部绘黑彩条带纹、上下相反的弧线纹，肩部绘一组上下交错的梯格纹，腹部主纹样为四组"卍"字纹，间隔以细线纹、网格纹。高 28、口径 9.5、腹径 25.2、底径 9.5 厘米（图二九，2）。

彩陶双耳盆　1 件。小沟遗址采集。馆藏号 0040，细泥红陶。大敞口，尖圆唇，束颈，器口外颈腹间对称置双耳，圆弧腹，平底。器表打磨光滑，口沿内壁上半及器表施红色陶衣，绘黑色彩。口沿内绘黑彩连续大菱格纹、条带纹和锯齿纹；器表颈部绘四组黑彩短条带组成的八卦纹，腹部绘折线纹。腹部正中位置由外向内戳印一小凹窝。高 11、口径 19.3、腹径 18.2、底径 8 厘米（图二九，5；图版三，2）。

陶纺轮　1 件。小沟遗址采集。馆藏号 0038，泥质橙黄陶。圆饼形，中心穿孔，一面刻划"个"字折线纹。器表打磨光滑。直径 6.3、厚 1 厘米。

小沟遗址的文化性质比较复杂，包括马家窑文化、半山文化和马厂文化等不同时段的遗存。这些遗物全部保存完整，应是一处延续时间较长的大型墓地中的随葬品。

（二）罗家湾遗址

位于天祝县西南角的东坪乡（现划归永登县管辖①），此地靠近甘肃省和青海省乐都县交界处，向东约 10 公里为大通河和连城火车站。地理坐标为东经 102°47′56″，北纬 36°31′32″；海拔 2290 米（见图二七）。

罗家湾遗址的出土物均为旧藏，根据其文化性质分别介绍如下。

1）马厂文化

彩陶腹耳瓮　2 件。罗家湾遗址采集。馆藏号 0053，泥质红陶。喇叭小口，外侈，略有残缺，短颈，弧鼓肩，球形圆腹，腹中部靠下对称置双耳，下腹内收成小平底。器表打磨光滑，施黄褐色陶衣，绘黑红复彩。器口沿内绘红彩条带，黑彩垂弧纹；器表颈部纹样不清，腹部绘四大圆圈网格纹。高 38.4、口径 12、腹径 36.4、底径 10 厘米（图三〇，1）。馆藏号 0049，泥质红陶。小喇叭口外侈，尖圆唇，矮领，束颈，弧肩，圆鼓腹，腹中部置对称双耳，下腹内收成平底。器表经打磨，绘黑色彩。器口内

---

① 见《甘肃省地图册》13 ~ 14 页，中国地图出版社，2001 年。

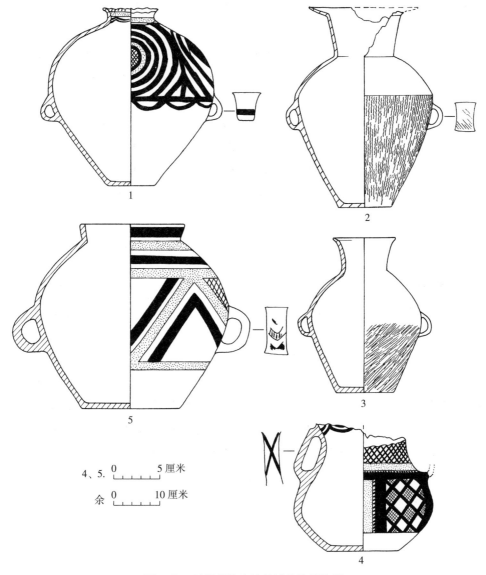

图三〇 天祝藏族自治县博物馆藏陶器

1、5. 彩陶腹耳瓮（0053、0024）　　2、3. 高领篮纹罐（0080、0078）　　4. 彩陶双耳罐（0179）

4. 罗家湾遗址，马厂文化；2. 那威遗址，齐家文化；3. 地点不详，齐家文化；5. 小沟遗址，半山文化）

绘黑彩条带纹、锯齿纹；领部绘宽带垂弧纹，肩部和上腹部绘宽带卵点纹，腹中部绘"人"字折线纹，空白处以圆点补白，底线下绘垂弧纹。高34.4、口径9.1、腹径31、底径8.8厘米（彩版三，2）。

彩陶双耳罐　1件。罗家湾遗址采集。馆藏号0179，泥质红陶。侈口，有残缺，高颈微束，器口外至上腹部置对称双大耳（一耳残失），扁圆鼓腹，下腹内收成平底。

器表打磨光滑，施黄褐色陶衣，绘黑褐复彩。器口内绘黑彩垂弧纹，颈部绘黑彩细线网格纹、褐彩条带纹、黑彩齿带纹，腹部主纹样为四分式，分别绘 X 分割的三角网格纹、菱形网格卵点纹，每组纹样之间用黑褐彩宽带纹隔开，中间为褐彩，两侧为黑彩，朝向褐彩的一侧黑彩带锯齿。高 13.6、腹径 15.4、底径 7.5 厘米（图三〇，4）。

2）辛店文化

小口圜底瓮　1 件。罗家湾遗址采集。馆藏号 0027，夹砂橙黄陶。小口直立，高颈，弧肩，卵圆腹，尖圜底。器表施黄褐色陶衣。口沿外捏塑一周附加堆纹，肩部以下施细密的篦纹（细绳纹）。高 52、口径 12.8、腹径 40.1 厘米（图版三，3）。

罗家湾遗址的藏品包括有马厂文化和辛店文化等遗存。这些遗物保存完整，很有可能是墓中的随葬品。

（三）那威遗址

位于天祝县东南一侧的天堂乡（科拉口），大通河北岸台地上，此地隔大通河与青海省乐都县相望。地理坐标为东经 102°31′52″，北纬 36°55′24″；海拔 2275 米（见图二七）。

那威遗址出土物均为旧藏，现介绍如下：

高领篮纹罐　1 件。那威遗址采集。馆藏号 0080，泥质红陶。大喇叭口外侈，残缺部分，口沿向外翻折，喇叭状长颈，上粗下细，宽肩圆弧，折腹明显，上腹部置对称双耳，腹部斜直内收，平底。肩部以上素面无纹，腹部拍印竖向篮纹。器表打磨光滑。高 42.8、口径约 24、腹径 30.4、底径 10.8 厘米（图三〇，2；图版三，4）。

那威遗址出土这件高领篮纹罐可确认属于齐家文化，而且很可能是出自墓中的随葬品。

（四）其他藏品

1）马家窑文化

彩陶大口盆　1 件。出土地点不详。永登县中堡镇大营湾村村民刘文寿上交。馆藏号 0010，泥质橙黄陶。侈口，尖圆唇，窄沿，扁圆折腹，折腹处对称捏塑一对盲耳，平底。器表打磨光滑，绘黑色彩。器口内沿绘一周锯齿纹和条带纹，外表图案分上下两组，上面绘四组短横条纹，两端为大卵点纹；下面绘条带水波纹。高 10.6、口径 13.6、腹径 17.2、底径 6.5 厘米（图三一，2；彩版三，1）。

2）马厂文化

彩陶腹耳瓮　2 件。出土地点不详。馆藏号 0055，泥质红陶。喇叭小口外侈，圆唇，斜直矮领，束颈圆鼓肩，深腹，腹中部置双耳，平底。器表经打磨，绘黑色彩，

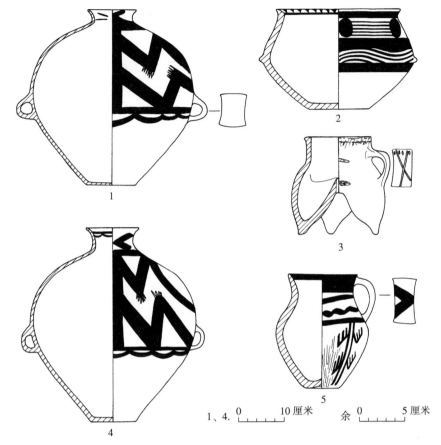

图三一　天祝藏族自治县博物馆藏陶器

1、4. 彩陶腹耳瓮（0055、0052）　2. 彩陶大口盆（0010）　3. 单把鬲（0036）　5. 彩陶单耳罐（0031）（1、4. 马厂文化，2. 马家窑文化，3、5. 辛店文化。出土地点不详）

领部绘"＜"纹，腹部绘宽粗条带组成的人蛙纹，纹样下部绘一周垂弧纹。高37.6、口径10.8、腹径38、底径10.4厘米（图三一，1）。馆藏号0052，泥质红陶。喇叭小口外侈，圆唇，束颈稍高，圆鼓肩，深腹，腹中部置双耳，平底。器表经打磨，绘黑色彩，领部绘"＜"纹，腹部绘宽粗条带组成的人蛙纹，纹样下部绘一周垂弧纹。高41.6、口径11.6、腹径38.2、底径9.6厘米（图三一，4）。

　　3）齐家文化

　　高领篮纹罐　1件。出土地点不详。馆藏号0078，泥质橙红陶。喇叭口，长颈，弧肩，斜直腹，腹上部置双耳（一耳残），平底。腹部拍印斜向篮纹，较散乱。器表肩部以上略经打磨。高33.2、口径13.6、腹径25.2、底径12.4厘米（图三〇，3）。

　　4）辛店文化

　　彩陶单耳罐　1件。出土地点不详。天祝县钱宝乡华尖滩村村民张天忠上交。馆藏号0031，夹砂红陶。喇叭口，外侈，尖圆唇，束颈，口沿一侧置单耳，圆弧腹，内凹底。器表经打磨，施黄白色陶衣，绘黑色单彩。器口内外绘宽带纹，肩部绘水波纹，腹部拍印竖列绳纹，略抹平，再绘几何状蜥蜴纹。高12.2、口径7.1、腹径10.2、底径4厘米（图三一，5；彩版三，3）。

单把鬲　1件。出土地点不详。天祝县华藏寺镇扎毛沟村村民孙成惠上交。馆藏号0036，夹砂橙红陶。直口，方唇，短颈直立，一侧置桥形单耳，乳状袋足，分裆，有短圆柱实足跟。器颈上部和器耳上有短斜线划纹，颈下部和裆上部各捏塑一鸡冠耳状附加堆纹，器裆部正中有一小穿孔。高10.6、口径7、腹径10.4厘米（图三一，3；彩版三，4）。

天祝县的史前遗址主要分布在一些地理位置较好的山间盆地及河流两岸的台地上。其中，以靠近青海和甘肃永登附近的大通河流域分布相对集中。另在该县中部与古浪为邻的河谷地带也有分布，如早年发现的董家台遗址[①]。总之，该县发现的史前遗址并不很多。除上述两地，在庄浪河上游和北面的哈溪盆地也应有史前遗址的分布。根据上述遗物可看出，这些馆藏文物包括有马家窑文化、半山文化、马厂文化和齐家文化。

---

① 甘肃省博物馆：《甘肃古文化遗存》，《考古学报》1960年2期11~52页。

伍　古浪县

古浪县位于甘肃省中部，武威市东南部，西部与西北接武威市，南面依托天祝藏族自治县，东与景泰县为邻，东北与内蒙古自治区的阿拉善左旗接壤。地理坐标为东经102°42′07″~103°49′56″，北纬37°08′53″~37°55′38″，面积5287平方公里（图三二）。

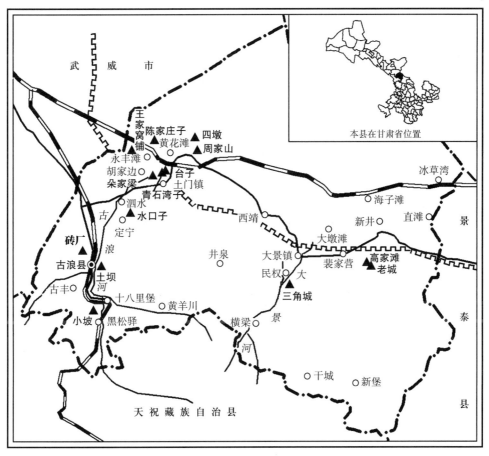

图三二　古浪县及史前遗址位置示意图

古浪县位于乌鞘岭和毛毛山北麓，政府驻地古浪镇。全县地势南高北低，海拔1700～2800 米。县境南侧是祁连山东段支脉，分布着横山、秦家大山、摩天岭、昌林山等，北面是腾格里大沙漠的一部分。古浪峡以北为冲积扇绿洲，也是该县最主要的农业区。

流经本县的河流有西面的古浪河和中部的大景河，均为北向的内流河，流向腾格里沙漠。古浪县北部属温带干旱性气候，南部为高寒半干旱性气候，年均温 4.8℃，年降水 357 毫米，主要集中于每年 8～9 月。蒸发量大于 1900 毫米。

汉代在古浪设苍松县，明代置古浪所属行都司，清代设古浪县。目前全县有人口39 万，以汉族为主，少数民族有回、土、藏、满等。

古浪县的考古工作始于 20 世纪 50 年代初期。修建兰新铁路时，在古浪河上游大龙沟的黑松驿发现了谷家坪滩遗址，属于马厂文化[①]。1980 年，武威地区博物馆在该县西面的裴家营乡挖掘了老城、高家滩两处遗址。其中，老城遗址试掘 200 平方米，清理马厂文化墓葬 5 座[②]；高家滩遗址试掘 20 平方米，发现马厂文化的堆积，出土一批遗物[③]。根据目前掌握的资料，古浪县发现的史前遗址达 40 处（见附录一）。

1986 年 11 月 15 日，河西史前考古调查队抵达古浪县，因当地文物专干去武威参加文物普查，考察未能实施。同年 12 月，在结束了景泰县的调查后，河西史前考古调查队再次前往古浪。途经裴家营乡考察了老城遗址。抵达古浪县后，由于当地文物专干仍未返回，遂放弃调查。

2007 年夏，在结束了河西走廊的环境考古调查后，参与考察的李水城（北京大学考古学系）、王辉（甘肃省文物考古研究所）、王辉（中国社会科学院考古研究所）前往古浪县文化馆考察了该县收藏的部分史前文物。为了增强本报告资料的完整性，经协商，甘肃省文物考古研究所派员前往古浪县搜集了当地收藏的部分史前文物。现将1986 年老城遗址调查资料及古浪县旧藏的史前文物一并介绍如下。

一　古浪老城遗址调查试掘采集品

遗址位于古浪县以东约 60 公里的（裴家营乡）直滩乡老城村西南侧，这里地处祁连山余脉昌林山（主峰海拔 2300 米）西北的山前坡地上，向北约 1 公里为明长城，地

---

① 甘肃省文物管理委员会：《甘肃古浪黑松驿谷家坪滩新石器时代遗址》，《文物参考资料》1955 年8 期 46～48 页。

② 武威地区博物馆：《甘肃古浪县老城新石器时代遗址试掘简报》，《考古与文物》1983 年 3 期 1～4 页。

③ 武威地区博物馆：《古浪县高家滩新石器时代遗址试掘简报》，《考古与文物》1983 年 3 期 5～7 页。

理坐标为东经 103°40′34″，北纬 37°29′13″；海拔 1970 米（图三二；图版四，1）。

1986 年 12 月 3 日，河西史前考古调查队前往古浪县老城遗址调查。老城村建在景泰—古浪公路以南的坡地上。1980 年，武威地区博物馆曾在该址进行发掘。根据后来发表的报告，该址占地面积 5000 平方米[①]。

在当地村民引领下，河西史前考古调查队来到村西南 500 米外的山前坡地上。由于前一天刚下过大雪，遗址地表被大雪覆盖，给考察带来极大不便，沿途仅采集一片彩陶片。调查队在一处断崖上发现暴露的灰坑，坑内堆积的兽骨明显有被火烧的痕迹。从暴露的部分剖面观察，该址的文化层厚 1 米左右。

在老城村南有一眼公用水井，井旁建有蓄水池。在水井东侧形成一条较浅的南北向冲沟，沟底部暴露一截人骨，调查队旋即进行了清理，发现这是一座史前时期的墓葬。在清理此墓时，老城村一些村民前来观看，有村民从家中取来 3 件在该址挖出的陶器，慷慨赠予我们。根据村民介绍，在老城村周围及村南山坡上常有古物发现。现将此次调查及墓葬清理情况介绍如下。

1. 墓葬

位于老城村南坡公用水井（泉水）东侧的冲沟内，水井旁地表经常年踩踏已形成坚硬的路土。由于水土流失，墓穴距地表很浅。在冲沟底部暴露一截出露的人骨。经清理得知，这是一座史前时期的墓葬（编号 86GLM1）。墓葬形制为圆角长方形竖穴土圹，近正南北向，长 1.32、残宽 0.62 米（原宽度估计在 0.7 米左右）。由于地处坡地上，墓葬南端深 0.32 米，北端深 0.23 米。墓内葬有一人，仰身屈肢，头向正南（朝向昌林山主峰方向）。由于墓葬一侧遭到水流冲刷和人为破坏，墓主头骨、上肢左侧手臂、胸骨及部分肋骨、颈椎、胸椎已不存。墓主右臂弯曲置于胸前，下肢

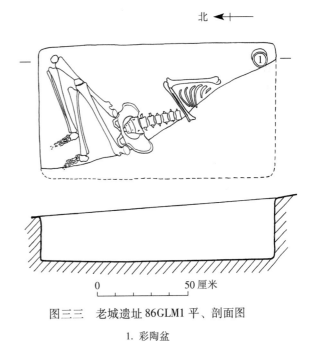

图三三　老城遗址 86GLM1 平、剖面图

1. 彩陶盆

① 据后来的文物普查资料，该址面积 20 万平方米（详见本书附录一）。

基本完整，呈蹲踞的屈肢状。在墓内上方东南角随葬 1 件彩陶盆（图三三）。

2. 随葬品

彩陶盆　1 件。标本 86GLM1：01，泥质橙黄陶。大喇叭口，圆唇，粗直颈，扁圆鼓腹，腹最大径位置捏塑一对泥条状盲耳，平底。器表及口沿内打磨光滑，施黄褐色陶衣，绘黑色彩。器口沿内绘一周密集的细线网格纹；器颈部绘波浪状折线纹，腹部纹样用斜条带纹分割成四组，内填密集的细线网格纹。高 7.6、口径 9.3、腹径 11.6、底径 6 厘米（图三四，2）。

3. 其他采集、征集遗物

彩陶单把杯　1 件。标本 86GL－002，泥质红陶。小口微向内敛，尖圆唇，筒状深腹，腹壁弧曲，平底，器口外一侧置单把（残失），器把上端高出器口。器表打磨光滑，施红褐色陶衣，通体绘黑色彩。口沿以下器表绘细线网格纹，腹部绘横条带纹，其间绘三线构成的折线纹；器把绘弧线、横线纹。高 10.4、口径 5、腹径 7.1、底径 4.8 厘米（图三四，6）。

彩陶双耳罐　1 件。标本 86GL－003，泥质橙黄陶，胎芯灰色。小口外侈，圆唇，斜直短领，器口外两侧置双耳，扁圆鼓腹，器底残。器表打磨光滑，施褐色陶衣，自口沿至下腹部绘黑色彩。器口内绘条带纹一周；器领绘三角折线纹，腹部纹样两分，在横竖条带之间绘短线纹和锯齿纹，腹部绘风车状双线"X"纹，内填网格；器耳绘短横线纹。残高 8、口径 6.3、腹径 10.7、耳宽 1.6 厘米（图三四，4）。

夹砂罐　1 件。标本 86GL－001，夹砂红陶，器表较粗糙，色泽不匀，局部呈黑褐色，残留较浓的烟炱痕迹。小口外侈，斜直短领，器口外两侧置双小耳，口缘向外翻卷成厚叠唇，球形圆腹，平底。器口正中位置捏塑一枚小突纽，突纽正中捺印圆形凹窝。颈下装饰一周附加泥条堆纹。高 12.5、口径 7.5、腹径 12.2、底径 6 厘米（图三四，1）。

彩陶片　1 片。标本 86GL－004，此器应为彩陶瓮的腹部残片。细泥红陶。器表打磨光滑，施褐色陶衣，绘黑彩竖条宽带，间以密集的细线网格，主纹样下绘垂弧线（图三四，5）。

4. 采集兽骨

在老城遗址一处低矮的断崖下暴露出一处灰坑，内含大量炭渣和动物骨骼。其中，不少兽骨有火烧灼的痕迹，经初步鉴定主要为羊一类食草动物。

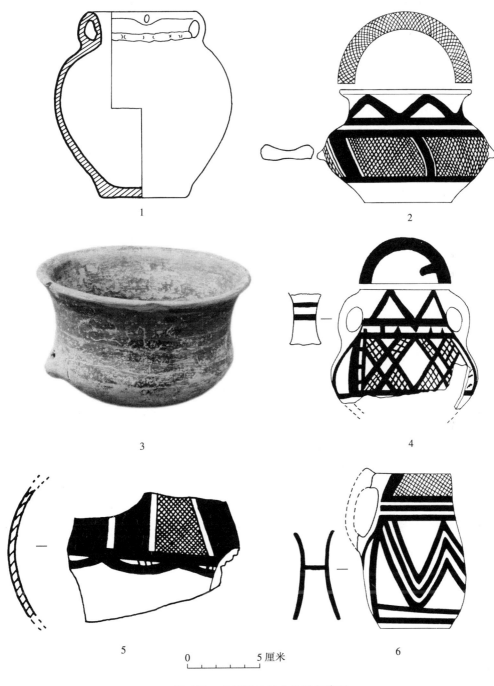

图三四　老城遗址出土及采集陶器

1. 夹砂罐（86GL-001）　2. 彩陶盆（86GLM1：01）　3. 彩陶钵（0072）　4. 彩陶双耳罐（86GL-003）

5. 彩陶片（86GL-004）　6. 彩陶单把杯（86GL-002）

5. 古浪县藏老城遗址采集陶器

彩陶带嘴罐　1件。老城遗址采集。馆藏号0073，泥质橙红陶。侈口，圆唇，斜直短领，束颈，球形圆腹，器口外至肩部设对称双耳，正前方肩部有一管状短流嘴，平底。器表打磨光滑，施黄褐色陶衣，绘黑色彩。口沿内绘黑彩垂弧纹，领部绘波浪线纹，肩部绘锯齿横条带纹，腹部主纹样为折线纹，间隔以"X"纹。高11.2、口径7.8、底径5厘米（彩版四，1）。

彩陶钵　1件。老城遗址采集。馆藏号0072，泥质红陶。侈口，束颈，微鼓腹，小平底。腹部两侧有小附耳（一耳缺失）。器表施褐色陶衣，绘黑色彩，口沿内绘横线大菱格纹，器表绘八卦纹、横条带纹和波浪线纹。高8.6、口径14、底径6厘米（图三四，3）。

根据上述采集品可知，老城遗址属于马厂文化。

二　古浪县藏史前时期文物

（一）三角城遗址

该址发现时间不详。地点位于古浪县城东约45公里的民权乡大景河台地上，向北约7公里为大景镇，再北面为明代长城。地理坐标为东经103°24′17″，北纬37°27′07″；海拔1970米（见图三二）。

彩陶圜底钵　1件。民权乡三角城遗址采集品。馆藏号0039，泥质红陶。大口微内敛，圆弧浅腹，圜底。器表打磨光滑，施红色陶衣，绘黑色彩。口沿部位绘黑彩细线条带纹。高10.5、口径28厘米（图三五，1；图版三，5）。

这件彩陶圜底钵属于仰韶文化半坡类型（或庙底沟类型）。该器出现在古浪非常重要，这也是在甘肃天水地区以东的首次发现。

（二）陈家厂（庄）子遗址

该址发现时间不详。地点位于古浪县西北的黄花滩乡，南临甘（塘）武（威）铁路[①]，北临洪水河，河道以北即腾格里沙漠的南缘。地理坐标为东经103°07′31″，北纬37°40′26″；海拔1690米（见图三二）。

彩陶小口瓶　1件。馆藏号0044，泥质橘红陶。原器应为喇叭小口（残缺），长

---

① 甘武铁路东起于包（头）兰（州）线的甘塘镇（宁夏回族自治区），西至武威市。

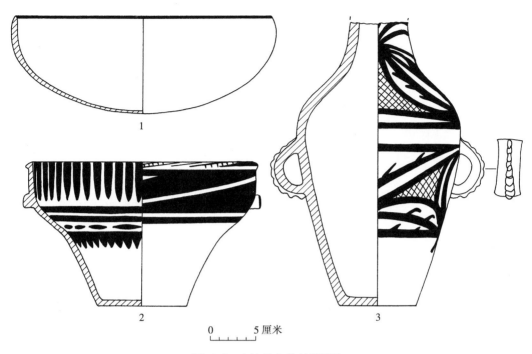

图三五　古浪县文化馆藏彩陶

1. 彩陶圜底钵（0039）　2. 彩陶曲腹盆（0016）　3. 彩陶小口瓶（0044）（1 为三角城遗址，2、3 为陈家庄子遗址）

颈，斜溜折肩，斜直深腹，器腹上部对称设置双耳，耳面捏塑竖列附加堆纹一股，平底。器表打磨光滑，施黄褐色陶衣，绘黑色彩。器表所绘图案分为两半，一半构图繁缛，大致可分为构图接近的上下两部分：上半部主纹样为弧边三角网格，两侧绘梭形叶纹，外周绘稀疏的大锯齿；下半部绘梯形方框，内中绘与上半部近似的纹样。另一半纹样疏朗，仅绘一只变形的鸟纹。残高 30.4、底径 8.4 厘米（图三五，3；图版四，2、3）。

彩陶曲腹盆　1 件。馆藏号 0016，泥质橘黄陶。大口直立，圆唇外鼓，深腹，上腹圆鼓，下腹内敛弧曲，平底。腹部两侧设置对称的盲耳一对。器表经打磨，内壁及外壁上半部绘黑彩花纹。器口内壁自上而下依次绘黑彩短竖条纹、横宽带纹、梭形点纹和大锯齿宽带纹；外壁上腹绘粗大的斜条带纹。高 15.5、口径 23.7、底径 9.5 厘米（图三五，2；彩版四，2）。

陈家厂（庄）子遗址所出喇叭口平底彩陶瓶、大口深腹彩陶盆均属于马家窑文化，并分别代表了马家窑文化早晚两个阶段。喇叭口平底彩陶小口瓶是马家窑文化早期的代表，目前在河西走廊系首次发现，也是此类器皿分布位置最靠西的。大口深腹彩陶盆是马家窑文化晚期的代表，也是河西走廊地区马家窑文化的典型器，也是目前所知此类器分布位置最靠东的，其他地区极少见。

（三）王家窝铺遗址

该址发现时间不详。地点位于古浪县西北永丰滩乡（永丰堡），此地靠近古浪与武威县界处，地处古浪河下游，北临甘（塘）武（威）铁路，北靠腾格里沙漠南缘。地理坐标为东经 103°01′41″，北纬 37°40′23″；海拔 1710 米（见图三二）。

彩陶小口罐　1 件。馆藏号 0003，泥质橙红陶。喇叭小口，外侈，尖圆唇，束颈，扁圆鼓腹，下腹内收成小平底。器表打磨光滑，施橙红色陶衣，绘黑色彩。器内口沿面外周绘锯齿纹；器表颈肩部位绘数道横条带纹，腹中部绘卵点旋涡线纹。高 10.2、口径 8、腹径 14.5、底径 6 厘米（图三六，3；图版三，6）。

王家窝铺遗址的文化性质属于典型的马家窑文化。

（四）小坡遗址

遗址发现时间不详。地点位于古浪县南部与天祝交界处、黑松驿乡南侧龙沟河（古浪河上游）与兰新铁路之间，地理坐标为东经 102°54′13″，北纬 37°19′28″；海拔 2390 米（见图三二）。

四纽双耳敛口盂　1 件。馆藏号 0087，泥质红陶。内敛小口，圆唇，整体呈球形，肩部捏塑四枚短圆柱凸纽，腹中部安置对称的双耳（一耳残），平底。器表略经打磨，绘彩部位施红褐色陶衣。腹中部以上位置绘黑彩粗细竖条带纹、横条带纹。高 5.6、口径 3.5、底径 4 厘米（图三七，2）。

此类四纽双耳敛口盂较少见，类似造型在马厂文化中曾有发现，但器形普遍矮胖，未见这么高的，也没有这种双耳加凸纽的造型。根据此器上半部所绘黑彩粗细横竖条带纹的特征看，属于马家窑文化的可能性很大。

（五）朵家梁遗址

该址发现时间不详。地点位于古浪县土门镇西面的胡家边乡，此地处在古浪河下游，向西约 10 公里为古浪与武威县界，西南侧为明长城，向北约 2 公里为永丰乡与甘（塘）武（威）铁路。地理坐标为东经 103°00′05″，北纬 37°36′03″；海拔 1820 米（见图三二）。

1）半山文化

彩陶腹耳瓮　1 件。馆藏号 0006，泥质橙红陶。小口外侈，圆唇，微束的高颈，圆鼓腹，腹中部置一对器耳，下腹内收成平底。器表打磨光滑，施黄白色陶衣，绘黑红复彩。口沿内绘黑彩条带纹，器颈绘细线网格纹，肩部绘黑红彩条带纹，其间夹一

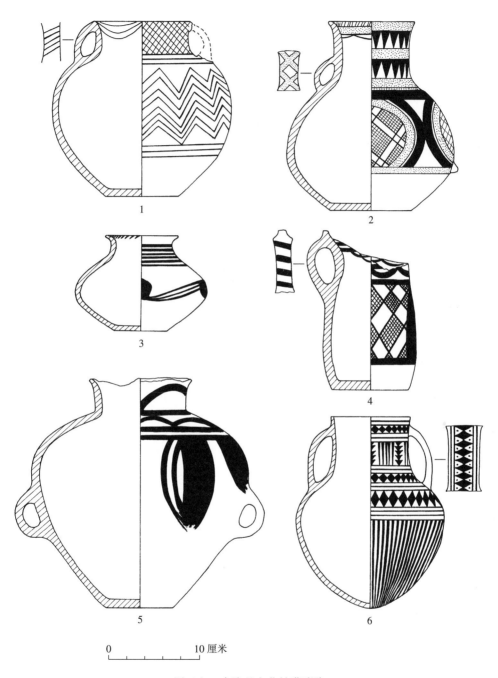

图三六　古浪县文化馆藏彩陶

1. 彩陶双耳罐（0289）　2. 彩陶单耳瓶（0038）　3. 彩陶小口罐（0003）　4. 彩陶单把杯（0104）　5. 彩陶腹耳壶（0036）　6. 彩陶双耳圈底罐（0021）（1、2、5 出土地点不详，3 为王家窝铺遗址，4 为周家山遗址，6 为四墩遗址）

组黑彩折线纹，腹部主纹样为黑红彩四大圆圈旋涡纹，圆圈内绘复线井字和细线网格，底线下面绘黑彩垂弧纹。主纹样均使用红彩，朝向红彩的黑彩绘密集的锯齿。高33.7、口径10.5、底径9.9厘米（彩版四，3）。

2）齐家文化

彩陶双大耳罐　1件。馆藏号0004，泥质橙红陶。喇叭状侈口，直立的粗长颈，球形圆腹，器口外两侧至上腹置一对宽錾大耳，平底。器表压磨光滑，绘紫红彩。上腹绘两组倒垂的细线三角纹，分两组，每组三枚。高11、口径7.5、底径4.2厘米（图三七，3；图版五，1）。

双大耳罐　3件。馆藏号0005，泥质橙红陶。喇叭口，斜直的粗长颈，扁圆腹，器口外两侧至上腹置一对宽錾大耳，平底。素面。器表压磨光滑。高9.9、口径8.7、底径3.6厘米（图三七，4）。馆藏号0064，泥质红陶。喇叭口，微束的粗长颈，球形腹，转折明显，器口外两侧至肩部置宽大双耳，平底。素面。器表打磨光滑。高7.5、口径12、腹径22.5、底径7.5厘米（图版五，2）。馆藏号0057，泥质橙红陶。喇叭口，束颈粗大，扁圆鼓腹，颈肩之间置宽大双耳，平底。素面。器表经刮抹打磨。高8.2、口径7.3、底径4厘米（图版五，3）。

高领篮纹罐　1件。馆藏号0103，泥质橘黄陶。器口残，喇叭状粗长颈，斜弧肩，转折明显，下腹斜直内收，器腹上部置对称双耳，平底。颈部刻划水平状弦纹，其间戳印两组点状纹；肩部素面磨光，腹部上半拍印竖列篮纹。器表打磨光滑。残高37、口径13、底径7.5厘米（图版五，4）。

朵家梁遗址所出遗物包括两大类。一类属半山文化，以腹耳彩陶瓮为代表，器表绘黑红彩四大圆圈纹、锯齿纹。另一类属齐家文化，以双大耳罐、高领篮纹罐等为代表。

（六）丰泉村砖厂遗址

该址发现时间不详，地点位于古浪县城北侧、古浪河西岸台地上。地理坐标为东经102°53′19″，北纬37°28′36″；海拔2077米（见图三二）。

彩陶双耳罐　1件。馆藏号0053，泥质橙红陶。侈口，尖圆唇，束颈，器口外两侧置对称双耳，扁圆鼓腹，下腹略内敛，小平底。器表施黄褐色陶衣，绘黑红复彩。口沿内绘黑彩对齿纹、卵点和黑红彩条带纹；器颈绘黑彩网格纹，肩部绘黑红彩条带纹，腹部绘黑彩复线组成的菱形回纹。高12.5、口径9、底径6厘米（图版六，1）。

丰泉村砖厂遗址的性质属于马厂文化，类似双耳罐和彩陶花纹在河湟地区比较常见。

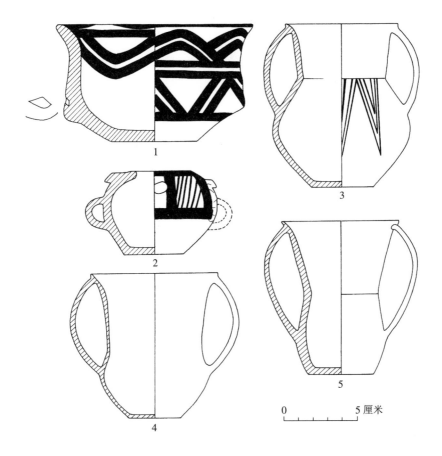

图三七 古浪县文化馆藏陶器

1. 彩陶盆（0063） 2. 四纽双耳敛口盂（0087） 3. 彩陶双大耳罐（0004） 4、5. 双大耳罐（0005、0026）
（1出土地点不详，2为小坡遗址，3、4为朵家梁遗址，5为水口子遗址）

（七）高家滩遗址

位于古浪县裴家营乡老城村东侧。地理坐标为东经103°40′21″，北纬37°29′18″；海拔1962米（见图三二）。该址于1980年曾作过小规模试掘。

双耳罐 1件。馆藏号0074，泥质橙红陶。喇叭口，尖圆唇，口内沿作浅盘状，束颈较高，扁圆鼓腹，器口外至肩部设双大耳，平底。器表经打磨处理，施彩部位施紫红色陶衣，绘黑色彩。口沿外绘黑彩横带纹，颈部绘竖条细线纹六组，每组四根，腹部纹样两分，为套叠的菱形格纹，间以"X"纹。耳面绘横条带纹。高14.3、口径9.6、底径6.8厘米（图版六，2）。

高家滩遗址的性质属于马厂文化。

（八）台子遗址

该址发现时间不详，地点位于古浪县土门镇的台子村，此地处于古浪河下游地段，向西约 5 公里为胡家边乡，东靠明长城，北约 4 公里为甘（塘）武（威）铁路。地理坐标为东经 103°04′41″，北纬 37°37′07″；海拔 1755 米（见图三二）。

彩陶单耳罐　1 件。馆藏号 0071，泥质橙红陶。直口，圆唇，直颈，圆鼓腹，器口一侧至肩部置单耳，耳面上端高出器口，相对的一侧腹部捏塑横贯小耳一只，平底。器表略经打磨，施褐色陶衣，绘黑色彩。器口内绘黑彩垂弧线纹；器表颈部绘三角纹、横条带纹，腹部绘上下相对的三角纹，间以竖线条带纹。高 15.5、口径 8.9、底径 6.5 厘米（图版六，3）。

台子村这件单耳彩陶罐为河西走廊马厂文化常见的典型器，器表所绘花纹也是河西走廊比较独特的彩陶纹样。

（九）周家山（大庄）遗址

该址发现时间不详。地点位于古浪县西北黄花滩乡沿土沟村，南临甘（塘）武（威）铁路，北临洪水河，河道以北即腾格里沙漠南缘。地理坐标为东经 103°11′49″，北纬 37°40′06″；海拔 1743 米（见图三二）。

彩陶单把杯　2 件。馆藏号 0062，泥质红陶。直口，尖圆唇，筒状圆弧腹，杯口一侧置单耳，耳顶面高出器口，平底。器表打磨光滑，施红褐色陶衣，绘黑色彩。口沿内绘黑彩垂弧线纹，器表自上而下绘折线纹、横条带纹、网格纹和竖列的大锯齿纹。高 9.2、口径 4.5、底径 4.5 厘米（图版六，4）。馆藏号 0104，泥质红陶。直口，圆唇，腹部微弧，筒状，杯口一侧置单耳，耳面高出器口，顶面捏塑一凸纽，平底。器表经打磨，绘黑红复彩。口沿内绘黑彩垂弧线纹，器表自上而下绘黑彩横条带纹、折线纹，红彩横条带纹、X 复线分割的菱形网格纹。通高 17.2、口径 8.5、底径 8.4 厘米（图三六，4）。

周家山遗址这两件单把杯是河西走廊马厂文化的典型器，在河西走廊东部特别流行，器表所绘花纹也是河西常见的彩陶纹样。

（一○）青石湾子遗址

该址发现时间不详。地点位于古浪县土门镇，此地处于古浪河下游，向西约 5 公里为胡家边乡，东靠明长城，北面约 4 公里为甘（塘）武（威）铁路。地理坐标为东经 103°04′35″，北纬 37°37′04″；海拔 1750 米（见图三二）。

彩陶双耳罐　1 件。馆藏号 0068，泥质红陶，下腹部色泽不匀，夹杂黑色、灰白色斑块。小口外侈，尖圆唇，斜直短颈，溜肩，器口外至肩部设双小耳（一耳缺失），扁圆鼓腹，平底。器表经打磨，腹中部以上绘黑彩，器领绘黑彩倒三角网格纹，肩部绘横条带纹，腹部绘粗细复线构成的"人"字、"入"字折线纹，空白处填以短竖线纹，器耳和器耳下部绘"X"纹。高24.4、口径9.7、底径10厘米（图版六，5）。

青石湾子这件双耳彩陶罐是河西走廊过渡类型的典型器，此类器主要见于河西走廊及其邻近地区，武威以西更为流行，年代略晚于马厂文化。

（一一）水口子遗址

该址发现的时间不详。地点位于古浪县城以北约15公里的定宁乡，此地处在古浪河的下游，西北约5公里为泗水镇。地理坐标为东经102°56′09″，北纬37°31′25″；海拔1978米（见图三二）。

双大耳罐　1件。馆藏号0026，泥质红陶。微侈口，粗直颈，折鼓腹，器口外至肩部设双大耳，平底。素面。器表打磨光滑。高10.2、口径8.2、底径4.4厘米（图三七，5）。

根据上述资料，水口子遗址的性质为齐家文化，但据调查资料，该址也有马厂文化的遗留。

（一二）四墩遗址

该址发现的时间不详。地点位于古浪县西北的黄花滩乡，南临甘（塘）武（威）铁路，北临洪水河，河道以北为腾格里沙漠南缘。地理坐标为东经103°05′11″，北纬37°42′15″；海拔1657米（见图三二）。

彩陶双耳圜底罐　1件。馆藏号0021，泥质橙红陶。小口直立，圆唇，直颈，器口外两侧至肩部置宽錾大耳，球形圆腹，尖圜底。器表打磨光滑，施黄白色陶衣，通体绘紫红彩。器颈自上而下依次绘横条带纹、连续小菱格纹、竖条带间连续倒三角镞状纹；肩部连续绘两组小菱格纹，腹部绘并列的竖条纹。器耳绘竖列菱形纹，空白处填补卵点。高20.5、口径8.7厘米（图三六，6；彩版四，4）。

四墩村这件双耳圜底罐造型特殊，同类器于20世纪50年代在天祝董家台遗址曾有发现[1]，曾被归入沙井文化。研究表明，此类器应是与沙井文化时代性质不同的另类遗存，年代早于沙井文化，应属于董家台类型文化[2]。

---

[1]　甘肃省博物馆：《甘肃古文化遗存》，《考古学报》1960年2期11～52页。

[2]　李水城：《论董家台类型及其相关问题》，《考古学研究》（三）95～102页，科学出版社，1997年。

（一三）土坝遗址

该址发现时间不详，位于古浪县城关镇，东临古浪河。地理坐标为东经102°53′04″，北纬37°30′18″；海拔2025米（见图三二）。

彩陶双耳圜底罐　1件。馆藏号0164，泥质红陶。侈口，方唇，粗高颈，上细下粗，颈肩位置设宽鋬大耳一对，椭圆扁腹，圜底。器表打磨十分光滑，通体施黄白色陶衣，绘红褐色彩。器颈至腹部自上而下绘三组固定纹样，分别为细线条带、连续小菱形格、细线条带、细线倒三角条纹。个别三角条纹中间或下部加绘1~2组蝙蝠状纹，又似模拟动物后肢和尾巴状。器耳所绘纹样与腹部相同。高24、口径13.7厘米（图版六，6）。

土坝遗址这件彩陶双耳罐与四墩遗址的双耳彩陶罐造型接近，彩陶花纹构图相同，其性质应属于董家台类型文化。

（一四）其他遗址采集品

1）半山文化

彩陶单耳瓶　1件。出土地点不详。馆藏号0038，泥质红陶。小口微向外侈，尖圆唇，高直颈，扁圆鼓腹，颈肩处一侧置单小耳，相对一侧的折腹部位捏塑一小鋬钮，平底。器表施土黄色陶衣，绘黑红复彩。口沿内绘红彩横条带纹、黑彩垂弧纹；器表颈部绘两组黑彩倒锯齿纹，间以红彩横条带纹，肩部绘黑红彩横条带纹，黑彩向红彩一侧绘细密的小锯齿；腹部绘黑红彩四大圆圈纹，内中绘复线井字分割的菱形网格纹。高20、口径9.5、底径9.2厘米（图三六，2）。

2）马厂文化

彩陶腹耳壶　1件。出土地点不详。馆藏号0036，泥质红陶。喇叭口外侈，尖唇高颈，圆鼓肩，斜直腹，上腹部置双耳，平底。器表施红色陶衣，绘黑色单彩。颈部绘大突弧纹，肩部在横条纹之间绘小突弧纹，腹部纹样脱落，似为四大圆圈纹。高27、口径11、底径7.4厘米（图三六，5）。

彩陶双耳罐　4件。出土地点不详。馆藏号0289，泥质红陶。小口直立，短领，球形圆腹，器口外两侧置双小耳，平底。器表施红色陶衣，绘黑色单彩。器口内绘垂弧复线纹；器表颈部绘网格纹，腹部在横条纹之间绘多重细折线纹。高19、口径10.5、底径8厘米（图三六，1）。馆藏号0075，泥质橙黄陶。微侈口，圆唇，短领，球形圆腹，器口外至肩部设对称双小耳，平底。器表经打磨，施黄褐色陶衣，绘黑色彩。口沿内绘垂弧纹；器表领部绘折线纹，肩部绘横条带纹和短点纹一周，腹部绘宽带"人"字折线纹，空白处填三角细线网格纹。高14、口径10、底径6厘米（图版七，1）。馆藏号0052，泥质土黄陶。小口外侈，短领，束颈，扁圆鼓腹，器口外至肩部设对称双小耳，平底。器表经打磨，泛姜黄色，绘黑色单彩。口沿内外绘折线纹、间以卵点纹，肩部绘横条带纹，腹部绘多重折线纹。高11.1、口径6.6、底径6.8厘米（图版七，2）。馆藏号0060，泥质橙红陶。喇叭状侈口，高粗直颈，扁圆鼓腹，器口外至肩部设对称的宽錾大耳，平底。器表打磨光滑，施土黄色陶衣，绘黑红复彩。口沿内绘波浪对齿带纹、红彩条带纹、垂弧纹；外表自上而下绘横条带纹、鱼鳞纹、黑红彩条带纹，腹部绘一周菱块纹。高9、口径8.7、底径6厘米（图版七，3）。

彩陶盆 1件。出土地点不详。馆藏号0063，细泥橙红陶。厚胎。大敞口，厚圆唇，曲弧腹，腹部捏塑一对乳突，平底。器表内外打磨光滑，施褐色陶衣，绘黑色彩。内壁绘横条带纹、复线垂弧纹；外壁图案上下两分，上一半绘复线凸弧纹，下一半绘复线折线纹。高7.9、口径13.3、底径5.5厘米（图三七，1）。

3）过渡类型

彩陶双耳罐 1件。出土地点不详。馆藏号0061，泥质红陶。小口直立，复线短领，鼓腹，转折明显，器口外至肩部设对称的双小耳，平底。器表经打磨，施紫红色陶衣，绘黑色彩。口沿内绘复线折线纹，腹部绘网格折线纹。高22.2、口径10、底径9.8厘米（图版七，4）。

4）齐家文化

双大耳罐 2件。出土地点不详。馆藏号0065，泥质红陶。大喇叭口，圆唇，束颈，扁圆折腹，颈肩处置宽錾双大耳，平底。折腹部位由外向内戳印圆形小凹窝六枚。器表打磨光滑。高7、口径7.1、底径3.5厘米（图版七，5）。馆藏号0032，泥质红陶。喇叭口，粗高颈，溜肩弧鼓，颈肩处置双小耳，折腹，平底。素面。器表打磨光滑。高23.7、口径15、底径7.2厘米（图版七，6）。

陆　武威市

　　武威市位于甘肃省中部、河西走廊东段。北靠民勤、永昌两县；南连天祝藏族自治县和古浪县；东接内蒙古自治区阿拉善左旗；西与张掖地区的肃南裕固族自治县为邻。地理坐标为东经102°01′26″~103°23′23″，北纬37°24′16″~38°11′11″，面积5081平方公里（图三八）。

　　武威的地貌形态分三大块。西南一带为山地，中部为走廊平原，东北部为沙漠。祁连山沿西南一线分布，自大口子向东南至中路一段的海拔高程为2200~2400米，属

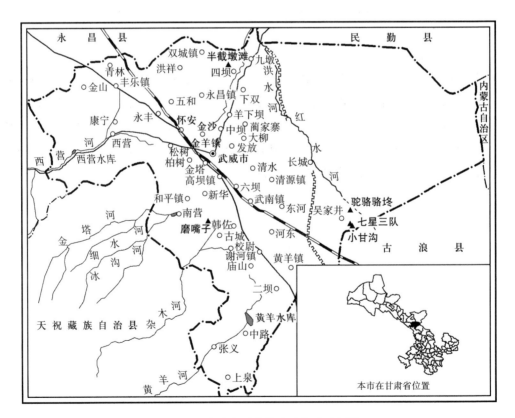

图三八　武威市及史前遗址位置示意图

祁连山山前地带。山间坐落有张义盆地。南侧与天祝、肃南交界的大雪山海拔 4847 米，是本区最高峰。中部为绿洲，地势平坦，海拔 1500～1800 米。东面是腾格里沙漠之一部分，海拔 1500～1600 米。境内地带气候差异甚大。山区和沿山地带气温较绿洲地区为低，降水条件稍好。中部绿洲地带年均温 7.7℃，年降水 174 毫米，蒸发量达 2113 毫米。沙漠地区的气候变化较大，降水较少。武威境内有西营河、杂木河、金塔河、黄羊河四条主要河流，这些河流均源自祁连山，靠雪水和雨水补给，是走廊绿洲的主要水源。当地的矿产资源主要有煤、石膏和萤石等。

武威古称凉州。汉武帝元狩二年（公元前 121 年），派遣骠骑大将军霍去病远征河西，击败匈奴，武威即表彰此次汉王朝的武功军威而得名。武威地处河西四郡最东面，是河西走廊的东大门，此地"通一线于广漠，控五郡之咽喉"。战略地位十分重要。自古即有"河西捍御强敌，唯敦煌、凉州而已"之说。汉元狩二年设武威郡，治所在今民勤东北的古休屠泽南面；三国时期移至姑臧（今武威）。十六国时，前凉、后凉、南凉、北凉诸国和隋末大凉政权先后建都于此，武威遂成为河西重镇。唐中叶武威为吐蕃所占，宋入西夏，元为西凉州；明设凉州卫，清改武威县。现有人口 98 万，居民以汉族为主，另有回、满、藏、土等族群。

武威市的考古工作开展较早。1923 年，经中国政府批准，在瑞典科学研究会资助下，瑞典学者安特生前往中国西北进行考古调查，抵达兰州后，他派助手白万玉（地质调查所采集员）赴河西走廊搜集古物，在凉州府（今武威）调查一无所获，后闻镇番（今民勤县）有古物线索，遂前往。在沙井子购得 6 件铜器，由此也引发了安特生 1924 年前往民勤进行发掘[①]。

1945 年秋，夏鼐、阎文儒在武威发掘了喇嘛湾金城公主墓和慕容曦光墓，出土大批随葬器物[②]。1948 年 5 月，裴文中先生前往河西走廊调查，武威是第一站，他在县城西南约 4 公里的海藏寺河西岸发现一处遗址。根据他的记述，这座遗址灰层厚 1～2 米，包含许多猪、羊和鹿的骨骼。采集品分三类，包括印有绳纹或篮纹的普通红陶和灰陶；"安佛拉"式的薄胎素面红陶；仰韶—马厂式的彩陶。根据这一发现，他认为齐家文化已北扩至武威地区，并在这里与来自蒙古的细石器文化以及仰韶文化向马厂文化过渡的衰退彩陶文化相遇。此外，他还颇具前瞻性地指出，齐家文化在这个地区一直延续到金属时代[③]。

20 世纪 50 年代，随着兰新铁路的修建，沿途发现一些史前遗址，如在武威先发现

---

① J. G. Andersson: Researches into the Prehistory of the Chinese, *BMFEA*. No 15, Stockholm, 1943.

② 阎文儒：《河西考古杂记》（下），《社会科学战线》1987 年 1 期 141～147 页。

③ 裴文中：《中国西北甘肃走廊和青海地区的考古调查》，《裴文中史前考古学论文集》258 页，文物出版社，1987 年。此处裴先生所言"蒙古"应为今日之"内蒙古"。

了大坬遗址①，后又发现了郭家庄、磨嘴子等遗址②。20 世纪 50 年代后期，甘肃省博物馆等单位对武威皇娘娘台齐家文化遗址先后进行了三次考古发掘③；1975 年进行了第四次发掘④，均有重要发现。1984 年，在武威市西南的新华乡五坝山发现一座马家窑文化墓葬，出土一批完整的彩陶器⑤。

1986 年 11 月，河西史前考古调查队前往武威，先后调查了长城乡驼骆骆坬遗址、吴家井乡七星三队遗址、吴家井乡小甘沟（七星六队）遗址、新华乡磨嘴子遗址等，采集一批遗物。

1991 年春，当地文物部门在进行文物检查时，在磨嘴子遗址采集一批残破的彩陶片，最终将其复原成一件彩陶盆，盆内壁描绘两组手拉手的舞蹈人物图案，每组有九人⑥。1992～1993 年，甘肃省文物考古研究所在古城乡塔尔村的杂木河东岸山坡和二级阶地上进行发掘，在西夏—元代遗址地层下面发现一处新石器时代的聚落，清理马家窑文化、半山—马厂文化的房屋居址、灰坑等，出土一批遗物⑦。

据目前掌握的线索，武威共发现史前遗址 37 处（见附录一），这些遗址包括马家窑文化、半山—马厂文化、齐家文化和沙井文化等。

现将 1986 年考古调查的收获介绍如下。

（一）磨嘴子遗址

遗址位于武威市西南约 20 公里的新华乡缠山一队村南 600 米、杨家山半山腰的台地上（当地小地名磨嘴子）。在遗址西侧有条冲沟，名流水河。山下有杂木河流过（现已被改造成人工干渠）。地理坐标为东经 102°38′41″，北纬 37°47′07″；海拔 1796 米（见图三八；图版八，1、2）。

磨嘴子遗址发现于 20 世纪 50 年代。该址包含史前时期的遗址、墓地和汉代墓葬群。后来，在这里先后发掘出土了《礼记》、《王杖》、《医方》等重要的汉代简

---

① 甘肃省文物管理委员会：《甘肃武威县大坬附近的两个新石器时代遗址》，《文物参考资料》1955 年 11 期 63～66 页。

② 甘肃省博物馆：《甘肃武威郭家庄和磨嘴子遗址调查记》，《考古》1959 年 11 期 583～584 页。

③ 甘肃省博物馆：《甘肃武威皇娘娘台遗址发掘报告》，《考古学报》1960 年 2 期 53～71 页。

④ 甘肃省博物馆：《武威皇娘娘台遗址第四次发掘》，《考古学报》1978 年 4 期 421～448 页。

⑤ 甘肃省文物考古研究所：《武威塔尔湾新石器时代遗址及五坝山墓葬发掘简报》，《考古与文物》2004 年 3 期 8～11 页。

⑥ 孙寿岭：《舞蹈纹彩陶盆》，《中国文物报》1993 年 5 月 30 日第三版。

⑦ 甘肃省文物考古研究所：《武威塔尔湾新石器时代遗址及五坝山墓葬发掘简报》，《考古与文物》2004 年 3 期 8～11 页。

牍文献①。由于河西气候干燥，很多有机质文物得以完整保存。在磨嘴子汉墓中就出土有木质辂车、牛车、马、独角兽、六博俑、庭院以及各类漆器、苇编等重要文物，包括极名贵的套花印文绢、菱孔缬纱、起毛锦、轧纹绉等丝织品，还有"史虎作"、"白马作"毛笔，这些都是极其罕见的重要文物。1972 年，在磨嘴子第 62 号汉墓出土 1 件保存完好的漆式占盘（王莽时期），上刻北斗、二十八宿及代表周天度数的 365 又 1/4 度的 182 个圆点，是反映古代天文历法的重要文物②。

1986 年，河西史前考古调查队来到该址调查，先是在山下磨嘴子村边了解情况，并从当地村民手中购得 3 件新石器时代的完整陶器。据村民介绍，此前两天，曾有人开车到这里收走一批陶器，并自称是地区文物普查队的，不知真假。

到达半山腰的遗址位置，见不少当地村民赶着车络绎不绝地到此取土③，这种经年累月的挖掘对遗址的文化堆积造成巨大破坏。随着取土范围的扩展，大片的文化堆积被挖掉，故遗址的原有面积已很难估算。从村民取土范围内暴露出的剖面看，文化堆积厚达 1 米以上，包含物非常丰富，包括大片的彩陶片、石器、骨器等。

距离史前遗址不远处有一座汉代墓葬群，早年在此挖掘的汉墓（土洞墓）大多没有回填，地表可见散落的汉代釉陶器，包括黄釉陶壶、釉陶灶等器物残件，像是不久前才盗掘挖出的。此次河西调查不含晚期内容，加上我们的车子运力有限，只好舍弃这些汉代文物。在磨嘴子史前遗址范围，我们跟在取土的村民后面，采集了一批陶器残件，其中不乏精美的彩陶。以下为此次调查的收获。

（1）石器

石刀　1 件。标本 86WM－043，打制石刀坯。圆角长方形，周边及两面经细致的修整加工。长 9.9、宽 6.2、厚 0.7 厘米（图三九，2）。

盘状器　2 件。标本 86WM－044，打制。近圆角长方形，周边两面修整加工。长 13.4、宽 11.3、厚 3.4 厘米（图三九，1）。标本 86WM－045，打制。近圆角正方形，周边两面修整加工。长 9.7、宽 9.3、厚 4 厘米（图三九，3）。

（2）陶器

1）马厂文化

彩陶瓮　5 件，均有残缺。标本 86WM－008，夹砂红陶。喇叭小口外侈，圆唇，

---

① 甘肃省博物馆：《甘肃武威磨嘴子 6 号汉墓》，《考古》1960 年 5 期 10～12 页；甘肃省博物馆：《甘肃武威磨嘴子汉墓发掘》，《考古》1960 年 9 期 15～28 页；甘肃省博物馆、武威县文化馆：《武威汉代医简》，文物出版社，1975 年。

② 甘肃省博物馆：《武威磨咀子三座汉墓发掘简报》，《文物》1972 年 12 期 9～23 页。

③ 在中国农村，百姓认为古遗址的文化堆积层灰土肥力大，并常常挖来垫到自家田地内。这类需求很大，而且是长年累月，经年日久，有很多遗址就这样被破坏了。

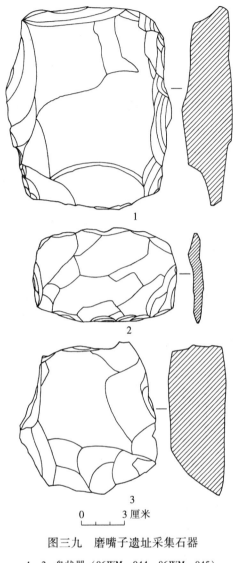

0 3厘米

图三九 磨嘴子遗址采集石器

1、3. 盘状器（86WM－044、86WM－045）

2. 石刀（86WM－043）

短颈，广肩，圆鼓腹，最大腹径位置靠下置一对环耳，平底。器表及口沿内打磨，施红色陶衣，绘黑色彩。口沿内绘横条带纹和垂弧纹，器颈部绘横"人"字纹，肩部绘横条带纹、大三角纹，腹部主纹样为相互套叠的四大圆圈，呈三重相套的结构，内圈橄榄形，四大圆圈之下绘一周条带垂弧纹。高46、口径14、腹径43.8、底径15、耳宽3.5厘米（图四〇，1）。标本86WM－009，夹砂橙黄陶。喇叭小口外侈，圆唇，短颈，广肩，圆鼓腹，平底。肩部左右捏塑一对乳突饰，最大腹径位置下置一对环耳。器表及口沿内打磨，器表泛黄白色，绘彩部位施以淡黄褐色陶衣，绘黑色彩。器口内绘条带弧线纹；器表领部绘横"人"字纹，肩部绘横条带、大三角纹，腹部主图案为相互套叠的粗线四大菱圈纹，菱圈呈三重结构，在四大菱圈纹之下绘横线垂弧纹。器耳上装饰压印席纹。高44.5、口径13.5、腹径42、底径15.5、耳宽4.5厘米（图四〇，3）。标本86WM－010，夹砂红陶。喇叭状小口外侈，斜直领略高，广肩，肥大的圆鼓腹，最大腹径靠下置环耳一对（残失），平底。器表施黄褐色陶衣，绘黑褐色彩。器领部绘细线横"人"字纹，颈下和肩部绘横条带和双线凸弧纹，腹部主纹样为四大圆圈结构，在圆圈内填以反向的弧形梯格纹。高46、口径15、腹径43.2、底径15厘米（图四〇，4）。标本86WM－020，仅保留肩、腹、底和腹耳一部分。夹砂红陶。其形态与前面几件大同小异。肩部左右捏塑一对乳突饰，最大腹径下置双腹耳，平底。器表施黄白色陶衣，绘黑色彩。腹部绘四大圆圈纹，外圈绘粗线，内圈绘细线，内填反向弧形梯格纹，器耳压印席纹。底径13、耳宽4.8厘米（图四〇，2）。标本86WM－022，仅存器口、器颈及腹部一残片。夹砂橙黄陶。外侈的小喇叭口，方唇，矮领，圆弧腹，腹部最大径靠下置双耳。器表

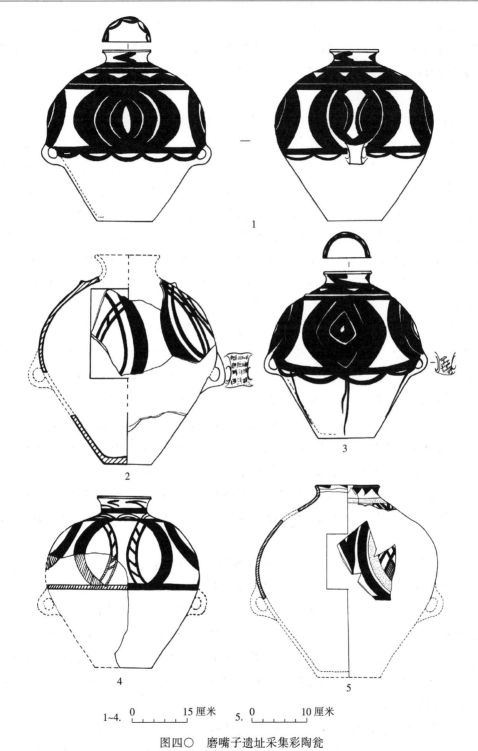

1~4.　0 ⊢⊢⊢⊢⊢⊢⊢ 15厘米　　5.　0 ⊢⊢⊢⊢⊢⊢ 10厘米

图四〇　磨嘴子遗址采集彩陶瓮

1. 86WM-008　2. 86WM-020　3. 86WM-009　4. 86WM-010　5. 86WM-022（均为马厂文化）

打磨，表面灰白泛青灰色，绘黑褐色、红色复彩。器口内绘一周黑彩倒三角纹和一道红彩横带纹；器口外绘黑彩倒三角纹和红彩条带纹；腹部为四大圆圈纹样，外圈绘黑彩，内圈绘红彩，中心部分填以粗疏的网格，在小菱格内填绘细线网格。口径12、腹径约35.4厘米（图四〇，5）。

彩陶双耳罐 2件。标本86WM－012，夹细砂红陶。小口略向外侈，圆唇，微束颈，器口外两侧置双小耳，扁圆鼓腹，器底残失。器表及口沿内施红褐色陶衣，绘黑色彩。器口内绘两道横条带，下条带的下面绘四组短线组成的梳齿纹；器口和领部绘横条宽带间以竖列弧曲线纹六组；腹部主纹样是在横条带纹之间绘菱形网格纹；器耳及耳下绘横竖条带、"X"纹。在器肩部和器耳位置上下戳印圆形小凹窝，颈部六枚，器耳两枚。残高19.2、口径13、腹径23.6、耳宽2.8厘米（图四一，3）。标本86WM－023，仅存器口部分。夹砂红陶。器口稍向外侈，斜直立领较高，圆唇，器口外两侧置双小耳。器表施灰褐色陶衣，绘较浓的黑色彩。器口内外绘横竖线条纹，器耳绘竖条纹，器口内戳印圆形小凹窝。残高6、耳宽2.2厘米（图四一，4）。

彩陶盆 2件。标本86WM－013，泥质红陶（含少量砂）。大敞口，圆唇，斜直高领，器口外两侧置双耳，扁圆鼓腹，下腹及器底残失。器表及口沿内打磨光滑，施紫红色陶衣，绘黑色彩。口沿内彩分两层，上层绘一周倒三角纹和相对的短斜线纹；下层纹样带较宽，在横条带纹之间的空白处绘弧边三角纹，内填编织线。器表领部绘横条带纹和上下叠置的短线纹八组，腹部绘折线纹，器耳及耳下绘斜线和"X"纹。残高13.6、口径24、腹径26、耳宽3.2厘米（图四一，6）。标本86WM－015，夹砂橙黄陶，器表黄白色，颜色不纯，局部泛青灰色。大口，窄沿外侈，加厚的叠唇，圆弧腹，下腹及器底残失。器表内外绘黑色彩。口沿面绘三角斜线纹，器腹内壁绘上下两组折线纹；口沿外侧绘菱形梯格纹，腹部绘折线纹。残高8.4、口径22、腹径20.8厘米（图四一，5）。

瓮 2件。标本86WM－001，夹砂红褐陶，器表黄白色。小口略向外侈，圆唇，斜直短领，溜肩，弧腹较瘦，平底。肩部左右捏塑一对乳突饰，最大腹径处置双耳。素面。有刮抹痕。高42、口径14.4、腹径33.4、底径15、耳宽4厘米（图四一，1）。标本86WM－007，夹砂红陶，器表黄白色，局部夹杂灰黑色斑块，色杂而不匀。喇叭状小口，侈沿，圆唇，束颈，溜肩，瘦腹，平底。肩部左右捏塑一对短条状乳突饰，最大腹径处置双耳。器耳和器底压印席纹。高41、口径15、腹径36、底径13、耳宽4.5厘米（图四一，2）。

双耳罐 5件。标本86WM－004，泥质褐陶。厚胎，器表有烟炱痕。小口外侈，圆唇，微束颈，器口外两侧置双小耳，口沿下捏塑一对附加堆纹小盲耳，扁圆鼓腹，器底略内凹。素面。高9.2、口径6、腹径10、底径5、耳宽1.5厘米（图四二，1）。

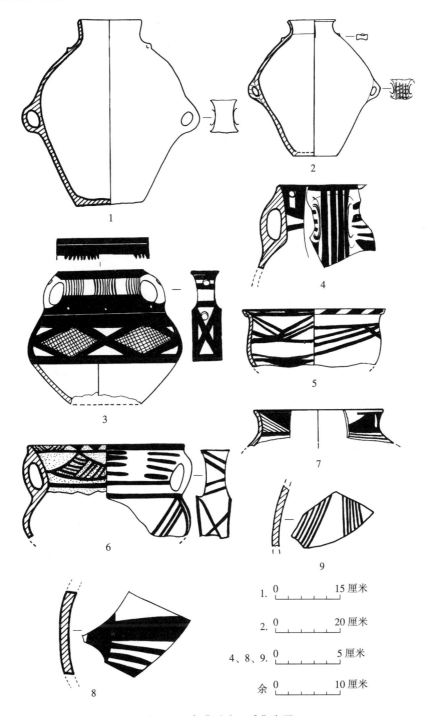

图四一　磨嘴子遗址采集陶器

1、2. 瓮（86WM－001、86WM－007）　　3、4. 彩陶双耳罐（86WM－012、86WM－023）　　5、6. 彩陶盆
（86 WM－015、86WM－013）　　7～9. 彩陶片（86WM－035、86WM－024、86YM－041）（均为马厂文化）

标本86WM－018，仅存器口及腹部零星残片。夹细砂灰陶。小口外侈，尖圆唇，斜直
领，器口外两侧置双小耳，溜肩，肩腹部位转折明显。素面。器表磨光。残高约16、
耳宽2.6厘米（图四二，5）。标本86WM－019，残存器口和上腹部。夹砂灰陶。喇叭
口外侈，尖圆唇，斜直领，束颈，器口外两侧置双小耳，球形圆腹，下腹及器底残。
素面。器表磨光。残高11.2、口径16厘米（图四二，2）。标本86WM－021，仅存器
腹部一段。泥质灰陶。折腹明显。素面。器表磨光。残高6.8、腹径16厘米（图四二，
4）。标本86WM－028，仅存器口和器耳部分。夹砂褐陶，添加少量云母屑，胎芯灰褐
色，器表色泽不匀，局部泛红色或黄色。喇叭口外侈，尖唇，斜直领，器口外两侧置
双小耳。素面。残高6.5、口径17.6厘米（图四二，3）。

　　夹砂罐　8件。标本86WM－006，夹砂橙红陶。小口，厚圆唇，矮领，束颈，圆
鼓腹，平底。器口外两侧捏塑一对小錾纽，器颈前后捏塑一对盲鼻。器表略经打磨，
施黄白色陶衣。肩部和上腹部饰"∩"形细泥条附加堆纹。高18、口径12、腹径20、
底径8厘米（图四三，1）。标本86WM－025，仅存器口和肩部。夹细砂红陶，器表黄

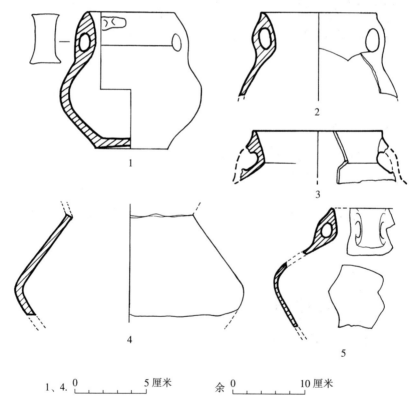

1、4. ├─────┤ 5厘米　　　余 ├─────┤ 10厘米
　　　0　　　　　　　　　　　 0

图四二　磨嘴子遗址采集陶双耳罐

1. 86WM－004　2. 86WM－019　3. 86WM－028　4. 86WM－021　5. 86WM－018（均为马厂文化）

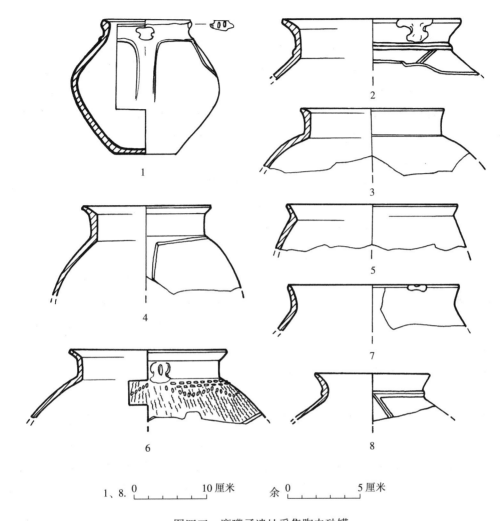

图四三 磨嘴子遗址采集陶夹砂罐

1. 86WM - 006 2. 86WM - 025 3. 86WM - 030 4. 86WM - 031 5. 86WM - 037 6. 86WM - 029
7. 86WM - 033 8. 86WM - 032（均为马厂文化）

白色，局部泛青灰色。大口，外折沿，圆唇，粗直颈，斜肩。器口外侧捏塑盲鼻，颈下和肩部饰细泥条附加堆纹。残高4、口径12.4厘米（图四三，2）。标本86WM - 029，仅存器口和肩腹部。夹砂灰陶。大口，外折沿，圆唇，粗直颈，圆弧肩。颈部捏塑盲鼻，肩腹部以绳纹为地，再贴塑切割断开的横条带和折线点状细泥条附加堆纹。残高5、口径11厘米（图四三，6）。标本86WM - 030，仅存器口和肩腹部。夹砂褐陶，器表黄白色，有烟炱痕。大口，外折沿，尖唇，粗直颈，圆弧肩。素面。残高4.4、口径10厘米（图四三，3）。标本86WM - 031，仅存器口和上腹部。夹砂灰陶，器表泛青灰色。侈口，外折沿，圆唇，粗直颈，圆腹。器颈下至上腹部捏塑"∩"形细泥条附加堆纹。残高6、口径9厘米（图四三，4）。标本86WM－032，仅存器口和肩部。夹砂褐陶，器表黄白色泛青。喇叭口外侈，尖圆唇，束颈，溜肩。器颈部和肩部捏塑"∩"形细泥条附加堆纹。残高6.4、口径16厘米（图四三，8）。标本86WM－033，仅存器口和肩部。夹砂褐陶，器表黄白色泛青。大口外侈，尖圆唇，束颈，溜肩。器口沿捏塑泥条盲耳。素面。残高3、口径12厘米（图四三，7）。标本86WM－037，仅存器口和肩部。夹砂褐陶，器表内外淡青灰色。外侈，尖圆唇，斜直短领。素面。残高3、口径12厘米（图四三，5）。

深腹盆　1件。标本86WM－034，夹细砂橙黄陶，器表黄白色。大口直立，方唇，鼓肩，弧腹，器底残失。素面。残高9.2、口径17.2厘米（图四四，1）。

大口缸　2件。标本86WM－016，夹粗砂红褐陶，胎芯呈灰色。器表粗糙。大口，圆唇，外侈的短沿，圆鼓腹，下腹和器底残失。器表通体饰横向、斜向划纹，肩部和上腹部刻划短竖条纹八组，竖条纹下刻划一组横向波浪线纹。残高21、口径34.2、腹径41.4厘米（图四四，3）。标本86WM－027，仅存器口部分。夹砂灰褐陶，器表黄白色。大口，厚圆唇，外侈的短沿。器颈部饰一周附加堆纹。残高10、口径40厘米（图四四，4）。

瓮　1件。标本86WM－026，仅存器口和肩部。夹砂红陶，胎芯灰色。器口不大，略向外侈，尖圆唇，斜直领，广肩。素面。残高7.2、口径17厘米（图四四，7）。

罐底　3件。标本86WM－036，细泥红陶。下腹斜直，平底。器表施红色陶衣，绘黑色彩，腹部残留一道黑彩横线纹。残高9.2、底径7厘米（图四四，2）。标本86WM－039，夹砂灰陶。下腹斜直，平底。素面。残高6、底径16厘米（图四四，6）。标本86WM－040，夹砂褐陶，器表黄白色，内壁灰色。下腹斜直，平底。器表饰交错刻划纹。残高6、底径14厘米（图四四，5）。

彩陶片　3件。标本86WM－024，夹细砂红陶。器表磨光，施橙红色陶衣，绘黑褐色彩（图四一，8）。标本86WM－035，口沿残片。夹砂灰褐陶，胎内夹少量云母屑。器表施黄白色陶衣，内外绘棕黑彩三角纹、斜线纹。口径20、残高5厘米（图四一，7）。标本86WM－041，泥质红陶，胎内夹少量云母屑。器表施紫红色陶衣，绘黑彩细斜线纹（图四一，9）。

2）齐家文化

高领篮纹罐　2件。标本86WM－017，器口和器耳残失。泥质红陶，质地较细腻。溜肩，肩腹转折明显，肩腹转折处置双耳（残缺），下腹斜直，大平底。器表打磨光滑，肩部素面磨光。腹部满饰斜向排列的篮纹。残高24、腹径26、底径12厘米（图四五，1）。标本86WM－038，仅存肩腹部一段。夹细砂红陶。肩部素面磨光。腹部饰斜向排列的篮纹。残高6.8、腹径28厘米（图四五，5）。

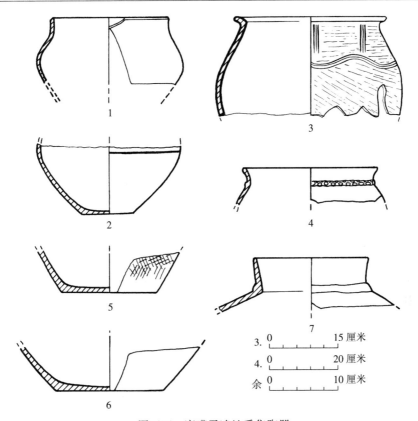

图四四　磨嘴子遗址采集陶器

1. 深腹盆（86WM－034）　　2、5、6. 罐底（86WM－036、86WM－040、86WM－039）　　3、4. 大口缸（86WM－016、86WM－027）　　7. 瓮（86WM－026）（均为马厂文化）

高领鼓腹罐　1 件。标本 86WM－002，夹砂褐陶，器表灰白色。大口，圆唇，斜直高领，圆鼓腹，下腹内敛平底。素面。高 7.2、口径 5.7、腹径 6.8、底径 4 厘米（图四五，4）。

侈口罐　1 件。标本 86WM－003，细泥红陶。大口，侈沿，厚圆唇，折腹明显，平底。素面。器表可见较浅的刮划纹痕迹。高 11.4、口径 8、腹径 10.6、底径 5 厘米（图四五，2）。

盘　1 件。标本 86WM－005，夹砂红褐陶，器表泛灰白色。大敞口，尖圆唇，斜直腹壁，浅盘，矮圈足。素面。高 2.6、口径 8.4、底径 5.4 厘米（图四五，3）。

磨嘴子遗址占地面积大，文化内涵丰富，延续时间久。从此次调查收获看，这里的文化性质包含有新石器时代晚期的马家窑文化、马厂文化、齐家文化，以及汉墓群等。但此次在遗址范围内采集的遗物主要为马厂文化。另在山下磨嘴子村征购的几件陶器属于齐家文化。齐家文化遗址分布在何处，此次调查未发现任何线索。需要指出

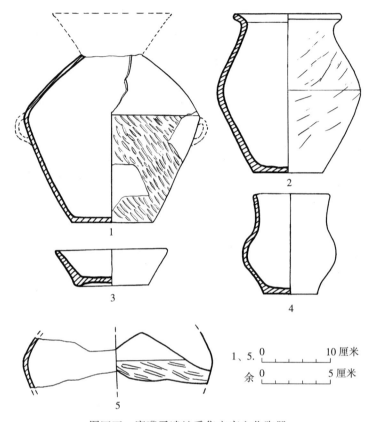

图四五　磨嘴子遗址采集齐家文化陶器

1、5. 高领篮纹罐（86WM－017、86WM－038）　2. 侈口罐（86WM－003）　3. 盘（86WM－005）

4. 高领鼓腹罐（86WM－002）

的是，磨嘴子遗址采集的马厂文化的彩陶瓮花纹构图比较独特，为以往所少见。

（二）七星三队遗址

遗址位于武威市东南约 36 公里的吴家井乡、武威—古浪公路西侧。遗址以西为黄羊镇农场，已靠近古浪县。地理坐标为东经 102°58′41″，北纬 37°48′22″；海拔 1594 米（见图三八；图版九，1）。

这处遗址是河西史前考古调查队参观武威市博物馆陈列时得知的。1982～1983 年，吴家井一位名叫汪殿基的村民在农耕时，从农田内挖出 3 件马厂文化的彩陶杯，后将其捐献给武威市博物馆收藏展出。

1986 年 11 月，河西史前考古调查队前往吴家井乡调查，在当地村民引领下找到汪殿基本人。在他的带领下，对七星三队村西约 500 米外的遗址进行调查。这处农田呈缓坡状，地势较七星三队村子的位置要高，从陶片分布区域看，该址南北约长 100 米、东西宽 50 米。调查队在农田边缘的田埂、沟渠内采集到一些陶片，另在个别地段耕土下可见厚约一尺的灰土文化层。从当年汪殿基发现的完整彩陶杯看，这里还应有墓地分布。考察结束后，汪殿基先生将其收集的 1 件小陶盂赠送我们。现将此次调查采集遗物介绍如下。

陶盂　1 件。标本 86WQ - A001，泥质橙黄陶。内敛小口，尖圆唇，扁圆鼓腹，平底。器口不圆，口沿周边有小穿孔若干，器口外两侧肩部捏塑一对乳突饰。素面。高 6、口径 3.2、底径 4 厘米（图四六，1）。

彩陶盆　4 件。标本 86WQ - B001，残存器口。泥质橙黄陶。喇叭敞口，尖圆唇。器表施褐色陶衣，绘黑色彩，器口内外绘横条带纹和斜条带纹。残高 5、口径 20 厘米（图四六，5）。标本 86WQ - B002，残存器口和腹部残片。泥质橙黄陶。喇叭敞口，圆唇，斜直高领，鼓腹。器表施褐色陶衣，绘黑色彩，器口内外绘横条带纹和折线纹。残高 7.8、口径 16 厘米（图四六，3）。标本 86WQ - B003，残存器口和上腹部。泥质陶，器表橙黄色，胎芯灰色。大口，方唇，弧腹。内壁绘黑褐色彩，器内壁绘均等排列的横条带纹数组。残高 5、口径 24.8 厘米（图四六，4）。标本 86WQ - B005，残存器底。

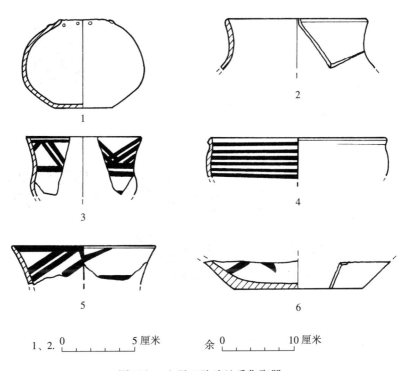

图四六　七星三队遗址采集陶器

1. 盂（86WQ - A001）　2. 罐口（86WQ - B004）　3~6. 彩陶盆（86WQ - B002、86WQ - B003、86WQ - B001、86WQ - B005）

细泥橙黄陶。内壁近底部残留少许黑褐色彩。残高4、底径18厘米（图四六，6）。

　　罐口　1件。标本86WQ－B004，残存器口。夹砂陶，器表黄褐色，胎芯灰色。残留烟炱痕迹。外侈口，圆唇。素面。残高3.2、口径10厘米（图四六，2）。

　　彩陶片　5件。标本86WQ－B006，夹细砂褐色陶，表面灰色。绘黑褐彩斜条带纹、圆圈纹、点状纹（图四七，1）。标本86WQ－B007，泥质橙黄陶。器表施淡褐色陶衣，绘黑彩回形网格纹（图四七，5）。标本86WQ－B008，泥质褐陶。器表施褐色陶衣，器表内外绘暗褐彩条带纹（图四七，7）。标本86WQ－B009，泥质褐陶。器表施褐色陶衣，绘黑褐彩条带、卵点纹（图四七，6）。标本86WQ－B010，泥质橙黄陶。器表施淡褐色陶衣，内外绘黑褐彩条带、"X"纹（图四七，2）。

　　绳纹陶片　2件。标本86WQ－B011，夹砂红陶，器表有烟炱痕迹。饰交错状绳

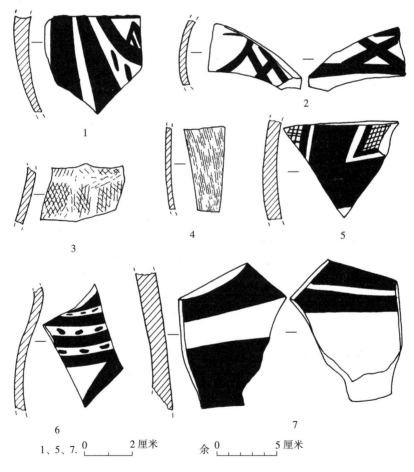

　　　　　　　0　　　　2厘米　　　　　0　　　　5厘米
1、5、7. └──┴──┘　　　　余 └──┴──┘

图四七　七星三队遗址采集陶片

1、2、5~7. 彩陶片（86WQ－B006、86WQ－B010、86WQ－B007、86WQ－B009、86WQ－B008）　　3、4. 绳纹陶片（86WQ－B011、86WQ－B012）（均为马厂文化）

纹，局部有刮磨痕迹（图四七，3）。标本 86WQ – B012，夹砂灰黄陶。器表饰细密的绳纹（图四七，4）。

根据此次调查采集遗物观察，七星三队遗址的性质属于河西地区典型的马厂文化。

（三）小甘沟遗址

遗址位于吴家井乡七星六队村口正面 100～200 米处，小地名叫小甘沟，距七星三队东南方约 2 公里，遗址东侧约 2 公里外即洪水河（季节河），河东为腾格里沙漠。地理坐标为东经 102°58′50″，北纬 37°48′17″；海拔 1590 米（见图三八）。

这座遗址的发现纯属偶然。当地博物馆无任何记录。当河西史前考古调查队在吴家井乡七星三队遗址调查时，有位当地村民①表示愿意为我们带路寻找汪殿基，此人是七星六队的村民。待见到汪殿基本人后，又随同我们在七星三队遗址调查。看到我们采集陶片，说他们村也有这东西，而且他本人还曾挖出 2 件完整陶器，还保存在家中。这样，在结束七星三队的调查后，我们随他来到七星六队，他将挖出的 2 件陶器取来赠给我们。

据这位村民讲，当地村民时常到村外小甘沟一带取土，偶尔会挖出完整陶器。但我们在遗址所在区域调查未见任何遗物，也没有发现文化层，估计这里可能是一处新石器时代墓地。现将该址出土的 2 件陶器介绍如下。

彩陶单耳罐 1 件。标本 86WX – 001，泥质红陶。厚胎，内壁内留有明显的泥条盘筑痕迹，小口，圆唇，直颈，器口外一侧置单小耳，扁圆鼓腹，平底。器表较粗糙，绘黑色彩。口沿内绘一周垂弧纹；器颈绘粗疏的网格纹，腹部绘细密的网格纹，并以

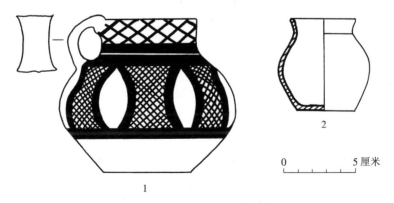

图四八 小甘沟遗址征集陶器

1. 彩陶单耳罐（86WX – 001） 2. 侈口小罐（86WX – 002）

---

① 很遗憾，我们没有记下这位村民的名字。

桂叶状镂空间隔。高 10.3、口径 6.4、腹径 12.2、底径 6 厘米（图四八，1）。

侈口小罐　1 件。标本 86WX－002，夹砂红陶。器表有烟炱痕，呈黑灰色。小口外侈，圆唇，斜直短领，球形圆腹，平底。器底压印粗疏的席纹。高 6.2、口径 4.6、腹径 6.4、底径 4.2 厘米（图四八，2）。

从这 2 件陶器的器形和花纹观察，小甘沟遗址属于河西地区典型的马厂文化。

（四）驼骆骆垯遗址

遗址位于武威市东 35 公里的长城乡大湾村东侧，此地隔洪水河道与腾格里沙漠相望。沿大湾村南行不远即为古浪县界。明长城自西北向东南蜿蜒构筑于洪水河西岸的台地上。遗址所在区域有座烽火台，当地人称驼骆骆垯，该址即因此得名。地理坐标为东经 102°55′49″，北纬 37°53′34″；海拔 1534 米（见图三八）。

遗址发现时间不详。我们在武威市参观博物馆陈列时得知附近一带曾出土 1 件马厂文化的彩陶大瓮。党寿山馆长指给我们遗址的大致方位，遂前往调查。洪水河位于大湾村东侧，这是条季节性河，河床宽 200～300 米，冬季完全干涸。沿河一线为明长城，附近地名多与长城有关，如武威境内沿长城走向，自南而北依次按烽火台的顺序命名的有头垯、一垯、二垯、三垯，直到九垯。驼骆骆垯为其中之一。

考察过程中，在洪水河西岸台地约 500 米范围内地表零星可见散落的陶片，未发现文化堆积，遗址的具体面积不详。采集陶片多为红陶和橙红陶，也有个别彩陶，以及一些偏晚的陶片（汉代或更晚）。后者主要是泥质灰陶，数量较多。在调查过程中，调查队员李水城一度越过洪水河，向东侧的腾格里沙漠纵深行走数百米，在途中偶尔也能见到极碎的红陶片。据当地牧羊人介绍，向东翻过十几道沙梁都有类似的红陶片。由于无人带路，也不知路途究竟多远，最终未能深入沙漠腹地。现将此次调查收获介绍如下。

陶器

1）马家窑文化

附加堆纹陶罐　1 件。标本 86WT－001，仅存器口及肩部。泥质橙黄陶。厚胎，胎内夹少量粗砂粒及一些云母屑。器口略外侈，方唇，斜直高领。口沿外、颈部捏塑粗而规整的附加堆纹，残存的肩部可见拍印的细绳纹。残高 4.8、口径 12 厘米（图四九，1）。

夹砂陶罐　2 件。标本 86WT－008，仅存底部。夹粗砂褐陶，胎芯灰色。下腹壁斜直，平底。器表拍印交错状乱绳纹。残高 4、底径 12 厘米（图四九，7）。标本 86WT－011，仅存器领和颈部残片。夹粗砂红陶。颈部以下装饰横列的凹弦纹，颇似绳纹状，局部可见残留的附加堆纹（图四九，5）。

纹饰陶片　4 件。标本 86WT－005，夹砂橙黄陶，器表黄白色。饰竖列绳纹，排列规整（图五〇，3）。标本 86WT－006，夹粗砂灰陶。器表饰竖列绳纹，排列不很规整

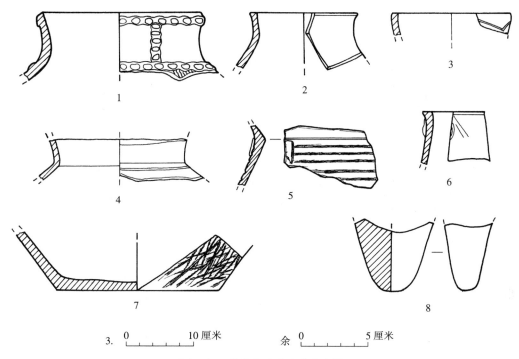

图四九　驼骆骆垵遗址采集陶器

1. 附加堆纹陶罐（86WT－001）　2、5、7. 夹砂陶罐（86WT－003、86WT－011、86WT－008）　3. 钵
（86WT－009）　4. 夹砂瓮（86WT－002）　6. 器口（86WT－004）　8. 鬲足（86WT－010）（1、5、7 为
马家窑文化，4 为马厂文化，余为沙井文化）

（图五〇，4）。标本 86WT－007，夹砂褐陶。器表饰竖列细绳纹，排列稍显杂乱（图五
〇，1）。标本 86WT－015，夹砂灰褐陶。器表饰密集的交错绳纹（图五〇，2）。

　　2）马厂文化

　　夹砂瓮　1 件。标本 86WT－002，仅存器领和肩部。夹砂橙黄陶，胎芯灰色。口沿
残缺，斜直领。肩部饰细泥条附加堆纹。残高 6 厘米（图四九，4）。

　　彩陶片　1 件。标本 86WT－014，泥质橙黄陶。器表施黄白色陶衣，绘棕红彩
（图五〇，7）。

　　纹饰陶片　1 件。标本 86WT－013，夹砂褐陶。器表堆塑细泥条附加堆纹（图五
〇，8）。

　　3）齐家文化

　　纹饰陶片　2 件。标本 86WT－012，夹砂红褐陶。器表装饰非常细的绳纹、细泥条
附加堆纹（图五〇，5）。标本 86WT－017，夹砂红陶。薄胎。器表装饰细密的交错绳
纹（图五〇，9）。

　　4）沙井文化

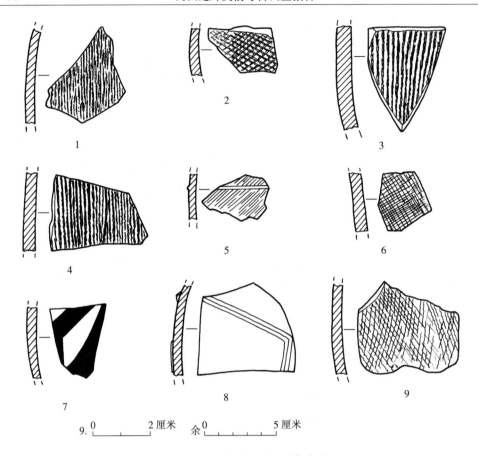

9. ├─────┼─────┤ 2厘米　余 ├─────┼─────┤ 5厘米
　　0　　　　　　　　　0

图五〇　驼骆骆垯遗址采集陶片

1~6、8、9. 纹饰陶片（86WT-007、86WT-015、86WT-005、86WT-006、86WT-012、86WT-016、86WT-013、86WT-017）　7. 彩陶片（86WT-014）（1~4为马家窑文化，6为沙井文化，7、8为马厂文化，余齐家文化）

　　夹砂罐　1件。标本86WT-003，仅存器口和肩部。夹砂红褐陶。小口略向外侈，斜直领，斜肩。素面。残高4、口径8厘米（图四九，2）。

　　钵　1件。标本86WT-009，仅存口沿部分。夹砂红褐陶。厚胎。大口，方唇。器表饰刻划折线纹。残高3、口径18厘米（图四九，3）。

　　器口　1件。标本86WT-004，仅存口沿部分。泥质红褐陶。大口，方唇。器口外侧似有脱落的鋬纽。素面。残高4厘米（图四九，6）。

　　鬲足　1件。标本86WT-010，仅存实足根部分。夹砂红褐陶。舌形，侧扁状。素面。残高5、宽6、厚3.6厘米（图四九，8）。

　　纹饰陶片　1件。标本86WT-016，夹砂红褐陶。器表饰刻划的交错细线纹（图五〇，6）。

　　驼骆骆垯遗址采集遗物的性质比较复杂。这些采集品既有史前时期马家窑文化、马厂文化和齐家文化的陶片，也有青铜时代沙井文化的少量陶片，包括鬲足等。

（五）半截墩滩遗址

地点位于武威市北约 20 公里的四坝乡南仓村西南 400 米处，此地已靠近民勤县。地理坐标为东经 102°38′54″，北纬 38°05′08″；海拔 1480 米（见图三八）。

遗址发现时间不详。河西史前考古调查队在武威市博物馆的陈列中看到该址出土的 2 件彩陶罐，随后前往该址调查。在当地找到公社的一位文化专干，但此人并不知晓遗址的位置，只是带我们去看一些汉墓。最终我们没有找到这处史前遗址。

从武威市博物馆收藏的 2 件彩陶双耳罐的器形和花纹看，明显带有半山文化晚期—马厂文化早期的风格，这 2 件陶器保存完整，估计半截墩滩很可能有史前时期的墓葬分布。

柒 民勤县

民勤县位于甘肃省河西走廊东段北部，石羊河的下游地段，南邻武威市，东部和北部与内蒙古自治区阿拉善左旗接壤，西接金昌市。地理坐标为东经 101°48′43″ ~ 104°12′15″，北纬 38°05′15″ ~ 39°28′02″，全县面积 16000 平方公里（图五一）。

民勤县为典型的沙漠绿洲县。政府驻地三雷镇。县境内地势周边高、中间低，具明显的盆地特征，海拔 1300 ~ 2000 米。县境北侧分布一系列的剥蚀残丘和低山地，坡度大都平缓。县内最低位置在北山南侧的白碱湖一带，海拔仅 1000 米。该县北面的山地周围分布有沙漠，县境南部有红崖山、阿拉古山和青山，海拔 1500 ~ 1700 米。民勤

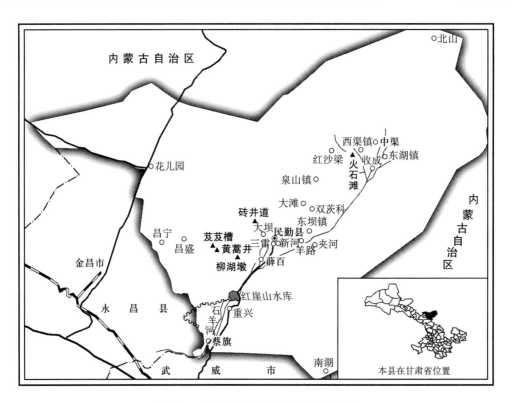

图五一 民勤县及史前遗址位置示意图

东、西、北三面被腾格里沙漠和巴丹吉林沙漠环绕，且多为流动沙丘，部分为固定、半固定沙丘，海拔大多在 1300 米以上。该县中部为石羊河下游绿洲，也是古代猪野泽和唐代白亭海所在地，地势较平坦，海拔 1360 米，其间分布有一些岛状低山或残丘。石羊河（古称谷水）为河西走廊东段的一条大河，源自祁连山，自南向北，经武威市流向民勤县，在黑山头附近分成内外二河，后被修整为民勤县境内的三条主干渠。

民勤县属温带干旱性气候，年均温 7.7℃，年降水 109 毫米，蒸发量高达 2600 余毫米。县境内自然植被较差，在山地和沙漠中仅生长着一些稀疏的沙生、碱生植物。

汉代以前，民勤一带为匈奴休屠王地。汉代置武威、宣威县，治所均在民勤境内。武威县在今县城东北 100 里外，宣威县在今县城西南薛百乡附近。西晋撤武威地并入宣威。十六国前凉时，在汉武威县地设祖厉县，以安置流民。北魏时期，在汉宣威县故地置武安郡；唐代为加强防卫，在宣威县故地置明威府（唐属姑臧县），在今县城东北一带设白亭军；广德二年（764 年）以后，民勤被吐蕃所占。明洪武年间收复，后置临河卫，再改镇番卫，隶陕西行都司；清改镇番县；1928 年改民勤县至今。全县人口 29 万，以汉族为主，另有少量回族、满族和藏族。

民勤县的考古出现较早。1923 年，瑞典学者安特生前往中国西北进行考古调查，派助手白万玉（地质调查所采集员）先行赴河西走廊搜集古物。此人在凉州闻镇番（今民勤）县城附近发现古物，遂前往。后在民勤沙井子购得 6 件铜器。循此线索，发现了沙井子东约 3 公里的一处墓地，并采集有古物。1924 年 8 月，安特生来到民勤，在沙井子一带先后发掘了柳湖墩遗址、沙井南和沙井东两座墓地，清理沙井文化墓葬 44 座，沙井文化也由此而得名。此后，安特生又前往沙井子西面调查，发现了黄蒿井子西北面的一处遗址和永昌县三角城遗址①。

1927 年，袁复礼抵达民勤，在县城西北 90 里的三角城遗址采集到沙井文化的陶器多件，但资料未见发表②。

1944 年夏，夏鼐、阎文儒在民勤县西北发掘了三角城遗址，获陶器、石器、漆木器、鬲足、彩陶片、铜镞、五铢钱、海贝、琉璃珠等遗物。后沿途考察了三角城西南的连古城遗址。后前往沙井子进行调查并发掘三天，涉及数个地点。一处位于柳湖墩遗址安特生发掘地点的东南部，发现有墓葬和随葬品；另一处在安特生发掘过的小西湖，位于沙井子东侧，采集到红色、灰色陶片及彩陶片、贝壳、红玛瑙珠等。此次发掘共获彩陶 59 件，均系墓葬所出，形状各异，时代估计为战国，地点均在柳湖墩遗址

①　J. G. Andersson：Researches into the Prehistory of the Chinese, *BMFEA*. No 15, Stockholm, 1943.
②　阎文儒：《河西考古杂记》（下），《社会科学战线》1987 年 1 期 135 页。

附近①。第三，调查和发掘黄蒿井周围的遗址，发现墓葬，获陶俑、釉陶、灰陶、五铢钱、玛瑙珠等，时代多为汉代。此外，他们还在民勤县四方墩、苏武山、盐池、白土井子等地作了调查②。

1948 年 5 月，裴文中前往河西走廊考察。他在民勤县复查了柳湖墩、沙井东、沙井南几处遗址。在沙井子一带新发现一批细石器，认为这些细石器与沙井文化没有联系。此外，他还在柳湖墩遗址采集到长方形石刀、穿孔石器、火石片和许多陶片。在沙井南、沙井东墓地发掘出彩陶罐、大理石坠、贝壳、玛瑙、白石珠、金环和铜链等遗物。另在沙井子以西的黄蒿井附近发现两处遗址。其中一处位于黄蒿井南 1 公里处，包括一组遗址（编号 K108），分为居址和葬地两部分。在居址范围内采集到大理石坠、玛瑙片和珠子、半月形刀、陶片等。墓葬位于居址以北约 500 米外。另一组遗址在黄蒿井西南约 2 公里处，采集到鬲足、半月形石刀、玛瑙片、石珠和细石器等遗物。墓地在居址西南约 500 米处，他在那儿试掘发现几座沙井文化墓葬，随葬品有 2 件陶罐，一件彩陶器表绘鸟纹，另一件为夹砂陶，器表拍印绳纹。此外，他还前往民勤县西北 45 公里外的红沙梁乡，在小东村西面的沙丘中发现另一座"三角城"遗址。在那儿发现完整的陶器和人骨，采集有粗陶片、细泥彩陶片、绳纹陶片、陶鬲残片、鬲足、玛瑙片、石刀、石斧、石磨盘等③。

1986 年 11 月，河西史前考古调查队前往民勤县调查。在当地先后调查了火石滩、柳湖墩等遗址。这以后，当地文物部门也做过一些普查，有新的发现。据目前掌握的资料，民勤县共发现史前遗址 11 处（见附录一）。

（一）柳湖墩遗址

遗址位于民勤县西南 20 公里的薛百乡沙井子东南约 4 公里处，这里地处巴丹吉林沙漠的东南缘，遗址以东约 6 公里外为跃进干渠（原石羊河主河道），河东即腾格里沙漠。地理坐标为东经 102°55′47″，北纬 38°32′47″；海拔 1380 米（见图五一；图版九，2）。

清代扩大镇番县，并开发柳林湖，地点就在薛百乡。看来，当时这里曾有湖泊湿地，并有大片的柳林，安特生早年曾在此发现大批水生蚌壳可以为证。柳湖墩有可能是柳林湖干涸后的名字。这座遗址最初发现于 1923 年，遗址所在的沙井子是个泛称④，

---

① 据介绍在彩陶中有鸟纹，可知其性质属沙井文化。作者注。
② 阎文儒：《河西考古杂记》（下），《社会科学战线》1987 年 1 期 136～137 页。
③ 裴文中：《中国西北甘肃走廊和青海地区的考古调查》，《裴文中史前考古学论文集》258～262 页，文物出版社，1987 年。
④ 沙漠地带气候干燥缺水，很多地名与水有关，沙井子估计也是因此而得名。

周围十余公里范围内发现古遗址数十处，柳湖墩为其中之一，现为省级文物保护单位，其保护标志就矗立在甘肃省沙生植物研究所治沙站林场①门口。研究所西南一带为实验林场，沙丘上广植梭梭②，平坦处生长有成片的沙枣林。近年来由于地下水位降低，沙枣林开始成片枯死，生态不断恶化。

调查队前往该址调查的前一天下了大雪，这给野外工作增加了难度。由于沙丘不断变化，沙漠内没有路，当地派来的向导也不清楚遗址位置所在。调查队只好到沙生植物研究所了解情况。林场的何场长非常热情，听了我们的介绍，马上答应带我们去柳湖墩遗址。行进途中他介绍道，早年安特生发掘的地方是在柳湖墩以西4~5公里一处叫干坑窝的地方。当年给安特生作向导的是本地一个羊倌，名叫张绪富③。这些年来，随着沙丘不断移动，地形也随时在变，目前已无人能指出干坑窝的具体方位了。

何场长带领调查队到了林场南侧的一片沙丘上，此即柳湖墩遗址。在周围沙丘的边缘有些平地，地表散落一些碎陶片。地表下的土质松软，有的地方向下一挖即见浅薄的文化层，厚5~10厘米，有的地方陶片略多，但都很破碎。我们在此地采集少量陶片，没有重要的发现。

另，民勤文管所收藏有部分史前遗物，经征得文管所的同意，调查队将这部分史前遗物进行了绘图、拍照，并收录进本报告。以下是1986年的调查收获。

1. 1986年调查采集品

在柳湖墩采集的标本全部为陶片。

单把杯　1件。标本86MSL－005，残存器耳。夹砂红陶。器腹壁较直。器表施红色陶衣。耳宽4厘米（图五二，2）。

钵　1件。标本86MSL－001，残存口沿。夹砂红陶。敛口，平直的厚方唇，弧腹。素面。残高4厘米（图五二，1）。

罐　3件。标本86MSL－B002，仅存口沿。夹砂红陶，胎芯灰色。直口，尖圆厚唇，口沿外加厚呈弧状凸起。残高3.8厘米（图五二，4）。标本86MSL－B003，残存口沿。夹砂红陶。直口，方唇（图五二，3）。标本86MSL－007，残存器底。夹砂褐陶，器表有烟炱痕。下腹弧曲，平底。残高3、底径7厘米（图五二，7）。

鬲　2件。标本86MSL－004，系陶鬲上腹部残片。夹砂灰褐陶，内壁红色。有一

---

① 今为甘肃省沙生植物园。

② 一种耐旱固沙植物，其根深可达地下20余米。

③ 此人长年在沙漠内放羊，对周围环境非常熟悉，能准确地找到遗址的位置，因此颇得安特生赏识，据说当年每日发给他一块大洋作为报酬。20世纪60年代初此人故去。

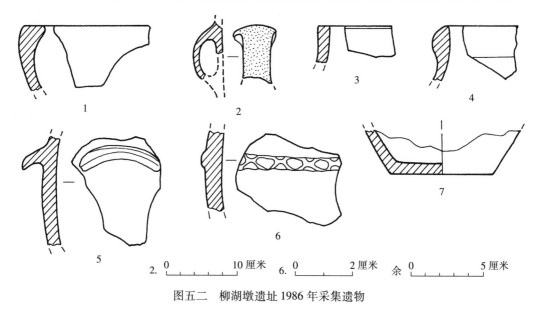

图五二　柳湖墩遗址 1986 年采集遗物

1. 钵（86MSL – 001）　2. 单把杯（86MSL – 005）　3、4、7. 罐（86MSL – B003、86MSL – B002、86MSL – 007）　5、6. 鬲（86MSL – 004、86MSL – 006）

凸起的半月形鋬耳。素面（图五二，5）。标本 86MSL – 006，系陶鬲上腹部残片。夹砂红陶。捏塑一道附加堆纹（图五二，6）。

从上述采集品的特征观察，这些遗物均属于沙井文化。

2. 民勤县文管所收藏的柳湖墩遗址采集文物

（1）石器

均系磨制品，且磨制较精致，种类有斧、石刀、穿孔石钺和石磨棒等。

石斧　3 件。可分三型。

A 型　1 件。标本 MSL – A001，黑色细砂岩。通体打磨光滑，做工精细。平面呈倒"凸"字形，弧顶较宽，两侧肩部向下突然内收，直至刃部宽度均等，双面弧形刃，使用痕迹明显。长 10.3、双肩部宽 6.1、刃宽 5.3、厚 1.6 厘米（图五三，5）。

B 型　1 件。标本 MSL – A002，黑色细砂岩。磨制。平面舌形，圆弧窄斧背，刃部逐渐展宽，双面直刃，刃部磨制精细。长 6.6、刃部宽 3.8、厚 2.2 厘米（图五三，4）。

C 型　1 件。标本 MSL – A003，黑色细砂岩。细长条状，一侧略弯曲，尖窄的斧背，刃部逐渐展宽，双面弧形刃，磨制精细。长 17.6、宽 4.5、厚 2.8 厘米（图五三，2）。

石刀　3 件。分为两型。

A 型　1 件。标本 MSL – A004，细砂岩。磨制。近半月形，残缺约 1/3，弧顶，靠中间位置对钻双孔，双面直刃。残长 9.5、宽 4.6、厚 0.65 厘米（图五三，8）。

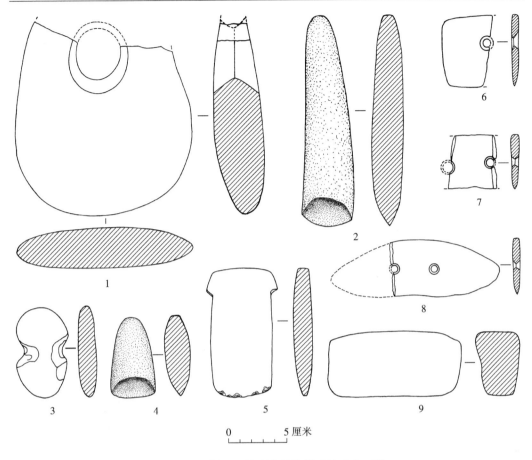

图五三　民勤县文管所藏柳湖墩遗址采集石器

1. 穿孔石钺（MSL－A007）（现藏酒泉市博物馆）　　2. C 型石斧（MSL－A003）　　3. 石网坠（MSL－A015）
4. B 型石斧（MSL－A002）　　5. A 型石斧（MSL－A001）　　6、7. B 型石刀（MSL－A005、MSL－A006）　　8. A
型石刀（MSL－A004）　　9. 石磨棒（MSL－A008）

　　B 型　2 件。标本 MSL－A005，砂岩。磨制。原器应为圆角长方形，残存约 2/5，近背部钻孔，估计应为双孔。双面直刃。残长 4.3、宽 5.9、厚 0.65 厘米（图五三，6）。标本 MSL－A006，砂岩。磨制。原器为圆角长方形，残存中间一段，约当原器的 1/3，中间对钻双孔，双面直刃。残长 4.2、宽 4.4、厚 0.7 厘米（图五三，7）。

　　穿孔石钺　1 件。标本 MSL－A007①，细砂岩。通体磨光，做工精细。器形大而厚重，原器平面近乎卵圆形，断面呈长梭形，顶部残失部分。近顶部对钻一大圆孔，两侧及刃部磨制出较钝的圆弧形刃，似无实用性。残长 16、宽 15.3、厚 4.2 厘米（图五

———————————

① 此器据说是张绪富 1955 年 12 月 20 日捐赠，出土于柳湖墩遗址。原藏甘肃省博物馆（馆藏编号：7871）。1980 年借调到酒泉市展出，现藏酒泉市博物馆。

三,1)。

石磨棒　1件。标本 MSL - A008,磨制。长方柱状,断面近梯形。长 11.6、宽 5.4、厚 2.5~3.9 厘米(图五三,9)。

石网坠　1件。标本 MSL - A015①,打制。卵圆形亚腰状,剖面扁平,中间两侧打出缺口。长 7.6、亚腰宽 3.3、厚 1.5 厘米(图五三,3)。

(2) 陶器

均系夹砂陶,以红、红褐陶为主,少量褐色或灰褐陶。器形主要有彩陶单把杯、单把杯、单耳圜底罐、腹耳壶等。

彩陶单把杯　1件。标本 MSL - A009,口沿残缺少许。夹砂红陶。微侈口,圆唇,一侧置宽大的鋬耳,耳上端与器口平齐,筒状弧腹,平底。器表施紫红色陶衣,绘红色彩。器口外和器耳上部绘一周并列的红彩短竖线纹,器耳部的竖线纹下加绘两道横条带纹。高 14.5、口径 9、腹径 11、底径 6.3、耳宽 3.8 厘米(图五四,1)。

单把杯　3件。分为两型。

A 形　2件。标本 MSL - A010,夹砂红陶。微侈口,圆唇,筒状圆弧腹,一侧置宽大的鋬耳,耳上端与器口平齐,平底。通体施红色陶衣。高 13、口径 8.2、腹径 10.2、底径 6、耳宽 4.4 厘米(图五四,5)。标本 MSL - A011,器口及器耳残缺部分。夹砂红陶。筒状弧腹,一侧置宽大单鋬耳,平底。器表打磨光滑,通体施红色陶衣。器表面残留少许不甚清晰的绳纹痕。残高 14、腹径 12.6、底径 8.4 厘米(图五四,4)。

B 型　1件。标本 MSL - A012,夹砂红陶。直口,厚圆唇稍外侈,筒形弧腹,一侧置宽大的鋬耳,大平底。器表通体及口沿内施红色陶衣。高 12.6、口径 8.3、腹径 10、底径 8、耳宽 3.6 厘米(图五四,3)。

单耳圜底罐　1件。标本 MSL - A013,夹砂红陶,器表色泽不匀。直口,厚圆唇,一侧置较小的鋬耳,耳上端低于器口,卵圆形鼓腹,圜底。口沿外捏塑一周加厚的附加堆纹,上饰柳叶状刻划纹,器表拍打不甚清晰的竖绳纹。器耳上下戳印相向的细长三角纹,间以浅细绳纹。高 14.2、口径 8、腹径 10.4、耳宽 3.2 厘米(图五四,2)。

腹耳壶　1件。标本 MSL - A014,夹砂褐陶,器表色泽不匀,有烟炱熏痕。残缺器口及上腹部,筒状弧腹,较深,最大腹径处置器耳(估计为双耳),平底。器表饰较浅而散的交错绳划纹。残高 13、底径 6.8 厘米(图五四,6)。

以上民勤县文管所收藏的陶器全部属于沙井文化。

---

① 此器据说是张绪富 1955 年 12 月 20 日捐赠,出土于柳湖墩遗址。原器编号:2242,现藏酒泉市博物馆。

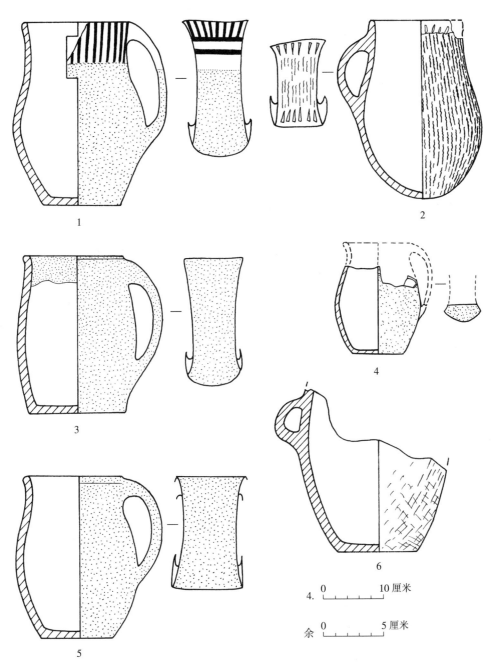

图五四　民勤县文管所藏柳湖墩遗址采集陶器

1. 彩陶单把杯（MSL－A009）　2. 单耳圈底罐（MSL－A013）　3. B 型单把杯（MSL－A012）

4、5. A 型单把杯（MSL－A011、MSL－A010）　6. 腹耳壶（MSL－A014）

（二）黄蒿井遗址

遗址位于民勤县薛百乡沙井子正西约9公里处。地理坐标为东经102°48′34″，北纬38°33′31″；海拔1382米（见图五一）。从20世纪20年代起，陆续有学者前往该址调查发掘，并多有发现。遗憾的是，这些遗物后来大多没有发表。

1986年11月，河西史前考古调查队在民勤调查时，由于突然天降大雪，无法租到骆驼，也没有向导，没能前往该址调查。但在民勤县文管所收藏有部分该址采集的遗物，兹介绍如下。

（1）石器

种类有刀、斧、锛、铲几种，全系磨制，制作比较精细。

石斧　4件。分为两型。

A型　3件。均系磨制。标本MH－A001，器形较大，平面呈长条舌状，斧背稍窄，刃部展宽，弧形双面刃。通体打磨，刃部磨制尤精。长11、宽4.8、厚1.6厘米（图五五，5）。标本MH－A002，器形较小，平面舌状，斧背较窄，刃部展宽，弧形双面刃。通体打磨。长7.7、宽4.1、厚1厘米（图五五，3）。标本MH－A003，器形较小，平面近舌形，斧背稍窄，刃部展宽，弧形双面刃。通体打磨，刃部磨制较精。长

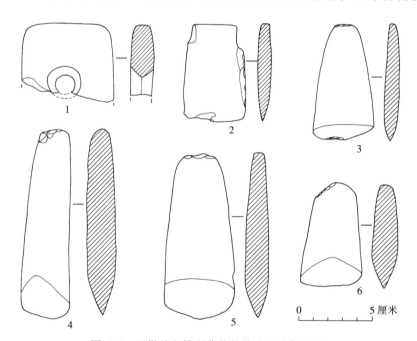

图五五　民勤县文管所藏黄蒿井遗址采集石器

1. 穿孔石铲（MH－A006）　2. 有肩石锛（MH－A005）　3、5、6. A型石斧（MH－A002、MH－A001、MH－A003）　4. B型石斧（MH－A004）

6.9、宽4.1、厚1.7厘米（图五五，6）。

B型 1件。标本MH－A004，磨制。器形较大，窄长条形，双面弧形刃。器表打磨较细。长12.7、刃宽3.35、厚2厘米（图五五，4）。

有肩石锛 1件。标本MH－A005，磨制。近圆角长方形，后端有打磨不甚规整的双肩，单面弧形刃。器表磨光。长6.5、后端宽3、刃宽4.1、厚0.9厘米（图五五，2）。

穿孔石铲 1件。标本MH－A006，磨制。圆角长方形（残缺前半段），双面对钻较大的圆孔。通体打磨光滑。残长5.1、宽6.4、厚1.6厘米（图五五，1）。

石刀 6件。分为两型。

A型 2件。均磨制。标本MH－A007，圆角长方形，近刀背部对钻双孔，双面直刃。长10.6、宽5.1、厚0.6厘米（图五六，3）。标本MH－A008，圆角长方形，近刀背部对钻一单孔，双面弧形刃。长7.5、宽3.2、厚0.4厘米（图五六，7）。

B型 4件。均磨制。标本MH－A009，略呈半月形，弧背，近刀背部对钻一孔，

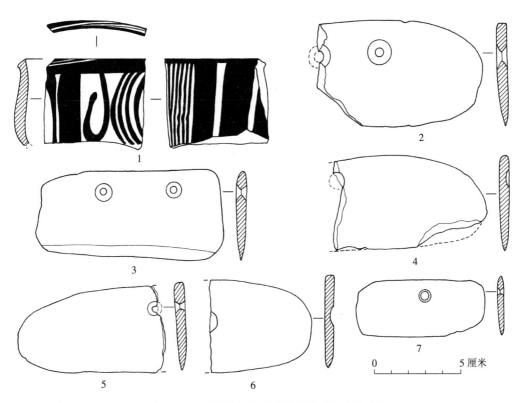

图五六 民勤县文管所藏黄蒿井遗址采集遗物

1. 彩陶片（MH－A013） 2、4～6. B型石刀（MH－A011、MH－A010、MH－A009、MH－A012） 3、7. A型石刀（MH－A007、MH－A008）

双面直刃。残长 8.4、宽 4.9、厚 0.5 厘米（图五六，5）。标本 MH－A010，近半月形，弧背，近刀背部对钻有一孔，双面直刃。残长 8.5、宽 5.2、厚 0.55 厘米（图五六，4）。标本 MH－A011，长椭圆形，弧背，近刀背部对钻双孔，双面直刃。残长 9.5、宽 6、厚 0.6 厘米（图五六，2）。标本 MH－A012，半成品，长椭圆形，弧背，近中心钻孔（未穿透），双面弧刃。残长 5.8、宽 5.2、厚 0.5 厘米（图五六，6）。

（2）陶器

彩陶片　1 件。标本 MH－A013，泥质橙黄陶。器表打磨光滑，内外绘黑色彩。系彩陶盆口沿部分。大口微向外侈，尖唇，弧腹。内彩绘竖列宽带纹和并列细线纹；口沿面绘弧线纹；外彩绘竖列宽带、并列的连续弧线纹和鱼钩纹（图五六，1）。

根据上述采集品并参考历史上的调查发现，黄蒿井遗址的文化内涵比较复杂，既有沙井文化的遗存，也有晚到汉代的墓葬。该址还采集有典型的马家窑文化彩陶片，可知附近有马家窑文化遗址分布。但对这批采集石器的文化归属还难以厘清。

（三）茋茋槽遗址

该址的方位据说就在黄蒿井遗址附近，后经查实，其地理坐标为东经 103°05′26″，北纬 38°44′01″；海拔 1356 米（见图五一）。

1986 年 11 月，河西史前考古调查队在民勤县调查时，没能前往该址调查。仅在民勤县文管所的藏品中发现少量在该址采集的遗物，兹介绍如下。

彩陶片　3 片。标本 MJ－A001，包括两大块陶片，应属于同一深腹罐所有。泥质橙黄陶。器表打磨十分光滑，绘黑褐彩。侈口，尖圆唇外卷，筒状深腹，下腹及器底残。器表绘宽带弧线纹、横条带纹。残高 15 厘米左右（图五七，1）。标本 MJ－A002，残存器口部分。夹砂灰褐陶，器表施黄白色陶衣，绘棕彩。大口稍向内敛，尖圆唇外侈，斜弧腹。自上而下依次绘有横条带纹、倒锯齿带纹、连续小菱格纹、连续横条带纹和下垂的长条三角纹（图五七，2）。

民勤县文管所收藏的这两件出自茋茋槽遗址的彩陶片无论器形还是花纹都很有特点，且以往在别处尚未见过。从陶器质地和花纹观察，推测前者很有可能为新石器时代晚期马家窑文化的遗物，但具有河西走廊的地方特点。后者花纹与天祝董家台遗址出土的彩陶花纹完全一致，但器形很别致，应属于董家台文化性质。

（四）火石滩遗址

遗址位于民勤县西渠镇大坝大队大坝村火石滩（又名"灰堆"），这里地处沙漠边缘，遗址北面就是高大的流动沙丘。地理坐标为东经 103°30′59″，北纬 38°57′27″；海拔 1306 米（见图五一；图版一〇，1）。

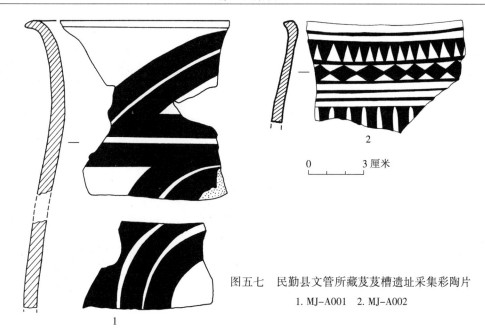

图五七 民勤县文管所藏茇茇槽遗址采集彩陶片

1. MJ-A001 2. MJ-A002

1986 年 11 月，河西史前考古调查队前往火石滩遗址调查，该址地表平坦，以前曾辟作耕地，现已弃耕撂荒。地表散落很多肉红石髓碎渣片，有些可见钻孔痕迹，遗址所在地大概也因这些肉红石髓而得名。调查时，遗址面积还不清楚，后查阅甘肃省文物普查资料，得知该址的面积达 90 万平方米。

调查中，在遗址范围内的地表发现有夹粗砂红褐陶、夹砂灰陶片、铜渣、兽骨、石器和烧骨等，未见文化层，采集少量陶片、石器，有些陶器表面饰绳纹、锥刺纹、弦纹，个别绘彩，花纹多漫漶不清。其中，有些泥质灰陶、夹砂黑陶和夹砂灰陶应是汉代或更晚阶段的遗留。现将调查采集品介绍如下。

(1) 石器

权杖头 1 件。标本 86MH-020，青黑色石质。磨制光滑。圆形（残缺一半），球状，中心纵向穿有一孔。高 3.6、直径 4、孔径 1.5 厘米（图五八，1）。

刮削器 1 件。标本 86MH-022，打制的石片石器。不规则圆角长方形，一面保留弧形的砾石表皮，另一面为劈裂面，非常平整，前端有弧形刃。长 3.9、宽 3.2、厚 0.7 厘米（图五八，5）。

石料 1 件。标本 86MH-021，紫色石质。打下的石片，一面弧鼓，另一面为劈裂面。长 3.5、宽 2.2、厚 1 厘米（图五八，2）。

(2) 陶器

钵 1 件。标本 86MH-001，夹砂红陶，胎内夹大量云母屑。大口，微内敛，方唇，弧腹，器底残失。素面。残高 4、口径 16.5 厘米（图五九，1）。

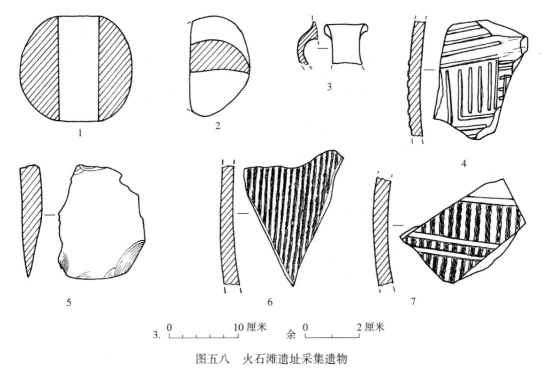

3. 　0　　　　　　10厘米　　余　0　　　　　2厘米

图五八　火石滩遗址采集遗物

1. 石权杖头（86MH－020）　　2. 石料（86MH－021）　　3. 陶器把（86MH－015）　　4、6、7. 纹饰陶片
（86MH－019、86MH－018、86MH－017）　　5. 石刮削器（86MH－022）

　　侈口罐　2件。标本86MH－002，仅存器口部分。夹砂红褐陶，胎内夹大量云母屑[1]。外侈口，尖圆唇，短直领，束颈。领、颈部饰四股附加堆纹。残高4.5厘米（图五九，2）。标本86MH－005，仅存器口部分。夹细砂灰陶。侈口，尖圆唇外卷，束颈。素面。残高3、口径10厘米（图五九，3）。

　　曲口罐　1件。标本86MH－003，仅存器口部分。夹砂灰陶，器表内外褐色。内敛曲口，尖圆唇，束颈。素面。残高4厘米（图五九，8）。

　　罐口　4件。标本86MH－004，仅存器口。夹砂红褐陶，胎内夹大量云母屑。方唇。素面。残高5厘米（图五九，7）。标本86MH－006，仅存器口。夹粗砂灰陶，外表红褐色。直口，加厚的方唇。素面。残高4厘米（图五九，6）。标本86MH－007，仅存器口。夹砂红褐陶，外表红褐色，内壁灰色。器表施红色陶衣。直口，方唇。素面。残高3.5厘米（图五九，5）。标本86MH－008，仅存器口部分。泥质灰陶。器口微向外侈，方唇，高领。素面。残高5厘米（图五九，4）。

―――――――――――――

[1]　因未经检测，该址采集陶片羼和料中的成分尚不能肯定究竟是否为云母屑。也有可能是蛭石屑，特此说明。

　　鬲足　2件。标本86MH－013，夹砂红褐陶，胎内夹大量云母屑，器表色泽不匀，局部黄白色或被烟熏黑。侧扁的实足根，舌状，上连袋足部分。素面。残高4.3、宽4、厚1.6厘米（图五九，14）。标本86MH－014，夹砂灰褐陶。侧扁的实足根（残），舌状。素面。残高4、宽3.5、厚1.6厘米（图五九，15）。

　　器把　1件。标本86MH－015，夹粗砂红褐陶，器表泛黄色。素面。应为单把杯的器把（图五八，3）。

　　器纽　1件。标本86MH－016，夹粗砂红褐陶，内胎呈灰色。方形器纽，侧面有一小的圆形穿孔。素面（图五九，10）。

　　纹饰陶片　7件。标本86MH－009，夹粗砂红褐陶，胎内夹大量云母屑。饰一股

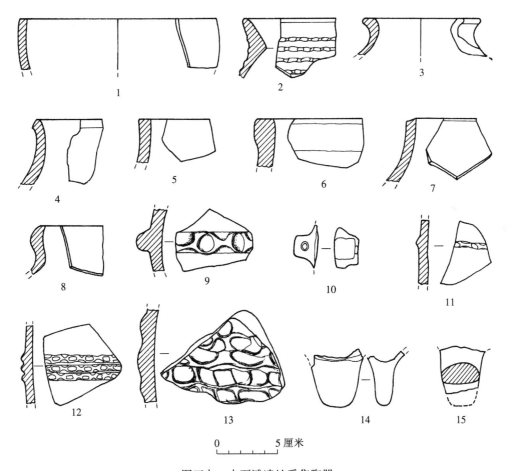

图五九　火石滩遗址采集陶器

1. 钵（86MH－001）　　2、3. 侈口罐（86MH－002、86MH－005）　4～7. 罐口（86MH－008、86MH－007、86MH－006、86MH－004）　8. 曲口罐（86MH－003）　9、11～13. 纹饰陶片（86MH－010、86MH－009、86MH－011、86MH－012）　10. 器纽（86MH－016）　14、15. 鬲足（86MH－013、86MH－014）

附加堆纹（图五九，11）。标本 86MH-010，夹粗砂红褐陶。饰粗大的附加堆纹（图五九，9）。标本 86MH-011，夹砂灰褐陶，胎内夹大量云母屑，器表红褐色。装饰三股上下叠置的附加堆纹（图五九，12）。标本 86MH-012，夹砂红陶。饰数股上下相连的粗大附加堆纹（图五九，13）。标本 86MH-017，夹细砂灰陶。器表饰竖列粗绳纹，再以刻划凹弦纹断开绳纹（图五八，7）。标本 86MH-018，夹细砂灰陶。器表饰竖列的绳纹（图五八，6）。标本 86MH-019，泥质灰陶。器表饰压印的横竖短线组成近似回纹的图案（图五八，4）。

　　火石滩采集的陶片大多很破碎。据初步观察，该址的文化性质相对单纯，属于沙井文化。但在该址也有个别纯灰色陶片，有的饰绳纹、断绳纹、刻划纹等，此类陶片的年代有可能晚到战国或西汉时期。根据金昌三角城遗址的发掘，在沙井文化中曾发现个别质地较好的泥质纯灰色陶，年代大约在春秋战国时期。据研究，此类质地的陶片很可能是河西走廊以东地区（甘肃东部）的舶来品①。此类陶器出现在沙井文化中暗示河西走廊的土著文化曾与甘肃东部存在文化交流和贸易活动。火石滩遗址这类陶片的发现有可能与三角城的发现性质类似。

（五）砖井道遗址

　　遗址位于民勤县西北、巴丹吉林沙漠的东缘，地理坐标为东经 103°03′35″，北纬 38°45′33″；海拔 1352 米（见图五一）。

　　2007 年，甘肃省文物考古研究所等单位调查发现，遗址地处荒漠地带，附近已经出现一些很大的流动沙丘。地表较平坦，散落有沙井文化的碎陶片，但更多的是汉魏及更晚的泥质灰陶和碎砖块，大多已磨圆。未采集任何标本。

---

① 甘肃省文物考古研究所：《永昌三角城与蛤蟆墩沙井文化遗址》，《考古学报》1990 年 2 期 213 页。

捌 金昌市、永昌县

金昌市和永昌县位于甘肃省西部、河西走廊东段。这里地处阿拉善台地的南缘，地理坐标为东经 101°22′26″~102°42′24″，北纬 38°01′00″~39°00′03″。东接民勤；西北与内蒙古自治区阿拉善左旗接壤；西邻山丹县、民乐县；东南为武威市，南接肃南裕固族自治县和青海省门源回族自治县。

金昌市现辖永昌县，政府驻地在金川区①。市内地势西南高、东北低，西南有祁连山支脉盖掌大坂山，海拔 3910 米；中部为走廊绿洲，亦称永昌盆地；西靠山丹县大黄山（焉支山）；东面是阿拉善高原的残丘戈壁，海拔 1800 米；北面为龙首山向东的延伸，山势较和缓，呈西北—东南走向，向东渐次降低，最高峰前山海拔 2827 米。除金川河下游宁远堡的双湾绿洲外，余皆戈壁、盐沼。境内矿产资源十分丰富。主要河流有东大河、马营河、西大河、金川河和清河。其中，金川河与清河源于地下泉水，其他河流均来自祁连山冰雪融水。

境内南部祁连山地属于高寒半干旱气候，中北部属温带干旱气候。年均温 4.7℃，年降水 188 毫米，蒸发量 2000 余毫米。永昌县城南的祁连山有黄城滩，向西可通青海省门源县，是极重要的交通隘口。

永昌县在西汉时属鸾鸟县（番和县）；后汉置显美县；晋永嘉改焉支县；唐神龙年间于故鸾鸟县城置麟嘉县，后废于吐蕃；宋隶属凉州府；元置永昌路；明为永昌卫，隶陕西行都司；清改永昌县。两地现共有人口 45 万，居民有汉、回、藏等，以汉族为主。

永昌和金昌的考古工作可上溯到 1924 年。瑞典学者安特生在结束了民勤沙井的发掘后，曾前往永昌县三角城一带调查，并采集到部分马厂文化的彩陶②。

1945 年 7 月，夏鼐、阎文儒抵达永昌，考察南山内的沙沟寺及上、下黄（皇）城等。后从民勤县沙井西进至昌宁堡，因未找到工人，未能实施发掘计划，仅调查了双湾三角城遗址，采集有石器和彩陶等。另在三角城西五里的野马墩发现史前时期墓葬，

---

① 1986 年调查时，永昌尚未划归金昌市。本报告还是将金昌与永昌分别进行介绍。
② J. G. Andersson, Researches into the Prehistory of the Chinese, *BMFEA*. No. 15, Stockholm, 1943.

出土有彩陶等遗物。此外，在城东上（尚）家沟村民家中购得十余件沙井文化的彩陶①。

1948 年夏，裴文中在永昌县城东北的矮山上发现史前遗址。在一处名为"高庙"的遗址发现了文化堆积层，内中埋藏砾石和陶片，经试掘出土遗物有黄色或红色粗陶片，器表施紫色或黄褐色陶衣，还有矮圆锥足鬲，其性质属沙井时期②。

20 世纪 50 年代修建兰新铁路时，在永昌发现南滩和北滩遗址③。1973～1974 年，甘肃省博物馆文物工作队在永昌两次发掘鸳鸯池遗址，清理半山—马厂文化墓葬 189 座④。1976 年，甘肃省博物馆文物工作队发掘三角城、蛤蟆墩和上土沟岗等遗址，出土大批沙井文化遗物；并在蛤蟆墩墓地西侧的旷野中采集到少量马家窑文化遗物，包括陶刀、彩陶片等⑤。1979～1980 年，甘肃省文物工作队在三角城遗址东侧发掘西岗墓地，清理沙井文化墓葬 447 座⑥。1981 年，发掘三角城址东北面的柴湾岗墓地，清理沙井文化墓葬 113 座⑦。

1986 年 11 月，河西史前考古调查队前往永昌县调查，并得到当地文化馆张育德同志全程陪同。在永昌县、金昌市调查史前遗址 6 处，采集大批遗物。另外，经征得当地文化馆同意，我们对当地文化馆收藏的史前遗物进行了绘图和拍照。

1987 年，永昌县进行文物普查，新发现几处新石器时代遗址。其中，以金昌市宁远乡夹沟遗址规模最大。1981 年，当地村民建房时曾挖出大量彩陶，但大部分被就地打碎，仅存数件完整陶器，包括三角折线纹单耳杯、波浪纹彩陶盆和骨珠项链一串（长 80 厘米）⑧。其文化面貌与永昌鸳鸯池墓地随葬遗物一致，时代亦相同。据目前掌握的资料，金昌市（含永昌县）共发现史前遗址 40 处（见附录一）。

这里将 1986 年的调查收获介绍如下。

---

① 阎文儒：《河西考古杂记》（下），《社会科学战线》1987 年 1 期 132～137 页。

② 裴文中：《中国西北甘肃走廊和青海地区的考古调查》，《裴文中史前考古学论文集》262～263 页，文物出版社，1987 年。

③ 甘肃省文物管理委员会：《甘肃永昌南滩和北滩的古遗址及古墓葬》，《文物参考资料》1955 年 12 期 42～48 页。

④ 甘肃省博物馆文物工作队、武威地区文物普查队：《永昌鸳鸯池新石器时代墓地的发掘》，《考古》1974 年 5 期 299～308、289 页；甘肃省博物馆文物工作队、武威地区文物普查队：《甘肃永昌鸳鸯池新石器时代墓地》，《考古学报》1982 年 2 期 199～227 页。

⑤ 甘肃省博物馆文物工作队、武威地区展览馆：《甘肃永昌三角城沙井文化遗址调查》，《考古》1984 年 7 期 598～601 页；甘肃省文物考古研究所：《永昌三角城与蛤蟆墩沙井文化遗址》，《考古学报》1990 年 2 期 205～237 页。

⑥ 甘肃省文物考古研究所：《永昌西岗柴湾岗——沙井文化墓葬发掘报告》，甘肃人民出版社，2001 年。

⑦ 同⑥。

⑧ 永昌县文化馆张育德同志 1989 年来信告知。

一　永昌县

永昌县位于甘肃省西部、河西走廊东段，金昌市的南面。全县面积5877平方公里（图六〇）。

（一）水磨关遗址

该址位于永昌县城以西约14公里、兰新公路南侧焦家庄乡水磨关村（又称圃园庄）内。地理坐标为东经101°50′05″，北纬38°16′07″；海拔2048米（见图六〇）。

水磨关遗址发现于1972年。当地村民在宅基地上建房，挖出一些史前时期的陶片，后将少量遗物送交县文化馆。据当地文物干部介绍，该址曾发现竖穴土坑墓。

1986年，河西史前考古调查队前往水磨关遗址调查。遗址坐落于水磨关村内，面积约6600平方米。调查过程中，在一户村民宅院后墙的狭窄巷道内发现一段厚0.1～0.3米的文化堆积，土色黑灰，非常松软，内含大量炭屑、陶片、兽骨和骨器等。据陪同调查的张育德同志介绍，此地曾发现陶窑等遗迹。以下是此次调查采集的文物。

（1）陶器

彩陶盆　1件。标本YS－001，夹细砂红陶。大喇叭口，尖圆唇外侈，斜直高领，束颈，扁圆鼓腹，器底残。器表及口沿内打磨光滑，施紫红色陶衣，绘黑色彩。器口内沿绘横条带间以弧边三角夹短斜线纹；器领部绘类似八卦的短线、横条带纹，腹部

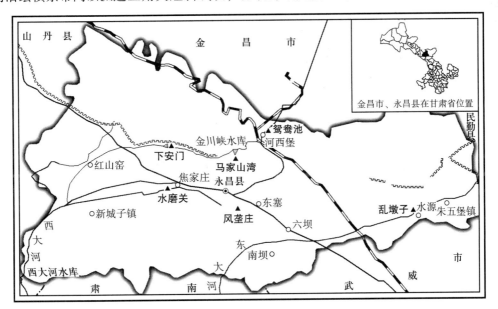

图六〇　永昌县地图及史前遗址位置示意图

绘斜线纹。残高 15.2、口径 20 厘米（图六一，1）。

夹砂罐底　2 件。标本 YS－006，夹砂红陶，胎内掺加少量云母屑，器表施黄白色陶衣。器底压印编织纹。残高 3、底径 12 厘米（图六一，3）。标本 YS－007，夹砂灰褐陶，胎内掺加少量云母屑，器表残留较重的烟炱。残高 4、底径 12 厘米（图六一，2）。

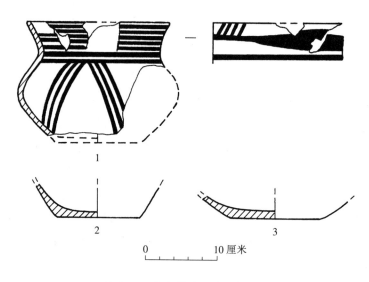

图六一　水磨关遗址采集陶器

1. 彩陶盆（YS－001）　　2、3. 夹砂罐底（YS－007、YS－006）

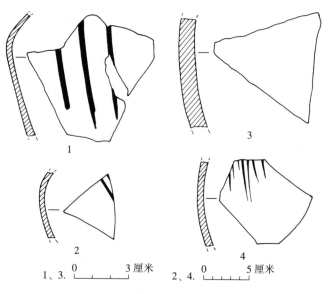

图六二　水磨关遗址采集陶器

1、2、4. 彩陶片（YS－002、YS－004、YS－003）　　3. 陶片（YS－005）

彩陶片　3件。标本 YS – 002，夹细砂红陶。施红色陶衣，绘黑彩斜线纹。器表打磨（图六二，1）。标本 YS – 003，夹细砂红陶。器表施红色陶衣，绘黑彩细线纹（图六二，4）。标本 YS – 004，泥质红陶。器表施红色陶衣，绘黑彩斜线纹（图六二，2）。

陶片　1件。标本 YS – 005，夹砂红陶，器表施白色陶衣。器表打磨光滑（图六二，3）。

（2）骨器

骨凿　2件。标本 YS – 008，系半成品。动物长骨，断面近半圆形，顶端为骨关节，前端劈裂制成骨凿锥形。长12、宽1.5厘米（图六三，1）。标本 YS – 009，系半成品。动物长骨。断面近圆形，顶端为骨关节，前端劈裂呈尖锥形。长9.4、宽1.3厘米（图六三，2）。

根据以上采集陶器观察，水磨关遗址的性质属于河西地区典型的马厂文化。

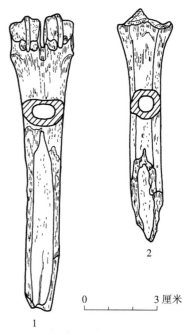

图六三　水磨关遗址采集骨凿
1. YS – 008　2. YS – 009

（二）风垄庄遗址

遗址位于永昌县城东南15公里的二坝乡风垄庄村，此地与县城直线距离8公里。地理坐标为东经101°59′32″，北纬38°12′43″；海拔2005米（见图六〇）。

该址最初发现于1973年。1986年10月，河西史前考古调查队前往该址调查，确认遗址以今日风垄庄为中心，直径范围约100米。村内不久前营建了不少新的房屋，包括村边的水渠也是新修建的。由于村庄所在地原地貌较高，不少宅基地下挖取平，对遗址的文化堆积造成很大破坏。调查中，仅在一些地势较高处还保留有少量的文化堆积层，暴露的文化层厚0.3～0.5米。在村西道路外侧干渠附近，局部显露的文化层剖面仅厚0.1～0.15米。

在路边一户民居院落内保留一座猪圈，猪圈四围的墙体为原生的地层堆积，非常难得地保存了一部分文化堆积层，而且是一座灰坑。我们在猪圈的"墙体"断面上采集2件大致可复原的陶器残件。另在村外干渠沿线采集到少量陶片，似为挖掘水渠时丢弃的。另在永昌县文化馆藏有一件出自该址的完整彩陶器，现一并介绍如下。

陶器

彩陶长颈壶　1件。标本 73YF – A001，夹砂灰陶，厚胎，器表泛灰黄色。喇叭小口，外侈，圆唇，细高颈，鼓腹，平底。器表绘黑褐色彩，彩绘保存不是很好，有部分脱落，器颈部绘横条带纹和连续三角锯齿纹，腹部绘竖列的宽带夹细线条带纹。高17.2、口径6、腹径14.6、底径6.8厘米（图六四，1）。

腹耳瓮　2件。标本86YF－001，夹砂灰陶。小口略向外侈，圆唇，斜直矮领，圆鼓腹，最大腹径靠下置一对双耳，器底残。器口外侧对称地捏塑四枚泥突状盲鼻，自器颈下至腹部贴塑四组下垂的细泥条附加堆纹，每组两根。残高32.4、口径18、腹径36、耳宽3厘米（图六四，2）。标本86YF－004，仅存器口部分。夹砂红陶，器口内黄白色，器表残留烟炱痕。小口，尖圆唇，短直颈，器口外两侧捏塑短泥条附加堆纹。打磨光滑。残高4、口径11.5厘米（图六五，1）。

双耳罐　2件。标本86YF－002，夹砂红陶，胎内添加云母屑，器表灰褐色，下腹残留烟炱痕。小口直立，尖圆唇，短直领，器口外两侧置双小耳，扁圆鼓腹，器底残。肩腹部贴塑曲折线细泥条附加堆纹，在器耳部位相交下垂至下腹部。残高16、口径14、

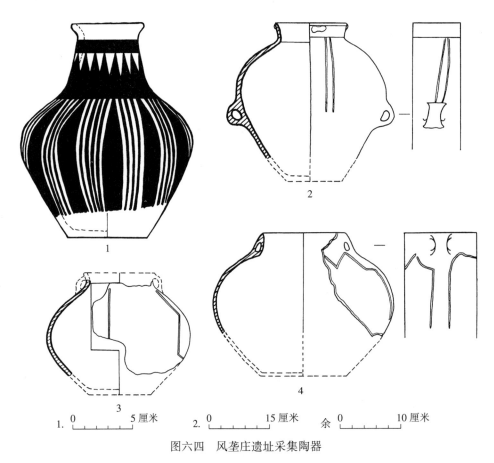

图六四　凤垄庄遗址采集陶器

1. 彩陶长颈壶（73YF－A001）　2. 腹耳瓮（86YF－001）　3. 双耳罐（86YF－003、86YF－002）

腹径约30、耳宽2厘米（图六四，4）。标本86YF－003，夹砂红陶，胎内掺入少量云母屑，器表保留厚重的烟炱痕。器口残失部分，器口外两侧置双小耳，圆鼓腹，器底残。肩腹部贴塑竖列直线细泥条附加堆纹，双耳下贴塑竖列曲折线细泥条附加堆纹。残高15.2、腹径约24厘米（图六四，3）。

　　器底　4件。标本86YF－009，夹粗砂红褐陶，器表黑灰色。平底。素面。残高4、底径20厘米（图六五，3）。标本86YF－010，泥质红陶。平底。器表绘黑彩。残高3、底径7厘米（图六五，5）。标本86YF－011，夹砂橙黄陶。平底。素面。残高4、底径10厘米（图六五，6）。标本86YF－012，夹砂灰陶，内壁砖红色。平底微凹。素面。残高7、底径20厘米（图六五，7）。标本86YF－014，泥质灰陶。平底。素面。残高2、底径4厘米（图六五，4）。

　　彩陶片　3件。均为彩陶盆口沿残片。标本86YF－005，细泥红陶。口沿内绘黑彩横条带纹。器表打磨光滑（图六六，3）。标本86YF－006，细泥红陶。口沿外绘叠置的黑彩短条带纹。器表打磨光滑（图六六，1）。标本86YF－008，夹砂红陶。施黄褐色陶衣，绘黑彩几何纹。器表磨光（图六六，2）。

　　纹饰陶片　2件。标本86YF－007，夹砂红褐陶，器表黑褐色。器表饰刮磨的斜弧

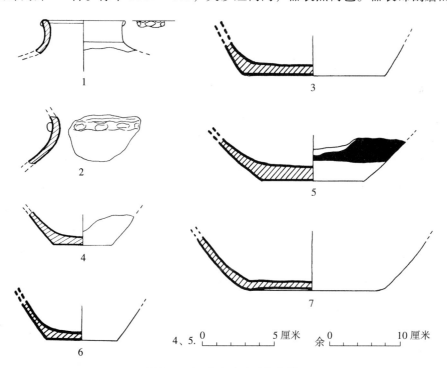

图六五　风垄庄遗址采集陶器

1. 腹耳瓮（86YF－004）　2. 纹饰陶片（86YF－013）　3~7. 器底（86YF－009、86YF－014、86YF－010、86YF－011、86YF－012）

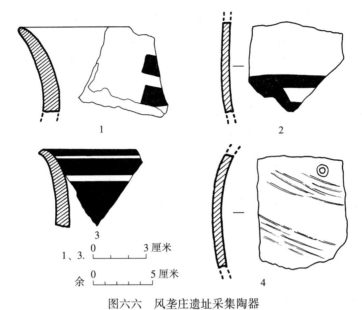

图六六　风垄庄遗址采集陶器

1～3. 彩陶片（86YF－006、86YF－008、86YF－005）　　4. 纹饰陶片（86YF－007）

线纹，右上方有一对钻的小孔（图六六，4）。标本86YF－013，夹砂橙黄陶。器颈部饰一周附加堆纹（图六五，2）。

从上述遗物可知风垄庄遗址的性质属于马厂文化。该址采集的腹耳瓮、彩陶盆等均为马厂文化的典型器。但在这里也发现一些以往鲜见的特殊因素，如器表贴塑细泥条附加堆纹（蛇纹）的小口双耳罐等，此类陶器造型与甘青地区马厂文化的同类器接近，但细泥条附加堆纹装饰或许是河西走廊特有的文化因素，抑或时代稍晚一些。

永昌县文化馆收藏一件出自该址的长颈彩陶壶，特点是厚胎、小口、长颈。特别是其厚胎灰陶的特征与半山—马厂文化的陶器明显不同，而且器表绘粗细相间的竖条带纹，非常独特，为别处所不见。此类花纹与四坝文化的彩陶有类似成分，但造型迥异。至于这件陶器出在风垄庄遗址的哪个区域，是否为墓中的随葬品，均已说不清楚，其文化性质还有待日后进一步了解。

1948年，裴文中先生在永昌曾发现沙井文化遗物①。此次调查没有发现这方面线索，在县文化馆库房内也未见收藏沙井文化遗物。这件厚胎长颈彩陶壶的风格也很难归入沙井文化。看来，风垄庄遗址的文化性质确有一些特殊成分，是否还有其他尚未识别的文化因素，今后需加以注意。

---

① 裴文中：《中国西北甘肃走廊和青海地区的考古调查》，《裴文中史前考古学论文集》262～263页，文物出版社，1987年。

（三）下安门（新队）遗址

遗址坐落在永昌县城西北约 11 公里、兰新公路北侧北山山坳一狭窄的谷地内，此地属红山窑乡毛卜拉下安门（新队）村，明长城在村北的山麓下蜿蜒而过。村南约 100 米有条河，现已干涸。据说是在上游修建了水库，致使断流。遗址坐落在村庄与河岸之间平坦的山间冲积平原上。地理坐标为东经 101°53′40″，北纬 38°19′46″；海拔 1946 米（见图六〇）。

下安门遗址于 1973 年发现。那年，当地村民在河边台地挖筑贮藏蔬菜的地窖，挖出一座古墓，出土 5 件随葬品。其中 2 件陶器、1 件石刀现藏永昌县文化馆，余下 2 件中的 1 件（器物不详）调拨甘肃省博物馆，另一件调拨北京故宫博物院。

1986 年 10 月，河西史前考古调查队前往该址调查，从村名可知这是个新的移民村，具体建于何时不详。调查中发现，沿村庄南侧河岸长约 200 米的滩地上均不同程度地发现有陶片，向北（村子方向）延伸有多远不详。因此，遗址的范围很难界定。经查阅后来甘肃省文物普查资料，得知该址面积 40 万平方米。遗址地表暴露陶片不多，而且比较破碎。我们在 1973 年挖出墓葬的河岸附近采集到大致可复原的陶瓮和彩陶盆各 1 件，估计这里有墓地，这些遗物应为墓中随葬品。此外，在遗址范围内地表有不少细碎的红色玛瑙碎渣，应是制作装饰品的遗留。

现将此次调查采集品及永昌县文化馆所藏该址出土的遗物介绍如下。

（1）石器

石刀 1 件。标本 73YX－A003，残存约一半。磨制。原器应为圆角长方形，有对钻的双孔，双面弧形刃。残长 3.9、残宽 4.6、厚 0.5 厘米（图六七，2）。

小料珠 1 件。标本 73YX－A004，烧制。平面圆形，较小，中间有一小穿。直径 0.8、孔径 0.2、厚 0.3 厘米（图六七，4）。

（2）陶器

单把杯 1 件。标本 73YX－001，夹细砂红陶。手制。直口，尖圆唇，筒形弧腹，平底，器口外一侧置单耳，耳面上端高出器口。器表施黄白色陶衣，绘褐色彩。口沿内绘一周连续倒三角纹；器表近乎通体彩绘，从上向下的纹样依次为：粗细线横条带纹、大三角锯齿纹、粗细线横条带纹。器耳绘竖列曲线纹，器底压印席纹。高 8.4、口径 4.6、底径 4、耳宽 1.2 厘米（图六七，3）。

小罐 1 件。标本 73YX－A002，泥质橙黄色陶。手制。小口略向内敛，口沿面较宽，上面压抹一周浅凹槽，厚唇，扁圆鼓腹，平底。素面。高 4.15～4.3、口径 4、底径 3 厘米（图六七，1）。

彩陶盆 1 件。标本 86YX－001，泥质红陶。手制。大喇叭敞口，尖圆唇，扁折

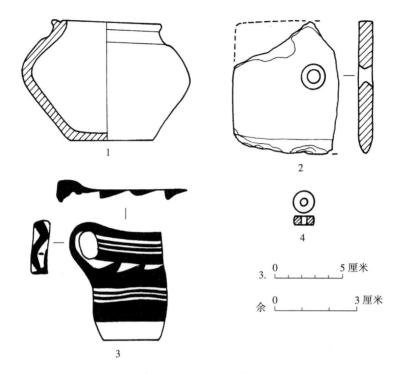

图六七　下安门遗址采集遗物

1. 小陶罐（73YX－A002）　2. 石刀（73YX－A003）　3. 陶单把杯（73YX－A001）　4. 小料珠（73YX－A004）

腹，平底。在最大腹径位置捏塑一对短泥条乳突盲鼻。器表内外施红色陶衣，绘黑色彩。器口绘横条带纹和"Y"字形梯格纹；器表绘八卦状叠置短条带纹、横条带纹、曲折线纹。高 5.6~5.8、口径 9.8、底径 5 厘米（图六八，1）。

　　大瓮　1 件。标本 86YX－003，泥质红陶。手制。器口残失，球形圆腹，下腹内敛，最大腹径位置设双耳，平底。素面。残高 45.6、最大腹径 46.4、底径 16.8、耳宽 4.8 厘米（图六八，2）。

　　小口罐　1 件。标本 86YX－004，器口残片。泥质红陶，胎内添加少量云母屑。手制。小口，尖圆唇，短沿外侈。器表施青白色陶衣。残高 6、口径 14 厘米（图六八，4）。

　　大口罐　2 件。标本 86YX－008，器口残片。夹砂黑陶，器表褐色。手制。外侈口，尖圆唇，斜直短领。器颈部饰一周附加堆纹。残高 3、口径 16 厘米（图六八，3）。标本 86YX－009，器口残片。手制。夹砂褐陶，器表灰白色。斜直口，尖唇。素面。残高 4.5、口径 20 厘米（图六八，6）

　　双耳罐　1 件。标本 86YX－005，器口残片。夹砂灰褐陶。手制。器口外侈，圆唇，斜直短领，束颈，器口外两侧置双小耳。口沿外卷叠厚，器耳上下及颈下饰戳印

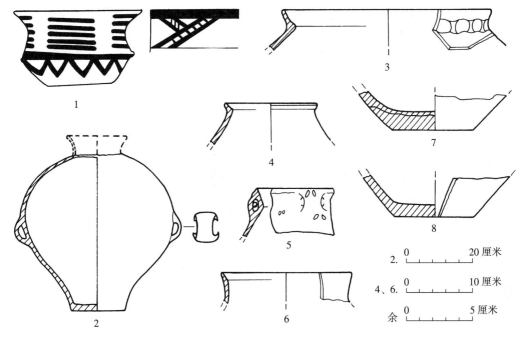

图六八　下安门遗址采集陶器

1. 彩陶盆（86YX-001）　2. 大瓮（86YX-003）　3、6. 大口罐（86YX-008、86YX-009）　4. 小口罐
（86YX-004）　5. 双耳罐（86YX-005）　7、8. 器底（86YX-010、86YX-011）

的点状纹，两枚一组（图六八，5）。

器底　2件。标本86YX-010，夹粗砂红褐陶。手制。素面。底部用泥片贴塑加固。残高3、底径6.2厘米（图六八，7）。标本86YX-011，夹砂红褐陶，器表内外有烟炱痕。手制。残高3、底径6.2厘米（图六八，8）。

彩陶片　4件。标本86YX-002，残器腹片。泥质红褐陶，内胎灰色。手制。器表打磨光滑，施红褐色陶衣，绘黑色彩。内彩绘倒三角、横条带纹、圆点纹；外彩绘横线、折线纹（图六九，2）。标本86YX-007，残器腹片。夹细砂红陶。手制。器表施红褐色陶衣，绘黑色彩。内彩绘弧边三角、横条带纹；外彩绘横线纹（图六九，3）。标本86YX-006，器口残片。细泥橙黄陶，胎芯灰色。手制。器表内外绘黑色和紫红色复彩，口沿内绘黑红彩横条带纹、黑彩垂弧线纹；外彩绘黑彩垂弧线纹、红彩横条带纹（图六九，1）。标本86YX-013，残器腹片。夹砂红褐陶。手制。器表施白色陶衣，绘褐色彩。图案不清楚（图六九，4）。

纹饰陶片　1件。标本86YX-012，夹砂灰褐陶。手制。器表抹光，捏塑细泥条附加堆纹（图六九，5）。

从以上采集遗物以及永昌县文化馆的藏品看，下安门遗址的性质属于典型的马厂

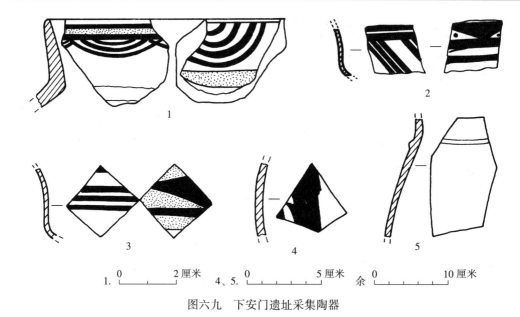

图六九　下安门遗址采集陶器

1～4. 彩陶片（86YX－006、86YX－002、86YX－007、86YX－013）　5. 纹饰陶片（86YX－012）

文化，其文化面貌与永昌鸳鸯池墓地基本一致。

（四）马家山湾（金川峡水库）遗址

遗址位于永昌县城正北约 9 公里、金川峡水库西南岸边的舌形台地上，此地属于北海子乡。东经 101°59′33″，北纬 38°19′22″，海拔 1877 米（见图六○；图版一二，1）。

马家山湾遗址于 1986 年发现。当时，永昌县文化馆曾派员到现场调查并采集部分遗物。1986 年 10 月，河西史前考古调查队在结束了下安门遗址的调查后，沿金川河谷和明长城东行至该址调查。马家山湾位于金川河谷的高台地上。金川河是一条地下泉水汇聚而成的河流，自西向东流经金川峡流至双湾绿洲，河北岸是明长城，沿峡谷北侧山麓蜿蜒而过。后当地在金川峡修建大坝，将河水截流成水库。遗址点位于水库南岸，这一带自西向东分布一系列北低南高的舌形台地，大概与水库风浪冲刷有关，台地形状非常规则，几近于等距离排列。我们调查时，水库的水位很低，遗址所在位置高出水面 20～30 米。从台地边缘冲刷形成的一层层阶梯状痕迹可知，当丰水季节，水库容量增加，水面足以淹没这些舌形台地高度的 1/2。枯水季节，水位下降，台地完全暴露出来，与水面形成数十米的落差。随水涨水落，加之风浪冲刷，对遗址堆积已造成很大破坏。

在遗址所在的舌形台地前缘，地表堆积大量角砾，大概是每年丰水季节风浪冲刷分选使然。在这些砾石中夹杂有碎陶片，尤其是在台地舌缘部位，陶片更多。所见陶片全部为纯灰色，与砾石颜色接近。器类以双耳罐为主。沿此台地向南，坡度渐次升高至30°~45°。随着地势加高，灰陶的比例逐渐降低，转而以红色夹砂陶、红褐陶和橙黄陶为主，还发现少量的泥质红陶和彩陶片，器形也以个体较大的陶瓮和双耳罐为主。再向南，靠近半山腰处修筑了一条简易公路，台地在此被截断，地表也不见任何遗物。经简单步测丈量，此舌形台地南北长约150米，台地中间宽约50米，前缘宽10~15米。据此，大致估断该遗址的面积在7000~10000平方米[①]。我们在这座台地两侧的台地上也进行了调查，但未发现任何遗物。

调查中，我们在遗址地表采集一批遗物。在台地前缘发现一座残墓，并就地进行了清理。另在永昌县文化馆也收藏有一些出自该址的遗物，现一并介绍如下。

1. 墓葬

在遗址所在台地前缘舌尖部位发现一座出露于地表的残墓（编号86YJM－M1），地表暴露出部分人骨，旋即进行了清理。墓葬大半被破坏，其形制估计为圆角长方形竖穴土坑，正北方向，未见葬具痕迹。墓穴残长1、宽0.6、残高0~0.25米。墓内填土为较纯净的黄褐色土，质地极松软。墓穴后半部约1/3保存尚好，墓主小腿骨以下部位基本完整。小腿骨以上部位骨骼大半散失，仅存小臂骨、锁骨及零星的脊椎骨，且大多位移。从墓主小腿骨保留姿态看，其葬式应为仰身直肢，头向北。在墓主的小腿骨右侧和足下各随葬1件陶夹砂双耳罐（图七〇；图版一二，2）。

2. 遗物

（1）玉石器

玉斧　1件。标本YJM－A010，质地较粗，颜色青灰泛黄，夹杂白色纹理。磨制。近长方形，上端略窄，刃部略展宽，双面斜弧刃。长12.5、宽6、厚1.25厘米（图七一，1）。

穿孔石斧　1件。标本YJM－A011，磨制，器表似因风蚀作用凹凸不平，较粗糙。圆角长条形，中间粗两端稍细，靠顶端对钻一孔（有部分缺损），双面刃，较窄。长13.3、宽3.85、厚1.25厘米（图七一，2）。

（2）陶器

夹砂双耳罐　7件。均为颜色纯正的水泥色灰陶，器表及口沿内打磨光滑，看似细泥质地，内壁则较粗糙，保留制作时的泥条痕迹。有些器表残留较厚的烟炱。似应为炊具。依器形之大小分为两型。

[①] 后甘肃省文物普查资料注明名马家山湾为墓地，面积2400平方米，但这并不影响我们当初调查的结论（参见本书附录一）。

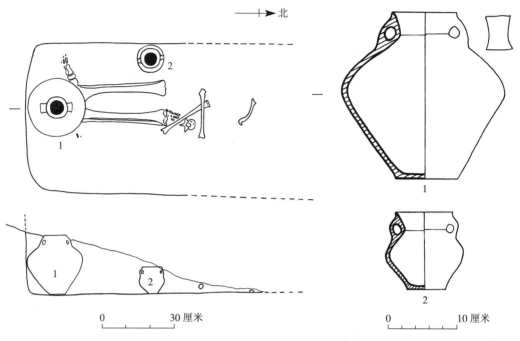

图七〇　马家山湾遗址 86YJM－M1 平、剖面图及随葬陶器

1. A 型陶夹砂双耳罐　2. B 型陶夹砂双耳罐

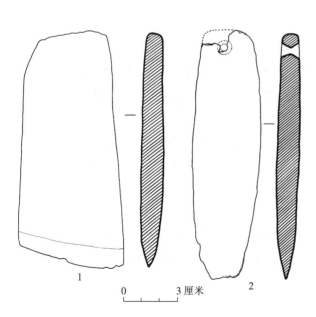

图七一　永昌县文化馆藏马家山湾遗址采集玉、石器

1. 玉斧（YJM－A010）　2. 穿孔石斧（YJM－A011）

　　A 型　4 件。器形较大。标本 86YJM－M1：1，夹砂灰陶。表面布满厚重的烟炱。喇叭小口，尖圆唇外侈，斜直短领，束颈，器口外两侧置双小耳，肥大的折腹，平底。素面。器表打磨光滑。高 24、口径 10、最大腹径 24、底径 10、耳宽 2.8 厘米（图七〇，1）。标本 86YJM－001，夹砂灰陶。喇叭小口，尖圆唇外侈，斜直短领，束颈，器口外两侧置双小耳，双耳位置的口沿上有两枚小凸起，腹部下垂，圆鼓肥大，器底残失。素面。器表打磨光滑。残高 20、口径 11.2、腹径 22.8、耳宽 2.6 厘米（图七二，4）。标本 86

YJM－004，夹砂灰陶。小口微向外侈，尖圆唇，斜直短领，器口外两侧置双小耳，肥折腹，平底。器底压印席纹。器表打磨，局部残留刮抹痕迹。高约30、口径11.6、腹径28.4、底径10.4、耳宽2.6厘米（图七二，2）。标本86YJM－007，残存器口部分。夹砂灰陶，胎内添加较粗大的砂粒。喇叭口外侈，圆唇，斜直短领。素面。残高7、口径16.8、耳宽3.2厘米（图七二，6）。

B型　3件。器形稍小。标本86YJM－M1：2，夹砂灰陶。表面布满厚重的烟炱。大喇叭口，尖圆唇外侈，斜直高领，束颈，器口外两侧置双小耳，折腹，下腹略内敛，平底。素面。器表打磨光滑。高11.2、口径8.4、腹径11.4、底径5.6、耳宽1.5厘米（图七〇，2）。标本86YJM－005，夹砂灰陶。喇叭口，外侈尖圆唇，斜直领略高，束颈，器口外两侧置双小耳，折腹（下腹部分残缺），平底。素面。器表打磨光滑，内壁亦抹光。高约12.8、口径8、腹径12.6、底径4、耳宽1.6厘米（图七二，1）。标本86YJM－006，仅存器口和器耳。夹砂灰陶。侈口，尖圆唇，斜直短领，器口外两侧置双小耳，肩部以下残。素面。器表打磨光滑，内壁亦抹光。残高5.2、口径10、耳宽2.2厘米（图七二，8）。

双大耳罐　2件。标本YJM－A001，泥质红陶。喇叭口，尖圆唇，束颈，器口外两侧置双大耳，弧腹，平底。器表及口内施红衣。高10、口径8.6、底径4.5、双耳宽2.5厘米（图七三，1）。标本YJM－A004，夹砂黑褐陶，器表黑灰色。喇叭口外侈，尖圆唇，束颈，器口外两侧置双大耳（残失），扁圆鼓腹，器底残。素面。残高11、口径9.6、腹径12厘米（图七三，4）。

彩陶双耳罐　2件。标本86YJM－014，泥质红陶。小喇叭口，尖圆唇外侈，斜直高领，束颈，球形圆腹（缺失部分），平底。器表绘黑色彩，具体纹样脱落不清楚。高约12.6、口径7、腹径11.8、底径5.8厘米（图七二，3）。标本86YJM－015，泥质红褐陶。器口及器底残失，球形圆腹，平底。器表彩绘漫漶不清。残高8.6、腹径12、底径6厘米（图七二，7）。

夹砂罐　3件。标本YJM－A002，夹砂灰褐陶，胎芯红色，器表色泽不匀，较粗糙。喇叭口外侈，圆唇，束颈，斜直高领，器口外两侧置双耳（残失），圆鼓腹，平底。素面。高8~8.4、口径7、腹径8.8、底径4.2厘米（图七三，3）。标本YJM－A003，夹砂褐陶，厚胎，器表色泽不匀，有压抹痕。小口外侈，圆唇，束颈，器口外两侧置双小耳，弧腹，平底。器底压印席纹。高9~9.2、口径6.8、腹径9.5、底径5.6、耳宽1.4厘米（图七三，2）。标本86YJM－016，仅存器底。夹砂红陶，器表灰黄色。素面。残高2.6、底径4.6厘米（图七二，5）。

单耳罐　1件。标本YJM－A005，夹细砂红褐陶，厚胎。小口直立，圆唇，微束颈，器口外一侧置单大耳（残失），圆弧腹，底部略内凹。素面。高9.6、口径6.5、

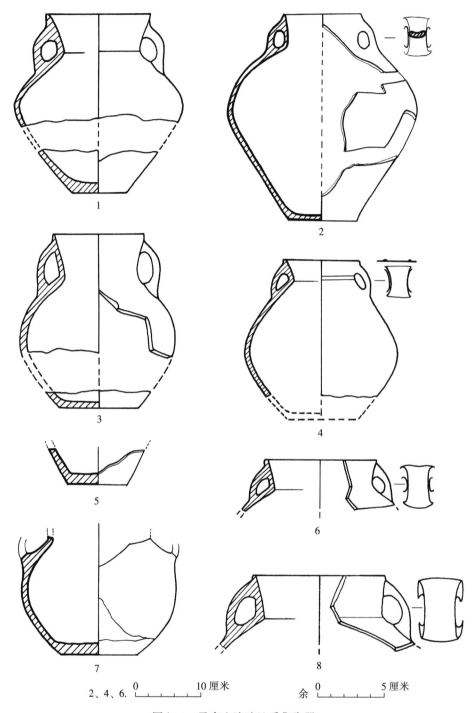

1、8. B 型夹砂双耳罐（86YJM－005、86YJM－006）　　2、4、6. A 型夹砂双耳罐（86YJM－004、86YJM－001、
86YJM－007）　3、7. 彩陶双耳罐（86YJM－014、86YJM－015）　5. 夹砂罐（86YJM－016）

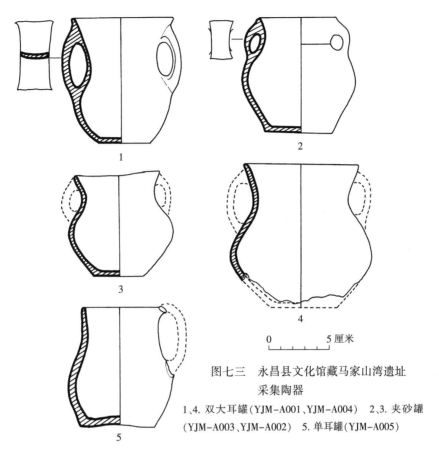

图七三　永昌县文化馆藏马家山湾遗址
采集陶器

1、4. 双大耳罐(YJM-A001、YJM-A004)　2、3. 夹砂罐
(YJM-A003、YJM-A002)　5. 单耳罐(YJM-A005)

腹径8.8、底径6.3厘米（图七三，5）。

小口腹耳瓮　7件。器形均比较大。标本86YJM-002，夹砂红陶，色泽不匀，局部泛灰黑色斑块。器肩部以上缺失，圆鼓腹，最大腹径以下置下垂的双耳，下腹内敛，小平底。器表施淡黄白色陶衣。残高22.8、腹径43.2、底径14、耳宽4.6厘米（图七四，5）。标本86YJM-003，夹砂红陶，色泽不匀，局部泛灰黑色斑块。器肩部以上残失，折肩，最大腹径位置设双耳，下腹斜直，器底残。器表略经打磨，施黄白色陶衣。残高30.4、腹径42.4、耳宽4厘米（图七四，2）。标本86YJM-013，夹砂红褐陶，器表略经打磨，色泽不匀，局部泛灰黑色斑块。器肩部以上残，折肩，最大腹径处置双耳，下腹斜直，器底残。素面。残高45（估计原器高近80厘米）、腹径约70、耳宽6厘米（图七四，3）。标本86YJM-008，仅存器口和肩部。夹砂红褐陶。喇叭小口，外侈圆唇，斜直领，广肩。施黄白色薄陶衣。器表略经打磨。残高9.2、口径12厘米（图七四，1）。标本86YJM-009，仅存下腹至底部。泥质红陶。下腹内敛，小平底。器表施紫红色陶衣，色泽不匀，残留少量黑彩，图案不清楚。残高9.2、底径8.8厘米（图七四，6）。标本86YJM-010，仅存下腹和底部。夹粗砂红陶，器表红褐色，色泽不匀。下腹内敛，小平底。素面。残高 10、底径 9.6 厘米（图七四，4）。标本 86 YJM - 011，仅存下腹和器底。夹砂褐陶，器表灰黄色。下腹斜直，小平底。素面。残高 8、底径 8.4 厘米（图七四，7）。

彩陶片　5 件。分两类。一类为夹细砂泥质橙黄色陶，器形多为双耳罐，个体不大，器表施红衣，绘黑彩，纹样以几何纹为主。另一类器形较大，应为彩陶瓮残片。标本 YJM - A006，系双耳罐器耳。夹砂土黄色陶。器表施鲜艳的红色陶衣，绘黑彩横竖条带纹（图七五，5）。标本 YJM - A007，系双耳罐器耳。夹砂土黄色陶。器表施鲜艳的红色陶衣，绘黑彩横线斜线纹（图七五，4）。标本 YJM - A008，系双耳罐的腹部。

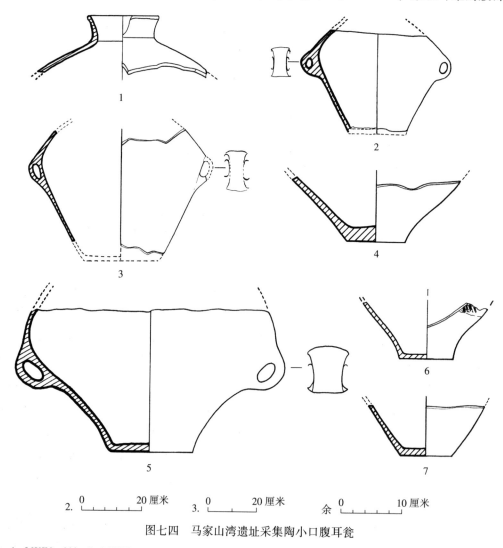

图七四　马家山湾遗址采集陶小口腹耳瓮

1. 86YJM - 008　2. 86YJM - 003　3. 86YJM - 013　4. 86YJM - 010　5. 86YJM - 002　6. 86YJM - 009
7. 86YJM - 011

夹细砂红陶，胎芯偏黄，厚胎。器表绘彩部位施红色陶衣，绘黑彩小圆圈纹，圆圈内外绘横竖条带组成的网格（图七五，2）。标本 YJM－A009，系双耳罐腹部残片。夹细砂红陶，胎芯泛黄。器表绘彩部位施红色陶衣，绘黑彩横竖条带纹（图七五，1）。标本 86YJM－012，夹砂红褐陶。器表施褐色陶衣，绘黑褐彩圆圈纹，线条粗大（图七五，3）。

　　根据上述采集遗物及永昌县文化馆所的藏品，初步可以判定，马家山湾是一处新石器时代晚期遗址，包括有墓地和聚落。调查采集遗物内涵比较复杂。其中，永昌县文化馆收藏的 5 件陶器全部为夹砂红陶。其中，有 1 件双大耳罐（YJM－A001）属于典型的齐家文化，其余器物特征不是很明显，个别也显露出某些齐家文化的特征。这批遗物采集地点不明，但从它们均保存完整这点看，很可能是墓中随葬品。联想到齐家文化有用玉的传统（这也是与马厂文化的一个显著区别），在永昌县文化馆收藏有一件马家山湾出土的玉斧，暗示上述遗物很可能出自齐家文化墓葬。

　　河西史前考古调查队在该址调查采集遗物可以分两类：一类以马家山湾清理残墓

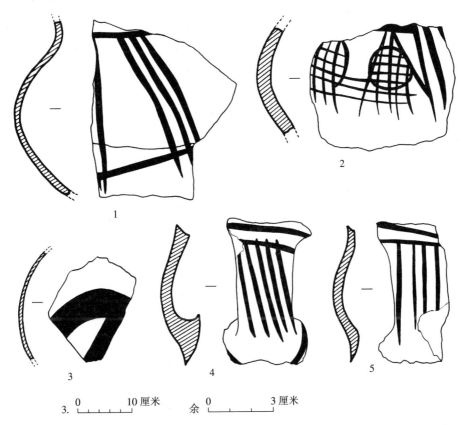

图七五　马家山湾遗址采集彩陶片

1. YJM－A009　2. YJM－A008　3. 86YJM－012　4. YJM－A007　5. YJM－A006

的随葬陶器为代表。特点是均为夹砂灰陶，颜色纯正，器表打磨光滑，器形全部为双耳罐，但个体大小有所不同。此类陶器也有可能是出自墓中的随葬品。这类遗存以往在其他地区少见，其文化属性尚难确定，但大致不会超出马厂文化或齐家文化的范围。另一类是在该址位置较高处采集的泥质红陶和夹砂红陶，包括双耳罐、彩陶片、陶瓮等。这类遗物是墓中随葬品还是聚落中的生活用具尚不清楚。从彩陶残片看，其花纹和器形接近马厂文化，包括陶瓮的形态也更接近马厂文化。如此，在马家山湾遗址或许存在两个阶段的文化遗存：一是以红陶双大耳罐、绘黑彩花纹陶器为代表的马厂文化遗存，另一类是以永昌县文化馆收藏的双大耳罐为代表的齐家文化遗存。至于那批纯灰色陶器和86YJM－M1为代表的遗存性质，根据现有资料，这类灰陶双耳罐的造型和质地为以往所未见，一时还难以判定其归属，是否属于一种新的地方类型，还需要进一步的考古发现证实。

从马家山湾遗址遗物的分布看，以彩陶片为代表的马厂文化遗存和以灰陶双耳罐为代表的遗存在空间上有所分离。前者主要位于台地的中间位置和上部，位置稍高；后者位于台地的舌尖上，位置偏低。最后有一点需要说明，这座舌形台地位置相对较高，高出原河谷位置很多，估计这里很有可能是新石器时代晚期的葬地所在，而遗址（聚落）的位置有可能在河谷地势较低的台地上，现已被水库淹没。

（五）鸳鸯池遗址

遗址位于永昌县东北约20公里的金川河西岸、河西堡镇鸳鸯池村南2.5公里处。地理坐标为东经102°06′24″，北纬38°23′03″；海拔1696米（见图六〇）。

1973年5月，甘肃省文物工作队、武威地区文物普查队对鸳鸯池墓地进行了发掘，清理新石器时代晚期墓葬151座[①]。1974年，甘肃省文物工作队再次进行发掘，清理墓葬38座[②]（两次发掘的墓葬编号：M1～M189），出土大批半山—马厂文化的遗物。

1986年，河西史前考古调查队在结束了永昌县的调查后，前往金昌途中顺便在河西堡考察鸳鸯池遗址，但没有任何发现。现将永昌县文化馆、民勤县文管所收藏的少量出自该址的遗物介绍如下。

（1）石器

石斧　1件。编号不详。现藏甘肃省永昌县文化馆。灰黑色麻岩质地。磨制较精

① 甘肃省博物馆文物工作队、武威地区文物普查队：《永昌鸳鸯池新石器时代墓地的发掘》，《考古》1974年5期299～308、289页。
② 甘肃省博物馆文物工作队、武威地区文物普查队：《甘肃永昌鸳鸯池新石器时代墓地》，《考古学报》1982年2期199～227页。

细，此器原为长条状，横断面椭圆形，背部和刃部均有残缺。残长7、宽3.6、厚2.6厘米（图七六，2）。

（2）陶器

彩陶单把杯 1件。编号不详。现藏甘肃省民勤县文管所。泥质红陶（胎内夹少量细砂），器形很小。小口略向内敛，尖圆唇，球形腹，圜底。器口外一侧置单耳（残失），口沿前后各钻一孔。通体绘黑褐色彩，器口外上部绘横条带纹，腹部绘回形曲折纹，下腹至底部图案漫漶不清，似绘细线网格纹样。高6.5、口径4、腹径5.4厘米（图七六，6）。

彩陶双耳罐 1件。标本73YY－M88：07，现藏甘肃省民勤县文管所。泥质红陶。喇叭口外侈，尖圆唇，斜直短领，束颈，器口外两侧置双小耳，扁圆鼓腹，平底。器表及口沿内打磨光滑，施红褐色陶衣，绘黑色彩。器口内绘粗细线构成的几何折线纹；器领部绘三角纹、颈部绘横条带纹，腹部纹样两分，主图案为回字细线网格纹，两侧用粗细竖线纹、折线纹间隔。器耳绘三角折线纹。高11.4、口径10、腹径14、底径5.6、耳宽1.4厘米（图七六，3）。

上述遗物与鸳鸯池遗址以往发掘出土遗物文化性质相同，属于河西地区典型的马厂文化。

（六）乱墩子遗址

遗址位于永昌县城东南45公里的水源乡杜家寨子村西2公里处，遗址附近有北沙河自南向北流过，地理坐标为东经102°26′09″，北纬38°09′14″；海拔1568米（见图六〇）。

20世纪50年代，修建兰新铁路时发现该址①，后曾有过数次调查，但资料多未发表。1986年10月，河西史前考古调查队在永昌调查时，没能前往该址调查。据介绍，该址面积甚大，地表散落大量破碎陶片和石器，遗址面积也不很清楚。永昌县文化馆1987年进行文物普查时，在该址地表发现大量彩陶片、泥质红陶片、夹砂红陶片等。由于风沙侵蚀，对遗址造成较大的破坏。有些遗迹已暴露于地表。这里将永昌县文化馆旧藏的几件出自该址的遗物介绍如下。

（1）石器

石斧 1件。标本YL－002，黑色砂岩。磨制。长条舌形，双面弧形刃。长13.6、宽5.8、厚2.2厘米（图七六，1）。

---

① 甘肃省文物管理委员会：《甘肃永昌南滩和北滩的古遗址和古墓葬》，《文物参考资料》12期42～48页，1955年。

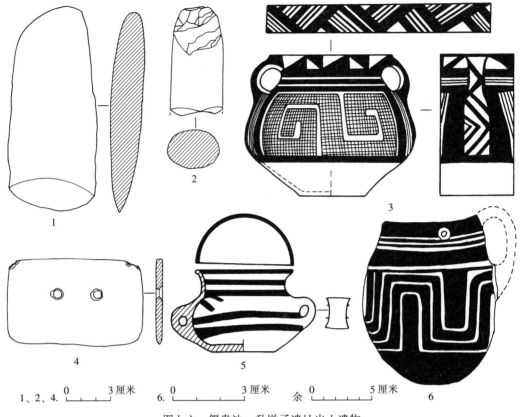

1、2、4.　0 ⊢——⊣ 3厘米　　6.　0 ⊢——⊣ 3厘米　　余 0 ⊢——⊣ 5厘米

图七六　鸳鸯池、乱墩子遗址出土遗物

1、2. 石斧（YL－002、编号不详）　3. 彩陶双耳罐（73YY－M88：07）　4. 石刀（YL－003）　5. 彩陶腹耳
小罐（YL－001）　6. 彩陶单把杯（编号不详）（2、3、6为鸳鸯池，余为乱墩子；3、6藏民勤县文管所，余
藏永昌县文化馆）

　　石刀　1件。标本 YL－003，残破。青黑色，表面有淡黄色石质纹理。磨制。圆角长
方形，中部近背部对钻两孔，双面直刃。长9.3、宽5.8、厚0.45厘米（图七六，4）。

（2）陶器

　　彩陶腹耳小罐　1件。标本 YL－001，泥质红陶。手制。喇叭口，圆唇外侈，短粗
颈，扁圆腹，最大腹径处置双小耳，底部略显内凹。器表和口沿内施红色陶衣，绘黑
色彩。器口内绘一道横条带纹，器表绘条带纹和折线几何纹，局部图案剥落不清楚。
高6.6、口径8.2、底径5.2、耳宽1.5厘米（图七六，5）。

　　根据该址出土的彩陶腹耳小罐，乱墩子遗址的性质属于河西地区典型的马厂文化。

二　金昌市

　　金昌市位于甘肃省西部、河西走廊东段。金昌原名金川，隶属于永昌县。后因发现

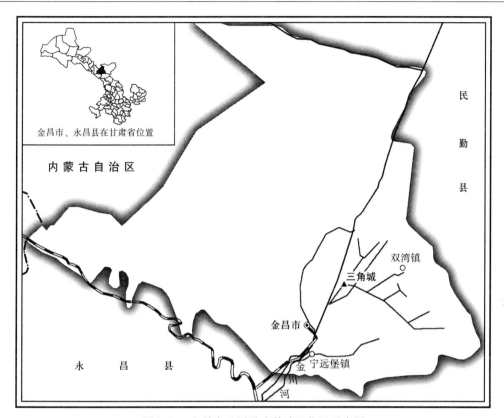

图七七　金昌市地图及史前遗址位置示意图

镍矿，逐渐发展起来，现为省辖市，并辖永昌县，市区面积 3019 平方公里（图七七）。

三角城遗址

　　遗址位于金昌市东北 20 公里的双湾镇尚家村西南、下四分以南约 1.5 公里处，金昌至内蒙古雅布赖的公路在三角城西约 1 公里处穿过。地理坐标为东经 102°17′45″，北纬 38°37′02″；海拔 1440 米（图七七；图版一〇，2）。

　　1924 年，瑞典学者安特生（J. G. Andersson）在结束了民勤的发掘后曾到三角城一带调查，并在三角城附近采集到马厂文化彩陶片[1]。1976 年，甘肃省博物馆文物工作队对三角城遗址进行试掘，在城内西北角发掘 430 平方米，清理平地起建和半地穴式房屋基址 6 座，窖穴 12 个，出土大批遗物[2]。

---

[1]　J. G. Andersson. Researches into the Prehistory of the Chinese, *BMFEA*. No. 15, Stockholm, 1943.

[2]　甘肃省博物馆文物工作队、武威地区展览馆：《甘肃永昌三角城沙井文化遗址调查》，《考古》1984 年 7 期 598～601 页；甘肃省文物考古研究所：《永昌三角城与蛤蟆墩沙井文化遗址》，《考古学报》1990 年 2 期 205～237 页。

三角城坐北朝南，平面布局呈不规则三角形，故名。此城规模不大，南北长 154 米，东西宽 132 米，面积 20328 平方米。四周城垣残高 3~5 米，墙基宽 8~9 米，顶部宽 2.9 米。从构造看，此城的墙体利用自然地形和土坯补缺两种方法营建。南面开一城门，门宽 7.3 米。城内有相当一部分被流沙掩埋，特别是在靠近墙基部位堆积了很厚的黄沙。

1986 年，河西史前考古调查队前往三角城调查。遗址地表散落大量砾石、卵石、陶片、石器残件、碎铜渣、兽骨乃至更晚阶段的瓷片等遗物（图版一一，1）。城外周边为荒滩和砂砾地，西北侧有一古河道，东北和西南角有数处高土岗，分布有大片的古墓葬（图版一一，2）。1979~1981 年，甘肃省博物馆文物工作队曾在城外西北一带的西岗和柴湾岗发掘了大片的沙井文化葬地①。

此次调查范围仅限于三角城以内，现将调查结果介绍如下。

（1）石器

石斧　2 件。标本 86JS - 036，用砾石打制而成。细柄，宽刃，两面较平，周边打击修整。柄部舌形（残缺部分），略细，刃部展宽，双面打制器刃。长 17.6、刃宽 9、厚 3.2 厘米（图七八，4）。标本 86JS - 038，黑灰色砾石，打制而成。两面较平，周边经打击修整。亚腰舌形，刃部展宽，打击修整出弧形刃。长 12.8、宽 7.6、厚 3.4 厘米（图七八，5）。

石杵　1 件。标本 86JS - 037，系自然砾石，略经打磨。长条棒状，横断面近圆角方形，表面较平滑，下端面有敲打痕迹。长 21.2、宽 5 厘米（图七八，1）。

石磨棒　1 件。标本 86JS - 044，系用砾石磨制而成。长条舌状，残缺大部，两面较平整。残长 8.3、宽 8、厚 4 厘米（图七八，3）。

环状穿孔石刀　4 件。标本 86JS - 039，白色砾石。磨制。原器似应为圆形，残存原器约 2/5，一面圆弧，另一面平整，中心钻一大孔。自孔至刃宽 6.6、厚 2.6 厘米（图七九，1）。标本 86JS - 040，黑色砾石。磨制。原器似近乎圆形，残留原器约 2/5，两面较平，中心对钻一大孔，周边有双面器刃。自孔至刃宽 3.65、厚 1.1 厘米（图七八，2）。标本 86JS - 041，灰黑色砾石。磨制。原器似为梨形，残存原器约 1/3，两面较平，中心对钻一孔，周边磨制双面器刃。自孔至刃宽 5.7~9、厚 2 厘米（图七九，4）。标本 86JS - 045，磨制。原器近圆形，残存原器约 1/5，两面较平，中心对钻一大孔，周边磨出双面器刃。自孔至刃宽 5、厚 1.3 厘米（图七九，5）。

环状穿孔石器　2 件。标本 86JS - 042，紫色砂岩，磨制。半成品，残存一半。平

---

① 甘肃省文物考古研究所：《永昌西岗柴湾岗——沙井文化墓葬发掘报告》，甘肃人民出版社，2001 年。

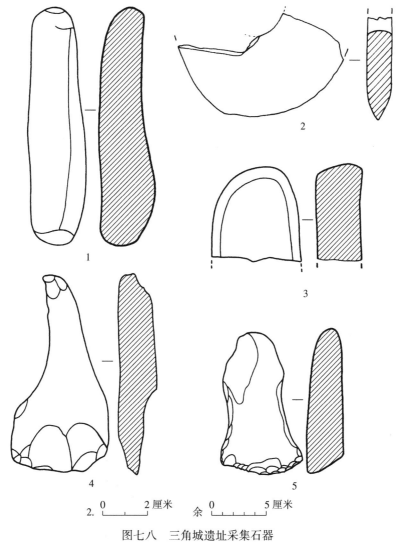

图七八 三角城遗址采集石器

1. 石杵（86JS－037） 2. 环状穿孔石刀（86JS－040） 3. 石磨棒（86JS－044）
4、5. 石斧（86JS－036、86JS－038）

面应为圆形，剖面呈哑铃状，中心钻一大孔（未穿透）。直径约9.2、厚2.5厘米（图七九，2）。标本86JS－043，灰黑色石。磨制。半成品，残存约1/2。平面应为圆形，剖面呈哑铃状，中部钻有一大孔（未穿透）。直径18.4、厚4.4厘米（图七九，3）。

（2）陶器

采集品绝大多数为陶片，以泥质或夹砂红陶和红褐陶为主，表面色泽不匀，有的局部呈灰白或灰红色、或夹杂青灰色斑块。另有少量夹细砂陶，器表打磨较光滑，施红色陶衣。还发现有个别泥质灰陶器。上述陶片以素面居多，器表装饰多见附加堆纹，

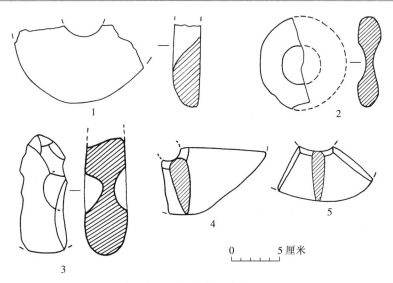

图七九　三角城遗址采集石器

1、4、5. 环状穿孔石刀（86JS－039、86JS－041、86JS－045）　　2、3. 环状穿孔石器（86JS－042、86JS－043）

器类以鬲、罐、豆、钵等为主。

直口鬲　3件。标本86JS－005，仅存器口部分。夹细砂红陶，胎内掺蛭石粉末。大口直立，圆唇。器表施紫红色陶衣。残高4、口径20厘米（图八〇，1）。标本86JS－011，仅存器口部分。夹砂红陶，胎内掺蛭石粉末。大口直立，加厚的圆唇，器口外捏塑一周附加堆纹。残高6、口径30厘米（图八〇，3）。标本86JS－013，仅存器口及少部分器腹。夹砂红褐陶，胎内掺蛭石粉末。大口直立，圆唇，器表施黄白色陶衣，器口外侧残留部分褐色彩绘痕。器口外和上腹部捏塑附加堆纹数股。残高11、口径20厘米（图八〇，4）。

鋬耳鬲　2件。标本86JS－012，仅存器口及少部分器腹。夹砂红陶。大口外侈，方唇，微束颈。器表施黄白色陶衣。器口外装饰一周附加堆纹，器口下部置半月形鋬耳，鋬耳两侧贴塑细泥条附加堆纹。残高11、口径20厘米（图八〇，5）。标本86JS－014，仅存器口部分。夹砂灰黄陶，胎内掺蛭石粉末，器表黄褐色。大口略向外侈，方唇，微束颈，口下部置鋬耳，鋬耳上有五道凹槽，器耳上一侧有一穿孔。器口外装饰两周附加堆纹。残高8、口径20厘米（图八〇，2）。

鬲足　4件。器表大多残留有烟炱。标本86JS－028，夹砂灰褐陶，胎内掺蛭石粉末，器表红色。扁铲状实足根，上连少许袋足。素面。残高5.3、宽4、厚2厘米（图八〇，6）。标本86JS－029，夹砂褐陶，胎内掺蛭石粉末。侧扁状实足根，上连袋足部分。素面。残高5.6、宽6、厚3厘米（图八〇，8）。标本86JS－030，夹砂红陶，胎内掺蛭石粉末。扁铲状实足根，上连袋足部分。素面。残高6、宽4.5、厚1厘米（图八○，7)。标本86JS－031，夹砂红陶，胎内掺蛭石粉末，器表残留烟炱。乳状瘦袋足，实足根不明显。素面。残高8、残宽4.4厘米（图八○，9）。

　　豆　3件。标本86JS－023，仅存豆盘部分。夹砂灰陶，胎内掺蛭石粉末，器表灰褐色。直口，圆唇，大浅盘，豆柄残失。素面。残高2.6、口径16厘米（图八一，1）。标本86JS－024，仅存豆盘部分。夹砂红陶，器表施红色陶衣，胎内掺蛭石粉末。器口内敛，圆唇，大浅盘，豆柄残失。素面。残高4.8、口径20厘米（图八一，2）。标本86JS－025，夹砂红陶，器表内外施红衣，胎内掺蛭石粉末。器口稍内敛，圆唇，浅盘，豆柄残失。素面。残高4.5、口径15厘米（图八一，3）。

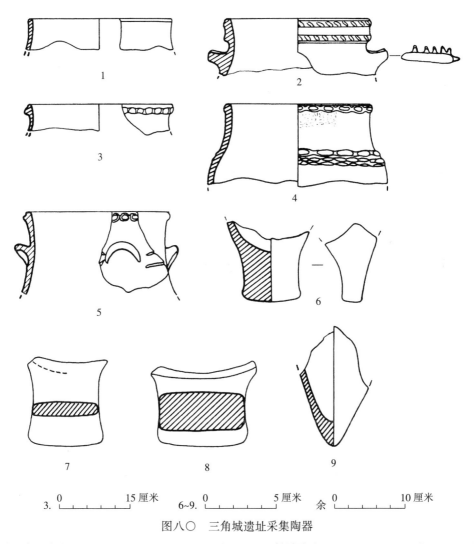

图八○　三角城遗址采集陶器

1、3、4. 直口鬲（86JS－005、86JS－011、86JS－013）　　2、5. 錾耳鬲（86JS－014、86JS－012）　　6~9. 鬲足（86JS－028、86JS－030、86JS－029、86JS－031）

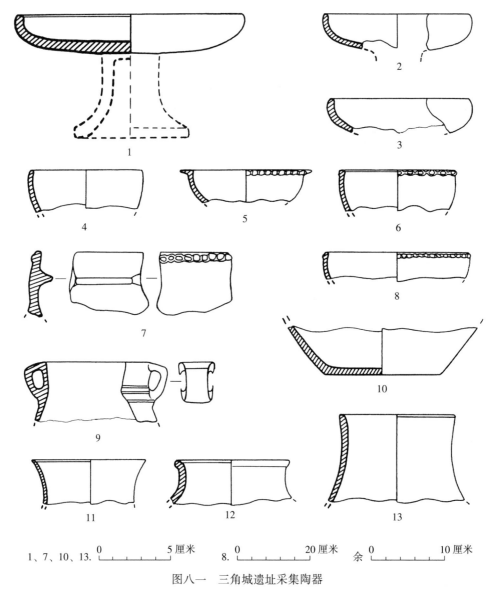

图八一　三角城遗址采集陶器

1~3. 豆（86JS－023、86JS－024、86JS－025）　　4~6、8. 钵（86JS－004、86JS－027、86JS－026、86JS－007）
7. 不知名器（86JS－017）　　9. 双耳罐（86JS－015）　　10. 器底（86JS－032）　　11、13. 小口壶（86JS－018、
86JS－006）　　12. 灰陶罐（86JS－033）

钵　4件。标本86JS－004，夹砂红陶，胎内掺蛭石粉末。器口微向内敛，弧腹，器底残失。素面。残高5、口径16厘米（图八一，4）。标本86JS－007，夹砂红陶，胎内掺蛭石粉末。器口微向内敛，弧腹，下腹及器底残失。口沿外捏塑一周附加堆纹。残高7.8、口径40厘米（图八一，8）。标本86JS－026，夹砂红陶，胎内掺蛭石粉末，器表残留烟炱。器口微向内敛，方唇，弧腹，下腹及器底残失。口沿外捏塑一周附加

堆纹。残高5.6、口径16厘米（图八一，6）。标本86JS－027，夹砂红陶，胎内掺蛭石粉末，器表橙黄色。器口直立，圆唇，两侧置半月状鋬耳，弧腹，下腹及器底残失。口沿外捏塑一周附加堆纹。残高4.2、口径18厘米（图八一，5）。

不知名器　1件。标本86JS－017，夹砂红陶，胎芯褐色，胎内掺蛭石粉末。器口微向内敛，弧腹，腹部以下残失。器口内有凸起的鋬手，腹部也有凸起的鋬手（残）。口沿外捏塑一周附加堆纹。残高4.3厘米（图八一，7）。

陶扑满　1件。标本86JS－035，夹砂红陶，胎内掺蛭石粉末，器表施红色陶衣（大半剥落）。器口残失，球形圆腹，平底，器底钻有一圆孔。素面。器内装入海贝100余枚。残高12.8、腹径13.8、底径6厘米（图八二，6）。

双耳罐　2件。均系口沿残片。标本86JS－015，夹砂褐陶，胎内掺蛭石粉末。外侈口，方唇，束颈，器口外两侧置双耳。器颈饰三股细泥条附加堆纹。残高8、口径14、耳宽3.2厘米（图八一，9）。标本86JS－016，夹砂灰陶，器表内外红褐色，胎内掺蛭石粉末。外侈口，圆唇，微束颈，器口外两侧置双耳。素面。残高7、口径10、耳宽3厘米（图八二，1）。

大口罐　1件。标本86JS－002，残存器口部分。夹砂黄褐陶，胎内添加蛭石粉末。外侈口，圆唇，束颈。器表内外磨光，施红色陶衣。残高5、口径13厘米（图八二，5）。

小口壶　2件。标本86JS－006，残存器口部分。夹砂褐陶，胎内添加蛭石粉末，器表残留烟炱。小口稍向外侈，圆唇，微束颈。素面。残高6、口径8厘米（图八一，13）。标本86JS－018，残存器口。泥质橙黄陶。喇叭口，圆唇，束颈。器表施褐色陶衣，似有黑色彩绘痕迹，纹样脱落不清。残高6、口径15.5厘米（图八一，11）。

灰陶罐　1件。标本86JS－033，仅存器口。泥质灰陶，厚胎。外侈口，圆唇外侈，短颈微束。素面。残高6、口径16厘米（图八一，12）。

器底　5件。标本86JS－019，夹砂红褐陶，胎内添加蛭石粉末，器表色泽不匀，残留有烟炱痕。下腹斜直，平底。素面。残高3、底径5.8厘米（图八二，7）。标本86JS－020，夹砂灰褐陶，胎内添加蛭石粉末。下腹圆弧，平底。器表施黄白色陶衣。残高3.4、底径5.5厘米（图八二，8）。标本86JS－021，夹砂红褐陶，胎内添加蛭石粉末。下腹较直立，大平底。近底部穿一圆孔。器表施红色陶衣。残高6、底径20厘米（图八二，13）。标本86JS－022，夹砂红陶，胎内添加蛭石粉末。下腹圆弧，平底（略残）。近底部穿一圆孔。素面。残高8.4、底径12厘米（图八二，9）。标本86JS－032，仅存器底。泥质灰陶。下腹圆弧，平底。素面。残高3、底径8厘米（图八一，10）。

小口瓮　5件。标本86JS－001，残存器口部分。夹砂红陶，胎内添加蛭石粉末。小口，方唇外侈，束颈。器表内外磨光，施红色陶衣。残高10.8、口径20厘米（图八二，11）。标本86JS－003，残存器口部分。夹砂橙黄陶，胎内添加蛭石粉末。小口直

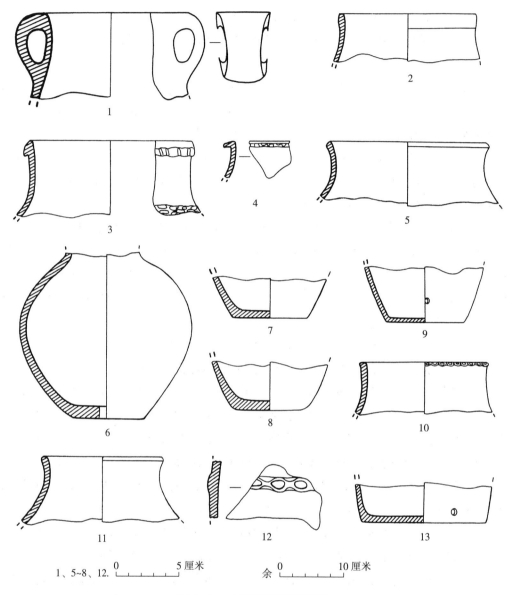

图八二　三角城遗址采集陶器

1. 双耳罐（86JS－016）　2～4、10、11. 小口瓮（86JS－003、86JS－009、86JS－010、86JS－008、86JS－001）　5. 大口罐（86JS－002）　6. 扑满（86JS－035）　7～9、13. 器底（86JS－019、86JS－020、86JS－022、86JS－021）　12. 纹饰陶片（86JS－034）

立，圆唇略加厚，微束颈。器表内外磨光，施红色陶衣。残高7.6、口径22厘米（图八二，2）。标本86JS－008，残存器口部分。夹砂红陶，胎内添加蛭石粉末。直口，圆唇，粗直颈。器口外捏塑一周附加堆纹。残高8、口径20厘米（图八二，10）。标本86JS－009，残存器口部分。夹砂褐陶，胎内添加蛭石粉末，器表残留烟炱。直口，尖圆唇，粗直颈。器口外及颈下捏塑附加堆纹。残高12、口径26厘米（图八二，3）。标本86JS－010，器口残片。夹砂褐陶，胎内添加蛭石粉末。直口，圆唇。器口外捏塑一周附加堆纹。残高6厘米（图八二，4）。

纹饰陶片 6件。标本86JS－048，泥质灰陶。器表拍印竖绳纹，再用刻划凹弦纹切断（图八三，4）。标本86JS－034，泥质灰陶。器表堆塑附加堆纹（图八二，12）。标本86JS－050，泥质灰陶。器表（肩部以下）拍印交错压印网格纹、刻划水波纹（图八三，5）。标本86JS－051，泥质灰陶。器表（肩部以下）拍印交错压印网格纹、刻划水波纹（图八三，1）。标本86JS－047，泥质灰陶。器表拍印细绳纹，再用压印凹弦纹切断成数排（图八三，2）。标本86JS－049，器耳残片。泥质红陶。器表刻划稀疏网状菱格纹，菱格内压印小圆点纹（图八三，3）。

（3）铜器

铜镜 1件。标本86JS－046，仅存边缘一少部分。圆形。镜子背面边缘内约1厘米处有一道凸起的环带纹带。直径11.8、厚0.2厘米（图八四）。

根据上述采集陶器标本，同时参考甘肃省文物工作队以往发掘资料，可进一步确认三角城遗址属于沙井文化晚期阶段[①]。另在该址采集到少量质

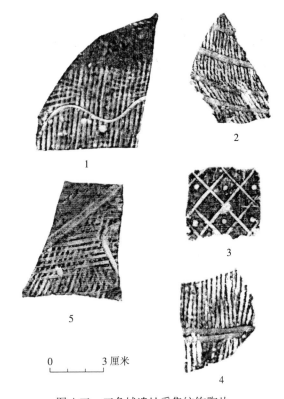

图八三 三角城遗址采集纹饰陶片

1. 86JS－051 2. 86JS－047 3. 86JS－049 4. 86JS－048 5. 86JS－050

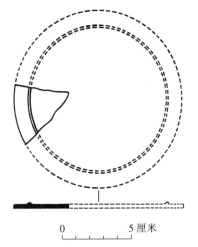

图八四 三角城遗址采集铜镜（86JS－046）

---

① 李水城：《沙井文化研究》，《国学研究》第二卷493～523页，北京大学出版社，1994年。

地较好的泥质灰陶片，有学者推测，此类遗存有可能是战国晚期从陇东或关中输入的外来产品①。总之，三角城使用时间较久，内涵比较复杂。在沙井文化及以后很长一段时间里，都曾有人在城内生活居住，遗址表面大量存在的瓷片也证明了这一点。

---

① 甘肃省文物考古研究所：《永昌三角城与蛤蟆墩沙井文化遗址》，《考古学报》1990 年 2 期 205 ~ 237 页。

玖　山丹县

　　山丹县位于河西走廊中部、张掖地区东部，东与永昌县为邻，南接肃南裕固族自治县和青海省，西靠张掖市和民乐县，北界内蒙古自治区的阿拉善右旗，地理坐标为东经100°41′28″~101°45′19″，北纬37°55′38″~39°02′53″，面积5402平方公里（图八五）。

　　山丹县地处祁连山与龙首山之间，政府驻地清泉镇。县境内三面环山，分为山地

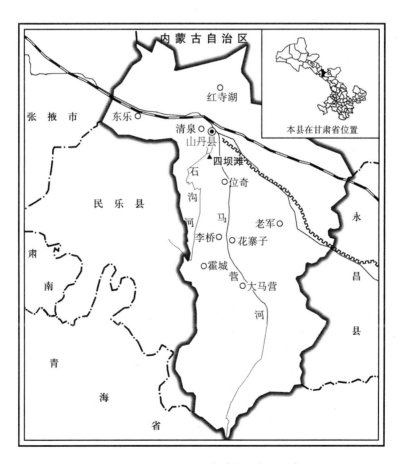

图八五　山丹县地图及史前遗址位置示意图

和走廊平地两部分。整体地势东南高、西北低，海拔 1550～4441 米。东面大黄山突起于走廊中部，四周环绕走廊平地，海拔 1600～2900 米。南部为祁连山地，海拔较高，扁都口以东最高达 4378 米。北面龙首山坡度较缓，海拔最高 3978 米。在祁连山北麓一带有洪积、冲积带形成的草滩，是著名的天然牧场。

境内主要河流是山丹河、马营河，两河均源自祁连山冷龙岭，其他还有霍城河、寺沟河等小河。县境内大部分地区属温带干旱性气候，南部祁连山地属高寒半干旱性气候。年均温 5.7℃，年降水 185 毫米，蒸发量 2100 多毫米。

山丹古称删丹。先秦为月氏地，后属匈奴。汉代设删丹县；北魏改山丹县；隋复改为删丹；西夏置甘肃军；元置山丹州；明置山丹卫；清再改回山丹县。目前全县有人口 19 万，以汉族为主。

山丹县的考古工作可追溯到 1948 年。此前，中国人民的朋友路易·艾黎（Rewi Alley）① 将培黎工艺学校②迁至山丹县，并在县城南侧的四坝滩开办农场。1948 年，农场修筑水渠挖出一大批文物，包括完整陶器 90 余件及少量石器、金耳环和铜刀等，并伴出完整人骨。新中国成立后，艾黎曾给中国科学院考古研究所夏鼐先生去信告知此事，并希望派员前去发掘。1954 年，他将这批文物全部移交给当时的甘肃省文管会。1954 年，中国科学院考古研究所派遣安志敏前往山丹县调查，并采集一批遗物，后连同路易·艾黎发现的文物一起发表③。此后，甘肃省博物馆等单位曾多次派员前往调查，但未再有报道。

1981 年 11 月，山丹县龙首山草场洼（属清泉乡）一农民在山坡挖筑羊圈，挖出 8 件彩陶和 1 件玉饰。其中，有彩陶单耳杯 2 件、彩陶盆 1 件、彩陶双耳罐 5 件。这批材料大多未发表④。

---

① 路易·艾黎（Rewi Alley，1897～1987）。新西兰籍诗人、著名社会活动家。1927 年到上海。1932 年在沪参加组织外籍人员的马克思主义小组。1938 年发起成立工业合作促进委员会（简称"工合"），并兼任国民政府行政院技术顾问。1939 年去延安和晋西北，随后去皖南新四军军部，协助兴办兵工企业。1944 年，他将培黎工艺学校从陕西汉中双石铺迁至甘肃省山丹县（后又迁至兰州市），招收学生，并聘请外籍教师，教授机械、纺织、制革、制陶和化工课题。该学校的农场就建在山丹县城外的四坝滩。路易·艾黎热爱中国文化，他将自己的大部分收入都购买了中国文物。晚年又倾其所有，将多年珍藏的 3700 余件文物都捐献给了山丹县。曾被甘肃省授予"荣誉公民"，被北京市授予"荣誉市民"。1987 年，病逝于北京。

② 培黎工艺学校是为了纪念金陵大学教授、开明基督教徒约瑟夫·培黎（Joseph Bailie）而设，其汉语译文也有为中国的黎明培养人才之寓意。

③ 安志敏：《甘肃山丹四坝滩新石器时代遗址》，《考古学报》1959 年 3 期 7～16 页。

④ 这批遗物收藏何处，不详。参见孙宏武：《张掖西闸村新石器时代墓葬清理简报》，《陇右文博》2004 年 1 期 3～6 页。另见张掖市文物管理局编：《张掖文物》046、050 页，甘肃人民出版社，2009 年。山丹县文化馆旧藏史前文物有彩陶双耳壶 1 件、彩陶双耳罐 1 件、陶双耳罐 1 件、陶单耳罐 1 件、彩陶腹耳壶 1 件、陶腹耳壶 1 件（见本书）。这些遗物是否有的出自草场洼遗址，不详。

1986年，河西史前考古调查队前往山丹调查，在该县文化馆收集了当地旧藏的史前文物，并再次调查了清泉乡四坝滩遗址。目前，山丹县共发现史前遗址4处（见附录一）。

现将山丹县的考古调查收获介绍如下。

四坝滩遗址

遗址位于县城南侧清泉乡南关村以南6公里处。遗址所在冲积台地的南侧为米要山，西面为龙首山。地理坐标为东经101°01′49″，北纬38°46′50″；海拔1757米（见图八五）。

四坝滩遗址是四坝文化的命名地。该址坐落在一个山间小盆地的冲积扇上，地势作缓坡状，大致呈西南高东北低走势。石沟河（已成为季节河，估计是上游修建水库导致断流）沿遗址南侧东流，再折向北。遗址所在台地高出河床2～3米。此地原为四坝滩农场，土地经反复平整，地貌有所改变。但整体保存尚好。根据后来甘肃省文物普查资料，该址占地面积20万平方米，文化层厚0.5～3米（彩版五，1）。

1986年10月，河西史前考古调查队前往山丹县调查。此前，山丹县文化馆修建了"艾黎捐赠文物陈列馆"①，并组织举办新的展览陈列。县博物馆负责同志向我们介绍了该县的文物概况，并同意我们对馆内收藏的史前文物进行资料收集，其中也包括路易·艾黎捐赠文物中的1件彩陶罐。由于该县文化馆人员工作忙，没能陪同我们在该县的调查。

调查中发现，在遗址中部修筑有简易水渠，深约0.8米，后废弃。在水渠局部断面可见厚0.2～0.3米的文化堆积，内夹杂陶片、碎骨、炭渣等。个别部位厚0.5米。地表不时可以捡到石器残件、陶片、兽骨等遗物。

现将此次调查收获及山丹县文化馆旧藏的史前文物介绍如下。

1.1986年调查采集品

（1）石器

绝大多数系打制品，少量磨制品，工艺均较粗糙。种类有斧、刀、盘状器、石球和石磨盘等。

石斧 3件。标本86SS－017，系用天然砾石打制而成，器表大部分保留原来砾石的表皮。平面略呈"凸"字状椭圆形，后端为略细的舌形手柄，端面也打制出器刃。

---

① 1981年底，山丹县开始兴建"艾黎捐赠文物陈列馆"，1982年竣工。85岁高龄的路易·艾黎先生曾亲临山丹为陈列馆开馆剪彩。

中部有不很明显的双肩，前端展宽双面打出尖状器刃。长15.7、宽10.9、厚3.1厘米（图八六，1）。标本86SS－020，利用天然砾石打制而成。舌形，器表绝大部保留砾石表皮，刃部展宽，双面打出弧形器刃。长9、宽7、厚3.6厘米（图八六，2）。标本86SS－021，残存背一半，舌形，两面较平，经打磨修整，较粗糙，刃部缺失。残长7.6、宽7.9、厚2厘米（图八六，5）。

　　石刀　2件。标本86SS－018，系利用天然砾石打片制成。残缺一半。一面保留弧形砾石表皮，另一面为劈裂面，较平整，上下两端均有器刃。残长6.6、宽6.5、厚0.9厘米（图八六，6）。标本86SS－019，磨制。半成品。椭圆形，两面平整，双面弧形刃。长7.4、宽6.1、厚0.6厘米（图八六，3）。

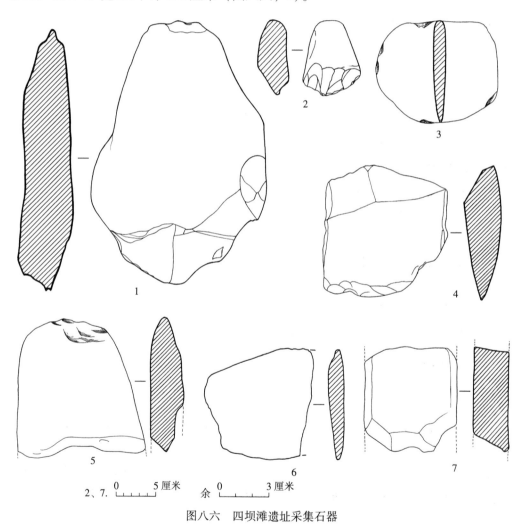

2、7.　0　　5厘米　　　余　0　　3厘米

图八六　四坝滩遗址采集石器

1、2、5. 石斧（86SS－017、86SS－020、86SS－021）　　3、6. 石刀（86SS－019、86SS－018）　　4. 盘状器（86SS－022）　　7. 石磨盘（86SS－024）

盘状器　1件。标本86SS－022，利用天然砾石打片制成。一面保留弧形砾石表皮，另一面为劈裂面，较平整。整体近乎三角扇形，一侧打出弧形器刃。长7.8、宽7.8、厚2.2厘米（图八六，4）。

石球　1件。标本86SS－023，利用自然砾石粗略加工而成。圆球形。

石磨盘　1件。标本86SS－024，花岗岩质地。残留一段。此器原应为四边较平整的扁条形。残长12.2、宽11.3、厚4.4厘米（图八六，7）。

（2）陶器

采集陶器全部为夹砂质地，部分彩陶夹细砂，稍显细腻。陶色以褐色为主。彩陶均施紫红色陶衣，绘浓稠黑彩或红彩，纹样以几何形为主；夹砂陶装饰有刻划纹、戳印纹、凹弦纹、附加堆纹。可辨器形有双耳罐、羊角耳罐、瓮、器盖等。根据我们在一残灰坑底部出土的陶片统计，夹砂红陶占11.2%，夹砂褐陶占72.5%，彩陶占4.8%。估计彩陶实际比例应高于此数。

双耳罐　2件。标本86SS－009，残存器口和器耳部分。夹砂灰陶。外侈口，尖圆唇，器口外两侧置双小耳，器表内外施红褐色陶衣。颈部刻划叠置凹弦纹，耳面饰"X"刻划纹。残高5.6、耳宽1.9厘米（图八七，7）。标本86SS－010，残存器口部分。夹砂灰陶。素面。外侈口，尖圆唇，束颈，颈部饰凹弦纹（图八七，5）。

瓮　3件。标本86SS－002，夹砂灰陶，器表泛褐色，有烟炱，较粗糙。器口残，肩部圆鼓，下腹内敛，器底残。素面。残高28、肩径51厘米（图八七，10）。标本86SS－003，残存器口。夹砂红褐陶，器表红色。器口外侈，尖圆唇，斜直领。颈下堆塑一周附加堆纹。残高7.6、口径24.8厘米（图八七，8）。标本86SS－007，残存器口。夹砂灰陶，器表面褐色。喇叭口，尖圆唇，束颈。素面。残高7.6、口径24.8厘米（图八七，4）。

器盖　2件。标本86SS－001，夹砂灰褐陶。斗笠状，喇叭盖口，圆唇，盖面斜直，顶部有圆形捉纽，纽顶面内凹。素面。高4.8、盖纽直径3.8、口径10.8厘米（图八七，1）。标本86SS－008，夹砂红陶。残存圆形盖纽，纽顶面内凹。素面。残高1.9、盖纽直径6厘米（图八七，3）。

器底　1件。标本86SS－004，夹砂红陶，器表烟炱厚重。下腹弧形，平底。素面。残高6.4、底径12厘米（图八七，12）。

羊角器耳　2件。均为羊角耳罐之器耳。标本86SS－006，残存器耳和部分口沿。夹砂红陶。外侈口，圆唇，斜直短领，器耳向上弯，弧曲相交至口沿上，器耳断面呈梯形。器表施红色陶衣（图八七，2）。标本86SS－005，残破的羊角器耳。夹砂灰陶。剖面近正方形。素面（图八七，11）。

彩陶片　4件。标本86SS－011，系腹耳壶腹部残片。夹砂红褐陶。器表施黄白色

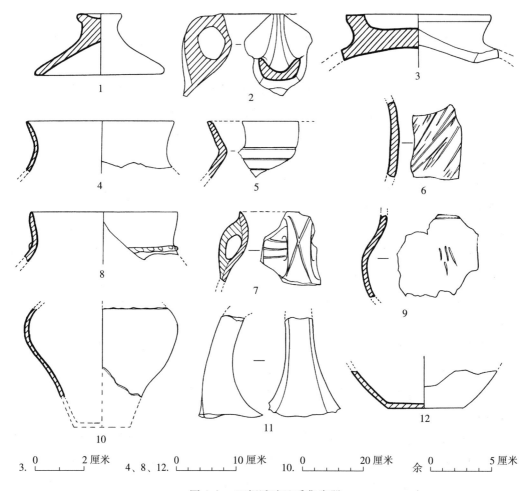

图八七　四坝滩遗址采集陶器

1、3. 器盖（86SS－001、86SS－008）　2、11. 羊角器耳（86SS－006、86SS－005）　4、8、10. 瓮（86SS－007、86SS－003、86SS－002）　5、7. 双耳罐（86SS－010、86SS－009）　6、9. 纹饰陶片（86SS－016、86SS－015）　12. 器底（86SS－004）

陶衣，绘黑褐彩粗细竖线纹，器耳绘双"X"纹（图八八，4）。标本86SS－012，系双耳罐腹部残片。夹砂灰褐陶。器表施红色陶衣，绘棕红彩横竖线几何纹（图八八，3）。标本86SS－013，系腹耳壶腹部残片。夹砂灰陶。器表施灰白色陶衣，绘红彩竖宽带纹和双"X"纹（图八八，1）。标本86SS－014，夹砂灰陶。施褐色陶衣。绘红褐彩几何纹。器表略加打磨（图八八，2）。

纹饰陶片　2片。标本86SS－015，系双耳罐腹部残片。夹砂灰陶，器表内外红色。颈部施横线凹弦纹，腹部饰短竖条纹，四个一组（图八七，9）。标本86SS－016，夹砂灰褐陶。器表施斜线刻划纹（图八七，6）。

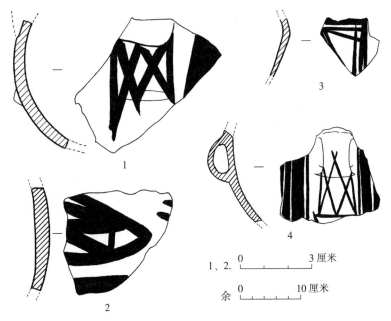

图八八　四坝滩遗址采集彩陶片

1. 86SS – 013　2. 86SS – 014　3. 86SS – 012　4. 86SS – 011

2. 山丹县博物馆藏史前时期文物

(1) 石器

器类有石刀、斧、环形穿孔石器等，除一件石刀为磨制外，其余均系打制品。

石刀　2件。标本 A – 08 – 1（山丹县博物馆原编号），系用砂岩砾石打片制成，一侧保留原有的砾石表皮，有一定弧度；另一面为石片的劈裂面，较平整，未作打磨加工。平面呈圆角长方形，正中位置对钻一孔，刃部近弧形，略作简单的修整。长 10、宽 5.6、厚 1 厘米（图八九，5）。标本 A – 09 – 2（山丹县博物馆原编号），系用砂岩砾石打片制成，长椭圆形一面保留弧形砾石表皮，另一面为石片劈裂面，较平整，中间近背部对钻双孔，打磨修整出双面直刃。长 14.4、宽 5、厚 1 厘米（图八九，3）。

石斧　2件。标本 A – 05 – 2（山丹县博物馆原编号），系用片麻岩砾石打制而成。平面近圆角长方形，后端有粗大的手柄；前端展宽成扇形器刃，周边经双面打击修整。长 13.3、柄部宽 6.2、刃部宽 8.9、厚 3.4 厘米（图八九，1）。标本 A – 06 – 3（山丹县博物馆原编号），系用砂岩砾石打制而成。平面近长条亚腰形，后端有粗大的手柄；中间部分略内收成亚腰，前端展宽成扇形器刃，周边经单面打击修整。长 16.7、柄宽 6.6、刃宽 8.5、厚 2.7 厘米（图八九，2）。

环形穿孔石器　1件。标本 A – 010 – 1（山丹县博物馆原编号），系用砂岩砾石打

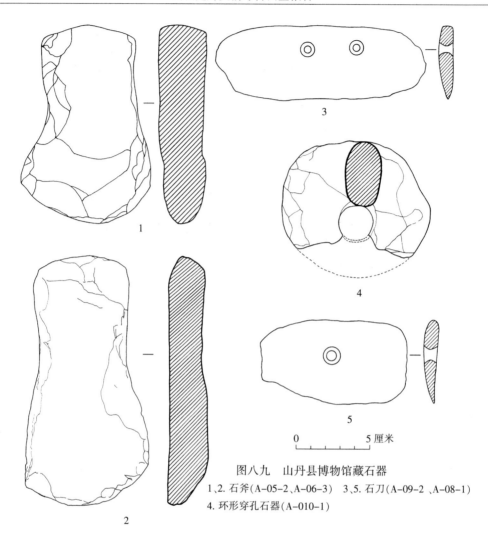

图八九　山丹县博物馆藏石器
1、2. 石斧（A-05-2、A-06-3）　3、5. 石刀（A-09-2、A-08-1）
4. 环形穿孔石器（A-010-1）

制而成，并略打磨。平面椭圆形，周边经双面打制，表面有明显的击打痕。中间对穿一大孔，孔的位置偏离中心。器刃不明显，一端略有缺损。直径10、孔径2.3、厚2.4厘米（图八九，4）。

（2）陶器

彩陶双耳罐　1件。标本 A-115（山丹县博物馆原编号），夹细砂红陶。小口，圆唇，高直颈，器口外两侧置双小耳，球形圆鼓腹，腹最大径位置捏塑一对乳突饰，平底。器表及口沿内打磨光滑，施紫红色陶衣，绘黑色彩。器耳上下及器耳下部左右戳印四枚圆形小凹窝。口沿内绘四组折线几何纹；口沿外颈部绘一组倒三角网格纹。颈部绘横线条带和短竖线组成的梯格纹。腹部主纹样为疏朗的菱形网格纹四组，两侧用粗细竖线间隔开来。高16.3、口径9、腹径17.6、底径8.6、胎厚0.5厘米（图九

○，1）。

双耳罐　1件。标本A－114（山丹县博物馆原编号），夹砂褐陶。小口外侈，尖圆唇，斜直高领，器口外两侧置双耳，圆腹，腹最大径位置捏塑一对乳突饰，平底。素面。高21.2、口径12.4、腹径21.6、底径10厘米（图九○，3）。

单耳罐　1件。标本A－03（山丹县博物馆原编号），夹细砂红陶。喇叭小口，外侈，尖圆唇，束颈，口沿外一侧置较大的单耳，球形圆腹，平底。器耳、口沿内及腹部大半施紫红色陶衣。高7.1、口径5.6、腹径7.5、底径3.8厘米（图九○，2）。

彩陶腹耳壶　1件。标本A－02（山丹县博物馆原编号），夹细砂红陶。喇叭口，圆唇外侈，束颈，斜直领，扁球形腹，小平底。最大腹径处置一对双耳。器表及口沿内施紫红色陶衣，绘浓稠黑色彩。口沿内绘四组折线几何纹，颈部绘"之"字折线纹四组，腹部绘复线"之"字折线纹四组，以竖线条带纹间隔。高13.6、口径9、腹径15.6、底径5、耳宽2、胎厚0.5厘米（图九○，5）。

腹耳壶　1件。标本A－10（山丹县博物馆原编号），夹砂红陶。喇叭口，尖圆唇，外侈，束颈，斜直领，扁球形腹，腹最大径处置一对双耳，束颈处捏塑附加堆纹一周。平底。高18、口径9.6、腹径20.6、底径8.4厘米（图九○，6）。

彩陶双耳盆①　1件。标本A－299（山丹县博物馆原编号），泥质土黄陶。大口稍向内敛，圆唇，器口外两侧置双小耳，扁圆弧腹，平底。器表打磨光滑，内外壁施红褐色陶衣，绘黑色彩。器口内和颈部施黄色陶衣，绘红褐彩，腹部在横条带纹之间绘连续黑彩菱形网格纹。高9.8、口径14.2、腹径16.2、底径7.2厘米（图九○，4）。

根据调查可知，四坝滩遗址的文化性质属于四坝文化，遗址范围包括聚落和葬地。但具体空间分布状况不详。

山丹县旧藏的史前文物较为复杂，大致可分三类。

1）马厂文化。包括"艾黎捐赠文物陈列馆"展出的1件典型的马厂文化彩陶双耳盆（图九○，4）。另，路易·艾黎1948年移交给甘肃省文管会的文物中有2件马厂文化彩陶壶②。这几件文物出土地点不明，究竟是出自四坝滩遗址，还是路易·艾黎在别处购买所得？不详。从这几件器物的造型和彩陶花纹看，属于河湟地区典型的马厂文化，在河西走廊很少见。

2）"过渡类型"遗存。山丹县文化馆旧藏文物中有2件双耳罐，其器形、花纹与四坝文化不同，包括质地、造型和花纹构图等。如彩陶双耳罐（标本A－115）为夹细砂红陶，造型接近马厂文化，陶胎较厚，腹部最大径位置捏塑乳突一对。器表施紫红

①　此器系路易·艾黎先生捐赠，具体出土地点不详。
②　安志敏：《甘肃山丹四坝滩新石器时代遗址》，《考古学报》1959年3期7～16页。

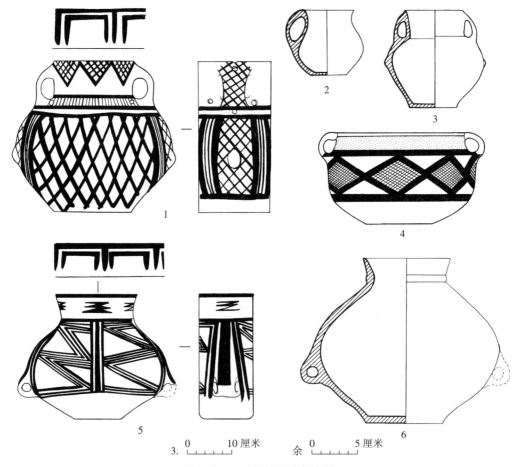

图九〇　山丹县博物馆藏陶器

1. 彩陶双耳罐（A－115）　2. 单耳罐（A－03）　3. 双耳罐（A－114）　4. 彩陶双耳盆（A－299）　5. 彩陶腹耳壶（A－02）　6. 腹耳壶（A－10）

色陶衣，绘黑色彩，彩绘颜料并不浓稠。另一件双耳罐（标本A－114），为夹砂褐陶，造型亦接近马厂文化，腹部最大径位置捏塑乳突一对。这两件陶器特征与河西走廊发现的"过渡类型"遗存接近，时代约相当于马厂文化的最晚阶段。

3）四坝文化。山丹县文化馆旧藏文物中的彩陶腹耳壶（标本A－02）、腹耳壶（标本A－10）各1件，这2件器物属于典型的四坝文化。

前面曾提到，1981年在清泉乡草场洼曾挖出8件陶器，山丹县上述旧藏文物是否包含该址的遗物，不详。但极有可能。据报道，该址性质被定为马厂文化[①]。若上面提到的"过渡类型"遗存也出自该址的话，具体情况还有待进一步分析。

---

① 　孙宏武：《张掖西闸村新石器时代墓葬清理简报》，《陇右文博》2004年1期3～6页。

拾　民乐县

民乐县位于甘肃省河西走廊中段、张掖市东南部。该县东北与山丹、永昌二县接壤，西南与肃南裕固族自治县为邻，南界青海省祁连县、门源县，西和西北界张掖市甘州区。地理坐标为东经 100°22′59″～101°13′9″，北纬 37° 56′19″～38°48′17″，面积 3687 平方公里（图九一）。

民乐县地处祁连山北麓冲积扇上，政府驻地洪水镇。该县沿祁连山北麓分布，县内地势自南向北倾斜，南高北低。南部祁连山脉海拔高达 5000 余米，主要山峰有野牛山、老君山、青羊岭等。中部和北部属走廊平地，海拔 1500～2800 米，为绿洲农业区。西北分布沙漠戈壁。

民乐县所处地理位置十分重要。此地经大马营滩可通甘凉二州；南有祁连山扁都山口，两山夹峙，群峰叠嶂，穿越山谷即为青海大通河谷，可直抵西宁，故为历代兵家必争之地。历史上素有河西南大门之称，也是历代王朝设防建卡重地。民乐县境内的主要河流有童子坝河、洪水河、海潮坝河、小都麻河、大都麻河，这些河流均源自祁连山地。县内南部山地属高寒半干旱气候，中北部属温带干旱性气候，年均温 4.1℃，年均降水量 351 毫米，总体属于温带大陆性荒漠草原气候。

民乐旧称东乐，乾隆十四年（1749 年）设立分县。1919 年由张掖县析置，1929 年改为民乐县至今。现有人口 24 万，包括汉、藏、回、壮、土、蒙、白、满、裕固、维吾尔等 10 个族群，以汉族为主。

民乐县的考古工作出现较晚。1958 年，武威地区文化局在该县调查发现东灰山和西灰山遗址[①]。目前该县掌握的史前遗址也仅此两处。

1986 年 10 月，河西史前考古队前往张掖市调查，在市文化处文物科有关同志陪同下前往民乐调查，并采集一批文物，以下是此次调查的情况介绍。

---

① 　宁笃学：《民乐县发现的二处四坝文化遗址》，《文物》1960 年 1 期 74～75 页。

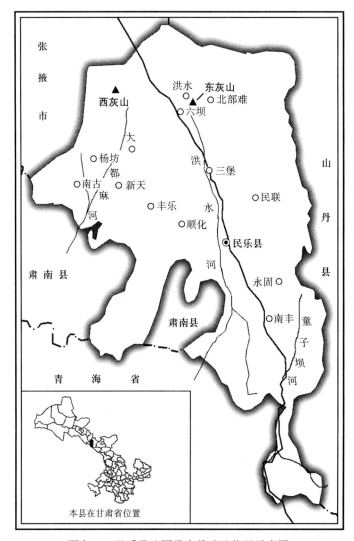

图九一　民乐县地图及史前遗址位置示意图

（一）东灰山遗址

遗址位于民乐县城北约 27 公里、六坝乡西北 2.5 公里社办林场附近荒滩上，此地东南约 1.5 公里为四坝村。地理坐标为东经 100°44′56.3″，北纬 38°39′35.5″①；海拔 1828 米（见图九一；彩版五，2）。

遗址是坐落在戈壁荒滩上的一座长椭圆形土丘，高约 5 米，大致呈南北走向，面

---

① 2005 年 8 月我们再次考察了东灰山遗址，并用 GPS 获取了遗址的准确位置。1987 年，吉林大学在发掘报告中发表的数据为东经 100°46′，北纬 38°41′。

积24万平方米（600米×400米）。遗址东侧水渠断面暴露大段文化堆积，厚0.5~2米。遗址东北一带为同时期的一处氏族公共墓地（彩版六，1，2）。

　　东灰山遗址发现于1958年①。后甘肃省博物馆曾数次派员调查，但未发表任何资料。1975年，张掖地区文化处调查该址，在水渠两侧断面上发现少量炭化小麦籽粒②。1985年7月，中国科学院遗传研究所李璠等赴河西走廊进行农林生态考察。获悉东灰山遗址发现炭化小麦，遂前去调查，在遗址内坑道（即水渠）剖面采集炭化小麦21粒③。1986年8~9月，李璠等再次前往东灰山遗址，采集一批文化遗物（包括石器、陶器、骨器、木炭等），在遗址内坑道（即水渠）剖面2处黑色炭土层内采集到炭化麦、粟、稷等粮食作物遗存和动物烧骨等④。1986年10月，河西史前考古调查队再次前往东灰山遗址调查，采集一批遗物，但未采集到炭化小麦⑤。1987年5~6月，吉林大学考古学系师生在东灰山遗址进行田野考古实习，全面发掘了遗址墓葬区，清理四坝文化墓葬249座。另在水渠东侧试掘一条探沟。在发掘期间，在水渠断面采集一批炭化小麦籽粒（2.5毫米试管1管)⑥。1989年9月，中国西北干旱地区全新世环境演变与人类文明兴衰研究组前往河西走廊进行古环境变迁、沉积环境与沉积区特征及人类活动状况考察，在东灰山遗址调查采集4个土样，后筛选出炭化小麦10粒，炭化粟、稷9粒⑦。2005年，北京大学考古文博学院李水城等前往张掖，在地区博物馆孙宏武、王康二位陪同下前往东灰山遗址采集一批土样，后经中国社会科学院考古研究所赵志军研究员浮选出大量栽培植物籽粒标本⑧。2007年6月，在国家科技支撑项目"中华文明探源（二）"课题组部分成员组成，"河西走廊环境考古调查队"⑨ 再次前往东灰山遗址进行了考察。

---

① 宁笃学：《民乐县发现的二处四坝文化遗址》，《文物》1960年1期74~75页。
② 李璠：《甘肃省民乐县东灰山新石器遗址古农业遗存新发现》，《农业考古》1989年1期56~69页。
③ 李璠：《甘肃省民乐县东灰山新石器遗址古农业遗存新发现》，《农业考古》1989年1期56页。
④ 李璠：《甘肃省民乐县东灰山新石器遗址古农业遗存新发现》，《农业考古》1989年1期57页。
⑤ 见本报告。
⑥ 甘肃省文物考古研究所、吉林大学北方考古研究室：《民乐东灰山考古——四坝文化墓地的揭示与研究》，科学出版社，1998年。
⑦ 王一曼：《东灰山遗址的环境意义与河西走廊史前文化兴衰》，《西北干旱地区全新世环境变迁与人类文明兴衰》98~109页，地质出版社，1992年。
⑧ Rowan Flad，Li Shuicheng，Wu Xiaohong and Zhao Zhijun，Early Wheat in China：ReSults from New Studies at Donghuishan in the Hexi Corridor，*The Holocene* Volume 20，Number 6．pp955 – 965，September 2010.
⑨ 2007年6月中下旬，甘肃省文物考古研究所、北京大学、中国社会科学院考古研究所、北京科技大学等单位联合组成环境考古调查队前往河西走廊进行考察。

1. 墓地

位于遗址东北部地势较平缓处。20 世纪 70 年代，当地开展农田水利建设，在遗址附近开挖了一条水渠，渠深 3 米，宽约 3~6 米。在遗址东部边缘中部分为两条支渠。其中，东支渠恰好贯穿墓地，对遗址造成很大破坏。在水渠内长约 50 米范围内，断崖和渠底随处可见散落和出露的人骨。从水渠两侧的断面可知，该墓地所有墓葬均开口于表土下的黄土层内，墓底距地表高度不等，一般在 0.5~1 米之间，各墓之间相距紧密，上下叠压，似可分层。墓葬均系长方形竖穴土坑形制，墓穴较浅，葬式不明，但多数人骨呈凌乱无序状。每座墓内随葬品不多，一般有 2~3 件陶器。墓葬排列与水渠走向大致接近（东北—西南）。从暴露的墓葬规模和数量看，这是一处延续时间较久的氏族公共墓地。

调查中，我们在水渠断面清理了一座残墓（编号 86MD - M1），出土陶器 4 件。在我们此次调查之前，张掖地区文化处也在该址墓地采集一组陶器（4 件）。其组合也像是同一墓内的随葬品（故编号 86MD - M2）。1989 年 9 月，中国西北部干旱地区全新世环境演变与人类文明兴衰研究组前往河西走廊进行"古环境变迁、沉积环境与沉积区特征及人类活动状况考察"，在东灰山遗址采集 2 件陶器。当时，东灰山墓地已发掘完毕，但这两件陶器（均残破）很像是墓中随葬器皿。经征得考察队王一曼女士同意，将这两件陶器发表于本报告内，并作为一组随葬品处理（编号 89MD - M3）[①]。现将上述调查所获资料介绍如下。

1）86MD - M1

此墓暴露在东灰山遗址水渠断壁上，墓穴结构似为长方形竖穴土坑，墓主葬式不详，人骨凌乱，似可分为上下两层。清理出土陶器 4 件，估计是同一墓内的一组随葬品。

夹砂绳纹罐　1 件。标本 86MD - M1：1，夹砂红陶。大喇叭口，圆唇外侈，斜直高领，束颈，球形圆腹，器底残缺。口沿外翻卷加厚，器颈部前后各捏塑一条较宽的附加堆纹，器口外两侧置双耳，颈部以下拍印较细的绳纹。双耳上下各戳印卵点纹三枚，器耳下部左右各戳印卵点纹两枚。残高 16.8、口径 16、腹径 18、耳宽 3.6 厘米（图九二，3）。

彩陶腹耳壶　1 件。标本 86MD - M1：2，夹细砂红陶，器表腹部以上及口沿内绘黑色浓彩。喇叭口，圆唇外侈，斜直领，束颈，扁球形腹，最大腹径位置靠下置双耳，平底。口沿内绘横条带纹和四组卵点纹，每组三枚。器颈部在横条带纹之间绘连续的实心菱格纹；腹部图案四分，绘"之"字形几何折线纹，间以变形蜥蜴纹。高 14、口径 8.6、底径 6、耳宽 2、胎厚 0.4 厘米（图九二，1）。

---

① 王一曼：《东灰山遗址的环境意义与河西走廊史前文化兴衰》，《西北干旱地区全新世环境变迁与人类文明兴衰》98~109 页，地质出版社，1992 年。

　　单耳圜底罐　1件。标本86MD－M1：3，夹细砂红陶。侈口，圆唇，斜直领，束颈，球形圆腹，圜底。器口外一侧置较大的单耳。素面。高7、口径4.6、腹径6.4、耳宽1.6厘米（图九二，4）。

　　双耳罐　1件。标本86MD－M1：4，泥质红陶。小口微侈，圆唇，束颈，圆弧腹，假圈足，平底。器口外两侧置双耳。素面。高5.2、口径3.6、腹径5.4、底径2.6、耳宽1.2厘米（图九二，2）。

　　2）86MD－M2

　　张掖地区文化处文物科的同志在东灰山遗址墓地所在水渠内采集4件陶器，估计为同一墓内的随葬品，但有关墓葬形制、埋葬方式等细节均不清楚。

　　器盖　1件。标本86MD－M2：1A，夹砂褐陶。斗笠状，喇叭盖口，尖圆唇，盖面斜直，顶面置圆形捉纽，纽顶内凹，一侧置单折耳。器表饰连续的三角波折状刻划纹。高4.8、纽径4.4、口径4.8厘米（图九三，1）。

　　彩陶壶　1件。标本86MD－M2：1B，夹细砂红褐陶。喇叭口，尖圆唇，束颈，扁圆鼓腹，平底，最大腹径靠下置双耳。器表及口沿内施紫红色陶衣，绘浓稠黑彩。口沿内绘横条带纹和折线纹四组；腹部图案两分，共绘八组竖列宽带夹细线纹，两侧腹耳位置上方绘叠置的变形蜥蜴纹。颈部捏塑一周附加堆纹。高21.4、口径11.6、腹径

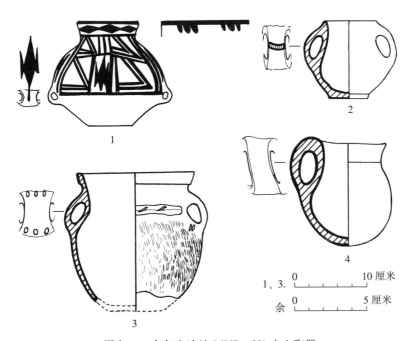

图九二　东灰山遗址86MD－M1出土陶器

1. 彩陶腹耳壶（86MD－M1：2）　2. 双耳罐（86MD－M1：4）　3. 夹砂绳纹罐（86MD－M1：1）
4. 单耳圜底罐（86MD－M1：3）

24、底径9、耳宽3.2厘米（图九三，1）。

　　夹砂罐　2件。标本86MD－M2：2，夹砂褐陶。喇叭口，器口外侧贴塑一周泥片加厚，圆唇，束颈，两侧肩部置双耳，扁圆鼓腹，平底。素面。高9、口径6.8、腹径10.4、底径5厘米（图九三，2）。标本86MD－M2：3，夹砂褐陶，器表留有烟炱。器口较大，外侈，圆唇，束颈，肩颈部置双耳，扁圆鼓腹，平底。上腹位置饰一周刻划

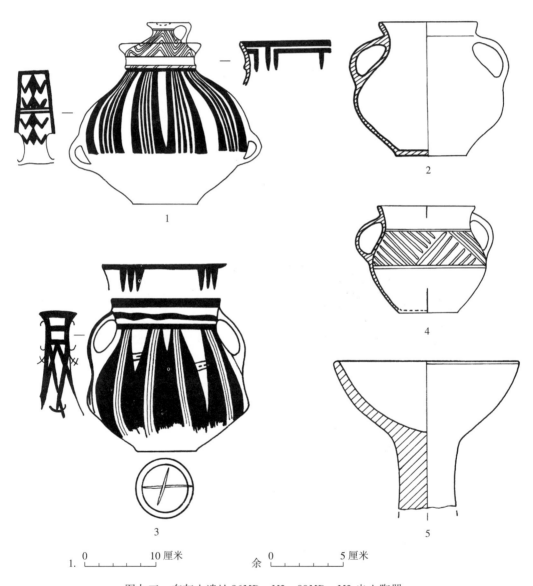

　　　　　　0　　　　　10厘米　　　　余　0　　　　5厘米
1.

图九三　东灰山遗址 86MD－M2、89MD－M3 出土陶器

1. 带盖彩陶壶（86MD－M2：1A＋86MD－M2：1B）　2、4. 夹砂罐（86MD－M2：2、86MD－M2：3）　3. 彩陶双耳罐（89MD－M3：1）　5. 豆（89MD－M3：2）

交错斜线编织纹。高7.2、口径6.8、腹径8.2、底径4厘米（图九三，4）。

3）89MD－M3

下面介绍的两件陶器为中国科学院地理研究所王一曼女士在东灰山遗址调查采集所得①，采集位置和其他有关细节均不详。

彩陶双耳罐　1件。标本89MD－M3：1，夹细砂红陶，薄胎（厚0.3厘米），火候很高。喇叭口，尖圆唇，束颈，斜直领，扁圆折腹，平底略向内凹。器口外两侧置双耳，最大腹径处十字对称捏塑四枚乳突饰。器表及口沿内施淡黄色陶衣，绘浓稠黑色彩。口沿内绘横条带纹和短竖线纹四组；器口外在横条带纹之间绘不甚规整的菱格纹，腹部绘八组"类贝纹"，其间用"细短线纹"补白；两侧器耳绘"日"字纹，其下绘双"X"纹；器底刻划"X"纹。高10.2、口径7.8、腹径11.5、底径4.2、耳宽1.6厘米（图九三，3）。

豆　1件。标本89MD－M3：2，夹砂红陶，胎内掺有少量云母屑，器表色泽不匀，一半呈褐色。器内残留烟炱。大敞口，圆唇，弧腹，较深的豆盘。圆柱状实心豆柄，缺失圈足部分。素面。残高10、口径12.8、柄径4厘米（图九三，5）。

2. 遗址

东灰山遗址是一处灰沙土累积形成的长椭圆状土丘，当地人称"灰山子"，遗址顶部高出周围地表5～6米。1973年，当地兴修水利，在遗址土丘东侧开挖一条宽3～6米的水渠，自南而北贯穿而过，对遗址和墓地造成很大破坏。在遗址所在的土丘表面和水渠内散落大量陶片和石器（彩版五，2；彩版六，1）。水渠断面暴露出大段的文化层，土质松软，呈灰黑色，内夹杂陶片、兽骨、炭渣等。个别地段还暴露有灰坑遗迹。调查过程中在土丘南侧发现一个挖开的坑，坑内断面土色明显分为三层：第1层表土深0.1～0.2米，含较多砾石、陶片；第2层为黄褐色沙土，深约0.5米，含较多陶片；第三层为灰黑色沙土，也含有陶片等遗物。从这个坑的剖面和水渠的断面可知东灰山遗址的文化层厚1.5～2米。文化层以下土质变得坚硬，呈黄褐色，较纯净，没有任何文化包含物。再向下，为深厚的戈壁砾石层（彩版六，2）。

调查队在遗址范围内采集一批石器和陶片。其中，石器以打制的盘状器、石斧、石球为主。陶片均系夹砂质地，以红色居多，约占62.8%；褐色陶占26.6%；余为灰陶。彩陶较多，器表普遍施紫红色陶衣，少量施黄白色陶衣，绘黑色或红色单彩，特点是颜料浓稠，凸起于器表，花纹多为几何纹。夹砂陶表面常见刻划纹、杂乱绳纹、

---

① 1990年，王一曼女士在出国之前，将这2件陶器拿到北大请李水城帮助鉴定时代和属性。经她本人同意，李水城做了绘图和记录，特此说明。

戳印纹、附加堆纹和乳钉等。器类以各种带耳的罐、壶和器盖为主，也有陶豆、长方形小盒等特殊器形。现将此次调查收获介绍如下。

（1）石器

采集品中绝大多数为打制的石片石器。器表一面保留砾石表皮，另一面为劈裂面，周遭及刃部经简单修整。另有少量磨制石器，器类比较简单。

石斧　4件。标本86MD－065，黑色。磨制较细。个体较小，梯形，后端较窄，两侧斜直，前端刃部展宽，双面弧形刃。长5.8、刃宽3.7、厚1.5厘米（图九四，5）。标本86MD－072，系用自然砾石打制而成。平面呈长条舌形，断面椭圆形，背端亦经打击修整，前端双面打击出尖状的器刃。长14.7、宽6.4、厚4厘米（图九四，1）。标本86MD－075，灰绿色。残存后半段。平面近梯形，两面平整。残长6.5、宽4.6、厚1.9厘米（图九四，7）。标本86MD－076，灰绿色。平面梯形，两面较平，后端较窄，两侧斜直，前端刃部展宽，单面斜刃（似残断所致）。（残）长8.5、宽5.8、厚2.4厘米（图九四，3）。

盘状器　6件。均为打制品。标本86MD－067，灰绿色。近舌形，系用打下的石片制成，两面较平整，一面保留部分砾石表皮，另一侧为劈裂面。除顶部外，其余三面均双面打制

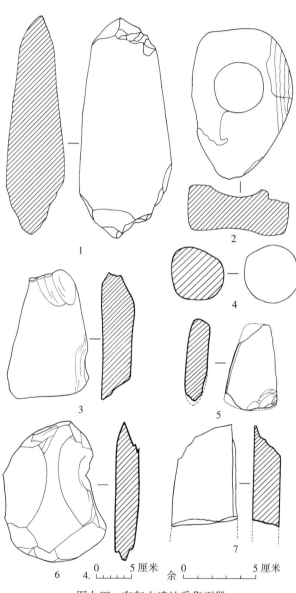

0　　　5厘米
余　0　　　5厘米

图九四　东灰山遗址采集石器

1、3、5、7. 石斧（86MD－072、86MD－076、86MD－065、86MD－075）　2. 石臼（86MD－073）　4. 石球（86MD－066）　6. 砍砸器（86MD－078）

成器刃。长径9、短径8.3、厚2.6厘米（图九五，6）。标本86MD－068，灰绿色。近椭圆形，两面起伏不平，除顶面以外，周边双面打制出器刃。长10、宽7、厚3厘米（图九五，4）。标本86MD－069，灰绿色。近圆形，系用打下的石片制成，两面均较平整，一面保留部分砾石表皮，另一侧为劈裂面，除顶部外，其余三面单面打制出器刃。长径9.5、短径8.9、厚3厘米（图九五，5）。标本86MD－070，近正方形，系用打下的石片制成，两面均呈弧形，一面保留部分砾石表皮，另一侧为劈裂面，沿周边打制出器刃。边长8.3、厚2.8厘米（图九五，2）。标本86MD－071，近舌形，半成品。两侧均呈圆弧形，周边经简单打击修整。长径9、短径7.8、厚3.7厘米（图九五，1）。标本86MD－077，灰黑色。半圆形，系用打下的石片制成，两面均微弧，一面保留部分砾石表皮，另一侧为劈裂面，除顶部以外，其余三面均打击修整出器刃。长径7.2、短径5.9、厚1.9厘米（图九五，3）。

砍砸器　1件。标本86MD－078，灰绿色。系用打下的石片制成。近椭圆形，一侧略内凹两面均较平整，一面局部保留砾石表皮，另一侧为劈裂面，下端两面打击修整处弧形器刃。长9.2、宽7、厚1.6厘米（图九四，6）。

石臼　1件。标本86MD－073，磨制。瓜子形，中心部位打磨出一圆形下凹的臼窝。长径10、短径7、厚3厘米（图九四，2）。

石球　1件。标本86MD－066，花岗岩质地，系自然砾石略加修整而成。近圆形。直径7.6厘米（图九四，4）。

（2）陶器

1）马厂文化

东灰山遗址采集品中有三件陶片的特征接近马厂文化。

彩陶片　3件。标本86MD－001，系彩陶盆口沿残片。细泥红陶。外侈口，圆唇，束颈。器表打磨光滑，施红色陶衣，内外绘黑色彩。内彩在横条带纹之间绘弧边三角、圆点纹；外彩绘短横条构成的八卦纹和折线纹。陶片上留有两枚圆形钻孔，系原来补缀的遗留。残高7.6厘米（图九六，1）。标本86MD－002，系彩陶盆口沿残片。夹细砂红陶，器表施红色陶衣，内彩在横条带纹之间绘黑彩弧边三角纹。残高4.3厘米（图九六，9）。标本86MD－030，系彩陶双耳罐口沿残片。夹砂红陶。器表绘黑褐彩横条带纹夹菱形网格纹。残高3.3厘米（图九六，5）。

2）四坝文化

彩陶双耳罐　3件。残存口沿部分。标本86MD－026，夹细砂红陶。原器似为双耳彩罐，后残，截去器领部，经打磨平齐口沿再次使用。现为内敛的小口，方唇，球形圆腹，下腹和器底残。器表施紫色陶衣，绘黑色彩。器表通体绘粗细竖线纹。残高4、口径6厘米（图九六，6）。标本86MD－029，夹砂红陶。侈口，尖圆唇，粗颈，器口

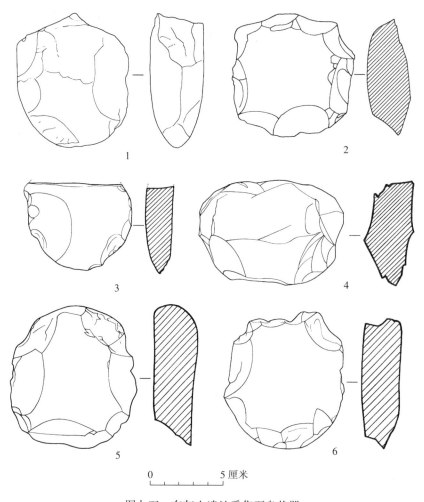

图九五　东灰山遗址采集石盘状器

1.86MD - 071　2.86MD - 070　3.86MD - 077　4.86MD - 068　5.86MD - 069　6.86MD - 067

外两侧置双耳。器表及口沿内磨光，施红色陶衣，绘浓稠黑色彩。口沿内绘横条带纹和下垂的箭头纹；器口外在横条带纹之间绘连续菱格纹，颈部以下绘折线几何纹。残高6、口径16厘米（图九六，4）。标本86MD - 033，夹细砂红陶。侈口，尖圆唇，束颈，器口外两侧置双耳。器表及口沿内绘浓稠黑色彩，口沿内绘横条带纹、竖线纹、网格纹；器领部在横条带纹间绘连续菱格纹，颈部以下绘横竖线、网格纹。残高3.6、口径8厘米（图九六，3）。

　　彩陶壶　3件。均残存口颈部分。标本86MD - 019，夹粗砂灰陶。喇叭小口，圆唇，细颈，器口外两侧置一对椭圆形錾纽（残断）。器表施红色陶衣，绘浓稠黑色彩（脱落）。器口内绘横条带纹和短竖线纹；器口外颈部在横带纹之间绘"之"字折线

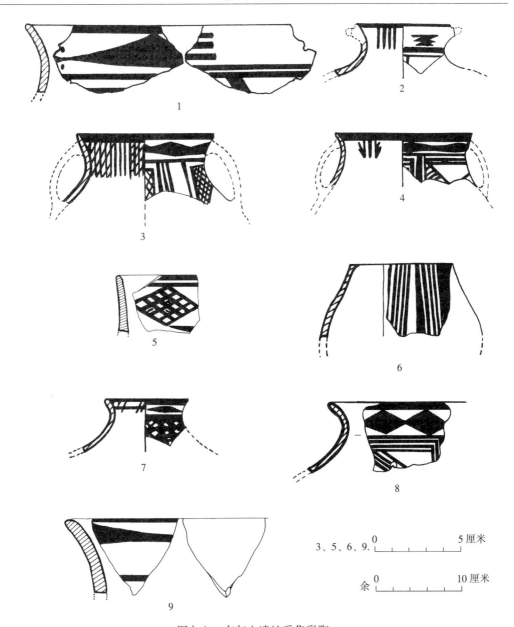

图九六　东灰山遗址采集彩陶

1、5、9. 彩陶片（86MD－001、86MD－030、86MD－002）　　2、7、8. 彩陶壶（86MD－019、86MD－020、86MD－027）　　3、4、6. 彩陶双耳罐（86MD－033、86MD－029、86MD－026）（1、5、9 为马厂文化，余为四坝文化）

纹。残高 5.6、口径 11.2 厘米（图九六，2）。标本 86MD－020，泥质红陶。喇叭小口，圆唇，细颈。绘浓稠黑褐色彩，器口内绘两道横条带纹，间以短斜线纹；器口外在横条带纹间绘连续菱形纹，颈部以下绘棋盘格纹。残高 4.2、口径 9.6 厘米（图九六，7）。标本 86MD－027，夹砂红陶。喇叭口，圆唇，束颈。器表施红色陶衣，绘浓稠黑褐彩。器表在横条带纹间绘连续菱格纹，颈部以下绘横线、折线斜线纹。残高 8 厘米（图九六，8）。

彩陶豆　6 件。标本 86MD－050，豆盘残片。夹砂红陶。大敞口，圆唇，口沿内周有一突起的台棱，斜弧腹，浅盘，柄部残失。器表内外施黄白色陶衣，绘黑色彩。器口内外绘几何花纹。残高 4、口径 20 厘米（图九七，2）。标本 86MD－051，豆盘残片。夹砂灰褐陶，器表内外红褐色。大敞口，尖圆唇，口沿内周有一突起的台棱，斜弧腹。绘浓稠暗红色彩，纹样脱落不辨。残高 2.4 厘米（图九七，3）。标本 86MD－057，豆盘残片。夹砂红陶。大敞口，口唇部残，口沿内周有一突起台棱，斜弧腹，柄部残失。器表施红褐色陶衣，绘浓稠黑色彩。残高 2.4 厘米（图九七，1）。标本 86MD－058，豆圈足残片。夹砂红陶，胎芯灰色。喇叭口状圈足，实心柄以上残失。器表绘黑色彩，纹样脱落。残高 4、圈足直径 8 厘米（图九七，5）。标本 86MD－059，豆盘残片。泥质红陶，胎芯灰色。大敞口，圆唇，口沿内周有一突起台棱，斜弧腹，浅盘，柄部残失。器表施黄白色陶衣，绘棕红色彩。器口内绘棋盘格纹，器口外绘条带纹。残高 2.6、口径 16 厘米（图九七，4）。标本 86MD－061，豆盘底和豆柄残片。夹砂红陶，胎芯灰色。圜底，圆柱状实心豆柄。素面（图九七，12）。

夹砂双耳罐　8 件。均残存口颈部分。标本 86MD－010，夹砂红陶。直口，方唇，器口外两侧置双耳。器口外压印密集的矩形纹和叠置的"V"字纹、同心圆纹，颈部压印一周密集的斜向矩形纹。纹样制作相当精细（图九七，7）。标本 86MD－015，夹粗砂灰陶，内壁红色。喇叭口，圆唇，束颈，斜直短领，器口外两侧置双耳，圆鼓腹，下腹至器底残失。颈部饰三道凹弦纹，器表有浅浅的刮抹痕。残高 10.4、口径 20、腹径 24.8 厘米（图九七，10）。标本 86MD－016，夹砂红褐陶，器表面褐色。喇叭口，圆唇，束颈，斜直短领，器口外两侧置双耳，圆鼓腹，下腹至器底残失。器颈上部饰数道凹弦纹，上腹部饰压印斜线纹构成的编织纹样带。残高 10 厘米（图九七，9）。标本 86MD－038，夹砂红陶。喇叭口，尖圆唇，束颈，器口外两侧置双耳。颈部饰三股凹弦纹。残高 10、口径 14、腹径 18 厘米（图九七，8）。标本 86MD－040，夹砂红褐陶。侈口，尖圆唇，束颈。颈部饰三股凹弦纹，双耳饰"X"刻划纹，器耳下部左右压印卵圆点纹，三个一组。残高 10 厘米（图九七，11）。标本 86MD－045，夹砂红陶。侈口，圆唇，束颈，器口外两侧置双耳，圆鼓腹。素面。残高 7.6、口径 10.8、腹径 14 厘米（图九七，6）。标本 86MD－060，夹砂红陶。侈口，尖圆唇，束颈，器口外两侧置双耳，鼓腹。施黄白色陶衣。器表磨光。残高 5.8、口径 8 厘米（图九七，13）。标本 86MD－062，腹部残片。夹砂红陶。器口外两侧置双耳，扁球形腹。器表通体施红色陶衣。残高 7、腹径 12 厘米（图九七，14）。

夹砂錾耳罐　1 件。标本 86MD－017，仅存器口沿。夹粗砂红陶。小口，方唇，直

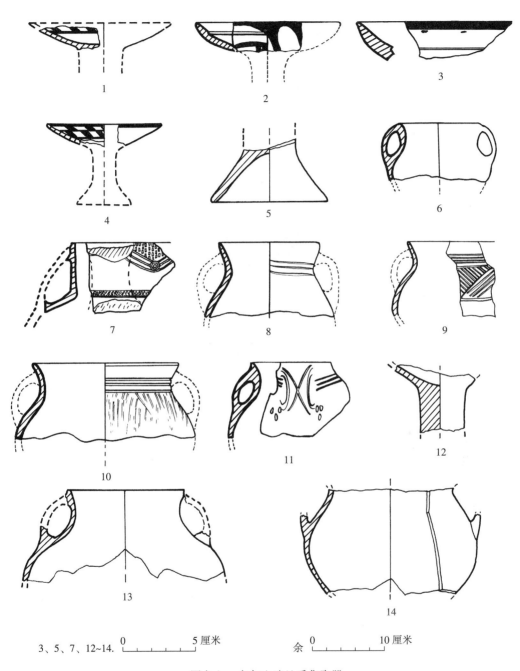

3、5、7、12~14. ├─0─┴─┴─┴─┴─┤5厘米

余 ├─0─┴─┴─┴─┴─┤10厘米

图九七 东灰山遗址采集陶器

1～5、12. 彩陶豆（86MD－057、86MD－050、86MD－051、86MD－059、86MD－058、86MD－061） 6～11、13、14. 夹砂双耳罐（86MD－045、86MD－010、86MD－038、86MD－016、86MD－015、86MD－040、86MD－060、86MD－062）

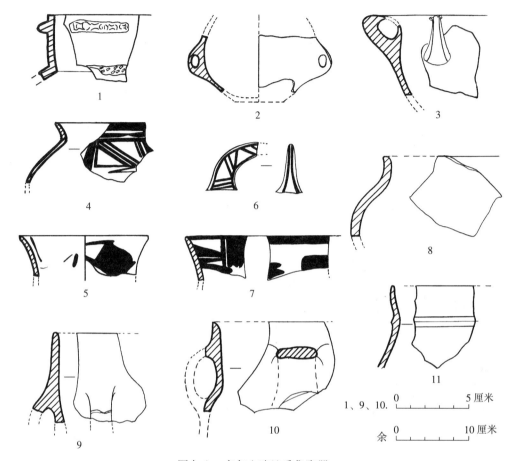

图九八　东灰山遗址采集陶器

1. 夹砂鋬耳罐（86MD－017）　2. 小口腹耳壶（86MD－039）　3. 羊角耳盆（86MD－007）　4、5、7. 彩陶器口（86MD－034、86MD－031、86MD－032）　6. 羊角器耳（86MD－008）　8～11. 器口（86MD－043、86MD－044、86MD－048、86MD－018）

立高领。器口外两侧置泥条状鋬耳，颈下部饰斜置小矩形戳印纹带。残高4.4厘米（图九八，1）。

小口腹耳壶　1件。标本86MD－039，腹部残片。夹砂红陶。扁圆鼓腹，最大腹径处置双耳。器表施红色陶衣。残高7.2、腹径16.8厘米（图九八，2）。

羊角耳盆　1件。标本86MD－007，残存器口。夹粗砂灰陶，器表色泽不匀。外侈的大敞口，器口外两侧置羊角状器耳，耳部断面四棱形。绘浓稠黑色彩，花纹脱落不辨。制作时器耳向上弯曲与器口粘接而成。残高11厘米（图九八，3）。

羊角器耳　1件。标本86MD－008，夹砂灰陶。器耳断面四棱形。表面施紫红色陶衣，绘黑彩折线纹（图九八，6）。

彩陶器口　6件。标本86MD－034，腹耳壶器口残片。夹砂红陶。小口，尖圆唇，斜直短领。器表施黄白色陶衣，绘浓稠红褐色彩。器表绘横条带纹、连续菱形纹和折线纹。残高 8 厘米（图九八，4）。标本 86MD－028，夹砂红陶。大口稍外侈，尖圆唇，粗颈，鼓腹，下腹和底部残。器表施紫红色陶衣，绘浓稠黑彩。器口内绘横条带纹；器口外绘横条带纹，腹部绘一组"N"形纹。残高 6.4、口径 13 厘米（图九九，3）。标本 86MD－031，夹细砂红陶。喇叭口，斜直高领，圆唇。器表内外施红色陶衣，绘黑色彩（不浓稠）。花纹脱落不清。残高 6、口径 18 厘米（图九八，5）。标本 86MD－032，夹砂红陶，胎芯灰色。施橙黄色陶衣，绘浓稠黑色彩，器口内外绘横条带"之"字形几何纹。器表经打磨（图九八，7）。标本 86MD－049，夹砂红陶。侈口，尖圆唇。器口内绘横条带纹和折线纹，器颈部捏塑一股泥条附加堆纹（图九九，1）。标本 86MD－036，夹砂红陶。器口内绘黑彩横带和大锯齿纹，器口外绘横条带纹（图九九，9）。

　　器口　4 件。标本 86MD－018，夹粗砂红陶。微侈口，领部微弧鼓，器颈部饰一周附加堆纹。残高 11 厘米（图九八，11）。标本 86MD－043，夹砂灰陶。直口，圆唇，鼓腹。素面（图九八，8）。标本 86MD－044，似为单把杯口沿残片。夹砂红陶。直口，圆唇，筒状直腹，腹中部置器耳。素面（图九八，9）。标本 86MD－048，夹砂红陶。直口，尖圆唇，器口外两侧置器耳。素面（图九八，10）。

　　器底　2 件。标本 86MD－012，夹砂红陶。扁圆鼓腹，假圈足，小平底。器表施黄白色陶衣，绘褐色彩。下腹部绘两道横条带纹。残高 7、腹径 15.2、底径 6 厘米（图九九，6）。标本 86MD－022，夹砂灰陶，器表黄色，色泽不匀，局部泛灰色。下腹斜直，平底。素面。残高 6、底径 7 厘米（图九九，4）。

　　圈足　1 件。标本 86MD－013，残存器底座。夹砂红陶。台座状器底。素面。残高 6、底径 30 厘米（图九九，5）。

　　器盖　10 件。据形态差异可分三型。

　　A 型　7 件。斗笠状，喇叭盖口，顶部有捉纽。标本 86MD－003，夹砂红陶。圆形捉纽，纽顶中央内凹，斜直盖面，圆唇。素面。高 4.8、纽径 4、口径 15.2 厘米（图一〇〇，7）。标本 86MD－004，夹砂红陶。圆形捉纽，平顶，弧形盖面，圆唇。素面。高 5.4、纽径 3.6、口径 10.8 厘米（图一〇〇，6）。标本 86MD－005，夹粗砂红陶。圆形捉纽，弧顶，盖面微弧，尖圆唇。素面。高 4、纽径 3.6、口径 8.2 厘米（图一〇〇，1）。标本 86MD－006，仅存顶部。夹砂红陶。鞋底形捉纽，平顶，捉纽前端有一横向小穿孔。素面。残高 3.4、纽长 4.1 厘米（图一〇〇，11）。标本 86MD－053，夹砂红陶，器表黄白色，残留烟炱痕。顶部残，斜弧盖面，尖圆唇。素面。残高 3.6、口径 18 厘米（图一〇〇，4）。标本 86MD－054，夹砂红陶。残留短圆柱状盖纽部分。盖纽顶部有凹窝，盖面圆弧。素面。残高 4、纽径 2.8 厘米（图一〇〇，12）。标本 86MD－055，夹细砂红陶，器表施红色陶衣。顶部残，盖面稍内敛，尖圆唇。素面。

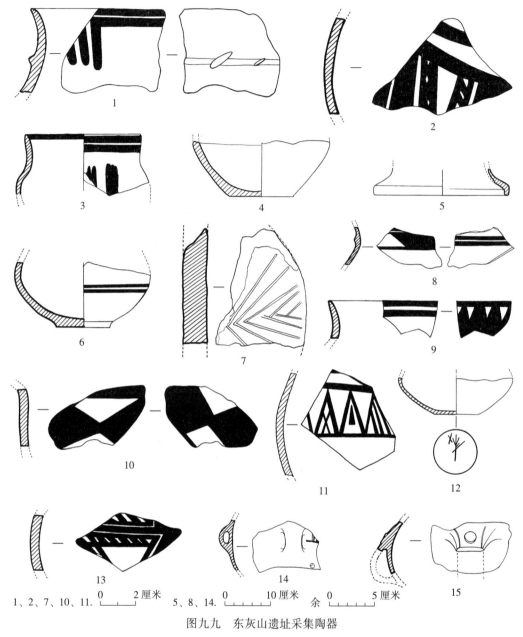

图九九　东灰山遗址采集陶器

1、3、9 彩陶器口（86MD－049、86MD－028、86MD－036）　　2、8、10、11、13、14. 彩陶片（86MD－035、86MD－023、86MD－046、86MD－063、86MD－037、86MD－042）　　4、6. 器底（86MD－022、86MD－012）　　5. 圈足（86MD－013）　　7. B 型器盖（86MD－009）　　12. 刻划符号（86MD－021）　　15. 纹饰陶片（86MD－047）

残高 3.6、口径 18 厘米（图一〇〇，5）。

　　B 型　2 件。圆饼状，顶面装置一枚乳突状纽。标本 86MD－009，残存约 1/4。夹砂红陶，器表泛黄白色。一面素面，另一面刻划三角折线纹。厚 1.35 厘米（图九九，

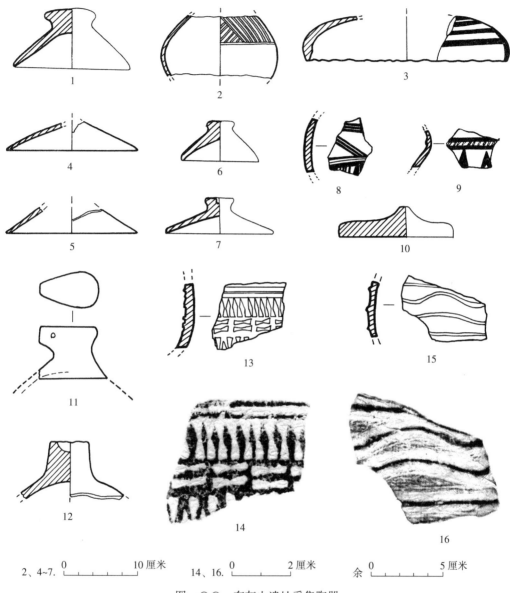

图一〇〇　东灰山遗址采集陶器

1、4~7、11、12. A 型器盖（86MD－005、86MD－053、86MD－055、86MD－004、86MD－003、86MD－006、86
MD－054）　2. 纹饰陶片（86MD－064）　3. C 型器盖（86MD－056）　8、9. 彩陶片（86MD－025、86MD－024）
10. B 型器盖（86MD－041）　13、14. 纹饰陶片（86MD－011）　15、16. 纹饰陶片（86MD－014）

7）。标本 86MD－041，夹砂红陶。圆饼形，顶部捏塑一枚突起的圆纽，位置略偏离中
央。素面。高 2、口径 8 厘米（图一〇〇，10）。

C 型　1 件。标本 86MD－056，夹砂灰陶，器表红色，内壁褐色。盖顶面残缺，覆
钵状，弧形盖顶较平，略呈波浪状的尖圆唇。器表绘棕褐色彩，绘横条带纹。残高 3、

口径 14 厘米（图一〇〇，3）。

彩陶片　8 件。标本 86MD－023，器颈部残片。夹砂红陶。施橙黄色陶衣，绘浓稠红色彩。内彩绘细线条带间菱格纹；外彩绘横条带纹。器表打磨光滑（图九九，8）。标本 86MD－024，器颈部残片。夹砂红陶。器表绘浓稠黑褐彩横条带纹、三角纹，器颈部饰一周附加堆纹（图一〇〇，9）。标本 86MD－025，腹部残片。夹砂红陶。器表施黄白色陶衣，绘红褐彩折线纹等（图一〇〇，8）。标本 86MD－035，腹部残片。夹砂红陶。器表绘黑彩横竖线和梯格纹（图九九，2）。标本 86MD－037，腹部残片。夹砂红陶。器表绘黑彩折线梯格纹（图九九，13）。标本 86MD－042，腹耳罐腹部残片。夹砂红陶。在器耳下部有圆形小穿孔。器表施红色陶衣，残留少许黑彩横竖线纹（图九九，14）。标本 86MD－046，腹部残片。夹砂红陶。器表施黄白色陶衣，内外绘极浓稠的黑彩菱格纹（图九九，10）。标本 86MD－063，腹部残片。夹砂红陶。器表施黄白色陶衣，器表绘紫黑彩连续三角纹（图九九，11）。

纹饰陶片　4 件。标本 86MD－011，夹粗砂灰陶，器表磨压光滑，呈淡青灰色。用带有"▽"亚腰纹样的小模具压印密集的带状几何纹，并排列成不同形状，或斜置，或横置，或竖置，呈现凹凸不平、有序的装饰效果。在压印纹之外饰凹弦纹（图一〇〇，13、14）。标本 86MD－014，系陶器腹（鬲足？）部残片。夹砂灰陶，器表黄褐色，有烟炱痕。饰细泥条附加堆纹（图一〇〇，15、16）。标本 86MD－047，腹部残片。夹砂红褐陶。器耳饰刻划纹和圆饼状小乳钉（图九九，15）。标本 86MD－064，腹部残片。夹砂红陶，器表烟炱厚重，上腹部刻划斜线纹组成的编织纹样带。残高 8、腹径 16 厘米（图一〇〇，2）。

刻划符号　1 件。标本 86MD－021，残存器底。细泥红陶。下腹转折明显，小平底。通体施红衣。器底部刻划一幅树枝状符号，在树枝纹左上处刻划"X"符号。残高4、腹径 12.6、底径 4.5 厘米（图九九，12）。

根据以上采集的标本，东灰山遗址和墓地的文化性质以四坝文化为主。但也发现有个别年代稍早，风格接近马厂文化或"过渡类型"的遗存。

此外，该址曾多次发现炭化小麦、大麦、黑麦、粟、穄等栽培作物，这对于探讨河西走廊的栽培农业和当时的经济生产活动提供了重要资料。

关于东灰山遗址的年代，目前已检测发表的碳－14 数据共有 4 例，具体如下，1）中国科学院遗传学研究所李璠等于 1986 年在东灰山遗址采集样品，送交中国科学院地理研究所碳－14 实验室检测。结果为距今 4356±105 年（半衰期 5568 年）和 4484±108 年（半衰期 5730 年），树轮校正值为距今 5000±159 年[①]。2）甘肃省文物考古研

---

① 李璠：《甘肃省民乐县东灰山新石器遗址古农业遗存新发现》，《农业考古》1989 年 1 期 56～69 页。

究所和吉林大学考古学系于 1987 年在东灰山遗址采集样品 2 份，一例（87TG②采集木炭）送交国家文物局文物保护科学技术研究所检测，结果为距今 3490±100 年，树轮校正值为距今 3770±145 年。另一例（炭化小麦）送交北京大学进行中子加速器（AMS）检测，结果为公元前 2280±250 年（未经校正）①。3）中国科学院地理研究所王一曼等于 1989 年在东灰山遗址采集炭化枝杆样品，并送交北京大学考古学系年代学实验室检测，年代为距今 4740±150 年（树轮校正值）②。

前不久，北京大学考古文博学院实验室吴小红教授对上述年代重新作了拟合，结果如下，1）1986 年李璠所取样本的年代跨度为公元前 3400～前 2650 年；2）1987 年甘肃省文物考古研究所与吉林大学考古系所取两个样本的年代跨度分别为公元前 3400～前 1900 年，公元前 1940～前 1440 年；3）1989 年王一曼所取样本的年代跨度为公元前 2900～前 2200 年（以上均经树轮校正）③。根据这个拟合结果，东灰山遗址出土炭化小麦的年代范围上限在公元前 3000～前 2500 年，下限为公元前 2 千纪上半叶。

目前，学术界对东灰山遗址炭化小麦的年代仍有分歧，这可能与东灰山遗址的堆积成因有关，有关这一问题已有学者撰文讨论④。

（二）西灰山遗址

遗址位于民乐县城西北 45 公里的李寨乡菊花地村北 3.7 公里的戈壁滩上，此地距六坝乡直线距离 15 公里，（西）宁—张（掖）公路在该址东侧 9 公里处通过，遗址北邻石岗坨。地理坐标为东经 100°37′36″，北纬 38°43′13″；海拔 1659 米（见图九一；图版一三，1）。

西灰山遗址发现于 1958 年，后列为省级文物保护单位。1986 年 10 月，河西史前考古调查队在张掖地区公署文化处文物科两位同志陪同下调查了这座遗址。

遗址位于戈壁滩深处，四周空旷，人迹罕至，这是一座人类活动逐渐堆积而成的圜状土丘，直径约 300～400 米。遗址上部高出周围地表 3～5 米，土丘一侧有季节性泄洪河道，在土丘西面、东面和北面均有水流冲刷痕迹。遗址东面被洪水冲刷形成一处高 3～4 米的断崖，余三面皆为缓坡。从东面断崖暴露的灰层可知，该址由黄褐、灰绿色沙土堆积而成，土质异常松软，具明显的水平层理。在环形土丘表面散落大量石器

① 甘肃省文物考古研究所、吉林大学北方考古研究室：《民乐东灰山考古——四坝文化墓地的揭示与研究》，科学出版社，1998 年。
② 王一曼：《东灰山遗址的环境意义与河西走廊史前文化兴衰》，《西北干旱地区全新世环境变迁与人类文明兴衰》98～109 页，地质出版社，1992 年。
③ 李水城、莫多闻：《东灰山遗址炭化小麦年代考》，《考古与文物》2004 年 6 期 51～60 页。
④ 李水城、莫多闻：《东灰山遗址炭化小麦年代考》，《考古与文物》2004 年 6 期 51～60 页。

和陶片，表土下堆积依次分为：厚 0.5~1.5 米灰绿色土，厚 0.2~0.3 米黄色夹层，厚 0.15 米灰色土，厚 0.05~0.1 米黄色夹层，厚 0.5~0.7 米浅灰色土等。上层堆积均夹杂文化遗物，最下面为厚 1 米的黄土，无包含物。根据这一剖面可知，西灰山遗址的文化层厚 1.5 米左右，包含物主要有陶片、兽骨、石器及个别的小件铜器（图版一三，2）。

另在土丘北侧慢坡发现一处被人挖过的土坑，地表散落着黄土、碎骨（像是人骨，但非常破碎），不知是否为墓地所在。

该址采集遗物主要为石器、陶片及个别小件铜器（残件）。石器以打制品为主，数量甚多，有成品，也有半成品。现将调查收获介绍如下。

（1）石器

绝大部分是用天然砾石打片制成的石片石器。一面保留砾石表皮，另一面为劈裂面，制作工艺简单、娴熟。器类主要有石手斧、石铲、盘状器、砍砸器、刮削器等。

手斧　采集品很多，这里遴选 7 件。标本 86MX－043，黑色石质。用自然砾石打片制成。平面近长方形，一面圆弧，保留部分砾石表皮；另一面为劈裂面。后段为手柄，略细，前端逐渐展宽成扇形，打制修整出双面刃。长 11.3、宽 7.3、厚 2.7 厘米（图一〇三，3）。标本 86MX－044，灰绿色石质。用自然砾石打片制成。一面圆弧，保留部分砾石表皮；另一面为劈裂面。后端为手柄，较细，便于捉握；前端逐步展宽成扇形，打制出双面器刃。长 15、宽 10.5、厚 3.5 厘米（图一〇一，1）。标本 86MX－045，用自然砾石打片制成。一面圆弧，保留大部分砾石表皮；另一面为劈裂面。后端为手柄，较细，便于捉握；前端逐步展宽成扇形，简单加工出单面器刃。长 12.4、刃宽 8.3、厚 2 厘米（图一〇一，8）。标本 86MX－047，用自然砾石打片制成。平面似钟形，较厚重，一面保留部分砾石表皮，另一面为劈裂面。后端为较粗的手柄，双面打制出扇形刃。长 14.2、刃宽 10.3、厚 3.2 厘米（图一〇一，2）。标本 86MX－048，用自然砾石打片制成。亚腰扇形，一面圆弧，保留部分砾石表皮，另一面为劈裂面。后端为手柄，略细，前端逐步展宽，单面弧形器刃。长 10.4、刃宽 6.7、厚 1.9 厘米（图一〇一，3）。标本 86MX－054，灰绿色石质。残断保留前半部，原器似应为长方形，比较厚重，两面较平，前端打制出双面斜刃。残长 7.1、宽 6、厚 4.5 厘米（图一〇三，2）。标本 86MX－056，灰绿色石质。用自然砾石打片制成。亚腰扇形，一面圆弧，保留部分砾石表皮，另一面为劈裂面。后端为手柄，略细，中间内收成亚腰，前端逐步展宽，打制出单面弧刃。残长 12.3、残宽 7、厚 1.7 厘米（图一〇一，5）。

盘状器　采集品约 50 件。这里遴选 9 件。标本 86MX－037，自然砾石打片制成。平面椭圆形，一面弧形，保留部分砾石表皮；另一面为劈裂面，较平整。四周单面打击修整出器刃。长径 12.3、短径 9.9、厚 2.7 厘米（图一〇二，1）。标本 86MX－038，

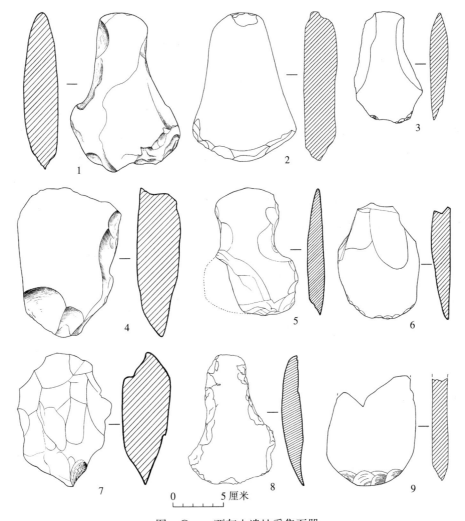

图一〇一 西灰山遗址采集石器

1~3、5、8. 手斧（86MX-044、86MX-047、86MX-048、86MX-056、86MX-045） 4. 砍砸器（86MX-042）
6、9. 石铲（86MX-050、86MX-040） 7. 尖状器（86MX-060）

黑色石质。用自然砾石打片制成。平面圆形，一面弧形，保留大部分砾石表皮；另一面为劈裂面，较平整。周边简单地打出器刃。直径 8.1、厚 1.8 厘米（图一〇二，8）。标本 86MX-046，自然砾石打片制成。椭圆形，一面弧形，保留部分砾石表皮；另一面为劈裂面。周边单面打出器刃。长径 8.5、短径 7、厚 1.9 厘米（图一〇二，7）。标本 86MX-053，灰绿色石质。用自然砾石打片制成。平面为多角形，一面保留部分砾石表皮；另一面为劈裂面，较平整。四周打出器刃。长 11、宽 10.4、厚 2.5 厘米（图一〇二，4）。标本 86MX-055，灰绿色石质。用自然砾石打片制成。平面近圆形，一面保留大部分砾石表皮，另一面为劈裂面，较平整。沿周边打出器刃。直径 8.5、厚

1.4 厘米（图一〇二，9）。标本 86MX－057，灰绿色石质。用自然砾石打片制成。平面近长方形，一面保留部分砾石表皮，另一面为劈裂面。四周打出器刃。长 10.6、宽 8.7、厚 3 厘米（图一〇二，6）。标本 86MX－058，灰绿色石质。用自然砾石打片制成。平面近椭圆形，一面圆弧，保留部分砾石表皮；另一面为劈裂面。四周打出器刃。长径 10.5、短径 10、厚 3.6 厘米（图一〇二，3）。标本 86MX－059，灰绿色石质。用自然砾石打片制成。平面近圆形，一面圆弧，保留部分砾石表皮；另一面为劈裂面，较平。四周打出器刃。直径 8.8、厚 2.1 厘米（图一〇二，2）。标本 86MX－051，灰绿色。自然砾石打片制成。平面舌形，两面均较平整，一面保留部分砾石表皮，另一面为劈裂面。沿周边打出单面刃。长径 9.7、短径 9.6、厚 1.9 厘米（图一〇二，5）。

　　石铲　2件。标本 86MX－040，自然砾石打片制成。残存前部呈舌形，两面均较平整，一面保留有砾石表皮，另一面为劈裂面，简单地打出双刃。残长 10.3、宽 8.8、厚 1.6 厘米（图一〇一，9）。标本 86MX－050，自然砾石打片制成。平面舌形，一面圆

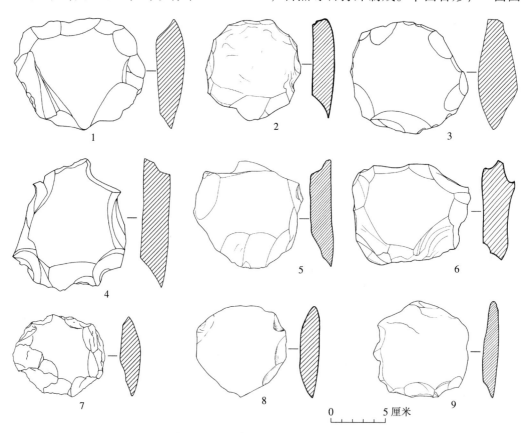

图一〇二　西灰山遗址采集石盘状器

1. 86MX－037　2. 86MX－059　3. 86MX－058　4. 86MX－053　5. 86MX－051　6. 86MX－057　7. 86MX－046
8. 86MX－038　9. 86MX－055

弧，保留部分砾石表皮，另一面为劈裂面，平整。后端较细，两侧略呈现出倾斜的肩部。简洁地打出单面器刃。长11、宽8.2、厚2厘米（图一〇一，6）。

石刀　1件。标本86MX－049，半成品。磨制。近乎圆角方形，中间有一未穿透的圆孔，下端为较圆钝的双面刃。长9.3、宽7.8、厚0.9厘米（图一〇三，6）。

石磨棒　1件。标本86MX－039，灰黑色。磨制。残存中间一截。原器应为长条方柱状，横断面近正方形。残长6.5、宽5.9、厚5.1厘米（图一〇三，5）。

尖状器　1件。标本86MX－060，灰绿色石质。用自然砾石打片制成。平面近橄榄形，器形厚重，一面圆弧，保留部分砾石表皮，另一面沿周边打击修整，前端为锋利的尖刃。长12.8、宽9.4、厚4.7厘米（图一〇一，7）。

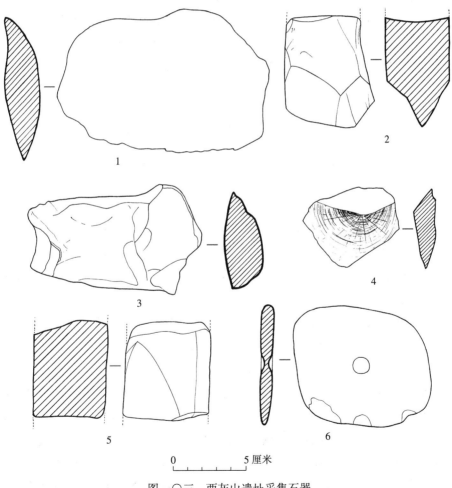

0　　　　　　5厘米

图一〇三　西灰山遗址采集石器

1、4. 刮削器（86MX－041、86MX－052）　　2、3. 手斧（86MX－054、86MX－043）　　5. 石磨棒（86MX－039）　　6. 石刀（86MX－049）

砍砸器　1件。标本 86MX－042，灰绿色。平面近长方形，前端有三角形器刃，器形厚重，一面圆弧，保留大部分砾石表皮，另一面为劈裂面，较平直。一侧和前端打出较钝的器刃。长 14.4、宽 10、厚 4.4 厘米（图一〇一，4）。

刮削器　2件。标本 86MX－041，灰黑色石质。用自然砾石打片制成。平面近半圆形，一面弧形，保留砾石表皮；另一面为劈裂面。弧形长刃周边经简单修整。长 14.3、宽 9.6、厚 2.4 厘米（图一〇三，1）。标本 86MX－052，黑色石质。用自然砾石打片制成。平面近三角形，一面弧形，保留部分砾石表皮；另一面为劈裂面。刃部修整痕迹不明显。长 6.6、宽 5、厚 1.5 厘米（图一〇三，4）。

（2）陶器

西灰山遗址采集的陶器几乎都为夹砂质地，以红色和褐色陶为主，约各占 40%。另有少量灰色陶，约占 13.2%。陶器种类以各种带耳罐为主，其他常见器类有器盖、壶、盘等。彩陶占陶器总量的 1/4，器表普遍施红色（紫红色）陶衣，绘浓稠的黑彩或红彩，花纹以几何构图为主；夹砂陶大多素面，有纹饰者也很简单，多见刻划纹、戳印纹和附加堆纹。

1）马厂文化

彩陶器口　1件。标本 86MX－023，陶盆口沿部分。夹砂红陶。喇叭口，圆唇，束颈。斜直高领。器表及口沿内打磨，施红色陶衣，绘黑色彩。器口内彩脱落，器表绘短横线组成的"八卦"纹。残高 6.2 厘米（图一〇四，3）。

2）四坝文化

彩陶双耳罐　1件。标本 86MX－032，残存上半部。夹细砂红陶。喇叭口，尖圆唇，斜直短领，束颈，圆鼓腹，下腹及器底残。器表施红色陶衣，绘黑色彩，外彩脱落殆尽。器口内沿保留红衣和黑彩横条带、短竖条纹四组。残高 8、口径 9、耳宽 2 厘米（图一〇四，2）。

夹砂双耳罐　4件。标本 86MX－020，残存上半部。夹砂红陶，火候很高。侈口，圆唇，束颈，器口外两侧置双耳，圆鼓腹。器颈至肩部饰凹弦纹，腹部饰绳纹，器耳上部压印小凹窝三枚。残高 8.4、口径 11.2、腹径 16.8、耳宽 2.8 厘米（图一〇五，1）。标本 86MX－021，残存口颈部。夹砂红陶，内胎灰色。侈口，加厚的尖圆唇，微束颈，器口外两侧置双耳。器颈至肩部饰凹弦纹压印斜线组成的编织纹带。残高 4、口径 8 厘米（图一〇五，2）。标本 86MX－010，残存器口。夹砂红陶。微内敛口，方唇，器口外两侧置双耳。器颈和器耳刻划网状纹（图一〇五，4）。标本 86MX－025，夹砂灰陶。内敛口，圆唇，器口外两侧置双耳。素面。残高 7.2、耳宽 2.8 厘米（图一〇四，4）。

羊角耳壶　3件。标本 86MX－006，夹砂红褐陶，胎芯青灰色。小喇叭口，尖圆

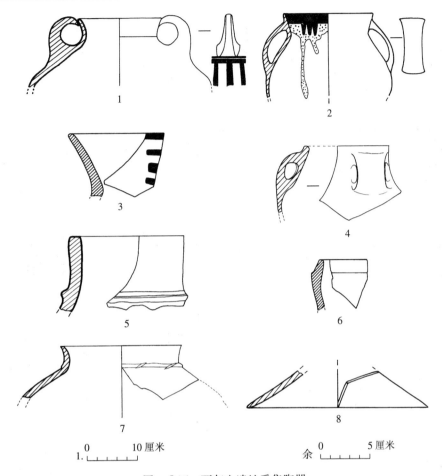

图一〇四 西灰山遗址采集陶器

1. 羊角耳壶（86MX－006） 2. 彩陶双耳罐（86MX－032） 3. 彩陶器口（86MX－023） 4. 夹砂双耳罐
（86MX－025） 5. 器口（86MX－027） 6. 筒形盖罐（86MX－026） 7. 瓮（86MX－022） 8. A 型器盖
（86MX－034）（3 为马厂文化，余为四坝文化）

唇，短领，器口外两侧置羊角状器耳，器耳断面四棱形。器表及口沿内施红色陶衣，绘浓稠彩，纹样脱落不清，仅在器耳下部残留少许黑褐彩横竖线条带纹。残高 13.2、口径 16.8 厘米（图一〇四，1）。标本 86MX－014，仅存器耳。夹砂灰陶，表面红色。施紫红色陶衣，绘黑色几何折线纹（图一〇五，14）。标本 86MX－015，仅存器耳。夹砂灰陶，表面红褐色。素面（图一〇五，3）。

瓮 2 件。标本 86MX－022，残存器口至肩部。夹砂红褐陶。侈口，尖圆唇，短领，鼓肩。颈下捏塑一周附加堆纹。原器表绘彩，花纹脱落不辨。残高 5.3、口径 12 厘米（图一〇四，7）。标本 86MX－033，口沿残片。夹砂灰陶，外表红色，内壁褐色。大口外侈，尖圆唇，斜直短颈。素面。残高 5、口径 20 厘米（图一〇五，5）。

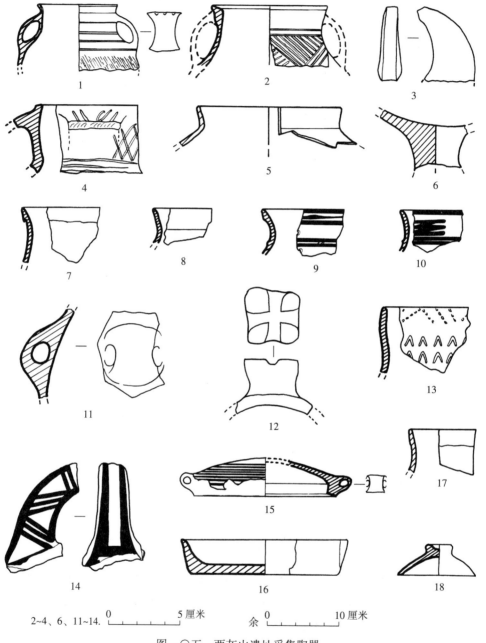

2~4、6、11~14.　0 ⊢⊢⊢⊢⊢ 5厘米　　　余　0 ⊢⊢⊢⊢⊢ 10厘米

图一〇五　西灰山遗址采集陶器

1、2、4. 夹砂双耳罐（86MX－020、86MX－021、86MX－010）　　3、14. 羊角耳壶（86MX－015、86MX－014）
5. 瓮（86MX－033）　6. 豆（86MX－035）　　7、8、13、17. 器口（86MX－007、86MX－008、86MX－011、
86MX－036）　9、10. 彩陶器口（86MX－001、86MX－002）　　11. 器耳（86MX－024）　12、18. A 型器盖
（86MX－004、86MX－003）　　15. B 型器盖（86MX－005）　16. 盘（86MX－029）（均为四坝文化）

豆　1件。标本86MX－035，残存豆盘底和部分器柄。夹砂红陶。圜底，圆柱状实心豆柄。素面（图一〇五，6）。

器盖　4件。分两型。

A型　3件。斗笠状，喇叭盖口，顶部有捉纽。标本86MX－003，夹粗砂红陶。圆形捉纽，纽顶中央内凹，弧形盖面，圆唇。素面。高4、纽径4、口径11厘米（图一〇五，18）。标本86MX－004，夹砂褐陶，器表黄白色。残留短圆柱状盖纽。纽顶面圆角方形，有十字凹槽。素面。残高3.6厘米（图一〇五，12）。标本86MX－034，夹砂红褐陶，胎芯灰色。残留盖口部分。盖面斜直，尖圆唇。素面。残高3.8、盖口径18厘米（图一〇四，8）。

B型　1件。标本86MX－005，夹砂红陶。覆钵状。口部内敛，两侧置双小耳，圜顶，顶部正中有一小圆穿孔。器表施暗黄白色陶衣，绘浓稠黑色彩，器表绘黑彩同心圆纹。残高4.5、口径20、耳宽2厘米（图一〇五，15）。

盘　1件。标本86MX－029，夹粗砂红褐陶。大敞口，尖圆唇，斜直腹壁，浅盘，大平底。素面。高4.6、口径23.2、底径21厘米（图一〇五，16）。

筒形盖罐　1件。标本86MX－026，器口残片。夹砂红陶，厚胎。器口内敛，圆唇，子口，筒形腹。素面。残高4.7厘米（图一〇四，6）。

器耳　1件。标本86MX－024，腹部器耳。夹砂灰褐陶。素面（图一〇五，11）。

彩陶器口　2件。标本86MX－001，泥质红陶，侈口，尖圆唇，束颈。器表及口沿内打磨光滑，施暗红色陶衣，绘浓稠褐色彩。器口内彩脱落不辨，器表绘横条带纹间长条菱形纹。颈部捏塑一周附加堆纹，有圆形小钻孔两枚。残高6.5厘米（图一〇五，9）。标本86MX－002，泥质红陶。侈口，尖圆唇，束颈。器表及口沿内施红色陶衣，绘浓稠黑色彩。器口内彩脱落不辨，器表绘横条带纹"之"字折线纹。残高5.5厘米（图一〇五，10）。

器口　5件。标本86MX－007，夹粗砂褐陶。喇叭口，口沿翻卷加厚成叠唇。素面。残高7厘米（图一〇五，7）。标本86MX－008，泥质灰陶。侈口，尖圆唇。素面。残高5厘米（图一〇五，8）。标本86MX－011，夹砂红陶。内敛口，曲颈。器口外侧压印卵点斜线纹和连续"∧"形纹。残高4.5厘米（图一〇五，13）。标本86MX－027，夹砂灰褐陶。直口，方唇。器颈下部饰一周附加堆纹。残高7.2厘米（图一〇四，5）。标本86MX－036，夹砂灰陶，内壁褐色。侈口，口沿翻卷加厚成叠唇。素面。残高6厘米（图一〇五，17）。

器底　4件。标本86MX－016，夹砂红陶。下腹圆弧，假圈足，小平底。素面。残高3.2、底径12厘米（图一〇六，4）。标本86MX－017，夹砂红褐陶。下腹圆弧，平底。素面。残高4、底径12厘米（图一〇六，6）。标本86MX－018，夹粗砂红陶，外表略经打磨。下腹圆弧，平底。素面。残高4、底径14厘米（图一〇六，5）。标本86MX－019，夹细砂灰陶。下腹斜直，小平底。素面。残高3.2、底径8厘米（图一〇六，7）。

彩陶片　5件。标本86MX－012，器腹残片。夹砂红陶。器表施红色陶衣，绘浓稠黑彩竖条带和双"X"纹（图一〇六，2）。标本86MX－013，器腹残片。夹砂褐陶。器表施红色陶衣，绘浓稠褐彩变形"蜥蜴"纹（图一〇六，8）。标本86MX－028，不明器物残片。夹砂灰陶。器表内外施红色陶衣，绘浓稠褐彩网格纹，比较散乱（图一

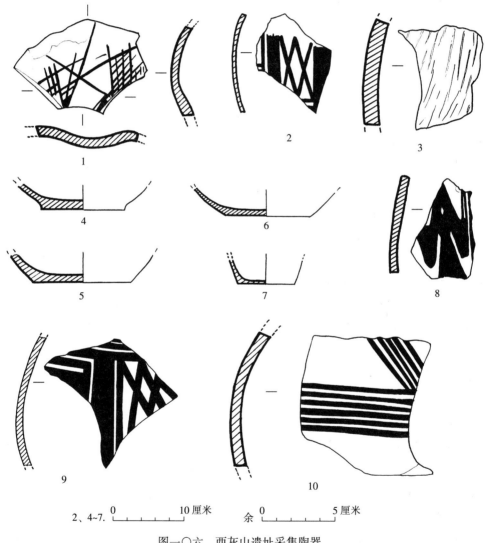

2、4~7. ├─────┤0　　　10厘米　　余 ├─────┤0　　　5厘米

图一〇六　西灰山遗址采集陶器

1、2、8~10. 彩陶片（86MX－028、86MX－012、86MX－013、86MX－030、86MX－031）　3. 纹饰陶片（86MX－009）　4~7. 器底（86MX－016、86MX－018、86MX－017、86MX－019）（均为四坝文化）

○六，1）。标本86MX－030，腹部残片。夹砂红陶。器表施白色陶衣，绘浓稠黑彩横竖线、网格纹（图一○六，9）。标本86MX－031，腹部残片。夹砂红陶。器表施红色陶衣，绘黑彩复线折线纹（图一○六，10）。

纹饰陶片　1件。标本86MX－009，夹粗砂黄褐陶，胎芯灰色。器表饰竖列的线划纹，比较散乱（图一○六，3）。

（3）铜器①

铜削　2件。标本86MX－061，仅存削尖部分，原器应为直背，弧刃。残长2.1、宽1.4、厚0.1厘米（图一○七，1）。标本86MX－062，残存刃部一段，弧背直刃。残长1.3、宽1.6、厚0.17厘米（图一○七，2）。

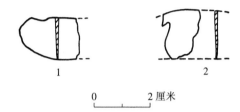

图一○七　西灰山遗址采集铜器
1.86MX－061　2.86MX－062

西灰山遗址采集品与东灰山遗址基本相同，文化内涵也大致相同，属四坝文化。但在遗址中发现有个别类似马厂文化的遗物。

---

① 这两件铜器小件残件，藏张掖地区文化处。

拾壹　张掖市

张掖古称甘州，位于甘肃省西部、河西走廊中段。北部与内蒙古接壤，西依临泽县，南靠肃南裕固族自治县，东与民乐县和山丹县为邻。地理坐标为东经 100°06′26″ ~ 100°51′38″，北纬 38°32′56″ ~ 39°23′48″，面积 4240 多平方公里（图一〇八）。

张掖地处祁连山东北麓，境内地势自南向北逐渐降低，海拔 1400 ~ 2000 米。东大山为本市境内最高峰，海拔 3616 米。北为龙首山（北山）中部山地，东南与西北一带为狭长的走廊平原。张掖的水资源和地下水蕴藏都很丰富。境内河流有黑河①、大野口河、酥油口河，均为源自祁连山的内流河。张掖属温带干旱性气候，年均温 7℃，干燥少雨，年降水 198 毫米，蒸发量高达 1912 毫米。

张掖自古即为东西交通的重要枢纽，也是中原通向中亚腹地的必由之路。此地南通青海唐蕃古道；北至居延可通蒙古草原，地理位置重要。汉代以前，张掖为月氏居地。汉文帝前元四年（公元前 176 年），匈奴冒顿单于赶走月氏，此地成为匈奴右贤王领地。公元前 121 年，霍去病西征大败匈奴，设张掖郡，取"断匈奴之臂，张中国之掖"之意，郡所设在觻得城。晋改永平县；隋改张掖县；唐以后，废入吐蕃；宋归西夏；清代复置张掖县。1955 年设市至今。现有人口 50 万，除汉族外，还有回、蒙古、藏、裕固等族群。

张掖的考古工作可追溯到 20 世纪 40 年代。贾兰坡、陈崇生曾到张掖黑水国城址作过考察，并发表过考察杂记②。1944 年，夏鼐自酒泉抵张掖停留访问 2 日③。次年 9 月14 日，夏鼐、阎文儒从凉州（武威）再次赶赴张掖。9 月 16 日前往黑水国，在崖子村西 1.5 公里的南古城调查，认为此城为元明所筑。北古城在南城之北，间距约 1 公里。根据此地采集的遗物，他们认为此城最晚应起于汉。在北城附近，他们采集到马厂式

---

① 山丹河汇入黑河以下河段称黑河，西流至酒泉与北大河汇合，以下称额济纳河，北流注入居延海。

② 贾兰坡：《黑水国探古》，陈崇生：《张掖黑水国古城探访论》，转引自吴正科：《黑水国古城》19页，甘肃人民出版社，1999 年。

③ 夏正楷先生提供夏鼐先生日记资料：此次他从四川李庄出发前往河西走廊，从敦煌返回路过张掖曾停留参观，但未提及考察事。

图一○八 张掖市地图及史前遗址位置示意图

陶片和石器数件。17日开始在当地试掘汉墓，获得一批随葬陶器[1]。

　　1948年夏，裴文中在张掖西北约15公里的黑河西岸发现一处史前遗址，地点位于黑水国城址附近一处遗址[2]，采集有红黄色粗陶片，器表磨光，施紫色陶衣。他在报告中介绍，这些陶器表面的划纹和器耳形状与沙井期陶器相同。他还根据采集的一片内

[1]　阎文儒：《河西考古杂记》（下），《社会科学战线》1987年1期137～139页。

[2]　裴先生的报告未提供地图，但从文字描述猜测，遗址位置可能在黑水国西部一带。

外绘彩、陶质细腻的彩陶片（花纹剥蚀严重），认为器形和黑彩与马家窑式彩陶相同①。此外，他还采集到用扁平砾石经周边打制、一端扩展成半圆形刃的石斧②。裴先生在报告中特别提到，夏鼐先生曾到该址调查，并有很好的采集品③。

20世纪50年代，新西兰人路易·艾黎（Rewi Alley）曾到黑水国一带进行调查，并采集有彩陶片，但未见任何报道。此后很长一段时间，张掖从未有过发现史前遗址的消息。

1986年10月，河西史前考古调查队前往张掖市，在地区公署文化处文物科帮助下，参观了地区文化处收藏的少量史前文化标本，包括石器、陶片和个别铜器。其中，石器和陶片均采自民乐县东灰山遗址，包括打制有肩石斧、亚腰手斧、石磨棒、长方形穿孔石刀等。其中有一件石器传出自黑水国一带，但当地文物科的干部竟说不清楚是哪件。从这些石器形态和特征观察，它们大多属于四坝文化。此外，当地不久之前征集一批出自张掖龙渠乡的北方系青铜器，包括车马器、动物圆雕、装饰品等。由于当地不允许绘图拍照，我们没能收集这批资料。

张掖市文物部门对当地现存的地面文物兴趣较大。如此，河西史前考古调查队在当地考察了几处晚期的城址。10月21日，地区文化处卢科长陪同考察了黑水国南城城址。此地位于张掖西北约15公里的明永乡下崖村西约1公里处，城址平面正方形（224米×222米），墙垣尚存，东南角堞楼高耸，瓮城建在东面。城内四周积满流沙，中心地势平坦，依稀可辨有道路、房屋基址等遗迹。据说城内原立有石碑，已不知所终。据说新中国成立前城内曾驻扎军队，在城外四周疯狂盗掘。现城内地表散落大量碎砖、砾石、泥质灰陶片、黑釉瓷、青花瓷片等，还有不少青灰色子母砖，显然出自墓葬，可能是晚期废物利用所致④。此城估计建于宋—元。城外东北一带有一处墓地，我们路过时看到一座被水冲出的砖室墓，券顶，分前、中、后三室，后室还附带左右耳室，规模不小。这些墓多被定为汉代，未必，有些可能已晚至魏晋至五凉时期。因此前在地区文化处得知有一件石斧出在黑水国城址附近⑤，李水城特意沿城址外围四周寻找，但未发现任何线索。

① 从裴先生发表的一件陶片看，很像是齐家文化的高领篮纹罐残片。
② 裴文中：《中国西北甘肃走廊和青海地区的考古调查》，《裴文中史前考古学论文集》263～264页，文物出版社，1987年。
③ 夏鼐先生1944年到达张掖，并参观黑水国遗址，但时间甚短，在日记中并未提及发现史前遗址一事。1945年他再次来张掖，并在黑水国试掘汉墓，时间稍长，此次发现并采集有史前时期的标本。见阎文儒：《河西考古杂记》（下），《社会科学战线》1987年1期137～138页。后经李水城询问台湾"中央研究院"的李永迪先生，得知这批资料现藏台湾，尚未整理出版。
④ 后请教宿白先生，他说这些墓砖应该是从城外搬入城内另作他用的。
⑤ 此时，裴文中先生的调查报告尚未出版，我们并不掌握他们早期调查的线索。

次日前往靠近民乐县的𪩘候堡城址考察，据说此城为匈奴所建。但游牧民族为何在自己控制的区域内建造城堡，费解。这座城池规模甚小，也就是个土围子。布局方正，城墙尚存4~5米高，保存较好。城内住有一户农民，将城堡内土地开垦出来，种些瓜菜，城墙遂成为他家的院墙。城外四周未见任何遗迹。随后，调查队前往东固城，传此地为汉屋兰县旧址，我们原以为是座城池，实际上仅存一矮小的城门楼子，破败不堪，摇摇欲坠，看不出有任何汉代建筑模样，年代也不清楚。

再次日，前往张掖西南方向的龙渠乡考察，那里地处黑河上游，曾发现一批北方系青铜器，计有铜鹿5只（分两式）、车轮一对、马面状护臂一对及铜泡、铜轭、辖等小件车马器。推测可能是一组模型铜车马组件和防护器具。马面状护臂上铸有对称的卷云纹、兔子纹，整体风格与鄂尔多斯式青铜器接近[①]。据当地文物部门介绍，这些遗物是1985年一位牧羊人在祁连山黄草沟发现的，文物全部压在一块大石头下面。据当地村民回忆，多年前，曾有人在龙渠乡以西的三清湾捡到过类似铜器。非常巧，我们在乡里找到了发现者赵开仁（音），这位年轻人主动提出为我们带路，并说车子可以开到遗址位置。我们信以为真。此后，车子向山里驶去，在一处陡峭的高坡前停了下来，下车后各位都惊出一身冷汗，因为越过这个陡坡，前面就是深渊绝壁，假如不停车后果真不堪设想。此时，这位向导指给我们铜器发现地点，那里竟然位于祁连山半山腰处，几乎临近雪线，如果要去，不仅要翻过眼前这座大山，还要攀爬对面更高的山。向导（羊倌）说他走的话也要6个小时。如此，我们在张掖的调查只好到此收场。

最近10年来，在张掖新发现一批史前遗址和遗物，具体如下。

1999年，张掖市大满镇拆迁，在当地百货站批发部院内挖出一具人骨和部分彩陶片，市博物馆派员前去清理。这是一座史前时期的墓葬，出有彩陶杯、彩陶罐、骨梗刀各1件及骨刀残件等，属于典型的马厂文化。据简报作者介绍，在大满镇北面的滚家村、毛家寺等地也曾发现彩陶；在张掖市附近的古河道一、二级阶地上也曾发现马厂文化遗物。1987年进行文物普查，在明永乡西城驿沙滩、黑水国，沙井乡上寨，甘浚镇西洼滩，碱滩乡及老寺庙农场、安阳、花寨等地采集到马厂文化的彩陶片和石器[②]。

2007年6月中旬，甘肃省文物考古研究所和北京科技大学冶金与材料史研究所在河西进行冶金史考察，调查了张掖黑水国南城北面的西城驿遗址，此地应该是20世纪40年代夏鼐、阎文儒、裴文中等先生调查过的遗址。其后不久，甘肃省文物考古研究所、北京大学、中国社会科学院考古研究所等单位组成的河西环境考古队再次前往这

①　萧云兰：《甘肃张掖市龙渠乡出土一批青铜器》，《考古与文物》1990年1期109页。
②　孙宏武：《张掖西闸村新石器时代墓葬清理简报》，《陇右文博》2004年1期3~6页。

处遗址进行调查，并采集一批遗物和土样标本。上述一些发现弥补了张掖史前文化的空白。

目前，张掖市发现史前遗址 11 处（见附录一）。现将 2007 年西城驿遗址的调查收获介绍如下：

西城驿遗址

遗址位于张掖市明永乡下崖村西、黑水国南城西北约 500 米外。地理坐标为东经 100°20′42″，北纬 39°01′33″；海拔 1465 米（见图一〇八；彩版七，1）。

该址发现于 20 世纪 40 年代[①]。遗址所在位置没有小地名，原称黑水国遗址，但此名很容易与黑水国城址混淆，本报告根据遗址所在方位改为西城驿遗址。

这处遗址的再次发现可能与 1987 年的全国文物普查有关，但此后并未得到重视，也未见任何报道。据张掖大佛寺吴正科介绍，他从 1991 年开始对这座遗址进行调查；1992 年发掘黑水国南城[②]时曾做过详细调查，采集有石器和彩陶片等，还发现了文化层堆积。他根据上述发现将遗址分为 5 个地点，并分别编号为 MA、MB、MC、MD、ME。

MA 点位于南城西部 1 公里外的县面粉厂农场附近，面积仅 100 平方米，文化堆积很薄，采集品有夹砂绳纹陶、石刀、石斧、骨锥等。陶器有鬲、双耳罐等。1996 年当地村民开荒将这处遗址全部破坏。根据介绍，该址发现有陶鬲，估计很可能是一处骟马文化遗址。其余几处地点均位于南城西北一带。其中，MB、MC、ME 三处地点比较集中，位置稍偏西，MB 与 MC 点被一条古河道隔开，MC 与 ME 点被一道沙梁隔开，这三处地点应是一个整体，面积约 35 万平方米。从古河道旁出露的断崖看，文化堆积最厚达 1.8 米。从采集陶片看，其性质包括马厂文化晚期（"过渡类型"）、齐家文化和四坝文化三个时期。MD 点位置偏东，正好位于南城正北约 1 公里处。该址占地面积和文化堆积状况不详。据称采集遗物与上述三处地点相同，属于马厂文化[③]。

2007 年 6 月，甘肃省文物考古研究所等单位先后两次前往西城驿遗址调查，并采集一批遗物。通过考察，得知该址占地面积较大。其中，遗址南区（即 MB）仍保留大片未做彻底改动的原生地貌，这是一块地势较平坦的台地，东西长约百米，向南延伸至数十米外的林木和农田内，从地表遗留的沟垄可知此地曾辟为农田。台地上地表散

---

① 裴文中：《中国西北甘肃走廊和青海地区的考古调查》，《裴文中史前考古学论文集》263～264 页，文物出版社，1987 年。

② 未见报道，不知是哪些部门所为。

③ 吴正科：《黑水国古城》，甘肃人民出版社，1999 年。

落大量四坝文化的陶片、石器、铜炼渣等。在此台地北侧（即 MC），地面下切 1～2米，此即所谓的古河道位置①。这里地势略低，南侧断面暴露出文化层，土色灰黄，干燥而松软，内含碎陶片、兽骨、炭渣等。我们在此选择了一处剖面，根据土色、硬度分为 9 层（尚未到底）（彩版七，2），分层选取土样，准备带回北京检测分析。在取样时发现，上文化层与下文化层包含物显示出一定差异，下层包含物中有彩陶，其风格属于马厂文化（或"过渡类型"）；上层包含物未见彩陶，但有的陶片近似齐家文化（或四坝文化）。MC 这一片面积很大，地表沙化严重，生长稀疏的沙生植物，地表遗物不多，零星采集到齐家文化、四坝文化的陶片。我们怀疑这一带曾被人为开垦成农田，导致地表严重沙漠化而荒废。另在 MB、MC 两处地点采集到冶炼金属的炼渣一类遗存（图版一四，5）。

再向北为北区（即 ME）。这里有一座新月状沙丘，沙丘顶面较高，与下面低地的落差达 10 余米。沙丘下偏东位置有块平整的台地，上面隐约显露排列规整的方形建筑轮廓（图版一四，1）。在这块台地西北有一条落差 1～2 米的沟，沟两侧断崖挂着一些灰坑，坑内包含物为四坝文化陶片。看来，这些灰坑与台地上的遗迹可能属同一时代。这里地势低洼，西北侧较深的沟似乎更像是古河道，黑河自西南向东北蜿蜒而去。根据后来的文物普查资料，该址面积 35 万平方米，文化层厚 0.3～1.8 米（见附录一）。

我们在该址采集有陶片、石器，以及部分铜炼渣等遗物。因为是两次调查所得，由甘肃省文物考古研究所和北京科技大学冶金与材料史研究所采集的遗物称 2007（甲）；由甘肃省文物考古研究所、北京大学、中国社会科学院考古研究所、北京科技大学冶金与材料史研究所采集遗物称 2007（乙）。现摘要介绍如下。

1. 2007（甲）调查采集遗物

2007 年 6 月上旬，甘肃省文物考古研究所和北京科技大学冶金与材料史研究所合组河西冶金史考察组在该址调查采集一些遗物。采集品分两层。兹介绍如下。

（1）第 1 层

1）石器

石磨棒　3 件。标本 07ZHX①：8，灰黑色石。利用自然砾石制作。原器应为长条棒状，断面近椭圆形，一端断裂，残存部分。器表一面粗糙，有琢击疤痕，另一面较圆滑。残长 10.8、宽 7.3、厚 5.8 厘米（图一〇九，6）。标本 07ZHX①：19，白色石质。利用自然砾石制作。原器长条状，断裂，残存部分呈舌形，断面椭圆形。一面有琢制疤痕，另一面较圆滑。残长 9.6、宽 8.4、厚 6.4 厘米（图一〇九，5）。标本

---

① 因未做古地理考察，不知确否为古河道。

07ZHX①：6，绿色石质。利用自然砾石琢制。断裂，残存部分长条舌形，剖面圆角近长方形。一面粗糙不规整，有打击疤痕，其他面较圆滑规整。残长11.7、宽7.3、厚5.6厘米（图一〇九，3）。

石斧　3件。标本07ZHX①：9，绿色石质。打制。扁宽厚体舌形，纵剖面椭圆形，两面打制出直刃。器体表面有砸击痕，顶端有砸击和劈裂疤痕。长12.2、宽7.5、厚5.6厘米（图一〇九，4）。标本07ZHX①：7，绿色石质。磨制。长条舌状，断面长椭圆形，残缺刃部，两侧及周边圆滑规整。残长11、宽6.2、厚3.1厘米（图一〇九，2）。标本07ZHX①：5，绿色石质。磨制。似利用残器改制，近三角形，粗糙不甚规整，顶端及一侧缘有劈裂。双面圆弧钝刃，有磨损疤痕，较圆滑规整。长21.4、宽13.8、厚6厘米（图一〇九，1）。

2）陶器

罐口　5件。标本07ZHX①：3，双耳罐残片。夹细砂褐陶。手制。侈口，尖圆唇，

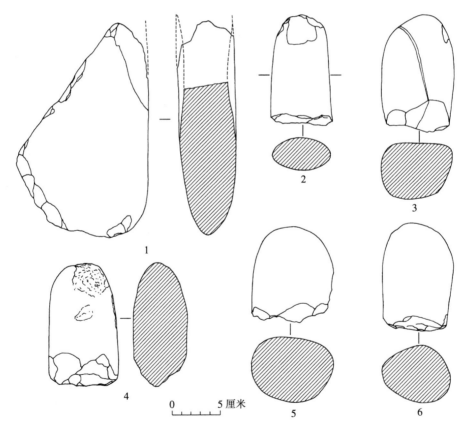

图一〇九　2007（甲）西城驿遗址采集石器

1、2、4. 石斧（07ZHX①：5、07ZHX①：7、07ZHX①：9）　3、5、6. 石磨棒（07ZHX①：6、07ZHX①：19、07ZHX①：8）

斜领，束颈，器口外至颈下置双耳。素面。残高 7、耳宽 2、胎厚 0.6 厘米（图一一〇，9）。标本 07ZHX①：1，泥质红陶。手制。喇叭口，尖圆唇，束颈。素面。残高 4.5、口径 8.8、胎厚 0.4 厘米（图一一〇，1）。标本 07ZHX①：14，夹砂黄褐陶。手制。侈口，尖圆唇，微束颈。颈部堆塑凸棱状附加堆纹，堆纹上压印斜置的麦粒纹。残高 7、胎厚 0.8 厘米（图一一〇，3）。标本 07ZHX①：2，夹砂褐陶。手制。喇叭口，圆唇，微束颈。颈下至腹部滚压麦粒状粗大绳纹。残高 6.6、胎厚 0.7 厘米（图一一〇，5）。标本 07ZHX①：16，夹砂橙黄陶。手制。侈口，方唇。素面。残高 6、胎厚 0.7 厘米（图一一〇，2）。

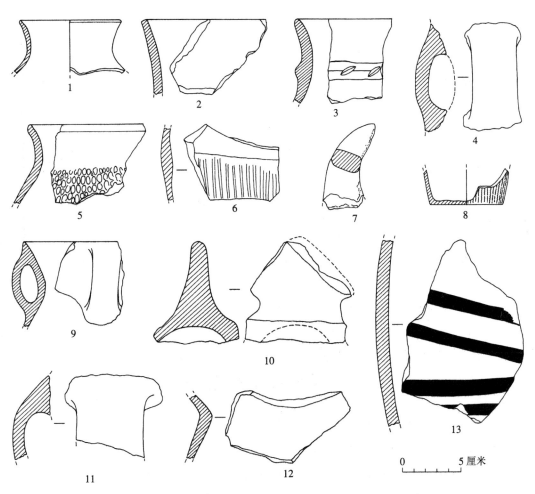

图一一〇　2007（甲）西城驿遗址采集陶器

1~3、5、9. 罐口（07ZHX①：1、07ZHX①：16、07ZHX①：14、07ZHX①：2、07ZHX①：3）　　4、11. 器耳（07ZHX①：13、07ZHX①：11）　6. 高领篮纹罐（07ZHX①：17）　7. 羊角器耳（07ZHX①：18）　8. 罐底（07ZHX①：4）　10. 器盖盖纽（07ZHX①：12）　12. 罐腹片（07ZHX①：10）　13. 彩陶片（07ZHX①：15）

器耳 2件。标本07ZHX①:11,夹砂红陶。手制。片状宽錾,纵剖面弓形。素面。耳宽5.5、胎厚1厘米(图一一〇,11)。标本07ZHX①:13,夹砂红陶。手制。片状宽錾耳,纵剖面弓形。施褐色陶衣。素面。耳宽3.9、胎厚1.1厘米(图一一〇,4)。

羊角器耳 1件。标本07ZHX①:18,夹砂红陶。手制。羊角状,断面长方形。素面。长7厘米(图一一〇,7)。

器盖盖纽 1件。标本07ZHX①:12,残存器盖顶端扁片状三角矛头捉纽。夹砂红褐陶。手制。素面。残高8.5、胎厚1.5厘米(图一一〇,10)。

罐底 1件。标本07ZHX①:4,残存下腹及底部。泥质灰褐陶。手制。斜直腹,大平底。器表滚压细密绳纹。残高3、底径6、胎厚0.4厘米(图一一〇,8)。

罐腹片 1件。标本07ZHX①:10,仅存颈部残片。夹细砂红陶。手制。束颈。素面。残高5、残宽9.4、胎厚0.6厘米(图一一〇,12)。

高领篮纹罐 1件。标本07ZHX①:17,残存折肩部位。泥质橙黄陶。腹部拍印竖列篮纹。残宽7.5、残高6、胎厚0.4~0.9厘米(图一一〇,6)。

彩陶片 1件。标本07ZHX①:15,器腹残片。夹砂红陶。手制。器表施红色陶衣,绘黑彩,脱落严重,残留条带纹。残高15、胎厚1厘米(图一一〇,13)。

(2)第2层

1)石器

石斧 3件。标本07ZHX②:21,砾石磨制而成。长条舌形,断面椭圆。前后两端经打击修整。残长12.4、宽5.8、厚4.3厘米(图一一一,4)。标本07ZHX②:16,绿色石质。利用自然砾石打制。舌形,前端刃部残缺,后经改制,双面直刃,有明显使用痕迹。长7.5、宽6.1、厚3.7厘米(图一一一,5)。标本07ZHX②:14,绿色石质。利用自然砾石琢磨制成。扁长条舌状,两侧面及顶部规整,刃部缺损。长11.6、宽6.7、厚4厘米(图一一一,2)。

盘状器 2件。标本07ZHX②:15,绿色石质。打制,两侧面保留砾石面。平面近圆形,沿周边打制器刃,顶端平整,其余边缘均打出器刃,但刃部均较厚钝,有明显的双面打击痕。长径10.5、短径9.5、厚4.2厘米(图一一一,6)。07ZHX②:17,灰黑色石质。利用自然砾石打制剥片。近圆形,一面为劈裂面,一面为砾石表皮,沿周边单面打出器刃。长径8.7、短径8.4、厚1.6厘米(图一一一,3)。

石磨棒 1件。07ZHX②:18,灰黑色石质。利用条状自然砾石制作。长椭圆状,断面近三角形。两侧面较圆滑,四周缘均有使用留下的痕迹。长20.8、宽8、厚4.5厘米(图一一一,1)。

2)陶器

罐口 6件。标本07ZHX②:8,双耳罐口沿残片。泥质红陶,夹少量细砂。手制。

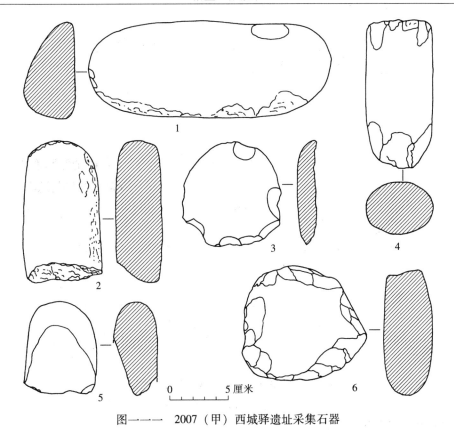

图一一一　2007（甲）西城驿遗址采集石器

1. 石磨棒（07ZHX②：18）　　2、4、5. 石斧（07ZHX②：14、07ZHX②：21、07ZHX②：
16）　3、6. 盘状器（07ZHX②：17、07ZHX②：15）

侈口，尖圆唇，束颈，器口外颈部置双小耳，器耳上部有一圆形凹窝。器表施红陶衣，
器耳、颈部原绘黑彩，脱落不辨。残高 7.5、胎厚 0.5 厘米（图一一二，1）。标本
07ZHX②：4，双耳罐口沿残片。泥质红陶，夹少量细砂。手制。侈口，尖圆唇，束颈，
器口外至颈部置双耳（残失）。器表施橙黄色陶衣。残高 8.5、胎厚 0.7 厘米（图一一
二，2）。标本 07ZHX②：19，双耳罐口沿残片。夹砂红陶。手制。侈口，尖圆唇，束
颈，器口外至颈部置双耳（残失）。素面。残高 7.2、胎厚 0.8 厘米（图一一二，3）。
标本 07ZHX②：3，泥质橙黄陶。手制。侈口，尖圆唇，束颈。素面。残高 7.3、胎厚
0.7 厘米（图一一二，4）。标本 07ZHX②：11，夹细砂橙黄陶。手制。侈口，方唇，束
颈，口缘外捏塑短泥条盲耳。素面。残高 5.7、胎厚 0.6 厘米（图一一二，5）。标本
07ZHX②：5，彩陶罐口沿残片。泥质红陶，胎内夹少量细砂。手制。侈口，圆唇，束
颈。器表施红陶衣，绘黑彩，器口外绘黑彩横条带纹。残高 8.3、胎厚 0.6 厘米（图一
一二，6）。

　　陶片　3 件。标本 07ZHX②：2，腹耳壶残片。夹细砂红陶。手制。在腹部最大径

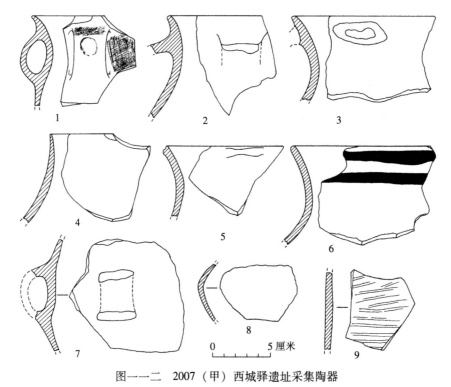

图一一二　2007（甲）西城驿遗址采集陶器

1～6. 罐口（07ZHX②：8、07ZHX②：4、07ZHX②：19、07ZHX②：3、07ZHX②：11、07ZHX②：5）　7～9.
陶片（07ZHX②：2、07ZHX②：13、07ZHX②：9）

处安置器耳。素面。耳宽3.2、胎厚0.5厘米（图一一二，7）。标本07ZHX②：13，腹
部残片。夹细砂红陶。手制。腹部折鼓。素面。残高4.5、残宽6.5、胎厚0.5厘米
（图一一二，8）。标本07ZHX②：9，高领篮纹罐。腹部残片。泥质橙黄陶。手制。表
面拍印数道篮纹。残高5.3、残宽5.8、胎厚0.6厘米（图一一二，9）。

器盖　2件。标本07ZHX②：1，仅残存顶部捉纽部分。夹砂红陶。手制。圆饼状，
顶面中心有一圆形小凸纽。素面。残高3.5、顶径7、胎厚3厘米（图一一三，2）。标
本07ZHX②：12，残存顶部及捉纽。夹砂红陶。手制。捉纽顶部圆形，似一倒置的圈
足，中心有圆形凹窝。素面。残高3.2、顶径5.6、胎厚2厘米（图一一三，1）。

罐底　1件。标本07ZHX②：6，残存下腹及底部。泥质橙黄陶。手制。弧腹，平
底。素面。残高3.3、底径6、胎厚0.5厘米（图一一三，6）。

彩陶片　2件。标本07ZHX②：10，器腹残片。夹粗砂红陶。手制。器表施红陶
衣，绘黑彩横向条带纹。残高3.8、残宽3.5、胎厚1厘米（图一一三，5）。标本
07ZHX②：7，器腹残片。夹细砂橙黄陶。手制。器表绘黑彩"N"形纹等。残高7.9、
残宽6.5、胎厚0.5厘米（图一一三，3）。

器耳　1件。标本07ZHX②：20，夹砂灰陶。手制。宽鋬耳，纵剖面弓形，器表面局部有烧流疤痕。高7.2、耳宽4、厚0.7厘米（图一一三，4）。

2. 2007（乙）调查采集品

2007年6月下旬，甘肃省文物考古研究所、中国社会科学院考古研究所、北京大学、北京科技大学冶金与材料史研究所等单位合组河西走廊环境考古调查队，再次来到该址考察，采集一批遗物。兹介绍如下。

1）石器

石斧　标本ZHX－012，利用自然砾石片打制而成。梯形扇状，两侧及端部单面打击修整，刃部不明显。长7.5、宽7.2、厚1.4厘米（图一一五，1；图版一四，4）。

2）陶器

均系陶片，以泥质和夹砂红陶和红褐陶为主，少量灰褐陶。火候普遍较高，质地坚硬。没有可复原者，可看出器形者以罐类器最多，且多为双耳罐或腹耳壶类。采集品中彩陶很多，均施红衣，绘黑彩。特点是彩陶颜料不浓稠，花纹构图流畅（图版一四，2、3）。分上下两层介绍。

①下层

器口残片　2件。标本ZHX下－001，罐口沿残片。泥质红陶。施红衣，绘黑彩几何纹，内彩绘横线、弧边三角纹，外表绘横条带纹。器表磨光（图一一四，1）。标本ZHX下－004，钵口沿残片。夹粗砂红褐陶。器表残留红衣（图一一四，2）。

器耳　1件。标本ZHX

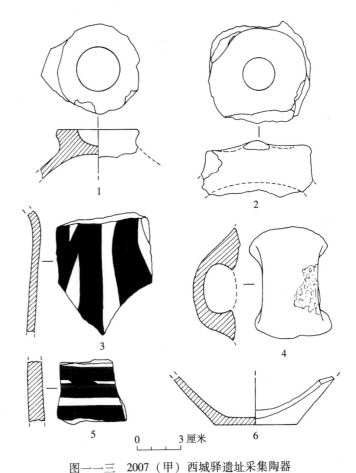

图一一三　2007（甲）西城驿遗址采集陶器

1、2. 器盖（07ZHX②：12、07ZHX②：1）　3、5. 彩陶片（07ZHX②：7、07ZHX②：10）　4. 器耳（07ZHX②：20）　6. 罐底（07ZHX②：6）

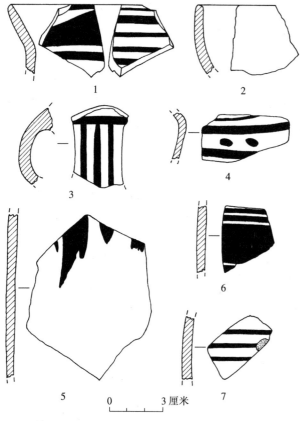

图一一四　2007（乙）西城驿遗址采集陶器

1、2. 器口残片（ZHX下－001、ZHX下－004）　3. 器耳
（ZHX下－002）　4～7. 彩陶片（ZHX下－005、ZHX下－
007、ZHX下－006、ZHX下－003）

下－002，器耳残片。泥质橙黄陶。器表绘黑彩横竖条带几何纹（图一一四，3）。

彩陶片　4件（图版一四，2）。标本ZHX下－003，泥质红褐陶。器表施褐陶衣，绘黑彩几何横条带纹。器表右侧残留一块铜锈痕迹。器表打磨极光滑（图一一四，7）。标本ZHX下－005，罐颈部残片。夹细砂红陶，器表施土黄陶衣，绘黑彩横条带、卵点几何纹（图一一四，4）。标本ZHX下－007，夹砂红陶。器表黄褐色，残留少许黑彩几何纹（图一一四，5）。标本ZHX下－006，泥质褐陶。器表施黄褐陶衣，绘黑褐彩粗细条带几何纹。器表略经打磨（图一一四，6）。

②上层

高领篮纹罐残片　5件（图版一四，3）。标本ZHX上－001，泥质灰陶。拍印竖列篮纹（图一一六，3）。标本ZHX－008，夹细砂橙红陶。器表施黄白陶衣，腹部拍印斜向篮纹。肩部打磨光滑（图一一五，6）。标本ZHX－010，夹细砂橙红陶。器表施黄白陶衣，腹部拍印竖列篮纹。肩部打磨光滑（图一一五，5）。标本ZHX－013，泥质橙红陶。腹部拍印斜向篮纹（图一一五，4）。标本ZHX－014，泥质橙红陶。火候甚高。拍印竖列篮纹（图一一五，2）。

器腹残片　3件。标本ZHX上－002，泥质橙黄陶。素面。器表打磨光滑（图一一六，2）。标本ZHX上－003，夹细砂褐陶，表面黑褐色。质粗，火候高（图一一六，4）。标本ZHX－011，夹细砂橙红陶。素面（图一一七，8）。标本ZHX－009，夹砂罐残片。夹粗砂褐陶，腹部拍印有大麻点状粗绳纹（图一一五，3）。

器口　3件。标本ZHX－003，彩陶罐残片。夹细砂红陶，胎芯褐色。器表施红衣，绘黑褐彩，器口内绘横条带纹，器表在横条带纹之间绘"Z"字纹（图一一七，1）。

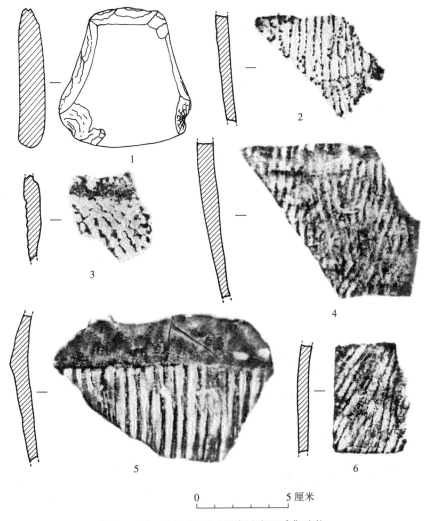

图一一五　2007（乙）西城驿遗址采集遗物

1. 石斧（ZHX－012）　　2、4～6. 陶高领篮纹罐残片（ZHX－014、ZHX－013、ZHX－010、ZHX－008）
3. 陶器腹残片（ZHX－009）

标本 ZHX－004，彩陶片。泥质橙红陶。器表施红衣，器口内外绘黑彩横竖条带几何纹（图一一七，2）。标本 ZHX－002，双耳罐器口残片。夹细砂红陶。素面（图一一七，3）。

　　彩陶片　4件。标本 ZHX－001，细泥橙黄陶。有一枚钻孔。器表施土黄陶衣，绘黑彩横线、折线条带几何纹（图一一七，7）。标本 ZHX－005，泥质橙红陶。器表施黄褐陶衣，绘黑褐彩条带"X"几何纹（图一一七，6）。标本 ZHX－006，泥质橙红陶。器表施黄白陶衣，绘黑褐彩折线纹、条带网格纹（图一一七，4）。标本 ZHX 上－004，双耳罐折腹部残片。泥质橙黄陶。器表黄白色，绘黑彩（图一一六，1）。

　　陶豆残片　1件。标本 ZHX－007，夹粗砂褐陶。豆盘较大，粗柄。素面（图一一

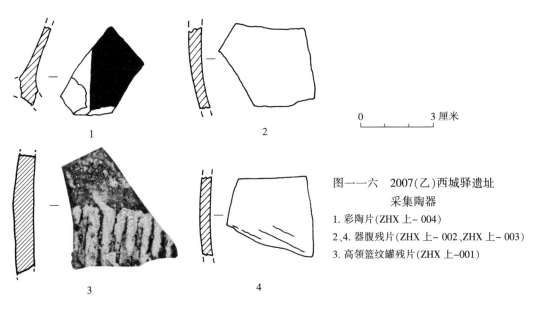

0　　　　　　　3厘米

图一一六　2007（乙）西城驿遗址

采集陶器

1. 彩陶片（ZHX 上- 004）

2、4. 器腹残片（ZHX 上- 002、ZHX 上- 003）

3. 高领篮纹罐残片（ZHX 上-001）

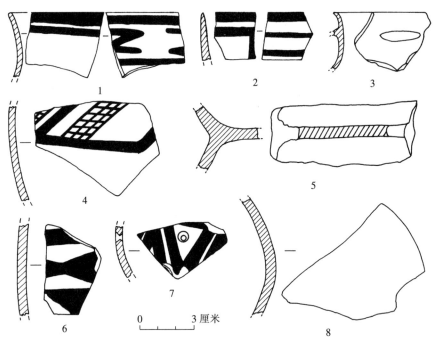

0　　　　3厘米

图一一七　2007（乙）西城驿遗址采集陶器

1～3. 器口（ZHX -003、ZHX -004、ZHX -002）　　4、6、7. 彩陶片（ZHX -006、ZHX -005、ZHX -001）

5. 陶豆残片（ZHX -007）　　8. 器腹残片（ZHX -011）

七，5）。

　　根据以上采集品，黑水国南城北遗址的性质包括三类。1）"过渡类型"遗存（马厂文化晚期），以该址下文化层出土物为代表。2）齐家文化。以该址上文化层出土物为代表。3）四坝文化，以该址南区地表采集品和北区灰坑出土物为代表。该址 MA 点（未调查）的采集有陶鬲残件的记载，推测应为晚于四坝文化的骟马文化遗留。

拾贰　高台县

　　高台县位于甘肃省西部、河西走廊中段。本县西接酒泉市、金塔县和肃南裕固族自治县明花区，南连肃南裕固族自治县大河区，北依合黎山与内蒙古阿拉善右旗为邻。地理坐标为东经 98°57′27″～100°06′42″，北纬 39°03′50″～39°59′52″。土地面积 4312 平方公里（图一一八）。

　　高台县地处榆木山（祁连前山）和合黎山之间的黑河中游段，政府驻地城关镇。县内地势南北高中间低，状若马鞍，海拔 1260～3140 米。本县南侧为祁连前山山麓和

图一一八　高台县地图及史前遗址位置示意图

绿洲地带，中部为走廊平原绿洲，绿洲外围是巴丹吉林沙漠南缘侵入的流沙区。县内北侧的合黎山属石质低山、残丘地貌，海拔 1900 米。境内主要河流为黑河，在南北山麓间也有一些小河。气候属大陆沙漠干旱性气候，年均温 7.4℃，年降水 99 毫米，蒸发量 1900 余毫米。

高台在汉代设表是县；明设高台所；清改高台县至今。全县人口 16 万，居民有汉、回、藏、维、彝、满、裕固、蒙、撒拉族等，以汉族为主。

1986 年 10 月末，河西史前考古调查队前往高台。在抵达当夜，落下这一年的首场大雪，这给随后的野外调查工作造成极大不便。由于高台县文管所原所长退休，新来的所长对馆内所藏文物并不清楚。后来，我们在该所的库房内发现 4 件彩陶，但无人知晓其出土地点。两天以后，待路面积雪稍稍融化，河西史前考古调查队驱车前往县城西南的红崖子乡调查，很幸运地找到了发现这几件彩陶的村民。据介绍，1964 年，当地暴发山洪，在古城七队一个叫直沟沿的地方冲出 2 件大致保存完好的彩陶罐[①]，后被一王姓村民获得，卖给县文化馆。另在直沟沿附近的六洋坝村也出土有 2 件彩陶罐，但它们是如何被发现的，一概不清楚。总之，高台县的考古工作不多，目前发现的史前遗址仅有 3 处（见附录一）。

现将我们在高台的考察经过及其收获介绍如下。

（一）红山嘴墓地

遗址位于高台县城西北 60 公里的罗城乡常丰村西南约 3 公里处。地理坐标为东经 99°27′56″，北纬 39°43′40″；海拔 1315 米（见图一一八）。

当河西史前考古调查队抵达高台县后，当地文化馆负责人便建议我们去罗城乡调查。因此前不久那里挖出一些古墓，出土文物有些被当地村民哄抢，少量被县文化馆征集入藏[②]，后者包括有棺板墨绘人物风景画等。

1986 年 10 月 30 日，在当地文化馆 2 位同志陪同下，河西史前考古调查队前往罗城乡调查，出城后沿黑河左岸行驶，一路景观植被环境甚差，地表生长着低矮的沙生、碱生植物，偶尔有一些沙枣、柽柳等。这一段黑河水流量较大，沿岸并不缺水，但土壤高度盐碱化，地表泛出白花花的盐碱。

调查地点位于黑河西岸的常丰村附近。邻近中午时分抵达，联系到常丰村领导，引领我们前往遗址，墓葬就在一座高十余米的绛红色小山丘下，南北走向，小地名叫红山嘴，四周为戈壁和碱滩。小山背后远处有较高的山，山顶隐约可见长城、烽燧轮

---

① 至于到底哪两件彩陶是 1964 年大水冲出来的，发现者也说不清楚。

② 具体数目不详。

廓。据说由那里向北不远即进入金塔县。调查队来到遗址现场不久，便刮起强烈的沙尘暴，刹那间昏天黑地，飞沙走石，举步维艰。

山脚下的几座古墓是当地村民在修路取土时发现的。共有两处，一处位于红山嘴东侧，暂称之为一号地点。该地点挖出古墓 3 座。中间一座（M1）前有窄长的墓道，平面结构呈"甲"字形，规模也较大。另外两座没有墓道，墓穴长方形。这 3 座墓均朝向西北，很有规律。墓穴为长条洞室结构，宽约 1 米，高约 0.6 ~ 0.7 米。M1 墓道呈斜坡状，宽 0.7 ~ 0.8 米，墓穴长度不详。由墓道望去，靠近墓室处略微加宽。经观察可知，下葬时将棺木从墓道斜坡向下推入墓室，然后封堵墓门、掩埋。据发现的村民介绍，此墓挖开时墓内无填土，但封门状况已被破坏，不详。这 3 座墓的棺木和墓主尸骨均被发现者拖了出来，散乱抛弃于周围地表。葬具系独木凿成的棺，分棺和棺盖两部分。棺长约 2 米，宽仅 0.4 米上下。两端截齐，两侧大致找齐，未做刻意加工修整，中心凿挖出仅容一人身体长度的浅槽，异常狭窄，沿棺木周边凿有简单的榫卯，与板状棺盖对接。由于当地气候干燥，墓主骨架上还保留部分软组织。经辨认，共有 4 具人骨架。中间的"甲"字形墓墓穴稍宽，推测是双人合葬，余两座为单人葬。在墓葬周围地表散落着一些棺木残件和随葬品，包括木刻人俑、动物俑（牛、马、老虎）等，有的棺木和俑表面残留彩绘痕迹。棺木外侧均用黑红彩绘画简洁的勾云纹等。木俑系雕刻而成，刀法粗犷，大写意，典型的汉魏之风。我们在现场采集有木马俑和彩绘木片等。据当时在场的村民介绍，中间"甲"字形大墓还随葬铜镜、铜尺、木马和木牍，放在墓主两肋位置。南侧一墓所出木椁为长条状，上面有绘彩。北面一墓则未见棺木。

另一处地点位于红山嘴南侧，距一号地点不远，暂称之为二号地点。这里发现 2 座"甲"字形墓，结构、墓向与一号地点相同。这两座墓均被当地村民破坏，遗物及尸骨全部抛弃于地表。在抛弃的尸骨局部可见大片铜锈绿痕，地表散落着残破的木器、锈蚀的五铢钱等。两墓中有一座没有棺木，另一座墓内出红黄两色丝绸和麻织品，上面保留白色文字痕迹。地表还发现一些残破的陶片，均为泥质灰陶，器形可辨为罐类器。经当地村民介绍，每座墓内随葬陶罐 2 件，均已被破坏。

考察时沙尘暴一刻不停，给调查造成很大干扰，因此也没能到周围做进一步的调查。墓地后面的高山上分布有汉长城，看来二者间似有某种关联。从地表散落的五铢钱看，这些墓葬应属汉魏时期。

考察完现场，返回常丰村大队部。村干部已将收缴的文物集中起来。计铜镜 1 柄、铜尺（残）1 柄、木牍 1 件（上有墨书文字）、丝绸两块，其中，书写白色文字的丝绸上可辨认出"乡主寿□□"字样。考察队员与村干部、村民进行了简短交谈，听取墓葬发现经过介绍和文物遭哄抢的情况。最后，我们对村干部说，希望能就此事教育村民一定要保护好当地的文物和这个遗址，积极宣传文物法，避免以后再发生类似事件。如果发现任何新的线索，应尽快与县文化馆取得联系。随后，村干部将这批文物移交给我们①。

（二）直沟沿遗址

遗址位于县城西南约 70 公里的红崖子乡观音河（源于肃南裕固族自治县的水关河）东岸，该址北面是古城七队。地理坐标为东经 100°13′16″，北纬 39°22′06″；海拔 2245 米（见图一一八）。

考察当天我们先赶往直沟沿，这种小地名如果没有当事人引领，很难找到准确地点。直沟沿隶属古城七队管辖，此地位于祁连山山前地带，海拔较高，地势南高北低，附近有条较宽的泄洪沟，两侧辟为梯田。我们问这些梯田是何时开垦的，告知是 1974 年农业学大寨的成果，可见附近地貌已有大的改变。我们一行在冲沟两侧沿断崖步行踏查，未发现任何线索。据带路的向导介绍，当年平整田地过程中也没有什么发现。加上前两天的大雪，周围地表完全被白雪覆盖，对野外调查造成了很大障碍，只好结束调查。当我们前往古城七队村内休息时，不想竟然遇见当年发现陶器的王某。经询问，才进一步了解到高台县文管所收藏的 4 件彩陶有 2 件出自直沟沿，另外 2 件出自六洋坝村。下面是直沟沿遗址出土的 2 件彩陶。

彩陶双耳罐　1 件。标本 GZ－01，泥质红陶。器口稍外侈，尖圆唇，斜直领，器口外两侧置双小耳，扁圆鼓腹，平底。器表及口沿内磨光，施淡褐陶衣，绘黑彩。器口沿内绘网格卵点、斜宽带纹、斜线、弧线及弧边三角纹。器领部绘对三角纹，三角一边绘卵点；颈部绘横条带纹和短斜线纹；腹部绘回形纹和回形网格纹；器耳绘斜折线纹，器耳下绘横竖条带、双斜线梯格纹。双耳下方戳印圆形小凹窝三枚，器颈中部前后各一枚凹窝，口沿内有一枚凹窝。高 15.6、口径 11.2、腹径 19、底径 7、耳宽 1.9、胎厚 0.4 厘米（图一一九，1；图版一五，2）。

彩陶盆　1 件。标本 GZ－02，泥质红陶。大喇叭口，尖圆唇，束颈，扁圆鼓腹，最大腹径处捏塑一对乳突，大平底。器表磨光，绘黑彩。器口沿内绘宽带纹、弧边三角纹；器领部绘短线"八卦"纹；腹部绘粗折线纹。高 7.9、口径 11.4、底径 6.8、胎厚 0.4 厘米（图一一九，2）。

根据这两件彩陶的器形和花纹可知，直沟沿遗址的性质属于河西地区典型的马厂文化。

---

① 当我们结束考察返回兰州后，这批文物由甘肃省文物考古研究所移交高台县文化馆，至今未见整理发表。

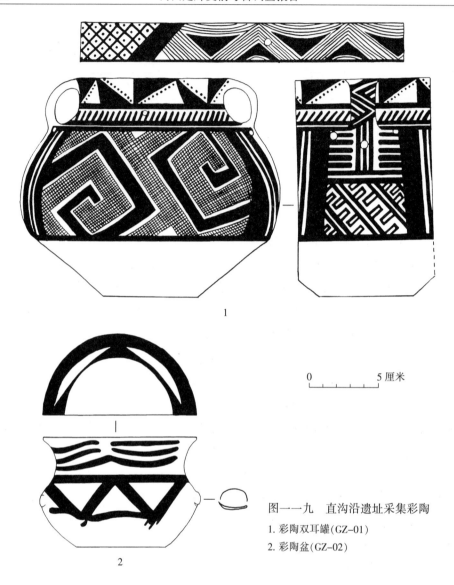

0   5 厘米

图一一九　直沟沿遗址采集彩陶

1. 彩陶双耳罐(GZ-01)

2. 彩陶盆(GZ-02)

（三）六洋坝遗址

遗址位于县城西南约 70 公里的红崖子乡观音河（上游为肃南裕固族自治县水关河）西岸、六洋坝村南 700 米处一座高台地上。地理坐标为东经 99°20′20″，北纬 39°07′57″；海拔 2243 米（见图一一八；图版一五，1）。

六洋坝遗址发现于 1964 年[1]。此地位于直沟沿遗址以西约 3 公里。因调查时大雪

---

① 孙宏武：《张掖西闸村新石器时代墓葬清理简报》，《陇右文博》2004 年 1 期 3～6 页。

完全覆盖地表，没有任何发现。下面是该址出土的2件彩陶。

彩陶双耳罐　1件。标本GL-01，夹细砂红陶，薄胎。喇叭口，尖圆唇，束颈，器口外两侧置双耳（残失），扁圆折腹，平底。器表及口沿内施紫红陶衣，绘浓稠黑彩。器口内绘连续组成的交叉网格栅栏纹八组；器领部在横条带之间绘连续菱形纹，腹部纹样为四分式细密网格纹，每组纹样之间用竖折线纹间隔开来。高12、口径9.4、底径7.4、胎厚0.4厘米（图一二〇，1）。

彩陶双耳小罐　1件。标本GL-02，泥质土黄陶。小口外侈，圆唇，束颈，器口

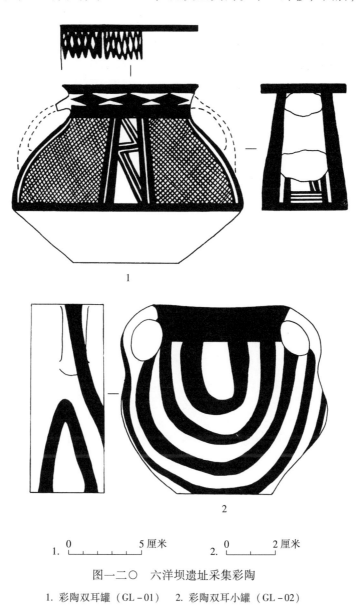

1. └─0─┴──┴──┴──┴─5厘米┘　　2. └─0─┴──┴─2厘米┘

图一二〇　六洋坝遗址采集彩陶

1. 彩陶双耳罐（GL-01）　2. 彩陶双耳小罐（GL-02）

外两侧置双耳，球形圆腹，平底。器表及口沿内磨光，绘褐彩。口颈内外绘褐彩宽带，腹部绘连续垂弧纹。高 7.6、口径 5、底径 4、胎厚 0.4 厘米（图一二〇，2；图版一五，3）。

从这 2 件彩陶的器形和花纹观察，可以确认六洋坝遗址的文化性质属于四坝文化。从器物保存完整这一点推测，它们极有可能为墓中随葬品。

高台县这两处遗址均处在海拔较高的祁连山山前冲积扇上，那里自然条件相对较好，地表覆盖深厚的黄土，水资源也较丰富，有利于人类生存。根据在直沟沿发现彩陶的村民王某介绍，他本人也曾在直沟沿以北、地势更高的羊蹄鼓城捡到过红陶彩陶片（后遗失）。可见，在河西走廊西部，史前时期的不少遗址分布在祁连山海拔较高的山前冲积扇上。由高台红崖子乡向西不远即进入酒泉境内，著名的西河滩、干骨崖等遗址也分布在这一相似的地理位置。

拾叁　肃南裕固族自治县

　　肃南裕固族自治县位于甘肃省西部、河西走廊中段南侧,政府所在地红湾镇。该县领土分成四块。主要部分位于张掖市南面,南界青海省,西与西北连接酒泉、嘉峪关两市,北靠高台、临泽、张掖、民乐四县。地理坐标为东经97°23′57″~100°36′06″,北纬38°12′52″~39°42′09″。该县的明花区位于高台县西部;皇城镇位于山丹县东部。另有大泉沟公社,位于民乐县中南部。全县面积2万平方公里(图一二一)。

　　本县大部分领土位于祁连山地,海拔2500~5000米。县境内山地陡峭,不少山峰高达5000米以上,祁连山最高峰海拔5564米。明花区位于河西走廊中段沙漠和草地之间,平均海拔仅1600米。全县总的地势西北高东南低,平均海拔3200米。沙漠地带多

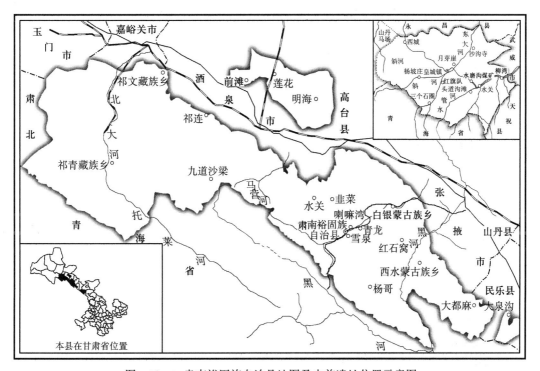

图一二一　肃南裕固族自治县地图及史前遗址位置示意图

新月状沙丘，流动性大；草地水位较高，有沼泽分布。

肃南县境内水资源丰富，自西向东依次有陶勒河、洪水坝河、丰乐河、马营河、梨园河、黑河、大都麻河、小都麻河、酥油口河、西大河、东大河、西营河等，流域总面积2万平方公里。本县气候大部分属于高寒半干旱性气候，仅明花区属温带干旱性气候。各地气温因高度不同差异甚大，年均温3.6℃。县境内山地植被较好，有天然林分布，该县的经济以牧业为主。

肃南裕固族自治县于1954年将酒泉、高台、张掖等县市的部分地区分割、合并建立，因地处肃州（酒泉）之南而得名。1955年改为肃南裕固族自治县至今。全县总人口4万（2003年统计），居民有裕固族、藏族、蒙古族、回族及少量的满族、东乡族、保安族等。其中，少数民族占55.30%；裕固族9523人，占27%。人口密度为每平方公里1.73人。

1986年10月，河西史前考古调查队前往肃南裕固族自治县进行调查。在县文化馆观摩了当地收藏的文物，基本上全都属于历史时期，最早的文物是汉魏时期的花纹墓砖，做工粗糙。其他还有一些佛教或裕固族民族文物，未见史前文物。

最近从有关报道得知，1987年，在肃南县降畅河北岸的波罗台子出土1件彩陶双耳罐[1]。1995年，在县城附近的喇嘛坪出土1件素面红陶壶，均属于马厂文化[2]。如是，在史前时期，祁连山深处已非文化空白地带。

---

[1]　张掖市文物管理局：《张掖文物》048页，甘肃人民出版社，2009年。
[2]　孙宏武：《张掖西闸村新石器时代墓葬清理简报》，《陇右文博》2004年1期3~6页。实际上，波罗台子出土的彩陶双耳罐明显属于"过渡类型"性质。

拾肆　酒泉市

　　酒泉市位于甘肃省西北部、河西走廊西段，北靠金塔县，西接嘉峪关市，南部与肃南裕固族自治县为邻，东面与高台县接壤界。地理坐标为东经 98°21′02″～99°18′41″，北纬 39°10′14″～39°58′16″，面积 3349 平方公里（图一二二）。

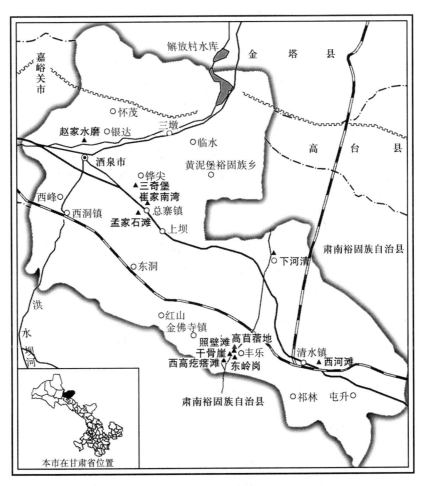

图一二二　酒泉市地图及史前遗址位置示意图

　　酒泉的地势由南向北由祁连山（包括阿尔金山东端）、走廊平原和马鬃山三部分组成，南北高中间低。走廊平原戈壁、沙漠、丘陵、平原错综分布，平均海拔 1400～2000 米。南侧祁连山一带有部分绿洲分布，余为戈壁。东面分布沙丘，中部和北部为绿洲，相对较平坦，海拔 1400～1500 米。北部夹山分布着一系列的残丘。境内河流主要有北大河（陶勒河）、洪水坝河、丰乐河、马营河等，这些河均源自祁连山地。本市属温带干旱气候区，年均温 6.9℃，年降水 82 毫米，蒸发量 2191 毫米。

　　酒泉古称肃州。上古为羌戎居地，析支北境。先秦时期为月氏国。汉匈奴昆邪王地。汉文帝前元四年（公元前 176 年），在匈奴打压下，月氏败走，退出河西，少量留在敦煌、祁连之间，称"小月氏"（芦水胡）。汉武帝元狩二年（公元前 121 年），霍去病将匈奴逐出玉门关，置酒泉郡，领禄福等九县，治所在福禄城①。北魏时改酒泉郡属敦煌镇。隋初，郡废。仁寿中，置肃州。大业初，废，以福禄郡属张掖。唐初置肃州，改福禄为酒泉。天宝初，复为酒泉郡。唐广德元年（763 年）陷吐蕃；唐末至五代（907～960 年）属回鹘；宋初属甘州回纥，后属西夏。元改为肃州路，属甘肃行省。明置肃州卫，属陕西行都司。清雍正二年（1724 年）裁卫属甘州。1913 年，复改为酒泉县；现为酒泉市。人口 35 万，包括汉、裕固、回等民族，以汉族为主。

　　据裴文中先生介绍，1927 年，中（国）瑞（典）两国合组西北科学考察团，途经河西走廊。随同斯文·赫定（Sven Anders，Hedin）探险的瑞典人布林（B. Bohlin）博士曾在酒泉附近调查采集到史前时期的彩陶片。这是河西走廊西部首次发现的史前文物，也是酒泉最早的考古记录，但这些资料后来发表在哪儿，尚不知晓。据安特生说，他曾见过这些遗物，并认为它们属于马厂期②。后来裴文中先生再次提及此事时说："布林氏于酒泉以西，发现史前遗址甚多，曾闻确为旧石器时代者。但布氏对此采集石器，不肯示人，自己亦不研究，故吾人至今尚不知其详"③。1933 年，法国地质学家德日进（P. Teilhard de Chardin）与中国学者杨钟健随中（国）法（国）西北科学考察团前往西北，沿途在酒泉及明水之间发现史前遗址，在河岸 50 米范围的阶地上采集到石英岩打制的石器，被认为属于旧石器时代④。

　　1945 年 1 月 5～6 日，夏鼐等自安西返回酒泉，但未进行调查⑤。1948 年夏，裴文

---

① 后汉改"禄福"为"福禄"。酒泉西北有讨来河（陶勒河），古称福禄河。福禄城可能因建在河边而得名。

② 裴文中：《中国西北甘肃走廊和青海地区的考古调查》，《裴文中史前考古学论文集》263 页，文物出版社，1987 年。

③ 裴文中：《新疆之史前考古》，《中央亚细亚》（创刊号）35 页，1942 年。

④ 裴文中：《新疆之史前考古》，《中央亚细亚》（创刊号）35 页，1942 年。

⑤ 夏正楷先生提供夏鼐先生日记资料，谨致谢意！

中前往酒泉及其以西地区调查，未见任何史前遗址线索。他认为原因可能有二：1）调查不够充分。2）该区域史前遗址本就稀少①。

20世纪50年代，在酒泉发现了下河清和赵家水磨遗址，并于1956年试掘下河清遗址，出土有彩陶罐、盆及石器等，但这批资料并未整理发表。后来，酒泉市博物馆在当地陆续发现一些遗址点并征集到少量史前时期文物。

1971年，时任酒泉地区博物馆副馆长的冯明义先生被下放到丰乐乡大庄村第八生产队，他在丰乐河东岸发现了干骨崖墓地等遗址。1976年，他曾陪同甘肃省博物馆文物工作队张学正副队长前往该址调查。1981年，酒泉地区博物馆再次调查了这座遗址。1986年9~10月，河西史前考古调查队来到酒泉，在冯明义、郭俊峰陪同下，先后考察了酒泉市和玉门市的部分遗址。

1987年5~6月，北京大学考古学系和甘肃省文物考古研究所联合发掘了酒泉干骨崖遗址。在发掘过程中及发掘后期，在干骨崖墓地周围作了广泛调查，新发现一批史前遗址。此外，1986年我们还对酒泉市博物馆收藏的史前文物进行了详细收集。

1987年，酒泉地区文化处、博物馆在文物普查中发现西河滩等遗址。2003~2004年，为配合西气东输工程，甘肃省文物考古研究所与西北大学联合发掘了西河滩遗址，揭露面积1万余平方米，出土大批史前遗迹和文物②。

前些年，酒泉地区博物馆在总寨镇西北约7公里的三奇堡出土一批马厂文化彩陶器，现藏酒泉市博物馆③。

截至目前，酒泉市已知史前遗址19处（见附录一）。现将我们的调查收获介绍如下。

（一）下河清遗址

遗址位于酒泉市东南45公里的下河清乡五坝村西6公里处，遗址所在属于下河清农场范围内，地理坐标为东经98°54′20″，北纬39°34′14″；海拔1463米（见图一二二）。

下河清遗址于20世纪50年代发现。1956年曾作试掘，出土绘黑彩网格纹、水波纹、折线纹彩陶罐、彩陶盆，以及有肩石斧、石磨盘、磨棒、环形石锄、石凿等遗物。但这批资料一直没有发表。据酒泉市博物馆冯明义先生介绍，该址出土遗物部分上交甘肃省博物馆，另有部分藏酒泉市博物馆（主要为彩陶片）。但在20世纪60年代的"文化大革

---

① 裴文中：《中国西北甘肃走廊和青海地区的考古调查》，《裴文中史前考古学论文集》263~264页，文物出版社，1987年。

② 《酒泉西河滩——新石器时代晚期—青铜时代遗址》，《2004中国重要考古发现》44页，文物出版社，2005年。

③ 2008年参观酒泉博物馆所见。

命"中,这些彩陶均散失,下落不明。目前,当地仅保留少量该址出土的石器。

1986年10月,河西史前考古调查队在冯明义带领下前往该址调查。根据早年的地图可知,这里地处丰乐河下游,后由于在河流出山口处修建水库,丰乐河断流。下河清遗址所在地后来成为中国人民解放军生产建设兵团农场(我们调查之前已交酒泉地方政府)。由于农场田地不断平整,原有地貌大为改观,遗址遭到严重破坏。我们调查时,仅找到一小片浅薄的文化层,厚约0.2米,土色灰黑,所含陶片极破碎,形状不辨,无法定性。现将酒泉博物馆收藏的少量石器介绍如下。

石纺轮　1件。编号58.261,砂岩质地。磨制。圆饼形,中央钻一穿孔。直径5.8、孔径1、厚1厘米(图一二三,1)。

石斧　1件。编号196S.0013,砂岩。表面磨制较细。近凸字形,后端为手柄,稍细,圆角长方形,前端刃部展宽呈扇形,双面斜弧刃。长14.4、宽5.8、厚2.2厘米(图一二三,2)。

石凿　1件。编号7405,麻岩。通体磨制精细。圆角窄长条形,双面弧形刃。长9、宽1.85、厚1.6厘米(图一二三,3)。

根据以往发现和认识,下河清遗址属于马厂文化。目前,仅凭借酒泉收藏的这几件石器尚难判定该址的性质属于马厂文化还是"过渡类型"遗存。

(二)孟家石滩遗址

遗址位于酒泉市东南18公里总寨镇单长村西南1公里处。地理坐标为东经98°37′51″,北纬39°37′47″;海拔1476米(见图一二二)。

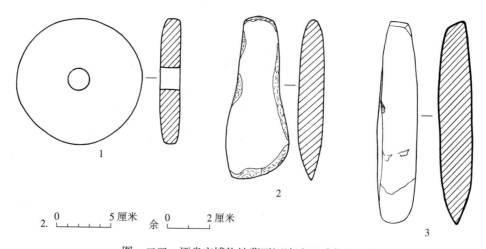

图一二三　酒泉市博物馆藏下河清遗址采集遗物

1. 石纺轮(58.261)　2. 石斧(196S.0013)　3. 石凿(7405)

1986 年 10 月，河西史前考古调查队结束了下河清遗址调查后，前往孟家石滩。该址坐落在戈壁荒滩上，地表遍布砾石，分布有一些魏晋墓葬。偶尔在地表可见极破碎的夹砂红陶片，且均被风沙磨圆，器形不辨，难以判断文化性质。考察中未见任何遗迹。现将酒泉市博物馆的藏品介绍如下。

石臼状研磨器　1 件。标本 JM－003，灰色石质。凿挖加琢磨制成。平面近圆角长方形，周边不甚规整，略有残缺。器中部有一长条圆形凹坑，底部圆弧形，平底稍内凹。周边器表保留打制和琢磨的痕迹。长 9.33、宽 6～6.3、底厚 1.5 厘米（图一二四,4）。

石斧　2 件。标本 JM－001，黑色石质。通体打制。器形厚重。整体呈凸字形，后端为手柄，较细，圆角长方形；双肩明显，刃部加宽，近圆角正方形，双面弧形器刃。长 22.8、柄宽 5.8、刃宽 11.6、厚 2.3 厘米（图一二四，2）。标本 JM－002，灰褐色石质。利用自然砾石打磨制成。平面长椭圆形，片状，双面弧形器刃。器表被风蚀磨圆，有弧线状石质纹理。长 15.5、宽 6.8、厚 1.5 厘米（图一二四，1）。

孟家石滩遗址未见可确认文化性质的遗物，从这里采集的打制手斧形态看，属四坝文化的可能性为大。

（三）崔家南湾遗址

遗址位于酒泉市东南 15 公里的总寨镇西店村外的戈壁荒滩上。地理坐标为东经 98°37′45″，北纬 39°39′41″；海拔 1453 米（见图一二二）。

1986 年 10 月，河西史前考古调查队调查完孟家石滩遗址后，天色已晚，原准备考察该址。据陪同调查的酒泉市博物馆冯明义先生介绍，崔家南湾遗址的状况与孟家石滩相同，地面分布有一些魏晋墓，遂放弃前往该遗址调查的计划。这里仅介绍酒泉市博物馆收藏的 1 件石器。

石斧　1 件。编号 N505，打制。平面凸字形，后端为手柄，稍细，前端为逐渐展宽的刃部，周边经双面打击修整，弧形器刃。长 19.4、宽 9.2、厚 2.6 厘米（图一二四，3）。

崔家南湾遗址出土石斧带有典型的四坝文化手斧特征，属四坝文化的可能性较大。

（四）干骨崖遗址

遗址位于酒泉市东南 60 公里的丰乐乡大庄村西南 1 公里处、丰乐河东岸台地上。此地东南距丰乐乡 8 公里，西南距金佛寺镇 10 公里。地理坐标为东经 98°51′01″，北纬 39°22′59″，海拔 1851 米（见图一二二；图版一六，1）。

干骨崖遗址于 1971 年发现。那年，酒泉地区博物馆副馆长冯明义先生被下放到丰

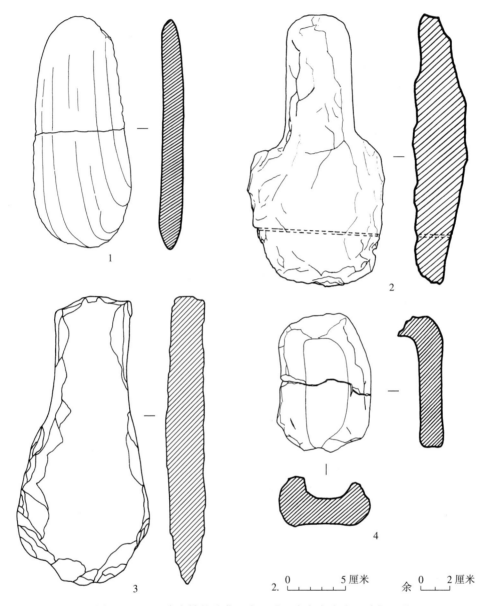

图一二四　酒泉市博物馆藏孟家石滩、崔家南湾遗址采集石器

1~3. 石斧（JM-002、JM-001、N505）　4. 石臼状研磨器（JM-003）（3 为崔家南湾遗址，余为孟家石滩遗址）

乐乡大庄村第八生产队（当地俗名"下乱沟"，位于干骨崖遗址东侧）任农宣队员。
其间，他在"刘家沟口"（干骨崖遗址东侧）以北的弃耕农田内偶然发现一些彩陶片。
后来，又在村民取土的土坑断面上发现含兽骨、陶片的文化堆积层；在丰乐河东岸断
崖上发现暴露的人骨和散落的随葬陶器残片（图版一六，1）。根据这些发现，他推测
干骨崖应是一处新石器时代遗址。

　　1976 年，甘肃省博物馆文物工作队张学正副队长带队前往玉门火烧沟遗址发掘，其间路过酒泉，冯明义带他到干骨崖遗址考察，张学正看后认为，该址的文化性质与火烧沟墓地接近。1981 年，酒泉地区博物馆进行文物普查，正式调查了这处遗址，同年上报酒泉市政府，后被列为县级文物保护单位①。

　　1986 年 10 月，河西走廊史前考古调查队抵达酒泉后，在市博物馆冯明义、郭俊峰两位同志带领下，再次调查了干骨崖遗址，证实这是一处规模大、文化堆积厚、保存良好的史前—青铜时代遗址，包括有不同时代的聚落和墓地，如此规模的遗址群在河西走廊非常罕见。

　　遗址的主体坐落在丰乐河出祁连山口以下的冲积扇上缘一带，这里海拔相对略高，地势南高北低，地表堆积厚度不等的次生黄土，其下叠压深厚的戈壁砾石层。这个遗址群分布在大庄八队这座小山村的西侧，丰乐河东岸的广阔田野上。在这个小山村的东面，有一条季节性泄洪道，由南向北逐渐展宽，在村北约 1 公里外修筑了一道拦截洪水的水坝，大坝外侧即通向丰乐乡的公路。

　　在干骨崖遗址最南端，也即遗址所在的最高处为三坝洞子遗址，这一带地表被切割得支离破碎，形成了几条很深的地下暗沟（洞），故名。地表散落很多石器、陶片和兽骨。局部堆积一些分布较规律的大块砾石，其堆积现状颇似废弃的房屋院落，应是当年的生活聚落区。在三坝洞子东侧，相隔一条北渠和便道是刘家沟口，在便道东侧挖有一座土坑，坑壁暴露出文化堆积，内含陶片和石器属于典型的四坝文化。此地与三坝洞子的位置靠近，原本连为一体，后来修建水渠和便道而被隔开。

　　由三坝洞子向北、沿丰乐河东岸台地约 1 公里处为干骨崖墓地。这一带河岸高出河床 5 ~ 10 米，地表堆积黄土厚 1 米左右，下压戈壁砾石层。在断崖上可见暴露的人骨和墓圹痕迹，应为墓地所在（彩版八，1）。

　　在干骨崖墓地与大庄八队村西的三坝干渠之间为大片农田，这一带也有陶片和石器分布。在农田中间有一处名叫西岗槽的地方，断崖上可见地表覆盖较厚的黄土，断崖下面的地表暴露 1 件残破的双耳大陶瓮，从断崖现存高度推测这件器物的埋藏位置距地表深 2 ~ 3 米。陶瓮下半截仍埋在灰黑色的文化层内，器口和肩部被毁，残存部分高 0.6 ~ 0.7 米。我们在这儿做了简单的清理和记录。除陶瓮外，还挖出少量碎骨和骨锥等遗物。据当地村民介绍，以前在这里也曾挖出类似的大陶器，有的还装有小孩骸骨，估计这一带有瓮棺葬分布。另有村民提到，1953 年在附近一带还曾挖出金耳环和方形陶盒等物，看来这一带也应属于墓地范围。在西岗槽以北约 30 米处相

---

①　以上情况系冯明义先生介绍。1987 年，干骨崖遗址正式进行发掘。后酒泉市博物馆上报，被批准为省级文物保护单位。

同层位我们采集到一些泥质橙黄陶、泥质红陶或夹砂红陶彩陶片，与三坝洞子、干骨崖等地采集的陶片风格完全不同，特征接近马厂文化。估计这一带还有时代更早的遗存。

在调查过程中，我们还越过丰乐河床，到河西岸一带调查，但未发现任何遗迹、遗物。据当地村民说，河西岸没发现过陶片。

经过此次调查可知，干骨崖遗址是一处范围很大的遗址群，南北长近 1000 米，东西宽约 200 米，总面积在 20 万平方米以上。

1987 年 5 ~ 6 月，北京大学、甘肃省文物考古研究所合作发掘了酒泉干骨崖墓地。在发掘过程中，我们在干骨崖墓地周围多次进行了调查，有一系列新发现，如在刘家沟口东南一处台地上发现了东岭岗遗址；在干骨崖墓地以北、大庄八队与大庄十队之间的河岸台地上发现了高苣蓿地、照壁滩遗址；在三坝洞子遗址对面、丰乐河西岸发现了西高疙瘩滩遗址。此外，考古队还在三坝洞子、西高疙瘩滩、高苣蓿地、照壁滩等地点进行了试掘。

现将 1986 年调查发现的遗物介绍如下。

（1）石器

此次调查采集的石器以打制为主，种类有手斧、盘状器、刮削器和石铲等；也发现有少量磨制琢制的石器，如石杵、网坠形器等。

石片刮削器　1 件。标本 86JG－036，打制石片石器。平面近三角镞形，周边简单修整出刃。长 3.1、宽 2.1、厚 0.3 厘米（图一二七，3）。

盘状器　2 件。标本 86JG－037，用天然鹅卵石打片制成。平面椭圆形，四周打制修整出刃。长径 9.6、短径 7.7、厚 3.1 厘米（图一二五，1）。标本 86JG－041，用天然鹅卵石打片制成。平面椭圆形，一面保留大部分砾石表皮，另一面为劈裂面，沿周边打制修整出器刃。长径 7.9、短径 7.2、厚 1.9 厘米（图一二五，2）。

石铲　1 件。标本 86JG－042，用天然鹅卵石打片制成，后端残。残存部分近舌形，一面保留大部分砾石表皮，另一面为劈裂面，除顶端台面外，其余周边均打制修整，前端有弧形器刃。长 7.7、宽 7、厚 1.6 厘米（图一二五，3）。

手斧　6 件。标本 86JG－038，用天然鹅卵石打制而成。平面为长亚腰扇形，后端为略细的手柄，中间部位亚腰形，前端刃部展宽成扇形，两面修整出弧形器刃。长 15、亚腰宽 5、刃部宽 9、厚 2.4 厘米（图一二五，4）。标本 86JG－039，用天然鹅卵石打制而成。平面为长方亚腰扇形，后端为稍细的手柄，中间略内收成亚腰，前端刃部展宽成扇形，两面修整出弧形器刃。长 15.5、亚腰宽 5.4、刃部宽 7.5、厚 2.3 厘米（图一二五，5）。标本 86JG－040，用天然鹅卵石打制而成。平面长条形，后端为稍细的手柄，前端刃部展宽近扇形，两面修整出弧形器刃。长 13.3、柄宽 5.4、刃部宽 7.2、厚

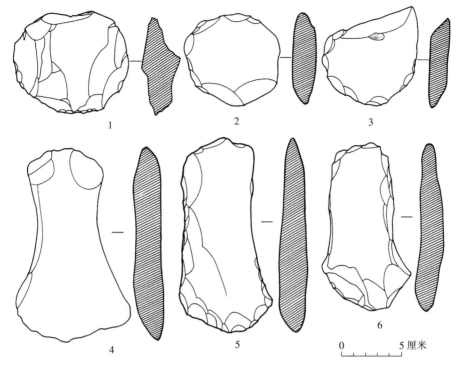

图一二五　干骨崖遗址采集石器

1、2. 盘状器（86JG－037、86JG－041）　3. 石铲（86JG－042）　4～6. 手斧（86JG－038、86JG－039、86JG－040）

2.1 厘米（图一二五，6）。标本 86JG－043，麻岩。用天然鹅卵石打制而成。平面为长方亚腰扇形，后端为稍细的手柄，中间略呈亚腰，前端刃部展宽成扇形，打制修整出弧形器刃。长 15.2、亚腰宽 5.3、刃部宽 7.4、厚 2.4 厘米（图一二六，4）。标本 86JG－045，用天然鹅卵石打制而成。平面亚腰葫芦形，后端为手柄，中间亚腰形，前端刃部展宽成扇形，打制修整出弧形器刃。长 13.9、亚腰宽 5、刃部宽 8.5、厚 3 厘米（图一二六，1）。标本 86JG－046，用天然鹅卵石打制而成。平面长方亚腰扇形，后端为稍细的手柄，中间亚腰，前端刃部展宽为扇形，打制修整出弧形器刃。长 14.8、亚腰宽 5.1、刃部宽 9.2、厚 2.4 厘米（图一二六，3）。

　　石杵　1件。标本 86JG－047，用天然鹅卵石琢磨制作。平面圆柱状，后端稍细为手柄，前端略微展宽，端面有较平整的磨面。长 17.8、后端直径 6.1、前端直径 7.7 厘米（图一二六，5）。

　　网坠形器　1件。标本 86JG－044，用天然鹅卵石打磨制成。平面椭圆亚腰形，片状。中间部位两侧打出缺口，并略加打磨。残长 9.8、亚腰宽 4.9、厚 1.7 厘米（图一二六，2）。

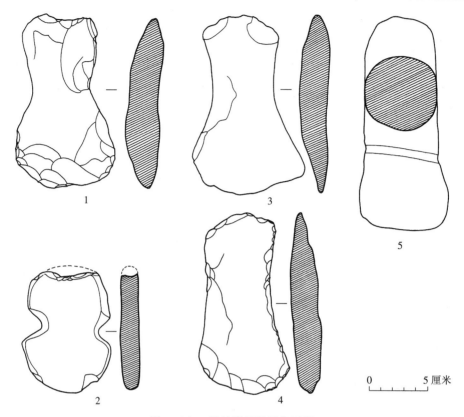

图一二六　干骨崖遗址采集石器

1、3、4. 手斧（86JG－045、86JG－046、86JG－043）　2. 网坠形器（86JG－044）　5. 石杵（86JG－047）

（2）骨器

骨锥　1件。标本86JG－035，系用动物长骨磨制成。背端为兽骨关节，大部分保留扁圆形的骨髓腔，前端磨制成短粗的圆锥形锥尖，横断面长椭圆形。长8、后端宽2.9、锥尖中部宽0.75、厚0.3厘米（图一二七，4）。

（3）陶器

大部分为陶器残片。

纺轮　2件。标本86JG－001，夹砂红褐陶。圆饼状，一面平整，另一面中心部位稍厚，向周边减薄，边缘部位有一略微突起的台阶。中心位置钻一圆孔，圆孔一侧戳一小圆洞，深约0.25厘米。圆孔周边刻划十字短线纹。器表抹光。直径5.3、厚1、中心穿孔直径0.45厘米（图一二七，1）。标本86JG－002，残存1/3。泥质红陶。圆饼状，器表不甚平整，自周边向中间圆孔处略微起弧，中心钻一圆孔。一面素面，另一面刻划"矢"状线纹。直径6、厚0.9、中心穿孔直径0.55厘米（图一二七，2）。

双耳罐　3件。均残存器口沿。标本86JG-006（西岗槽下层），夹砂橙黄陶。侈口，尖圆唇，曲领，口缘外卷稍加厚，器口外两侧置双耳。口沿外贴片部位戳印水滴纹。残高5、口径8厘米（图一二八，1）。标本86JG-007（西岗槽下层），夹砂红陶，器表暗红色，有烟炱痕。微侈口，尖圆唇，器口外两侧置双耳。器耳上戳印矩形纹构成的"X"纹。残高4.5、口径16厘米（图一二八，4）。标本86JG-013（西岗槽上层），夹粗砂红陶。喇叭口，圆唇，斜直领，器口外两侧置双耳。素面。残高10.5厘米（图一二八，2）。

乳突纽罐　2件。标本86JG-003（西岗槽上层），夹砂黑褐陶，浅褐色。侈口，圆唇，内敛曲领，器口外两侧捏塑椭

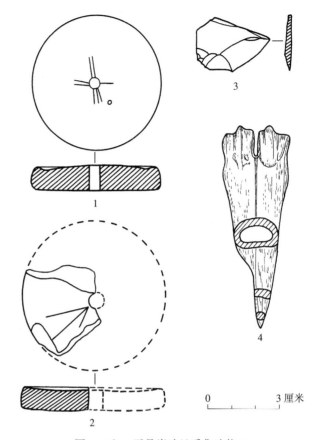

图一二七　干骨崖遗址采集遗物

1、2. 陶纺轮（86JG-001、86JG-002）　3. 石片刮削器（86JG-036）　4. 骨锥（86JG-035）

圆形小鋬纽。素面。器表略经打磨。残高6.4厘米（图一二八，3）。标本86JG-049，夹砂灰陶。微侈口，尖圆唇，器口外两侧捏塑椭圆小鋬纽。素面。残高3.8厘米（图一二八，5）。

钵　2件。均系口沿残片。标本86JG-033，夹砂褐陶。内敛口，方唇，微鼓腹。器表施褐陶衣，绘黑彩。器表绘几何花纹，大部脱落，漫漶不清。残高4厘米（图一二八，6）。标本86JG-034，夹砂灰陶。直口，方唇，微鼓腹。素面。残高4厘米（图一二八，7）。

器口　4件。标本86JG-008，夹砂褐陶。侈口，圆唇，内曲领。器表施红色陶衣。残高7.5、口径20厘米（图一二八，8）。标本86JG-011，夹砂灰褐陶。微侈口，圆唇，曲领。口缘外加厚成一凸棱。素面。残高6、口径14厘米（图一二八，9）。标本86JG-015（西岗槽下层），夹砂红陶，器表褐色。喇叭口，尖圆唇，器口外泥片外

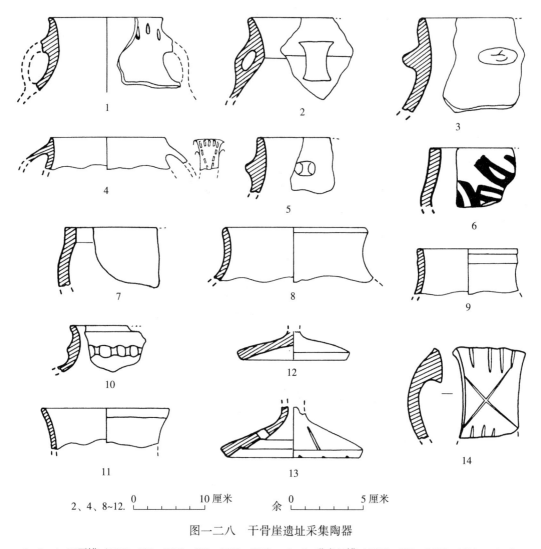

2、4、8~12.　0 ——————— 10厘米　　　余　0 ——————— 5厘米

图一二八　干骨崖遗址采集陶器

1、2、4. 双耳罐（86JG-006、86JG-013、86JG-007）　　3、5. 乳突纽罐（86JG-003、86JG-049）　　6、7. 钵（86JG-033、86JG-034）　　8~11. 器口（86JG-008、86JG-011、86JG-018、86JG-015）　　12、13. 器盖（86JG-005、86JG-004）　　14. 器耳（86JG-020）

卷加厚。素面。残高5.2、口径18厘米（图一二八，11）。标本86JG-018，夹砂灰陶。侈口，圆唇。器颈中部贴塑一股附加堆纹。残高6厘米（图一二八，10）。

　　器盖　2件。标本86JG-004（西岗槽上层），夹细砂红陶。斗笠状，喇叭盖口，厚方唇，盖面斜直，顶部置捉纽（残失）。口缘周边等距离刻划三角形凹槽，剖面呈阶梯状，盖表面刻划竖条纹。器口内侧保留清晰的泥条盘筑痕迹。残高3.5、盖口径10厘米（图一二八，13）。标本86JG-005（西岗槽上层），夹砂红褐陶。浅斗笠状，喇叭盖口，厚方唇，盖面微弧，顶部置捉纽（残失）。素面。残高4、盖口径16厘米

（图一二八，12）。

　　瓮　1件。标本86JG－010，夹砂红褐陶，器表橙红色。残存肩以下部分。鼓腹，下腹弧曲内敛，小平底。最大腹径处置双耳。素面。残高64、底径24厘米（图一二九，1）。

　　器耳　1件。标本86JG－020，夹砂灰褐陶。器耳上下刻划短竖线纹，中间刻划"X"纹（图一二八，14）。

　　器底　6件。标本86JG－009，夹砂红褐陶。下腹微微弧曲，假圈足，平底。素面。残高4、底径8厘米（图一二九，2）。标本86JG－049，夹砂红褐陶，器表残留烟炱。下腹圆弧，平底。素面。残高8、底径16.5厘米（图一二九，6）。标本86JG－014（西岗槽下层），夹砂黄褐陶，胎内掺有云母屑，外表褐色。下腹斜直，平底。素面。残高8、底径8厘米（图一二九，3）。标本86JG－016（西岗槽下层），夹细砂橙

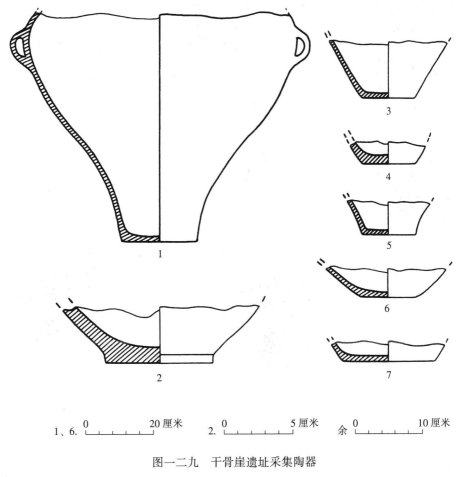

图一二九　干骨崖遗址采集陶器

1. 瓮（86JG－010）　　2～7. 器底（86JG－009、86JG－014、86JG－017、86JG－016、86JG－049、86JG－050）

黄陶，胎内掺有云母屑，外表红褐色。下腹内敛，平底。素面。残高 4.8、底径 8 厘米（图一二九，5）。标本 86JG－017（西岗槽上层），夹砂红褐陶。下腹圆弧，平底。素面。残高 3.2、底径 8 厘米（图一二九，4）。标本 86JG－050，夹砂红褐陶。下腹圆弧，大平底。素面。残高 2.5、底径 14 厘米（图一二九，7）。

彩陶片　12 件。标本 86JG－012，腹部残片。夹砂红褐陶。器表施红衣，绘黑彩条带纹间折线网格纹（图一三〇，1）。标本 86JG－021，口沿残片。夹砂灰褐陶。器表施红褐衣，绘黑彩横条带纹间以连续竖列 "W" 折线纹。器表打磨光滑（图一三〇，7）。标本 86JG－048，器耳残片。夹砂红陶。器表施紫红衣，绘黑彩竖条带纹。器表打磨光滑（图一三〇，2）。标本 86JG－025，腹部残片。夹砂红陶。器表施紫红衣，绘

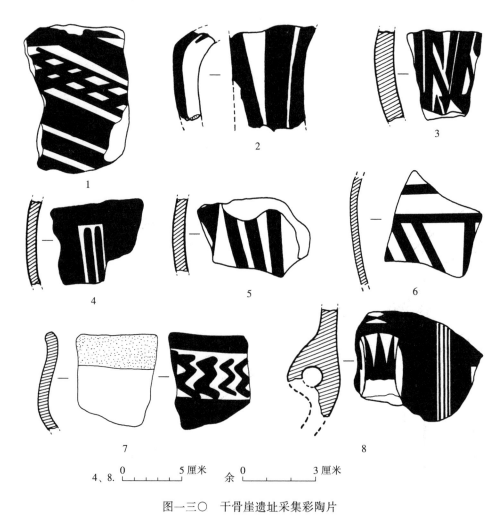

图一三〇　干骨崖遗址采集彩陶片

1. 86JG－012　2. 86JG－048　3. 86JG－027　4. 86JG－031　5. 86JG－032　6. 86JG－028　7. 86JG－021
8. 86JG－026

黑彩竖列粗细条带纹（图一三一，1）。标本 86JG－049，腹部残片。夹砂红陶。器表施紫红衣，残留少量黑彩线条纹（图一三一，3）。标本 86JG－026，腹部残片。夹砂红褐陶。厚胎。器表施红衣，绘黑彩竖列粗细条带纹、对三角纹，器耳绘三角锯齿纹（图一三〇，8）。标本 86JG－027，腹部残片。夹砂红褐陶。器表施红衣，绘黑彩斜线几何纹（图一三〇，3）。标本 86JG－028（西岗槽下层），腹部残片。泥质红陶。器表绘黑彩横线、斜线几何纹（图一三〇，6）。标本 86JG－029，腹部残片。泥质红陶，器表橙红色。绘黑彩横竖条带纹和下垂的三角折线纹（图一三一，2）。标本 86JG－030，腹部残片。夹细砂橙黄陶。薄胎。器表绘黑褐彩竖列粗细条带纹（图一三一，4）。标本 86JG－031，腹部残片。夹砂灰褐陶。器表施红陶衣，绘黑彩横竖宽带纹间细竖条纹（图一三〇，4）。标本 86JG－032，腹部残片。泥质红陶。器表绘黑彩竖条带纹（图一三〇，5）。

　　纹饰陶片　4件。标本 86JG－019，腹部残片。夹砂红褐陶。器表饰竖列类绳纹（图一三二，2）。标本 86JG－022，腹部残片。夹砂黑灰陶，内壁红色。器表刻划交错双短斜线组成的连续"V"形纹。器表经打磨（图一三二，1）。标本 86JG－023，腹部残片。夹砂红陶。器表刻划交错短斜线组成的连续"V"形纹（图一三二，4）。标本 86JG－024，腹部残片。夹砂黑灰陶，内壁红色。器表刻划重叠的"V"形纹（图一三二，3）。

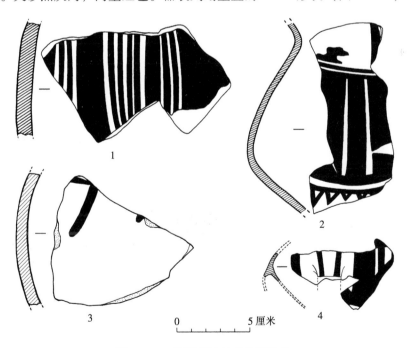

图一三一　干骨崖遗址采集彩陶片

1. 86JG－025　2. 86JG－029　3. 86JG－049　4. 86JG－030

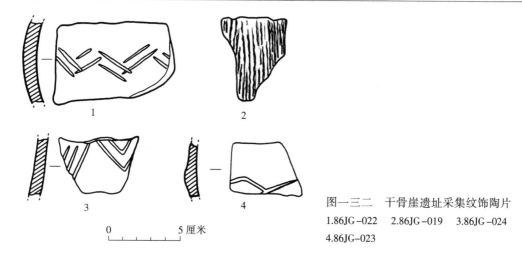

图一三二　干骨崖遗址采集纹饰陶片
1.86JG-022　2.86JG-019　3.86JG-024
4.86JG-023

根据上述采集标本观察，干骨崖遗址文化内涵并不单纯，在靠近河岸断崖一带采集的陶片大多属于四坝文化。但在距河岸有一段距离的西岗槽一带则有部分可早到马厂文化或"过渡类型"阶段的陶片，特别是西岗槽下层的遗物更为明显。

（五）赵家水磨遗址

遗址位于酒泉市果园乡高闸沟村以南约 1 公里处、北大河（即陶勒河）北岸台地上。地理坐标为东经 98°30′43″，北纬 39°45′51″；海拔 1451 米（见图一二二；彩版一〇，2）。

赵家水磨遗址于 20 世纪 50 年代发现，后被列为省级文物保护单位。从最初报道看，该址面积仅有 1300 平方米（65 米×20 米），文化层厚 1.3 米，属马厂文化，但未见任何实物资料发表①。

1986 年 10 月初，河西史前考古调查队前往该址调查，此时正值国庆节假期，没有当地业务人员陪同，我们好不容易才找到遗址。遗址坐落在河北岸高台地上，由于河水泛滥，加上自 20 世纪 70 年代兴起的大规模平田整地，对遗址造成一定破坏。我们在田边便道北侧约百米长的一段崖壁基部发现有暴露的灰黑色文化层，厚 0.2~1 米。文化层之上覆盖深厚的黄土，个别地段深达 5~6 米。由于文化层被压在地表下深处，地面很难有遗物发现，因此还弄不清楚文化堆积层的分布范围，确切面积也很难估算。有一点可以肯定，即该址面积远大于 1300 平方米②。

赵家水磨遗址的文化堆积层为灰黑色土，质地坚硬，内含大量炭渣，也有烧骨、

① 甘肃省博物馆：《甘肃古文化遗存》，《考古学报》1960 年 2 期 11~52 页。
② 酒泉博物馆有同志认为该址面积达上万平方米。

陶片和砾石等遗物，但数量并不
多。以下是此次调查采集到的遗
物，其中包括酒泉市博物馆旧藏
的少量文物。

（1）玉石器

玉刀　1件。编号 A－001
（藏酒泉），为较粗的玉石质地。
磨制。残缺一半。圆角长方形，
中心部位钻孔（未穿透），直背，
双面直刃。残长 4、宽 7.6、孔径
约 1.6、厚 1.35 厘米（图一三
三，2）。

石臼　1件。编号 A－002
（藏酒泉），砂岩。凿琢兼磨制。

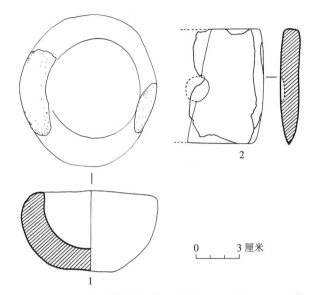

图一三三　酒泉市博物馆藏赵家水磨遗址采集玉、石器

1. 石臼（A－002）　2. 玉刀（A－001）

小碗状，直口，厚方唇，弧腹，平底。素面。高 5.3、口径 9.5、底径 3.5、壁厚 1.8
厘米（图一三三，1）。

（2）陶器

陶片全部为 1986 年 10 月采集。均为夹砂质地，部分器物表面经简单打磨，颜色以
灰、灰褐色居多，也有少量灰黑、红色陶。特点是，几乎所有陶片内胎都掺有云母屑，
器表保留较厚的烟炱痕，应为日常实用器。其中，部分红陶器表红色，内胎灰色或灰
褐色。可辨器类主要有罐、钵和少量的带耳器。未发现彩陶。器表装饰以刻划纹、压
印"之"字曲折纹为主，鸡冠耳和附加堆纹也较常见。

夹砂罐　4件。均系口沿残片。标本 86JZ－001，夹砂灰陶，胎内掺加云母屑，器
表残留烟炱。喇叭口，圆唇，束颈，器口外两侧置鸡冠状錾纽。素面。残高 5.2、口径
16.5 厘米，鸡冠耳长 6、高 1.2、宽 0.8 厘米（图一三四，1）。标本 86JZ－002，夹砂
红褐陶，内壁灰色，胎内掺加云母屑，器表残留烟炱。直口，圆唇，鼓肩，器口外两
侧置鸡冠状錾纽（也有可能为一周附加堆纹）。素面。残高 7.5、口径 12 厘米，鸡冠耳
高、宽均 0.8 厘米（图一三四，3）。标本 86JZ－009，残存鸡冠耳部分。夹砂黑褐陶，
器表红褐色，残留有烟炱。鸡冠耳高 1.3 厘米（图一三五，8）。标本 86JZ－010，残存
鸡冠耳部分。夹砂灰陶，内壁砖红色，胎内掺加云母屑，器表残留烟炱。鸡冠耳（亦
有可能为一周附加堆纹）。素面（图一三五，5）。

钵　5件。均为口沿残片。标本 86JZ－003，夹砂灰陶，胎内掺加云母屑，器表残
留烟炱。微敛口，圆唇，弧腹向下内收较急。素面。残高 3.6 厘米（图一三五，1）。

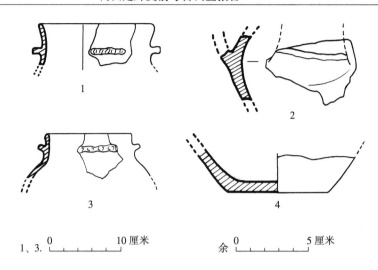

图一三四　赵家水磨遗址采集陶器

1、3. 夹砂罐（86JZ-001、86JZ-002）　2. 器耳（86JZ-012）　4. 器底（86JZ-016）

标本 86JZ-004，夹砂灰陶，胎内掺加云母屑，器表残留烟炱。大敞口，方唇，弧腹向下内收。素面。残高 3.4 厘米（图一三五，12）。标本 86JZ-006，夹砂红陶，内壁灰褐色，胎内掺加云母屑，器表残留烟炱。大敞口，方唇，腹壁斜直向下内收。素面。残高 5 厘米（图一三五，4）。标本 86JZ-007，夹砂灰陶，胎内掺加云母屑，器表残留烟炱。微敛口，圆唇，弧腹向下内收，口沿下捏塑椭圆形凸纽（或鸡冠耳）。素面。残高 5 厘米（图一三五，2）。标本 86JZ-008，夹砂红陶，胎内掺加云母屑，胎芯灰色。敞口，厚圆唇。器表饰浅划纹。残高 2.2 厘米（图一三五，9）。

器口　2 件。标本 86JZ-005，器类不明。夹砂红褐陶，胎内掺加云母屑，内壁灰色，器表残留烟炱。直口，方唇。素面。残高 4.4 厘米（图一三五，7）。标本 86JZ-015，器类不明。夹砂灰陶，胎内掺加云母屑。侈口，圆唇。器表刻划细线纹。残高 2.8 厘米（图一三五，6）。

器耳　2 件。标本 86JZ-011，夹砂灰陶，胎内掺加云母屑，器表残留烟炱。素面。器耳宽 2 厘米（图一三五，3）。标本 86JZ-012，夹砂灰陶，胎内掺加云母屑，外表褐色，器表残留烟炱。器耳残失。素面（图一三四，2）。

器底　1 件。标本 86JZ-016，夹砂红陶，胎内掺加云母屑，外壁褐色。下腹斜直，平底。素面。残高 2.6、底径 7 厘米（图一三四，4）。

纹饰陶片　2 件。标本 86JZ-013，夹砂灰陶，胎内掺加云母屑，内壁褐色。饰连续重叠折线纹（图一三五，10）。标本 86JZ-014，夹砂黑灰陶，胎内掺加云母屑，器表灰色，原似有红衣，磨光。刻划斜线纹（图一三五，11）。

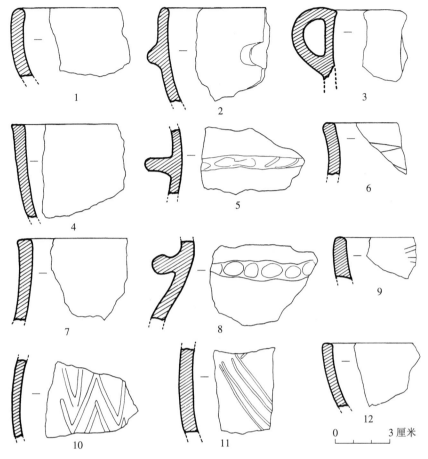

图一三五 赵家水磨遗址采集陶器

1、2、4、9、12. 钵（86JZ－003、86JZ－007、86JZ－006、86JZ－008、86JZ－004） 3. 器耳（86JZ－011）
5、8. 夹砂罐（86JZ－010、86JZ－009） 6、7. 器口（86JZ－015、86JZ－005） 10、11. 纹饰陶片（86 JZ－013、86JZ－014）

在最初的调查报告中，赵家水磨遗址被定性为马厂文化①。但此次调查未发现任何马厂文化遗物。估计存在两种可能：第一，此次调查位置和范围与早年调查地点有异，文化性质有别。第二，这处遗址的文化性质比较复杂，可能包含有不同阶段的文化遗存②。

根据此次调查采集遗物的观察，赵家水磨遗址的性质属于年代稍晚的骟马文化③。但这仅指此次调查发现遗物而言。

① 甘肃省博物馆：《甘肃古文化遗存》，《考古学报》1960 年 2 期 11～52 页。
② 1987 年，酒泉市博物馆进行文物普查，据说在该址采集有四坝文化遗物。
③ 李水城、水涛：《公元前 1 千纪的河西走廊西部》，《宿白先生八秩华诞纪念文集》（上）63～76 页，文物出版社，2002 年。

（六）西河滩遗址

遗址位于酒泉市清水镇东北 8 公里的中寨村、白沙河（季节性河流）东岸阶地上。地理坐标为东经 99°04′32″，北纬 39°23′46″；海拔 1543 米（见图一二二）。

1987 年 6 月，酒泉地区文化处组织酒泉市博物馆工作人员组成普查队参加第二次全国文物普查，是时，我们正在酒泉发掘，参与了对普查采集遗物的辨识工作。此次普查在清水镇发现了西河滩遗址，文化堆积厚 0.4 ~ 0.5 米，遗址面积 240 万平方米。调查采集遗物有彩陶片、石刀、纺轮等，后被酒泉市博物馆收藏。

2003 ~ 2004 年，为配合西气东输工程，甘肃省文物考古研究所与西北大学考古系合作，对西河滩遗址进行了大规模发掘，揭露面积达 1 万余平方米，清理房屋基址 50 余座，含半地穴式、地面式两种，面积大多在 20 平方米左右。另外还发现"灰烬坑"400 余处，储物窖穴 150 余座，祭祀坑 20 余座，陶窑 7 座，墓葬 3 座，牲畜栏一处及大量陶器、石器、骨器等①。现将 1987 年酒泉博物馆调查采集的部分遗物介绍如下。

彩陶双耳罐　2 件。标本 87JX – 001，口沿残片。夹砂灰褐陶，厚胎。侈口，圆唇，束颈，器口外两侧置双耳。器表施灰黄陶衣，绘黑褐彩，器颈部绘宽带纹，腹部绘斜线、曲线纹。残高 6、耳宽 1.4 厘米（图一三六，3）。标本 87JX – 002，口沿残片。夹细砂灰褐陶，外壁灰褐色，内壁红褐色，胎较厚。直口，尖圆唇，器口外两侧置双耳。器表施褐色陶衣，绘黑褐彩，颈部绘竖条带纹，器耳绘连续叠置的"V"形纹。残高 3.6、耳宽 1.9 厘米（图一三六，8）。

彩陶盆　1 件。标本 87JX – 003，口沿残片。夹砂红陶。侈口，圆唇，斜直领。器表施红衣，绘黑彩，器口内绘弧边三角、横条带纹，器领部绘短横条带组成的"八卦"纹。残高 4.3 厘米（图一三六，1）。

彩陶片　5 件。标本 87JX – 004，腹部残片。夹砂红陶。器表施褐陶衣，绘黑褐彩粗细条带、网格卵点纹（图一三六，5）。标本 87JX – 005，腹部残片。夹砂灰褐陶。器表施褐陶衣，绘黑褐彩横条带纹、横条网格纹（图一三六，2）。标本 87JX – 006，腹部残片。夹砂红褐陶，外壁灰褐色，内壁红色。器表绘黑彩连续横条带纹（图一三六，4）。标本 87JX – 007，腹部残片。夹砂灰褐陶。器表施褐陶衣，绘黑彩重叠"V"字纹（图一三六，7）。标本 87JX – 008，器口残片。夹砂红陶。器表施红陶衣，绘黑彩横条带纹和"＞"形纹（图一三六，6）。

根据 1987 年调查采集的彩陶片，可证西河滩遗址具有明显的马厂文化特征。其

---

① 《酒泉西河滩——新石器时代晚期—青铜时代遗址》，《2004 中国重要考古发现》44 页，文物出版社，2005 年。

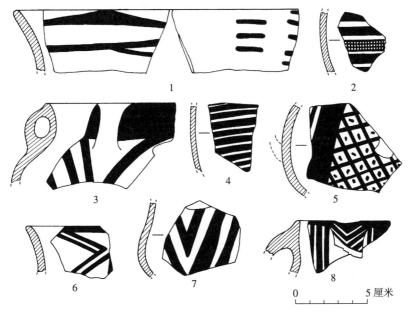

图一三六　西河滩遗址采集彩陶

1. 彩陶盆（87JX－003）　　2、4～7. 彩陶片（87JX－005、87JX－006、87JX－004、87JX－008、87JX－007）
3、8. 彩陶双耳罐（87JX－001、87JX－002）

中，有些彩陶与河西走廊一带分布的"过渡类型"遗存类似。但从 2003～2004 年发掘资料看，该址的内涵比较复杂，除马厂文化和过渡类型阶段遗留外，还有部分遗物接近四坝文化早期的特征，甚至有少量齐家文化的因素。

（七）照壁滩遗址

遗址位于酒泉市东南约 60 公里、祁连山北麓丰乐河的冲积扇上。此地位于干骨崖墓地北侧约 600 米处，现为河东岸一孤岛状台地。地理坐标为东经 98°51′09″，北纬 39°23′01″；海拔 1830 米（图一三七；彩版八，2）。

照壁滩因何得名？当地人也说不明白。该址所在地属丰乐乡大庄村第八生产队管辖，台地平面呈长椭圆形，南北略窄，东西狭长，西南略高出东北，大致呈西南—东北走向，与丰乐河的流向一致。台地西北面为丰乐河主河道，南侧为副河道（也可能是前人开挖水渠不断冲刷而成）。台地两侧断崖陡峭，多呈近乎垂直的 90° 角。主河道一侧断崖高 6～8 米，个别地段更高。副河道一侧断崖高 3～6 米。照壁滩地势平坦，这里曾辟作农田，如今地表还残留田垄沟畦等耕作痕迹，但如今已撂荒多年①。

---

① 大概是由于台地呈孤岛状，很难引水灌溉，最终导致弃耕。

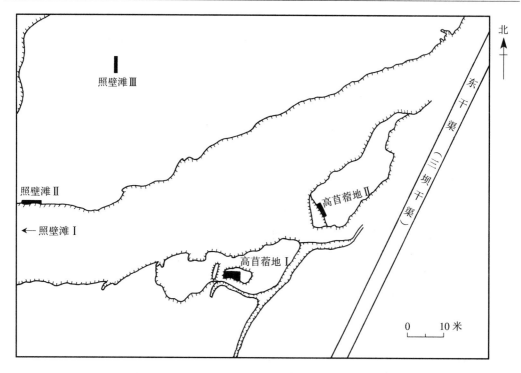

图一三七　照壁滩、高苜蓿地遗址及试掘位置示意图

　　1987 年夏，北京大学考古学系与甘肃省文物考古研究所在结束了干骨崖墓地的发掘后，对该址进行了详细的调查勘测，并在遗址南部断崖和中部一土坑范围作了小规模试掘，加上地表调查采集点，可将该址分成三个地点，下面分别予以介绍。

1. 第一地点

　　地点位于照壁滩遗址南侧副河道断崖下（见图一三七）。1987 年夏，在挖掘干骨崖墓地期间，我们曾多次利用空闲时间到这一带调查①。大约在 6 月上旬某一天晚饭以后，李水城前往照壁滩台地下的副河道内调查，行至一处垮塌的断崖下，发现地表散落几块泥质橘黄陶片，其中一块陶片内外壁均绘黑彩花纹，其质地、色泽和花纹为典型的马家窑文化特征。经仔细寻找，在附近共采集 10 片陶片（图版一七，1）。这些陶片断茬较新，似乎是不久之前才打碎的。特别是陶片散落区域集中，特征接近，应属于质地相同的几件器物。除了这些陶片外，周围不见其他任何遗留。此地是否为这些陶片的原生地，难以判断。一种可能是，在附近分布有一座马家窑文化墓葬，不久前由于某种原因被毁，墓中随葬彩陶被挖出来打碎随手抛弃。由于这些彩陶片均集中在

———————————

① 酒泉地区夏季晚上 9 时以后天才逐渐黑下来。晚饭后还可到野外进行调查。

断崖垮塌处下，是否为自然因素毁坏了墓葬？但在陶片分布区域内未见人骨，估计这种可能性不大。另一种可能是，有人将在别处发现的陶器打碎抛弃在这里，但墓葬位置不在附近，因此没有人骨发现。总之，以上仅仅是推测，聊备一说。

鉴于这个发现非常重要，这以后，李水城又先后多次到此调查，遗憾的是未发现任何别的蛛丝马迹。第一地点采集遗物均为陶片，数量不多。现将采集遗物介绍如下。

彩陶盆　2件。标本87JFZ-Ⅰ-001，口缘残片。细泥红陶。大敞口，外侈，方唇，斜直矮领，圆弧腹，器腹部残留一枚钻孔。器表施橘红陶衣，内外绘黑彩。器内壁绘弧边三角纹构成的空白圆圈，再绘三四道横竖条带构成的十字纹，有的空白圆圈内还填绘圆点（？）纹样。外彩在口沿处绘条带和短斜线纹，腹部绘弧边三角和连续弧线纹。器表打磨光滑。残高4.3厘米（图一三八，1）。标本87JFZ-Ⅰ-006，口缘残片。细泥橙黄陶。大口外侈，方唇，窄沿，弧腹。器表施淡黄褐陶衣，内外绘黑彩。内壁绘横条带纹和三角纹，外彩绘横条带纹、连续弧线、弧边三角纹。器表面打磨光滑。残高3.9厘米（图一三八，2）。

彩陶钵　2件。标本87JFZ-Ⅰ-004，口缘残片。细泥橙黄陶。大口直立，方唇，弧腹。器表施橙黄陶衣，绘褐彩。内彩绘斜向排列的宽带纹，外彩绘水平状宽带纹。器表打磨光滑。残高4.6厘米（图一三八，4）。标本87JFZ-Ⅰ-005，口缘残片。细泥橙黄陶，内胎灰褐色。直口，方唇，上腹壁直立，下腹内收。器表施橙黄陶衣，内外壁绘黑彩。器内壁绘斜向排列的宽带纹，外壁绘宽带垂弧线纹。器表打磨光滑。残高4.8厘米（图一三八，3）。

彩陶瓶　1件。标本87JFZ-Ⅰ-007，器口残片。细泥红陶。喇叭口，圆唇。器表施橙红陶衣，内外绘黑彩。内彩绘宽带纹，外彩绘稍细的横条带纹。器表打磨光滑。残高3.1厘米（图一三八，6）。

彩陶片　5件。标本87JFZ-Ⅰ-002，腹部残片。细泥橙黄陶。器表施橘红陶衣，绘黑彩斜条带纹、曲线和鱼钩状几何纹。器表打磨光滑（图一三八，8）。标本87JFZ-Ⅰ-003，腹部残片。细泥橙黄陶。器表施橘黄色陶衣，绘黑褐彩宽带纹，其间穿插单线或复线细条带纹。器表打磨光滑（图一三八，5）。标本87JFZ-Ⅰ-008，腹部残片。细泥红陶。器表施红褐陶衣，绘黑彩斜向宽带纹，其笔触明显为使用"毛笔"的笔触痕。器表打磨光滑（图一三八，9）。标本87JFZ-Ⅰ-009，腹部残片。细泥橙黄陶。器表施红褐陶衣，内彩在宽带之间绘细线条带，外壁绘黑彩宽带纹。器表打磨光滑（图一三八，7）。标本87JFZ-Ⅰ-010，腹部残片。细泥橙黄陶。器表施褐陶衣，绘黑彩弧线宽带纹。器表打磨光滑（图一三八，10）。

2. 第二地点

遗址位于第一地点东侧不远的断崖上（见图一三七）。在副河道底部即可看到断崖

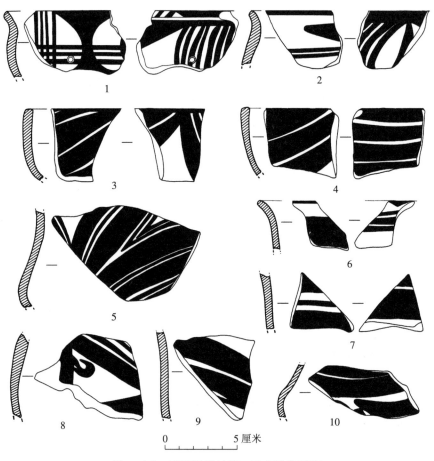

图一三八　照壁滩遗址第一地点采集彩陶

1、2. 彩陶盆（87JFZ－Ⅰ－001、87JFZ－Ⅰ－006）　　3、4. 彩陶钵（87JFZ－Ⅰ－005、87JFZ－Ⅰ－004）　　5、7～
10. 彩陶片（87JFZ－Ⅰ－003、87JFZ－Ⅰ－009、87JFZ－Ⅰ－002、87JFZ－Ⅰ－008、87JFZ－Ⅰ－010）　　6. 彩陶瓶
（87JFZ－Ⅰ－007）

顶部耕土下面暴露出的文化层，堆积很浅，厚仅0.15～0.25米，土色灰黑，包含物有限。我们沿断崖边缘作了小范围清理（宽0.3～0.4、长1.5米），出土物以陶片为主，兹介绍如下。

彩陶片　2件。标本87JFZ－Ⅱ－001，腹部残片。细泥红陶，胎内掺有云母屑。器表施黄褐陶衣，绘黑彩横条带纹和细斜线纹。器表打磨光滑（图一三九，6）。标本87JFZ－Ⅱ－002，腹部残片。细泥灰褐陶。器表施浅棕色陶衣，绘褐彩横条带纹。器表打磨光滑（图一三九，4）。

小口罐　1件。标本87JFZ－Ⅱ－003，夹砂红陶，胎内掺加大量云母屑，器表黄白色。侈口，尖唇，斜直领，球形圆腹，下腹及器底残。器口外捏塑短条盲鼻，颈部捏塑一道细泥条附加堆纹（蛇纹）。残高7.8、口径8厘米（图一三九，1）。

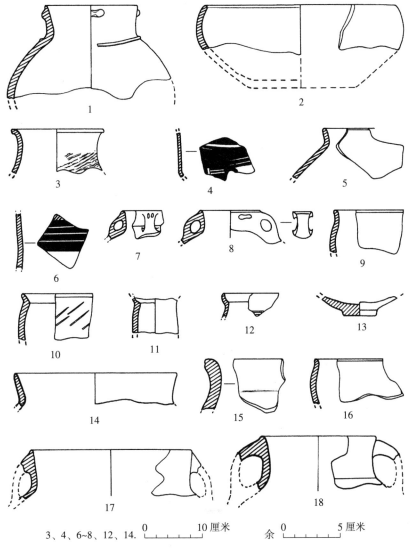

3、4、6~8、12、14.　0 ⊢━━━━⊣ 10厘米　　余　0 ⊢━━━━⊣ 5厘米

图一三九　照壁滩遗址第二地点出土陶器

1. 小口罐（87JFZ－Ⅱ－003）　　2. 敛口钵（87JFZ－Ⅱ－005）　　3. 小口瓮（87JFZ－Ⅱ－004）　　4、6. 彩陶片（87JFZ－Ⅱ－002、87JFZ－Ⅱ－001）　　5、14、15. 器口（87JFZ－Ⅱ－023、87JFZ－Ⅱ－016、87JFZ－Ⅱ－012）　　7、8、17、18. 双耳罐（87JFZ－Ⅱ－007、87JFZ－Ⅱ－006、87JFZ－Ⅱ－018、87JFZ－Ⅱ－017）　　12. 突纽小罐（87JFZ－Ⅱ－009）　　9、10、16. 侈沿盆（87JFZ－Ⅱ－022、87JFZ－Ⅱ－020、87JFZ－Ⅱ－021）　　11. 豆（87JFZ－Ⅱ－019）　　13. 圈足碗（87JFZ－Ⅱ－031）

　　小口瓮　1件。标本87JFZ－Ⅱ－004，器口残片。夹粗砂灰褐陶。喇叭口，圆唇外卷，束颈。器颈以下饰横向或斜向排列的稀疏绳纹。器内壁保留清晰的泥条盘筑痕迹。残高8、口径16厘米（图一三九，3）。

　　敛口钵　1件。标本87JFZ－Ⅱ－005，细泥橙黄陶，胎质细腻。内敛口，尖圆唇，弧鼓腹，下腹及器底残。素面。器表打磨光滑。残高4、口径16.5厘米（图一三九，2）。

双耳罐　4件。标本87JFZ–Ⅱ–006，器口残片。夹砂红陶，胎内掺加云母屑，器表内外黄白色。侈口，圆唇，直领，器口外两侧置双小耳，器口外沿捏塑短条状盲鼻。素面。残高5.5、口径10厘米（图一三九，8）。标本87JFZ–Ⅱ–007，器口残片。夹砂橙黄陶，胎内掺加云母屑，器表灰褐色。侈口，圆唇，直领，器口外两侧置双小耳。器耳上部戳印并列卵点纹。残高5.5厘米（图一三九，7）。标本87JFZ–Ⅱ–017，器口残片。夹砂橙黄陶，胎内掺加云母屑。微侈口，圆唇，内弧的高领，器口外两侧置双耳。素面。残高4.5、口径10厘米（图一三九，18）。标本87JFZ–Ⅱ–018，器口残片。夹细砂紫陶，烧制火候高。侈口，尖圆唇，斜直领，器口外两侧置双小耳。器表原来绘彩（脱落）。残高4、口径14厘米（图一三九，17）。

突纽小罐　7件。标本87JFZ–Ⅱ–008，器口残片。夹砂灰陶，器表黄白色，内壁灰白色。敛口，尖圆唇，口沿面内凹，弧曲矮领，器口外沿捏塑"8"字盲鼻。器颈下施凹弦纹。残高4.5厘米（图一四○，6）。标本87JFZ–Ⅱ–009，器口残片。夹砂灰陶。敛口，尖圆唇，口沿面内凹，弧曲矮领。器颈下施凹弦纹。残高4厘米（图一三九，12）。标本87JFZ–Ⅱ–010，器口残片。夹粗砂紫红陶，胎芯灰褐色。烧制火候高。内敛口，圆唇，口沿面内凹，弧曲矮领，器口外沿捏塑"∞"状盲鼻。器颈下施凹弦纹。残高4厘米（图一四○，2）。标本87JFZ–Ⅱ–011，器口残片。夹砂灰陶，外表灰褐色，内壁青灰色。敛口，圆唇，口沿面内凹，弧曲矮领，器口外沿捏塑"8"字状盲鼻。素面。残高3.6厘米（图一四○，3）。标本87JFZ–Ⅱ–013，上腹部残片。夹粗砂灰陶，器表红色，内壁灰白色。器颈下饰凹弦纹，腹部饰竖列刻划纹和上下排列的逗点状纹（图一四○，14）。标本87JFZ–Ⅱ–014，器口残片。泥质灰陶。内敛口，圆唇，口沿面内凹，器口外沿捏塑突纽状盲鼻。器颈下饰凹弦纹。残高3.4、口径10厘米（图一四○，1）。标本87JFZ–Ⅱ–015，上腹部残片。夹砂灰陶。器颈部饰凹弦纹，腹部饰竖列刻划纹、捏塑曲折水波状附加堆纹（蛇纹）（图一四○，7）。

侈沿盆　3件。标本87JFZ–Ⅱ–020，器口残片。夹砂灰褐陶，内壁橙黄色。侈口，圆唇，窄沿，弧腹。器表饰斜向排列的稀疏刻划纹。残高4厘米（图一三九，10）。标本87JFZ–Ⅱ–021，器口残片。泥质橙黄陶。微侈口，圆唇，弧腹。素面。残高4厘米（图一三九，16）。标本87JFZ–Ⅱ–022，器口残片。泥质橙红陶。微侈口，圆唇，弧腹。素面。残高3.8厘米（图一三九，9）。

豆　1件。标本87JFZ–Ⅱ–019，豆柄残片。夹砂红陶。圆筒状豆柄。素面。残高3、直径4厘米（图一三九，11）。

圈足碗　1件。标本87JFZ–Ⅱ–031，器底残片。夹细砂灰陶，内外壁红色。素面。

残高1.7、底径2.6厘米（图一三九，13）。

器口　3件。标本87JFZ－Ⅱ－012，夹粗砂褐陶。侈口，加厚的尖圆唇。素面。残高4.4厘米（图一三九，15）。标本87JFZ－Ⅱ－016，夹砂橙黄陶，胎内掺加云母屑。侈口，尖圆唇，斜直领。素面。器表抹光。残高5.8厘米（图一三九，14）。标本87JFZ－Ⅱ－023，泥质红陶，胎内掺加云母屑，外表灰褐色。侈口，圆唇，斜直矮领。素面。残高4.1厘米（图一三九，5）。

器底　6件。标本87JFZ－Ⅱ－024，夹粗砂灰褐陶。弧腹，平底。器表和器底饰散乱的线绳纹（图一四〇，9）。标本87JFZ－Ⅱ－025，夹粗砂灰陶。弧腹，平底。器表饰

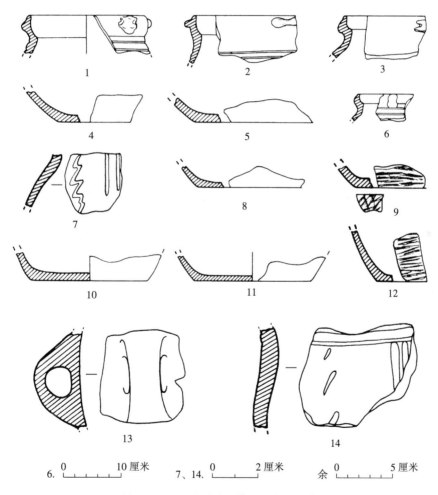

图一四〇　照壁滩遗址第二地点出土陶器

1~3、6、7、14. 突纽小罐（87JFZ－Ⅱ－014、87JFZ－Ⅱ－010、87JFZ－Ⅱ－011、87JFZ－Ⅱ－008、87JFZ－Ⅱ－015、87JFZ－Ⅱ－013）　4、5、8~12. 器底（87JFZ－Ⅱ－026、87JFZ－Ⅱ－027、87JFZ－Ⅱ－028、87JFZ－Ⅱ－024、87JFZ－Ⅱ－029、87JFZ－Ⅱ－030、87JFZ－Ⅱ－025）　13. 器耳（87JFZ－Ⅱ－032）

散乱的线绳纹（图一四〇，12）。标本 87JFZ - Ⅱ - 026，细泥橙红陶。素面。器表打磨光滑（图一四〇，4）。标本 87JFZ - Ⅱ - 027，细泥橙黄陶。素面。器表打磨光滑（图一四〇，5）。标本 87JFZ - Ⅱ - 028，细泥橙红陶。素面。器表打磨光滑（图一四〇，8）。标本 87JFZ - Ⅱ - 029，夹砂灰陶，器表橙黄色，胎内掺加少量云母屑。素面。残高 2.3、底径 10 厘米（图一四〇，10）。标本 87JFZ - Ⅱ - 030，夹砂灰陶，器表红褐色。素面。残高 2.1、底径 10 厘米（图一四〇，11）。

　　器耳　1 件。标本 87JFZ - Ⅱ - 032，为器腹部环耳。夹砂黑灰陶，胎内掺加少量云母屑。素面（图一四〇，13）。

　　纹饰陶片　4 件。标本 87JFZ - Ⅱ - 033，腹部残片。夹粗砂红褐陶。器表饰散乱的线绳纹（图一四一，1）。标本 87JFZ - Ⅱ - 034，腹部残片。夹粗砂红褐陶。器表饰稀疏的网状线划纹（图一四一，2）。标本 87JFZ - Ⅱ - 035，腹部残片。夹粗砂红褐陶。器表饰散乱的交错线绳纹（图一四一，3）。标本 87JFZ - Ⅱ - 036，腹部残片。夹粗砂红褐陶。器表饰散乱的交错线绳纹（图一四一，4）。

图一四一　照壁滩遗址第二地点出土纹饰陶片

1. 87JFZ - Ⅱ - 033　2. 87JFZ - Ⅱ - 034　3. 87JFZ - Ⅱ - 035　4. 87JFZ - Ⅱ - 036

3. 第三地点

　　位于照壁滩台地中间部位（见图一三七）。为保留这处遗址的完整性，我们有目的地选择了台地中央一处经人工取土形成的浅坑做了小规模的清理试掘，面积约 4 平方米（1米×4米），目的是了解该址的文化堆积状况。清理发现，此坑内堆积被人为扰乱。断面暴露的文化层显示耕土下即为文化层，土色灰黑，厚约0.25米。出土物以陶片为主，有少量玉石器和个别铜器。现将清理及收获介绍如下。

（1）铜器

铜锥 1件。标本87JFZ-Ⅲ-001，长条棍状。前半部为圆锥形，最大直径0.5厘米；后半部近扁方形，宽0.3~0.5厘米。长4.7厘米（图一四二，5；彩版九，2）。

（2）玉石器

玉臂环 1件。标本87JFZ-Ⅲ-066，残存1/4。白色。圆筒状，两端略粗，中间部分内收。器表内外经细致打磨，外表光滑。残高6、口径10、厚0.25~0.4厘米（图一四二，3）。

石斧 3件。标本87JFZ-Ⅲ-067，残存刃部。用天然鹅卵石打片制成。一面弧形，保留大部砾石表皮，劈裂面弧形，前端加工修整出弧形刃。残长5.5、宽8、厚1.5厘米（图一四二，1）。标本87JFZ-Ⅲ-068，系用鹅卵石打片制成。器形较小，长椭圆形，一面微弧，保留部分砾石表皮；另一面为劈裂面，较平整，单面弧刃。长6.7、宽3.8、厚0.8厘米（图一四二，4）。标本87JFZ-Ⅲ-069，系用鹅卵石打片经磨制而成。器形较小，圆角长方梯形，一侧残缺部分，双面弧形器刃。长5.4、宽2.5、厚0.6厘米（图一四二，2）。

（3）陶器

彩陶深腹盆 4件。标本87JFZ-Ⅲ-002，细泥红陶。大敞口，口沿外侈，尖圆唇，窄沿，上腹圆鼓，下腹内敛弧曲，最大腹径处捏塑乳突状盲耳，器底残缺。器表施黄褐陶衣，内外壁绘黑彩。内壁从上向下依次绘横条带纹、动物纹、宽带纹和大倒三角纹；外表从上到下依次绘横条带纹、弧边三角纹和连续弧线纹、宽带纹和

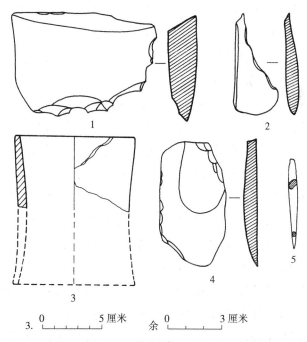

图一四二 照壁滩遗址第三地点出土遗物

1、2、4. 石斧（87JFZ-Ⅲ-067、87JFZ-Ⅲ-069、87JFZ-Ⅲ-068） 3. 玉臂环（87JFZ-Ⅲ-066）
5. 铜锥（87JFZ-Ⅲ-001）

垂弧线纹。器表打磨光滑。残高 14.7、口径 27.5 厘米（图一四三，1）。标本 87JFZ – Ⅲ-006，下腹部残片。细泥橙黄陶。最大腹径位置捏塑乳突。器表施黄褐陶衣，内外壁绘黑褐彩。内壁残留宽带纹、垂弧线纹，外表绘连续竖列弧曲线、宽带纹和垂弧线纹。器表打磨光滑（图一四三，6）。标本 87JFZ – Ⅲ-007，下腹部残片。细泥橙黄陶。器表施黄白陶衣，内外壁绘紫黑彩。内壁残存宽带纹、大倒三角纹；外表绘连续横向宽带纹，间以细短的横线纹，每组三根。器表打磨光滑（图一四三，9）。标本 87JFZ – Ⅲ-010，器口残片。细泥橙黄陶。敞口，尖唇，弧腹。器表施淡黄褐陶衣，绘黑彩。内壁绘黑彩横条带纹、动物纹；外表口沿绘横条带和短线纹，腹部绘斜向宽带纹。器表打磨光滑（图一四三，11）。

彩陶盆　2 件。标本 87JFZ – Ⅲ-012，器口残片。细泥橙黄陶。敞口，尖唇，弧腹。绘黑彩，口沿内外绘横条带纹，腹部纹样脱落，漫漶不清。器表打磨光滑（图一四三，10）。标本 87JFZ – Ⅲ-014，器口残片。细泥橙黄陶。侈口，尖唇，弧曲折腹。绘黑彩，内彩绘斜向条带纹，外表绘横条带纹、斜线纹等（图一四三，7）。

彩陶钵　2 件。标本 87JFZ – Ⅲ-008，器口残片。细泥橙黄陶。敞口，方唇，弧腹。器表施黄褐陶衣，内外壁绘黑彩。口沿内绘横线条带纹，外壁绘横条带和斜向宽带纹。器表打磨光滑。残高 1.4、口径 14 厘米（图一四四，3）。标本 87JFZ – Ⅲ-011，器口残片。细泥橙黄陶。敛口，圆唇，弧腹。器表施淡黄褐陶衣，绘黑彩。口沿内绘横条带纹，外表绘细弧线条带纹、斜向宽带纹。器表打磨光滑（图一四三，3）。

彩陶片　13 件（图版一七，2）。标本 87JFZ – Ⅲ-003，上腹部残片。细泥橙黄陶。器表施橙黄陶衣，绘黑彩宽带纹、竖列细线纹和弧线纹。器表打磨光滑（图一四三，5）。标本 87 JFZ – Ⅲ-004，上腹部残片。细泥橙黄陶，胎内掺加少量云母屑。器表施橙黄色陶衣，绘黑褐彩宽带纹、竖列细线纹和卵点纹。器表打磨光滑（图一四三，8）。标本 87JFZ – Ⅲ-005，上腹部残片。细泥橙黄陶，器表泛灰褐色，胎内掺加少量云母屑。器表施灰褐陶衣，绘黑褐彩横竖宽带纹、斜弧线纹。器表打磨光滑（图一四三，4）。标本 87JFZ – Ⅲ-009，器口残片。细泥橙黄陶。侈口，尖唇，矮领。绘黑彩，器内壁绘相互咬合的黑彩锯齿纹，外表残留黑彩宽带纹。器表打磨光滑（图一四四，1）。标本 87JFZ – Ⅲ-013，腹部残片。细泥红陶。器表施红陶衣，外表绘黑彩横带纹（图一四四，7）。标本 87JFZ – Ⅲ-015，细泥灰褐陶，胎内掺加少量云母屑。器表施灰陶衣，绘紫黑彩条带纹、宽带纹。器表打磨光滑（图一四四，8）。标本 87JFZ – Ⅲ-016，腹部残片。细泥红陶。器表施橙黄陶衣，绘黑彩。内彩绘宽带纹，外彩脱落不清。器表打磨光滑（图一四三，2）。标本 87JFZ – Ⅲ-017，腹部残片。夹细砂橙黄陶，胎内掺加少量的云母屑。内壁绘褐彩横带纹和弧线纹，外表无纹样（图一四四，9）。标本 87JFZ – Ⅲ-018，腹部残片。细泥灰陶。器表施灰白陶

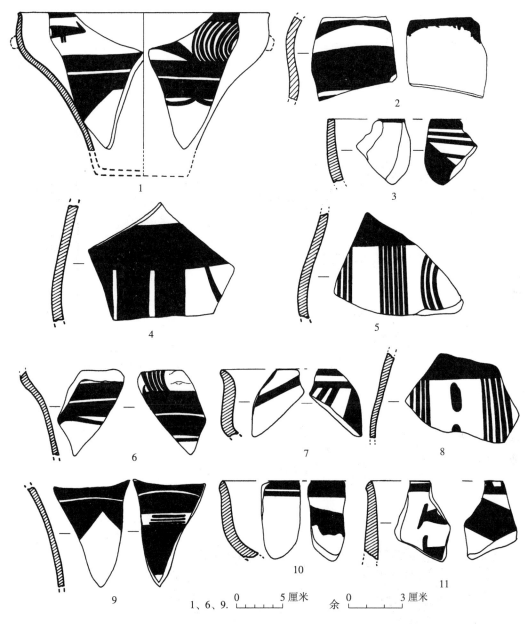

图一四三 照壁滩遗址第三地点出土彩陶

1、6、9、11. 彩陶深腹盆（87JFZ－Ⅲ－002、87JFZ－Ⅲ－006、87JFZ－Ⅲ－007、87JFZ－Ⅲ－010） 2、4、5、
8. 彩陶片（87JFZ－Ⅲ－016、87JFZ－Ⅲ－005、87JFZ－Ⅲ－003、87JFZ－Ⅲ－004） 3. 彩陶钵（87JFZ－Ⅲ－011）
7、10. 彩陶盆（87JFZ－Ⅲ－014、87JFZ－Ⅲ－012）

衣，绘黑彩弧曲线纹。器表打磨光滑（图一四四，4）。标本87JFZ－Ⅲ－019，腹部残
片。夹细砂灰陶，胎内掺入少量云母屑。纹样脱落，残存褐彩宽带和竖线纹（图一
四四，6）。标本87JFZ－Ⅲ－020，腹部残片。细泥橙黄陶。绘黑彩，内彩绘横向宽带

纹，外彩残留宽带纹和竖列弧曲线纹。器表打磨光滑（图一四四，2）。标本87 JFZ－Ⅲ－021，腹部残片。细泥灰褐陶，胎内掺入少量云母屑。器表施灰褐陶衣，残留黑彩横线纹（图一四四，10）。标本87JFZ－Ⅲ－057，腹部残片。夹细砂红陶。器表施红陶衣，绘黑彩网格纹（图一四四，5）。

　　突纽小罐　2件。标本87JFZ－Ⅲ－022，夹细砂灰黑陶，胎内掺入少量云母屑，器

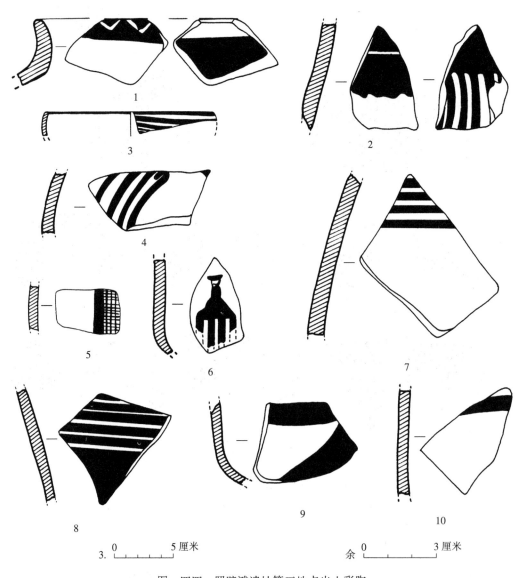

图一四四　照壁滩遗址第三地点出土彩陶

1、2、4~10. 彩陶片（87JFZ－Ⅲ－009、87JFZ－Ⅲ－020、87JFZ－Ⅲ－018、87JFZ－Ⅲ－057、87JFZ－Ⅲ－019、87 JFZ－Ⅲ－013、87JFZ－Ⅲ－015、87JFZ－Ⅲ－017、87JFZ－Ⅲ－021）　3. 彩陶钵（87JFZ－Ⅲ－008）

表灰色泛白。敛口，圆唇，口沿面内凹，弧曲矮领，扁圆鼓腹，下腹及器底残。器颈部饰两股凹弦纹，腹部贴塑竖列细泥条附加堆纹和"〉〉"形压印纹。残高3.8、口径5.5厘米（图一四五，5）。标本87JFZ-Ⅲ-025，上腹部残片。夹砂褐陶，胎内掺入少量云母屑，器表黄白色，内壁纯灰色。器颈饰凹弦纹，腹部压印竖条纹，贴塑细泥条蛇形附加堆纹（图一四五，6）。

突纽大罐　3件。标本87JFZ-Ⅲ-023，器口残片。夹砂红褐陶，器表残留烟炱痕。内敛口，圆唇，口沿面凹弧，器口外捏塑"8"字形盲鼻。器颈下饰凹弦纹，腹部贴塑竖列细泥条堆纹。残高4.8、口径20厘米（图一四五，4）。标本87JFZ-Ⅲ-024，器口残片。夹砂灰褐陶。敛口，圆唇，口沿面凹弧。上腹部饰凹弦纹。残高6、口径18厘米（图一四五，8）。标本87JFZ-Ⅲ-026，器口残片。夹细砂灰陶，胎内掺入少量云母屑，器表灰黄色，内壁黑灰色。微敛口，方唇，口沿面凹弧，器口外捏塑"8"字形盲鼻。器颈饰凹弦纹（图一四五，11）。

瓮　4件。标本87JFZ-Ⅲ-027，器口残片。夹砂灰褐陶，器表内外土黄色。喇叭口，尖圆唇，束颈。素面。残高8.5、口径20厘米（图一四五，3）。标本87JFZ-Ⅲ-028，器口残片。夹粗砂褐陶。侈口，圆唇，斜直矮领。器表饰散乱的绳纹。残高5.5、口径16厘米（图一四五，7）。标本87JFZ-Ⅲ-030，器口残片。夹粗砂褐陶，胎内掺入少量云母屑，器表残留烟炱痕。侈口，圆唇，束颈。器表饰稀疏的类绳纹。残高5、口径30厘米（图一四五，1）。标本87JFZ-Ⅲ-031，器口残片。夹粗砂褐陶，器表残留烟炱痕。侈口，圆唇。素面。残高4、口径28厘米（图一四五，2）。

盆　3件。标本87JFZ-Ⅲ-029，残存器口。夹砂橙黄陶，胎芯灰色。大口微侈，圆唇，圆鼓腹，最大腹径位置捏塑大乳钉饰，下腹及器底残。素面。残高4.5、口径19.5厘米（图一四五，12）。标本87JFZ-Ⅲ-032，器口残片。夹粗砂褐陶，胎内掺入少量云母屑。侈口，圆唇，矮领。素面（图一四五，9）。标本87JFZ-Ⅲ-033，器口残片。夹砂红褐陶，胎内掺入少量云母屑，器表黄白色。侈口，圆唇，矮领。素面（图一四五，10）。

夹砂绳纹罐　6件。标本87JFZ-Ⅲ-034，器口残片。夹粗砂褐陶。侈口，圆鼓唇，短领。口沿外侧捏塑花边附加堆纹，器表饰密集的横向粗绳纹（图一四六，1）。标本87JFZ-Ⅲ-035，器口残片。夹粗砂褐陶。侈口，方唇，斜直短领。器表饰稀疏的斜向粗绳纹（图一四六，2）。标本87JFZ-Ⅲ-036，器口残片。夹粗砂灰褐陶，胎内掺入少量云母屑。侈口外卷，方唇，矮领。器表饰散乱的细线划纹（图一四六，3）。标本87JFZ-Ⅲ-041，器口残片。夹粗砂红陶，胎内掺入少量云母屑。微侈口，方唇。口沿外贴塑宽大的附加堆纹，地纹为稀疏的斜向绳纹（图一四六，4）。标本87JFZ-Ⅲ-042，器口残片。夹粗砂褐陶，胎内掺入少量云母屑。侈口，方唇。口沿外贴塑宽条附

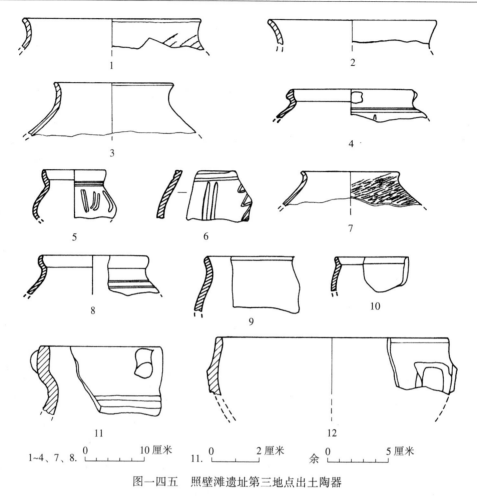

图一四五　照壁滩遗址第三地点出土陶器

1～3、7. 瓮（87JFZ－Ⅲ－030、87JFZ－Ⅲ－031、87JFZ－Ⅲ－027、87JFZ－Ⅲ－028）　4、8、11. 突纽大罐
（87JFZ－Ⅲ－023、87JFZ－Ⅲ－024、87JFZ－Ⅲ－026）　5、6. 突纽小罐（87JFZ－Ⅲ－022、87JFZ－Ⅲ－025）
9、10、12. 盆（87JFZ－Ⅲ－032、87JFZ－Ⅲ－033、87JFZ－Ⅲ－029）

加堆纹，地纹为凹弦纹（图一四六，6）。标本87JFZ－Ⅲ－043，器口残片。夹粗砂橙红
陶，胎内掺入少量云母屑。侈口，厚方唇。口沿外贴塑宽粗的附加堆纹，地纹为稀疏
的斜向绳纹（图一四六，5）。

　　罐口　5件。标本87JFZ－Ⅲ－037，泥质红陶。侈口，圆唇，矮领。素面（图一四六，
11）。标本87JFZ－Ⅲ－038，夹粗砂红陶，胎内掺入少量云母屑。喇叭口，加厚的圆唇。素
面。残高5.8、口径16厘米（图一四六，15）。标本87JFZ－Ⅲ－039，夹粗砂红褐陶。微
侈口，方唇。素面。残高4.3、口径14厘米（图一四六，13）。标本87JFZ－Ⅲ－040，夹
细砂红陶。微侈口，方唇，斜直领。素面。残高3.8、口径12厘米（图一四六，10）。标
本87JFZ－Ⅲ－046，夹粗砂灰褐陶。直口，高领。素面（图一四六，14）。

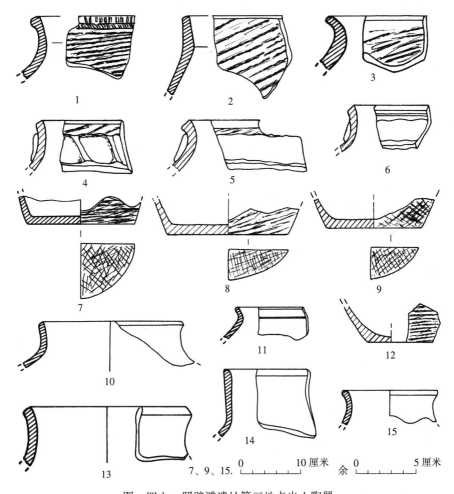

图一四六　照壁滩遗址第三地点出土陶器

1~6. 夹砂绳纹罐（87JFZ－Ⅲ－034、87JFZ－Ⅲ－035、87JFZ－Ⅲ－036、87JFZ－Ⅲ－041、87JFZ－Ⅲ－043、87JFZ－Ⅲ－042）
7~9、12. 罐底（87JFZ－Ⅲ－049、87JFZ－Ⅲ－050、87JFZ－Ⅲ－052、87JFZ－Ⅲ－051）　10、11、13~15. 罐口（87JFZ
－Ⅲ－040、87JFZ－Ⅲ－037、87JFZ－Ⅲ－039、87JFZ－Ⅲ－046、87JFZ－Ⅲ－038）

　　瓶口　3件。标本87JFZ－Ⅲ－045，夹砂橙黄陶，胎内掺入少量云母屑。小喇叭口，圆唇，束颈。素面。残高4、口径6厘米（图一四七，3）。标本87JFZ－Ⅲ－047，夹细砂灰白陶，胎内掺入少量云母屑。直立小口，尖圆唇，高立领。器表饰绳划纹。残高4.3、口径10厘米（图一四七，1）。标本87JFZ－Ⅲ－048，夹砂红陶，胎内掺入少量云母屑。侈口，圆唇，束颈。素面。残高4.6、口径10厘米（图一四七，2）。

　　罐底　5件。标本87JFZ－Ⅲ－053，夹细砂灰陶，器表内外黄褐色。素面。残高4.5、底径6厘米（图一四七，6）。标本87JFZ－Ⅲ－049，夹砂绳纹罐底残片。夹粗砂灰褐陶。器表饰斜向绳划纹，器底内拍印散乱的交错绳划纹。残高4.5、底径18厘米

（图一四六，7）。标本 87JFZ－Ⅲ－050，夹砂绳纹罐底残片。夹粗砂红陶。器表饰斜向绳划纹，器底饰散乱的交错绳划纹。残高 2、底径 10 厘米（图一四六，8）。标本 87JFZ－Ⅲ－051，夹砂绳纹罐底残片。夹砂灰褐陶。器表饰横向绳划纹（图一四六，12）。标本 87JFZ－Ⅲ－052，夹砂绳纹罐底残片。夹粗砂褐陶。器表和器底饰交错绳划纹。残高 5、底径 16 厘米（图一四六，9）。

圆片器　1 件。标本 87JFZ－Ⅲ－054，泥质褐陶。圆片状残存约 1/5，用途不明。素面。厚 0.3 厘米（图一四七，5）。

器耳　2 件。标本 87JFZ－Ⅲ－055，夹砂橙红陶，胎内掺入少量云母屑。器耳上方捏塑一对圆形小乳突（图一四七，4）。标本 87JFZ－Ⅲ－056，夹砂灰褐陶，胎内掺入少量云母屑。器耳面装饰斜向绳划纹（图一四七，8）。

纹饰陶片　8 件。标本 87JFZ－Ⅲ－044，腹部残片。夹粗砂红褐陶，胎内掺入少量云母屑。器表饰稀疏的绳划纹，贴塑宽附加堆纹（图一四七，7）。标本 87JFZ－Ⅲ－059，腹部残片。夹粗砂红褐陶。器表饰交错状绳划纹（图一四八，1）。标本 87JFZ－Ⅲ－058，腹部残片。夹砂红陶。器表饰粗篮纹（图一四八，4）。标本 87JFZ－Ⅲ－060，腹部残片。夹粗砂红褐陶。器表饰绳划纹（图一四八，6）。标本 87JFZ－Ⅲ－061，腹部

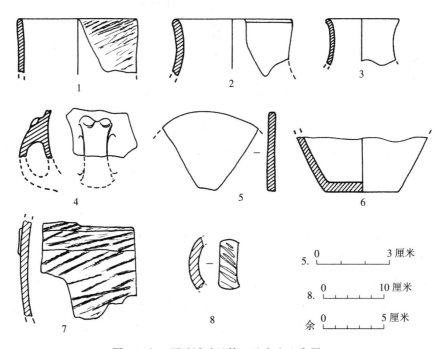

图一四七　照壁滩遗址第三地点出土陶器

1~3. 瓶口（87JFZ－Ⅲ－047、87JFZ－Ⅲ－048、87JFZ－Ⅲ－045）　4、8. 器耳（87JFZ－Ⅲ－055、87JFZ－Ⅲ－056）　5. 圆片器（87JFZ－Ⅲ－054）　6. 罐底（87JFZ－Ⅲ－053）　7. 纹饰陶片（87JFZ－Ⅲ－044）

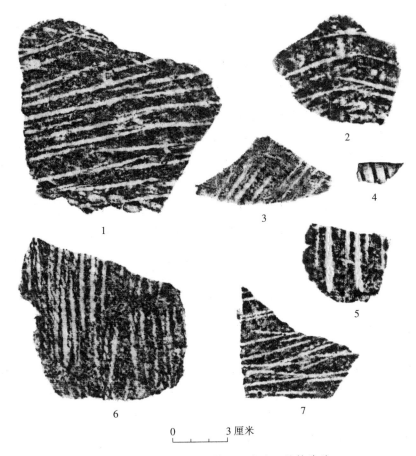

图一四八　照壁滩遗址第三地点出土纹饰陶片

1. 87JFZ－Ⅲ－059　　2. 87JFZ－Ⅲ－064　　3. 87JFZ－Ⅲ－063　　4. 87JFZ－Ⅲ－058　　5. 87JFZ－Ⅲ－062
6. 87JFZ－Ⅲ－060　　7. 87JFZ－Ⅲ－061

残片。夹粗砂红褐陶。器表饰线划纹（图一四八，7）。标本 87JFZ－Ⅲ－062，腹部残片。夹粗砂红褐陶。器表饰粗线划纹（图一四八，5）。标本 87JFZ－Ⅲ－063，腹部残片。夹粗砂红褐陶。器表饰交错粗绳划纹（图一四八，3）。标本 87JFZ－Ⅲ－064，器底残片。夹粗砂红褐陶。饰稀疏的绳划纹（图一四八，2）。

　　根据上述调查和试掘的收获看，照壁滩遗址三个地点的文化性质试分析如下。

　　1）第一地点文化面貌相对单纯，所有采集品均未超出马家窑文化范畴。可确认这批遗物属于马家窑文化。这些陶片可能出自一座马家窑文化墓葬，该采集点可能并非这批陶片的原生地。

　　2）第二地点的文化面貌显示出较多的马厂文化特征。其中也发现少量马家窑文化的遗物，包括少量的彩陶片和夹砂绳纹罐等。

　　3）第三地点的文化面貌相对复杂，其中更多地显露出马家窑文化的特征。如该地点清理的陶片以彩陶、夹粗砂红褐陶居多，器类以罐、瓮为主，均为马家窑文化典型器物和装饰纹样，包括夹粗砂绳纹深腹罐的风格也与其他地点发现的马家窑文化夹砂陶接近。但是，该地点也发现有部分马厂文化的遗物，如敛口堆纹罐等。此外还发现一片典型的马厂文化彩陶片，以及一片带有齐家文化风格的篮纹陶片。

这处地点的另一个重要发现是，这里出土 1 件铜锥。遗憾的是这一地点曾被扰动，但仍不失为重要发现。鉴于试掘中未能细分出地层，加之文化因素复杂，只能暂将这件铜锥归入最晚的马厂文化。但需要强调，该地点的文化性质包括马家窑文化、马厂文化两个阶段，若此铜锥属于马家窑文化，这是继东乡林家遗址发现马家窑文化铜刀后的又一重要发现。如果属于马厂文化，也是中国西北地区发现的早期铜器之一。经检测，此铜锥为红铜，具热锻组织，局部经过冷加工（见附录二）。

（八）高苜蓿地遗址

遗址位于酒泉市丰乐乡、祁连山北麓丰乐河冲积扇台地东端尽头尖岬处。西南距干骨崖墓地约 600 米，北隔丰乐河副河道与照壁滩遗址相望。地理坐标为东经 98°50′58″，北纬 39°22′55″；海拔 1850 米（见图一三七；彩版九，1）。

高苜蓿地坐落在丰乐河副河道东北的台地上，遗址南面地表较平整，曾被辟为农田，调查时已撂荒。台地北侧河道断崖较高也较陡峭。东侧尖岬部位因早年修建三坝干渠取土，被挖的支离破碎、高低不整，但也有一些小块农田。靠近河岸一侧的断崖到此渐趋低平，与北侧低处的砂砾地连接。再向东北，为地表平缓的砂砾戈壁。这一带原生地貌变化较大，遗址遭到破坏，比较破碎。

1987 年夏，甘肃省文物考古研究所、北京大学考古学系结束了干骨崖墓地的发掘，对高苜蓿地遗址进行调查勘测，并对局部暴露的文化层作了小规模清理。现将该址分地表采集、第一地点和第二地点三个部分予以介绍。

1. 地表采集点

高苜蓿地遗址地表散落遗物不多，仅见少量陶片。从采集标本看，此处陶片质地均较好，陶胎内普遍掺有少量云母屑，以夹细砂或泥质橙黄陶为主，表面多呈黄白色；也有个别灰陶。器类以带耳的罐类器皿为主，装饰简单，未见彩陶。

双耳罐　1 件。标本 87JG－0－001，器口残片。夹细砂橙黄陶，胎质较细，掺有少量云母屑。直口，尖圆唇，较直立的高领。素面。残高 8、口径 16 厘米（图一四九，1）。

突纽瓮　1 件。标本 87JG－0－002，口缘残片。夹细砂橙黄陶，胎质较细，掺有少量云母屑。侈口，尖圆唇，斜直高领，器口外捏塑短条突纽。肩部贴塑细泥条附加堆纹。残高 6 厘米（图一四九，3）。

器耳　1件。标本 87JG－0－003，泥质灰陶。耳面残留两道竖向排列的刻划纹（图一四九，2）。

纹饰陶片　1件。标本 87JG－0－004，腹部残片。夹砂灰陶。器表饰竖向排列的刻划纹三道（图一四九，4）。

2. 第一地点

地点位于遗址东北侧尖岬西侧（见图一三七），由于附近村民常来这里取土，台地已挖的支

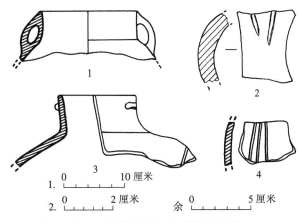

图一四九　高苜蓿地遗址地表采集陶器

1. 双耳罐（87JG－0－001）　2. 器耳（87JG－0－003）
3. 突纽瓮（87JG－0－002）　4. 纹饰陶片（87JG－0－004）

离破碎。我们对一处取土形成的长椭圆凹地向内作了清理，面积约 10 平方米（5 米×2 米）。经简单清理，其地层堆积为：第 1 层，表土，厚约 0.1 米，土色灰黑，较松软，无包含物；第 2 层，亦应属于耕地，厚 0.2 米左右，未发现任何遗物；第 3 层为文化层，厚 0.2～0.35 米，土色灰褐。所含遗物有部分陶片。以夹细砂红、褐、灰褐和灰陶为主，也有个别夹砂黑陶、泥质灰陶、泥质灰褐陶，细泥红陶少见。特点是绝大多数陶胎内掺有云母屑。器类以各种罐为主，尤其以带耳罐最多。另一特点是器表多施加黄白色陶衣，彩陶常见，泥质红陶，器表施红衣，绘黑彩。个别绘红彩或施黄白色陶衣、绘红彩。所见花纹构图均为几何纹。另发现少量石器和个别铜器（图一五〇）。现将此次调查清理遗物介绍如下。

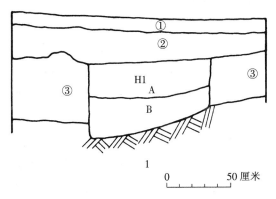

图一五〇　高苜蓿地遗址第一地点 T1 西壁
地层剖面图

①表土　②耕作扰土　③文化堆积层

（1）87JG－Ⅰ－H1

在高苜蓿地遗址 T1 清理一座残破的灰坑（编号 87JG－Ⅰ－H1），坑口长椭圆形，长径 0.96、短径 0.59 米，坑底两侧深浅不一，深 0.33～0.57 米。分 A、B 两层。坑底埋藏 1 件陶四耳大瓮（图一五一）。

四耳大瓮　1件。标本 87JG－Ⅰ－H1：1，夹砂橙黄陶，器表色泽不匀，局部泛青灰色，有刮抹痕迹。侈口，圆唇，斜直领，器口外两侧置双耳，球形圆腹，腹最大径处置双耳，器底残失。素面。残高

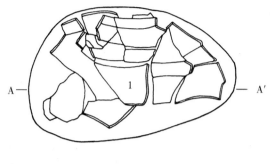

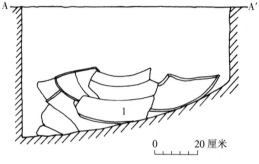

图一五一　高苜蓿地遗址第一地点灰坑
（87JG‐Ⅰ‐H1）平、剖面图
1. 陶四耳大瓮

47、口径 29 厘米（图一五二，1）。

（2）石器

纺轮　1 件。标本 87JG‐Ⅰ‐047，半成品。磨制。圆形（残缺一半），一面较平整，另一面周边打磨成斜坡面，表面略显凹凸不平，尚未钻孔。直径 6.4、厚 1～1.35 厘米（图一五三，4）。

刀　1 件。标本 87JG‐Ⅰ‐048，磨制。残留刀尖部分，略呈三角扇形，两面平整，单面弧刃。残长 4.5、厚 0.3～0.5 厘米（图一五二，3）。

（3）铜器

铜炼块　1 块。标本 87JG‐Ⅰ‐049，系冶炼铜块残件。平面不规则近长方形，一侧边缘不整，剖面呈厚片状，上下厚度不等。长 4.4、宽 2.3、厚 0.6～0.9 厘米（图一五二，2；彩版九，3）。

（4）陶器

彩陶双耳罐　1 件。标本 87JG‐Ⅰ‐009，器口残片。夹细砂红陶，胎内掺入少量云母屑。侈口，尖圆唇，矮领，器口外两侧置双小耳，器耳上下各戳印一枚圆形小凹窝。器表先施黄白陶衣，再覆盖一层红陶衣，绘黑彩。口沿内外绘三角纹间以密集的细斜线纹、三角纹，肩部绘横条带纹。残高 5.2 厘米（图一五二，9）。

双耳罐　6 件。标本 87JG‐Ⅰ‐010，罐口残件。夹细砂橙红陶，器表黄白色。直口，尖圆唇，器口外两侧置双耳，器耳上方戳印三个小凹窝，器耳上刻划"Ⅴ"形纹。残高 5.3 厘米（图一五二，6）。标本 87JG‐Ⅰ‐019，泥质红陶，胎质细腻。侈口，圆唇，微束颈，器口外两侧置双耳，器耳上方戳印圆形小凹窝一枚，腹最大径位置捏塑短条盲耳一对。器表施黄白陶衣，颈部残留红彩痕迹，脱落不清。器表打磨光滑。残高 10、口径 14.5 厘米（图一五三，1）。标本 87JG‐Ⅰ‐022，器口残片。泥质红陶，器表黄白色。喇叭口，尖圆唇，斜直领，器口外两侧置双小耳。素面。残高 4 厘米（图一五二，4）。标本 87JG‐Ⅰ‐023，器口残片。夹砂灰褐陶，胎内掺入大量蚌屑，器表残留很厚的烟炱。侈口，圆唇，斜直短领，器口外两侧置双小耳，耳上部饰"Ⅴ"形刻划纹，肩腹部残留贴塑的细泥条附加堆纹。残高 6 厘米（图一五二，8）。标本 87JG‐Ⅰ‐028，器口残片。夹砂褐陶，胎内掺入大量蚌屑，器表内外黄白色。敛口，

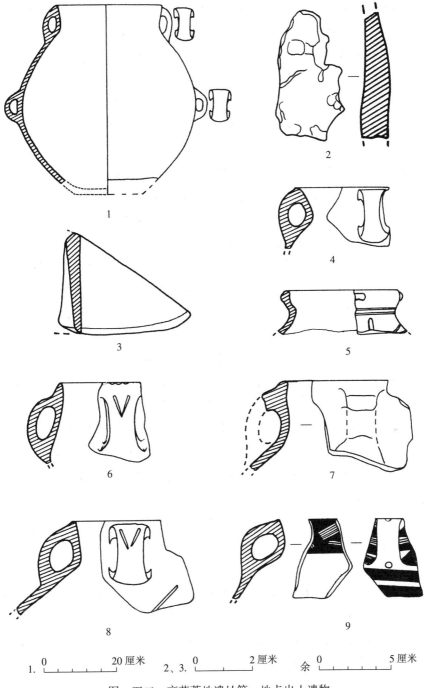

图一五二　高苜蓿地遗址第一地点出土遗物

1. 陶四耳大瓮（87JG－Ⅰ－H1∶1）　2. 铜炼块（87JG－Ⅰ－049）　3. 石刀（87JG－Ⅰ－048）　4、6~8. 陶双耳罐（87JG－Ⅰ－022、87JG－Ⅰ－010、87JG－Ⅰ－028、87JG－Ⅰ－023）　5. 陶突纽小罐（87JG－Ⅰ－037）　9. 彩陶双耳罐（87JG－Ⅰ－009）

圆唇，器口外两侧置双耳。素面。残高 6 厘米（图一五二，7）。标本 87JG－Ⅰ－024，器口残片。泥质红陶，胎芯灰色，掺入少量云母屑，器表黄白色。微侈的小口，尖唇，微束颈，器口外两侧置双大耳（残失），器耳顶部呈弧状突起于器口。素面。残高 4.4 厘米（图一五三，9）。

突纽小罐　1 件。标本 87JG－Ⅰ－037，夹砂黑灰陶，胎内掺入少量云母屑。内敛口，厚圆唇，口沿面内凹，弧曲矮领，束颈。器口外捏塑短泥条突纽，器颈部施两股凹弦纹，腹部贴塑竖列细泥条附加堆纹。残高 3、口径 8 厘米（图一五二，5）。

器盖　4 件。标本 87JG－Ⅰ－029，夹砂褐陶，胎内掺入少量云母屑，器表内外黑色，烟炱很重。斗笠状，喇叭口，盖面微向内弧，盖顶捉纽残失。口部戳印卵点纹。残高 4、口径 12 厘米（图一五四，1）。标本 87JG－Ⅰ－030，泥质橙红陶，胎内掺入少量云母屑，器表黄白色，口沿周边残留烟炱痕。斗笠状，喇叭口，盖面斜直，顶部捉纽残失。素面。残高 3、口径 12 厘米（图一五四，2）。标本 87JG－Ⅰ－026，夹砂灰褐陶，胎内掺入大量云母屑，器表泛黄白色。仅存盖顶部捉纽，呈确置的圈足状，顶面有圆形凹窝。素面。残高 2 厘米（图一五四，7）。标本 87JG－Ⅰ－033，夹砂红陶，器表内外砖红色，内壁橙黄色，口沿周边残留烟炱痕。斗笠状，喇叭口，盖面微微弧曲，顶部捉纽残失。素面。残高 3、口径 12 厘米（图一五四，3）。

罐口　3 件。标本 87JG－Ⅰ－034，泥质灰陶，胎内掺入少量云母屑。侈口，厚圆唇，束颈，口沿外贴塑花边附加堆纹。残高 4、口径 14 厘米（图一五三，2）。标本 87JG－Ⅰ－035，夹砂橙黄陶，胎内掺入少量云母屑。侈口，圆唇，斜直领，口沿外捏塑短条状盲鼻。残高 6、口径 16 厘米（图一五三，7）。标本 87JG－Ⅰ－036，夹砂灰褐陶，口沿内抹光。直立口，尖圆唇，短直领。器领部拍印稀疏的绳纹，后经打磨，肩部贴塑细泥条附加堆纹。残高 4、口径 10 厘米（图一五三，3）。

瓮　1 件。标本 87JG－Ⅰ－011，器口残片。夹细砂红陶，胎内掺入少量云母屑。大口外侈，尖圆唇，矮领。器表施黄白陶衣。器表打磨光滑。残高 9、口径 24 厘米（图一五三，8）。

深腹钵　1 件。标本 87JG－Ⅰ－032，夹砂红陶，胎内掺入云母屑。大口微向内敛，圆唇，下腹内敛，器底残缺。素面。残高 5.2、口径 14.2 厘米（图一五三，10）。

小盅　1 件。标本 87JG－Ⅰ－021，夹粗砂灰白陶（器表泛黄色），胎内掺入大量云母屑，胎芯灰色。直立口，圆唇，弧折腹，高假圈足。素面。高 3.4、口径 5.2、底径 4 厘米（图一五三，5）。

小罐　1 件。标本 87JG－Ⅰ－031，夹砂橙黄陶。侈口，尖圆唇，斜直高领，圆鼓腹，下腹及器底残。器表施黄白色陶衣。残高 4.4、口径 6.2 厘米（图一五三，6）。

器底　6 件。标本 87JG－Ⅰ－020，夹粗砂红陶。斜直腹，平底。器底压印席纹

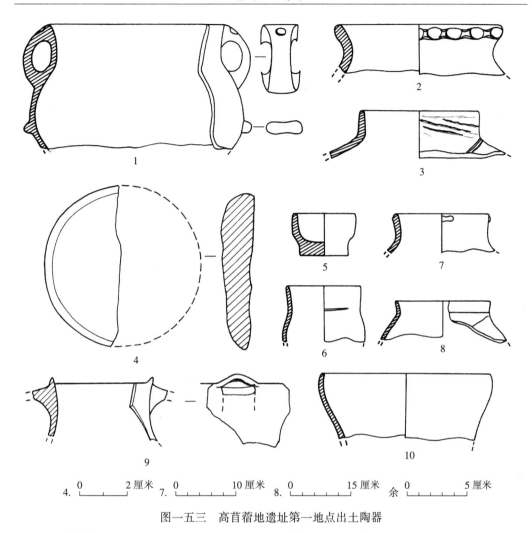

图一五三　高苜蓿地遗址第一地点出土陶器

1、9. 双耳罐（87JG－Ⅰ－019、87JG－Ⅰ－024）　2、3、7. 罐口（87JG－Ⅰ－034、87JG－Ⅰ－036、87JG－Ⅰ－035）　4. 纺轮（87JG－Ⅰ－047）　5. 小盅（87JG－Ⅰ－021）　6. 小罐（87JG－Ⅰ－031）　8. 瓮（87JG－Ⅰ－011）10. 深腹钵（87JG－Ⅰ－032）

（应为芨芨草编织物）。残高 4、底径 18 厘米（图一五四，4）。标本 87JG－Ⅰ－025，夹砂灰陶，烧制火候较高，内外黄白色。斜直腹，圈足。素面。残高 2.6、底径 7.4 厘米（图一五四，5）。标本 87JG－Ⅰ－027，夹砂褐陶，胎内掺入少量云母屑，器表内外残留烟炱。弧腹，平底。素面。残高 4、底径 10 厘米（图一五四，6）。标本 87JG－Ⅰ－038，夹砂灰陶，器表色泽不匀，内壁橙黄色，胎内掺入少量云母屑。鼓腹，平底。素面。残高 4、底径 6.5 厘米（图一五四，9）。标本 87JG－Ⅰ－039，夹砂褐陶，胎内掺入云母屑，器表内外残留烟炱。斜直腹，平底。素面。残高 3、底径 8 厘米（图一五四，10）。标本 87JG－Ⅰ－040，夹细砂橙黄陶。斜直腹，平底。素面。残高 2、底径 10

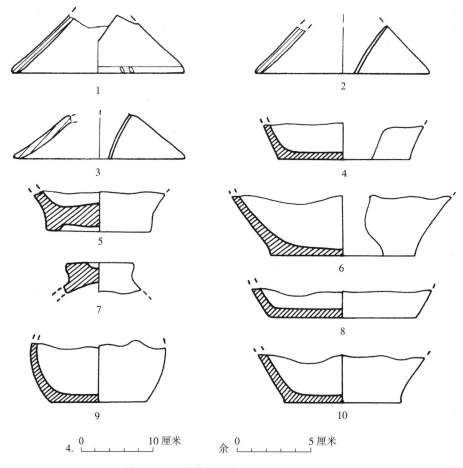

图一五四　高苜蓿地遗址第一地点出土陶器

1~3、7. 器盖（87JG－Ⅰ－029、87JG－Ⅰ－030、87JG－Ⅰ－033、87JG－Ⅰ－026）　4~6、8~10. 器底（87JG－Ⅰ－020、87JG－Ⅰ－025、87JG－Ⅰ－027、87JG－Ⅰ－040、87JG－Ⅰ－038、87JG－Ⅰ－039）

厘米（图一五四，8）。

　　彩陶片　15 件。标本 87JG－Ⅰ－001，口缘残片。夹细砂褐陶，胎内掺入少量云母屑。尖圆唇。器表施淡褐陶衣，绘黑彩，口沿内绘相互咬合的阶梯纹，器口外绘细线横条带纹等（图一五五，2）。标本 87JG－Ⅰ－002，口缘残片。夹细砂红陶，胎内掺入少量云母屑。侈口，尖圆唇。器表施红褐陶衣，绘黑彩。口沿内绘横线、斜线纹，器口外绘三角纹和圆点纹（图一五五，1）。标本 87JG－Ⅰ－003，上腹部残片。夹细砂红陶，胎内掺入少量云母屑。器表施黄褐陶衣，绘黑彩。口沿内残留横条带纹、细斜线纹，外彩绘粗细横条带纹、细线回形网格纹。器表打磨光滑（图一五五，3）。标本 87JG－Ⅰ－004，腹部残片。夹细砂橙黄陶，胎内掺入少量云母屑。器表施黄褐陶衣，绘黑褐彩横竖宽带、细线回形网格纹（图一五五。4）。标本 87JG－Ⅰ－005，口缘残片。

夹细砂红陶。侈口，尖圆唇。器表内外绘黑彩，口沿内绘横条带纹间以每组三道的短斜线纹，器口外绘重叠的横线条带纹（图一五五，5）。标本87JG－I－006，腹部残片。泥质红褐陶。器表施黄褐陶衣，绘黑彩细线回形网格纹。器表打磨光滑（图一五五，7）。标本87JG－I－007，腹部残片。夹细砂砖红陶，胎内掺入少量云母屑。器表施红陶衣，绘黑彩细线回形网格纹（图一五五，6）。标本87JG－I－008，口缘残片。夹细砂黄褐陶。器表施黄白陶衣，内外绘红褐彩。口沿内彩残存一道竖条带，器口绘长短不等的竖线和"U"字纹（图一五六，3）。标本87JG－I－012，腹部残片。夹细砂褐陶。器表施褐陶衣，绘黑褐彩细线回形网格纹（脱落严重）（图一五六，2）。标本87JG－I－013，腹部残片。夹细砂红陶。器表施红陶衣，绘黑彩横条宽带、斜线纹（图一五六，4）。标本87JG－I－014，腹部残片。细泥橙黄陶，胎内掺入少量云母屑，质地细腻。器表施黄白陶衣，残留黑褐彩横条带纹。器表打磨光滑（图一五六，5）。标本87JG－I－015，腹部残片。夹细砂砖红陶，胎内掺入少量云母屑（银白色）。器表

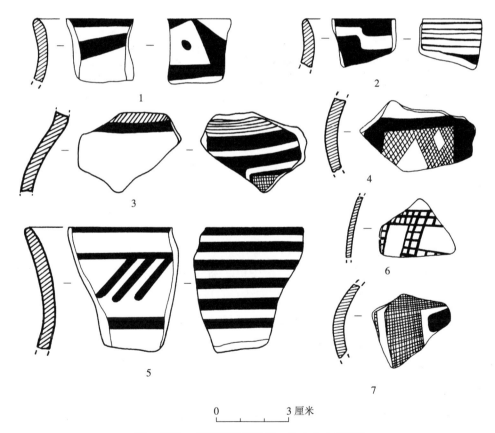

0　　　　　3厘米

图一五五　高苣蓿地遗址第一地点出土彩陶片

1. 87JG－I－002　2. 87JG－I－001　3. 87JG－I－003　4. 87JG－I－004　5. 87JG－I－005　6. 87JG－I－007　7. 87JG－I－006

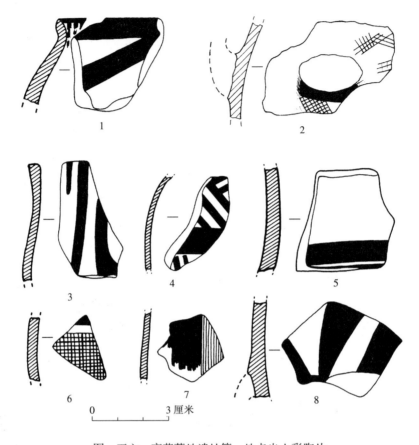

图一五六　高苜蓿地遗址第一地点出土彩陶片

1. 87JG－Ⅰ-018　2. 87JG－Ⅰ-012　3. 87JG－Ⅰ-008　4. 87JG－Ⅰ-013　5. 87JG－Ⅰ-014　6. 87JG－Ⅰ-017
7. 87JG－Ⅰ-016　8. 87JG－Ⅰ-015

施黄白陶衣，内壁褐色，绘棕红彩弧边三角条纹（图一五六，8）。标本 87JG－Ⅰ-016，腹部残片。夹细砂红陶，器表红色，内壁褐色。器表施红陶衣，绘黑彩粗细竖条带纹（图一五六，7）。标本 87JG－Ⅰ-017，腹部残片。夹细砂红陶。施红陶衣，绘黑彩网格纹（图一五六，6）。标本 87JG－Ⅰ-018，器口残片。夹细砂橙黄陶，厚胎，胎内掺入少量云母屑。侈口，尖方唇，窄沿。器表施褐陶衣（脱落大半），绘黑彩。器口内保留横条带纹和竖条纹痕迹，器口外绘横条带、斜条带纹（图一五六，1）。

　　纹饰陶片　5件。标本 87JG－Ⅰ-041，器底残片。夹砂橙黄陶。拍印芨芨草类编织的席纹（图一五七，1）。标本 87JG－Ⅰ-043，腹部残片。夹砂橙黄陶。拍印斜向绳划纹（图一五七，3）。标本 87JG－Ⅰ-044，腹部残片。夹砂橙黄陶。拍印交错绳划纹（图一五七，5）。标本 87JG－Ⅰ-045，腹部残片。夹砂橙黄陶。拍印斜向绳划纹（图一五七，4）。标本 87JG－Ⅰ-046，腹部残片。夹砂橙黄陶。拍印斜向绳划纹（图一五七，2）。

3. 第二地点

地点位于高苣蓿地遗址东北面尖岬东端豁口处。此豁口因村民取土形成（见图一三七）。豁口一侧残留一阶梯状剖面，断面上部暴露出文化层，我们在此地作了小规模清理，面积约 4 平方米（4 米 × 1 米）。文化堆积呈灰褐色，堆积甚薄，厚仅 0.2 米。出土物均为陶片，以夹细砂红陶、橙黄或橙红陶为主，也有少量黄白陶、灰白陶等，特点是陶胎内均

图一五七　高苣蓿地遗址第一地点出土纹饰陶片
1. 87JG－Ⅰ－041　2. 87JG－Ⅰ－046　3. 87JG－Ⅰ－043
4. 87JG－Ⅰ－045　5. 87JG－Ⅰ－044

掺加云母末。夹砂陶内外多红褐色，胎芯灰色。此外，还有个别灰陶、灰褐陶。器类以带耳罐为数最多。另采集个别薄胎陶，胎厚仅 0.2 ~ 0.3 厘米。现将此次调查发现遗物介绍如下。

敛口钵　1 件。标本 87JG－Ⅱ－001，夹砂红陶。内敛口，尖圆唇，鼓腹，器底残，在接近腹部最大径位置捏塑有短条状盲鼻。素面。残高 5、口径 18 厘米（图一五八，1）。

彩陶片　2 件。标本 87JG－Ⅱ－002，细泥橙红陶。器表内外均绘黑彩宽带纹。器表打磨光滑（图一五九，4）。标本 87JG－Ⅱ－007，夹细砂褐陶。器表施黄褐陶衣，绘黑彩宽折线纹。器表打磨光滑（图一五九，5）。

器口　3 件。标本 87JG－Ⅱ－003，夹砂红陶，器表泛黄白色。微侈口，直立领，圆唇。素面。残高 4 厘米（图一五八，2）。标本 87JG－Ⅱ－004，夹砂黑褐陶。侈口，厚圆唇，矮领，口沿外捏塑小錾突纽，纽中心压印凹窝。器领部饰凹弦纹。残高 3 厘米（图一五八，3）。标本 87JG－Ⅱ－005，夹砂红陶。侈口，厚圆唇，矮领。口沿外捏塑一周花边附加堆纹。残高 4 厘米（图一五八，5）。

器底　1 件。标本 87JG－Ⅱ－006，夹砂灰褐色陶，器表内外褐色。弧腹，假圈足状平底。素面。残高 2.6、底径 8 厘米（图一五八，4）。

纹饰陶片　3 件。标本 87JG－Ⅱ－010，夹砂灰褐陶。器表拍印散乱的绳划纹（图一五九，3）。标本 87JG－Ⅱ－008，夹砂红褐陶。器表拍印散乱的绳划纹（图一五九，1）。标本 87JG－Ⅱ－009，夹砂红褐陶。器底压印编织席纹（图一五九，2）。

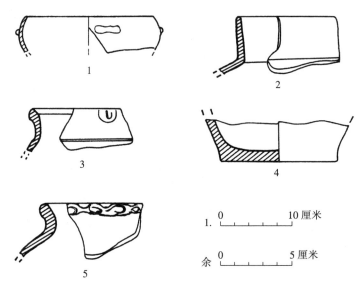

图一五八 高苜蓿地遗址第二地点出土陶器

1. 敛口钵（87JG－Ⅱ－001） 2、3、5. 器口（87JG－Ⅱ－003、87JG－Ⅱ－004、87JG－Ⅱ－005）
4. 器底（87JG－Ⅱ－006）

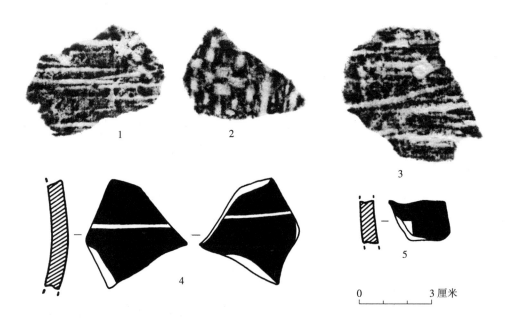

图一五九 高苜蓿地遗址第二地点出土彩陶及纹饰陶片

1～3. 纹饰陶片（87JG－Ⅱ－008、87JG－Ⅱ－009、87JG－Ⅱ－010） 4、5. 彩陶片（87JG－Ⅱ－002、87
JG－Ⅱ－007）

　　高苜蓿地遗址出土遗物的性质相对较为单纯，绝大多数属于马厂文化。特别是多数彩陶具有河西走廊马厂文化的特征，素陶的地方特点突出，但仍显示出较多的马厂文化色彩。此外，也有个别彩陶和饰绳划纹的夹砂陶具有马家窑文化的特点。

　　高苜蓿地遗址的马厂文化特征是，这里基本以红陶为主，泥质陶器表经打磨，彩陶比例不是很高，一般在表面施红衣，绘黑彩，构图以几何纹和回形网格纹居多，有些与永昌鸳鸯池墓地出土的彩陶接近，特点是构图简约，罕见施内彩者。夹砂陶分红、红褐、灰褐几种颜色，有装饰纹样者流行在器腹贴塑泥条附加堆纹，或在其间穿插刻划的竖列水波纹。器类以带耳罐最为常见，其他还有钵、瓮等。此地常见一种夹砂灰褐陶或灰陶小罐，器形较小，敛口折沿、矮领、口沿面内凹，口沿外贴塑盲鼻，特点非常突出。另一特点是流行在器颈下部、耳面戳印圆形小凹窝，器口外沿、腹部最大径处捏塑突纽或盲鼻。

　　从上述采集遗物看，高苜蓿地遗址可以作为河西走廊西带的马厂文化代表，推测其年代应处在马厂文化的中晚期，约距今4000年前。或许正是在此类遗存基础上，河西走廊西部地区的马厂文化进而发展为"过渡类型"遗存。

　　高苜蓿地遗址还有另一项重要发现，这里出土1件马厂文化的铸造红铜块，这是中国西部目前考古发现仅有的几件早期铜器，对中国西部地区冶金术的起源和早期铸造技术的发展有重要的学术研究价值。经北京科技大学检测分析，这件铜块为铸造红铜（见附录二）。

（九）东岭岗遗址

　　地点位于酒泉市丰乐乡大庄八队村子南部便道以东一略高的台地上，北面靠近刘家沟口遗址，地理坐标为98°50′50″，北纬39°22′27″；海拔1856米（见图一二二）。

　　1987年夏，北京大学考古学系与甘肃省文物考古研究所在发掘干骨崖墓地期间调查发现，并采集到少量的陶片，但未发现文化堆积层和其他遗迹现象。东岭岗所在台地面积不大，遗址范围也不是很清楚，也有可能属于干骨崖这个遗址群的一部分。在该址采集的陶片特点是火候较高，文化面貌比较复杂。现将调查结果介绍如下。

　　1）马家窑（或马厂）文化

　　彩陶片　1件。标本87JGD－001，细泥红陶，烧制火候高，质地细腻坚硬。内壁一侧残留部分黑彩横条带纹。器表面磨光（图一六〇，8）。

　　2）马厂文化

　　双耳罐　1件。标本87JGD－002，残存口沿部分。泥质红陶。直口，尖圆唇，器口外两侧置双小耳（残缺部分）。器表施红陶衣，绘黑彩。口沿外侧绘黑彩横条带纹，器耳上方戳印小圆凹窝一对。器表和口沿内打磨光滑。残高3、口径8厘米（图一六〇，1）。

罐底　2件。标本87JGD-004，夹细砂红陶，烧制火候高，器表色泽不匀，大片呈灰褐色。弧腹，平底。素面。残高2、底径7.6厘米（图一六〇，6）。标本87JGD-005，泥质红陶，烧制火候高。弧腹，平底。素面。残高2、底径3.6厘米（图一六〇，9）。

彩陶片　1件。标本87JGD-003，为器颈部残片。夹细砂红陶，烧制火候高。器表绘黑彩横条带纹和菱形网格纹。器表磨光（图一六〇，2）。

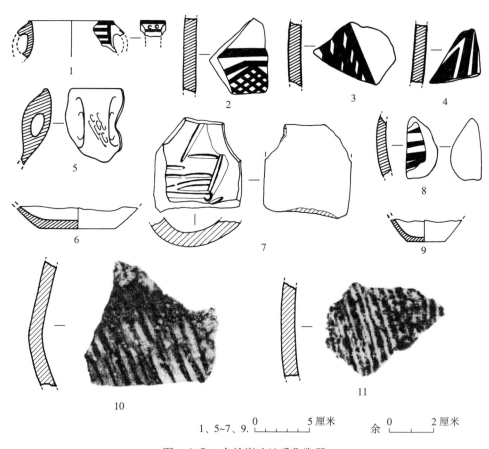

图一六〇　东岭岗遗址采集陶器

1、5. 双耳罐（87JGD-002、87JGD-010）　2～4、8. 彩陶片（87JGD-003、87JGD-008、87JGD-009、87JGD-001）　6、9. 罐底（87JGD-004、87JGD-005）　7. 陶范残块（?）（87JGD-011）　10、11. 纹饰陶片（87JGD-007、87JGD-006）（3～5、7为四坝文化，8为马家窑（或马厂）文化，10、11为齐家文化，余为马厂文化）

3）齐家文化

纹饰陶片　2件。标本87JGD－006，夹砂灰褐陶，胎内夹少量粗砂粒，烧制火候高。器表饰细密的竖绳纹（图一六〇，11）。标本87JGD－007，似为高领折肩罐肩部残片。夹砂红陶，胎芯灰色。器表饰斜向排列的篮纹（图一六〇，10）。

4）四坝文化

双耳罐　1件。标本87JGD－010，口沿残片。夹砂红陶，烧制火候高，器表色泽不匀，局部泛黄色。微侈口，尖圆唇，器口外两侧置双小耳，器耳面中部压印较浅的斜向椭圆小凹窝。器表施红褐陶衣。残高6.6厘米（图一六〇，5）。

彩陶片　2件。标本87JGD－008，夹砂红陶，烧制火候高。器表施红陶衣，绘浓稠的黑彩网格纹（图一六〇，3）。标本87JGD－009，夹砂红陶，烧制火候高。器表绘黑彩折线纹、三角纹（图一六〇，4）。

陶范残块（？）　1件。标本87JGD－011，夹砂灰褐陶，火候甚高。剖面呈弧形筒瓦状，内弧部位有刻划或压印的横向、斜向短凹槽若干，无甚规律。边缘不很齐整。估计有可能是陶范残块，但何类陶范不详，时代亦不详，但属四坝文化的可能性为大。器外表打磨。残高8.2、残宽8、厚1.3厘米（图一六〇，7）。

东岭岗遗址采集标本数量不多，但文化面貌相对复杂。上述标本即分别代表了马家窑文化（？）、马厂文化、齐家文化和四坝文化四个阶段。特别是这里还发现有近似陶范的遗物，值得进一步关注。

（一〇）西高疙瘩滩遗址

地点位于酒泉市金佛寺乡红寺村东南约2公里、丰乐河西岸一东北—西南走向的狭长孤岛台地上，遗址北侧为丰乐西干渠，干渠以北是陈家河湾村。遗址所在台地与东岸三坝洞子、干骨崖等遗址隔河相望。地理坐标为东经98°50′11″，北纬39°22′36″；海拔1867米（见图一二二、一六一；彩版一〇，1）。

1987年夏，北京大学考古学系、甘肃省文物考古研究所在挖掘干骨崖墓地期间，曾数次到丰乐河西岸一带调查，最终发现了西高疙瘩滩遗址。从现场调查可知，西高疙瘩滩所在的狭长孤岛原为丰乐河西岸台地，这从台地西高东低的走向不难看出。而孤岛的形成当与修建西干渠有关。随着丰乐河山口处建成水库，西干渠逐渐荒废，遂逐渐形成一座狭长的孤岛。

1987年夏，在结束了干骨崖墓地的发掘后，我们对西高疙瘩滩遗址进行调查勘测。这块台地东西长516、南北宽26～64米，总面积约16万平方米。遗址地势西高东低，以前曾辟为农田，地表至今遗留水沟、田垄等痕迹。台地南缘断崖高耸陡峭，愈向西断崖愈高愈陡峭，最高达10余米。台地北缘略缓和，呈陡坡状，其间有供人上下的小

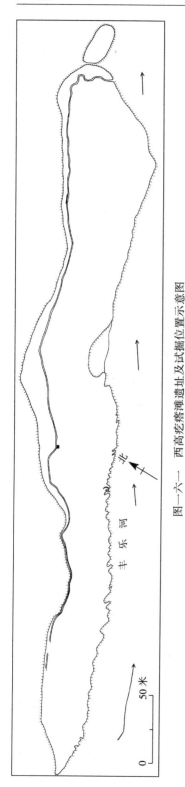

图一六一 西高疙瘩滩遗址及试掘位置示意图

径。紧邻台地北缘有条宽1米左右的水渠，自西南向东北贯穿而过。我们在台地西侧采集到一批遗物。在台地北侧水渠沟内发现两处小断面，可见文化层，遂作了简单试掘，出土一批遗物，分别称为第一地点和第二地点，兹介绍如下。

1. 第一地点

位于西高疙瘩滩北侧水渠中段。这里有处人为挖成的浅坑，周边断面暴露出文化层，土色灰黑，异常松软，深0.15~0.3米。我们在此清理2平方米（1米×2米），出土物以石器、陶片为主。石器较多，陶片都很破碎。还发现一些兽骨。经清理，此地可能是座灰坑，已残存坑底。以下是此次清理发现的遗物。

（1）石器

包括地表采集品。多为砍砸器、手斧和盘状器，也有磨制的石斧、打制石刀及细小石器等。

1）打制石器

手斧 3件。标本87JJXG-Ⅰ-001，系用河卵石打片制成。平面近似等腰三角形，上半段窄细，为手柄部分，下半段展宽成扇形，周边经打击修整，单面直刃。一面微微弧曲，保留大部分砾石表皮，另一面为石片劈裂面，凹凸不平，中间略向内凹。长18、柄宽3~5、刃宽11、厚2.3~3.5厘米（图一六二，1）。标本87JJXG-Ⅰ-005，用河卵石打片制成。平面近椭圆形，顶部较窄，刃部略微展宽，两侧和下部打击修整出双面弧刃。一面平整，保留少量砾石表皮，另一面为石片劈裂面，微微弧起。长11.2、柄宽6.3、刃宽8.6、厚2.8厘米（图一六二，8）。标本87JJXG-Ⅰ-006，系用河卵石打片制成。平面近等腰三角形，顶部尖窄为手柄部分，向下逐步展宽成扇形，手柄部位较厚重，向刃部渐渐减薄。周边打制修整出单面直刃。一面略呈弧形突起，保留有部分砾石表皮，另一面为石片劈裂面，略向内凹。长 16、柄宽 3~5、刃宽 12、厚 3.5 厘米（图一六二，2）。

砍砸器 2 件。标本 87JJXG-I-002，利用河卵石打片制成。平面椭圆形，周边局部经打制修整，前端打出尖刃，侧面修整成弧形单面刃。一面圆弧形，保留大部分河卵石表皮，另一面为劈裂面，亦呈棱角状突起。长 14.1、宽 11.8、厚 4.2 厘米（图一六二，3）。标本 87JJXG-I-007，利用河卵石打片制成。平面不规则长方形，顶端较厚，刃部逐渐减薄，周边打制修整出器刃。一面较平整，保留大部分砾石表皮，另一面为石片劈裂面。长 10.7、宽 10、厚 2.6 厘米（图一六二，7）。

盘状器 3 件。标本 87JJXG-I-008，利用河卵石打片制成。平面椭圆形，周边打制修整出器刃。一面弧形，保留大部分砾石表皮，另一面为劈裂面，凹凸不平。长 14.5、宽 12.4、厚 4 厘米（图一六二，5）。标本 87JJXG-I-003，利用河卵石打片制成。平面呈扇形，周边打制修整出器刃。一面保留部分砾石表皮，另一面为劈裂面，两面均较平整。长 10.5、宽 8.9、厚 3.3 厘米（图一六二，4）。标本 87JJXG-I-004，利用河卵石打片制成。平面近圆形，除顶面外，其余周边均打制修整出器刃。一面保留少量砾石表皮，另一面为劈裂面，两面均凹凸不平。长 9、宽 8.2、厚 3.2 厘米（图一六二，6）。

石刀 1 件。标本 87JJXG-I-009，系半成品。利用石片打制而成。圆角长方形，弧形器刃。周边打制修整，尚未钻孔、打磨。一面微弧，另一面平整。长 8.5、宽 5.2、厚 0.7 厘米（图一六三，3）。

2）磨制石器

砺石 1 件。标本 87JJXG-I-010，磨制。两面平整，圆角长条梯形，顶端略窄，下端刃部展宽，近顶部中央对钻一圆孔，双面直刃。器表有一层钙质结核。长 9、宽 3.4、厚 1 厘米（图一六三，1）。

3）细小石器

刮削器 4 件。标本 87JJXG-I-062，近长方形，正面弧曲，劈裂面中间略向内凹，单面斜刃。长 5.5、宽 2.8、厚 0.9 厘米（图一六四，1）。标本 87JJXG-I-064，平面近五角形，正面中间起脊，劈裂面微微弧起，两侧至前锋修整出器刃。长 2.9、宽 1.8、厚 0.5 厘米（图一六四，10）。标本 87JJXG-I-068，近正方形，正面中间凸起，劈裂面弧曲，周边修整出器刃。长 4.1、宽 3.8、厚 0.85 厘米（图一六四，11）。标本 87JJXG-I-069，平面近舌形，正面起脊，劈裂面较平整，周边修整出器刃。长 3.3、宽 2.1、厚 0.3 厘米（图一六四，12）。

石镞 2 件，均系为完成的坯料。标本 87JJXG-I-063，平面等腰三角形，底面向前锋渐次减薄，等腰两侧至前锋简单修整出侧刃。长 3.3、底面宽 2.5、厚 0.4 厘米

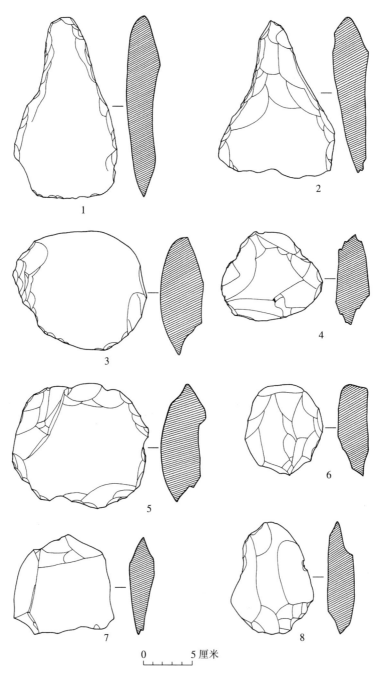

图一六二　西高疙瘩滩遗址第一地点出土石器

1、2、8. 石斧（87JJXG－Ⅰ－001、87JJXG－Ⅰ－006、87JJXG－Ⅰ－005）　　3、7. 砍砸器（87JJXG－Ⅰ－002、
87JJXG－Ⅰ－007）　4～6. 盘状器（87JJXG－Ⅰ－003、87JJXG－Ⅰ－008、87JJXG－Ⅰ－004）

（图一六四，5）。标本 87JJXG－Ⅰ－073，平面等腰三角形，两面平整，厚度大致均等，等腰两侧至前锋经简单修整，锋刃不甚明显。长 4、底面宽 2.8、厚 0.35 厘米（图一六四，2）。

尖状器　2 件。标本 87JJXG－Ⅰ－065，平面近三角形，正面中间起脊，劈裂面微弧曲，沿等腰三角两侧至前锋修整出器刃。长 2.5、底面宽 1.5、厚 0.4 厘米（图一六四，7）。标本 87JJXG－Ⅰ－066，平面三角形，正面中间略微凸起，劈裂面平整，等腰三角两侧至前锋修整器刃。长 2.3、底面宽 2.1、厚 0.6 厘米（图一六四，4）。

石钻　1 件。标本 87JJXG－Ⅰ－072，平面近菱形，一侧微微弧曲，另一侧略内凹，下端修整出尖刃。长 2.5、宽 1.6、厚 0.8 厘米（图一六四，8）。

石片　4 件。标本 87JJXG－Ⅰ－061，近长方形，正面中间凸起，劈裂面大致平整，单面修整出斜刃。长 5.4、宽 2.4、厚 1.4 厘米（图一六三，2）。标本 87JJXG－Ⅰ－067，平面近长方形，断面三角形，正面中间起

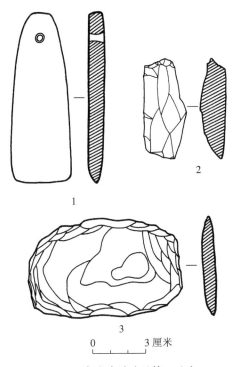

图一六三　西高疙瘩滩遗址第一地点
　　　　　出土石器

1. 砺石（87JJXG－Ⅰ－010）　2. 石片（87
JJXG－Ⅰ－061）　3. 石刀（87JJXG－Ⅰ－009）

一道很直的脊，劈裂面较平整，沿长径两侧修整出器刃。长 4.8、宽 2.5、厚 0.5 厘米（图一六四，3）。标本 87JJXG－Ⅰ－070，平面近舌形，残断，两面均平整，刃部不明显。残长 2、宽 1.8、厚 0.35 厘米（图一六四，9）。标本 87JJXG－Ⅰ－071，石片残块，平面呈不规则长条近折尺形，正面弧曲，劈裂面平整，前端有自然打出的锋刃。长 3.4、宽 1.2、厚 0.65 厘米（图一六四，6）。标本 87JJXG－Ⅰ－074，平面近三角扇形，正面上部起一斜台面，劈裂面略内凹，下端渐次减薄成微弧形器刃。长 3.9、宽 2.6、厚 0.8 厘米（图一六四，13）。

（2）陶器

陶拍　1 件。标本 87JJXG－Ⅰ－011，夹细砂灰褐陶，胎内掺入少量蚌末（云母屑）。拍子正面弧鼓，长椭圆形，侧视半圆弧状，背面平齐。中间捏塑一半圆形的捉纽，侧视作圆锥状。器表打磨光滑。拍面长径 5.1、短径 3.8、厚 1.4、纽高 2.3 厘米，总厚 3.7 厘米（图一六五，3）。

纺轮　2 件。标本 87JJXG－Ⅰ－015，夹砂灰褐陶。圆饼状，中心有一穿孔，器表

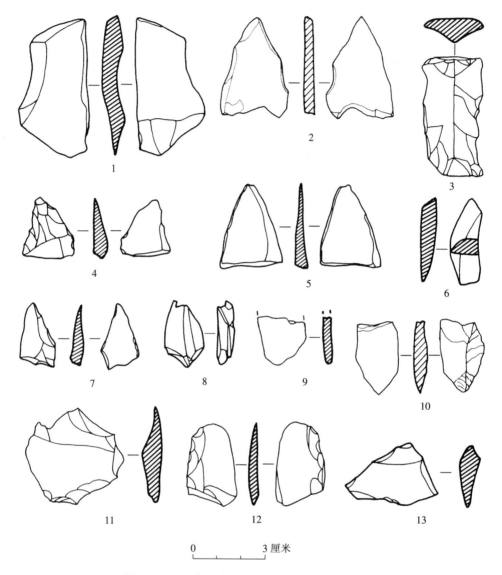

0   3厘米

图一六四　西高疙瘩滩遗址第一地点出土细小石器

1、10~12. 刮削器（87JJXG-Ⅰ-062、87JJXG-Ⅰ-064、87JJXG-Ⅰ-068、87JJXG-Ⅰ-069）　　2、5. 石镞
（87JJXG-Ⅰ-073、87JJXG-Ⅰ-063）　3、6、9、13. 石片（87JJXG-Ⅰ-067、87JJXG-Ⅰ-071、87JJXG-Ⅰ-
070、87JJXG-Ⅰ-074）　　4、7. 尖状器（87JJXG-Ⅰ-066、87JJXG-Ⅰ-065）　　8. 石钻（87JJXG-Ⅰ-072）

一面饰刻划"V"形纹样四组，其间戳印四枚圆点纹；另一面素面。纺轮两面直径大小
不一，有纹样一面较宽，直径5.4厘米；素面一面较窄，直径4.9厘米。边缘剖面呈台
阶状，中间有一道凹槽。孔径0.7、厚1厘米（图一六五，1）。标本87JJXG-Ⅰ-029，
夹砂橙黄陶，胎内掺入少量云母屑。圆饼状（残缺一半），中心有一穿孔。器表一面刻
划横竖交错的风向标式纹；另一面素面。两面直径大小不一，有纹样一面略小，较平

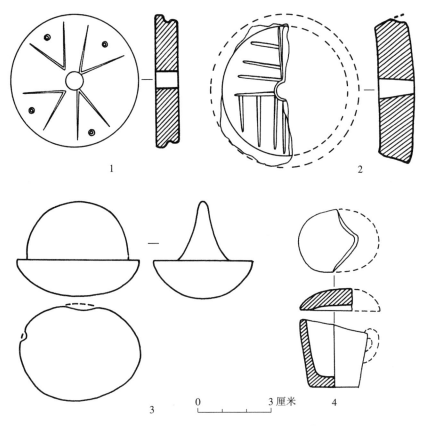

图一六五　西高疙瘩滩遗址第一地点出土陶器

1、2. 纺轮（87JJXG－Ⅰ–015、87JJXG－Ⅰ–029）　　3. 陶拍（87JJXG－Ⅰ–011）

4. 带盖小杯（87JJXG－Ⅰ–026、027）

整；素面一面稍大，表面弧鼓。直径 5.2 ~ 6.2、孔径 0.55 ~ 0.85、厚 1.2 ~ 1.5 厘米
（图一六五，2）。

单耳罐　1 件。标本 87JJXG –Ⅰ– 012，泥质红褐陶，胎内掺入少量云母屑，黄白色。
烧制火候较高。大喇叭口，圆唇，束颈，口沿外一侧置单耳，扁圆鼓腹，平底（略有残
缺）。素面。器表打磨光滑。高 8.8、口径 9、底径约为 6 厘米（图一六六，8）。

双耳罐　13 件。标本 87JJXG－Ⅰ–016，夹砂灰黑陶。小口近乎直立，圆唇，短直
领，器口外两侧置双小耳，圆鼓腹，最大腹径位置偏上，平底。肩腹部贴塑四组斜向
排列的细泥条堆纹，双耳上端压印小圆窝一对。器表打磨光滑。高 24、口径 9.2、底径
10 厘米（图一六六，3）。标本 87JJXG－Ⅰ–017，夹砂红褐陶，胎内掺入少量云母屑，
器表较粗糙，残留烟炱痕。器口残失，束颈，两侧置双大耳，球形圆腹，平底略向内
凹。素面。残高 7.5、底径 4.6 厘米（图一六六，6）。标本 87JJXG－Ⅰ–030，器口残
片。夹砂褐陶，胎内掺入少量云母屑。侈口，尖圆唇，斜直短领，器口外两侧置双耳。

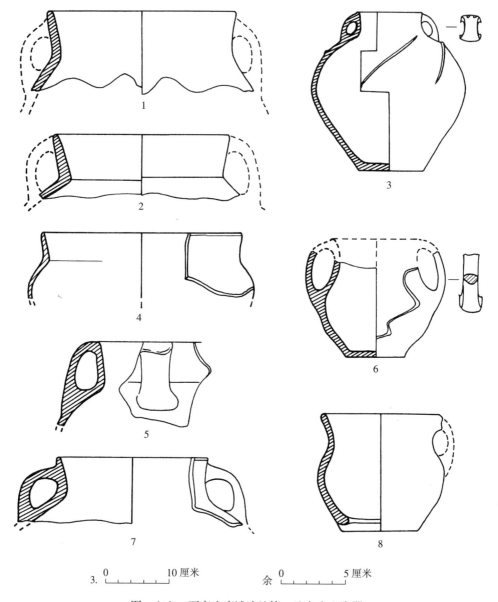

图一六六　西高疙瘩滩遗址第一地点出土陶器

1～3、5～7. 双耳罐（87JJXG－Ⅰ－033、87JJXG－Ⅰ－032、87JJXG－Ⅰ－016、87JJXG－Ⅰ－040、87JJXG－Ⅰ－017、87JJXG－Ⅰ－030）　4. 大口瓮（87JJXG－Ⅰ－031）　8. 单耳罐（87JJXG－Ⅰ－012）

素面。残高5、口径12厘米（图一六六，7）。标本87JJXG－Ⅰ－032，器口残片。夹砂红陶，胎芯灰色，胎内掺入少量云母屑。侈口，圆唇，斜直短领，器口外两侧置双耳。素面。残高5、口径14厘米（图一六六，2）。标本87JJXG－Ⅰ－033，夹砂橙黄陶，胎芯灰色，胎内掺入少量云母屑。侈口，圆唇，斜直短领，器口外两侧置双耳（残）。素面。残高6、口径15厘米（图一六六，1）。标本87JJXG－Ⅰ-040，器口残片。泥质橙红陶，内外壁黄白色。侈口，圆唇，斜直短领，器口外两侧置双耳。素面（图一六六，5）。

器口　6件。标本87JJXG－Ⅰ-034，夹细砂橙黄陶，器表残留烟炱。侈口，尖圆唇，斜直短领，器口外捏塑短条状盲鼻。素面（图一六七，3）。标本87JJXG－Ⅰ-035，夹砂红陶，器表暗褐色，胎内掺入少量云母屑。侈口，尖圆唇，斜直短领，器口外沿捏塑短条状盲鼻。素面（图一六七，10）。标本87JJXG－Ⅰ-036，夹砂橙黄陶，胎芯玫瑰红色。微侈口，厚唇外卷，较高的直领。素面（图一六七，4）。标本87JJXG－Ⅰ-037，夹砂橙黄陶，胎内掺入少量云母屑。圆唇。素面（图一六七，7）。标本87JJXG－Ⅰ-038，夹砂灰褐陶，胎内掺入少量云母屑。微侈口，圆唇，斜直高领，器口外沿捏塑短条状盲鼻。素面。残高3.5、口径10厘米（图一六七，5）。标本87JJXG－Ⅰ-039，夹砂灰陶，胎内掺入少量云母屑，内外壁土黄色。侈口，尖唇，斜直短领，器口外沿捏塑短条状盲鼻。素面。残高4、口径12厘米（图一六七，8）。

大口瓮　1件。标本87JJXG－Ⅰ-031，夹细砂灰陶，胎内掺入少量云母屑。侈口，尖圆唇，斜直短领，腹部以下缺失。素面。残高5、口径16厘米（图一六六，4）。

单把杯　8件。标本87JJXG－Ⅰ-019，夹砂灰褐陶，胎内掺入少量云母屑，残留烟炱痕。大敞口外侈，圆唇，微束颈，器口外一侧置单大耳，器耳顶端有一半圆形突起，并留有捏制的痕迹，尖鼓腹，器底残失。器表施褐色陶衣，色泽不匀，局部呈橙黄、灰黑色，大半脱落。残高8、口径13厘米（图一六九，1）。标本87JJXG－Ⅰ-020，夹细砂橙黄陶，胎内掺入少量云母屑，器表面残留烟炱痕。器口内敛，尖唇，器口外应有单耳（残），鼓腹下垂，平底。器表施褐色陶衣，绘棕红色彩，大部脱落，纹样漫漶不清。器底可见泥片贴敷痕迹。高7.5、口径6.8、底径5厘米（图一六七，1）。标本87JJXG－Ⅰ-021，夹细砂红陶，胎内掺入少量云母屑。直口，尖唇，器口外一侧置单耳，器耳顶端略高出器口，扁圆鼓腹，器底残失。器表施黄白色陶衣。残高7、口径7厘米（图一六七，2）。标本87JJXG－Ⅰ-022，夹砂灰褐陶，胎内掺入少量云母屑。大口稍外侈，尖圆唇，器口外一侧置单大耳（残），扁圆鼓腹，最大腹径处捏塑椭圆形乳突，器底残失。素面。残高6、口径8厘米（图一六七，11）。标本87JJXG－Ⅰ-023，夹砂黑褐陶，胎芯褐色，胎内掺入少量云母屑，器表较粗糙，内外壁呈黑色。大敞口微向外侈，尖唇，微显亚腰，器口外一侧置单耳，器耳上端高出器口，耳面上捺印一圆窝，弧腹，器底残失。素面。残高6.4、口径8厘米（图一六七，12）。标本87JJXG－Ⅰ-024，泥质橙红陶，胎内掺入少量云母屑。侈口，尖唇，微束颈，器口外一侧置单大耳（残），扁圆鼓腹，器底残失。器表内外施黄白色陶衣。器表打磨光滑。残高7.4、口径7厘米（图一六七，13）。标本87JJXG－Ⅰ-041，单把杯口残片。夹砂橙黄陶，胎内掺入少量云母屑。直口，尖圆唇，弧腹。素面（图一六七，6）。标本

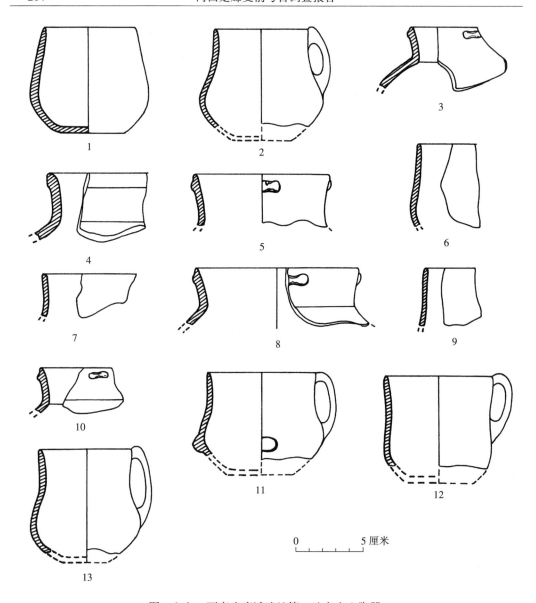

图一六七　西高疙瘩滩遗址第一地点出土陶器

1、2、6、9、11～13. 单把杯（87JJXG－Ⅰ－020、87JJXG－Ⅰ－021、87JJXG－Ⅰ－041、87JJXG－Ⅰ－042、87JJXG－Ⅰ－022、87JJXG－Ⅰ－023、87JJXG－Ⅰ－024）　　3～5、7、8、10. 器口（87JJXG－Ⅰ－034、87JJXG－Ⅰ－036、87JJXG－Ⅰ－038、87JJXG－Ⅰ－037、87JJXG－Ⅰ－039、87JJXG－Ⅰ－035）

87JJXG－Ⅰ－042，单把杯口残片。泥质褐陶，胎内掺入少量云母屑。直口，圆唇。器表施褐色陶衣（大部脱落）（图一六七，9）。

彩陶深腹钵　1件。标本87JJXG－Ⅰ－018，夹细砂红陶。内敛口，圆唇，圆弧腹，器底残失。器表施红色陶衣，绘稀疏的黑彩横条带纹。器表不甚光滑。残高6、口径

7.2 厘米（图一六八，1）。

器盖　2件。标本 87JJXG－Ⅰ－013，泥质灰黑陶，胎内掺入少量细砂和云母屑，器表残留烟炱痕。斗笠状，圆唇，盖面圆弧，盖顶部有圈足状捉纽，纽顶面内凹。素面。高3.6、口径10、纽径3.6 厘米（图一六八，2）。标本 87JJXG－Ⅰ－025，泥质灰褐陶，胎内掺入少量云母屑，器表色泽不匀。斗笠状，尖圆唇，略呈内敛的盖面，平顶，无捉纽。素面。高3、口径6.4 厘米（图一六八，3）。

腹耳壶　1件。标本 87JJXG－Ⅰ－014，残破为数块。夹砂红褐陶，胎内掺入少量云母屑，器表经刮抹，残留烟炱痕。小口外侈，短领，尖圆唇，扁圆鼓腹，腹最大径处置环耳，器底残失。素面。残高约 32、口径20 厘米（图一六九，3）。

壶　1件。标本87JJXG－Ⅰ－028，夹细砂红陶，胎内掺入少量云母屑，有烟炱痕。此器口部残，仅存腹部和器底。扁圆鼓腹，腹最大径位置捏塑短条状盲鼻，平底。器

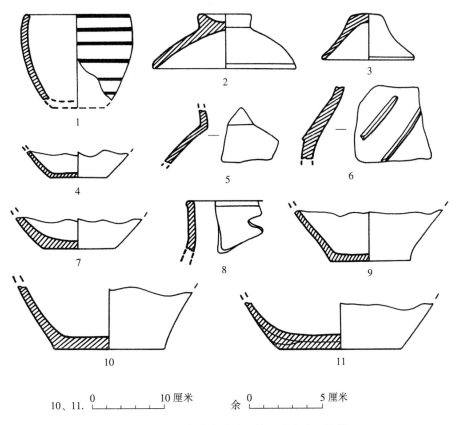

图一六八　西高疙瘩滩遗址第一地点出土陶器

1. 彩陶深腹钵（87JJXG－Ⅰ－018）　　2、3. 器盖（87JJXG－Ⅰ－013、87JJXG－Ⅰ－025）　　4、7、9～11. 器底（87JJXG－Ⅰ－047、87JJXG－Ⅰ－046、87JJXG－Ⅰ－045、87JJXG－Ⅰ－043、87JJXG－Ⅰ－044）　　5、8. 瓮口（87JJXG－Ⅰ－048、87JJXG－Ⅰ－049）　6. 纹饰陶片（87JJXG－Ⅰ－050）

表施黄白色陶衣。器表打磨光滑。内壁泥条盘筑痕迹清晰。残高8.5、底径4.8厘米（图一六九，2）。

带盖小杯　1件。标本87JJXG－Ⅰ－026、027，夹砂黑陶。厚胎，手工捏制成型。器口一端高，一端低，斜直敞口，圆唇，器口外一侧置单小耳（残），斜直腹壁，平底。素面。器口上加配椭圆形器盖，平面椭圆形（残缺），弧顶，素面。杯高2.8、口径2.8厘米，杯盖残长2.4、宽2.5厘米（图一六五，4）。

器底　5件。标本87JJXG－Ⅰ－043，夹砂灰褐陶，胎内掺入大量云母屑。斜弧腹，平底。素面。残高8.5、底径15.8厘米（图一六八，10）。标本87JJXG－Ⅰ－044，夹砂红褐陶。弧腹，平底。素面。底部可见分三层贴敷制作的痕迹。残高6、底径17厘米（图一六八，11）。标本87JJXG－Ⅰ－045，夹砂灰褐陶，胎内掺入少量云母屑。下腹内敛，平底。素面。残高3.5、底径5.6厘米（图一六八，

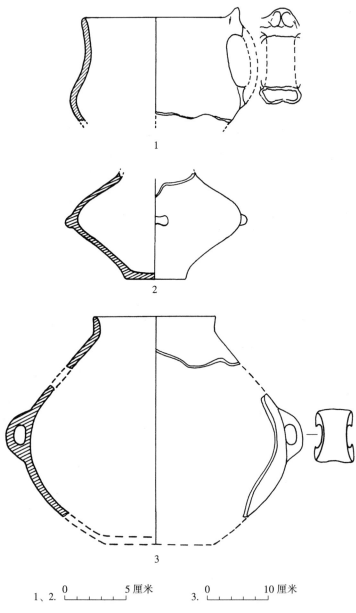

1、2.　0 ┣━━━┫ 5厘米　　3.　0 ┣━━━┫ 10厘米

图一六九　西高疙瘩滩遗址第一地点出土陶器

1. 单把杯（87JJXG－Ⅰ－019）　2. 壶（87JJXG－Ⅰ－028）
3. 腹耳壶（87JJXG－Ⅰ－014）

9）。标本87JJXG－Ⅰ－046，夹细砂紫褐陶，烧制火候很高。弧腹，平底。素面。残高2、底径5厘米（图一六八，7）。标本87JJXG－Ⅰ－047，夹细砂红陶，器表黄白色。弧腹，平底。素面。残高2、底径4厘米（图一六八，4）。

纹饰陶片　4件。标本87JJXG－Ⅰ－050，系小罐肩腹部残片。夹砂黑陶。器表贴塑斜向排列的细泥条附加堆纹（蛇纹）（图一六八，6）。标本87JJXG－Ⅰ－057，为器耳上部残片。夹砂褐陶，器表灰白色，残留戳印梯形纹三枚（图一七〇，3）。标本87JJXG－Ⅰ－058，器底残片。压印席纹（图一七〇，9）。标本87JJXG－Ⅰ－059，器腹残片。器表拍印划纹（图一七〇，6）。

瓮口　2件。标本87JJXG－Ⅰ－048，夹砂灰白陶，胎芯灰色，胎内掺入少量云母屑。素面（图一六八，5）。标本87JJXG－Ⅰ－049，夹细砂红陶，胎内掺入少量云母屑。直口，方唇。器表施红色陶衣（大半脱落）（图一六八，8）。

彩陶片　6件。标本87JJXG－Ⅰ－051，泥质红陶。器表施紫红色陶衣，内外绘黑色彩。内彩绘三角斜线纹，外彩绘横条带纹（图一七〇，4）。标本87JJXG－Ⅰ－052，泥质红陶。器表施紫红色陶衣，内外绘黑彩横条带纹（图一七〇，2）。标本87JJXG－Ⅰ－053，夹细砂红陶。器表施褐色陶衣，绘黑彩竖条带纹（图一七〇，1）。标本87JJXG－Ⅰ－054，泥质红陶，胎内掺入少量云母屑。器表施黄白色陶衣，绘棕红彩斜条带纹（图一七〇，5）。标本87JJXG－Ⅰ－055，泥质红陶，胎内掺入少量云母屑。器表施黄白色陶衣，绘棕红彩折线纹（图一七〇，7）。标本87JJXG－Ⅰ－056，泥质红陶，胎内掺入少量云母屑。器表施黄白色陶衣，绘棕红彩斜条带纹（图一七〇，8）。

2. 第二地点

位于西高疙瘩滩北侧靠近东北尖岬处水渠边上，断面耕土层下暴露出厚仅0.1～0.2米的文化层，我们在此清理面积约1平方米（4米×0.25米）。文化层土色灰黑，比较松软，夹杂少量陶片等遗物。

第二地点所出遗物均为陶片，特征与第一地点大同小异。主要为泥质或夹砂橙黄、灰褐、灰黑陶，纯红陶很少。也有少量灰白陶，器表施黄白色陶衣，器类以罐为主，也有瓮和彩陶片等。以下是第二地点出土的遗物。

大瓮　4件。标本87JJXG－Ⅱ－001，夹砂灰陶，内壁红褐色。侈口，圆唇，斜直短领，肩部圆鼓，以下残失，器口外捏塑短泥条盲鼻。素面。器表有刮抹痕，口沿抹光。残高20、口径33厘米（图一七一，1）。标本87JJXG－Ⅱ－002，夹砂红陶。仅存肩部以下部分，斜直深腹，平底。器表施黄白色陶衣。残高22.5、底径15厘米（图一七一，6）。标本87JJXG－Ⅱ－009，夹砂灰陶，胎芯灰褐色。侈口，圆唇，斜直领，器口外捏塑一周圆形突纽。素面。器表磨光。残高6、口径24厘米（图一七一，3）。标

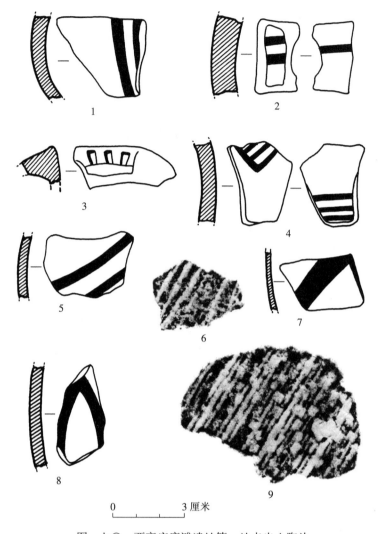

0   3 厘米

图一七〇　西高疙瘩滩遗址第一地点出土陶片

1、2、4、5、7、8. 彩陶片（87JJXG－Ⅰ－053、87JJXG－Ⅰ－052、87JJXG－Ⅰ－051、87JJXG－Ⅰ－054、
87JJXG－Ⅰ－055、87JJXG－Ⅰ－056）　3、6、9. 纹饰陶片（87JJXG－Ⅰ－057、87JJXG－Ⅰ－059、87JJXG－
Ⅰ－058）

本 87JJXG－Ⅱ－010，夹细砂灰褐陶，胎内掺入云母屑，内壁红色。小口直立，圆唇，
较高的直领。素面。残高8、口径12厘米（图一七一，2）。

双耳大瓮　1件。标本 87JJXG－Ⅱ－004，口沿残片。夹砂灰陶，胎内掺入大量云
母屑。直口，尖圆唇，直立的短领，器口外两侧置双耳。素面。残高14、口径24厘米
（图一七一，5）。

腹耳瓮　1件。标本 87JJXG－Ⅱ－003，夹砂褐陶，胎内掺入大量云母屑，器表色
泽不匀，大部分为黄白色，局部泛青灰色。器口和器底残失，圆鼓腹，双腹耳。素面。

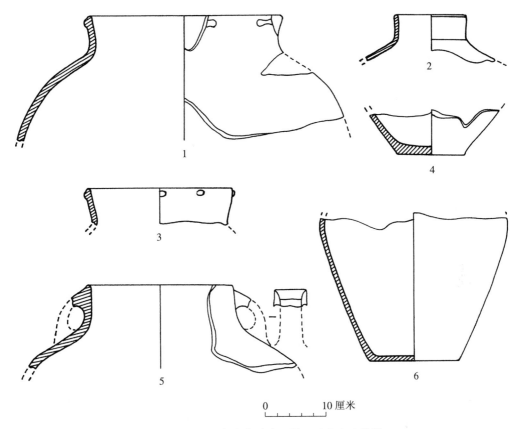

图一七一　西高疙瘩滩遗址第二地点出土陶器

1~3、6. 大瓮（87JJXG－Ⅱ－001、87JJXG－Ⅱ－010、87JJXG－Ⅱ－009、87JJXG－Ⅱ－002）　4. 器底（87
JJXG－Ⅱ－005）　5. 双耳大瓮（87JJXG－Ⅱ－004）

残高 21 厘米（图一七二，3）。

　　双耳罐　1 件。标本 87JJXG－Ⅱ－011，口沿残片。夹砂黑褐陶，器表色泽不匀，
局部泛红褐色。侈口，尖圆唇，束颈，器口外两侧置双耳。素面（图一七二，8）。

　　单耳小罐　1 件。标本 87JJXG－Ⅱ－006，泥质橙黄陶。微侈口，圆唇，斜直短领，
器口外一侧置单环耳，球形圆腹，器底残失。器表施褐色陶衣（剥落大半），口沿处抹
光。残高 4.6、口径 5 厘米（图一七二，4）。

　　罐口　3 件。标本 87JJXG－Ⅱ－012，夹砂红褐陶，外表较粗糙。侈口，圆唇，斜
直高领。素面。残高 4.2、口径 10 厘米（图一七二，2）。标本 87JJXG－Ⅱ－013，夹砂
黑陶，胎内掺入云母屑。内壁黑色，抹光；外壁灰褐色，抹光。侈口，尖圆唇，斜直
高领。素面。残高 4.2、口径 12 厘米（图一七二，1）。标本 87JJXG－Ⅱ－017，夹粗砂
红陶，胎内掺入云母屑，器表黄白色，烧制火候高。侈口，叠卷加厚的尖唇。素面
（图一七二，5）。

　　器腹残件　1件。标本87JJXG－Ⅱ－018，为罐腹部残片。夹砂褐陶，器表色泽不匀，局部泛灰白色。素面（图一七二，6）。

　　器底　4件。标本87JJXG－Ⅱ－007，泥质灰陶，烧制火候高。折腹，平底。器表施红色陶衣（剥落大半）。残高3.4、底径7厘米（图一七二，9）。标本87JJXG－Ⅱ－005，夹砂红陶，胎芯灰色，器表泛灰白色，烧制火候高。斜直腹，平底。素面。器表

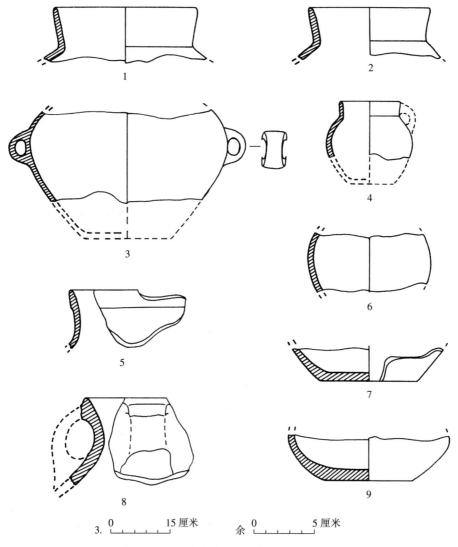

图一七二　西高疙瘩滩遗址第二地点出土陶器

1、2、5. 罐口（87JJXG－Ⅱ－013、87JJXG－Ⅱ－012、87JJXG－Ⅱ－017）　3. 腹耳瓮（87JJXG－Ⅱ－003）
4. 单耳小罐（87JJXG－Ⅱ－006）　6. 器腹残件（87JJXG－Ⅱ－018）　7、9. 器底（87JJXG－Ⅱ－016、
87JJXG－Ⅱ－007）　8. 双耳罐（87JJXG－Ⅱ－011）

有刮抹痕。残高8、底径7厘米（图一七一，4）。标本87JJXG-II-016，夹细砂红陶。弧腹，平底。器表施红色陶衣。残高2.5、底径8厘米（图一七二，7）。标本87JJXG-II-019，夹砂灰褐陶，器表黑褐色，残留烟炱痕。斜直腹，平底。器底压印清晰的席纹。残高2.6、底径8厘米（图一七三，5、6）。

　　彩陶片　3件。标本87JJXG-II-008，夹细砂红陶。器表施黄褐色陶衣，绘棕红彩竖条带纹。器表打磨光滑（图一七三，1）。标本87JJXG-II-014，泥质红陶，胎内掺入云母屑。器表施紫红色陶衣，绘较浓的黑彩折线纹。器表打磨光滑（图一七三，2）。标本87JJXG-II-015，夹细砂红陶。器表施红色陶衣，绘不浓的黑彩细斜线纹。器表打磨光滑（图一七三，3）。

　　纹饰陶片　1件。标本87JJXG-II-020，夹砂橙黄陶。器表饰散乱的绳纹（图一七三，4）。

　　从上述出土遗物看，西高疙瘩滩遗址的文化面貌有其特殊性。这里的陶器主要为橙黄陶，其次为橙红陶、灰褐陶及个别的黑灰陶。陶胎内普遍添加云母屑，泥质陶胎内也掺加少许细砂。烧制火候高，胎质细腻。器类有单把大口杯、双耳罐、单耳罐、腹耳壶、器盖、陶瓮等，特点是大多数陶器素面无纹，少量在肩腹部贴塑细泥条附加堆纹（蛇纹）。另一特征是在罐、杯、瓮等器口沿外侧、腹部捏塑突纽、盲鼻。彩陶发

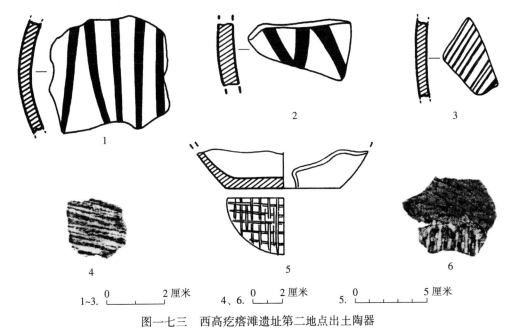

图一七三　西高疙瘩滩遗址第二地点出土陶器

1~3. 彩陶片（87JJXG-II-008、87JJXG-II-014、87JJXG-II-015）　4. 纹饰陶片（87JJXG-II-020）

5、6. 器底（87JJXG-II-019）

现，构图简洁，仅见横条带纹、垂弧纹等。有些绘红彩或棕红彩，比较少见。西高疙瘩滩第一地点出土的素陶单把大口杯为别处所罕见。第二地点出土遗物不多，但大型陶器较多，如陶瓮等。

　　根据目前对河西地区考古学文化谱系的理解，该址很可能与河西地区的马厂文化、"过渡类型"关系密切，年代也大致相同，但在文化面貌上有一定的特殊性。

拾伍　金塔县

金塔县位于甘肃省西北部、河西走廊西部。南依酒泉、嘉峪关市和高台县，北、东部与内蒙古额济纳旗接壤，西邻玉门市。地理坐标为东经98°03′31″~100°13′46″，北纬39°47′15″~40°55′03″，面积15000平方公里（图一七四）。

金塔县政府驻地金塔镇。该县北面为马鬃山东南低山地带，海拔1400~1900米。中南部北大河冲积扇和东部黑河两岸分布有金塔绿洲和鼎新绿洲。黑河以东为巴丹吉林沙漠。金塔绿洲西北、北山山地以南为大片的戈壁。县境内有北大河（陶勒河）、黑河（弱水），两河均源于祁连山地，分别经酒泉市和高台县流入本县。金塔县属温带干旱性气候，年均温8℃，年降水58.3毫米，蒸发量高达2600余毫米。

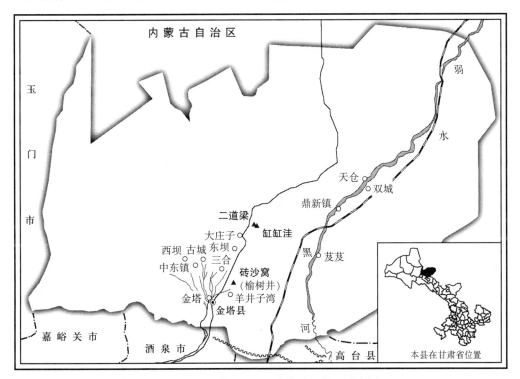

图一七四　金塔县地图及史前遗址位置示意图

金塔县于 1917 年由高台县析置而来。全县人口 14 万，居民主要为汉族和回族。

1942 年 10 月，原中央研究员史语所西北考察团劳幹、石璋如前往额济纳居延海考察，在金塔一带考察了双城子、天仓、大湾、地湾等遗址，途中曾作过试掘，发现有陶片和"居延纸"等遗物，这些遗物后被带往台湾，藏中央研究员史语所[①]。

1944 年 4~5 月，夏鼐先生曾到金塔调查，当年主要调查年代偏晚的寺院和汉代烽燧遗址，包括塔尔寺（金塔寺）、三墩、二墩、旧寺墩、日后墩、北海子、XLV 墩、临水堡等，未见任何早期文化线索[②]。1986 年（或更早），在县城以北的北大河故道曾发现个别史前时期遗址，但未作任何报道。

1986 年 10 月初，河西史前考古调查队前往金塔调查，在县文管所小刘同志帮助下，我们在该县考察了榆树井、砖沙窝一带的史前遗址，采集到少量遗物。

1987 年，甘肃省文物考古研究所在金塔进行文物普查，在县城东北一带发现二道梁、缸缸洼等遗址，采集一批遗物。其中，陶器以红陶为主，泥质陶器表略经打磨，有部分彩陶，特点是器表普遍施红衣，绘黑彩，流行在器颈部绘菱形网格、倒三角网格、腹部绘网格纹、编织纹、粗细线条带纹等；夹砂陶以素面居多。器类有双耳罐、单耳罐、双耳盆、瓮等，特点是罐类器皿腹部多捏塑乳突，器颈下和器耳戳印圆形小凹窝[③]。

目前，金塔共发现史前遗址 32 处，基本分布在北大河故道两侧台地和黑河沿线（见附录一）。现将在金塔的调查收获及金塔县文管所收藏遗物介绍如下。

（一）砖沙窝（榆树井）遗址

1. 1986 年调查

砖沙窝遗址位于金塔县城东北约 15 公里双古城、五星生产队东南约 2.5 公里的沙丘中。遗址南侧为沙丘，西部为狭长的风蚀带，沙丘与沙丘间分布大片戈壁。地理坐标为东经 99°03′05″，北纬 40°00′58″；海拔高 1235 米（见图一七四；图版一八，1）。

1986 年 10 月，河西史前考古调查队在酒泉市博物馆展品中发现 1 件彩陶双耳罐，此器出土于金塔县榆树井。循此线索，调查队前往金塔调查。县文管所专干刘玉林简要介绍了该县的文物状况，并让我们观摩了该所新近征集到的 2 件彩陶双耳罐，据说

① 《石璋如先生访问记录》，访问：陈存恭、陈仲玉、任育德，记录：任育德，中央研究员近代史研究所"口述历史丛书"80，2002 年。
② 夏正楷先生提供夏鼐先生日记资料。
③ 甘肃省文物考古研究所调查资料。

也出在榆树井一带。随后，我们租自行车一起前去调查。在当地村民的引领下找到了
榆树井①。实际上当地并无水井踪迹，倒是有棵郁郁葱葱的大榆树。向导介绍说，当地
人奉此树为神明，从未有人敢随便攀爬上树。我们围绕此树散开进行调查，未发现任
何史前时期的遗物。仅见到一些泥质灰陶片，估计属于汉魏时期、甚至更晚的遗留。

后来，我们找到一位放牛的村民询问线索，没想到此人竟然就是当年挖出彩陶罐
的那个人②，在他的指引下，得知挖出彩陶的地点位于沙丘与荒滩的边缘地带，部分已
伸入沙丘内，当地人称这一带为砖沙窝，遂以此名命名该遗址。这一带的地表未见遗
物。据说每当大风刮过，地表往往会吹出一些遗物。当地村民常到这一带挖掘甘草，
偶尔也能挖出一些文物。

我们三人分头在沙丘之间仔细寻找，采集到几块碎陶片。看看天色已晚，正准备
结束调查返回，刘玉林在沙丘下部低处发现一件出露的破陶罐，旋即进行了清理，下
挖不久，露出暗灰色的沙子，与地表的黄沙颜色不同。在这些灰沙中发现大量灰白色
的小珠子③，估计是座墓葬，但已完全找不到墓圹，也没有人骨。在此清理出土部分陶
片及上百颗小珠子。看来，这里分布有墓葬，但范围难以划定。

现将此次调查收获及金塔、酒泉市收藏的文物介绍如下。

1）1986 年清理残墓出土遗物

夹砂双耳罐　1 件。标本 86JZH－M1：1，夹砂黑陶。喇叭口，圆唇，斜直领，器
口外两侧置双耳，圆弧腹，平底。素面。高 12、口径 8.4、底径 6.4、耳宽 1.8 厘米
（图一七五，1）。

彩陶四耳罐　1 件。标本 86JZH－M1：2，泥质红陶，胎较薄，内夹少量细砂。器
口缺失，腹部亦残缺部分。微束颈，器口外两侧置双耳，扁圆鼓腹，最大腹径处置环
耳，平底。器表施土黄色陶衣，绘红彩，下部保留部分红彩连续垂弧线纹。器表打磨
光滑。残高 13.2、底径 6.2、颈耳宽 1.5、腹耳宽 1.2 厘米（图一七五，2）。

石珠　1 串近百枚。标本 86JZH－M1：3，直径 0.5、内孔径 0.2~0.25、厚 0.1~
0.15 厘米。

2）1986 年采集品

双耳罐　1 件。标本 86JZH－004，残存器口。夹砂红褐陶，胎内夹少量云母屑，
器表褐色。直口，圆唇，高直颈。素面。残高 6 厘米（图一七五，3）。

---

① 河西走廊，特别是在沙漠戈壁内，由于严重缺水，因此很多地名都与水有关，这也反映出人与水
的密切关系。榆树井位于沙漠边缘的荒滩上，最显著的标志就是有棵大榆树。据说原来树下（或
附近）有一眼水井，故名。

② 非常可惜，我们忘记记录这位村民的姓名。

③ 这些小珠子应是烧制的小料珠（未经检测），圆扁片状，中间有小孔，个体很小。

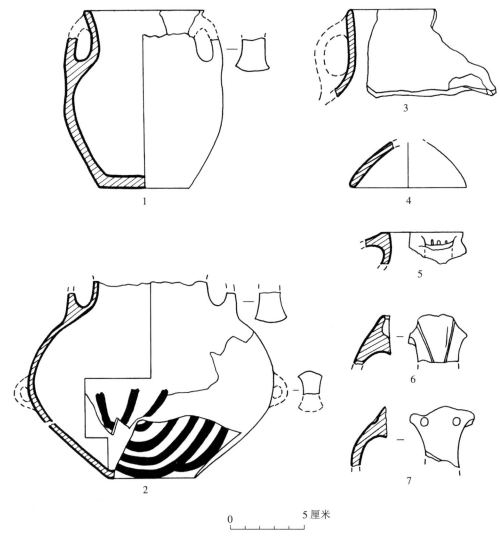

0 —————— 5厘米

图一七五　砖沙窝遗址出土及采集陶器

1. 夹砂双耳罐（86JZH－M1∶1）　2. 彩陶四耳罐（86JZH－M1∶2）　3. 双耳罐（86JZH－004）　4. 器
盖（86JZH－003）　5～7. 器耳（86JZH－005、86JZH－007、86JZH－006）

　　器盖　1件。标本86JZH－003，夹砂灰陶，胎内夹少量云母屑，内外壁表面呈褐
色。斗笠状，喇叭口，圆唇，盖面弧曲，顶部残缺。素面。器表抹光。残高3、盖口径
8厘米（图一七五，4）。

　　器耳　3件。标本86JZH－006，残存器耳上半段。夹砂褐陶。耳面上端戳印两枚
圆形小凹窝（图一七五，7）。标本86JZH－005，器耳上段残片。夹砂灰黑陶。耳面上
部饰竖线压印纹（图一七五，5）。标本86JZH－007，残存器耳上半段。夹粗砂褐陶，
火候很高。耳面刻划"X"纹（图一七五，6）。

2. 酒泉市博物馆藏品

彩陶双耳罐　1件。标本 JZH - A003，泥质红陶，胎较厚，内夹少量细砂。小口微向外侈，圆唇，斜直高领，束颈，器口外两侧置双耳，圆鼓腹，平底。器表和口沿内绘黑褐彩，器口内绘横条带纹和四组折线纹。器颈绘横条带纹间连续菱形网格纹；腹部绘竖列条带、网格条带和对齿纹；双耳绘"X"纹，器耳下绘"X"网格纹。器耳上端和器耳下部分别戳印一枚圆形小凹窝。高 15.8、口径 9.2、底径 6.6、耳宽 2、胎厚 0.8 厘米（图一七六，3；图版一八，3）。

3. 金塔县文化馆藏品

彩陶双耳罐　2件。标本 JZH - A001，泥质红陶，厚胎，内夹少量细砂，火候高。大口，圆唇，粗颈，斜直高领，器口外两侧置双耳，弧鼓腹，平底。器表及口沿内施紫红色陶衣，绘黑彩。器口内绘较粗的横条带纹，间以弧边三角纹四组，上部空白处绘细斜线纹；器颈部绘横条带纹间连续菱形网格纹，腹部绘粗细搭配的斜线纹；双耳绘"X"纹，耳下绘"又"字纹。口沿内戳印四枚圆形小凹窝，器耳下端两侧和器腹上部中间共戳印六枚圆形小凹窝。器表打磨光滑。高 10.6、口径 12.6、底径 7.2、耳宽 2、胎厚 0.9 厘米（图一七六，1；图版一八，2）。标本 JZH - A002，泥质红陶，厚胎，内夹少量细砂，颜色不纯，局部泛灰褐色，火候很高。大口，尖圆唇，粗颈，斜直高领，器口外两侧置双耳，弧鼓腹，平底。器表及口沿内施红色陶衣，绘黑彩。器口内绘横条带纹间弧边三角纹四组，空白处绘交叉细斜线纹；器颈绘横条带纹间连续菱形网格纹，腹部绘斜线和折线网格纹；双耳绘交叉网状纹，耳下绘"又"字纹。器表打磨光滑。高 13.2、口径 13、底径 7.4、耳宽 2.4、胎厚 0.9 厘米（图一七六，2）。

根据此次调查采集标本及金塔、酒泉收藏的几件彩陶观察，砖沙窝（榆树井）遗址的文化性质应属于"过渡类型"遗存[①]。

（二）二道梁遗址

二道梁遗址位于金塔县大庄子乡牛头湾村东 6 公里。遗址所在地周边已荒漠化，地表耸立一群群的沙包，遗址范围内地面散布有大量遗物，面积约 2 万平方米。地理坐标为东经 99°08′41″，北纬 40°15′42″；海拔 1204 米（见图一七四；图版一六，2）。

---

① 李水城：《河西走廊新见马家窑文化遗存及相关问题》，《苏秉琦与当代中国考古学》121～135页，科学出版社，2001 年。

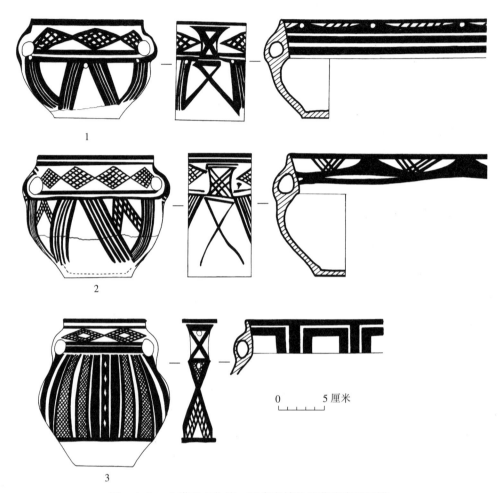

图一七六　金塔县文化馆、酒泉市博物馆藏彩陶双耳罐

1. JZH－A001　2. JZH－A002　3. JZH－A003（3 藏酒泉市博物馆，余藏金塔县文化馆）

　　1987 年夏在进行文物普查过程中，甘肃省文物考古研究所与金塔县文管所调查发现，文化层厚 0.5～0.8 米，还发现陶窑 2 处，采集一批完整陶器和石器，现藏金塔县文管所。这批遗物主要为陶器，包括彩陶和夹砂陶等。现将 1987 年采集的部分文物介绍如下。

　　彩陶双耳罐　3 件。标本 87JE－044，夹少量细砂的泥质红陶，厚胎。微侈口，高直颈，器口外两侧置双耳，器口沿下钻有小孔，圆鼓肩，弧腹，腹中部捏塑一对乳突，平底。器表绘彩部位施紫红色陶衣，绘黑彩。器颈部在横条带纹之间绘三四组斜线构成的三角折线纹；腹部花纹四分，各组之间用四股竖线分隔，绘松散的斜线编织纹样，编织纹由三至四根线条组成。器表打磨光滑。高 24、口径 13、腹径 24、底径 10.5 厘米（图一七七，5）。标本87JE－045，夹少量细砂的红陶。直口较大，高颈，器口外两侧置双耳，圆弧腹，平底。绘彩部位施红色陶衣，绘黑彩。器口内绘连续复线倒三角折线纹，器颈和上腹部绘上下两组三角斜折线纹，每组斜线二至三根，间隔以横条带纹，构图疏朗；器耳则绘三根细线组成的"Z"字纹。肩部和器耳下部戳印圆形小凹窝八枚。器表打磨光滑。高10.8、口径7.6、腹径11.2、底径5.5厘米（图一七七，1）。标本87JE－046，夹少量细砂红陶。直口较大，高直颈，器口外两侧置双耳，扁圆折腹，平底。腹最大径位置捏塑四枚乳突。器表施黄褐色陶衣，绘黑彩。器口内绘横条带和折线纹九组。器表颈部绘斜线纹，每组四至五根；腹部以三至五根细竖线纹间隔成六组，每组绘细密的斜线纹，器耳亦绘细密的斜线。器颈下和器耳下戳印圆形小凹窝。器表打磨光滑。高10.6、口径8、腹径12、底径5厘米（图一七七，2）。

彩陶双耳大口罐　1件。标本87JE－047，夹细砂红陶，大口稍向外侈，束颈，器口外两侧置双耳，扁圆鼓腹，下腹内敛，平底。器表施黄白色陶衣，绘黑彩。器颈绘连续横条带纹；腹部纹样两分，绘两组相对的斜线纹，两侧线条略粗，构成倒三角纹样；上部空白处添补小的倒三角一至两组，小三角内绘斜线；器耳及耳部以下绘"X"纹。器表打磨。高11.4、口径11.5、腹径13.5、底径7.2、耳宽2.2厘米（图一七七，4）。

彩陶单耳罐　1件。标本87JE－048，夹少量细砂的红褐陶。直口，高颈，一侧置较大的单耳，耳上端高出器口，鼓腹，平底。器表施红色陶衣，绘黑彩。器口内绘细斜线纹组成的折线，每组三根。器表颈部绘疏朗的网格纹，腹部绘相向的细密斜线纹，器耳及耳下绘疏朗的网格纹。颈下及器耳上下戳印圆形小凹窝。器表打磨光滑。高9、口径6、腹径9、底径4.5、耳宽1.8厘米（图一七七，7）。

夹砂双耳罐　2件。标本87JE－043，夹砂灰褐陶。直口略大，直领，器口外两侧置双耳，球形圆腹，平底。腹上部正中位置前后各捏塑乳突一枚。素面。器表磨光。高13、口径9、腹径13、底径7.2厘米（图一七七，3）。标本87JE－025，夹砂灰褐陶。喇叭状侈口，束颈，斜直领，器口外两侧置双大耳，圆鼓的折腹，平底。素面。器表磨光。高11.8、口径8、腹径12、底径5.6厘米（图一七七，6）。

从上述陶器及彩陶的特征看，二道梁遗址的性质大致分两类：一类属"过渡类型"遗存，如图一七七，1、5、7。另一类已具备了四坝文化早期的特征，如图一七七，2、4即是。但二者之间的时间跨度比较接近。

（三）缸缸洼遗址

遗址位于金塔县大庄子乡永丰村东南8公里，遗址周围已沙漠化，遗址所处荒滩的四周分布高大的沙丘，地表遍布陶片和石器。面积7.5万平方米，文化层厚0.9米。地理坐标为东经99°09′13″，北纬40°08′48″；海拔1204米（见图一七四；彩版一一，1）。

图一七七　二道梁遗址采集陶器

1、2、5. 彩陶双耳罐（87JE－045、87JE－046、87JE－044）　　4. 彩陶双耳大口罐（87JE－047）　　3、6. 夹砂双耳罐（87JE－043、87JE－025）　　7. 彩陶单耳罐（87JE－048）

　　1987 年夏，甘肃省文物考古研究所与金塔县文管所进行文物普查时发现，并采集一批完整陶器，现藏于金塔县文管所。这批遗物均为陶器，含彩陶和夹砂陶。

　　现将 1987 年采集部分标本介绍如下。

　　彩陶四耳罐　1件。标本87JG－052，夹少量细砂的红褐陶。大口微侈，短领，器口外两侧置双耳，扁圆鼓腹，最大腹径处另置腹耳一对，平底。器表施红色陶衣，绘黑彩。器颈内外纹样漫漶不清，肩部绘在两条横带之间绘密集的短竖线纹；腹部纹样四分，主体以"X"为中心，上下左右空白处满绘细三角折线纹，两侧用三列细竖线隔开、空白处添以上下排列的复线三角纹。器表打磨光滑。高18.2、口径14、腹径

图一七八　缸缸洼遗址采集陶器

1. 小口长颈壶（87JG－?）　　2、5. 彩陶双耳盆（87JG－066、87JG－056）　　3. 彩陶四耳罐（87JG－052）

4. 夹砂绳纹罐（87JG－061）　　6. 彩陶单耳罐（87JG－060）

23.5、底径 11.5 厘米（图一七八，3）。

彩陶双耳大口盆　2 件。标本 87JG – 066，泥质红陶。大口外侈，束颈，器口外两侧置较大的双耳，扁圆鼓腹，平底。器表绘彩部位施紫红色陶衣，绘黑彩。器颈绘横条带纹；腹部绘四组斜折线纹，每组三根。器表打磨光滑。高 12、口径 14、底径 7.5 厘米（图一七八，2）。标本 87JG – 056，夹细砂红陶。大口外侈，束颈，器口外两侧置双耳，扁圆弧腹，平底。器表施红色陶衣，绘黑彩。器颈绘横条带纹，空白处绘十个 "Z" 字纹。器表打磨光滑。高 10、口径 13.7、腹径 15、底径 6.8 厘米（图一七八，5）。

彩陶单耳罐　1 件。标本 87JG – 060，泥质灰褐陶。侈口，斜直窄沿，一侧置较大的单耳，折腹，平底。器表施红色陶衣，绘黑彩。器领部绘横条带纹，腹部用较粗的斜线分隔，空白处绘上下叠置的 "X" 纹，中心绘菱形纹。器表打磨光滑。高 12.4、口径 11.6、腹径 13.6、底径 7.4 厘米（图一七八，6）。

夹砂绳纹罐　1 件。标本 87JG – 061，夹砂灰褐陶。侈口，束颈，斜直高领，器口外两侧置双耳，球形圆腹，平底。器耳上下端贴塑乳钉。颈部素面，腹部通体拍印细密的竖绳纹。高 11.8、口径 9、腹径 12、底径 6.2 厘米（图一七八，4）。

小口长颈壶　1 件（编号不详）。仅存器口和肩部。夹砂灰褐陶。小口，尖圆唇，长颈，圆鼓肩，以下残失。器口外侧翻卷叠置加厚，戳印一周联珠纹。器表略经打磨。残高 8.3、口径 8.4 厘米（图一七八，1）。

根据上述器皿及彩陶花纹的特征看，缸缸洼遗址的文化性质比较单一，大部分属于四坝文化初期阶段，但个别器物仍遗留有 "过渡类型" 作风。

拾陆　玉门市

　　玉门市位于甘肃省西部，河西走廊中段。东与嘉峪关市、金塔县为邻，西接瓜州县，南靠肃北蒙古族自治县、肃南裕固族自治县，北面是肃北蒙古族自治县的马鬃山区飞地。地理位置为东经 $96°31'07''$ ~ $98°22'09''$，北纬 $39°38'12''$ ~ $40°54'30''$。面积 14000 平方公里（图一七九）。

　　玉门地处祁连山北麓石油河畔，此地原为戈壁荒滩。1939 年，在此发现石油，后来才开始出现居民点，并在此基础上逐渐发展起来。政府驻地原在南部的石油城，现已迁至西部的玉门镇。市内地势南高北低，南面为祁连山地，最高峰妖魔山海拔 4585 米，山地海拔多在 3000 米以上。西南一带为昌马盆地，是农业区。北部为马鬃山山地，海拔 1400 ~ 1700 米。南北两山之间为走廊地带，海拔从 2600 米降至 1200 米。玉门境内戈壁分布广泛，花海东侧有沙丘分布，河流两岸和冲积低平地带有部分绿洲，著名的有玉门绿洲和花海绿洲。

　　境内主要河流有疏勒河（上游称昌马河）、石油河、白杨河和小昌马河，均属内陆河，年径流量 11 亿立方米。所有河流均源自祁连山，靠冰雪融水和雨水补给。以疏勒河流量最大，年均流量每秒 28.2 立方米。本市大部地区为大陆性中温带干旱气候，南部前山地带属高寒半干旱气候。年均温 7℃，年降水 56 毫米，蒸发量高达 3000 余毫米。境内植被环境较差，前山地带有较好的草被和稀疏的灌木林；戈壁、沙丘和北山一带草被稀疏；绿洲边缘的湖滩地草被较好。

　　玉门，汉属酒泉郡之玉门、池头、乾齐三县。晋因之，增骍马县。隋为玉门县。唐属肃州，后陷吐蕃。宋属西夏。元属沙州、肃州二路。明永乐初，元故丞相苦术子塔力尼降，设赤金蒙古千户所，八年（1410 年）升为卫。成化十九年（1483 年），为邻番野乜克力所破。明及清为哈密别邑。康熙设赤金卫。雍正四年（1726 年）并二卫为玉门，延续至今。1955 年建市。全市人口 17 万，包括汉、回、蒙、藏、东乡等 29 个族群。

　　玉门的考古工作可以追溯到 20 世纪 20 年代。瑞典学者贝格曼（F. Bergman）在 1939 年发表的《新疆考古研究》一书提到，1927 年，中（国）瑞（典）两国合组西北科学考察团，随斯文·赫定（Sven Anders, Hedin）前往中国西北考察的瑞典地质学

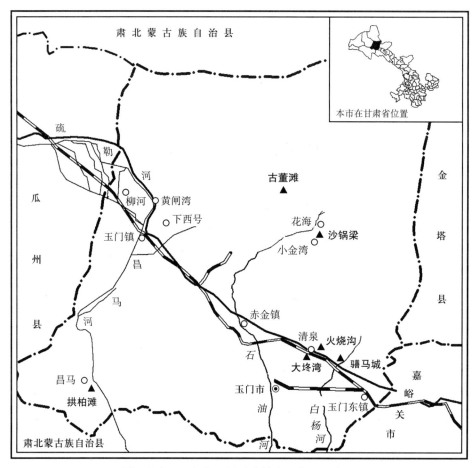

图一七九　玉门市地图及史前遗址位置示意图

家布林（B. Bohlin）博士和贝克塞尔（Bexell）博士在肃州（酒泉）东南的玉门发现彩陶，但材料至今未见发表。后来安特生见过这批东西，他介绍说，上述发现包括一件近乎完整的陶碗（应为彩陶盆）和一些彩陶片。其中，陶碗与他在狄道（今临洮）购买的一件器物（K5215）特征非常相似。陶片也符合他所了解的马厂居址所出陶器的风格，因此他认为这批遗物属马厂期①。但这批遗物究竟性质如何？至今仍是个谜。但在玉门发现有马厂文化或"过渡类型"的遗存是完全有可能的。

　　此后，玉门的考古工作到 20 世纪 50 年代修建兰新铁路时才又有新的发现。1956年，在白杨河岸一侧出土一批很有特点的陶器，后被命名为"骟马式陶器"②。1976

① Andersson，J. G.（1943），Researches into the Prehistory of the Chinese，*BMFEA*. No. 15，pp. 278 – 279，Stockholm.

② 甘肃省博物馆：《甘肃古文化遗存》，《考古学报》1960 年 2 期 11 ~ 52 页。

年，玉门市清泉乡修建学校发现了火烧沟墓地。甘肃省博物馆文物工作队前往发掘，清理四坝文化墓葬 312 座，出土了大批珍贵的文物①。

1986 年 9 月，河西史前考古调查队从安西县（今瓜州）转入玉门镇调查。根据当地文化馆提供的信息，我们先后在玉门境内调查了昌马乡拱柏滩、清泉乡火烧沟和骟马城、花海乡沙锅梁等遗址，采集一批遗物。此外，我们在玉门镇文化馆（现玉门市博物馆）发现一批当地收藏的文物，并进行了绘图、拍照等资料收取工作。

1988 年，在玉门市征集一件四坝文化的陶塑人物立像，高 21.5 厘米②。

进入 21 世纪以来，甘肃省文物考古研究所为配合西气东输工程，在玉门境内进行了一系列的考古调查和发掘，其中比较重要的有 2003 年对蚂蟥河墓群③的发掘、2004 年对清泉乡火烧沟（骟马文化）遗址的发掘④，并新发现了大垒湾四坝文化遗址⑤。目前，玉门市共发现史前时期的遗址 11 处（见附录一）。现将我们的调查收获介绍如下。

（一）火烧沟遗址

位于清泉乡火烧沟村东清泉中学西侧及校外一部分，遗址南临兰新公路，西侧有一条较大的冲沟，即火烧沟。沟西为火烧沟村（原清泉乡所在地）。地理坐标为东经 97°42′01″，北纬 39°56′18″；海拔 1774 米（见图一七九；彩版一一，2）。

20 世纪 70 年代中期，当地在营建清泉中学时发现这处墓地，其中心位置在学校西院墙内外一带。1976 年，甘肃省博物馆文物工作队进行了正式发掘，清理墓葬 312 座，出土大量陶器、铜器及少量金银器、玉器。墓葬形制为竖穴土洞墓和长方形竖穴土坑墓，以单人仰身直肢葬为主，墓主头向东，超过 1/3 的墓随葬铜器⑥。

1986 年秋，河西史前考古调查队前往该址调查，目的是为了寻找火烧沟的聚落。火烧沟口两侧的断崖高 7~8 米，剖面显示下部为纯净的戈壁砂砾层，上部覆盖 2 米左右的黄土。据当地村民介绍，火烧沟内原来泉水淙淙，遗址东侧断崖下即有泉眼出露，所谓"清泉"即得名于此。火烧沟墓地位于南北两山之间的浅丘陵地带，南面是地势较平坦的戈壁，北面地形也较平缓，为浅山丘陵。

① 甘肃省博物馆：《甘肃省文物考古工作三十年》，《文物考古工作三十年》（1949~1979）139~153 页，文物出版社，1979 年。

② 中国文物服务交流中心等编：《中国文物精华》，文物出版社，1990 年。

③ 甘肃省文物考古研究所：《甘肃玉门蚂蟥河墓群发掘简报》，《考古与文物》2005 年 6 期 14~18 页。

④ 发掘资料待发表。

⑤ 2007 年 6 月，河西走廊环境考古考察队再次考察了该遗址，有关资料详见本书。

⑥ 甘肃省博物馆：《甘肃省文物考古工作三十年》，《文物考古工作三十年》（1949~1979）139~153 页，文物出版社，1979 年。

在墓地所在区域，1976 年挖掘的有些墓坑仍历历在目。墓坑断面上部保留有厚0.15 米的文化层，叠压在墓坑之上。文化层土色灰褐，比较松散，惜未发现任何遗物[①]。在墓地以南、兰新公路南侧一带，采集到少量遗物，估计有可能是聚落位置所在，但详情还有待进一步调查[②]。另在酒泉市博物馆收藏一批当年在火烧沟发掘出土的随葬品，经征得该博物馆同意，现一并介绍如下。

1. 1986 年调查采集品

火烧沟墓地采集的陶器质地、陶色及彩陶风格与酒泉干骨崖遗址完全一致。但彩陶所占比例更高，达到 50% 左右。大部分彩陶施红色陶衣，部分施黄白色陶衣，绘浓稠的黑彩。纹样均为几何纹。夹砂陶常见刻划纹、压印纹、乳钉、凹弦纹，典型的方格纹也见到一例。器类以各种带耳罐、壶为大宗。陶器基本组合有彩陶双耳罐、夹砂双耳罐、四耳带盖罐、豆和腹耳壶等。

（1）石器

主要有磨制的石刀、打制石斧和盘状器等。

石刀 1 件（残）。标本 86YH－015，残存一半。磨制。原器应为圆角长方形，中间部位稍宽，中心对钻一孔，双面弧刃。残长 7、宽 5.2、厚 0.5 厘米（图一八〇，6）。

斧 1 件。标本 86YH－016，墨绿色石质。打制，周边略经粗磨。器形厚重，器表一面圆弧，一面较平，单面斜刃（似残断所致）。（残）长 9、宽 8、厚 3.3 厘米（图一八〇，2）。

盘状器 2 件。标本 86YH－017，红褐色石质，系利用自然砾石打片制成。近圆角长方形，一面保留大部分砾石表皮，另一面为劈裂面。除顶端外，其余三面均双面打出器刃。长 9.6、宽 8.1、厚 2.3 厘米（图一八〇，1）。标本 86YH－018，白色石质，系利用自然砾石打片制成。近圆形，一面局部保留砾石表皮，另一面为劈裂面。周边双面打出器刃。直径 8、厚 3.2 厘米（图一八〇，3）。

穿孔砺石 1 件。标本 86YH－019，黑色石质，原料为平面呈三角形的扇面砾石，略经修整而成。器顶端单面钻一圆孔，底端为较圆钝的扇形器刃，无刻意加工，也有可能是随身佩戴的砺石。残长 8.7、宽 9.8 厘米（图一八〇，5）。

（2）陶器

采集品全部为陶片。以夹砂红陶、夹砂褐陶为主，器类有双耳罐、腹耳壶、羊角

---

① 此文化层被认为属于时代略晚的骟马文化，参见甘肃省博物馆：《甘肃省文物考古工作三十年》，《文物考古工作三十年》（1949～1979），文物出版社，1979 年。

② 2004 年，甘肃省文物考古研究所为配合嘉（峪关）安（西）高速公路修建，发掘了公路南侧的遗址，证实这是一处骟马文化的聚落，但在骟马文化层的下部也叠压有少量的四坝文化的地层。

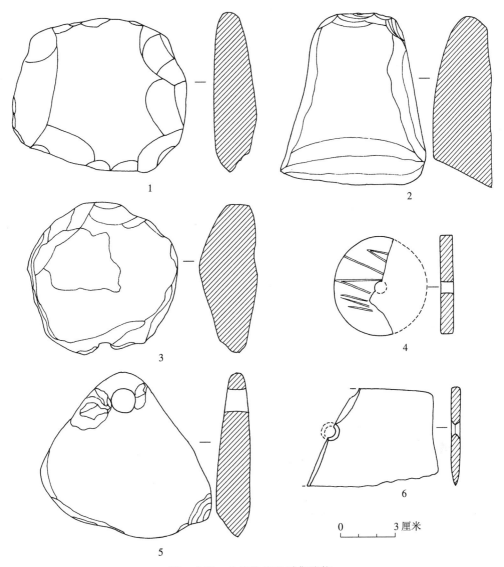

图一八〇 火烧沟遗址采集遗物

1、3. 石盘状器（86YH－017、86YH－018） 2. 石斧（86YH－016） 4. 陶纺轮（86YH－001） 5. 穿孔砺石（86YH－019） 6. 石刀（86YH－015）

耳壶、筒形盖罐、器盖等，彩陶均施红色陶衣、紫红衣，绘浓稠黑彩几何纹。

纺轮 1件。标本86YH－001，残缺一半。夹砂红陶。圆饼形，两面平整，中央钻一圆孔。器表一面素面，另一面刻划"N"形纹等。直径5.2、厚0.8厘米（图一八〇，4）。

筒形罐盖 1件。标本86YH－002，残存器盖残片。夹砂灰陶，内壁红色（似为红色颜料的痕迹），器表残留烟炱痕。口沿残失，弧曲盖壁，盖顶面平整，两侧置双耳（残）。素面。残高4.4、口径约26、底径25厘米（图一八一，1）。

器盖　1件。标本86YH－008，残存提纽部分。夹砂褐陶。原器应为斗笠状。素面。残高4、提纽直径5.2厘米（图一八一，6）。

瓮底　1件。标本86YH－009，残存器底。夹砂灰褐陶。弧腹，平底。素面。残高6.8、底径14厘米（图一八一，2）。

器口　3件。标本86YH－003，夹砂褐陶，内壁紫色。叠卷圆唇。素面。残高6厘米（图一八二，1）。标本86YH－006，双耳罐口沿残片。夹砂红陶，器表施红色陶衣，绘黑色彩。侈口，圆唇，器口外两侧置双耳。口沿内绘横条带纹和短斜线纹，器口沿

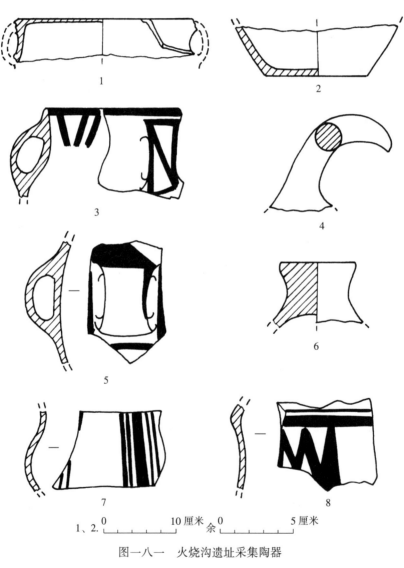

图一八一　火烧沟遗址采集陶器

1. 筒形罐盖（86YH－002）　2. 瓮底（86YH－009）　3. 器口（86YH－006）　4、5. 器耳（86YH－005、86YH－007）　6. 器盖（86YH－008）　7、8. 彩陶片（86YH－012、86YH－011）

绘横条带纹，器耳绘"N"字纹。残高6厘米（图一八一，3）。标本86YH－010，夹砂红陶。内折敛口，小方唇，斜领。器表施紫红色陶衣，绘黑彩。器表绘横条带纹。残高4.5厘米（图一八二，2）。

器耳　2件。标本86YH－005，弯曲的圆锥羊角形器耳。夹砂褐陶。器表原施一层陶衣，脱落。直径2厘米（图一八一，4）。标本86YH－007，腹部器耳。夹砂红陶。器表施红色陶衣，绘黑彩几何纹（图一八一，5）。

彩陶片　5件。标本86YH－011，腹部残片。夹砂红陶，薄胎。器表施紫红色陶衣，绘黑彩横条带纹和折线纹（图一八一，8）。标本86YH－012，彩陶双耳罐腹部残片。夹细砂褐陶，薄胎。器表施红色陶衣，绘浓稠黑彩竖条带纹（图一八一，7）。标本86YH－013，领部残片。泥质灰褐陶。器表内外橙黄色，施褐色陶衣，绘黑彩横条带纹（图一八二，4）。标本86YH－014，腹部残片。夹砂红陶。器表施黄白色陶衣，绘黑彩横竖条带和斜线纹（图一八二，5）。

彩绘符号　1件。标本86YH－004，罐底残片。泥质灰褐陶，薄胎。器底部用浓稠的黑彩绘"X"符号。底径5.3厘米（图一八二，3）。

2. 酒泉市博物馆藏品（1976年出土）

1976年，火烧沟墓地发现之初，曾在该址收集一批当地修建学校挖出的遗物（均为随葬品，包括玉石器、铜器和陶器等）。后来这批最早挖出的遗物及少量已有单位编号的随葬品交由酒泉博物馆举办文物展览，后留在了当地。兹介绍这批遗物如下。

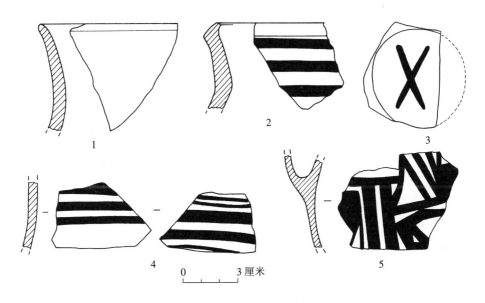

图一八二　火烧沟遗址采集陶器

1、2. 器口（86YH－003、86YH－010）　3. 彩绘符号（86YH－004）　4、5. 彩陶片（86YH－013、86YH－014）

（1）石器

石刀　5件。标本76YH－033，砂岩。磨制精细。圆角长方形，靠近刀刃一侧对钻二孔，双面弧刃。长9.9、宽3.8、厚0.4厘米（图一八三，1）。标本76YH－034，砂岩。磨制较精细。圆角长方形，靠中间部位对钻二孔，双面直刃。长8.8、宽4.3、厚0.95厘米（图一八三，5）。标本76YH－035，砂岩。磨制。圆角长方形，一侧残留琢制留下的疤痕，中心对钻一孔，双面弧刃。长11.1、宽4.5、厚0.95厘米（图一八三，2）。标本76YH－036，砂岩。磨制。圆角梯形，靠中心位置对钻一孔，双面直刃。长9.2、宽4.3、厚0.65厘米（图一八三，3）。标本76YH－005，页岩。圆角长方形，靠中心位置对钻一孔，双面直刃。刃部使用痕迹明显，中间已磨出一内凹的使用区域。长10.3、宽5、厚0.5厘米（图一八三，4）。

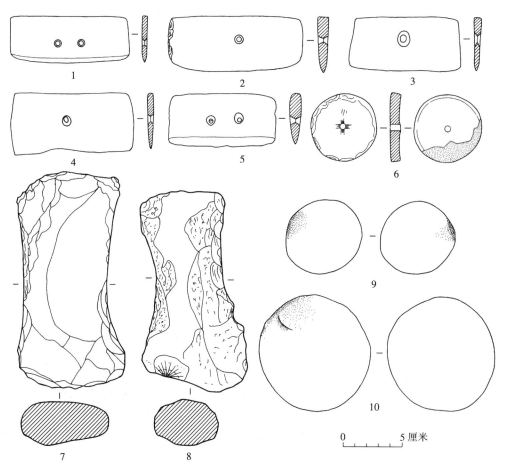

图一八三　酒泉市博物馆藏火烧沟墓地出土遗物

1～5. 石刀（76YH－033、76YH－035、76YH－036、76YH－005、76YH－034）　6. 陶纺轮（76YH－021）

7、8. 石手斧（76YH－004、76YH－010）　9、10. 石球（76YH（B）-017、76YH（B）-016）

手斧 2件。标本76YH-010，用河卵石打片制作。圆角长方形亚腰，横断面椭圆形。下端刃部展宽成扇形，双面弧刃。器表一面保留部分砾石表皮，另一面为劈裂面，周边大部经击打修整。长16、亚腰宽5.5、刃宽8.7、厚3.7厘米（图一八三，8）。标本76YH-004，用河卵石打片制作。圆角长方形亚腰，横断面扁圆，下端刃部展宽成扇形，双面弧刃。器表一面保留部分砾石表皮，另一面为劈裂面，周边打制修整。长17.3、亚腰部分宽7、刃宽9、厚3.5厘米（图一八三，7）。

石球 2件。标本76YH（B）①016，石英质地。利用天然球形砾石略经打磨加工而成。圆球形。直径9厘米（图一八三，10）。标本76YH（B）-017，变质岩。利用天然球形砾石略经打磨加工而成。扁球形。长径6.3、短径5.8厘米（图一八三，9）。

石臼 1件。标本76YH（B）-018，原器应为小碗形状，仅残存器口至接近器底边缘一部分。圆形直口，厚方唇，竖直腹壁，残存腹壁一块，底部残（从走向看应为锅底状，圜底直壁）。外壁自器口以下至上腹部刻划横线和连续的"人"字折线纹，内壁素面。残高4.5、厚1.2厘米（图一八四，5）。

权杖头 1件。标本76YH-008，似为汉白玉。磨制。圆球形，中心纵向穿一圆孔。表面略经打磨。高5.9、直径6、孔径2厘米（图一八四，7）。

（2）铜器

铜泡 1件。标本76YH-007，平面圆形，断面小半圆形，凸面素雅无纹。凹面中央置桥形纽，上有一穿。直径4.2、纽长1.8、孔径0.2厘米（图一八四，3）。

铜削 1件。标本76YH-009，扁长条状，后端残缺部分，前锋舌形，直背直刃，背部稍厚，双面刃。残长8.4、宽1.8、背厚0.35厘米（图一八四，2）。

铜刀 1件。标本76YH-006，扁长条状，前锋残缺少许（推测为尖锥形），弧背，直刃（锈损严重），刀柄略窄。残长11、刃部宽2.2、柄部宽1.6、刀背厚0.45厘米（图一八四，1）。

（3）骨器

骨锥 3件。磨制。均为长条锥形，前端锥尖部位断面椭圆形，后端锥柄部位断面长扁圆形。标本76YH-001，长7、宽0.7、厚0.3厘米（图一八四，4）。

（4）陶器

彩陶双耳罐 7件。标本76YH-M1：1，夹砂红陶。手制。厚胎。微侈口，圆唇，直颈，器口外两侧置双大耳，扁圆形垂腹，下腹内敛，腹最大径位置捏塑四枚椭圆形乳突，平底。器表绘极浓稠厚重的紫褐色彩。口沿内绘横条带纹、连续短竖线构成的梳齿纹，二分式，每组八根；外彩自器口一直延续到下腹部，口颈部绘宽带横线纹间

---

① 原编号如此，其意不明。

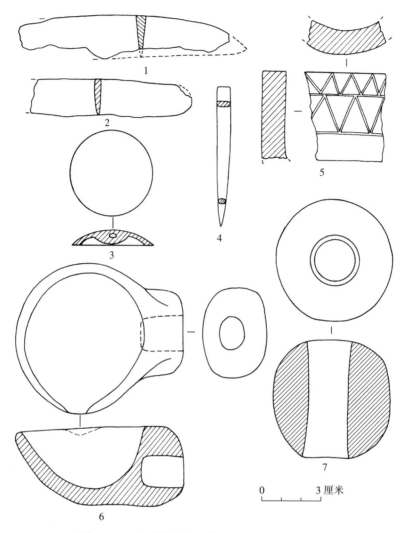

图一八四　酒泉市博物馆藏火烧沟墓地出土遗物

1. 铜刀（76YH－006）　2. 铜削（76YH－009）　3. 铜泡（76YH－007）　4. 骨锥（76YH－001）
5. 石臼（76YH（B）－018）　6. 陶勺（76YH－M5：1）　7. 石权杖头（76YH－008）

连续菱形纹；腹部图案四分，主纹样为上下结构的"S"状回形网格纹，两组图案之间绘竖线和竖向排列的连续菱格带纹；近器底处绘三枚"心"形纹。器耳绘横竖线纹，间以斜线纹，上下共三组。高9.2、口径6.9、腹径11.4、底径4.1、耳宽2厘米（图一八五，1）。标本76YH－02，夹细砂红褐陶。手制。喇叭口外侈，尖圆唇，斜直高领，束颈，器口外两侧置双耳，椭圆形折腹，腹最大径位置捏塑四枚椭圆形乳突，平底。器表施紫红色陶衣，绘黑彩。口沿内绘横条带纹、短竖线纹，四分式结构；外彩从器口延至器腹最大径处，器领绘上下两组短横线纹，颈部绘横条带纹，腹部绘粗细

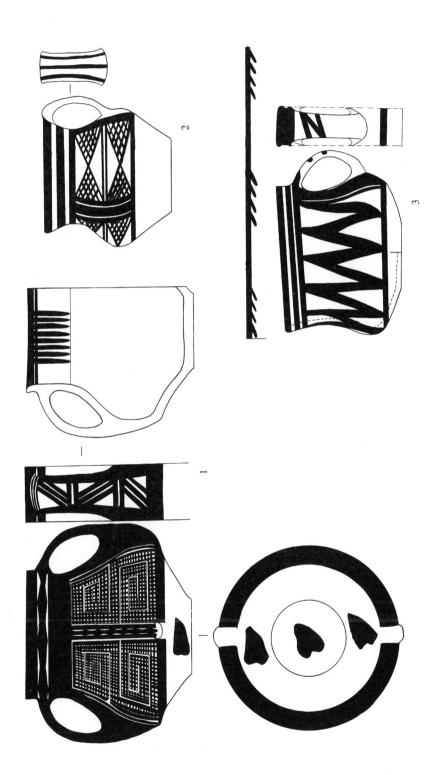

图一八五　酒泉市博物馆藏火烧沟墓地出土彩陶

1. 彩陶双耳罐（76YH－M1∶1）　2. 彩陶单耳罐（76YH－M18∶3）　3. 彩陶单把杯（76YH－M14∶4）

线构成的折线纹，两侧线条较粗，中间绘三条细线。器耳在横竖线之间绘"X"纹、双"X"纹。高13.8、口径9.2、腹径16.8、底径6.4、耳宽2.4厘米（图一八六，6）。标本76YH－04，夹细砂红褐陶。手制。喇叭口外侈，尖圆唇，斜直高领，束颈，器口外两侧置双大耳，扁圆形下垂折腹，腹最大径位置捏塑四枚乳突，平底。器表施紫红色陶衣，绘浓稠黑彩。口沿内绘横条带纹、竖列短折线纹，四分结构；外彩从器口延至器腹最大径处，器领绘横条带纹，其间绘连续菱形纹。腹部纹样四分，以竖向排列的交错横列"山"字纹作间隔两条竖置宽带纹之间穿插"E"字形短线纹六组，主纹样为上下叠置的栅栏纹，呈上窄下宽的梯形。器耳上下绘横线和双"X"纹。高13.4、口径10、腹径18.5、底径8、耳宽2.4厘米（图一八六，1；彩版一二，1）。标本76YH－07，夹细砂红褐陶。手制。喇叭口外侈，尖圆唇，斜直高领，束颈，器口外两侧置双大耳，椭圆形垂腹，最大腹径位置捏塑四枚不很明显的椭圆形乳突，平底。器表施紫红色陶衣，绘浓稠黑彩。口沿内彩绘横条带纹、短竖折线纹，四分结构；外彩从器口延至器腹最大径位置。器领绘横条带纹，其间连续菱形纹。腹部画面两分，主纹样为粗细线构成的斜线，两侧线条粗，中间两至三条细线。器耳上下绘横线纹和双"X"纹。高11、口径8.5、腹径12.6、底径4.2、耳宽1.5厘米（图一八六，8）。标本76YH－M7：2，夹细砂红褐陶。手制。喇叭口外侈，尖圆唇，斜直领，束颈，器口外两侧置双大耳，椭圆形下垂折腹，下腹内敛，平底。器表及口沿内绘黑彩。口沿内绘网格纹五组，每组之间用四条短竖线隔开；外彩从器口延至腹中部。器领绘横条带纹，其间绘连续菱形纹。腹部图案四分，主纹样为长方形网格纹，主纹样之间用竖折线隔开。器耳绘同类折线纹。高11、口径8.2、腹径13.4、底径6、耳宽1.9厘米（图一八六，7）。标本76YH－M17：1，夹细砂红褐陶。手制。喇叭口外侈，尖圆唇，斜直领，束颈，器口外两侧置双大耳，椭圆形垂折腹，平底。器表及口沿内绘黑彩。口沿内绘横条带纹、短竖线和折线纹，四分结构；外彩从器口延至器腹中部。器领绘横条带纹，其间绘六组"Z"字纹；腹部绘粗细斜线纹，两侧粗线，中间细线三条。器耳上下绘横向宽带纹、双"X"纹。高11.8、口径9.2、腹径14.2、底径6、耳宽2.2厘米（图一八六，2；彩版一二，2）。76YH－M18：6，夹细砂红陶。手制。喇叭口外侈，尖圆唇，斜直领，束颈，器口外两侧置双大耳，椭圆垂腹，平底。器表及口沿内施红陶衣，绘黑彩。口沿内绘横条带纹、短竖线和折线纹，四分结构。外彩从器口延至器腹中部，器领绘横条带纹，其间连续菱形纹。腹部绘粗细斜线纹，两侧绘粗线，中间绘细线两条。器耳上下绘横线纹、双"X"纹。高9.8、口径8、腹径11.6、底径4、耳宽2厘米（图一八六，4）。

彩陶单耳罐　1件。标本76YH－M18：3，夹砂红褐陶。手制。喇叭口，圆唇，斜直领，束颈，器口外一侧置单大耳，鼓腹，平底。器表和口沿内绘黑褐彩。口沿内绘

图一八六　酒泉市博物馆藏火烧沟墓地出土彩陶

1、2、4、6~8. 彩陶双耳罐（76YH－04、76YH－M17：1、76YH－M18：6、76YH－02、76YH－M7：2、76YH－07）　3. 彩陶小口壶（76YH－03）　5. 彩陶四耳罐（76YH－06）

横条带纹、短竖线和折线纹，四分结构。外彩从器口延至下腹，器口外绘三组横条带纹，腹部主纹样三分结构，主体为对三角网格纹，上下两组构成一幅，以横条带纹间隔；每组主纹样之间用竖条带纹分隔。器耳绘三道竖条纹。高7、口径6、腹径7.5、底径4、耳宽1.5厘米（图一八五，2）。

彩陶单把杯　1件。标本76YH－M14：4，夹砂红褐陶。手制。大口外侈，圆唇，弧曲鼓腹，器口外一侧置单大耳，平底。器表施黄白色陶衣，绘黑褐彩。口沿内绘横条带纹和四组短斜线纹，每组四根；外彩从器口延至近底部，器口外绘三条横线纹，腹部主图案为折曲线纹。器耳绘"Z"字纹。高6.4~6.9、口径7.9、腹径8.8、底径3.5、耳宽1.25厘米（图一八五，3；彩版一二，3）。

彩陶小口壶　1件。标本76YH－03，夹细砂红褐陶。手制。喇叭状小口，圆唇，束颈较高，器口外侧捏塑四枚对称下垂的扁圆乳突，椭圆形下垂扁腹，腹最大径位置捏塑四枚椭圆形乳突，平底。器表施紫红色陶衣，绘黑彩。口沿内绘横条宽带、短竖线和折线纹，四分结构。外彩自器口延至腹中部：器领绘三条宽带纹；腹部纹样四分，以竖列连续"蜥蜴"纹作间隔，主纹样为">"状折线纹，线条粗细不等。高14.4、口径10、腹径18、底径8厘米（图一八六，3；彩版一二，4）。

彩陶四耳罐　1件。标本76YH－06，夹砂红陶。手制。喇叭口，尖圆唇，束颈，球形圆腹，器口外两侧和下腹各置一对器耳，平底。器表施黄白色陶衣，色泽不匀，局部泛红色，绘黑褐彩。口沿内绘"M"、"W"纹，外彩从器口延至近底处。器领绘反向的"Z"字纹。腹部图案四分，中间以竖向排列的一组"Z"字纹间隔，主纹样为左右相对、上下连续的三角折线纹。器耳绘一组竖列"Z"字纹。高15.6、口径10、腹径14.6、底径7厘米（图一八六，5；彩版一二，5）。

彩陶盘　1件。76YH－M103：？（编号不详），夹细砂红陶。手制，器形不甚规整，表面较粗糙。喇叭状大口，圆唇，口沿一侧置上翘的三角形小錾，上有两个小穿孔，斜弧腹，平底。器表内外施黄白色陶衣，绘黑褐彩。器表内外在横带纹之间绘连续的正向或反向"Z"字纹。通高4.2~4.8、口径14、底径6厘米（图一八七，1；彩版一二，6）。

彩陶盘口壶　1件。标本76YH－01，夹砂红褐陶。手制。喇叭口外侈，盘口造型，尖圆唇，束颈较细，球形圆腹，腹中部有一椭圆形穿孔，最大腹径处置双耳，平底。器表施紫红色陶衣，绘黑彩。器口内绘横条带纹、短竖线和折线纹四组；器表从器口至器腹中部绘棋盘格纹，结构为国际象棋式，区别是一方格空白、一方格网格。器耳所绘花纹与腹部相同。高22、口径10.8、腹径19.2、底径7.6厘米（图一八七，4）。

陶勺　1件。标本76YH－M5：1，夹砂红褐陶。厚胎。手制。勺子俯视为圆形，侧视近半圆形，底部锅底形，一侧有流口，后端有一装柄的短把，横断面近椭圆形，中心有一未穿透的椭圆孔，供装柄用。素面。勺子口直径7.5、高4厘米，装柄部位长

2、宽 4.2 厘米，柄孔直径 1.35~1.6 厘米（图一八四，6）。

四系罐 1件。标本 76YH-022，夹砂褐陶。手制。器表有烟炱。喇叭口外侈，尖圆唇，束颈，器口沿叠卷加厚，对称设置四耳，椭圆鼓腹，平底。腹上部刻划四组近乎雷同的条带纹，在较长的横线之间刻划短线，腹中部还残留有类似绳纹的痕迹，器耳刻划 "X" 纹。高 8.8、口径 8、腹径 9.7、底径 4.5、耳宽 1.5 厘米（图一八七，3）。

双耳带盖罐 1套。标本 76YH-024，夹砂褐陶。手制。喇叭口，圆唇，斜直高领，束颈，器口外两侧置双耳，球形圆鼓腹，平底。素面。此器配斗笠状器盖，喇叭口，圆唇，盖面斜直，盖顶有亚腰形圆柱状捉纽，捉纽顶面平齐。器高 10、口径 5.8、腹径 9.7、底径 4.2 厘米，器盖高 3、盖口径 5.2、纽径 1.5 厘米（图一八八，2）。

夹砂鋬纽罐 1件。标本 76YH-M18：7，夹砂褐陶。手制。器表残留烟炱痕。喇叭口，尖圆唇，斜直领，束颈，器口外两侧捏塑扁圆形鋬纽，球形圆鼓腹，平底。上腹部饰浅而稀疏的刻划纹。高 10、口径 6、腹径 8.7、底径 4 厘米，鋬纽长 2.3、宽 0.8 厘米（图一八七，5）。

腹耳带盖罐 1件。标本 76YH-029，夹砂红褐陶。手制。罐体呈扁球形，内敛口，切割而成的方唇，扁圆鼓腹，最大腹径处置双耳，平底。器表原似绘有彩，纹样脱落殆尽，漫漶不清。器口上有一斗笠状器盖，系整体制作再切割而成。器盖顶部有扁圆锥形捉纽。器高 8、口径（亦为器盖口径）7、腹径 12、底径 5 厘米，器盖高 5.4、盖纽宽 3、厚 0.5 厘米（图一八八，3）。

夹砂双耳罐 2件。标本 76YH-M16：3，夹砂褐陶。手制。侈口，尖圆唇，斜直领，器口外两侧置双大耳，球形圆腹，下腹内敛，平底。器颈饰一周纽索状附加堆纹，腹部饰交错细绳纹，纹饰印痕较深，也较杂乱，器耳上部贴塑一圆饼小乳钉。高 11、口径 7.2、腹径 9.8、底径 4.5 厘米（图一八七，2）。标本 76YH-M16：1，夹砂褐陶。手制。大喇叭口，圆唇，斜直领，束颈，器口外两侧置双耳，球形圆鼓腹，平底微凹。上腹饰细而疏杂的类绳纹，颈部有刮抹痕。器耳上和器下部戳印椭圆形点纹。高 18.6、口径 15.5、腹径 19.2、底径 9.5、耳宽 2.6 厘米（图一八七，6）。

四耳带盖罐 2件。标本 76YH-014，夹砂红褐陶。手制。素面。整体球形，口部有盖，系与器身整体制作再切割而成。罐整体呈球形，内敛口，切割成的方唇，口沿两侧和腹中部置两对器耳，平底。素面。盖为斗笠状，顶端有圆柱状捉纽。高 19.6、口径 12、腹径 22、底径 12 厘米，器盖高 4.4、纽径 3.2 厘米（图一八八，1）。标本 76YH-015，夹砂红褐陶。手制。素面。此器与器盖系分别制作。罐整体近扁球形，口部有斗笠状器盖，顶面有蘑菇状捉纽。罐的最大腹径位置靠上，内敛口，圆唇，口沿外和器腹中部置两对器耳，平底。器高 13.2、口径 10.5、腹径 19、底径 6.8 厘米，器盖高 4.8、纽径 4 厘米（图一八八，4）。

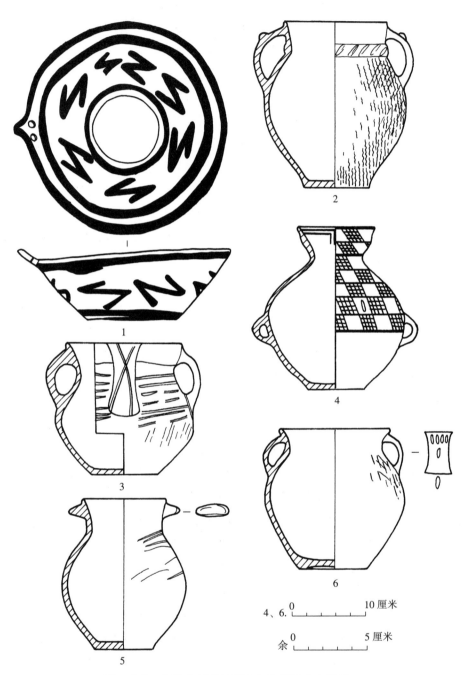

图一八七　酒泉市博物馆藏火烧沟墓地出土陶器

1. 彩陶盘（76YH－M103：?）　　2、6. 夹砂双耳罐（76YH－M16：3、76YH－M16：1）　　3. 四系
罐（76YH－022）　　4. 彩陶盘口壶（76YH－01）　　5. 夹砂鋬纽罐（76YH－M18：7）

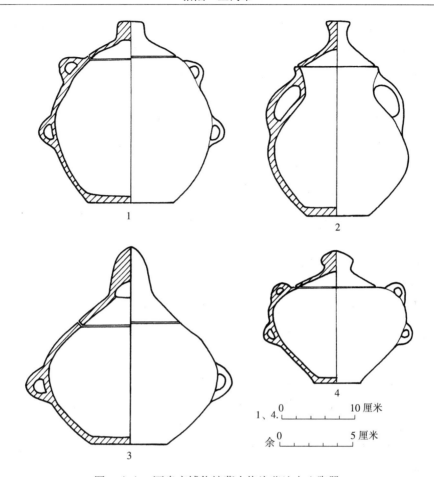

图一八八　酒泉市博物馆藏火烧沟墓地出土陶器

1、4. 四耳带盖罐（76YH－014、76YH－015）　2. 双耳带盖罐（76YH－024）　3. 腹耳带盖罐
（76YH－029）

纺轮　1件。标本76YH－021，夹砂红褐陶。圆饼形，中间有一圆形穿孔。一面较平整，表面原来似有彩绘，脱落不清；另一面周边和圆孔四周微微上翘。中心小孔四周刮抹出"十字"痕迹。直径5.4、厚0.85厘米（图一八三，6）。

火烧沟墓地的性质为典型的四坝文化。墓地以南公路南侧的地点为遗址，但文化性质尚不明确。

（二）大垱湾遗址

遗址位于玉门清泉乡火烧沟以南、兰新铁路南侧约200米处，遗址地处戈壁滩上，东邻一条南北向冲沟（泄洪河道），现为便道。此地北距原清泉乡所在地直线距离约1公里。地理坐标为东经97°41′50″，北纬39°55′58″；海拔1777米（见图一七九；图版一九，1）。

　　1990 年，甘肃省文物考古研究所王辉、周广济等在玉门进行调查，在兰新铁路南侧不远的戈壁滩上发现该址。2007 年 6 月，甘肃省文物考古研究所与北京大学、中国社会科学院考古研究所、北京科技大学冶金与材料史研究所等单位再次进行调查，并采集一批遗物。

　　遗址所在的戈壁台地中央高、四周低，范围不很大。地表遍布大小不等的砾石，随处可见红陶和彩陶碎片，有几处被挖过的痕迹，露出砾石下面灰褐色的文化层。文化层内土质松软，夹杂兽骨、陶片和炭渣等，深度不详。地表遗留有碎铜渣、打制石片等（图版一九，2）。从采集的陶片可知，这里应该是个聚落遗址，陶器个头普遍较大，与酒泉三坝洞子的内涵接近，属于四坝文化。地表所见石器不多，仅发现存留一件石磨盘残件。

　　现将此地采集遗物介绍如下。

　　（1）石器

　　石斧　1 件。标本 07YD - 022，黑色戈壁砾石。打制。长条舌形，残存前半截双面弧刃。残长 7.5、宽 4.2、厚 0.5 厘米（图一八九，3）。

　　（2）陶器

　　均系陶片，以泥质和夹砂红陶和红褐陶为主，部分灰褐陶。火候普遍较高，质地坚硬。无可复原者。可辨器形以罐类器为最，多数为双耳罐或腹耳壶。采集彩陶甚多，器表均施红衣，绘黑彩。彩陶特点是颜料不是很浓，构图较流畅。

　　几何纹彩陶罐口片　1 件。标本 07YD - 005，夹砂红陶，胎芯红褐色。内外壁施红衣，绘黑彩。口沿内绘宽带纹，口沿外绘较宽的横条带和斜线几何纹。残高 4.7 厘米

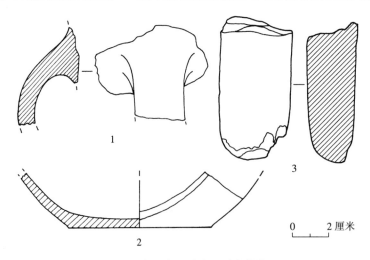

图一八九　大坳湾遗址采集遗物

1. 陶器耳（07YD - 020）　　2. 陶罐底（07YD - 021）　　3. 石斧（07YD - 022）

（图一九〇，1）。

　　动物纹彩陶片　4件。标本07YD－009，系口沿以下肩腹部位。夹砂红褐陶，胎芯灰色。器表施红陶衣，绘黑彩。上部绘两道横条带纹，中间绘奔跑的动物纹，动物身体的前半部保存完好，下部绘斜线条带纹（图一九〇，3）。标本07YD－012，泥质红陶，胎芯红褐色。器表施红陶衣，绘黑彩。在横条带纹之间绘动物纹（残存动物后腿和尾巴）（图一九〇，2）。标本07YD－014，泥质红陶，胎芯灰褐色。器表施红褐色陶衣，绘黑彩，在横条带纹之间绘动物纹，上部保留飞鸟纹，可分辨出奔跑的动物头部和尾部（图一九〇，5）。标本07YD－015，泥质红陶，胎芯灰褐色。器表施红陶衣，绘黑彩，在横条带纹间绘奔跑的动物纹，残存动物尾巴和后腿（图一九〇，7）。

　　变形鸟纹彩陶片　5件。标本07YD－004，泥质红褐陶，外表红色，内壁红褐色。器表施红陶衣，绘褐彩，在横线条带间残存少部分变形飞鸟纹，下部绘斜条带纹（图一九〇，8）。标本07YD－008，泥质灰褐陶，胎芯灰色，内壁红褐色。器表施褐色陶衣，绘黑彩。上部在横条带纹之间绘变形飞鸟纹，下部绘三角网格纹（图一九一，7）。标本07YD－013，泥质红陶。器表施红陶衣，绘黑彩，在横条带纹间绘变形飞鸟纹（图一九〇，4）。标本07YD－017，泥质红陶，内壁红褐色。器表施红色陶衣，绘黑彩，在横条带纹间绘变形飞鸟纹（图一九〇，9）。标本07YD－010，泥质红褐陶。器表施红陶衣，绘黑彩。上部在横条带纹之间绘变形飞鸟纹，下部绘斜线纹（图一九一，1）。

　　几何纹彩陶片　8件。标本07YD－001，夹砂红陶。器表施红陶衣，绘黑彩。上部绘横条带纹，中间绘竖线和上下排列的重重短横线，状若梳齿（图一九〇，11）。标本07YD－002，夹砂红褐陶，胎芯褐色。器表施红褐色陶衣，绘黑彩，绘横竖线条组成的几何纹（图一九〇，10）。标本07YD－003，泥质灰褐陶，内壁红色，胎芯灰褐色。器表施褐色陶衣，绘黑彩横条斜线纹（图一九一，4）。标本07YD－006，泥质红陶，内壁褐色，胎芯灰色。器表施红陶衣，绘黑彩横条斜线纹（图一九一，6）。标本07YD－011，泥质红陶，胎芯红褐色。器表施红褐色陶衣，绘黑彩网格纹（图一九一，3）。标本07YD－016，夹砂红陶。器表施红陶衣，绘黑彩宽带纹。由于彩绘时颜料过多，向下流成竖线（图一九一，8）。标本07YD－018，夹砂红褐陶，内壁褐色。绘黑彩，残存条带纹下部边缘部分（图一九〇，6）。标本07YD－019，泥质红褐陶。器表施红褐色陶衣，绘黑彩横条带纹（图一九一，5）。

　　器耳　2件。标本07YD－007，罐类器皿腹部桥形耳残件。夹砂红陶，内壁褐色。器表施红陶衣，绘黑彩横条带纹，器耳绘竖置菱形格（图一九一，2）。标本07YD－020，夹砂红陶，器表色泽不匀，大部分呈土黄褐色。素面（图一八九，1）。

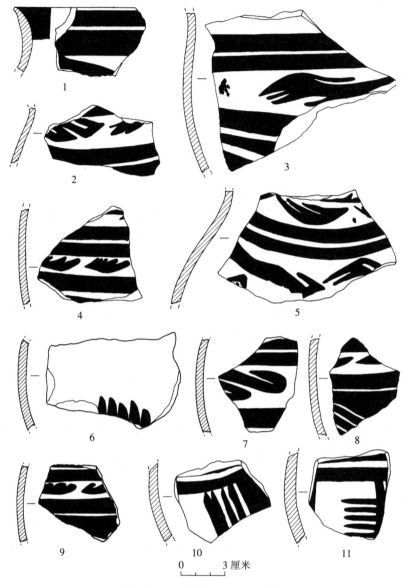

图一九〇　大坞湾遗址采集陶器

1. 几何纹彩陶罐口片（07YD－005）　2、3、5、7. 动物纹彩陶片（07YD－012、07YD－009、07YD－014、07YD－015）　4、8、9. 变形鸟纹彩陶片（07YD－013、07YD－004、07YD－017）　6、10、11. 几何纹彩陶片（07YD－018、07YD－002、07YD－001）

罐底　1件。标本07YD－021，夹细砂灰褐陶，胎芯灰色，器表土黄褐色，内壁褐色。素面。器表抹光。残高3、底径8厘米（图一八九，2）。

根据上述采集遗物可知，大坞湾遗址的文化性质属于典型的四坝文化。其文化面貌与酒泉丰乐乡三坝洞子遗址一致，文化性质相同。该址采集陶片个体均较大，陶胎

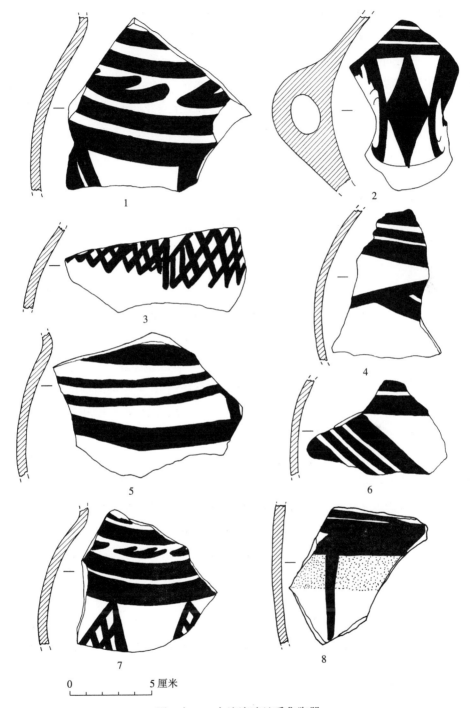

图一九一　大垇湾遗址采集陶器

1、7. 变形鸟纹彩陶片（07YD－010、07YD－008）　　2. 器耳（07YD－007）　　3~6、8. 几何纹彩陶片（07YD－011、07YD－003、07YD－019、07YD－006、07YD－016）

较厚，火候高，可见原器物个体也都比较大，属于日常生活的实用器。

大垡湾遗址的发现非常重要，不仅因为其所处地理位置特殊，而且涉及周边的地貌环境等一系列问题。如今在这种戈壁滩环境下，没有水源，很难生存。遗址所在台地东面断崖下是泄洪河道，两侧断崖可见明显的水平沉积层，河道东侧断崖距地表 1~1.5 米深处有一层炭黑色河湖相泥炭沉积。显然历史上这里曾有座湖泊，因此形成河湖相沉积。可以推测，在公元前 2 千纪前半叶，附近有座湖泊，人们曾在湖边营建聚落。该址所在地距北面火烧沟遗址直线距离约 1000 米，因此，不排除这座遗址与火烧沟墓地属于配套的聚落之可能。或许当时有人将居址选择在大垡湾一带湖泊周围，将墓地安置在北面的火烧沟断崖上。

这座遗址原来没有地名。调查时询问路过此地的羊倌，得知这一带的小地名叫大垡湾，据说在铁路旁边原来有座墩台（烽火台？）。据此，可将该址命名为"大垡湾"。

（三）沙锅梁遗址

沙锅梁遗址位于玉门市中部偏东、花海乡金湾村以北 4 公里的戈壁沙漠内。地理坐标为东经 97°43′33″，北纬 40°14′46″；海拔 1370 米（见图一七九；图版二〇，1）。

1986 年 10 月，河西史前考古调查队前往该址调查。整座遗址坐落在地表平坦的戈壁沙漠中，四野空旷无人。遗址正中位置有一座直径约 10 米、高出周围地表 3~4 米的圜状沙丘，以此为中心、直径约 300 米范围内地表散落大量陶片和石器，俯拾即是（图版二〇，2）。由于当地的风蚀作用，遗址原生地层已遭到破坏，裸露于地表的陶片、石器已不同程度被磨圆，表面物质脱落，彩陶花纹漫漶不清。表面沙土以下为灰色沙土，经探测有的地方深约 1 米，内含少量石器、陶片，包含物不是很丰富。在遗址范围局部发现褐色、黑褐色烧土痕迹，内含炭渣，有可能是窑炉所在。据酒泉地区文化处的同志介绍，以往他们在该址调查曾发现过陶窑。另据带路的向导介绍，在沙锅梁遗址以北有个叫北沙锅梁的地方，那里地表也暴露很多遗物，且集中堆放，还发现有完整陶器，估计是墓地所在。而沙锅梁更像是聚落遗址。由于路程较远，我们调查结束时天色已晚，没有时间再去北沙锅梁一带调查。

此次调查采集一批遗物，主要有陶片、石器、细石器及装饰品（图版二一，1~4）。另在玉门镇文化馆（现玉门市博物馆）也收藏有一些该址采集的遗物，现一并介绍如下。

1. 1986 年调查采集品

石器以打制品居多，主要有石斧、石槌、石球、盘状器、环形穿孔石器等。该址还采集一批细石器，石料以燧石、石英为主，器类有石叶、尖状器、镞、刮削器和石核等。磨制石器主要是石刀，制作不甚精良，有单孔、双孔之别。此外还采集到玉石权杖头残件、玉斧和绿松石饰件等。大型石磨盘较多，散落在沙锅梁遗址地表，均系花岗岩质地，形制多为圆角长方形，磨面因长期使用呈马鞍状；另发现有石臼等工具，由于石磨盘体积大，非常重，当时很难搬运携带，故保留于原地没有采集。

（1）石器

石刀　16 件。均系磨制。大多打磨不很精细，石质亦不佳。依形态差异，分为三型。

A 型　12 件。标本 86YS－049，残缺部分。青绿色细砂岩。磨制十分精细。原器应为圆角长方形，薄片状，中心位置单面钻一孔。一面素面，另一面刻划三角折线纹。残长 4.9、残宽 4.1、厚 0.35 厘米（图一九二，1）。标本 86YS－051，褐色砂岩。磨制。圆角长方形，缺失约 1/3，中心位置对钻一孔，双面直刃。残长 7、宽 5.5、厚 0.7 厘米（图一九二，2）。标本 86YS－054，紫褐色砂岩。磨制。圆角长方形，残缺 1/2，近背面中心位置对钻一孔，单面直刃。残长 6.5、宽 5.3、厚 0.7 厘米（图一九二，3）。标本 86YS－055，灰绿色砂岩质地。磨制。圆角长方形，缺失约 2/3，推测原器对钻有双孔，双面弧刃。残长 4、宽 5、厚 0.6 厘米（图一九二，11）。标本 86YS－058，青灰色石质。磨制。圆角长方形，残缺约 1/2，中心位置略靠上对钻一孔，双面直刃。残长 4.9、宽 6.7、厚 0.9 厘米（图一九二，4）。标本 86YS－059，淡青灰色石质。磨制。器形甚小。圆角长方形，中心位置偏左对钻一孔，双面弧刃。长 5.8、宽 3.6、厚 0.6 厘米（图一九二，12）。标本 86YS－060，土黄色石质。磨制。圆角长方形，两侧均残缺，中心靠近刃部对钻一孔，双面弧刃。残长 6.1、宽 5.3、厚 0.9 厘米（图一九二，7）。标本 86YS－063，灰绿色石质。磨制。圆角长方形，残缺约 1/2，中心位置单面钻一孔，双面弧刃。残长 7、宽 5.3、厚 0.5 厘米（图一九二，5）。标本 86YS－064，灰绿色石质。磨制。器体厚重，圆角长方形，残缺约 1/2，中心位置对钻一孔，双面弧刃。残长 5.2、宽 4.4、厚 1 厘米（图一九二，9）。标本 86YS－065，灰绿色石质。磨制。器体较厚重，圆角长方形，缺失约 3/5，中心位置对钻一孔，刃部缺失。长 10.3、残宽 3.2、厚 0.7 厘米（图一九二，10）。标本 86YS－066，灰绿色石质。磨制。圆角长方形，残缺约 1/2，中心位置对钻一孔，双面直刃。残长 5.4、宽 5.2、厚 0.6 厘米（图一九二，8）。标本 86YS－067，灰绿色石质。圆角长方形，残缺约 1/2。此器系半成品，仅刃部经打磨，其他部位仍保持石坯原状，中心位置对钻一孔，尚未钻透，双面直刃。残长 5、宽 5.9、厚 0.7 厘米（图一九二，6）。

B 型　2 件。标本 86YS－056，红褐色砂岩。磨制。长椭圆形，残缺约 1/3，一面弧鼓，另一面不平整弧背，中心部位双面钻一孔，双面直刃。残长 9.2、宽 5.3、厚 0.7～1.1 厘米（图一九三，1）。标本 86YS－057，青灰色石质。磨制。长椭圆形，估计缺失约 2/3，弧背，对钻双孔，双面弧刃。残长 4.3、宽 5.1 厘米（图一九三，4）。

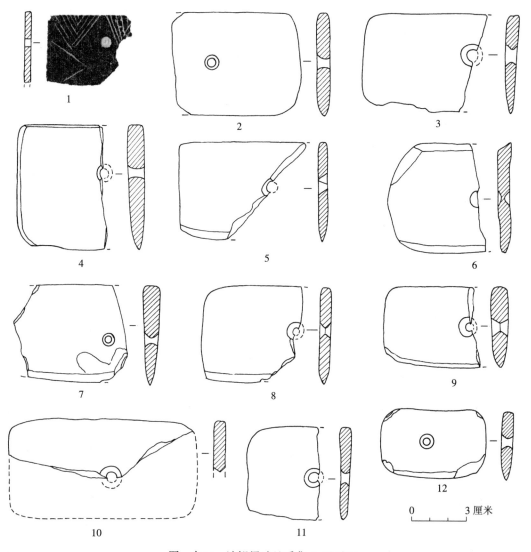

图一九二　沙锅梁遗址采集 A 型石刀

1. 86YS－049　2. 86YS－051　3. 86YS－054　4. 86YS－058　5. 86YS－063　6. 86YS－067　7. 86YS－060　8. 86YS－066　9. 86YS－064　10. 86YS－065　11. 86YS－055　12. 86YS－059

　　C 型　2 件。标本 86YS－050，青灰色石质。磨制。系半成品。圆角长方形，尚未穿孔，双面弧刃。长 11、宽 6.3、厚 1.5 厘米（图一九三，3）。标本 86YS－062，灰绿色石质。磨制。器体厚重，圆角长方形，残存约 2/5，尚未穿孔，弧顶，双面弧刃。残长 5.6、宽 6.6、厚 1.5 厘米（图一九三，2）。

　　石槌　3 件。标本 86YS－068，紫色砂岩，利用天然砾石略作加工而成。器形为长条棒状，后端略细，前端逐渐增宽，断面近梯形。端面圆钝厚重，有敲砸使用痕迹。

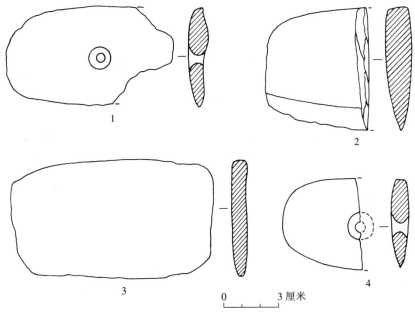

图一九三　沙锅梁遗址采集石刀

1、4. B 型（86YS - 056、86YS - 057）　　2、3. C 型（86YS - 062、86YS - 050）

长 24.4、宽 6.8、厚 5.2 厘米（图一九四，2）。标本 86YS - 086，紫色石质。打制。器形厚重，平面近"凸"字形，后端为略细的手柄；前端逐步展宽成扇形。一面保留部分砾石表皮，另一面为劈裂面，周边经打击修整，端刃部圆钝厚重，应系敲砸用的石槌。长 15、宽 10、厚 4 厘米（图一九五，7）。标本 86YS - 072，黑灰色石质。打制。平面呈长条"凸"字形，后端较细，为手柄；前端逐步展宽为扇形。两面均较平整，局部保留部分砾石表皮，另一面为劈裂面，周边经简单打击修整，下端为双面弧刃，较圆钝。长 14.8、刃宽 7、厚 3.8 厘米（图一九五，2）。

石斧　11 件。根据形态差异，分为两型。

A 型　10 件。标本 86YS - 082，紫灰色石质。打制。平面呈瘦长的"凸"字形，后端为较细的手柄；前端逐步展宽为扇形，一面保留大部砾石表皮，另一面为劈裂面，刃部打击修整出双面弧形器刃。长 14、刃宽 8.5、厚 4 厘米（图一九五，1）。标本 86YS - 069，灰绿色石质。打制。较粗糙，器形厚重，平面呈瘦长的"凸"字形，后端较细，为手柄；前端逐步展宽，两面均微微弧起，周边经打击修整，双面直刃，较圆钝。长 24、刃宽 8、厚 6 厘米（图一九四，3）。标本 86YS - 070，灰绿色石质。打制。平面呈长条"凸"字形，后端较细，为手柄；前端逐步展宽为扇形，一面平整，保留有大部分砾石表皮，另一面为劈裂面，周边经打击修整，双面弧刃。长 26.8、刃宽 12、厚 4 厘米（图一九四，1）。标本 86YS - 073，紫红色砂岩。打制。平面"凸"字形，后端略细，为手柄；

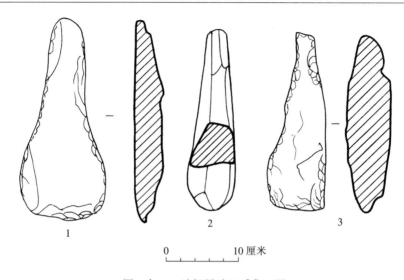

0 ————————— 10 厘米

图一九四　沙锅梁遗址采集石器

1、3. 石斧（86YS－070、86YS－069）　2. 石锤（86YS－068）

前端逐步展宽为扇形，一面较平整，保留大部分砾石表皮，另一面为劈裂面，两侧及器刃部经打击修整，双面弧刃。长13、刃宽10.6、厚3厘米（图一九五，5）。标本86YS－074，绿色石质。打制。平面"凸"字形，后端略细为手柄；前端逐步展宽近扇形，双肩较明显，一面较平整，大部保留砾石表皮，另一面为劈裂面，两侧及刃部经打击修整，双面弧刃，较圆钝。长11.7、刃宽9.7、厚2.5厘米（图一九五，9）。标本86YS－081，灰绿色石质。打制。平面呈长条"凸"字形，后端较细，为手柄；前端略微展宽，两面均凹凸不整，一面保留部分砾石表皮，另一面为劈裂面，周边经打击修整，双面弧形器刃。长17.6、刃宽8、厚4厘米（图一九五，8）。标本86YS－083，绿灰色石质。打制。平面近"凸"字形，后端有略细的手柄；前端展宽为扇形，一面保留部分砾石表皮，另一面为劈裂面，周边经打击修整，双面弧形刃。长14.7、刃宽10.5、厚2.9厘米（图一九六，1）。标本86YS－084，石质较粗，似花岗岩质地。打制。器形厚重，平面长条等腰三角形，后端为较细的手柄；前端逐步展宽为扇形，一面保留部分砾石表皮，另一面为劈裂面，周边经打击修整，双面弧形刃。此器手柄下部有一环形凹槽，磨痕明显，很像是为绳索捆绑勒磨而成。长20.5、宽9.5、厚4.6厘米（图一九五，3）。标本86YS－079，灰绿色石质。打制。器形较小。平面近勺形，后端手柄很细；前端展宽成卵圆形，两面均较平整，一面局部保留砾石表皮，另一面为劈裂面，周边经打击修整，单面弧刃。长9.5、刃宽5、厚1.3厘米（图一九五，6）。

　　B型　1件。标本86YS－085，打制。器表略经打磨。器形厚重，圆角长方形，后端稍细，前端略展宽，顶端和器刃部位打制修整，双面直刃。长14.2、刃宽7、厚4厘米

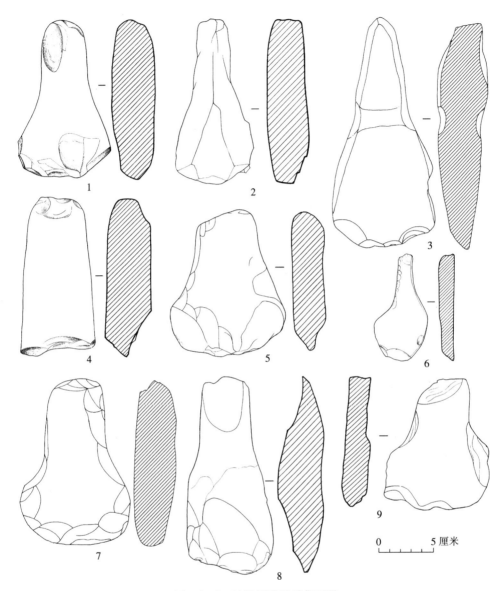

图一九五 沙锅梁遗址采集石器

1、3、5、6、8、9. A 型石斧（86YS－082、86YS－084、86YS－073、86YS－079、86YS－081、86YS－074）
4. B 型石斧（86YS－085） 2、7. 石槌（86YS－072、86YS－086）

（图一九五，4）。

尖状器 1 件。标本 86YS－071，打制。平面近橄榄形，一面平整，另一面呈龟背状凸起，周边打击修整，下端修出一尖刃。长 12.2、宽 6、厚 2.4 厘米（图一九六，2）。

石磨盘 2 件。标本 86YS－052，花岗岩。磨制。外表琢制并加打磨。长椭圆形，两面平整。长 27.6、宽 11、厚 3.6 厘米（图一九六，10）。标本 86YS－076，花岗岩。

磨制。外表琢制并加打磨，残缺的一半，原器估计为圆角长方形，两面平整。残长9、宽9.8、厚3.2厘米（图一九六，9）。

石磨棒　1件。标本86YS-080，残断。灰绿色石质。外表琢制加粗磨。圆柱形，横断面圆角正方形，端面圆弧。残长11.4、宽5.2、厚4.8厘米（图一九六，6）。

磨石　3件。标本86YS-061，黑色石质。磨制。长椭圆形，断面薄片状。长10.5、宽5.8、厚1.05厘米（图一九六，3）。标本86YS-087，青灰色石质。打制加琢磨。长椭圆形，断面薄片状。长径9、短径6.6、厚0.85厘米（图一九六，7）。标本86YS-122，利用自然砾石简单打磨制成。平面圆形，剖面片状。一面圆弧，一面平整。直径约5.8、厚1.65厘米（图一九六，4）。

石球　2件。标本86YS-053，花岗岩。利用自然砾石略加修琢而成。球形，断面椭圆形。直径7.4、厚5.6厘米（图一九六，8）。标本86YS-078，乳白夹杂黑灰色花岗岩。利用自然砾石略加修整而成。球形。直径5厘米（图一九六，5）。

石坯　2件。标本86YS-088，系石刀毛坯。灰绿色石质。利用自然砾石打片琢磨而成。器体厚重。圆角长方形，器表和刃部留有多处打制疤痕。长12.6、宽6.6、厚1.8厘米（图一九七，1）。标本86YS-123，系石铲毛坯。黑灰色石质。利用自然砾石打磨而成。圆角长方形，器表两侧和刃部残留打制疤痕。长13.4、宽9.8、厚1.8厘米（图一九七，6）。

环形穿孔器　1件。标本86YS-077，缺失约2/5。灰绿色石质。打制加粗磨。器体厚重，平面近椭圆形，前端断面呈橄榄形。顶面较平，中心对钻一圆角方形大孔。四周无明显器刃。长径8.6、短径约7、孔径2.8~2.9、厚2.8厘米（图一九七，7）。

石臼石杵　1套（2件）。标本86YS-089，白色石质。磨制。圆柱形，横断面近圆形。顶端稍细，顶面有一圆形浅凹窝，下端残缺。直径6.3、残长7.9、臼窝直径3.3、深0.5厘米（图一九七，8）。标本86YS-090，白色石质。磨制。腰鼓形，中间稍粗，断面圆形。或许是与石臼相配套的杵。长4.3、直径3.2~3.4厘米（图一九七，3）。

盘状器　1件。标本87YS-075，灰绿色石质。打制。长椭圆形，一面较平，保留有大部砾石表皮，另一面为劈裂面，一侧及刃部经简单打击修整出弧形刃。长径9.2、短径6.7、厚1.7厘米（图一九七，2）。

砍砸器　3件。标本86YS-091，灰白色石材。平面椭圆形，一面保留少许砾石表皮，另一面为劈裂面，周边修整出器刃。长径5.5、短径4.65、厚2厘米（图一九七，4）。86YS-094，灰绿色燧石。平面近菱形，顶端和下端各有尖刃，周边双面修整出器刃，器形厚重。长6、宽4.6、厚2.3厘米（图一九九，1）。标本86YS-095，淡肉色燧石。平面长椭圆形，纵剖面一面平整，一面圆弧，呈龟背状。弧凸的一面保留大量打制的疤痕，器形厚重。长径6.8、短径4.2、厚2.7厘米（图一九八，6）。

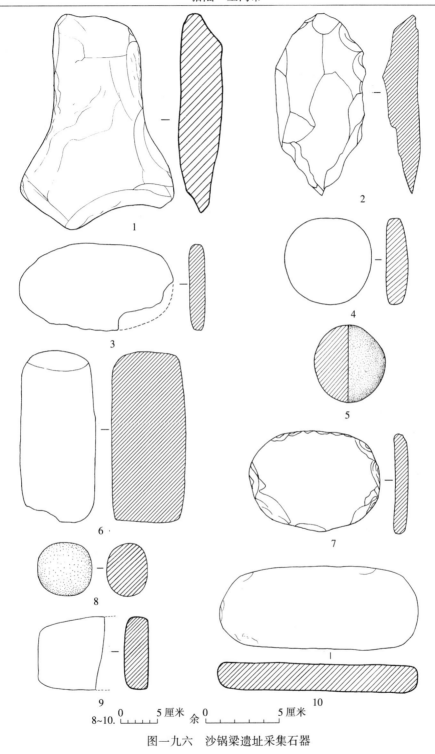

图一九六　沙锅梁遗址采集石器

1. A 型石斧（86YS－083）　2. 尖状器（86YS－071）　3、4、7. 磨石（86YS－061、86YS－122、86YS－087）
5、8. 石球（86YS－078、86YS－053）　6. 石磨棒（86YS－080）　9、10. 石磨盘（86YS－076、86YS－052）

（2）细石器

沙锅梁遗址采集细石器较多，可见当时的细石器工业比较发达，原材料质地也较好。这些石器均系打制品，制作较精，大致分两类：一类个体稍大，石片、石核均有。另一类个体很小，器类有石片、细石核、石镞、刮削器等。

刮削器　5件。标本86YS－099，青黑色燧石。平面近圆形，沿周边修整出器刃。长径4.8、短径4.4、厚0.7厘米（图一九八，2）。标本86YS－102，灰绿色燧石。平面近方形，台面、劈裂面、打击点、辐射线清晰完整，周边修整出器刃。长2.9、宽2.7、厚0.6厘米（图一九八，9）。标本86YS－108，紫褐色石材。平面近橄榄形，两端有尖刃，

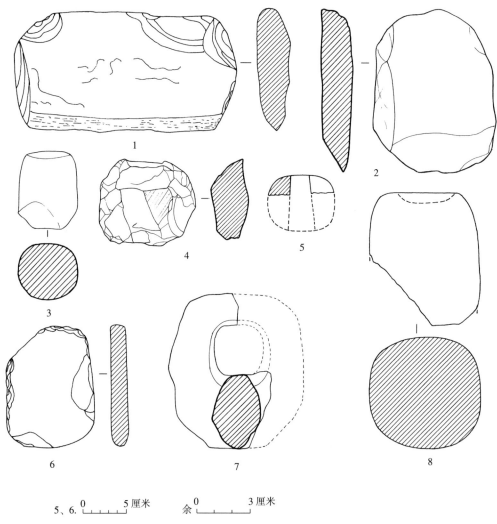

5、6. ⊢0┴┴┴┴5厘米　　余 0┴┴┴┴3厘米

图一九七　沙锅梁遗址采集遗物

1、6. 石坯（86YS－088、86YS－123）　2. 盘状器（86YS－075）　3. 石杵（86YS－090）　4. 砍砸器（86YS－091）　5. 玉权杖头（86YS－048）　7. 环形穿孔石器（86YS－077）　8. 石臼（86YS－089）

横断面呈弧边三角形。长 2.35、宽 1.1、厚 0.4 厘米（图一九九，13）。标本 86YS－110，灰白色夹杂黑斑石英。平面近菱形，纵剖面薄片状。长 1.6、宽 1.4、厚 0.3 厘米（图一九九，12）。标本 86YS－120，黑色石材。平面近"凸"字状椭圆形，纵剖面薄片状，沿周边修整出器刃。长径 5、短径 4.6、厚 0.55 厘米（图一九八，1）。

　　细石核　6 件。标本 86YS－098，淡肉色燧石。平面舌形，顶部台面平齐，纵剖面呈楔形。长 3.5、宽 3.9、厚 1.35 厘米（图一九八，11）。标本 86YS－100，青黑色石

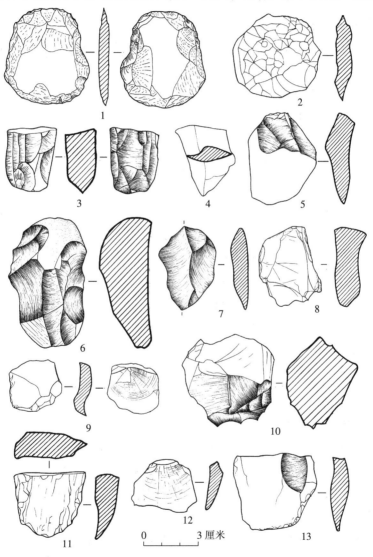

图一九八　沙锅梁遗址采集细石器

1、2、9. 刮削器（86YS－120、86YS－099、86YS－102）　3、8、11. 细石核（86YS－115、86YS－100、86YS－098）　4、7、12、13. 石片（86YS－096、86YS－116、86YS－103、86YS－118）　5、10. 石核（86YS－097、86YS－092）　6. 砍砸器（86YS－095）

材。平面近长方形，纵剖面呈亚腰条状。长4、宽3、厚1.8厘米（图一九八，8）。标本86YS－106，深棕色石材。平面长条锥状，横断面呈曲尺形。长4.45、宽1.25、厚0.45厘米（图一九九，3）。标本86YS－107，蛋白间青灰色石材。平面亚腰条形，横断面近梯形。长4.2、宽1.3、厚0.75厘米（图一九九，4）。标本86YS－109，乳白色杂黑斑燧石。平面近长方形，纵剖面楔形。长3、宽1.6、厚0.7厘米（图一九九，10）。标本86YS－115，黑青色石材。平面舌形，剖面楔形，器形厚重。长3.35、宽2.7、厚1.65厘米（图一九八，3）。

石核　3件。标本86YS－092，蛋青色石材。平面不规则圆形，表面留有多处打片疤痕，器形厚重。长径5、短径4.7、厚3.9厘米（图一九八，10）。标本86YS－093，紫褐色石材。平面近梨形，横断面近菱形。顶端窄细，刃部渐次展宽，器表留有多处打片疤痕。长6、宽5、厚2.3厘米（图一九九，2）。标本86YS－097，白色石材。平面近菱形，纵剖面楔形。长4.8、宽3.7、厚1.5厘米（图一九八，5）。

石片　10件。标本86YS－096，蛋青色石材。平面近三角形，断面近菱形，两侧出刃，下端有尖锋。长3.75、宽2.65、厚0.8厘米（图一九八，4）。标本86YS－101，淡紫灰色石材。平面近似带柄的刀，直背，扇形弧刃，纵剖面呈三角楔形。长4.5、宽1.9、厚0.6厘米（图一九九，16）。标本86YS－103，蛋青色燧石。平面近"凸"字，台面、劈裂面、打击点、辐射线清晰，下端出刃。长3.6、宽2.7、厚0.7厘米（图一九八，12）。标本86YS－104，深褐色石材。平面近三角形，剖面三角形，台面、劈裂面、打击点、辐射线清晰可辨。长3.4、底宽1.85、厚0.75厘米（图一九九，11）。标本86YS－111，黑色石材。平面近三角形，横断面弧边三角形。长2.35、宽1.4、厚0.65厘米（图一九九，14）。标本86YS－112，蛋青色石材。石片残片。平面近菱形，横断面片状，纵剖面楔形。长2.1、宽1.7、厚0.7厘米（图一九九，7）。标本86YS－113，淡绿色石材。平面近三角形，纵剖面近楔形。长2.9、宽1.75、厚0.75厘米（图一九九，9）。标本86YS－114，黑曜石质地。平面近贝壳状扇形，剖面弧曲片状。长2.2、宽1.85、厚0.2厘米（图一九九，8）。标本86YS－116，蛋白色石材。平面近三角形，纵剖面近楔形。长4.5、宽3.1、厚0.9厘米（图一九八，7）。标本86YS－118，淡紫灰白色石材。平面舌形，剖面呈弧曲的楔形。长4、宽4.7、厚1厘米（图一九八，13）。

石镞　3件。标本86YS－105，乳白色玛瑙质地。平面近三角形，横断面弧底三角形，尖锋稍残，底部似有短铤。长2.3、宽1.05、厚0.5厘米（图一九九，15）。标本86YS－117，蛋清灰色石材。平面近三角形，横断面弧边三角形，尖锋稍残，底面平整。长4、宽1.7、厚0.75厘米（图一九九，17）。标本86YS－119，黑色石材。平面三角形，横断面弧边三角形，底面似有短铤。长3.15、宽1.55、厚0.5厘米（图一九九，6）。

（3）玉器

权杖头 1件。标本86YS-048，残存原器约1/3。灰黑色玉质，器表泛红褐色。磨制，通体打磨精细。原器应为扁圆球状，中心位置贯通一穿孔。残高2、直径7.5厘米（图一九七，5）。

（4）装饰品

石坠 1件。标本86YS-121，利用白色砾石磨制。原器平面似弯月形，横断面薄片状，上下均有残缺，近顶端处，双面钻一小孔。残长3、宽2.55、厚0.55厘米（图一九九，5）。

（5）陶器

绝大多数为陶片，鲜有复原者。以夹砂褐陶为主，约占陶器总量的44%；其次为夹砂红陶，占33.6%；再次为夹砂灰陶，占22.4%。如果再细分，还可划出夹细砂红陶、夹细砂红皮灰胎陶、夹细砂褐陶和个别的夹砂白陶。彩陶数量较多，约占陶器总量的24%。一般施紫红色陶衣，绘浓稠黑彩。由于遗址所处环境的原因，彩陶表面花纹遭风沙侵蚀剥落不清，可辨者均系几何类花纹。夹砂陶约22.4%有装饰纹样，多为刻划纹、压印纹、凹弦纹、乳钉和附加堆纹等。器类以各种造型的罐、壶和器盖居多。

夹砂双耳罐 6件。根据器形大小差异，分为两型。

A型 5件。器形偏小，素面无纹。标本86YS-015，残存器口部分。夹砂灰陶，器表色泽不匀，局部泛红褐色。喇叭口，尖圆唇，束颈，器口外两侧置双耳。素面。残高7.6、口径11、耳宽2厘米（图二〇〇，1）。标本86YS-016，残存器口部分。夹砂褐陶，内壁深灰色，器表灰褐色。喇叭口，尖圆唇，束颈，球形圆腹，下腹及底部残。器口外两侧置双耳，器耳上端贴塑一枚圆饼形小乳钉、刻划"X"纹。残高6、口径6.8、腹径9.6、耳宽2厘米（图二〇〇，6）。标本86YS-017，残存器口部分。夹砂红陶。器口微向外侈，圆唇，器口外两侧置双耳。器耳上段刻划短竖条纹，颈下压印同类纹样。残高6厘米（图二〇〇，4）。标本86YS-039，残存器口和上腹部分。夹砂灰陶，器表红褐色。喇叭口，尖圆唇，斜直领，束颈，器口外两侧置双耳，球形圆腹，下腹及器底残。器颈部饰三道刻划凹弦纹。残高8、口径11、耳宽3.1厘米（图二〇〇，2）。标本86YS-040，残存器口部分。夹砂红褐陶，器表有烟炱。斜直口，圆唇，斜立领，器口外两侧置双耳，肩部以下残。素面。残高6、口径12、耳宽2.5厘米（图二〇〇，3）。

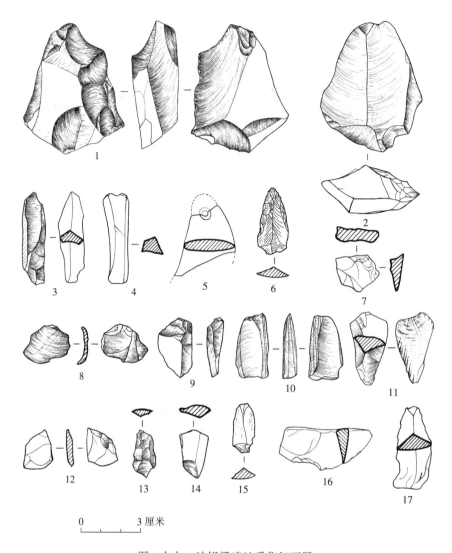

0　　　3厘米

图一九九　沙锅梁遗址采集细石器

1. 砍砸器（86YS－094）　2. 石核（86YS－093）　3、4、10. 细石核（86YS－106、86YS－107、
86YS－109）　5. 石坠（86YS－121）　6、15、17. 镞（86YS－119、86YS－105、86YS－117）
7～9、11、14、16. 石片（86YS－112、86YS－114、86YS－113、86YS－104、86YS－111、86YS－101）
12、13. 刮削器（86YS－110、86YS－108）

　　B型　1件。标本86YS－022，残存器口部分。夹砂褐陶。器形略大。小口稍向内
敛，圆唇，粗颈，器口外两侧置双耳。颈部饰凹弦纹两道，肩部以下饰稀疏、浅细的
散乱划纹，双耳刻划"X"纹。残高7.8、口径12、耳宽2.6厘米（图二〇一，4）。

　　錾纽罐　4件。根据器形差异，分两型。

　　A型　3件。标本86YS－002，器口残片。夹砂灰陶。侈口，圆唇，束颈，器口外

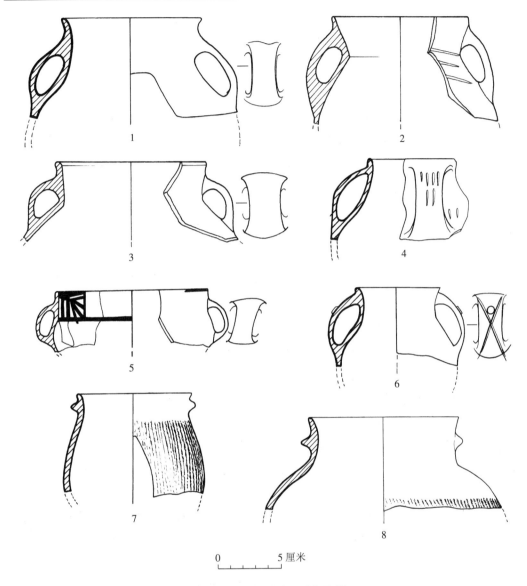

图二〇〇　沙锅梁遗址采集陶器

1~4、6. A 型夹砂双耳罐（86YS－015、86YS－039、86YS－040、86YS－017、86YS－016）　　5. 彩陶双耳盆（86YS－041）　　7、8. A 型錾纽罐（86YS－032、86YS－003）

两侧捏塑短条状錾纽。肩部以下饰类绳纹。残高 4.8、口径 10 厘米（图二〇一，17）。

标本 86YS－003，器口残片。夹砂灰陶，器表红褐色，内壁灰色。侈口，尖圆唇，器口外两侧捏塑短条状錾纽。器肩部以下饰类绳纹。残高 7、口径 12 厘米（图二〇〇，8）。

标本 86YS－032，夹砂灰陶。侈口，尖圆唇，圆弧腹，下腹及器底残。器肩部以下满饰竖绳纹。残高 8、口径 9、腹径 11 厘米（图二〇〇，7）。

B 型　1 件。标本 86YS－028，器口残片。夹砂褐陶。喇叭状小口，尖圆唇，束颈，器口外两侧捏塑椭圆形乳突錾纽。素面。残高 5.8、口径 10 厘米（图二〇一，13）。

瓮　4 件。标本 86YS－006，残存下腹和器底。夹砂红陶。下腹壁弧形，平底。素面。残高 12、底径 16 厘米（图二〇一，18）。标本 86YS－030，器口残片。夹粗砂红褐陶。喇叭口，尖圆唇，弧曲高领。器领中间捏塑一道纽索状附加堆纹。残高 7、口径 16 厘米（图二〇一，3）。标本 86YS－031，器口残片。夹粗砂红褐陶。喇叭口，圆唇，束颈。素面。残高 8、口径 18 厘米（图二〇一，2）。标本 86YS－034，器口残片。夹砂褐陶，器表色泽不匀，局部泛红色。大口外侈，圆唇，斜直短领。素面。残高 12.6、口径 30 厘米（图二〇一，1）。

彩陶双大耳罐　1 件。标本 86YS－011，仅存口沿部分。夹细砂橙黄陶，薄胎。喇叭口，尖唇，弧曲的粗高领，器口外两侧置双大耳（残）。腹部残失。器表及器口内绘浓稠黑彩。器口内绘竖线分隔的密集网格纹，器表绘三角回纹。残高 4、口径 8、耳宽 1.4 厘米（图二〇一，7）。

彩陶双耳盆　1 件。标本 86YS－041，夹细砂褐陶。大口，直立，圆唇，粗直颈，器口外两侧置双耳，扁圆鼓腹，下腹及器底残。器表及口沿内施紫红色陶衣，绘浓稠黑彩。器口内绘横竖斜线组成的几何纹，部分脱落不清；外表仅在口沿处残留少许横条带纹。残高 4.5、口径 12、耳宽 1.5 厘米（图二〇〇，5）。

双耳盆　1 件。标本 86YS－029，夹粗砂黑灰陶。大敞口，圆唇，斜直短领，束颈，折腹，下腹和器底残，器口外两侧置双耳。素面。残高 6.4、口径 16 厘米（图二〇一，5）。

豆　1 件。标本 86YS－013，夹砂红陶。豆盘口部残失，弧腹，豆盘底部为锅底状，实心细柄，较短，大喇叭口圈足。素面。残高 4.7、底径 7.2、柄径 2 厘米（图二〇一，6）。

筒形盖罐　3 件。标本 86YS－012，仅存器盖。夹粗砂红陶。内敛口，圆唇，盖壁斜直，大平顶，两侧置双耳（残失）。素面。高 6.4、口径 25.2、顶径 28 厘米（图二〇一，20）。标本 86YS－019，口沿残片。夹砂红褐陶。子母罐口内敛，直筒状腹壁。素面。残高 4 厘米（图二〇一，10）。标本 86YS－007，仅存器盖。夹粗砂红褐陶。内敛口，圆唇，盖壁微弧，大平顶，两侧置双耳（残失）。器表施红陶衣，绘黑褐彩。器表绘横条带纹，其间连续实心菱格纹。高 6、口径 19.2、顶径 20.8 厘米（图二〇一，19）。

器盖　7 件。根据形态差异，分为两型。

A 型　5 件。标本 86YS－009，夹砂红陶，器表面褐色。斗笠状，大喇叭口，圆唇，盖面圆弧，盖顶有短圆柱状捉纽，纽顶面，呈圈足状内凹。素面。高 5.4、口径 20、纽

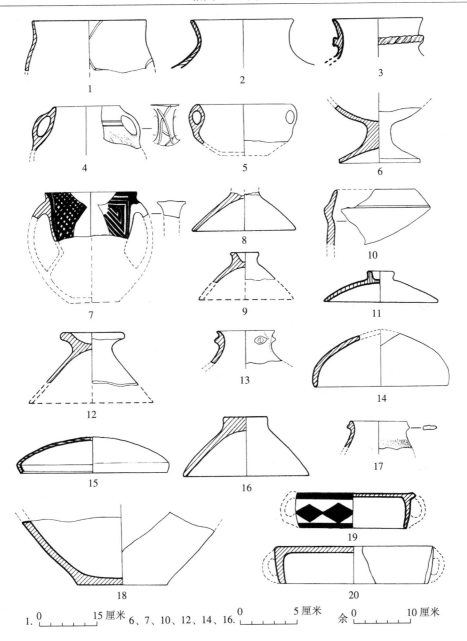

图二〇一　沙锅梁遗址采集陶器

1～3、18. 瓮（86YS－034、86YS－031、86YS－030、86YS－006）　4. B 型夹砂双耳罐（86YS－022）　5. 双耳盆（86YS－029）　6. 豆（86YS－013）　7. 彩陶双大耳罐（86YS－011）　8、9、11、12、16. A 型器盖（86YS－038、86YS－036、86YS－009、86YS－037、86YS－035）　10、19、20. 筒形盖罐（86YS－019、86YS－007、86YS－012）　13. B 型錾纽罐（86YS－028）　14、15. B 型器盖（86YS－014、86YS－008）　17. A 型錾纽罐（86YS－002）

径 4.8 厘米（图二〇一，11）。标本 86YS-037，夹砂灰陶，器表红色。斗笠状，盖口残，盖面圆弧，盖顶部有蘑菇状圆形捉纽，纽顶面内凹。素面。残高 4.5、纽径 5.7 厘米（图二〇一，12）。标本 86YS-035，夹砂灰陶。斗笠状，喇叭口，圆唇，盖面圆弧，盖顶有短圆柱捉纽，盖纽顶平齐。素面。高 5、口径 11、纽径 3.9 厘米（图二〇一，16）。标本 86YS-036，夹砂灰陶，胎内夹部分云母屑，内壁灰褐色，有烟炱熏黑的痕迹，外表红色。斗笠状，盖口残失，盖面圆弧，盖顶有短圆柱捉纽，盖纽顶面内凹。素面。残高 5、纽径 4.8 厘米（图二〇一，9）。标本 86YS-038，夹砂灰陶，内外器表褐色。斗笠状，喇叭口，圆唇，盖面圆弧，盖顶捉纽残失。素面。残高 6.4、口径 18 厘米（图二〇一，8）。

B 型　2 件。覆钵状。标本 86YS-008，夹砂红陶。内敛口，方唇，盖面圆弧，顶面中心钻一小圆孔。器表施紫红色陶衣。高 6.2、口径 26 厘米（图二〇一，15）。标本 86YS-014，夹砂红陶，器表红褐色。直口，圆唇，盖面圆弧，顶面缺失少许。素面。残高 4.4、口径 12 厘米（图二〇一，14）。

罐口　6 件。标本 86YS-004，器口残片。夹砂红褐陶。喇叭口，圆唇，斜直高领，束颈。器肩部以下饰刻划纹。残高 7.2、口径 16 厘米（图二〇二，4）。标本 86YS-005，夹砂灰陶，器表红褐色。侈口，圆唇，斜直领，束颈。器肩部以下装饰类绳纹。残高 7 厘米（图二〇二，1）。标本 86YS-027，夹砂灰褐陶。侈口，圆唇，斜直领，束颈。器领下部饰横向凹弦纹，其下刻划重叠的"人"字折线纹。残高 6 厘米（图二〇二，5）。标本 86YS-033，夹砂灰陶，器表泛红褐色。侈口，圆唇，束颈。器领部以下饰压划的网格纹。残高 7.5 厘米（图二〇二，8）。标本 86YS-042，夹砂红陶。微侈口，圆唇，直领。器表及口沿内施红色陶衣，原器应有彩，脱落。残高 6.7 厘米（图二〇二，2）。标本 86YS-043，夹砂红褐陶。喇叭口，尖圆唇，斜直高领，束颈。器领下部刻划横向凹弦纹五道，其下刻划重叠的"人"字折线纹。残高 7 厘米（图二〇二，3）。

器耳　5 件。标本 86YS-026，双耳罐颈腹部位残片。夹细砂褐陶，器表色泽不匀，局部泛灰色。器耳上下及颈下部压印卵点纹（图二〇三，1）。标本 86YS-018，腹耳罐腹部残片。夹砂红陶。素面（图二〇二，10）。标本 86YS-020，双耳罐颈腹部残片。夹砂灰陶。厚胎。器耳刻划一道竖条纹（图二〇二，6）。标本 86YS-021，双耳罐颈部残片。夹砂褐陶，器表色泽不匀。器耳上下各贴塑一枚圆饼小乳钉。素面（图二〇二，7）。标本 86YS-023，系羊角形器耳。夹粗砂灰陶。圆锥形弯曲，状若羊角，横断面椭圆形。素面（图二〇二，9）。

罐底　2 件。标本 86YS-045，残存下腹和器底部分。夹砂橙红陶，胎内夹部分云母屑。下腹壁弧形，平底。素面。残高 3.4、底径 6 厘米（图二〇二，12）。标本

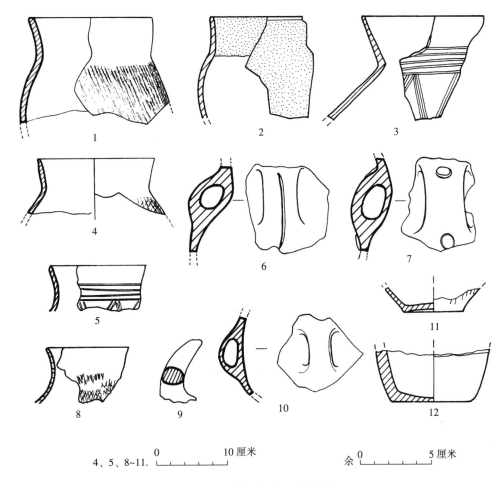

图二〇二 沙锅梁遗址采集陶器

1～5、8. 罐口（86YS－005、86YS－042、86YS－043、86YS－004、86YS－027、86YS－033） 6、7、9、10. 器耳（86YS－020、86YS－021、86YS－023、86YS－018） 11、12. 器底（86YS－046、86YS－045）

86YS－046，残存下腹和器底。夹砂红陶，外壁灰色。下腹壁斜直，平底微凹。近底部残存绳纹少许。残高3.2、底径8.4厘米（图二〇二。11）。

纹饰陶片 3件。标本86YS－024，腹部残片。夹砂灰陶。器表压印连续的曲折线纹（图二〇三，6）。标本86YS－025，颈腹部残片。夹砂褐陶。器颈部刻划横向凹弦纹，肩部刻划"人"字折线纹，腹部饰线划纹（图二〇三，2）。标本86YS－044，器口残片。夹砂灰陶。器领部刻划连续横向凹弦纹（图二〇三，3）。

白陶片 1件。标本86YS－047，器腹部残片。夹砂灰白陶。素面（图二〇三，5）。

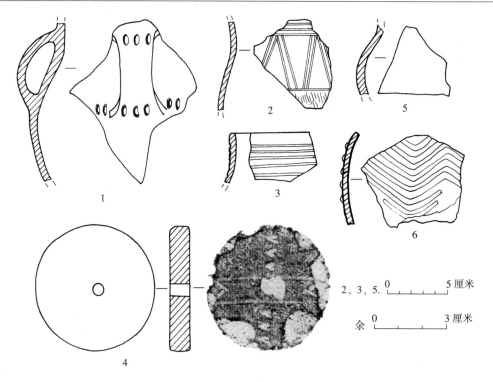

图二〇三　沙锅梁遗址采集陶器

1. 器耳（86YS - 026）　　2、3、6. 纹饰陶片（86YS - 025、86YS - 044、86YS - 024）　　4. 纺轮
（86YS - 001）　　5. 白陶片（86YS - 047）

纺轮　1件。标本86YS - 001，夹砂红陶，器表红褐色。圆饼形，中心位置有一穿孔。一面素面无纹，另一面在穿孔两侧刻划几何纹。直径5、厚0.8厘米（图二〇三，4）。

2. 玉门市博物馆藏品

（1）玉器

玉斧　1件。标本YS - A015，白色泛淡蓝色粗玉。通体磨制十分精细。器形小巧，近顶部单面钻一孔。原器应为圆角长方形，刃部一端略宽，顶部和刃部残缺。残长4.7、宽4.1、厚1.6厘米（图二〇四，2；图版二一，1①）。

穿孔玉器　1件。标本YS - A016，黑色玉石。磨制，通体打磨精细。顶部残缺少许。器形小巧，原器应为圆角长方形，中心位置对钻一孔，顶端断茬处留有一半圆形凹孔，似为原器残断后再次加工利用之物。此器剖面顶端较薄，底端增厚，左侧面减薄，两面留有下凹的磨槽，似为切割的痕迹，无刃。右侧面断面呈圆弧状。用途不明。长4.6、宽3.1、厚0.9～1.4厘米（图二〇四，1；图版二一，1⑤）。

　　权杖头　2件。磨制。标本 YS－A017，残存原器约 1/4。白色粗玉质地。通体打磨精细。原器应为扁圆球状，中心位置贯穿一孔。若复原，长径估计在 7 厘米左右（图二〇四，3；图版二一，1④）。标本 YS－A018，约残存原器的 1/4。黄绿色粗玉质地。通体磨制精良。原器应为扁圆球状，中心位置贯穿一孔。若复原，长径估计接近 5厘米（图二〇四，5；图版二一，1②）。

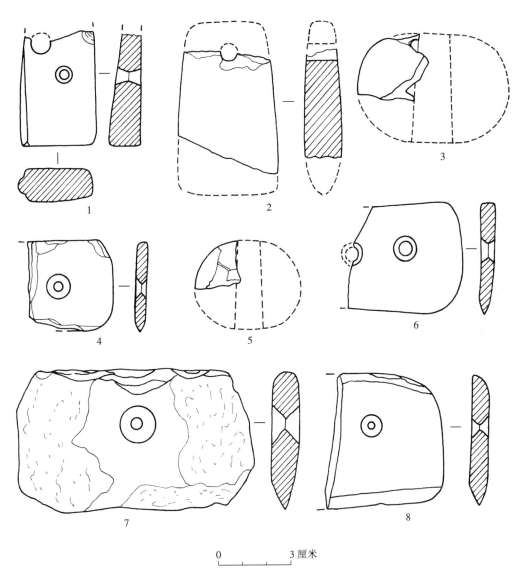

0　　　　　　3 厘米

图二〇四　玉门市博物馆藏沙锅梁遗址采集玉、石器

1. 穿孔玉器（YS－A016）　　2. 玉斧（YS－A015）　　3、5. 玉权杖头（YS－A017、YS－A018）　　4、6～8.
石刀（YS－A011、YS－A009、YS－A008、YS－A010）

（2）石器

包括打制石器、磨制石器和细石器三类。

石刀　4件。标本 YS－A008，磨制。原器应为圆角长方形，残存近1/2。器表保留部分打制痕迹。近背部保留对钻的一孔，双面直刃。长9.8、宽5.5、孔径0.4～1.6、厚1.1厘米（图二〇四，7）。标本 YS－A009，缺失约1/3。磨制。圆角长方形，近背部对钻二孔，双面直刃。残长4.6、宽4～4.4、孔径0.6～1.1、厚0.6厘米（图二〇四，6）。标本 YS－A010，残缺一半。磨制，器表打磨光滑、平整。圆角长方形，弧背直刃，原器应为双孔，现残存一孔，对钻，双面直刃。残长4.7、宽5.5、孔径0.2～0.9、厚0.7厘米（图二〇四，8）。标本 YS－A011，残缺约一半。磨制，局部保留打制痕迹。圆角长方形，中间位置残留对钻的一孔，双面直刃。残长3.5、宽3.6、孔径0.35～0.95、厚0.4厘米（图二〇四，4）。

石斧　4件。分为三型。

A 型　2件。磨制。标本 YS－A047，器形较大，仅存后半部少许。弧顶，两面磨制平整。残长5、宽6.5、厚1.2厘米（图二〇五，2）。标本 YS－A012，石质优良，黑色。除刃部外，其余部分打磨精细。器形小巧，平面近长方梯形，后端稍窄，前端刃部加宽，打击修整出双面器刃。长6.4、宽3.3、厚1.6厘米（图二〇五，5；图版二一，1③）。

B 型　1件。标本 YS－A014，打制。器形厚重，平面圆角梯形，一面平整，另一面微微弧起，除顶面外，其他三面经打击修整，双面弧刃较为圆钝。长10.6、宽8.2、厚3.6厘米（图二〇五，4）。

C 型　1件。标本 YS－A013，麻岩质地。打制。器形厚重，平面长条"凸"字形，后端为细长的手柄，前端呈逐渐展宽为扇形刃部，沿刃部周边双面打击修整，双面弧刃。一面局部保留砾石表皮，另一面为劈裂面。长15.5、柄宽3.7、厚2、刃宽6.7、厚3.6厘米（图二〇五，1）。

石球　1件。标本 YS－A023，花岗岩。琢制。圆球形。直径5.1厘米（图二〇五，3）。

细石器　18件。石质选材大多为石英、燧石等，器类主要有刮削器、石镞、尖状器、石叶、细石核等（图版二一，4）。

石片　5件。标本 YS－A027，燧石。平面近桃形，横断面薄片状。长3.7、宽3.1、厚0.9厘米（图二〇六，1）。标本 YS－A028，麻岩材质。平面近三角形，横断面片状。长3.2、宽2.6、厚0.8厘米（图二〇六，4）。标本 YS－A031，燧石。平面近菱形，断面菱形。长3.1、宽1.9、厚0.5厘米（图二〇六，11）。标本 YS－A043，平面近菱形，断面菱形。长2.35、宽1.5、厚0.65厘米（图二〇六，8）。标本 YS－

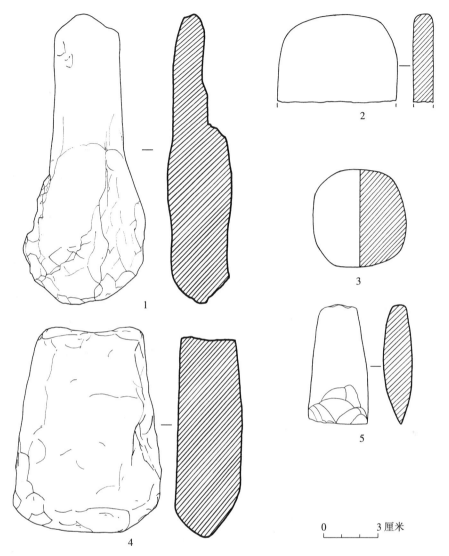

图二〇五　玉门市博物馆藏沙锅梁遗址采集石器

1. C 型石斧（YS－A013）　　2、5. A 型石斧（YS－A047、YS－A012）　　3. 石球（YS－A023）　　4. B 型石斧
（YS－A014）

A044，平面六角形，断面三角形。长1.85、宽1.8、厚0.6厘米（图二〇六，7）。

石镞　1件。标本YS－A042，半成品。燧石。平面近等边三角形，横断面薄片状，前锋残损。长3.9、宽1.45、厚0.35厘米（图二〇六，3）。

尖状器　1件。标本YS－A030，燧石。平面三角形，横断面薄片状，两侧边刃经修整。长2.8、底宽2、厚0.6厘米（图二〇六，12）。

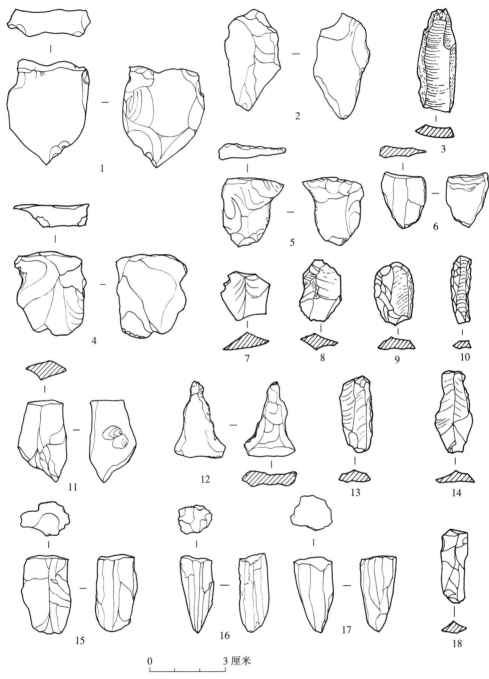

0　　　　　3厘米

图二〇六　玉门市博物馆藏沙锅梁遗址采集细石器

1、4、7、8、11. 石片（YS－A027、YS－A028、YS－A044、YS－A043、YS－A031）　　2、5、6、9. 刮削器（YS－A029、YS－A032、YS－A033、YS－A040）　　3. 石镞（YS－A042）　　10、13、14、18. 石叶（YS－A041、YS－A039、YS－A038、YS－A037）　　12. 尖状器（YS－A030）　　15～17. 细石核（YS－A035、YS－A036、YS－A034）

刮削器 4件。标本 YS-A029，石英材质。平面近菱形，横断面三棱状，两侧修整出器刃。长 3.8、宽 2.1 厘米（图二〇六，2）。标本 YS-A032，黑曜石。平面近舌形，横断面薄片状，周边修整出器刃。长 2.6、宽 2.4、厚 0.5 厘米（图二〇六，5）。标本 YS-A033，燧石。平面近心形，横断面呈薄片状。长 2、宽 1.75、厚 0.4 厘米（图二〇六，6）。标本 YS-A040，平面椭圆形，横断面薄片状，周边修整出器刃。长 2.3、宽 1.55、厚 0.4 厘米（图二〇六，9）。

石叶 4件。标本 YS-A037，平面长条形，横断面呈弧边三角形。长 2.8、宽 1、厚 0.55 厘米（图二〇六，18）。标本 YS-A038，平面近橄榄形，横断面呈薄片状。长 3.1、宽 1.45、厚 0.4 厘米（图二〇六，14）。标本 YS-A039，平面近长方形，横断面呈薄片状。长 2.9、宽 1.25、厚 0.4 厘米（图二〇六，13）。标本 YS-A041，平面长条形，横断面呈薄片状。长 2.5、宽 0.8、厚 0.3 厘米（图二〇六，10）。

细石核 3件。标本 YS-A034，燧石。平面圆锥形，顶面不规则椭圆形。长 2.9、宽 1.5 厘米（图二〇六，17）。标本 YS-A035，燧石。平面圆柱状，顶面近不规则扇形。长 3、宽 1.9、厚 1.25 厘米（图二〇六，15）。标本 YS-A036，燧石。平面圆锥形，顶面近椭圆形。长 2.8、宽 1.25、厚 1 厘米（图二〇六，16）。

（3）陶器

四耳带盖罐 1件。标本 YS-A001，夹砂红陶。内敛口，斜方唇不甚齐整，球形圆腹，平底。器口外两侧和下腹对称设置两对器耳。此器是在制好坯后，将器口切割出来，切下部分制成器盖（器盖残失），口沿部位切割痕迹明显。器表施紫红色陶衣，原有彩绘，花纹脱落不辨。残高 15.2、口径 9、腹径 17.4、底径 7.6 厘米（图二〇七，2）。

彩陶双耳罐 1件。标本 YS-A002，夹细砂红陶。器口、领部和器耳残失，器口外两侧置双耳，垂腹，平底。器表绘彩部位施紫红色陶衣，绘浓稠黑彩。腹部绘连续并列的竖条带纹六组。残高 8、腹径 11、底径 5.6 厘米（图二〇七，1）。

彩陶单耳罐 1件。标本 YS-A003，夹细砂红陶。直口，短直颈，圆唇，扁圆垂腹，下腹略内敛，小平底。器口外一侧置单耳（残）。器表及口沿内绘彩部位施紫红色陶衣，绘黑彩。器口内绘横条带纹和短竖条纹四组；器表绘重复叠置的横条带纹，其间绘连续的"Z"字纹四排。高 8、口径 7.6、腹径 10.4、底径 4 厘米（图二〇七，3）。

陶纺轮 4件。标本 YS-A004，夹砂褐陶，器表灰色。圆饼状，剖面微弧曲。中心钻一圆孔。一面素面无纹，另一面戳印大量的小圆点，呈同心圆结构。直径 6.6、孔径 0.85、厚 0.6 厘米（图二〇八，3；图版二一，2②）。标本 YS-A005，夹砂灰褐陶。圆饼形，剖面微弧曲。中心钻一圆孔。素面。直径 7.5、孔径 1、厚 0.8 厘米（图二〇八，1；图版二一，2①）。标本 YS-A006，残缺一半。夹砂褐陶。厚圆饼形，中心钻一圆孔。一面

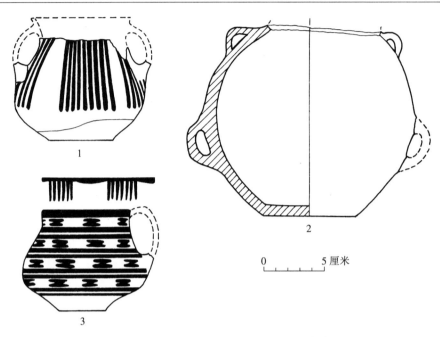

图二〇七　玉门市博物馆藏沙锅梁遗址采集陶器

1. 彩陶双耳罐（YS－A002）　2. 四耳带盖罐（YS－A001）　3. 彩陶单耳罐（YS－A003）

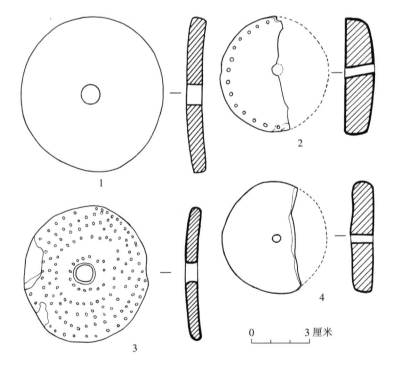

图二〇八　玉门市博物馆藏沙锅梁遗址采集陶纺轮

1. YS－A005　2. YS－A006　3. YS－A004　4. YS－A007

平整，素面无纹；另一面弧曲，沿纺轮周边戳印圆点联珠纹一圈。直径5.6、孔径0.65、厚1.5厘米（图二〇八，2；图版二一，2③）。标本YS－A007，残缺少部分。夹砂褐陶，器表红褐色，色泽不匀。圆饼形，中心钻一圆孔。一面较平，另一面中心钻孔处略微突起。素面。直径5.5、孔径0.45、厚1.1厘米（图二〇八，4；图版二一，2④）。

（4）装饰品

器类较杂，包括石、绿松石和蚌壳制作的几类（图版二一，3）。

石佩饰　3件。标本YS－A019，磨制较粗糙的麻岩。平面近圆形，薄片状，偏离中心位置对钻一孔。器表保留打制痕迹。长径4.2、短径4、厚0.3厘米（图二〇九，1）。标本YS－A020，磨制。平面近圆角方形，薄片状，中心单面钻一孔。长4.4、宽3.7、厚0.25厘米（图二〇九，2）。标本YS－A048，磨制。平面椭圆形，薄片状，为石坯料，尚未穿孔。长径3.9、短径3.4、厚0.5厘米（图二〇九，3）。

石坠　2件。标本YS－A024，利用自然小砾石制成。平面近卵圆形，薄片状，此器有天然石质的黑白纹理，近顶端对钻一小孔。长2.6、宽2.1、厚0.25厘米（图二〇九，10）。标本YS－A026，白色石质。平面近长方形，薄片状，顶端呈三角形，对钻一小孔。长1.8、宽1.3、厚

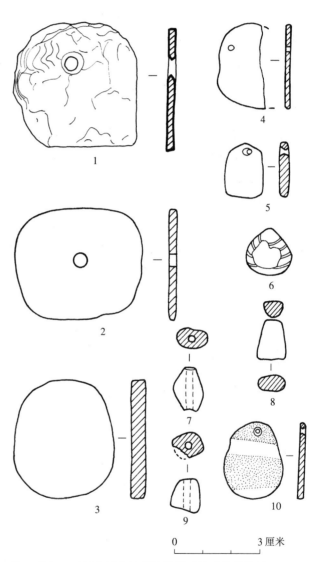

图二〇九　玉门市博物馆藏沙锅梁遗址采集装饰品

1～3. 石佩饰（YS－A019、YS－A020、YS－A048）　4. 绿松石坠（YS－A025）　5、10. 石坠（YS－A026、YS－A024）　6. 蚌饰（YS－A022）　7、9. 绿松石珠（YS－A045、YS－A046）　8. 绿松石料（YS－A021）

0.35 厘米（图二〇九，5）。

绿松石坠 1件。标本 YS – A025，残缺部分。原器应为圆形，薄片状，钻有一小穿孔。长2.75、残宽1.5、厚0.2 厘米（图二〇九，4）。

绿松石料 1件。标本 YS – A021，磨制。平面梯形，顶端近半圆形，底端扁圆形。长1.3、宽0.6~1、厚0.55 厘米（图二〇九，8）。

绿松石珠 2件。标本 YS – A045，侧视橄榄形，顶面椭圆，纵向贯穿一孔。长1.4、宽1.1、厚0.6 厘米（图二〇九，7）。标本 YS – A046，侧视梯形，顶面近方形，纵向贯穿一孔。长1.1、宽1、厚0.8 厘米（图二〇九，9）。

蚌饰 1件。标本 YS – A022，自然小河蚌。顶端有一小穿孔，蚌壳部分破损。长1.5、宽1.7 厘米（图二〇九，6）。

经对上述采集品观察，沙锅梁遗址属于典型的四坝文化性质。从遗址分布范围及其遗物散落情况分析，这里应是一处聚落遗址，附近一带有葬地，遗址规模较大受自然营力的破坏较严重。

附记：

2007 年6月下旬，甘肃省文物考古研究所、北京大学、中国社会科学院考古研究所、北京科技大学等单位联合组成河西走廊环境考古队，再次考察了玉门市沙锅梁遗址。20 世纪80 年代后期，甘肃省从洮河流域的东乡族自治县迁徙大批移民至此，在当地新建了东乡族自治乡，致使花海一带人口迅速增加，原来空旷的荒漠上新建起一座座移民新村。

目前的沙锅梁遗址已被一座移民新村包围起来，遗址所在地成了村内的一个广场。遗址的保护标志还在，地表陶片依旧很多。由于人为踩踏，已破碎不堪。遗址上踏出了一条条的小路，村里的学生每天经过这里去学校，对遗址的破坏可想而知。此次调查时，偶尔还能捡到一些细小石器、贝壳、铜渣、小块的绿松石等。

一同参与考察的甘肃省文物考古研究所副所长王辉告之，北沙锅梁就位于我们路过的小金湾乡一带。近年来，随着大批新移民的迁入，那座墓地也被盗掘一空。听到这个消息让人很无奈，也很后悔当年没能抽时间去那里调查。

李水城补记

（四）拱柏滩遗址

地点位于玉门镇西南约70 公里的昌马乡、疏勒河上游（昌马河）河谷。地理坐标为东经 96°48′13″，北纬 39°53′45″；海拔 2009 米（见图一七九）。

1986 年10月，河西史前考古调查队在玉门镇文化馆搜集资料时，文化馆王维馆长介绍，在昌马乡昌马石窟对面的黄土台地上曾发现有与火烧沟遗址类似的遗物。后来，在酒泉市博物馆郭俊峰同志陪同下，河西史前考古调查队从酒泉出发，前往昌马乡调查，往返路途 400 余公里。由于没有向导，调查队仅在昌马河谷的个别地点发现少量汉魏时期的泥质灰陶片。另发现还有时代不明的 3 座陶窑，未见任何早期的遗迹和遗物。

（五）古董滩遗址

遗址位于玉门市花海镇柳湖乡小康三队的毕家滩，此地位于沙锅梁遗址以北约 20 公里的大沙漠南缘，由此北行约 20 公里即进入肃北蒙古族自治县的马鬃山飞地，东北方向与内蒙古额济纳旗相望。地理坐标为东经 97°36′47″，北纬 40°22′10″；海拔 1267 米（见图一七九；图版二一，5）。

该址由甘肃省文物考古研究所调查发现。2007 年 6 月，甘肃省文物考古研究所、北京科技大学冶金与材料史研究所前往该址调查，采集一批遗物。随后不久，甘肃省文物考古研究所、北京大学、中国社会科学院考古研究所、北京科技大学冶金与材料史研究所再次前往该址调查，并再次采集一批遗物和土样，遗物包括陶片、石器、铜矿石、铜炼渣等（图版二四，1）。

古董滩遗址位于沙漠边缘，四周环绕沙丘和成片的柽柳，南侧已被开垦成农田，地表散落大量遗物。遗址四周地势略高，似有墙体环绕（图版二二，1）。从保存现状看，推测该址中心区是村落房屋集中的地方，除东面外，其余三面可能都建有房屋，形成一近乎封闭的聚落环境。现在西面和北面已暴露出部分房屋建筑，有的房屋保存很好，包括高近 2 米的土坯墙体。已暴露的一座房屋为土坯半地穴长方建筑（图版二三，1）。另有一些房屋被沙土掩埋。在遗址北侧一段似为墙体，上部暴露有一排茅草，很像是屋顶铺设的茅草（图版二二，2），下部显露出塌落的大量土坯碎块（图版二三，2）。遗址南侧遭到部分破坏，也有一道类似墙体的建筑，但未见土坯，是否有房屋，或已被破坏，还有待进一步的调查。从暴露出的剖面看，其文化堆积层厚达 1 米以上，土色灰黑，极其干燥松软，包含物有碎陶片、兽骨和炭屑等。遗址东侧一带比较空旷，或许是有意为之，将西、北、南三面封闭，东面开放，有利于阻挡西北的寒风。遗址中心部分地势平坦，无任何建筑遗迹现象，似为一村落内的小广场。

调查发现，随着近年来当地涌入大量的新移民，已将土地开垦至遗址南侧边缘，并有可能将遗址南侧墙体及部分文化堆积破坏，已有部分文化层被拖拉机开垦扰动，调查时就在翻出的土内采集到石器和陶片。

现将 2007 年调查采集品介绍如下。

1. 冶金考古队调查采集品

2007 年 6 月，甘肃省文物考古研究所与北京科技大学冶金与材料史研究所组成的河西走廊冶金考古调查队，在该址采集一批遗物，现介绍如下。

（1）石器

石斧　1 件。标本 07YMGDT 内：11①，利用自然砾石打片制成。残存石斧刃部，舌形，一面保留砾石表皮，另一面为劈裂面，较平整。残长 6.4、宽 9.5、厚 3 厘米（图二一〇，1）。

石球　2 件。标本 07YMGDT 内：10，圆球形，残缺一半。直径 5.1～5.6 厘米（图二一〇，3）。标本 07YMGDT 外：3②，近圆球形，残缺部分。直径 6.7～7 厘米（图二一〇，4）。

砍砸器　1 件。标本 07YMGDT 内：12，石核石器。打制。平面近椭圆形，前端打

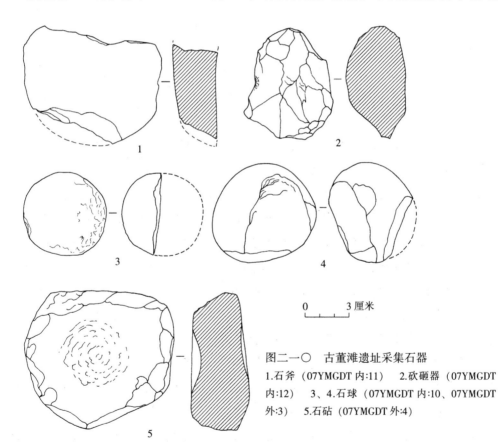

0　　　3 厘米

图二一〇　古董滩遗址采集石器

1.石斧（07YMGDT 内:11）　2.砍砸器（07YMGDT 内:12）　3、4.石球（07YMGDT 内:10、07YMGDT 外:3）　5.石砧（07YMGDT 外:4）

---

① 编号中的"内"表示在古董滩"城内"采集。
② 编号中的"外"表示在古董滩"城外"采集。

制出器刃。长7.4、宽5.7、厚4.1厘米（图二一〇，2）。

石砧　1件。07YMGDT外：4，打制。近圆角长方形，周边打制修整，中心有击打形成的浅凹窝。长10.3、宽9.2、厚4厘米（图二一〇，5）。

（2）陶器

双耳罐　1件。标本07YMGDT内：8，夹砂灰褐陶。厚胎。直口，圆唇，斜直长颈。器口外至颈部置双耳。素面。残高8.5、口径7厘米（图二一一，4）。

罐口　3件。标本07YMGDT外：1，夹砂红褐陶。直口，高直颈。器口缘外周边捏塑附加堆纹，堆放上压印卵点纹。残高5.2厘米（图二一一，1）。标本07YMGDT内：3，夹砂灰褐陶。厚胎。侈口，圆鼓唇，微束颈。素面。残高5.7厘米（图二一一，2）。标本07YMGDT内：5，夹砂灰陶。厚胎。侈口，素面。残高8.2厘米（图二一一，3）。

器耳　1件。标本07YMGDT外：2，夹砂褐陶。宽鋬耳。耳面刻划"V"字折线纹。耳宽3.5厘米（图二一一，5）。

器盖　1件。标本07YMGDT内：7，夹砂红褐陶。残存盖顶亚腰圆柱状器纽，盖纽顶面圆饼状，中央有一圆形凹窝。素面。残高3.2、顶径3.2厘米（图二一二，4）。

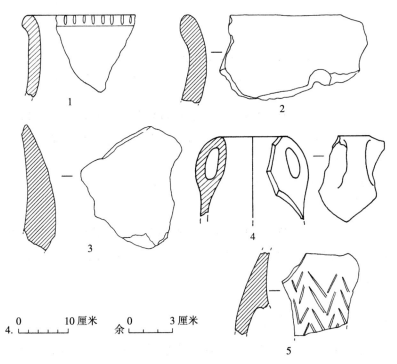

0　　　10厘米　　　0　　　3厘米
4.

图二一一　古董滩遗址采集陶器

1～3. 罐口（07YMGDT外：1、07YMGDT内：3、07YMGDT内：5）　4. 双耳罐（07YMGDT内：8）
5. 器耳（07YMGDT外：2）

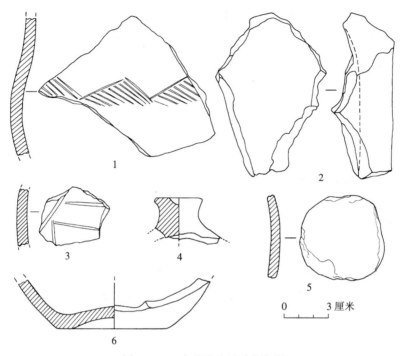

图二一二　古董滩遗址采集陶器

1、3. 器腹残片（07YMGDT 内：2、07YMGDT 内：9）　2、5. 异形陶片（07YMGDT 内：

1、07YMGDT 内：4）　4. 器盖（07YMGDT 内：7）　6. 罐底（07YMGDT 内：6）

器腹残片　2 件。标本 07YMGDT 内：2，肩部残片。夹砂灰褐陶。刻划三角梳齿状折线纹（图二一二，1）。标本 07YMGDT 内：9，器腹残片。夹砂灰褐陶。表面刻划折线纹（图二一二，3）。

罐底　1 件。标本 07YMGDT 内：6，夹砂灰褐陶。斜弧腹，内凹底。素面。残高 3.4、底径 7.5 厘米（图二一二，6）。

异形陶片　2 件。标本 07YMGDT 内：4，夹砂红褐陶。系用废弃陶片磨制而成，圆饼形。素面。直径 5.7 ~ 5.9 厘米（图二一二，5）。标本 07YMGDT 内：1，夹砂灰陶。器形不明。素面（图二一二，2）。

2. 环境考古队调查采集品

2007 年 6 月，甘肃省文物考古研究所、中国社会科学院考古研究所、北京大学、北京科技大学冶金与材料史研究所等单位联合组成河西走廊环境考古队，再次考察了古董滩遗址，并在该址采集遗物和土样，现介绍如下。

（1）石器

石容器残件　1件。标本07YG－026，为石制容器的器纽。青灰色石质。表面打磨相当精细。器纽为圆柱亚腰状，前端残留部分为一圆口的边缘，器形不明。若沿此断茬复原，此器纽前端的圆形口径甚小，直径不足2厘米，器纽下连接的腹壁部位磨制三道浅凹槽。器纽长4.1、端面直径3.1、容器壁厚1.1厘米（图二一三；图版二四，3）。

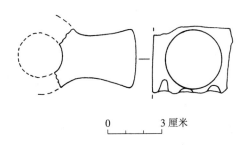

0 　　　　 3厘米

图二一三　古董滩遗址采集石容器残纽

（07YG－026）

（2）陶器

均系陶片，以泥质和夹砂的褐陶和灰陶为主，少量红褐陶和黄褐陶，火候普遍较高，质地坚硬。以罐类器最多，多为带耳罐、瓮、钵和盆等。绝大多数为素面陶，未见彩陶，装饰花纹主要有刻划、压印纹及附加堆纹。

器口残片　7件。标本07YG－001，夹细砂灰褐陶，胎芯褐色。器表略打磨，露出少许粗砂粒。侈口，外卷的圆唇，口缘下肩部有一道凸棱。素面。残高8.4、口径30.8厘米（图二一四，5）。标本07YG－002，夹砂灰陶。大敞口，尖圆唇。口缘下贴塑附加堆纹一周。器表抹光。残高5.4、口径36厘米（图二一四，3）。标本07YG－003，

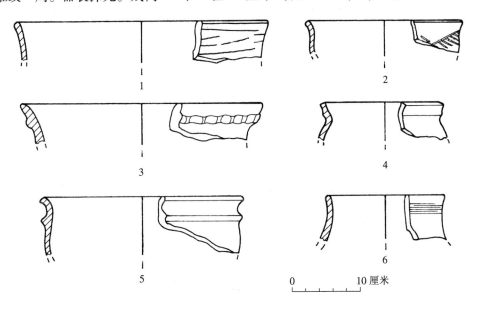

0 　　　　 10厘米

图二一四　古董滩遗址采集陶器口残片

1.07YG－004　2.07YG－006　3.07YG－002　4.07YG－003　5.07YG－001　6.07YG－005

夹砂褐陶，露出少许粗砂粒。侈口，方唇，束颈。素面。器表略涂抹。残高5.4、口径18厘米（图二一四，4）。标本07YG－004，夹砂红褐陶，局部被熏黑。大敞口，圆唇。口缘以下饰短斜线压印纹。器表面涂抹。残高6、口径38厘米（图二一四，1）。标本07YG－005，夹砂红褐陶，口缘部分被熏黑。侈口，圆唇。器表经刮抹，口缘以下有水平状刮抹痕迹。素面。残高6.2、口径17厘米（图二一四，6）。标本07YG－006，夹少量砂的泥质红褐陶。大敞口，圆唇。器口缘以下压印梳齿状斜线纹。器表面抹光。残高4.4、口径23厘米（图二一四，2）。

双耳钵口　1件。标本07YG－012，夹砂褐陶，表皮黑褐色。敞口，圆唇，腹部安置环形器耳。素面（图二一五，5）。

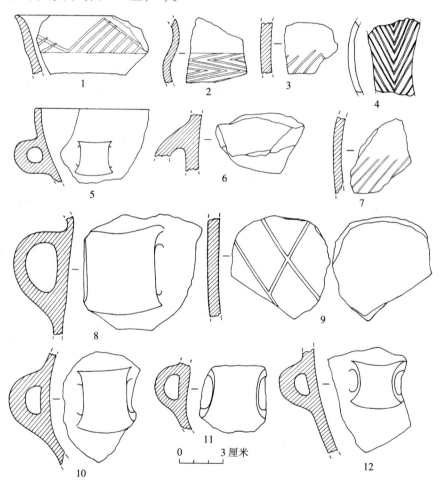

图二一五　古董滩遗址采集陶片

1. 器口沿片（07YG－009）　2、3、7、9. 器腹残片（07YG－011、07YG－014、07YG－013、07YG－010）　4、6、8、10～12. 器耳（07YG－015、07YG－018、07YG－017、07YG－008、07YG－007、07YG－016）　5. 双耳钵口（07YG－012）

器口沿片 1件。标本07YG-009，夹砂红褐陶，表皮灰褐色，略经打磨。大敞口，尖唇。口缘以下压划三角斜线梳齿纹（图二一五，1）。

器腹残片 4件。标本07YG-010，夹砂褐陶，器表泛红褐色、灰褐色。内壁压划粗疏网格。器表抹光（图二一五，9）。标本07YG-011，泥质灰褐陶，器表灰色，略经打磨。腹部压印斜折线纹（图二一五，2）。标本07YG-013，夹砂灰褐陶。器表打磨，压印连续斜线纹（图二一五，7）。标本07YG-014，泥质灰褐陶。器表略经打磨，压印斜线纹和斜线三角纹（图二一五，3）。

器耳 6件。标本07YG-007，残留器耳及部分器腹。夹砂红褐陶，表皮灰褐色，外表粗糙，露出胎内粗砂粒。素面。耳宽3厘米（图二一五，11）。标本07YG-008，残留器耳及部分器腹。夹砂红褐陶，器表颜色不匀，外表粗糙，露出胎内粗砂粒。素面。耳宽4厘米（图二一五，10）。标本07YG-015，残存部分器耳。夹砂灰褐陶，胎质较粗。表面略打抹，压印规整的重叠"人"字纹，做工较细。耳宽2.5~3厘米（图二一五，4）。标本07YG-016，残存器耳及少量腹壁。夹砂灰褐陶（胎内夹有一铜珠），器表色泽不匀，大半被熏黑。素面。器表略经打磨。耳宽2.1厘米（图二一五，12；图版二四，2）。标本07YG-018，残留器耳上半。夹砂灰陶，质粗，外观粗糙。素面。耳宽3厘米（图二一五，6）。标本07YG-017，残留桥形器耳及部分腹壁。夹砂灰褐陶。素面。器表略抹光，外表粗糙（图二一五，8）。

器底 1件。标本07YG-025，夹砂红褐陶，器表颜色不匀，局部泛红褐、灰褐色。素面（图二一六，6）。

鸡冠耳 4件。标本07YG-020，残留部分鸡冠耳。夹砂黄褐陶。素面。器表抹光（图二一六，5）。标本07YG-019，残留部分鸡冠耳。夹砂灰陶，器表红褐色，显露大量夹杂的石英砂粒，质地较粗（图二一六，2）。标本07YG-021，残留部分鸡冠耳。夹砂灰陶，器表红褐色。略经涂抹（图二一六，3）。标本07YG-023，鸡冠耳保留较完整。夹砂灰陶，器表局部呈红褐

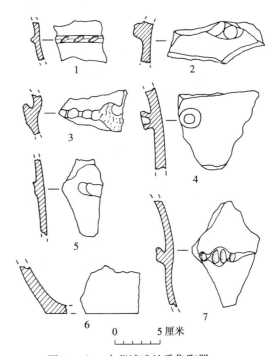

图二一六 古董滩遗址采集陶器

1、4. 纹饰陶片（07YG-022、07YG-024） 2、3、5、7. 鸡冠耳（07YG-019、07YG-021、07YG-020、07YG-023） 6. 器底（07YG-025）

色。略经抹光（图二一六，7）。

纹饰陶片　2件。标本07YG-022，夹砂红褐陶，器表橙红色，内胎灰色。外观较粗糙。饰一周附加堆纹。器表略经抹光（图二一六，1）。标本07YG-024，夹砂灰陶，局部残留烟炱，局部被熏成黑色。保留一枚圆形乳钉器纽，纽心中空。素面。器表略经打磨处理（图二一六，4）。

炼铜坩埚残片　1件。标本07YG-027，腹部残片。夹细砂灰褐陶，外表局部红褐色、灰白色；内壁灰黑色，局部泛铜绿色。内外壁均凹凸不整，非常粗糙。火候很高。部分已烧结成窑汗状。内胎及内壁显露一些蜂窝状砂眼（图版二四，4、5）。

根据对上述采集遗物特征的观察，可知古董滩遗址属于骟马文化，其文化面貌与甘肃省文物考古研究所在火烧沟遗址以南、公路南侧发掘的遗址性质相同。古董滩遗址采集陶器均为日常生活用具。该址有可能是一处四周建有土围子的青铜时代村落遗址。

（六）骟①马城遗址

遗址位于玉门市清泉乡白土良（梁）村南500米处。地理坐标为东经97°46′28″，北纬39°55′16″；海拔1785米（见图一七九）。

1956年，修筑兰新铁路时在白杨河岸一侧台地挖出一批遗物。从当时发表的少量材料看，全部为陶器，因其形制独特，后被命名为"骟马式陶器"②。河西史前考古调查队在酒泉等待考察车辆期间，曾先后三次前往玉门市调查，其中有两次是为了寻找骟马遗址。

第一次是在10月8日，河西史前考古调查队在酒泉市博物馆冯明义、郭俊峰带领下前往玉门火烧沟遗址调查，返回途中，沿兰新公路北侧白杨河（现为季节河）河道向北调查至骟马城城址一带，此地东距嘉峪关45公里，西距玉门镇75公里。

白杨河西岸的白土梁一带，后曾发现大片的汉魏时期墓地。由白土梁向东北500米即骟马城。实际上，骟马城分东、西二城。目前在地表只能看到东城，因此一般将其误以为是骟马城。西城为旧城，位于现在的村庄附近。传说此城始建于汉唐时期。城作正方形，边长230米，损毁严重。我们未去现场调查。有关此城的传说甚多。有人根据《汉书·地理志》考证，骟马城即东汉时期的延寿县。据说在城内曾发现汉砖、绳纹砖、五铢钱和石磨盘等。城南白土梁及骟马河西岸发现大片汉魏墓地可以为证。《肃州旧志》记："骟马城，在赤金堡东四十五里，城中二水北流，城西三十里有三棵

---

① 骟马城之"骟"，后改为"骟"，今因之。
② 甘肃省博物馆：《甘肃古文化遗存》，《考古学报》1960年2期11~52页。

树"①。另据《元和志》记："金山在延寿县东 60 里，出金"。骟马城的位置恰好位于金山西五十余里，与《元和志》所记延寿县相符。

东城的建造年代不详。据说晚到明清时期。城建在距西城约百米开外的白杨河西岸台地上，保存尚好。城址正方形，面积不大，南墙中间设一道城门，城墙四角建圆形角墩，与中亚地区流行的古城形制非常接近。城外四周挖出宽 20、深 2~3 米的城壕。城南墙修筑一道附加的夯土墙，形成保护性质的夹墙。由于每年洪水剧烈冲刷白杨河西岸台地，致使河岸垮塌严重。如今骟马城的东墙已倾圮不存，余三面城墙保存尚好。此城现存部分东西长 65 米，南北宽 60 米，墙基厚 9 米，墙顶宽 5.2 米，夯层厚 13~18 厘米（彩版一三，1、2）。东城的建造，据说与明朝实行"以茶易马"制度有关。洪武年间，骟马价格高，嘉峪关外诸卫居民为能换取更多茶叶，凡四岁以上儿马须经骟割后换取茶叶。由于此地距离嘉峪关比较近，水草也好，遂成为赤金蒙古部落牧马、骟马之场所，也是以茶易马的集市。此后，延寿古城便逐渐被"骟马城"这一俗称所取代。

调查中我们在骟马城北侧台地发现几座被盗挖开的古墓，地表暴露出 3 座。墓内棺木和人骨被随意遗弃，现场一片狼藉。附近地表散落极碎的红陶片，由于长期风蚀均被磨圆，形制不辨。不知这些墓葬是被何人何时所盗挖，出土有何物②？从被破坏的现场看，估计由于这一带水土流失严重，墓口棺木暴露，因此招致盗掘。为了解周围是否还有遗漏的墓葬，我们到附近村民家中借来铁锹，在台地上探挖，结果一无所获。调查过程中，许永杰在墓地南侧冲沟内发现一块被弃置的残破棺板，难得的是上面竟然保留有墨绘的狩猎图。见此，我们将墓内残留棺板再次一一查验，未再见有绘画者。

第二次调查是在 10 月 16 日，河西史前考古调查队前往玉门昌马乡调查，返回途中路过白杨河，遂前往兰新公路南侧白杨河谷一带调查。估计当年修建兰新铁路发现骟马陶器的位置就在铁路沿线，最终还是没能找到遗址。但在河床西侧高十余米的断崖顶部暴露有一些墓葬，断崖下还有跌落的棺木、人骨和随葬陶器残片，根据陶片可知其时代为汉魏时期。

1. 1986 年调查采集品

棺板画　1 件。标本 86 - 001，系棺木侧面一块棺板中间的一段残件。棺板上缘残长 116、宽 15 厘米。上下两边各有梯形榫口一个，口大底小，均系半榫，即仅将外侧凿开一

---

① 骟马城址坐落在白杨河西岸台地，此地东距嘉峪关 45 公里，西距玉门镇 75 公里。

② 据甘肃省文物考古研究所周广济先生介绍，1976 年在挖掘玉门火烧沟遗址期间，他们曾在骟马城附近清理过几座古墓，并出土夹砂红陶罐等器物。估计他们挖掘墓葬的地点也在这一带附近。

半，内侧未凿透。上缘自左向右在95~99厘米处凿一半榫。榫口宽4.5、底宽1.5~3.5、深2~2.2厘米。棺板下缘残长78厘米。从左向右在45.6~47.2厘米处凿一半榫。榫口宽2.7、底宽1.5、深3.2厘米。棺板外侧用墨笔绘画花纹图案。现存画面可分成左右两部分。

左面一半描绘的是狩猎场景。画面前方有一动物，形似马，但构图极简练。此物身后绘有四条竖列墨线，其中有一道形似"花蕾"物，不明画的是什么。再其后，绘一道弧线自下而上绕过，将"马"与"花蕾"两物隔离开来。在弧线左侧另有一只动物，四足，短尾，吻部有须，作狂奔状，从其头部形象猜测应是只老虎。矛盾的是，此物头上描绘双角，因此也有可能表现的是麒麟。但也有另一种可能，即此物若是老虎，其头上"角状物"也有可能表现的是头部射中的箭矢。而且此兽之背部就被射中三箭。在此兽后面还隐约可见另一兽头，似为麋鹿（？），仅见双耳而无角。在这两只动物之间，绘有三条竖列的短线。

右面部分描绘了两辆牛车。后面的车由一牛驾引，车轮具备。车上搭建穹庐式帐篷。帐上有长方形天窗。前有一门。帐内空无一人。车四周建有木质围舆。车前方二人挽手相向而立。前面一人着长袍，一只手叉在腰间，脑后留有发辫，体形粗壮高大，似为男性。后面的人形体略瘦小，纤纤细腰，脑后长发蓬松，似为女性。在这辆车的前面还有一辆车，惜画面大半损毁。从保留部分看，其形状与后面的牛车接近，车上也搭建一顶帐篷。所不同的是，此帐前有一方形栏框围出空间，顶上建有伸出的屋檐，其帐顶结构较之后面的车要复杂，在帐顶部另外再加一个顶，其后有两根向上斜翘起的木棍。此车帐内有一双手叉腰的人，其装束与车后站立女性相同，似应为一少女。在她的腿旁卧有一犬。再向前，架车之牛这部分画面朽损不存，隐约可见牛的后腿和牛尾梢（图二一七；彩版一三，3）。

这件棺板经北京大学考古学系年代学实验室进行碳-14年代检测，结果如下：

标本号：BK89027　距今1620±60年（未经校正年代）

距今1555±41年（树轮校正年代）

根据棺板画的风格，我们推测这些墓葬的年代为汉代以晚的魏晋时期，这与碳-14年代检测的绝对年代相符。

2. 1976年骟马城墓葬出土陶罐

据甘肃省文物考古研究所周广济先生介绍，1976年，甘肃省博物馆文物工作队在发掘火烧沟遗址时，曾在骟马城附近发现长方形竖穴土坑墓，并清理了一座（编号76YSH-M1），墓内也有木棺，随葬品仅有一件红色夹砂陶圆腹小罐。若仅以此器观之，很难判断其文化属性。但这座墓葬位于何处，墓葬形制怎样，是否在骟马城附近？均弄不清楚。后经征得周广济先生同意，我们将他们发掘的这件陶器介绍如下。

0   10厘米

图二一七　骟马城北墓葬采集棺板画（86－001）

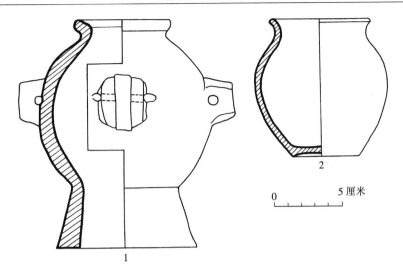

图二一八　玉门市博物馆和甘肃省文物考古研究所藏陶器

1. 异形器（YSH – A033）　2. 圆腹罐（76YSH – M1：1）

圆腹罐　1件。标本76YSH – M1：1①，夹砂红陶。喇叭口，方唇，束颈，球形圆腹，平底略内凹。素面。高9.8、口径7.5、底径5厘米（图二一八，2)②。

3. 骟马城附近出土陶器

异形器　1件。标本YSH – A033，出土于骟马城附近。泥质灰陶。厚胎。小口外侈，圆唇，短领，束颈，球形圆腹，喇叭状高圈足。此器上有小口、下面无底，上下贯通。器身腹中部装置四对八只扁方形器耳，器耳两两相对，互为一组。每组之间有长方形凹槽，上下贯通，另有横向贯通的穿孔。素面。此器用途不明。从器形和陶质、陶色判断，应为魏晋时期遗物，应该是作为随葬明器使用的。高16.3、口径7、底径10.4厘米（图二一八，1）。

---

① 1976年出土于玉门骟马城北一带的土坑木棺葬，现藏甘肃省文物考古研究所。

② 2003年，甘肃省文物考古研究所在玉门市蚂蟥河墓地2003YM：M1出土一件镂孔铜管（2003YMM1：1）（甘肃省文物考古研究所：《甘肃玉门蚂蟥河墓葬群发掘简报》，《考古与文物》2005年6期14~18页），其造型与甘肃永昌柴湾岗沙井文化墓葬出土铜针筒（M75：4）形制接近（甘肃省文物考古研究所：《永昌西岗柴湾岗——沙井文化墓葬发掘报告》，甘肃人民出版社，2001年），应是同类功能的器具。蚂蟥河2003YMM1还随葬1件夹砂灰褐陶（器表红褐色，色泽不纯）侈口凹底罐，高10厘米（2003YMM1：2），此器与1976年骟马城附近挖掘出土的夹砂红陶圆腹小罐形态大小接近，是否属于同时代的性质，值得注意。特别是1986年调查发现棺板画的墓也是竖穴土坑形制，而且两地距离不远。蚂蟥河墓地的年代为东汉至魏晋时期，这与我们估计骟马城棺板画墓葬的年代和检测结果一致。上述资料对于识别骟马城附近一带发现的遗存是有启发的。

4. 玉门市博物馆藏品

1986 年 9 月末，我们前往玉门调查，在玉门镇文化馆（现玉门市博物馆）库房内发现一批当地旧藏的遗物，包括陶器、铜器（小件、武器、工具和装饰品）等，具体的出土地点和时间不详①。20 世代 50 年代修筑兰新铁路时，首先发现骟马遗址的是铁路工程部门，他们除将出土文物上交甘肃省博物馆外，也可能给玉门镇留了一部分，甚至有个别器物调拨给了酒泉市博物馆②。至于这批文物是当年留下的、还是后来的新发现，因为当地文化馆的老同志已退休，现任领导也说不清楚。

现将玉门收藏的这批遗物介绍如下。

（1）陶器

夹砂双耳罐　8 件。标本 YSH - A001（原馆藏号 No.1），夹砂黑陶。厚胎。侈口，圆唇，粗颈，器口外两侧置双大耳，卵圆腹，平底，器腹上方正中位置前后各捏塑一枚高翘的乳突，双耳饰刻划的相对斜线编织纹。高 13.6～14、口径 9、底径 5、耳宽 4 厘米（图二一九，3）。标本 YSH - A002（原馆藏号 No.2），夹砂黑陶。厚胎。侈口，圆唇，高粗颈，器口外两侧置双大耳，圆鼓腹，平底。器腹上方正中位置前后各捏塑一枚高翘的乳突，双耳饰刻划的连续折线纹。高 13～13.2、口径 7.8、底径 5.2、耳宽 3.3 厘米（图二一九，1；图版二五，3）。标本 YSH - A004（原馆藏号 No.4），夹砂黑褐陶。厚胎。微侈口，尖圆唇，高粗颈，器口外两侧置双大耳，圆弧腹，平底。器腹上方正中位置前后各捏塑一枚高翘的乳突，双耳饰刻划的连续折线纹。高 11、口径 6.4、底径 4.4、耳宽 2.8 厘米（图二一九，4）。标本 YSH - A005（原馆藏号 No.5），夹粗砂黑陶。厚胎。小口微向内敛，圆唇，斜直高粗颈，器口外两侧置双大耳，圆鼓腹，平底。器腹上方正中位置前后各捏塑一枚高翘的乳突，双耳饰刻划的连续折线纹。高 12.5、口径 6.8、底径 5.2、耳宽 2.7 厘米（图二一九，2）。标本 YSH - A006（原馆藏号 No.6），夹砂褐陶。厚胎。微侈口，圆唇，高粗颈，器口外两侧置双大耳，球形圆腹，平底。器腹上方正中位置前后各捏塑一枚高翘的乳突，双耳饰刻划的连续折线纹。高 13.8、口径 9、底径 5.4、耳宽 3.4 厘米（图二一九，5；图版二五，1、2）。标本 YSH - A007（原馆藏号 No.7），夹砂黑陶。厚胎。小口直立，圆唇，高直颈，器口外两侧置双大耳，圆弧腹，平底。器腹上方正中位置前后各捏塑一枚高翘的乳突，双耳饰刻划的连续折线纹。高 9.6、口径 5.2、底径 4.2、耳宽 1.8 厘米（图二一九，6）。标本 YSH - A009（原馆藏号 No.9），夹细砂灰陶。侈

---

① 当地文化馆的同志并不清楚这批遗存发现的时间和地点。
② 我们在酒泉市博物馆收集资料时未发现有来自玉门的调拨文物。

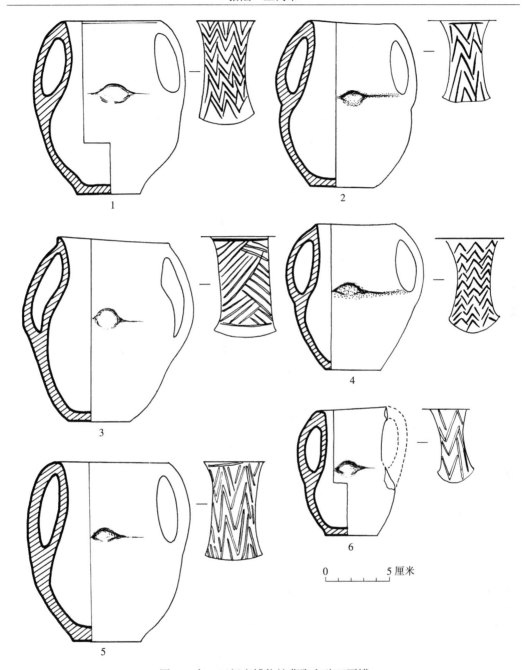

图二一九　玉门市博物馆藏陶夹砂双耳罐

1. YSH – A002　2. YSH – A005　3. YSH – A001　4. YSH – A004　5. YSH – A006　6. YSH – A007

口，尖圆唇，高粗颈，器口外两侧置双大耳，圆鼓腹，平底。器腹上方正中位置前后各捏塑一枚高翘的乳突，双耳饰刻划的连续折线纹。高 11.2、口径 7.4、底径 5、耳宽 3 厘米（图二二〇，3）。标本 YSH – A011（原馆藏号 No. 11），夹细砂灰陶。厚胎。侈口，尖圆唇，高粗颈，器口外两侧置双大耳，球形腹，平底。器腹上方正中位置前后各捏塑一枚圆饼状乳突，双耳饰刻划的连续折线纹。高 14.5、口径 8.7、底径 6.3、耳宽 3.1 厘米（图二二〇，1）。

夹砂高领罐　2 件。标本 YSH－A003（原馆藏号 No.3），夹砂黑陶。喇叭口，圆唇，斜直高领，球形腹，平底。器颈下捏塑一周附加堆纹。高 10.2、口径 6.6、腹径 8.6、底径 4.6 厘米（图二二〇，5；图版二五，4）。标本 YSH－A010（原馆藏号 No.12），夹砂灰褐陶。喇叭口，尖圆唇，斜直高领，束颈，圆弧腹，平底。素面。高 12.4、口径 8.7、腹径 9.8、底径 4.5 厘米（图二二〇，2；图版二五，5）。

侈口罐　1 件。标本 YSH－A008（原馆藏号不详），夹砂黑陶。喇叭口，圆唇，斜直短领，束颈，圆弧瘦腹，平底。素面。高 10.4、口径 8、腹径 9、底径 6.3 厘米（图二二〇，4）。

（2）铜器

牌饰　1 件。标本 YSH－A013，此器前半部类似铜兵器钺。顶端为雄鹰展翅造型，

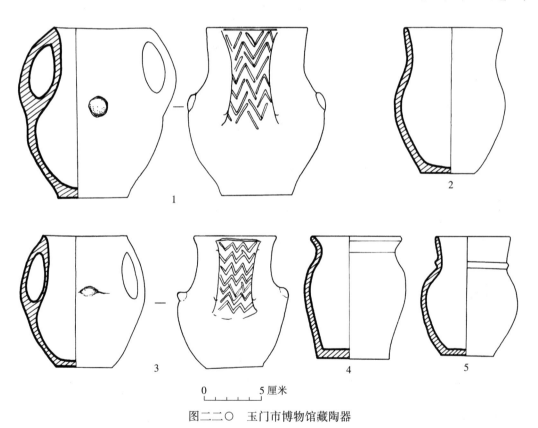

图二二〇　玉门市博物馆藏陶器

1、3. 夹砂双耳罐（YSH－A011、YSH－A009）　　2、5. 夹砂高领罐（YSH－A010、YSH－A003）　　4. 侈口罐
（YSH－A008）

下面为亚腰长条形,薄片状。一面素面,另一面铸出花纹图案。顶端雄鹰展翅的下部铸有短条纹和"V"形纹,似象征雄鹰之羽翼。下端长条形部位铸有三个"∧"形和一个横条状突起,将这部分一分为五,每一空档内稍向内凹,并铸有数量不等的凸起的圆饼形饰。在顶部和底部两块空档内的两边分别铸有四枚圆形小孔。此器下端夹角近45°,端面圆钝,无器刃。根据此器上下有小穿孔及薄片状的特征分析,它很可能是镶嵌在某种器物上的饰物,其用途有待进一步研究。此牌饰中间部分有少许磨损(或因锈蚀而变薄)。器长14.5、顶端宽7.7、下部宽2.8、厚0.4~0.5厘米(图二二一,2;彩版一四,1)。

锤斧　1件。标本YSH－A012,器形厚重。援部长条形,剖面厚重,呈六棱状。中间起一凸脊,前宽后窄,贯通全器。援前端为圆钝的器刃,尾端作圆锥形,尾尖钝厚。援后部为上下突出的銎部,銎口外侧上下周边突起,銎孔椭圆形。素面。全器长13.85、前端援部宽2.8、厚3.35厘米;銎部高5.6厘米,上宽3.3、厚2.5厘米,下宽3.5、厚2.8厘米,孔径1.8~2.5厘米(图二二一,1;彩版一四,2)。

镜(阳燧?)　1件。标本YSH－A014,残缺部分。原器为圆盘形。一面弧形凸起,中心铸桥形器纽(残断),下有一穿。另一面内凹。素面。直径约7.2、纽长2.65、宽0.35、高约1.1、厚0.3厘米(图二二一,3;彩版一四,3)。

联珠纹牌　2件。标本YSH－A020,圆角长方形,正反两面铸有凸起的圆饼形联珠饰,竖列分为三排,每排六枚,纵剖面呈波浪形。长5.25、宽2.3、厚0.15~0.2厘米(图二二二,1)。标本YSH－A019,圆角长方形,正反两面铸有凸起的圆饼形联珠装饰,竖列分为三排,每排七枚,纵剖面呈波浪形。长5.2、宽2.4、厚0.15~0.2厘米(图二二二,2)。

扣饰　9件。分为四式。

Ⅰ式　1件。标本YSH－A024,圆形,前有一突,近似龟首。一面弧形凸起,正中部位有一圆饼状突起,沿周边铸出联珠纹。另一面内凹,中间有桥形纽,下有穿。长径4.2、短径3.2、厚0.85厘米(图二二二,7)。

Ⅱ式　3件。标本YSH－A027,近椭圆形。一面弧形凸起,周边铸出联珠纹。另一面内凹,中间有横条形纽,下有穿。直径2.4~2.8、厚0.7厘米(图二二二,9)。

Ⅲ式　2件。标本YSH－A025,圆形,一面弧形凸起,另一面内凹。中央有一横条形纽,下有穿。直径2.6、厚0.8厘米(图二二二,8)。

Ⅳ式　3件。标本YSH－A021,圆形,一面凸起,近斗笠状。另一面内凹,中部有横条形纽,下有穿。直径2.6、高0.75厘米(图二二二,10)。

铜铃　2件。标本YSH－A015,顶部为圆纽,中间有穿。铃体作圆锥状三角形,

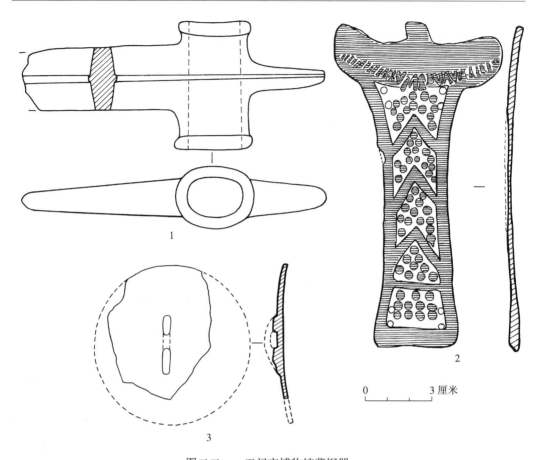

图二二一　玉门市博物馆藏铜器

1. 锤斧（YSH – A012）　　2. 牌饰（YSH – A013）　　3. 镜（YSH – A014）

铸出三角形镂孔五个。铃口圆形，内中无舌。高 3.6、口径 2.3、厚 0.2 厘米（图二二
二，6）。

　　螺旋状管饰　3 件（节）。标本 YSH – A030，残断，不完整。长条形，管状，表面
均等地铸成螺旋状凸起。中空，横断面椭圆形。残长 6.6、宽 1.3 厘米（图二二二，3；
彩版一四，4）。

　　喇叭形饰　1 件。标本 YSH – A017，残器，仅存一端的喇叭形器口，原器形状不
辨。喇叭口，圆形。从残断一侧观察，其器体明显扩大，用途不明。残高 3.7、口径
2.5、胎厚 0.2 厘米（图二二二，5）[1]。

　　器纽　1 件。标本 YSH – A018，残器，仅存器纽。平面椭圆形，器纽作半圆形隆

──────────

[1]　此器与内蒙古准格尔旗玉隆太战国墓所出喇叭形器 2250：2 的上部基本一致，但略短。

起，上有一椭圆形小穿。从断面看，此纽似附着在一平面铜器上。纽长径1.9、短径1.5、高0.8、附着铜器部分厚0.15厘米（图二二二，4）。

　　玉门镇文化馆旧藏这批遗物的文化性质初步分为两类：一类是以夹砂灰陶双大耳乳突罐为代表，亦包括其他几件夹砂罐，其性质居于典型的骟马文化遗存。特别是该馆收藏

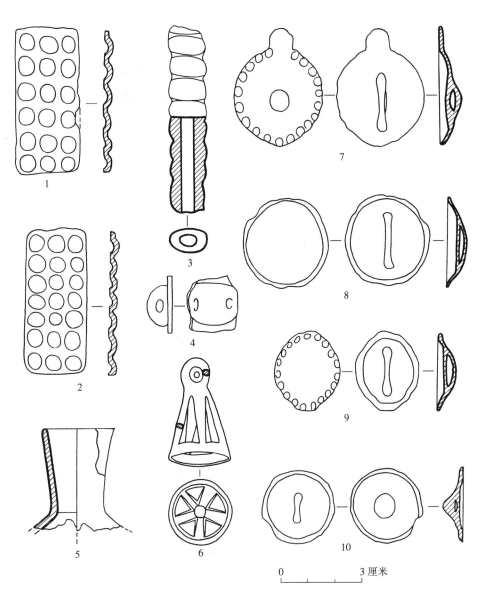

图二二二　玉门市博物馆藏铜器

1、2. 联珠纹牌（YSH－A020、YSH－A019） 3. 螺旋状管饰（YSH－A030） 4. 器纽（YSH－A018） 5. 喇叭形饰（YSH－A017） 6. 铜铃（YSH－A015） 7. Ⅰ式扣饰（YSH－A024） 8. Ⅲ式扣饰（YSH－A025） 9. Ⅱ式扣饰（YSH－A027） 10. Ⅳ式扣饰（YSH－A021）

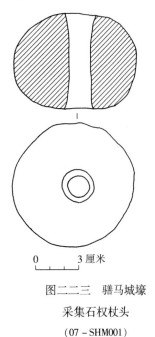

图二二三　骁马城壕
采集石权杖头
（07 - SHM001）

的这批铜器非常重要，它们极有可能是与骁马文化陶器共存的遗物，即属于骁马文化的铜器。如是，这也是骁马文化铜器的首次发现，对于深入了解骁马文化的性质和内涵特别重要。另一类是该馆收藏有一批汉魏时期的陶器，包括泥质灰陶罐、瓮、塔形器、灶等，均属于墓中随葬品。本报告仅收录一件泥质灰陶异形器（见图二一八，1）。

5. 2007 年调查采集品

2007 年 6 月，甘肃省文物考古研究所、北京大学、中国社会科学院考古研究所、北京科技大学冶金与材料史研究所联合组成环境考古队前往河西走廊调查，再次考察了骁马城遗址，并采集少量遗物。

石权杖头　1件。编号07 - SHM001，灰褐色石。质地较粗，圆球形，正中心上下纵贯一圆孔。打制，表面经琢制修整，仍保留石坯状疤痕。高6.4、直径8.3～8.5、孔径1.5～2.2厘米（图二二三；图版二五，6）。

这件石权杖头具体属于什么年代、哪个文化？均不详。

拾柒 瓜州县

瓜州（原安西）县位于甘肃省西部、河西走廊的西北部。东接玉门，南北界肃北蒙古族自治县本部及马鬃山飞地，西靠敦煌市，西北与新疆维吾尔自治区为邻。地理坐标为东经94°42′54″~96°59′23″，北纬39°50′21″~41°50′43″。总面积23000平方公里（图二二四）。

瓜州县地处蒙古高原南缘，祁连山与天山山脉东端交汇处，政府驻地渊泉镇。县境内地势南北高、中间低，平均海拔1500米。南部为祁连山山前地带，最高峰鹰嘴山海拔3417米。北部为北山（马鬃山）山地，表现为起伏不平的残丘和中山地带，最高峰芨芨台子山海拔2453米。中部为走廊平原，地势平缓，为疏勒河中游绿洲，海拔1000~1300米。绿洲南北两侧分布有广阔的戈壁。

本县境内有疏勒河、榆林河两条大河。疏勒河源自祁连山的疏勒南山，在玉门市昌马乡黑崖子山口分为两支，一支北流入玉门镇，再向西折入瓜州县，出西湖进入敦煌。另一支向西北经东千佛洞长山子北麓入冥水，途中再分为几条分支，流入鹰窝树、兔葫芦等古遗址和众多汉、唐古城址分布区域，其潜流在桥子、踏实一带形成沼泽绿洲。榆林河（古冥水）又名踏实河，源于祁连山地，在石包城一带汇入露头泉水流入瓜州。瓜州境内的绿洲主要分布在疏勒河沿岸，从东向西依次有布隆吉绿洲、渊泉绿洲和西湖绿洲。小宛以西的疏勒河谷属于暖温带干旱性气候，其余属温带干旱性气候。年均温8.7℃，年降水35毫米，蒸发量3300毫米。

瓜州，自古为东西交通要道。上古为折支北境。汉初属匈奴。武帝二年（公元前139年）匈奴降，分酒泉地，置敦煌郡，设渊泉、广至、冥安县。唐改晋昌县。武德五年（622年），因当地盛产瓜果改作瓜州。明初设赤金罕沙州卫，以酋长领卫事。清初服属准噶尔。康熙年间在布隆吉大败噶尔丹，遂取"安定西域"之意，改称"安西"。雍正二年（1724年），设安西同知，驻布隆吉尔，为安西卫，领沙州所。三年，升为卫。十一年，徙同知于新瓜州。二十四年，设安西府及渊泉、敦煌、玉门三县。乾隆二十七年（1762年），徙安西府治敦煌。三十二年，安西道还驻安西。三十七年改安肃道，以安西治巴里坤。三十八年，裁府及渊泉县，改曰安西直隶州。民

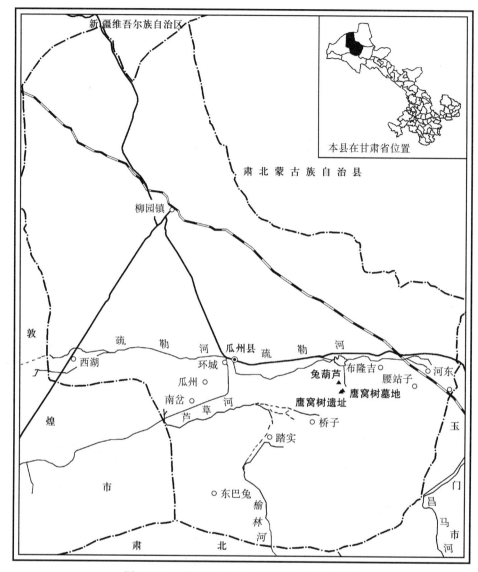

图二二四　瓜州县地图及史前遗址位置示意图

国二年（1912 年）改安西县属安肃道。2006 年 2 月，经民政部批准，恢复瓜州旧称。
全县人口 9 万，居民以汉族为主，还有回、蒙、藏等 14 个族群。

瓜州县的考古工作可追溯至 20 世纪初国外探险家在当地的探险考察，但从未发现
过史前遗址。1944 年 12 月，夏鼐、阎文儒从敦煌抵达安西，先后考察了南湖、榆林
窟、王家屯庄、破城子、踏实堡、千仙（佛）洞、南桥堡、锁阳城、桥子村（南桥

堡）、双塔堡（唐玉门关遗址）、山花等遗址，亦未发现任何史前遗址①。

1972年，酒泉地区文物普查小分队在安西调查，在双塔乡发现兔葫芦遗址，采集、征集到少量遗物。此后，安西县文化馆等单位先后到该址调查三次，采集、征集遗物数百件，其中少量陶器在1987年有过报道②。据安西县博物馆同志来函告知，1987年发表的陶器是1985年在北桥子村五组村民手中征购所得，发现者系两位牧羊人，这些陶器分别采自不同地点③。

1985年，安西县桥子乡北桥子村发现古物，安西县博物馆得知消息后派员前去了解情况，从村民手中征购一批陶器和装饰品，因遗址位置偏远，他们从未前往该址调查④。

1986年9月，河西史前考古调查队前往安西调查。由于配备考察的车未到，当地遗址又都位于荒漠之中，路远难行，若无交通工具很难实施考察。如此，我们只能先在安西博物馆对当地收藏的史前文物进行资料收集工作。随后，租车调查了兔葫芦遗址、鹰窝树遗址，并顺便考察了汉冥安城、唐锁阳城、元五塔寺及榆林窟等遗址，调查得到安西县博物馆李春元同志全程陪同。

这以后，有关单位在安西也做过一些调查。甘肃省文物考古研究所曾考察兔葫芦遗址，因返回途中突发沙尘暴，采集遗物未能带出⑤。1992年，在兔葫芦遗址调查采集1件红陶鞋子模型⑥。1993年5~6月，为配合兰新铁路复线建设，甘肃省文物考古研究所与安西县博物馆在河东乡五道沟村八组居民区南3公里处发现一处四坝文化遗址⑦。1999年，甘肃省文物考古研究所、西北大学和安西县博物馆在双塔乡潘家庄发掘3座"过渡类型"墓葬⑧。

截至目前，瓜州县共发现史前遗址7处（见附录一）。现将1986年调查收获及安西县（现瓜州县）博物馆收藏的史前遗物一并介绍如下。

（一）鹰窝树墓地

遗址位于瓜州县东南50公里外北桥子村东北10公里外的长沙岭荒漠中，遗址以北

---

① 夏鼐先生日记所记，夏正楷先生提供。
② 安西县文化馆：《甘肃安西县发现一处新石器时代遗址》，《考古》1987年1期91~96页。
③ 1998年，安西县博物馆李宏炜同志来信告知。
④ 征集标本藏县博物馆，本报告收录了这批遗物。
⑤ 据甘肃省文物考古研究所周广济告知，他们曾在兔葫芦遗址调查采集一批遗物，因遭遇强沙尘暴而丢弃。
⑥ 未作报道。
⑦ 安西县博物馆李春元同志来信告知。
⑧ 西北大学考古专业、甘肃省文物考古研究所、安西县博物馆：《甘肃安西潘家庄遗址调查试掘》，《文物》2003年1期65~72页。

约 15 公里为疏勒河河道。地理位置为东经 96°21′42″，北纬 40°23′30″；海拔高 1355 米（见图二二四；彩版一四，5）。

　　1944 年，夏鼐、阎文儒在安西考察时曾经桥子乡北行至双塔。据记载，当时桥子一带尚有旧堡，附近多泉水，草肥水美，居民多半耕半牧[1]。

　　1986 年 9 月，河西史前考古调查队好不容易在安西县租借到一辆北京吉普，遂前往桥子乡[2]北桥子村调查[3]。这一带地下水位较高，村子四周被沼泽环绕，随处可见大大小小的水泡子，有些地方生长着高达三米的芦苇荡。我们在北桥子村找到一位经常出入鹰窝树一带牧羊的村民，请他做向导带我们前去调查。

　　鹰窝树遗址位于北桥子村以北的荒漠深处。据说周围 60 平方公里无人烟，除少数牧羊人或猎人外一般很少有人进去，因此长期不为人所知。1985 年，有位牧羊人发现了这处遗址，并采集一些遗物带出来，后出售给安西县博物馆。但在我们调查之前，对于这座遗址的位置都说不清楚，甚至连个小地名也没有。

　　调查队一行从北桥子村出发，驱车北行，村外两侧路边的水洼周围生长着高大的芦苇丛，一片生机勃勃的绿洲景象。出村不远，景观渐变为茫茫荒滩，地表仅生长着一些旱芦苇和一丛丛的怪柳（红柳），道路也渐渐难行。再前行不久，道路消失，车子只能慢慢向前爬行，最终实在无路可行，只好下车跟着向导步行。一路时而沙丘，时而荒滩。途中经过一处高起的沙岗，地表散落不少陶片、石器等遗物，应是一处史前遗址。因时间紧迫，我们在此仅草草拍了些照片，计划返回途中再作详细调查。

　　约摸行走 1 个小时以后，抵达鹰窝树墓地。此地位于前面提到的遗址向北约 1 公里处。据向导说，附近西南方向约 1 公里处有一片胡杨林，树上筑有鹰巢，遂得名"鹰窝树"。此地北面 4 公里为兔葫芦遗址，东面 5 公里为半个城，西距苇子沟 2 公里。墓地位于一处半沙漠状的荒滩南缘，四周无任何标志物。荒滩地势略有起伏，墓地所在南缘地势偏低。由于当地风沙大且频繁，在风力侵蚀下，墓地所在台地边缘已呈现明显的沙化迹象。在墓区约 20 米 ×30 米范围内，地表覆盖一层细小的黑灰色砂砾，出了墓地范围砂砾就消失了。因此，远远望去，墓地所在区域与周围地表颜色有着显著的不同。地表随处可见破碎的陶片、石器、蚌壳饰、料珠和铜器残片等，应是风沙吹出的随葬品（图版二六，1）。

　　此次调查发现 3 座暴露于地表的墓葬，我们随即进行了清理，出土一批随葬品。另在地表采集一批遗物。当清理工作即将结束时，突然刮起了沙尘暴，刹那间天昏地暗，

---

① 阎文儒：《河西考古杂记》（下），《社会科学战线》1987 年 1 期 131 页。

② 此地位于瓜州县城东南，东接布隆吉乡，西邻踏实乡，南靠肃北县石包城乡，北至环城乡。因境内黑水河上有座桥而得名，1958 年，此地与踏实、东巴兔联合组成祁连人民公社，1962 年成立桥子公社，1983 年社改乡。2005 年，与踏实、东巴兔合并为锁阳城镇。

③ 位于桥子乡以北而得名。1966 年改为"文革"大队，1971 年恢复原名，1983 年成立北桥子村。

黄沙滚滚，只能尽快结束调查。回返途中，由于沙尘暴干扰未能调查遗址部分。加之我们的车子陷入沙窝，将返回北桥子村已是月上中天，调查队一行只好借住在向导家中。

下面将此次调查发掘采集遗物及安西（现瓜州）县博物馆收藏的一批该墓地出土的遗物介绍如下。

1. 1986 年鹰窝树墓地出土文物

1986 年 9 月，河西史前考古调查队在鹰窝树墓地调查发现 3 座暴露在外的墓葬（编号 86AY－M1～86AY－M3），旋即进行清理。这些墓均埋在沙土内，由于风力剥蚀，墓葬已接近底部，随葬品部分暴露于地表，损毁严重。3 座墓中，除 86AY－M1 西北一角尚保留深 20 厘米的墓壁边缘痕迹外，其余各墓的墓穴四至均难以辨识。从 86AY－M1 西北角的遗痕看，可知这批墓葬的结构为竖穴土坑，墓内填土为黄褐色细沙土，异常松软、干燥，无葬具痕迹，也不见人骨。由于缺失人骨，加之墓圹痕迹不清，只能根据随葬品的摆放位置推测墓向为东西向，以下为各墓清理及出土物的情况。

86AY－M1　此墓西北角保留深 0.2 米的墓圹边缘，圆角，东西残长 0.7 米，南北残长 0.45 米。随葬品集中放置在西北角，分作两堆。一堆集中在西北角的北壁，

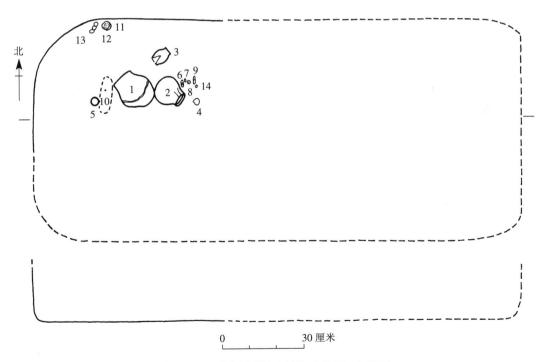

图二二五　鹰窝树墓地 86AY－M1 平、剖面图

1. 陶夹砂双耳罐　2. 彩陶双大耳罐　3. 陶单耳罐　4. 金耳环　5、6. 蚌饰　7. 海贝　8. 肉红石髓珠　9. 铜耳环　10. 铜锈痕迹　11、12. 铜泡　13. 铜三联珠　14. 绿松石珠

有铜泡、铜三联珠等。另一堆也位于西北角处，但距墓壁边框有一定距离，有夹砂双耳罐1、彩陶双大耳罐1、陶单耳罐1、金耳环1、蚌饰2、残铜耳环1、海贝1、绿松石珠1、肉红石髓珠4件。此外，还有不辨器形的铜锈痕迹一块（图二二五；图版二六，2）。

86AY－M1 随葬品

彩陶双大耳罐　1件。标本86AY－M1∶2，夹砂细红陶。薄胎。侈口，圆唇，束颈，器口外两侧置双大耳，球形圆腹，平底。器表及口沿内施紫红色陶衣，绘浓稠黑彩。口沿内绘横条带纹，器口外至腹部绘横条带纹和三列竖条带纹，双耳边缘绘竖列条带纹。高9.8、口径9、腹径10、底径4.5厘米（图二二六，3）。

夹砂双耳罐　1件。标本86AY－M1∶1，腹部残破缺损。夹砂红褐陶。薄胎，火候不高，质地疏松，器表残留烟炱痕。侈口，叠卷加厚的尖圆唇，束颈，器口外两侧置双大耳，球形圆腹，平底。素面。高约11.4、口径8、腹径12、底径5.4厘米（图二二六，1）。

单耳罐　1件。标本86AY－M1∶3，夹砂灰黑陶，器表暗灰褐色。器形较小。侈

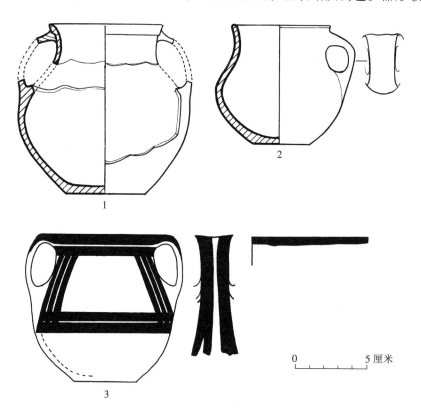

图二二六　鹰窝树墓地86AY－M1出土陶器

1. 夹砂双耳罐（86AY－M1∶1）　2. 单耳罐（86AY－M1∶3）　3. 彩陶双大耳罐（86AY－M1∶2）

口，圆唇，微束颈，器口外一侧置单耳，扁圆鼓腹，平底。素面。高 8、口径 6.8、腹径 9、底径 3.8 厘米（图二二六，2）。

铜三联珠　1 件。标本 86AY - M1：13，为三个圆珠连接于一体，纵剖面呈波浪起伏的扁片状，一面圆弧突起，另一面内凹。素面。长 5、宽 1.6、厚 0.3 ~ 0.35 厘米（图二二七，9）。

铜泡　2 件。标本 86AY - M1：11，圆形，薄片状，边缘略凸出，周边少量残缺。一面微微弧起，另一面略向内凹。素面。直径约 3、厚 0.1 厘米（图二二七，3）。另一件损毁严重。

铜耳环　1 件。标本 86AY - M1：9，圆棍状铜丝，残存中间一段。残长 2.3 厘米（图二二七，8）。

金耳环　1 件。标本 86AY - M1：4，用金丝弯卷成近桃形，断面圆形，两端略微砸扁展宽成扁片状，尖部圆钝。长径 2.5、短径 2.1、横截面直径 0.17 厘米。两端砸扁处宽 0.25、厚 0.15 厘米（图二二七，7；彩版一五，6）。

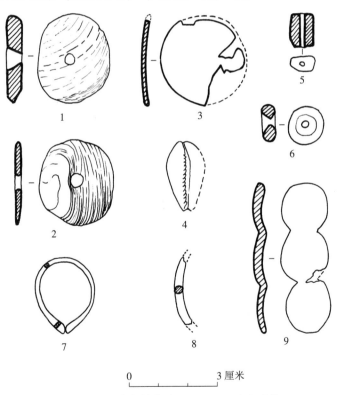

图二二七　鹰窝树墓地 86AY - M1 出土遗物

1、2. 蚌饰（86AY - M1：6、86AY - M1：5）　3. 铜泡（86AY - M1：11）　4. 海贝（86AY - M1：7）　5. 绿松石珠（86AY - M1：14）　6. 玛瑙珠（86AY - M1：8）　7. 金耳环（86AY - M1：4）　8. 铜耳环（86AY - M1：9）　9. 铜三联珠（86AY - M1：13）

蚌饰　2件。系用天然河蚌外壳磨制钻孔制成。标本86AY – M1：5，平面椭圆形，剖面较直，中心位置钻有一孔。长径2.8、短径2.6、孔径0.4、厚0.25厘米（图二二七，2）。标本86AY – M1：6，平面椭圆形，剖面较直，中心位置钻有一孔。长径2.9、短径2.5、孔径0.3～0.7、厚0.5～0.55厘米（图二二七，1）。

肉红石髓珠　4件。红色或暗红色，圆饼状，中心对钻一孔。标本86AY – M1：8，直径1.2、孔径0.25、厚0.5厘米（图二二七，6）。

绿松石珠　1件。标本86AY – M1：14，短圆柱形，端面近扁圆长方形，中心贯通一小圆孔。高1.15、长0.85、宽0.55、孔径0.1厘米（图二二七，5）。

海贝　1枚。标本86AY – M1：7，系宝贝。海贝背部磨出一穿孔。残缺一半。长2.3、宽约1.85厘米（图二二七，4）。

86AY – M2　位于86AY – M1东北侧。此墓边圹不明，墓内随葬品集中在墓穴的西北角，分成两堆，靠东一堆有陶夹砂单耳罐2件，西面一堆有夹砂双耳罐1件、肉红石髓珠3枚。估计此墓为东西向排列，这些随葬品似乎安置在墓主身体的右侧（图二二八；图版二七，1）。

86AY – M2随葬品

单耳罐　2件。标本86AY – M2：1，夹砂红褐陶。喇叭口，圆唇，束颈，器口外一侧置单耳（残），圆弧腹，平底。素面。器表抹光。高8.4、口径7、腹径7.8、底径4.4厘米（图二二九，1）。标本86AY – M2：2，夹砂黑灰陶，厚胎。喇叭口，圆唇，束颈，器口外一侧置单耳，圆弧腹，平底。素面。高5.8、口径5.4、底径2.8厘米（图二二九，2）。

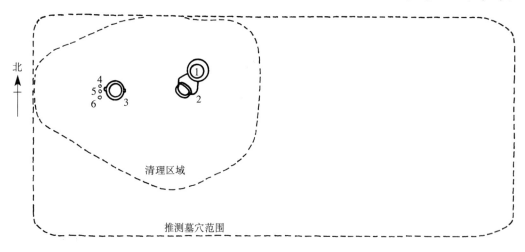

0　　　　　　30厘米

图二二八　鹰窝树墓地86AY – M2平面图

1、2. 陶单耳罐　3. 陶夹砂双耳罐　4～6. 肉红石髓珠

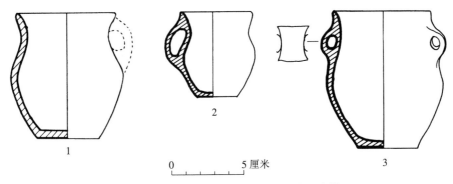

图二二九 鹰窝树墓地 86AY – M2 出土陶器

1、2. 单耳罐（86AY – M2∶1、86AY – M2∶2） 3. 夹砂双耳罐（86AY – M2∶3）

夹砂双耳罐 1 件。标本 86AY – M2∶3，夹砂黑褐陶，器表有烟炱痕迹。侈口，圆唇，微束颈，器口外两侧置双小耳，圆弧腹，平底。素面。高 9.2、口径 7、腹径 8.2、底径 4.2 厘米（图二二九，3）。

肉红石髓珠 3 件。标本 86AY – M2∶4～6，红色或暗红色，圆饼状，中心位置对钻一孔。直径约 1.2、厚 0.5 厘米。

86AY – M3 位于 86AY – M1 东北侧。此墓墓圹不清，随葬品共有 10 件，集中在墓

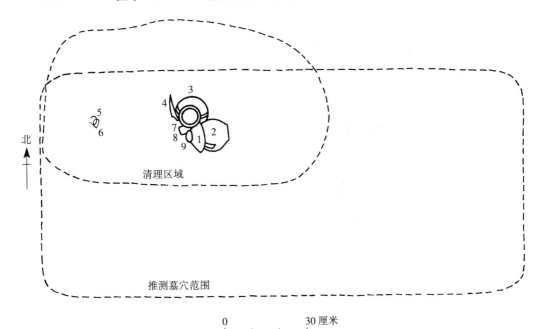

图二三〇 鹰窝树墓地 86AY – M3 平面图

1. 陶器盖 2. 陶夹砂双耳罐 3. 彩陶双耳罐 4. 铜刀 5、6. 铜耳环 7～9. 海贝 10. 石刀

穴的西北角，分作东西两堆。西面有 2 枚铜耳环，东面一堆包括有陶器盖 1、夹砂双耳罐 1、彩陶双耳罐 1 及铜刀（残）1、铜耳环 2、海贝 3、石刀 1（图二三〇；图版二七，2）。

86AY – M3 随葬品

彩陶双耳罐　1 件。标本 86AY – M3：3，夹细砂红陶。薄胎。侈口，尖圆唇，斜直短领，束颈，器口外两侧置双耳，扁圆鼓腹，平底。器表及口沿内施红褐色陶衣，绘浓稠黑彩。器口内绘横条带纹、垂帐纹四组。器表领部绘横条带纹，其间绘连续菱格纹；腹部绘线条组成的桂叶状纹，两侧绘长半圆形，中间夹三道竖细线纹；器耳边缘绘竖条纹。高 9.7、口径 7.3、最大腹径 11.2、底径 3.4 厘米（图二三一，1）。

夹砂双耳罐　1 件。标本 86AY – M3：2，夹砂褐陶，陶质较疏松。微侈口，高领，微束颈，器口外两侧置双耳，圆鼓腹，平底。素面。高 10.6、口径 7.2、腹径 9.4、底径 5、耳宽 1.4 厘米（图二三一，2）。

器盖　1 件。标本 86AY – M3：1，夹粗砂黑陶。斗笠状，似倒置的碗。喇叭盖口，尖圆唇，斜直盖面，假圈足状捉纽。素面。表面略经打磨。高 5、盖口径 9.4、捉纽直径 4.6 厘米（图二三一，3）。

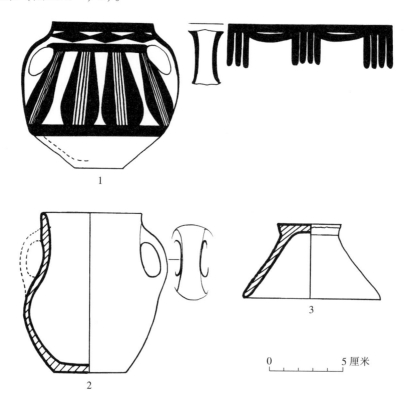

图二三一　鹰窝树墓地 86AY – M3 出土陶器

1. 彩陶双耳罐（86AY – M3：3）　2. 夹砂双耳罐（86AY – M3：2）　3. 器盖（86AY – M3：1）

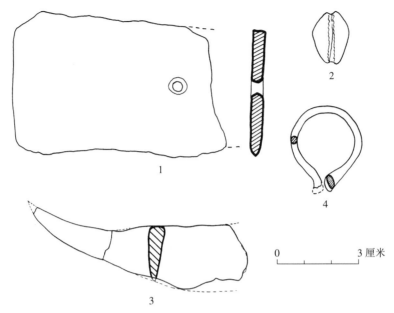

图二三二　鹰窝树墓地 86AY－M3 出土遗物

1. 石刀（86AY－M3∶10）　　2. 海贝（86AY－M3∶7）　　3. 铜刀（86AY－M3∶4）　　4. 铜耳环
（86AY－M3∶5）

　　石刀　1件。标本86AY－M3∶10，片麻岩。磨制。圆角长方形，残缺约2/5。两面平整，中心对钻一孔，双面直刃。残长8.4、宽5.2、孔径0.35～0.4、厚0.5厘米（图二三二，1）。

　　海贝　3枚（编号86AY－M3∶7～9）。均为宝贝。标本86AY－M3∶7，长2、宽约1.4厘米（图二三二，2）。

　　铜刀　1件。标本86AY－M3∶4，器身断为两截，刀尖和刀柄部残。凹背，双面折弧刃，刀尖上翘，断面近三角形。残长8.6、宽2.5、刀背厚0.6厘米（图二三二，3；彩版一五，5）。

　　铜耳环　2件（编号86AY－M3∶5、6）。用圆形铜丝弯卷成近桃形的圆，两端略微砸扁向外弯卷，中间部位剖面圆形，两端剖面扁椭圆形。标本86AY－M3∶5，长径3.2、短径2.9厘米，铜丝直径0.25、两端宽0.5、厚0.2厘米（图二三二，4）。

　　鹰窝树发掘的这三座墓墓穴形制不明，无葬具。从残迹推测为长方形竖穴土坑，随葬品集中放置在墓内西北角。每墓随葬陶器3～4件，器类有双耳罐、单耳罐和器盖。其他小件器物有纺轮、石刀、金耳环、铜耳环、铜联珠饰、蚌饰、石珠和海贝等。这几座墓均不见人骨，比较奇怪。估计存在下列几种可能：1）土壤沙化严重，加上自然营力破坏，墓葬仅存墓底，人骨被毁。2）墓内无人骨，墓区范围也不见人骨残件。但墓内随葬的蚌壳却完好无损，此类物质的成分与人骨比较接近，故不存在土壤酸性过高腐蚀掉人骨的可能。该地区的土质应属于碱性土，不会对人骨造成破坏。3）推测存在火葬习俗的可能性较大，这还有待进一步的考古发现。特别是墓内未发现骨灰痕迹。

2. 1986 年鹰窝树墓地采集品

1986 年 9 月，河西史前考古调查队在鹰窝树墓地调查过程中在地表采集一批遗物，包括陶器、石器、铜器和装饰品等，兹介绍如下。

（1）石器

石刀　6 件。标本 86AY－018，残缺部分。紫褐色砂岩。磨制。平面近扇形。直背，弧刃，近中心位置对钻一孔，双面弧刃。残长 6.3、宽 5.4、厚 0.7 厘米（图二三三，1）。标本 86AY－019，浅紫褐色片麻岩。磨制。圆角长方形，打磨较粗，一面平整，另一面微弧，直背，直刃，正中心位置对钻一孔，刃部使用痕迹明显，一侧磨损较甚。长 12.65、宽 5.9、厚 0.7 厘米（图二三三，2）。标本 86AY－020，黑灰色砂岩。器表经简单粗磨，不很平整。近半月形（一侧残缺部分），正中位置对钻一孔，弧背，双面直刃。残长 8.1、宽 4、厚 0.5 厘米（图二三三，5）。标本 86AY－021，系半成品。青色砂岩。

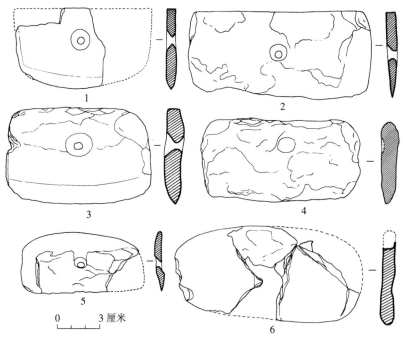

0 ____ 3 厘米

图二三三　鹰窝树墓地采集石刀

1. 86AY－018　2. 86AY－019　3. 86AY－022　4. 86AY－021　5. 86AY－020　6. 86AY－025

打制加粗琢，表面保留击打、琢制痕，刃部已打出雏形。器形厚重，圆角长方形，一侧钻孔，深仅 0.2 厘米。长 11、宽 5.5、厚 1.05 厘米（图二三三，4）。标本 86AY - 022，青色砂岩，磨制较粗。器形厚重，圆角长方形，中心对钻一孔，直背，双面弧刃，一侧打出三角形缺口。长 10、宽 6.5、厚 1.2 厘米（图二三三，3）。标本 86AY - 025，系制作石刀之坯料，残破。青灰色片麻岩。磨制较粗，器表一侧尚保留大量砾石表皮和打制痕。长椭圆形。残长 12.3、宽 6.2、厚 0.9 厘米（图二三三，6）。

　　石铲　2 件。均系半成品，器表尚保留打制和剥片痕迹。标本 86AY - 023，青黑色石质。打制加磨制。平面圆角长方形，剖面薄片状，双面弧刃。器表周边打制痕迹清

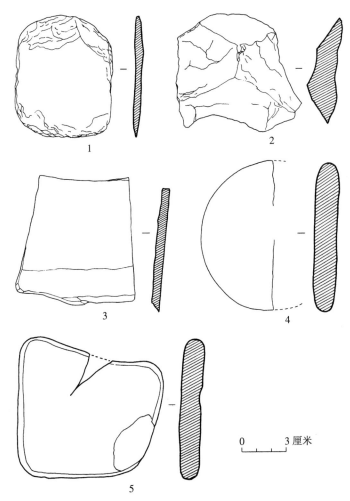

图二三四　鹰窝树墓地采集石器

1、3. 石铲（86AY - 023、86AY - 029）　　2. 石片刮削器（86AY - 026）　　4、5. 磨石
（86AY - 024、86AY - 027）

晰，并经粗磨。长8.2、宽6.5、厚0.6厘米（图二三四，1）。标本86AY-029，青灰色片麻岩。打制而成的半成品坯料，仅做过简单的修整。平面近梯形，两面平整，后端稍窄，刃部展宽，单面直刃。长8.3、宽6.1~8.1、厚0.6厘米（图二三四，3）。

石磨盘　1件。标本86AY-044，平面不规则圆形，一侧有残缺。表面由于使用，中央部分下凹，四周边缘向外斜着翘起，使用面平整，平底。长径约25、短径约24、底部厚2.5、边缘部位厚1.5厘米（图二三五，7）。

石片刮削器　1件。标本86AY-026，黑色火成岩。打制的石核。平面呈不规则的近正方形，四周似均有刃。长8.5、宽7、厚2厘米（图二三四，2）。

磨石　2件。标本86AY-024，灰色麻岩。磨制。圆饼形，残缺一半。直径10、厚1.6厘米（图二三四，4）。标本86AY-027，青灰色砾石，略加磨制。平面近正方形，两面平整。长9.8、宽9.4、厚1.5厘米（图二三四，5）。

（2）铜器

镞　2件。均为有銎镞，分两型。

A型　1件。标本86AY-004，平面柳叶形，前锋残失，两面中央纵贯起脊，一面较舒缓，另一面明显凸起，前锋横断面近十字形。下部圆形，有近桃形銎孔，用于安装箭杆。残长6.4（复原约长7厘米）、宽1.5、厚0.6、銎径0.4、进深2.5厘米（图二三五，1；彩版一五，1）。

B型　1件。标本86AY-005，平面近菱形，两面中央起凸脊，横截面十字形，有两叶而无后锋，下端有短圆柱形銎，中空，銎孔椭圆形，用于安装箭杆，孔内尚残存朽木杆。长4、两叶最宽1.4、厚0.8厘米，銎孔长径0.6、短径0.3、进深1.4厘米（图二三五，2；彩版一五，2）。

刀　1件。标本86AY-006，残存刀柄。曲尺形，断面近楔形，刃部残失。柄端似为一兽首造型（锈蚀不辨），刀柄弯曲，细长，一侧铸齿状花边。残长5.5、柄宽0.9、厚0.35厘米（图二三五，5；彩版一五，3）。

锥　1件。标本86AY-007，长条锥形，断面椭圆形，锥子下端有残缺。残长4.7、直径0.4厘米（图二三五，3）。

耳环　1件。标本86AY-008，残存约1/3，残缺大半，原器近桃形。耳环两端外折砸扁，现存尖头部分弯曲外折，断面圆形。残长3.5、直径0.3厘米（图二三五，8）。

铜扣　1件。标本86AY-009，圆形片状，两面平齐，正面分内外两个圆圈，有线分隔，外圈素面，内圈铸出数枚略微凸起的联珠纹，大小不一；背面有半圆桥形纽（残失），下有一穿。直径3.7、厚0.15厘米（图二三五，4；彩版一五，4）。

小铜环　2枚（编号86AY-010、86AY-011）。标本86AY-010，一侧残缺少许。圆环形，短柱状。素面。高0.4、直径0.9、孔径0.6厘米（图二三五，6）。

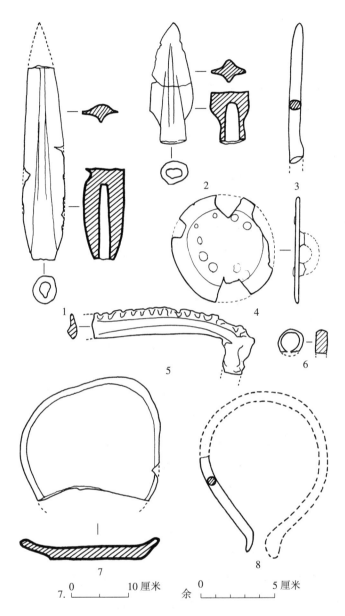

图二三五　鹰窝树墓地采集遗物

1. A 型铜镞（86AY-004）　2. B型铜镞（86AY-005）　3. 铜锥（86AY-007）4. 铜扣（86AY-009）　5. 铜刀（86AY-006）　6. 小铜环（86AY-010）　7. 石磨盘（86AY-044）　8. 铜耳环（86AY-008）

（3）陶器

鹰窝树墓地的陶器以夹砂红陶为主，约占陶器总量的 65.9%。黑灰陶、褐陶各占 17%。彩陶约占陶器总量的 30%。彩陶大多为夹细砂红陶，器表施紫红色陶衣，绘浓稠黑彩，花纹构图以几何形为主。器类主要有双耳罐、夹砂罐、四系罐、器盖、双耳盆等。

彩陶双耳罐　5 件。标本 86AY-030，夹细砂红陶。薄胎。喇叭口，尖圆唇，斜直领，束颈，器口外两侧置双耳，扁圆垂腹，器底残失。器腹最大径靠下捏塑四枚椭圆形乳突。器表及口沿内施红色陶衣，绘浓稠的黑彩（大半脱落）。器口沿内绘横条带纹、短竖线和折线纹四组。器表花纹痕迹显示为粗细斜线纹。残高9.6、口径8、腹径12、耳宽1.5厘米（图二三六，1）。标本86AY－031，夹细砂红陶。薄胎。喇叭口，尖圆唇，斜直领，束颈，器口外两侧置双耳，扁圆垂腹，器底残失。器腹最大径位置捏塑四枚不很明显的椭圆形乳突。器表及口沿内施红色陶衣，器表绘黑彩，脱落殆尽。残高8.2、口径8、腹径11.4、耳宽2厘米（图二三六，2）。标本86AY－033，夹细砂红陶。喇叭口，尖圆唇，斜直领，束颈，器口外两侧置双耳，扁圆垂腹，下腹及器底残。器表及口沿内施红陶衣，器表所绘黑彩全部脱落。残高6.6、口径8、腹径11.6、耳宽1.6厘米（图二三六，3）。标本86AY－036，夹细砂红陶。侈口，圆唇，斜直领，束颈，器口外两侧置双耳，扁圆腹，下腹及器底残。器表及口沿内施红陶衣，器表所绘黑彩全部脱落。残高7.4、口径8.2、腹径13.8、耳宽1.8厘米（图二三六，4）。标本86AY－037，夹细砂红陶。薄胎。侈口，尖圆唇，斜直短领，束颈，器口外两侧置双耳，圆腹，下腹及器底残。器表及口沿内施紫红色陶衣，器表所绘黑彩脱落殆尽。口沿内红衣黑彩保留，绘横条带纹、短竖线纹。残高6.8、口径8、腹径10.6、耳宽1.5厘米（图二三六，5）。

四系罐　1件。标本86AY－032，夹砂灰陶。厚胎。喇叭口，圆唇，束颈，器口外十字对称安置四耳，圆腹，下腹及器底残。腹部饰上下叠置的四道连续刻划波折纹，器耳饰竖列刻划纹。残高6.4、口径8、腹径9.6、耳宽0.4厘米（图二三六，7）。

腹耳壶　1件。标本86AY－034，仅存器腹部。夹砂橙黄陶。球形圆腹，下腹近底部残留刮抹痕迹。通体施紫红色陶衣，大半脱落；器表原有彩绘，已脱落殆尽。残高7.4、腹径11、耳宽1.6厘米（图二三六，8）。

夹砂罐　1件。标本86AY－035，夹粗砂灰陶。厚胎。喇叭口，圆唇，束颈，圆弧腹，器底残失。素面。残高6、口径7、腹径8、耳宽2厘米（图二三六，6）。

覆钵状器盖　2件。手制（泥条盘筑成型）。标本86AY－045，夹砂红陶。大口稍内敛，圆唇，器口略向内敛，口沿上有一半圆形凹槽，器口外两侧置双耳。盖面弧鼓，盖顶中央位置有一小圆穿孔。器表施紫红色陶衣，绘浓稠黑彩。器表所绘花纹大半剥落，仅在盖顶部残留交叉"X"纹，边缘残留数道细线条纹。器表磨光。高6、盖口径15.2、耳宽2、孔径0.8厘米（图二三七，1）。标本86AY－046，夹砂红陶。器口内敛，厚方唇，内口沿下向内凹，器口外两侧置双耳。盖面弧鼓，盖顶中央位置有一小圆穿孔。器表施紫红色陶衣，绘浓稠黑彩。器表所绘花纹大多剥落，仅在盖顶部残留交叉"X"纹，边缘残留一道横线纹。器表磨光。高6.2、盖口径14.4、耳宽1.6、孔径0.8厘米（图二三七，2）。

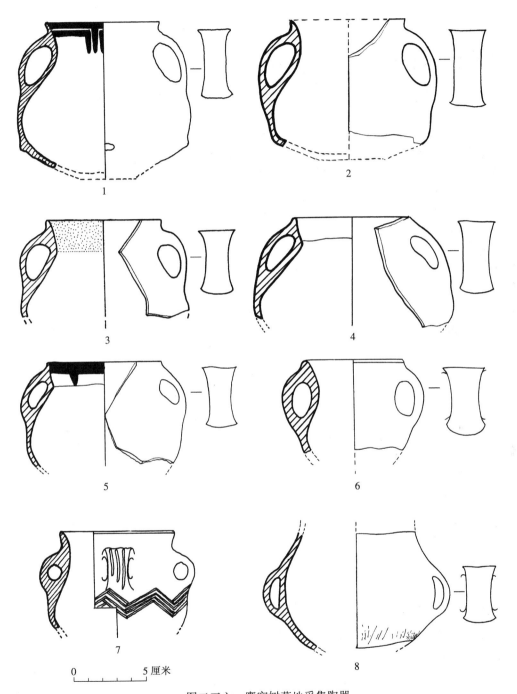

图二三六　鹰窝树墓地采集陶器

1～5. 彩陶双耳罐（86AY－030、86AY－031、86AY－033、86AY－036、86AY－037）　6. 夹砂罐（86AY－035）　7. 四系罐（86AY－032）　8. 腹耳壶（86AY－034）

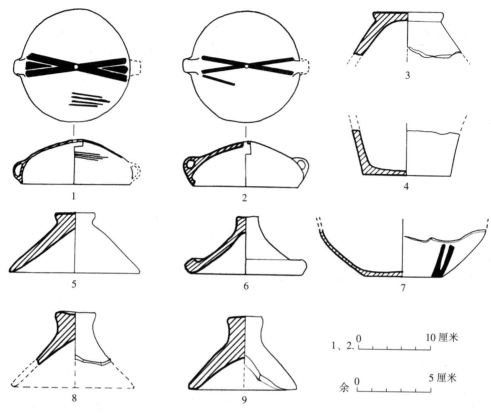

图二三七　鹰窝树墓地采集陶器

1、2. 覆钵状器盖（86AY－045、86AY－046）　　3、5、6、8、9. 器盖（86AY－038、86AY－040、86AY－047、86AY－049、86AY－048）　4、7. 器底（86AY－039、86AY－050）

器盖　5件。标本86AY－038，夹砂灰褐陶，表皮褐色。斗笠状，形似倒置的碗。仅存盖顶，盖面微弧，盖纽似假圈足底。素面。残高3、捉纽直径4.8厘米（图二三七，3）。标本86AY－040，夹砂灰陶，器表灰褐色。斗笠状，喇叭口，尖圆唇，盖面斜直，蘑菇状圆形捉纽。素面。高4、盖口径9.2、捉纽直径2.8厘米（图二三七，5）。标本86AY－047，夹粗砂红陶。厚胎。斗笠状，盖口外翻成厚唇，斜直盖面，顶部为圆柱状捉纽（残）。素面。残高4、盖口径8.4厘米（图二三七，6）。标本86AY－048，夹粗砂红褐陶。厚胎，胎内掺入少量云母屑。斗笠状，喇叭口，圆唇，盖面微弧，圆柱状捉纽，平顶。素面。高4.8、盖口径7.5、捉纽直径2.5厘米（图二三七，9）。标本86AY－049，夹粗砂灰陶，内外器表褐色。斗笠状，器口残失，斜直盖面，圆柱状捉纽，顶面稍向内凹。素面。残高3.2、捉纽直径2.8厘米（图二三七，8）。

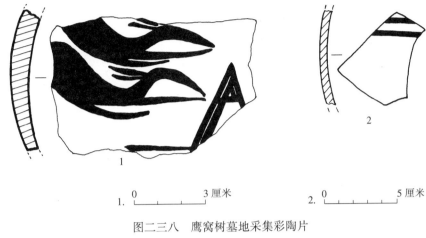

1. $\underset{0 \quad\quad\quad 3厘米}{\longmapsto}$　2. $\underset{0 \quad\quad\quad 5厘米}{\longmapsto}$

图二三八　鹰窝树墓地采集彩陶片

1. 86AY－043　2. 86AY－051

　　器底　2件。标本86AY－039，夹砂罐底部。夹砂红陶，胎芯褐色。火候很高，质地坚硬。斜直腹壁，平底。素面。残高3、底径6厘米（图二三七，4）。标本86AY－050，彩陶双耳罐底部。夹细砂红陶，胎内掺入少量云母屑。器表施紫红陶衣，绘黑色彩，大半脱落，残留两道竖线条纹。残高3.2、底径5厘米（图二三七，7）。

　　彩陶片　2件。标本86AY－043，器腹部残片。夹细砂灰陶，器表红色磨光，施红色陶衣，绘黑彩，内壁灰色。器表花纹局部少许脱落，画面清晰可辨，主纹样为两只上下叠置、张着大嘴疾驰奔跑的长耳动物形象，尾巴及后腿部位缺失。动物前方残留一三角形图案。画面表现手法极尽夸张之能事，很有张力，动感强烈，极其生动（图二三八，1）。标本86AY－051，器腹部残片。夹细砂灰陶。器表施褐色陶衣，绘黑褐彩横条纹（图二三八，2）。

　　纹饰陶片　3件。标本86AY－041，器颈部残片。夹砂灰陶。颈下饰一周压印的附加堆纹（图二三九，1）。标本86AY－042，器耳上部残件。夹砂灰陶。器耳上端戳印一排长方形印纹（图二三九，2）。标本86AY－052，器腹部残片。夹砂红陶。饰一道压印凹弦纹（图二三九，4）。

　　纺轮　1件。标本86AY－028，夹粗砂褐陶。平面圆形，剖面近三角形，中心单面钻有一孔。素面。直径6、厚2厘米（图二三九，3）。

　　（4）装饰品

　　蚌饰　3件。利用河蚌壳磨制穿孔而成。标本86AY－014，平面椭圆形，中心单面钻有一孔。长径3.5、短径2.9、厚0.4厘米（图二四〇，1）。标本86AY－015，平面圆形，残缺约2/5，中心对钻一孔。长径3.3、短径2（残）、厚0.4厘米（图二四〇，2）。标本86AY－016，平面椭圆形，残缺约1/2，中心及一侧对钻二孔。长径3、短径

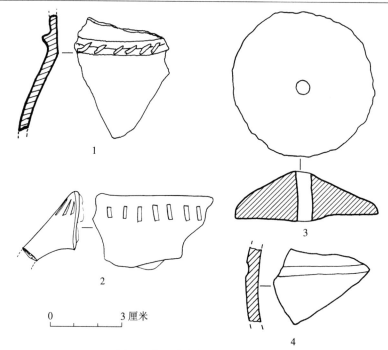

图二三九　鹰窝树墓地采集陶器

1、2、4. 纹饰陶片（86AY－041、86AY－042、86AY－052）　　3. 纺轮（86AY－028）

2.9、厚 0.7 厘米（图二四〇，7）。

　　石坠　1 件。标本 86AY－017，黑色石质。磨制并经钻孔而成。近椭圆形，一侧稍残。薄厚不一，一面平，另一面呈斜坡状，近顶部穿一圆孔。长 4.1、残宽 2.8、厚 0.9 厘米（图二四〇，8）。

　　肉红石花石珠　1 枚。标本 86AY－001，肉红石髓质地。磨制。圆饼状，较厚，中心单面钻有一孔。直径 1.1、厚 0.45～0.6、孔径 0.1 厘米（图二四〇，4）。

　　料珠　2 枚。标本 86AY－003，天蓝色夹杂白斑，烧制。圆柱形，中心贯通一小孔。直径 0.5、孔径 0.15～0.2、厚 0.8 厘米（图二四〇，3）。标本 86AY－002，纯白色。圆饼状，中心单面有一穿孔。直径 0.75、孔径 0.15、厚 0.3 厘米（图二四〇，5）。

　　海贝　2 枚（编号 86AY－012、86AY－013）。均系宝贝。标本 86AY－012，长 1.8、宽 1.2 厘米（图二四〇，6）。

3. 瓜州（原安西）县博物馆藏品

　　1985 年以来，瓜州（原安西）县博物馆先后征集一批出自鹰窝树墓地的遗物。其中，大部分为陶器。现将这些征集文物介绍如下。

（1）1986 年以前征集品

　　彩陶羊角四耳罐　1 件。标本 85AY－001，夹砂红陶。侈口，方唇，斜直高领，束颈，扁圆鼓腹，平底，肩部两侧置羊角状弯曲双耳一对，腹部最大径处置腹耳一对。器表及口沿内施紫红色陶衣，绘浓稠黑彩。器领部绘平行条带纹，其间绘连续菱格纹。腹部纹样两分，主纹样为双"X"斜线交错而成的密集菱形纹、三角纹，内外相套、重叠为数组，空白处填补短双竖线纹。羊角器耳下绘斜线纹，腹耳绘竖折线纹。高18、口径12.8、腹径19、底径7.6厘米（图二四一，1；彩版一五，8）。

彩陶双耳盆　1件。标本85AY-002，夹砂灰褐陶。大敞口，圆唇外侈，斜弧腹壁，大平底。器口外两侧置双耳。器表及口沿内施紫红色陶衣，绘黑彩。口沿内绘横条带纹一周，其下绘四组连续"X"纹，二组、三组、四组不等，大致均等分配。一侧器耳上部绘简单的

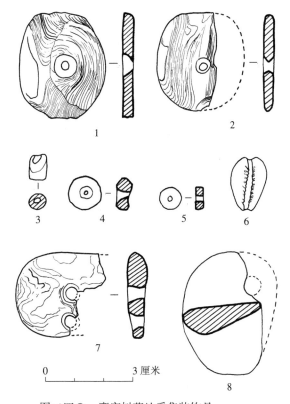

图二四〇　鹰窝树墓地采集装饰品

1、2、7. 蚌饰（86AY-014、86AY-015、86AY-016）　3、5. 料珠（86AY-003、86AY-002）　4. 肉红蚀花石珠（86AY-001）　6. 海贝（86AY-012）　8. 石坠（86AY-017）

几何纹彩。高8.2、口径16.4、底径7.2、耳宽2.8厘米（图二四一，2；彩版一五，9）。

彩陶双耳罐　1件。标本85AY-021，夹细砂红陶。侈口，尖圆唇，斜直领，束颈，圆鼓腹，下腹略内敛，平底。器表及口沿内施红色陶衣，绘黑彩（全部脱落）。高10、口径近8、腹径11.6、底径4厘米（图二四一，3；图版二八，1）。

彩陶双大耳罐　2件。标本85AY-011，夹细砂红陶。侈口，尖圆唇，束颈，器口外两侧置双大耳，扁圆垂腹，平底。器表及口沿内施紫红色陶衣，绘浓稠黑彩。器口内及领却绘黑彩横条带纹。高11、口径8.2、腹径11.6、底径6厘米（图二四二，2）。标本85AY-007，夹细砂红陶。侈口，尖圆唇，束颈，器口外两侧置双大耳，扁圆鼓腹，平底。器表施紫红色陶衣，绘浓稠黑彩。器口内绘横条带纹；器表口领处绘横条带纹间菱格纹，腹部绘横条带纹，双耳边缘绘竖条纹。高11.1、口径8、腹径12.2、底径6、耳宽2.2厘米（图二四二，3）。

双大耳罐　1件。标本85AY-025，夹细砂红陶。侈口，圆唇，束颈，器口外两侧置双大耳，圆鼓腹，平底。器表及口沿内施紫红色陶衣。高6.6、口径5.6、腹径7.4、

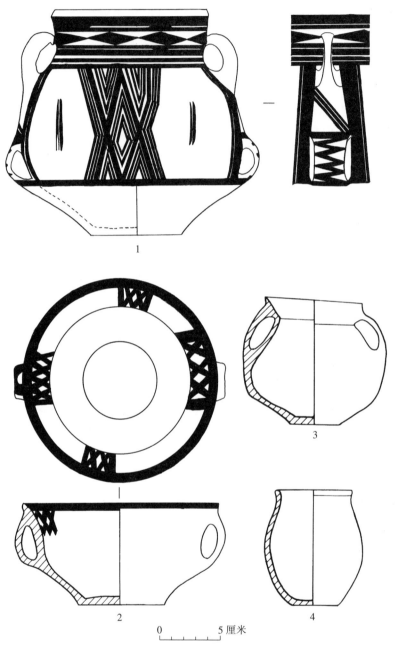

图二四一　瓜州（原安西）县博物馆征集鹰窝树墓地出土陶器

1. 彩陶羊角四耳罐（85AY－001）　2. 彩陶双耳盆（85AY－002）　3. 彩陶双耳罐（85AY－021）　4. 筒形鼓腹罐（85AY－030）

底径3.2厘米（图二四三，7；图版二八，2）。

夹砂双耳罐　4件。标本85AY-004，夹砂红陶，器表有烟炱痕。小口外侈，厚尖圆唇，卵圆形腹，平底。器口外两侧置小双耳。器耳中间贴塑一枚圆饼小乳钉，乳钉下戳印一组三角楔形纹，共三枚。高9.8、口径6.2、腹径9.6、底径3.6、耳宽1.6厘米（图二四三，2）。标本85AY-012，夹砂黑陶。侈口，厚圆唇，卵圆腹，平底。器口外两侧置小双耳。器耳上压划竖列凹线纹，器耳下捏塑一椭圆形乳突。高10.3、口径7.4、腹径9.4、底径4.8、耳宽1.7厘米（图二四三，3）。标本85AY-018，夹砂黑褐陶，器表有烟炱痕。微敛口，圆唇，粗颈，器口外两侧置双小耳，弧腹，平底。素面。高8.6、口径6~6.8、腹径8.2、底径4.6厘米（图二四三，11）。标本85AY-023，夹细砂红褐陶。厚胎，器表烟炱较重。侈口，叠卷的厚圆唇，束颈，器口外两侧置双耳，圆鼓腹，平底。口沿外侧捏塑一对三角形小鋬，双耳上部各压印圆饼状凹窝一枚，腹部饰细密的类绳纹。高11.8、口径8、腹径11.2、底径5.4、耳宽1.6厘米（图二四三，1；图版二八，3）。

彩陶单耳罐　1件。标本85AY-005，夹细砂红陶。喇叭口，圆唇，束颈，器口外一侧置单耳，扁圆鼓腹，下腹内敛，平底。器表及口沿内绘浓稠黑彩。器口内绘横条带纹及四组短竖条纹，每组五至九根不等；器表颈肩部在横条带纹之间绘两组连续密集的逗点纹，腹部绘一组连续菱格纹。高8.4、口径7、腹径9.4、底径4.2厘米（图二四二，1）。

夹砂单耳罐　5件。器形均偏小。标本85AY-006，夹砂黑陶。素面。侈口，叠卷厚圆唇，束颈，器口外一侧置单耳（残），鼓腹，平底。高6、口径5、腹径5.8、底径2.8厘米（图二四三，5）。标本85AY-015，夹砂黑褐陶。微侈口，叠卷厚圆唇，微束颈，器口外一侧置单耳，折腹，平底。素面。高5.7、口径5、腹径6、底径2.6厘米（图二四三，9）。标本85AY-022，夹砂红陶，含少量粗砂粒。喇叭口，尖圆唇，斜直领，束颈，器口外一侧置扁薄的大耳，扁圆鼓腹，平底。通体施紫红陶衣。高6.7、口径5.4、腹径7.6、底径3厘米（图二四三，4）。标本85AY-024，夹砂褐陶。厚胎。大敞口，厚圆唇，束颈，折腹，平底。器口外一侧置单耳（残）。素面。高9、口径7.8、腹径8.4、底径3厘米（图二四三，13）。标本85AY-028，夹砂红陶。侈口，尖圆唇，束颈，器口外一侧置扁薄的单耳，圆鼓腹，平底。通体施红色陶衣。高5.8、口径5.3、腹径6.2、底径3.4厘米（图二四三，8；图版二八，4）。

四系罐　5件。标本85AY-009，夹砂黑褐陶。厚胎。器表有烟炱痕。侈口，尖圆唇，微束颈，肩部十字对称设置四小耳，圆弧腹，平底。器耳饰压印短条纹，上下两组六枚。器表磨光。高8.6、口径7.4、腹径9.2、底径5、耳宽1.5厘米（图二四二，6）。标本85AY-013，夹砂黑褐陶。侈口，厚圆唇，微束颈，器口外十字对称设置四

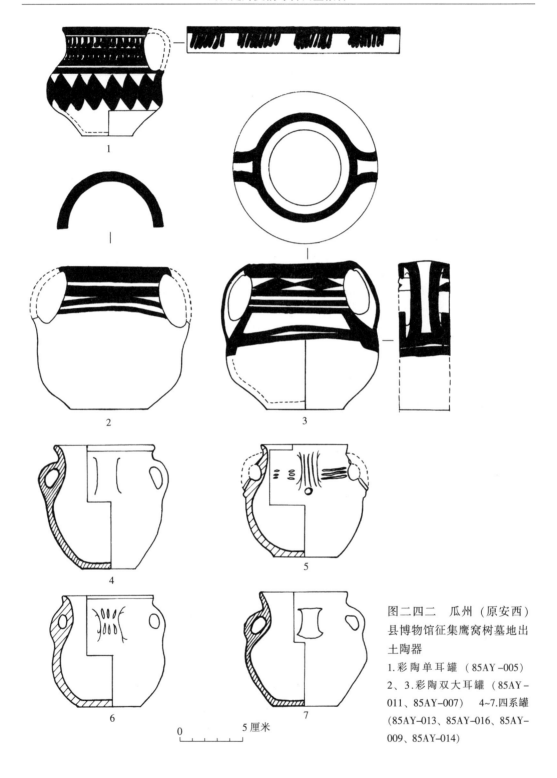

图二四二 瓜州（原安西）县博物馆征集鹰窝树墓地出土陶器
1.彩陶单耳罐（85AY-005）
2、3.彩陶双大耳罐（85AY-011、85AY-007） 4~7.四系罐（85AY-013、85AY-016、85AY-009、85AY-014）

0 5 厘米

小耳，圆弧腹，平底。素面。高9.5、口径8.2、腹径9.2、底径4.4、耳宽1.6厘米（图二四二，4）。标本85AY－014，夹砂黑褐陶。喇叭口，圆唇，斜直高领，束颈，器口外十字对称设置四小耳，圆鼓腹，平底。素面。高8.8、口径7、腹径9.6、底径5.3、耳宽1.4厘米（图二四二，7）。标本85AY－016，夹砂黑陶。侈口，尖圆唇，器口外十字对称设置四小耳，球形圆腹，平底。器颈部饰压印平行线纹和点状刻划纹，器耳饰刻划竖线纹，每只器耳下捏塑一枚圆形乳钉。器口打磨。高8.6、口径7、腹径9.4、底径5、耳宽1.3厘米（图二四二，5；图版二八，6）。标本85AY－017，夹砂黑陶。外侈口，尖圆唇，束颈，器口外十字对称设置四小耳，卵圆弧腹，平底。素面。高8.3、口径5.6、腹径7.8、底径4.2厘米（图二四三，12）。

筒形鼓腹罐　1件。标本85AY－030，夹砂灰陶。微侈口，厚圆唇，窄沿，微束颈，卵圆弧腹，平底。素面。高9.2、口径6.4、腹径8.1、底径3.6厘米（图二四一，4）。

器盖　2件。标本85AY－032A，夹砂褐陶。斗笠状，喇叭口，尖圆唇，盖面圆弧，顶部有圈足状捉纽，圆形内凹，边缘有一圆形小穿孔。素面。高4.3、盖口径8、捉纽直径3.4厘米（图二四三，6）。标本85AY－032B，夹砂褐陶。斗笠状，喇叭口，尖圆唇，盖面斜直，顶部有亚腰圆柱状捉纽，顶面弧曲。素面。高3.5、盖口径6.4、捉纽直径2.4厘米（图二四三，10）。

（2）1986年征集品

1986年9月，河西史前考古调查队前往北桥子村调查，正当我们在村内寻找向导时，有位村民拿来他在鹰窝树墓地采集的几件遗物，交由陪同我们考察的县博物馆李春元同志征购。现将这批遗物介绍如下。

1）陶器

彩陶双耳罐　1件。标本86AY－A001，夹细砂红陶。薄胎。喇叭口，尖圆唇，斜直领，束颈，器口外两侧置双耳，扁圆垂腹，平底。器表及口沿内施紫红色陶衣，绘浓稠黑彩。器口内绘横条宽带纹和四组并列短竖线纹。器表领部绘横条带纹，其间绘连续菱格纹；腹部绘橄榄状叶片纹，两侧为长半圆形，中间绘两道竖列细条纹，空白处补绘"N"字纹。器耳上部全部涂黑，下部绘菱格和折线纹。高10.5、口径8、腹径12.1、底径4.3厘米（图二四四，1；图版二八，5）。

双大耳罐　1件。标本86AY－A005，夹砂红陶。侈口，圆唇，束颈，器口外两侧置双大耳，扁圆腹，平底。器表通体施红陶衣（大半脱落）。高10.4、口径8、腹径11.6、底径5.4厘米（图二四四，2）。

彩陶单耳罐　1件。标本86AY－A002，夹细砂红陶。侈口，圆唇，斜直领，束颈，器口外一侧置单耳（残），圆鼓腹，平底。器表及口沿内施紫红色陶衣，绘黑褐彩。自器口至腹中部绘三道宽带纹，其间绘两组并列的逗点纹。高10.4、口径7.5、腹

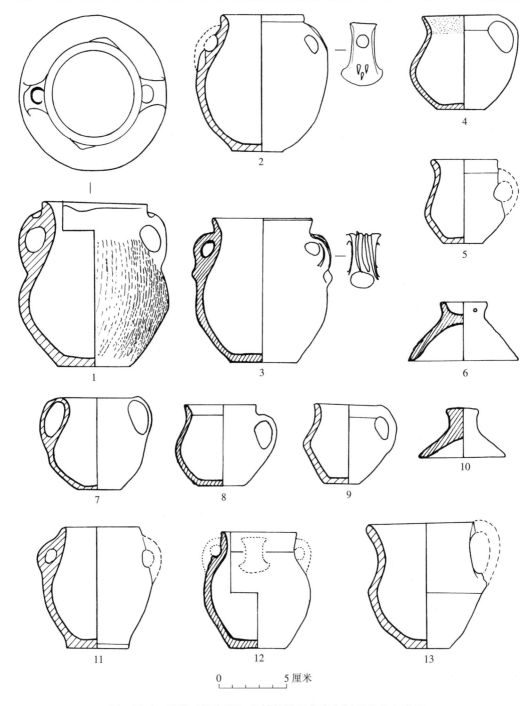

0　　　　　5厘米

图二四三　瓜州（原安西）县博物馆征集鹰窝树墓地出土陶器

1～3、11. 夹砂双耳罐（85AY－023、85AY－004、85AY－012、85AY－018）　　4、5、8、9、13. 夹砂单耳罐（85AY－022、85AY－006、85AY－028、85AY－015、85AY－024）　　6、10. 器盖（85AY－032A、85AY－032B）　　7. 双大耳罐（85AY－025）　　12. 四系罐（85AY－017）

径10.4、底径5厘米（图二四四，3）。

夹砂双耳罐　1件。标本86AY－A003，夹砂灰黑陶。厚胎。侈口，圆唇，斜直领，束颈，器口两侧置双耳，圆鼓腹，平底。素面。高7.6、口径6、腹径8.4、底径4.3厘米（图二四四，4）。

大口罐　1件。标本86AY－A004，夹砂黑褐陶。喇叭口，斜直领，束颈，圆弧腹，器腹另一侧有一小圆孔，平底。器腹中部饰刻划卵点纹二组，一上一下。高10.6、口径9、腹径10.2、底径5.8厘米（图二四四，5）。

2）蚌器

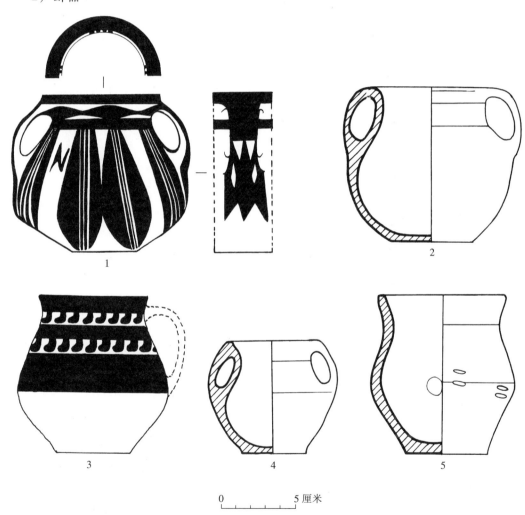

图二四四　瓜州（原安西）县博物馆征集鹰窝树墓地出土陶器

1. 彩陶双耳罐（86AY－A001）　2. 双大耳罐（86AY－A005）　3. 彩陶单耳罐（86AY－A002）　4. 夹砂双耳罐（86AY－A003）　5. 大口罐（86AY－A004）

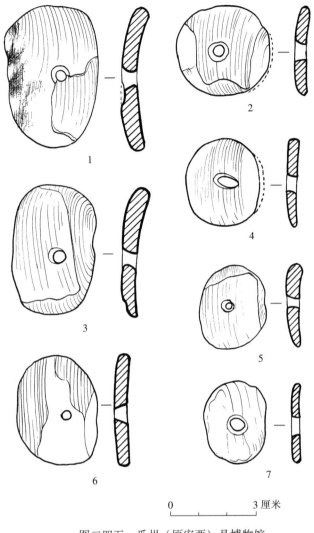

图二四五　瓜州（原安西）县博物馆
征集鹰窝树墓地出土蚌饰

1. 86AY－A007　2. 86AY－A011　3. 86AY－A008　4. 86AY－A009
5. 86AY－A010　6. 86AY－A006　7. 86AY－A012

0 ——— 3厘米

蚌饰　7件。均用自然河蚌壳磨制加钻孔制成。标本86AY－A006，平面椭圆形，剖面平直，中心单面钻一孔。长径3.7、短径2.8、厚0.4厘米（图二四五，6）。标本86AY－A007，平面近椭圆形，剖面弧曲，中心对钻一孔。长径4.7、短径3.2、厚0.6厘米（图二四五，1）。标本86AY－A008，平面长椭圆形，剖面弧曲，中心对钻一孔。长径4.3、短径2.8、厚0.5～0.7厘米（图二四五，3）。标本86AY－A009，平面圆形，剖面平直，中心对钻一椭圆孔。长径2.9、短径2.6、厚0.3～0.4厘米（图二四五，4）。标本86AY－A010，平面近椭圆形，剖面较平直，中心对钻一孔。长径2.8、短径2.2、厚0.3～0.5厘米（图二四五，5）。标本86AY－A011，平面椭圆形，剖面微弧曲，中心对钻一孔。长径3.3、短径3、厚0.4厘米（图二四五，2）。标本86AY－A012，平面近椭圆形，剖面较平直，中心对钻一孔。长径2.8、短径2.3、厚0.3厘米（图二四五，7）。

从上述采集、征集文物看，鹰窝树墓地的性质属于典型的四坝文化。今天，遗址所处位置已沦为荒漠，但在三千多年以前的青铜时代，这里是古疏水下游的绿洲湿地，自然环境比较好。根据实地调查，推测北面的墓地与南侧的遗址应属配套的聚落。

（二）鹰窝树遗址

遗址位于瓜州县东南 50 公里北桥子村东北 9 公里的荒漠内，遗址以北约 17 公里为疏勒河，地理坐标为东经 96°19′51″，北纬 40°23′22″；海拔 1364 米（见图二二四；图版二九，1）。

鹰窝树遗址相距墓地约 1 公里处。此地没有小地名，这里只能以鹰窝树遗址称之。遗址坐落在一个沙岗上，高出周围地表 3~4 米，大致呈环形，直径约 30 米。遗址南侧略微平缓，北侧边缘有些陡峭，沙岗四周生长着稀疏的旱芦苇，地表覆盖灰黄色沙土，下压灰黑色沙土文化层，土质松散，夹杂少量的陶片、石器，深度不详。由于风沙侵蚀，地表散落大量遗物。陶片以夹砂灰褐陶、夹砂红陶为主，较破碎，可辨器形多为罐类器、器耳等，未见彩陶。石器多见花岗岩制成的磨盘、磨棒，个体普遍较大。石磨盘长 30、宽 15 厘米左右，分长椭圆形、长方形等。长期使用，磨面已呈马鞍状。磨棒为长卵圆形，磨面平整（图版二九，2）。

我们仅在前往鹰窝树墓地途中在遗址拍了些照片，准备返回时再仔细调查采集，后由于突遇沙尘暴，未能完成调查的计划，没有在该址采集任何遗物。初步认为，这座遗址可能属于四坝文化，而且很可能是生活聚落遗址，与北面 1 公里外的墓地有密切的联系。

（三）兔葫芦遗址

遗址位于瓜州县以东 70 公里的布隆吉乡①双塔村兔葫芦（或写作土葫芦）一队以南 3~5 公里的荒漠内。此地南依桥子乡，北接肃北蒙古族自治县，东邻河东乡，西连环城乡，由此向西南是历史上通向西域的大道。遗址北距双塔村 4 公里，南距鹰窝树遗址 4 公里。地理坐标为东经 96°25′24″，北纬 40°26′02″；海拔 1365 米（见图二二四；彩版一六，1）。

1944 年，夏鼐、阎文儒在安西调查的线路是从桥子乡向东北行 50 里至土（兔）葫芦村。据阎文儒日后所记，此地有葫芦河，河源出自村南 3 里外诸泉。所属地双塔堡原有一座土城，内建寺庙、祠堂等，为清代千总驻地。葫芦河经堡子城东，折向北流入疏勒河。因河南面的山上建有双塔，故名。

1972 年，酒泉地区文物普查小分队在进行文物普查时发现兔葫芦遗址。后安西县

---

① 布隆吉尔：突厥语，意为泉水多、水草丰茂之地。此地唐瓜州所治。《明史》作卜隆吉尔川，为哈密、赤斤二蒙古族边地。清为哈蒙二民杂处。康熙三十年（1691 年）噶尔丹所属。雍正元年（1723 年）七月、年羹尧奏设城。雍正二年（1724 年）五月，收燕、晋、豫、鲁、秦金妻军犯徙此种地。驻安西总镇兵，及安西同都司。六年，徙柳沟卫于此。乾隆二十四年（1759 年）。废卫，改驻游击，后改都司。见《大清世宗宪皇帝实录》卷二〇、三六。

文化馆派员调查，征集一批文物。1986 年 9 月，河西史前考古调查队前往该址调查，沿兰新公路向东，在双塔道班附近穿过断流的疏勒河①，葫芦河早已没踪影，一路道路崎岖，几乎将人五脏颠出。南行到兔葫芦一队，村子外面芦苇丛丛，有不少的水洼，水草茂盛，可知地下水位颇高，系沼泽地带。地表植被主要是胡杨、柽柳、芦苇、罗布麻和芨芨草。兔葫芦村子不大，人也不多。我们先在一农户院内小憩，当地文化馆同志在村里好不容易才找到一位向导，带我们前去遗址。车子出村后不久便无路可行，大家只好下车步行，待走到遗址一带已近正午。九月的安西，骄阳似火。遗址周围一片沙丘，酷热难挡。由于流沙变动，遗址很不好找。据说每当有大风刮过，总有遗物被风吹出。安西是世界上著名的风口，风不仅大，而且异常频繁②。

我们在一处沙丘北侧和东侧发现一古河道，是否为葫芦河，不详。在沙丘之间的风蚀凹地内发现有遗物出露。由于风沙侵蚀，采集到的陶片大多被磨圆。遗址所在地貌也被风蚀破坏。所有遗物都脱离了原生层位。有一处沙丘之间的地面相对平坦，或许是昨夜刚刮过大风，地表显露出清晰的圆形灰坑迹象。李水城试着向下清理，坑内填土为灰黑色细沙土，非常松软，但遗迹已近坑底，无任何遗物。

现将此次调查收获及瓜州（原安西）县博物馆的旧藏一并介绍如下。

1. 1986 年调查采集品

（1）石器

刀　2 件。标本 86AT－027，灰绿色石质。磨制较精细。残存约 2/5，半月形。弧背，直刃，近刃部一侧对钻双孔（残一）。残长 4.6、宽 4.6、厚 0.8 厘米（图二四六，1）。标本 86AT－033，磨制较精细。残存约 1/3。圆角长方形，弧背，弧刃，近背部一侧对钻一孔。残长 3.1、宽 5.1、厚 0.65 厘米（图二四六，2）。

斧　1 件。标本 86AT－028，灰黑色石质。打制。圆角长方形，横断面弧边三角形，上端保留打击台面，两侧及下端周边双面打击修整，双面弧刃。长 7.3、宽 4.8、厚 1.5 厘米（图二四六，4）。

刮削器　1 件。标本 86AT－029，灰黑色石质。打制石核石器。近圆角长方形，剖面三角形，顶面为打击台面，刃部有明显使用磨损痕。长 7.6、宽 4、厚 2.4 厘米（图二四六，5）。

---

① 疏勒河或曰苏濑、素尔、锡拉、苏拉、西喇，均系一音之转，蒙古语黄色之意。此河源于祁连山，南流，经玉门向西折入安西。20 世纪 70 年代，在双塔修建一座水库，疏勒河至此断流，导致下游地区生态恶化。

② 安西民谚云：每年一场风，从春刮到冬。

尖状器　1件。标本86AT－030，黄白色石英。打制。平面近三角形，横断面近三角形，顶面保留打击台面，尖锥形刃。长11.6、宽5、厚2厘米（图二四六，3）。

（2）铜器

小铜扣　2件。标本86AT－061，平面圆形，剖面半圆形，凹面有横条纽，下有穿。素面。直径1.1～1.2、厚0.65厘米（图二四七，2）。标本86AT－062，平面圆形，剖面半圆形，凹面有横条形纽，下有穿。素面。直径1、厚0.45厘米（图二四七，3）。

铜扣　1件。标本86AT－065，器形厚重。平面圆形，一面圆弧，另一面内凹，有一桥形纽（残），下有一穿。素面。直径3.3～3.5、厚0.45厘米（图二四七，1）。

铜钉　1枚。标本86AT－063，平面正方形，剖面"凸"字形，正面中心有锥状凸

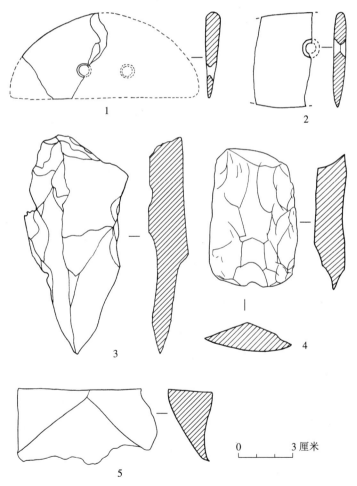

图二四六　兔葫芦遗址采集石器

1、2. 刀（86AT－027、86AT－033）　3. 尖状器（86AT－030）　4. 斧（86AT－028）　5. 刮削器（86AT－029）

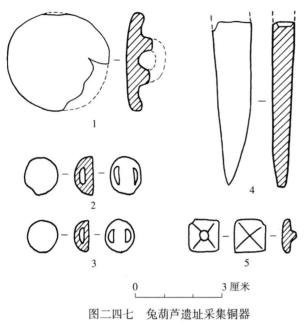

图二四七　兔葫芦遗址采集铜器

1. 铜扣（86AT－065）　　2、3. 小铜扣（86AT－061、86AT－062）
4. 铜凿（86AT－064）　　5. 铜钉（86AT－063）

起，背面有一钉（似残断）。边长 1、钉残长 0.25、厚 0.3 厘米（图二四七，5）。

铜凿　1 件。标本 86AT－064，平面圆锥形，剖面扁条状，前端为凿刃，后端有残缺。残长 5.4、宽 1.35、厚 0.7 厘米（图二四七，4）。

（3）陶器

此次调查采集品均为陶片。几乎为清一色的夹砂陶，颜色有灰、红褐、灰褐、灰白和红色。其中，夹砂褐陶占 48%，灰褐陶占 22.5%，红陶占 22.5%，灰白陶占 6.4%。绝大多数素面，彩陶仅有 1 件。其余有纹样的陶片主要是附加堆纹、刻划纹和压印纹，前者占 24.1%。器类主要有罐、壶、瓮、鬲等。

鬲　5 件。标本 86AT－002，为鬲口沿残片。夹砂灰陶，颜色不匀，外表灰褐色，内壁灰黑色。厚胎。器形很大。大口直立，粗直领，无明显腹部，器颈以下直接扩展为肥袋足（残）。圆唇颈下饰附加堆纹，堆纹正中部位捏塑一凸起的圆形纽突，纽上捺压两个梭形小凹窝。口沿至器颈部抹光，附加堆纹以下部位很粗糙，素面。残高 14.4、口径 44.8 厘米（图二四八，2）。标本 86AT－004，为鬲口沿残片。夹砂褐陶。厚胎。器形很大。微侈口，方唇，微束颈，无明显的器腹，颈部以下直接扩展为肥袋足（残）。器颈下、袋足上部饰附加堆纹。残高 10.8、口径 24 厘米（图二四八，7）。标本 86AT－005，鬲口沿残片。夹砂灰褐陶。侈口，方唇，束颈，器口下钻一小圆孔，无明显的器腹，颈部以下直接扩展为肥袋足（残）。袋足上部饰附加堆纹。残高 11 厘米（图二四八，6）。标本 86AT－012，残存器颈至袋足部分。夹砂红陶，器表色泽不匀，局部泛黄白色。器形很大，器口残缺少许。微束颈，无明显的器腹，颈部以下直接扩展为袋足。肥袋足（下部残）上部饰一股附加堆纹，在堆纹水平位置左右各置一环耳（残缺部分）。残高 15.2、口径约 26、耳宽 4.4 厘米（图二四八，1）。标本 86AT－017，夹砂灰陶，内表灰褐色，胎内掺有云母屑。大口稍向内敛，方唇，无明显的器腹，颈部以下直接扩展成肥袋足（残）。袋足上部饰附加堆纹。残高 10.8、口径 16 厘米（图二四八，5）。

鬲袋足残片　3件。标本86AT－009，夹砂灰褐陶，胎内掺有云母屑。素面。袋足上部饰一道附加堆纹，袋足中间也饰有短条附加堆纹（图二四九，11）。标本86AT－

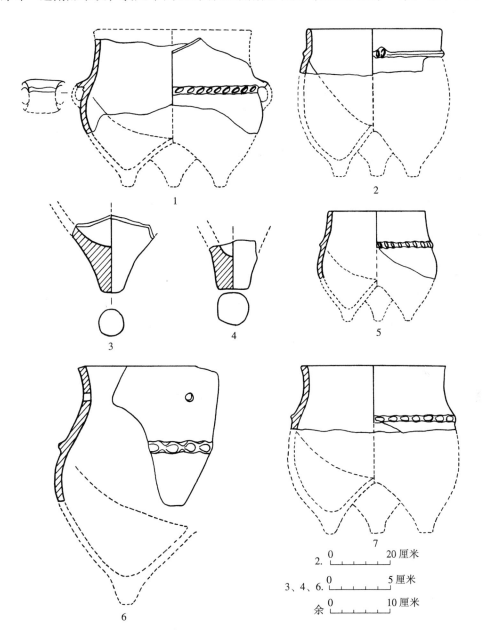

图二四八　兔葫芦遗址采集陶鬲

1、2、5~7. 鬲（86AT－012、86AT－002、86AT－017、86AT－005、86AT－004）　　3、4. 鬲足（86AT－016、86AT－003）

010，夹砂灰褐陶。饰刻划的鱼骨状纹。器表抹光（图二四九，12）。标本86AT－013，系鬲袋足上部器耳残件。夹砂红褐陶。环形耳，耳下部捏塑一周断面呈三角形的附加堆纹。器耳宽3.8厘米（图二四九，15）。

鬲足　2件。标本86AT－003，残存袋足下部及实足根部分。夹砂红褐陶。厚胎，表皮剥落。短圆柱状，实足根底面平齐，圆形。素面。残高4、直径3.2厘米（图二四八，4）。标本86AT－016，残存袋足下部及实足根部分。夹砂灰褐陶。厚胎。圆锥状，实足根底面圆钝。素面。残高6.2、直径3.2厘米（图二四八，3）。

小口壶　5件。标本86AT－001，夹砂红陶，器表色泽不匀（该器陶胎成层剥落，系使用泥片贴塑法制作）。小口外侈，叠卷的厚圆唇，细长颈微束，球形圆腹（缺失大半），平底。器口叠唇呈附加堆纹状，上饰稀疏的短斜线刻划纹，纹样延续到颈部。打磨光滑。高约38、口径16.4、腹径约32.8、底径12厘米（图二四九，1）。标本86AT－018，器口残片。夹砂红陶，胎内掺入少量云母屑。直口，圆唇，直立高领。素面。残高5、口径12厘米（图二四九，9）。标本86AT－019，器口残片。夹砂灰陶，胎内掺入少量的云母屑。侈口，圆唇，微束颈。素面。残高5、口径12厘米（图二四九，10）。标本86AT－022，器口残片。夹砂红褐陶，胎内掺加云母屑，器表色泽不匀。侈口，叠卷的尖圆唇，束颈。素面。残高3.2、口径11厘米（图二四九，5）。标本86AT－023，器口残片。夹砂灰陶，器表灰褐色。侈口，束颈，叠卷的尖圆唇。素面。残高6、口径16厘米（图二四九，7）。

双耳罐　2件。标本86AT－015，口沿残片。夹砂灰陶。直口，圆唇，直立的粗颈，器口外两侧置双耳。素面。残高5.2、耳宽1.4厘米（图二四九，14）。标本86AT－008，器耳残片。夹细砂红陶。薄宽鋬耳。器表施红陶衣，绘黑彩（大部脱落不清）。器耳两侧遗留竖条带纹痕迹（图二四九，8）。

大口缸　3件。标本86AT－006，口沿残片。夹砂灰陶，器表褐色。大敞口外侈，叠卷的厚圆唇，微束颈。口缘外叠唇上压印连续横"人"字纹，颈部刻划凹弦纹。器表抹光。残高7.2、口径30.4厘米（图二四九，3）。标本86AT－020，口沿残片。夹砂灰褐陶，器表色泽不匀，局部泛黄白色。侈口，叠卷的厚圆唇，斜领。素面。残高6.4、口径32厘米（图二四九，4）。标本86AT－021，口沿残片。夹砂灰陶。侈口，叠卷的厚圆唇。素面。残高7.2、口径28厘米（图二四九，2）。

腹耳瓮　2件。标本86AT－007，残存下腹和器底。夹砂灰白陶，胎内掺有黑色砂粒，器表色泽不匀。弧腹，双腹耳，平底。素面。残高13.2、底径10厘米（图二四九，17）。标本86AT－024，夹砂褐陶。下腹斜直，平底。素面。残高4.2、底径8厘米（图二四九，16）。

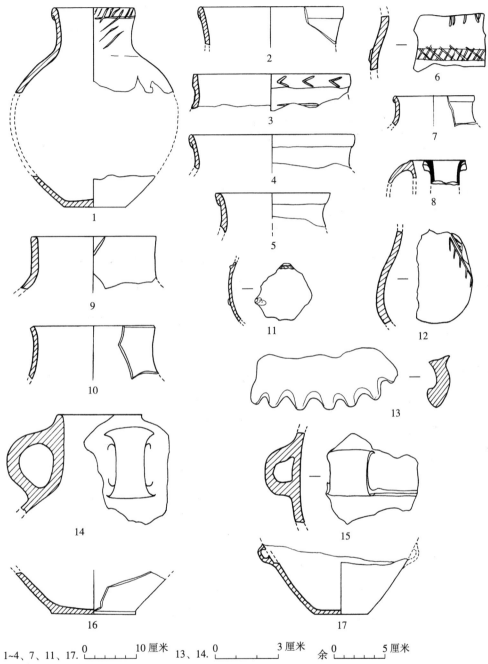

图二四九　兔葫芦遗址采集陶器

1、5、7、9、10. 小口壶（86AT－001、86AT－022、86AT－023、86AT－018、86AT－019）　2～4. 大口缸（86AT－021、86AT－006、86AT－020）　6. 纹饰陶片（86AT－011）　8、14. 双耳罐（86AT－008、86AT－015）　11、12、15. 鬲袋足（86AT－009、86AT－010、86AT－013）　13. 器耳（86AT－014）16、17. 腹耳瓮（86AT－024、86AT－007）

纹饰陶片　1件。标本 86AT－011，器颈部残片。夹砂红陶，器表红褐色。刻划短竖线纹，此纹样下部先饰一道附加堆纹，再将堆纹拍平，其上刻划交叉网格纹（图二四九，6）。

纺轮　2件。标本 86AT－025，夹砂橙红陶。器形极厚重。圆饼状，残缺一半，中心位置钻一圆孔。一面素面，另一面刻划短线纹、折线纹。直径5.6、厚1.7厘米（图二五〇，3）。标本 86AT－026，此器系利用废弃陶片制成。泥质灰陶。圆饼状，中心位置钻一大孔。一面素面，另一面保留原陶片上规整的绳纹。直径4.1~4.4、厚0.9厘米（图二五〇，4）。

器口　1件。标本 86AT－031，系陶瓮一类器皿之口沿。夹砂红陶。厚胎。外卷的厚圆唇。素面。残高6.5厘米（图二五〇，1）。

器耳　2件。标本 86AT－014，夹砂红陶。鸡冠状，外沿捏成齿状花边。残长近7、宽2.7厘米（图二四九，13）。标本 86AT－032，系罐或瓮之器耳。夹砂灰陶。器形较大。器耳正中有一纵向凹槽，横断面呈凹字形。素面（图二五〇，2）。

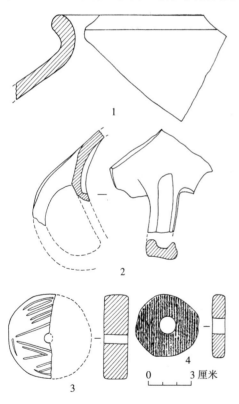

图二五〇　兔葫芦遗址采集陶器

1. 器口（86AT－031）　2. 器耳（86AT－032）
3、4. 纺轮（86AT－025、86AT－026）

2. 瓜州（原安西）县博物馆藏品

兔葫芦遗址自1972年发现以来，曾经多次进行调查，采集征集各类文物数百件（含陶片）。其中仅有少部分做过报道。现将这批遗物摘要介绍如下。

（1）1987年报道的陶器

釜　1件。标本 AT－A027，夹砂灰陶。厚胎，器底残留烟炱痕。喇叭口，厚圆唇，斜直领，束颈，折腹，圜底。素面。高12.4、口径12.4、腹径16厘米（图二五一，4；图版三〇，1）。

长颈罐　1件。标本 AT－A026，夹砂灰黑陶。微侈口，圆唇，微束颈，粗高颈，圆鼓腹，下腹内敛，假圈足，器底内凹。素面。高12、口径8、腹径10、底径4.8厘米（图二五一，7；图版三〇，3）。

双耳罐　2件。标本 AT－A003，夹砂红陶。器口内敛，尖圆唇，粗曲颈，器口外两侧置双耳（残），圆弧腹，平底。器表施红

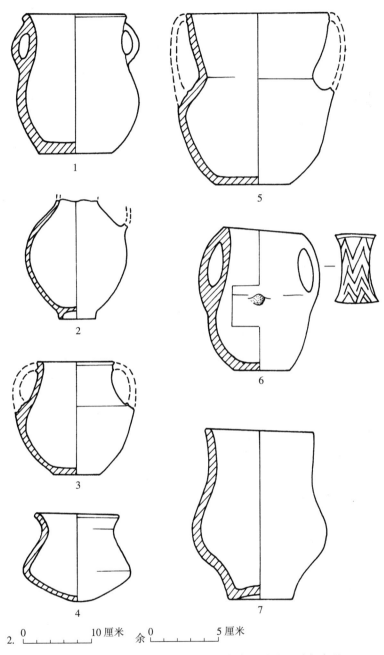

图二五一　瓜州（原安西）县博物馆藏兔葫芦遗址采集陶器

1、3. 双耳罐（AT－A006、AT－A003）　2. 单耳圈足瓶（AT－A007）　4. 釜（AT－A027）

5. 双大耳高领罐（AT－A002）　6. 双大耳乳突罐（72AT－A008）　7. 长颈罐（AT－A026）

褐色陶衣。器表略经打磨。高8、口径5.5、腹径8、底径3.4厘米（图二五一，3）。标本AT－A006，夹砂灰陶。厚胎。侈口，圆唇，束颈，器口外两侧置双耳，圆弧腹，平底。素面。高10、口径7.3、腹径9、底径5.3、耳宽1.8厘米（图二五一，1）。

双大耳高领罐　1件。标本AT－A002，夹粗砂灰陶。大喇叭口，圆唇，斜直高领，束颈，器口外两侧置双耳（残），折肩，弧腹，平底。素面。高12.2、口径10.4、腹径11、底径5.2厘米（图二五一，5）。

双大耳乳突罐　1件。标本72AT－A008，夹砂黑陶。厚胎。微侈口，圆唇，微束颈，器口外两侧置双大耳，卵圆腹，平底。双耳刻划连续叠置的"人"字纹，器腹上部正中前后各捏塑一枚上翘的乳钉。高10、口径5.4、腹径7.6、底径3.8、耳宽2.1厘米（图二五一，6；图版三〇，2）。

单耳圈足瓶　1件。标本AT－A007，泥质红褐陶，器表色泽不匀。小口（残），细颈，器口外一侧置单耳（残），卵圆腹，小圈足。残高17、腹径15、底径5.5、圈足高1.2厘米（图二五一，2；图版三〇，4）。

上述7件陶器藏于安西县博物馆。1987年发表时全部定性为新石器时代[①]。河西史前考古调查队在安西调查时，将这批陶器重新绘图并照相，并收入本报告。目的是想厘清一些问题。首先，这几件陶器内涵和来源均比较复杂；其次，可以肯定它们并不属于新石器时代[②]。其中，夹砂黑陶双大耳乳突罐（标本72AT－A008）为骟马文化的典型器。此器与玉门镇文化馆、甘肃省博物馆所藏骟马文化陶器相同。另一半泥质红褐陶单耳圈足瓶（标本AT－A007）造型特殊，特别是圈足和单大耳的造型绝不见于青铜时代以前，却有着典型的唐代陶器作风。至少，原报告对这两件器物的年代和性质判断有误。其余5件陶器，除2件器耳较小的双耳罐（标本AT－A003、AT－A006）接近四坝文化的同类器外，其余3件造型也较奇特，在河西走廊少见。兔葫芦遗址发现有骟马文化的双耳罐，可见此地包含有这一阶段的文化内涵。因此也不排除这3件陶器属于骟马文化的可能。

1998年，安西县博物馆李宏炜同志来信告知，1985年，他和同事李春元在北桥子村五组村民手中征集到这些陶器，发现者为当地的两位牧羊人。这批陶器分别是在兔葫芦、鹰窝树、羊圈湾几个地点采集的。这与前面我们对这批陶器性质复杂的分析相吻合。恰

---

① 安西县文化馆：《甘肃安西县发现一处新石器时代遗址》，《考古》1987年1期91～96页。

② 我曾就这批陶器多次询问安西县博物馆的李宏炜、李春元同志。1987年11月，李宏炜回信告知，其中2件陶器肯定出自兔葫芦。同年12月再次来信说，这些陶器均在兔葫芦村征集。1989年8月，李宏炜来信说明，编号AT－A003的双耳大罐和无耳罐（估计为AT－026）出自兔葫芦。编号AT－007的单耳圈足瓶出自锁阳城（唐代）。1998年，李宏炜来信告知，这批陶器分别来自不同地点。上述来信前后说法有些矛盾，这里只能以最后一信的说法为准（详见附录五）。

好兔葫芦遗址属于骟马文化，鹰窝树遗址属于四坝文化，而羊圈湾遗址属于年代很晚的汉唐时期。估计那件具有唐代风格的单耳圈足瓶（标本 AT‒A007）就出自后一地点。

（2）瓜州（原安西）县博物馆收藏遗物

1）石器

21 件。种类有刀、铲、凿、斧、磨盘、磨棒、磨石等。

刀　2 件。标本 AT‒A019，磨制。残缺一半，原器应为圆角长方形，近背部一侧中心钻有一孔，双面弧刃。残长 5、宽 4.8、厚 0.6 厘米（图二五二，5）。标本 AT‒A023，磨制。半月形，残缺一半。弧背，直刃，近刃部一侧中心有一未穿透的钻孔。残长 6.3、高 4.5、厚 0.7 厘米（图二五二，7）。

凿　1 件。标本 AT‒A022，磨制。平面圭形，后端残缺部分。剖面平整，片状，双面窄直刃。残长 10.5、宽 3.7、厚 1 厘米（图二五二，2）。

铲　1 件。标本 AT‒A021，磨制。平面长条舌形，后端残缺部分。表面打磨平整，剖面厚薄不一，双面弧刃。残长 11、宽 3.6、厚 1.1 厘米（图二五二，9）。

砺石　1 件。标本 AT‒A020，半成品。磨制。长椭圆形，顶端正中有一未钻穿透的孔。长 9.3、宽 2.8、厚 1 厘米（图二五二，3）。

石磨盘　5 件。标本 AT‒A016，粗砂岩。磨制。平面呈鞋底状长椭圆形，剖面片状，两端上翘，磨面中部内凹，舒缓的圜底。长 40.8、宽 17.2、厚 6 厘米（图二五三，8）。标本 AT‒A017，花岗岩。磨制。平面近圆形，残缺部分，剖面片状，两端上翘，磨面内凹，圜底。长 36、残宽 18.4、厚 2.4 厘米（图二五三，1）。标本 AT‒A028，花岗岩。磨制。平面鞋底状，两端尖，剖面片状，磨面平整，底面圜形。长 28.8、宽 11.6、厚 4.6 厘米（图二五三，2）。标本 AT‒A029，花岗岩。磨制。残存少部分，原器应系圆角长条形，磨面较平，底部微弧。残长 10.4、宽 16、厚 4 厘米（图二五三，3）。标本 AT‒A030，花岗岩。磨制。残缺约 1/3，原器应为鞋底状长椭圆形，磨面较平，圜底。残长 16、宽 12.4、厚 4.8 厘米（图二五三，4）。

磨棒　2 件。标本 AT‒A031，麻岩。磨制。长条棒状，剖面扁椭圆形。长 16.2、宽 4.6、厚 2.4 厘米（图二五二，11）。标本 AT‒A032，麻岩。磨制。近圆柱形，上细下粗，端面近等腰三角形。长 10.3、宽 3.4~5.4、厚 4.2 厘米（图二五二，6）。

磨石　6 件。分为两型。

A 型　4 件。标本 AT‒A033，麻岩。磨制。长方形，研磨面长椭圆形，长 7.5、宽 6、厚 4 厘米（图二五二，13）。标本 AT‒A034，麻岩。磨制。长方形，磨面正方形。长 7.2、宽 5.2 厘米（图二五二，8）。标本 AT‒A035，麻岩。磨制。长条形（残），磨面长椭圆形。残长 7.2、宽 5.3、厚 2.8 厘米（图二五二，10）。标本 AT‒A036，砂岩。磨制。扁长方形（残），磨面圆形。高 4.4、磨面直径 6.8 厘米

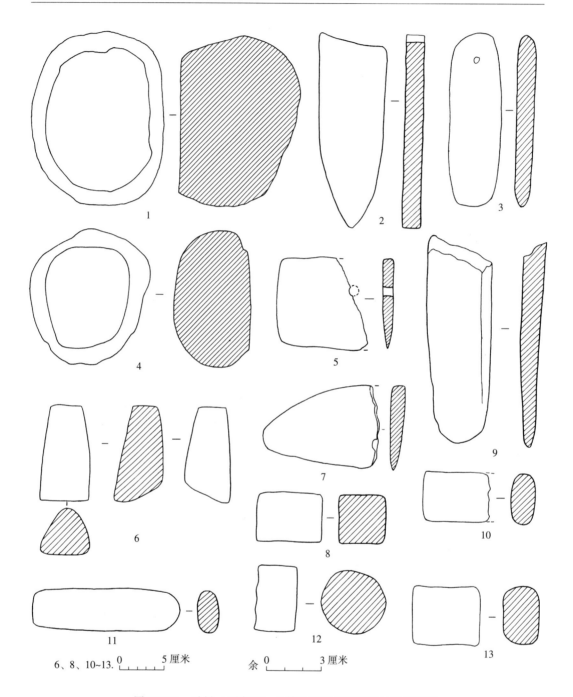

图二五二　瓜州（原安西）县博物馆藏兔葫芦遗址采集石器

1、4. B 型磨石（AT－A025、AT－A024）　2. 凿（AT－A022）　3. 砺石（AT－A020）　5、7. 刀（AT－A019、AT－A023）　6、11. 磨棒（AT－A032、AT－A031）　8、10、12、13. A 型磨石（AT－A034、AT－A035、AT－A036、AT－A033）　9. 铲（AT－A021）

（图二五二，12）。

　　B 型　2件。磨面椭圆形，剖面半圆形。标本 AT－A024，不规则圆形，顶面较研磨面宽大，磨面凸起，平整，剖面半圆形。高4.2、直径6.7～7.8厘米（图二五二，4）。标本 AT－A025，研磨面椭圆形，平整，剖面半圆形。高6.6、直径7.2～9.4厘米（图二五二，1）。

　　石磨　3件。标本 AT－A037，花岗岩。磨制。圆饼形，残缺一半，一面平整，另一面微微弧曲，正中对钻一大轴孔。直径30.4、孔径4、厚4厘米（图二五三，7）。标本 AT－A038，花岗岩。磨制。圆饼形，一侧边缘略有残缺，一面平整，另一面微微弧曲，正中对钻一大轴孔。一侧近边缘处凿有一正方槽，槽剖面近三角形。直径24～28、孔径3.2、厚4厘米（图二五三，5）。标本 AT－A039，粗砂岩。磨制。圆形，磨面平整，中间厚，周边薄，中间单面钻一大轴孔，孔径四周凸起。直径22～24.8、孔径3.6、四边厚约1、中间厚4.4厘米（图二五三，6）。

　　2）铜器

　　16件，均系各种小件器物。

　　方框铜饰件　2件。标本 AT－A075，圆角长方形框架，剖面亦作长方形，中空。长边一侧铸四枚相连的联珠纹，联珠圆面外凸。长2.7、宽1.8、厚0.65～0.7厘米（图二五四，2）。

　　铜联珠饰　2件。标本 AT－A077，双联珠饰，一面圆弧，另一面内凹，剖面"3"字形。素面。长2.6、宽1.3～1.4厘米（图二五四，7）。标本 AT－A078，三联珠饰，一面圆弧，另一面内凹。素面。长2.1、宽1厘米（图二五四，8）。

　　铜泡　1枚。标本 AT－A069，乳状圆形，剖面半圆形，中空，近"盉"状，周缘略微突出，顶部有一小圆孔。素面。高1.2、直径2.6厘米（图二五四，13）。

　　镶嵌饰件　1件。标本 AT－A079，圆角长方形，片状，顶部装有一个小轴，轴内穿铜丝，镶嵌一枚卵圆形绿色小石珠。正面素雅无纹，背面正中位置上下各有一枚小钉。长2.1、宽1.3、厚0.1～0.15厘米，小钉长0.2、直径0.2厘米（图二五四，6）。

　　马蹄形铜饰件　2件。标本 AT－A070，马蹄形，三面圆弧，一面稍平齐，中间有一突起，片状。中心部位有一长方形镂孔（有残缺），正面素雅无纹，背面沿长方镂孔的四角铸出四枚小钉。长2.65、宽2.2、厚0.2厘米，钉长0.4、直径0.1厘米（图二五四，1）。标本 AT－A080，近马蹄形，三面圆弧，一面平齐，片状。中心有长方形镂孔，正面素雅无纹，背面沿长方镂孔四角铸四枚小钉。长2.35、宽1.7、厚0.25厘米，钉长0.2、直径0.1厘米（图二五四，5）。

　　饰件残片　2件。标本 AT－A066，残存部分近椭圆形，偏下部有一块三角形凸起

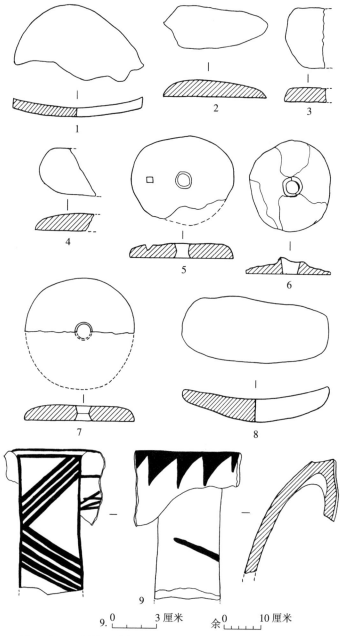

图二五三　瓜州（原安西）县博物馆藏兔葫芦遗址采集遗物

1 ~ 4、8. 石磨盘（AT － A017、AT － A028、AT － A029、AT － A030、AT － A016）

5 ~ 7. 石磨（AT － A038、AT － A039、AT － A037）　9. 彩陶片（AT － A031）

（反面内凹）。素面。长 4.4、宽 3、厚 0.1 ~ 0.15 厘米（图二五四，3）。标本 AT －
A076，残片近长方形，上下薄中间厚，顶端有一排小孔。素面。残长 2.8、残宽 2.3、

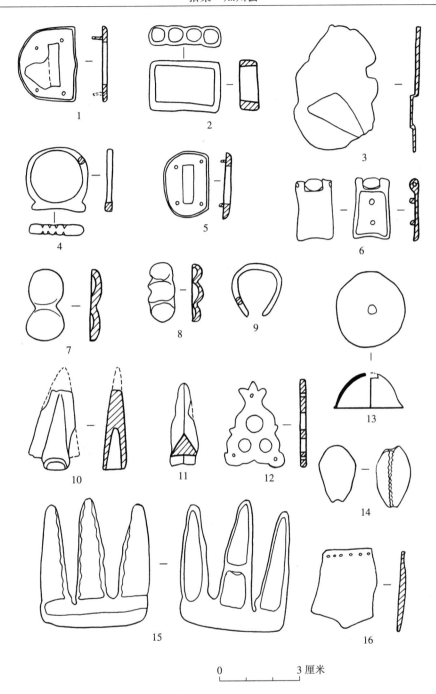

图二五四　瓜州（原安西）县博物馆藏兔葫芦遗址采集遗物

1、5. 马蹄形铜饰件（AT－A070、AT－A080）　2. 方框铜饰件（AT－A075）　3、16. 饰件残片（AT－A066、AT－A076）　4. 铜戒指（AT－A073）　6. 镶嵌铜饰件（AT－A079）　7、8. 铜联珠饰（AT－A077、AT－A078）　9. 铜耳环（AT－A071）　10、11. 铜镞（AT－A074、AT－A072）　12. 铜牌饰（AT－A067）　13. 铜泡（AT－A069）　14. 海贝（AT－A060）　15. "山"字形铜牌饰（AT－A068）

厚0.1~0.2厘米（图二五四，16）。

铜镞　2件。标本AT-A074，三角形，前锋残缺。中间起脊，下端有椭圆銎孔，一侧尾翼残。残长2.9、尾翼宽1.9、銎宽1、厚0.4~0.9、孔径0.6、进深1.5厘米（图二五四，10）。标本AT-A072，平面长三角形，剖面等腰三角形，一侧中间起脊，铤部残缺。残长3、宽1、厚0.7厘米（图二五四，11）。

铜耳环　1件。标本AT-A071，铜丝弯卷成近桃形，断面圆形，两端尖锥状。耳环直径1.85、断面直径0.2厘米（图二五四，9）。

铜戒指　1枚。标本AT-A073，马蹄形，三面圆弧，一面平直，断面圆形。平齐一面两侧突出，断面近正方形，侧面铸四个相对的三角形内凹刻槽。直径2.2、断面直径0.2、戒面长2、端面边长0.3厘米（图二五四，4）。

铜牌饰　1件。标本AT-A067，平面花边三角形，剖面片状。周边凹凸弧曲，错落有致。顶端作三叉花蕾，下有一小穿孔。中间部位有三个圆孔，上面一个略大，下面两个稍小。两侧边缘中间突出一小三角，下面两个对角位置圆弧突出，各自有一小圆孔。长3、宽2.2、厚0.2厘米（图二五四，12）。

"山"字形铜牌饰　1件。标本AT-A068，平面"山"字形，薄片状，正面微微圆弧，背面内凹，背面中间一齿中部铸有一横穿，底面弧曲，三个齿尖圆钝。长4.6、宽4厘米（图二五四，15）。

3）陶器

均系夹砂陶，颜色分红、灰、灰黑和黑色几种。器形主要有双耳罐、釜、大口壶和纺轮等，仅见一例彩陶片。

彩陶片　1件。标本AT-A031，器耳残件。夹细砂红陶。原器较大。器耳宽大，薄片状。器表及口沿内施红陶衣，绘黑彩。器口内绘一周三角锯齿纹，器领部绘横线斜线纹，器耳绘斜线三角纹。器耳宽4.3~4.5、残长9.7厘米（图二五三，9）。

纺轮　6件。标本AT-A009，泥质灰陶。圆饼状，中心钻有一孔。素面。直径4.9、厚0.6厘米（图二五五，1）。标本AT-A010，泥质灰陶。圆饼状，较厚重，中心钻有一孔。素面。直径4.5~4.8、厚0.9厘米（图二五五，2）。标本AT-A011，泥质灰陶。圆饼状，中心钻有一孔。素面。直径5.3、厚0.4厘米（图二五五，3）。标本AT-A012，泥质灰陶。圆饼状，中心钻有一孔。素面。直径3.2~3.3、厚0.6厘米（图二五五，4）。标本AT-A013，泥质灰陶。圆饼状，较厚重，中心钻有一孔。素面。直径3.6、厚1厘米（图二五五，5）。标本AT-A014，泥质灰陶。圆饼状，一侧周边向上凸起，中心钻有一孔。直径3.8~4、厚0.4~0.5厘米（图二五五，6）。

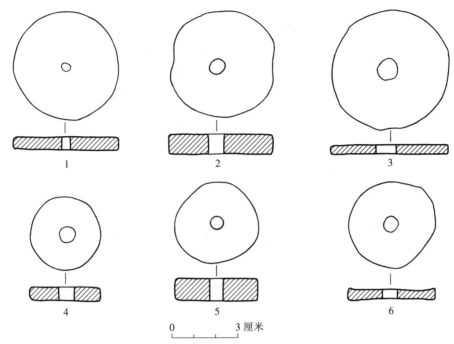

图二五五 瓜州（原安西）县博物馆藏兔葫芦遗址采集陶纺轮

1. AT－A009 2. AT－A010 3. AT－A011 4. AT－A012 5. AT－A013 6. AT－A014

4）装饰品

种类有蚌饰、石饰、绿松石饰、琉璃珠和海贝等。

蚌饰 7件。利用天然蚌壳磨制钻孔制成。标本 AT－A059，近扇形，中心对钻一孔。长 4.3、宽 3 厘米（图二五六，2）。标本 AT－A060，长椭圆形，中心对钻一孔。长 4.8、宽 3 厘米（图二五六，1）。标本 AT－A054，近圆角长方形，中心单面钻一孔。长 4.4、宽 3.4 厘米（图二五六，7）。标本 AT－A055，圆形，中心对钻一孔。直径 2.9~3.1 厘米（图二五六，3）。标本 AT－A056，圆形，中心对钻一孔。直径 3.2 厘米（图二五六，4）。标本 AT－A057，不规则长方形，中心单面钻一孔。长 4、宽 3 厘米（图二五六，6）。标本 AT－A058，近圆角长方形，中心单面钻一孔。长 3.8、宽 2.8 厘米（图二五六，5）。

石坠 4件。标本 AT－A015，磨制。三角形，顶部单面钻一孔，剖面顶部稍薄，底端加厚。长 4、底边宽 3、厚 0.4~0.9 厘米（图二五七，1）。标本 AT－A040，白色石质。磨制光滑。平面椭圆形，剖面片状，顶端对钻一孔。长径 4.3、短径 2.8、厚 0.4 厘米（图二五七，2）。标本 AT－A042，白色石质。磨制光滑。平面椭圆形，剖面片状，顶端对钻一孔。长 3.8、宽 2.5、厚 0.35 厘米（图二五七，3）。标本 AT－A041，黑褐色石质。磨制光滑。平面近椭圆形，剖面片状，顶端对钻一孔。长 3.7、宽 2.5、厚 0.3 厘米（图二五七，4）。

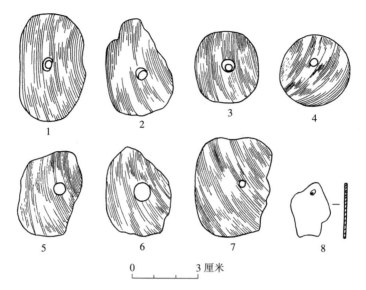

0 —————— 3厘米

图二五六　瓜州（原安西）县博物馆藏兔葫芦遗址采集蚌饰、绿松石坠

1~7. 蚌饰（AT－A060、AT－A059、AT－A055、AT－A056、AT－A058、AT－A057、AT－A054）

8. 绿松石坠（AT－A083A）

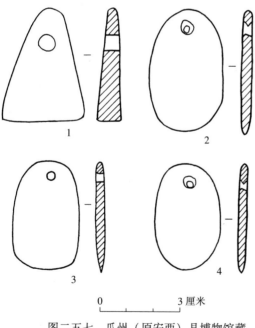

0 —————— 3厘米

图二五七　瓜州（原安西）县博物馆藏
兔葫芦遗址采集石坠

1. AT－A015　2. AT－A040　3. AT－A042　4. AT－A041

肉红石髓珠　1件。标本86AT－A059，磨制加钻孔。圆饼状，中间钻孔，红色。高1.4、直径1.4厘米（图二五八，3）。

串珠　1串。标本86AT－A060，磨制加钻孔，圆饼状或圆柱状，中心钻孔，共22枚。颜色有红、绿、白、褐、黑、紫、橘等，质地有肉髓、料珠等。其中扁圆形13件，圆柱形9件（图二五八，1；彩版一五，7）。

绿松石坠　2件。标本AT－A083A，不规则形，片状，顶部三角形，单面钻一小孔。素面。长2.4、宽1.8、厚0.1厘米（图二五六，8）。标本AT－A083B，平面近长方形，片状，侧边单面钻一孔。长0.9、宽0.6、厚0.15厘米（图二五八，2）。

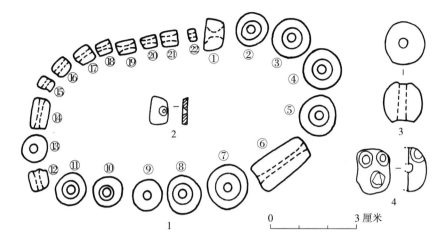

图二五八　瓜州（原安西）县博物馆藏兔葫芦遗址采集装饰品

1. 串珠（86AT－A060）　2. 绿松石坠（AT－A083B）　3. 肉红石髓珠（86AT－A059）　4. 琉璃珠（AT－A084）（86AT－A060 串珠 22 枚，编号 86AT－A060①~㉒，其中①、⑭黑色，②、⑮青红色，③~⑤、⑧鲜红色，⑥、⑩橘红色，⑦紫红色，⑨、⑳白色，⑪~⑬青黑色，⑯~⑱、㉑绿色，⑲青色）

琉璃珠（蜻蜓眼）　1 件。标本 AT－A084，近圆形，残缺一半，中间钻一圆孔。器表烧画出三枚蜻蜓眼，外圈纯白色，内圈蓝色。直径约 1.4 厘米（图二五八，4）。

海贝　5 枚（编号 AT－A060~A064）。标本 AT－A060，长 2.2、宽 1.8 厘米（图二五四，14）。

兔葫芦遗址采集陶器主要是夹砂红褐陶、灰褐陶，也有一些夹砂红陶、灰陶、灰白陶及少量泥质陶。器类有小口壶、双耳瓮、鬲、纺轮等。特点是罐、瓮类器皿口沿多叠卷加厚。陶鬲为大口，直领，乳状袋足，有少许实足根。鬲颈部至袋足上部常施附加堆纹，或在附加堆纹位置设置双耳，也有的在袋足上施附加堆纹等。器表装饰流行在口沿外刻划横"人"字纹、短斜线纹或"X"纹。石器有石磨盘、石磨棒、半月形穿孔石刀、长方形穿孔石刀、斧和打制尖状器等。铜器均系小件工具和饰品，有凿、泡、镞、"山"字形牌饰、联珠饰、耳环等。

经初步观察，兔葫芦遗址的主体性质属于骟马文化，年代大致在西周早期至春秋时期，即公元前 1 千纪前半段[1]。

兔葫芦遗址所见遗物中最富特色的是陶鬲，其造型与河西走廊东段沙井文化的同类器有一定的相似因素，包括袋足施纹的作风。而且沙井文化的陶器也有一些将器口

––––––––––––––––––

[1]　李水城、水涛：《公元前 1 千纪的河西走廊西部》，《宿白先生八秩华诞纪念文集》63~76 页，文物出版社，2002 年。

叠卷增厚或装饰短竖条刻划纹者①，此类相似因素一方面表明二者年代接近，另一方面或许暗示二者之间存在联系。

兔葫芦遗址发现铜器不多，特点是具有显著的北方草原作风，如联珠饰、扣饰、耳环及其他小件饰品等。此地发现的三角形有銎镞，双翼较宽，后锋不显，与四坝文化的同类器相比，似乎更具有进步性。

最后有一点需要说明，瓜州县所藏兔葫芦遗址遗物内涵十分复杂，因为是采集品，且大多为当地村民采集，出土地点往往不明确，文化属性不一，这也给我们的判断造成很大困难。其中多数属于四坝文化或骟马文化遗物，但有些石器、铜器的年代明显偏晚，如圆形石磨、镶嵌铜饰件、铜戒指等遗物，至少是汉代或更晚的遗物。这一点是特别需要指出的。

---

① 李水城：《沙井文化研究》，《国学研究》（二）493～523 页，北京大学出版社，1994 年。

拾捌　敦煌市

　　敦煌市位于甘肃省西北部、河西走廊西端，南靠阿克塞哈萨克族自治县、肃北蒙古族自治县，东邻瓜州县，北部和西部与新疆维吾尔自治区交界。地理坐标为东经92°46′12″~95°30′40″，北纬39°37′55″~41°38′34″，面积27000平方公里（图二五九）。

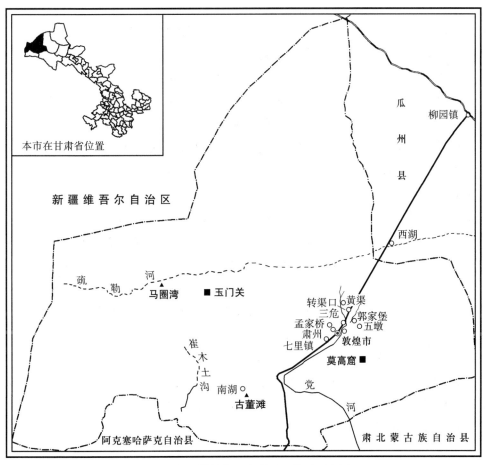

图二五九　敦煌市及史前遗址位置示意图

敦煌地处河西走廊西端，政府驻地沙州镇。本县南靠祁连山一部分的三危山、鸣沙山，它们是河西走廊内一列直线型断层隆起的断块山，海拔约1700米，县境内分布砾石戈壁和流动沙丘；北部的北塞山已形成准平原化的基岩戈壁地貌，地表平坦；西面为疏勒河下游盐沼，再西为库穆塔格沙漠，与新疆塔克拉玛干大沙漠连接；中部为党河下游冲积平原，也是敦煌主要的绿洲区域。绿洲外围广泛分布戈壁沙漠。

流经本市的大河有疏勒河及支流党河。疏勒河原本流经本县，由于瓜州双塔水库的建成导致疏勒河断流。目前，作为支流的党河成为敦煌境内唯一的水源，它源自祁连山，靠冰雪融水和雨水补给。敦煌大部分地区属于暖温带干旱气候，南北两侧1200米以上区域属温带干旱性气候。年均温9.3℃，年降水29毫米，蒸发量2400余毫米。在市区北面哈拉诺尔一带分布有天然胡杨林，草类较多，西南戈壁和沙窝内生长有红柳、梭梭、碱柴等灌木和沙生、碱生植物。

敦煌地处中西交通要冲，是丝绸之路河西道、羌中道（青海道）及西域南、北道的要塞枢纽。从敦煌向东北过瓜州是通向中原腹地的河西大道；向西出阳关，沿丝路南道与新疆若羌连接；西北出玉门关，沿西域北道可通罗布泊和哈密；出敦煌南行经阿克塞哈萨克族自治县，翻越阿尔金山党金山口可达青海格尔木市。

敦煌古称沙洲。敦煌之名历来有不同的解释[①]。一般释为"大而繁盛"。《元和郡县志》卷四十释："敦，大也，以其地广开西域，故以盛名"。三代时期，敦煌属古瓜州，当地土著为三苗后裔、西羌。《左传·昭公九年》记："允姓之戎，居于瓜州"。战国至秦，大月氏、乌孙、塞人居住在此。后大月氏渐强盛。战国末年，大月氏驱走乌孙、塞人，独霸敦煌。西汉初，匈奴击败月氏，迫使其西迁中亚两河（锡尔河、阿姆河）流域，河西尽归匈奴。汉武帝元狩二年（公元前121年），霍去病进军河西，大败匈奴。同年设酒泉、武威二郡。元鼎六年（公元前111年），从酒泉、武威分别拆置敦煌、张掖两郡。从令居（今永登）经敦煌至盐泽（今罗布泊）筑长城，设阳关、玉门关，史称"列四郡，扼两关"，从此确保丝绸之路畅通无阻。汉代敦煌郡治在今敦煌西南一带的党河西岸。《敦煌县志·古迹》记："沙洲旧城，即古敦煌郡治也。今在沙洲之西，墙垣基础犹存，以党河水北冲，城墙东圮，故今敦煌县城筑于旧城之东"。清人常钧《敦煌杂抄》记："沙州之西，本有故城，即汉敦煌郡治。因党水北冲，圮其东面"。魏晋时，河西先后建有五凉地方割据政权。前凉张骏时期，改敦煌为沙州。公元400年据敦煌称王，建西凉国，敦煌有史以来首次成为国都。唐中叶，敦煌被吐蕃占据；宋归西夏，县废；元称沙州路；明改沙州卫；清复改为敦煌县。1987年敦煌撤县设市。现有人口14万，居民以汉族为主。

---

① 有学者认为，敦煌这一地名似乎来自非汉语的音译。

　　敦煌的考古工作始于 19 世纪末叶，但从未发现史前遗址。早年，斯坦因曾在南湖大路旁的南公墩一带挖掘古墓，但一无所获。

　　1940～1941 年，张大千和于右任先后赴敦煌临摹壁画、考察石窟，此举曾一度引发西北考察热潮。1942 年春，中央研究院历史语言研究所、中央博物馆筹备处、重庆正华教育基金会辖下的地理研究所三个机构合组"西北史地考察团历史考古组"，傅斯年选派劳幹、石璋如从四川李庄出发，前往河西走廊，先后考察了敦煌玉门关、阳关[①]。1944 年 5 月末，北京大学和中央研究院历史语言研究所合组"西北科学考察团"（向达、夏鼐、阎文儒）抵敦煌，发掘北朝至唐代墓葬 30 余座。10 月，向达先期返回。随后夏鼐、阎文儒乘骆驼前往阳关、南湖、古董滩及汉长城，玉门关，大、小方盘城等地考察并试掘。至哈拉淖尔（黑海子），向东至安西破城子返回敦煌[②]。1944 年 12 月，从敦煌向东，沿途考察疙瘩井子、空心墩、甜水井子、瓜州口、腰店等遗址至安西[③]。

　　1963 年，敦煌文物部门在古董滩以北一带采集到石刀、石斧等早期遗物。1975 年，在杨家桥乡鸣山村发现石器。1979 年，在玉门关马圈湾烽燧附近出土陶杯和陶钵等遗物。遗憾的是，上述资料大多未发表。

　　1986 年 9 月，河西史前考古调查队抵敦煌。县博物馆荣馆长简单介绍了当地文物概况，坦陈对早期遗址了解不多。那年敦煌博物馆正好举办"敦煌历史文物展"，陈列品中展示有陶杯、钵、夹砂褐陶残片和石刀等早期遗物，这些文物分别采自敦煌南湖乡古董滩遗址和玉门关附近的马圈湾烽燧附近，年代被定为新石器时代[④]。根据其质地风格，似早不到新石器时代，但有可能是青铜时代遗物。非常不巧，当我们抵达敦煌时，县博物馆正在修缮，抽调不出人力配合我们调查。加之配备我们考察的汽车没有到位，只能在当地租车考察了南湖附近的古董滩遗址，采集到少量遗物。原计划去玉门关调查，由于路途远，路况差，没有单位愿意租车给我们，只好放弃。

　　2000～2001 年，甘肃省文物考古研究所、西北大学在敦煌市南湖林场东南约 3 公里的西土沟进行调查，在十一个地点发现早期文物，包括石结构建筑遗迹。2001 年，上述两单位对石结构建筑遗迹进行试掘，出土有彩陶和夹砂陶等不同时期的

①　《石璋如先生访问纪录》，访问：陈存恭、陈仲玉、任育德，记录：任育德，"中央研究院"近代史研究所，2000 年。
②　阎文儒：《河西考古杂记》（上），《社会科学战线》1986 年 4 期 135～152 页。
③　夏正楷先生提供夏先生日记记载。另见阎文儒：《河西考古杂记》（上），《社会科学战线》1986 年 4 期 135～152 页。
④　敦煌市博物馆编：《敦煌文物》30～32 页，甘肃人民美术出版社，2002 年。

遗物①。

据目前掌握的线索，敦煌市仅发现史前遗址 5 处（见附录一）。现将 1986 年我们调查的收获介绍如下。

（一）古董滩遗址

遗址位于敦煌市西南 70 公里南湖乡墩墩山西侧荒漠上，因这一带沙丘常在大风过后有古物被吹出，故名（亦称"古铜滩"）。地理坐标为东经 94°01′53″，北纬 39°55′10″；海拔高 1274 米（见图二五九；彩版一六，2）。

1944 年 12 月，夏鼐、阎文儒曾至古董滩一带调查，并采集陶片、五铢钱、榆荚钱、碎铁片等。还从当地棉农手中获赠汉代铜刀②。

1986 年 9 月，河西史前考古调查队前往古董滩调查。敦煌南湖乡附近墩墩山下为大片荒漠沙碛地，此地曾被认为是汉阳关旧址。汉魏时期在此兴建阳关县，至唐代仍沿用③。唐以后荒废。这一带为丝绸之路南道的必由之路，由此向西南可达楼兰。两千多年来，当地环境不断恶化，阳关旧址荡然无存，仅在墩墩山上残留一座坍塌大半的汉代烽燧。此山南面是一望无际的荒漠。每当大风吹过，地表便有古物吹出，当地时常有人来此淘宝。敦煌县博物馆收藏的一批夹砂红褐、灰褐陶片即采自这里。

古董滩以西有一南北向的沙谷，当地人称西头沟（西土沟），传说沟内曾有泉水涌出。其南约 5 里即黄水坝水库（今阳关水库），据传此地即汉代出天马的渥洼池④。党河在其东自南而北再折向西流过。古人云："把关即把水"。汉代所以在此建立关隘，目的是控制党河之水。汉代以前，此地环境相当好，适宜人类生息繁衍。20 世纪 70 年代，酒泉地区组织文物普查，在古董滩以西越过十四道沙梁，发现一处上万平方米的夯土基址，发现整齐的房基、城堡墙基、窑址、耕地、水渠等，总面积达十平方华里。根据文献记载，那里才应该是真正的阳关所在。

由于没有当地人员陪同，加之遗址范围不明，我们只能在古董滩上无目标的踏查。幸运的是，在一处沙梁下面找到一片浅薄的文化堆积，地表下沙子呈褐色、黑褐色，

---

① 西北大学考古系、甘肃省文物考古研究所、敦煌市博物馆：《甘肃敦煌西土沟遗址调查试掘简报》，《考古与文物》2004 年 3 期 3～7 页。

② 阎文儒：《河西考古杂记》（上），《社会科学战线》1986 年 4 期 146 页。

③ 有唐诗为证，"劝君更饮一杯酒，西出阳关无故人"（王维）；"一年领公事，两度过阳关"（岑参）。

④ 汉渥洼池在今敦煌南湖乡营盘水库一带，当年那里曾是大片的沼泽。传说有一犯了罪的小官吏在此服刑牧马，得一野马，神异非凡，献给汉武帝，并谎称此马自水中跃出而活。武帝遂以为这就是他所尊崇的太一神所赐之天马。遂作《太一之歌》"太一贡兮天马下，霑赤汗兮沫流赭。骋容与兮蹠万里，今安匹兮龙为友"（《史记》卷二十四《乐书第二》）。

夹杂大量炭渣和少量破碎的陶片。

以下是此次调查的收获。

（1）石器

石斧　1件。标本86DG－017，砾石打片制成。平面近圆角长方形，两面较平整。下端刃部似有残缺，经再次修整利用，单面弧形刃。长6.5、宽5、厚2.3厘米（图二六〇，2）。

石磨棒　1件。标本86DG－018，花岗岩。利用自然砾石打磨制成。磨制。平面圆棒形，两端残断，横断面呈圆边三角形。残长6.3、宽5.5~7.5、厚6.7厘米（图二六〇，1）。

（2）陶器

全部为夹砂陶片。其中，夹砂褐陶占60.3%；其次为红陶，占14.6%；灰褐陶13.2%；灰陶11.7%。可辨器形主要为罐一类器，也发现个别陶鬲残件。有纹样者主要饰刻划纹、附加堆纹。

器口　6件。标本86DG－001，夹细砂红陶，胎内掺入云母屑。微侈口，方唇。器口外饰刻划网格纹。残高4厘米（图二六一，3）。标本86DG－003，夹砂灰陶，器表灰褐色。侈口，方唇外卷。素面。残高5厘米（图二六二，2）。标本86DG－004，夹砂灰陶。微侈口，方唇。器口外饰刻划网格纹。残高3.8厘米（图二六一，1）。标本86DG－006，夹砂灰褐陶，胎内掺入云母屑。直口，方唇。器口外饰刻划网格纹。残高6厘米（图二六二，1）。标本86DG－008，夹砂灰陶，胎内掺入云母屑。直口，叠卷加厚的圆唇。器口外缘饰刻划网格纹。残高5.6厘米（图二六一，4）。标本86DG－011，夹砂灰陶，器表褐色。微侈口，方唇。器口外饰刻划粗斜线纹。残高2.7厘米（图二六一，2）。

器底　4件。标本86DG－007，夹砂灰褐陶。下腹斜弧，平底。素面。残高1.4、底径8厘米（图二六二，6）。标本86DG－014，夹砂灰褐陶。下腹弧曲，平底。素面。残高2.4、

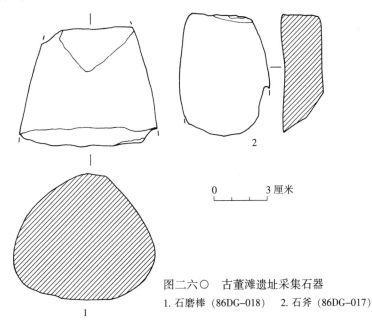

图二六〇　古董滩遗址采集石器
1.石磨棒（86DG-018）　2.石斧（86DG-017）

底径 6 厘米（图二六二，3）。标本 86DG－015，夹砂红褐陶。下腹圆弧，平底。素面（图二六二，8）。标本 86DG－016，夹砂红褐陶。下腹弧曲，平底。素面（图二六二，9）。

器耳　1 件。标本 86DG－010，腹耳残片。夹粗砂灰陶，外壁红色。器耳较宽大（残）。素面（图二六一，5）。

鬲裆　1 件。标本 86DG－009，残片。夹砂灰褐陶。可看出为分裆，两侧连接袋足，足根。素面（图二六一，7）。

纹饰陶片　4 件。标本 86DG－002，器腹部残片。夹砂灰陶，胎内掺入云母屑。器表饰刻划的连续折线纹。表面抹光（图二六二，4）。标本 86DG－005，器腹部残片。夹砂灰陶，胎内掺入云母屑。器表捏塑一股压花附加堆纹（图二六一，6）。标本 86DG－012，器腹部残片。夹砂褐陶，胎内掺入云母屑，器表泛灰白色。捏塑一股压花附加堆纹（图二六二，5）。标本 86DG－013，器腹部残片。夹砂灰陶，器表灰褐色。捏塑一股压花附加堆纹（图二六二，7）。

古董滩采集的陶片质地、颜色及器表装饰与兔葫芦遗址非常接近，估计这两

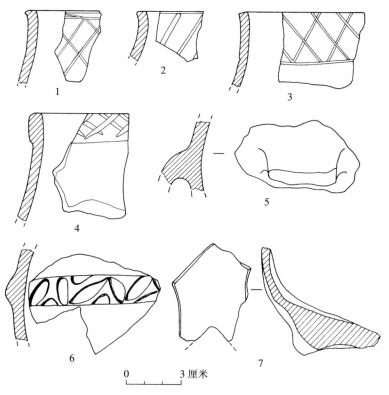

图二六一　古董滩遗址采集陶器

1~4. 器口（86DG－004、86DG－011、86DG－001、86DG－008）　5. 器耳
（86DG－010）6. 纹饰陶片（86DG－005）7. 鬲裆（86DG－009）

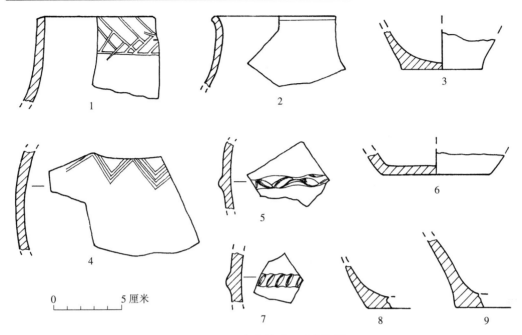

图二六二　古董滩遗址采集陶器

1、2. 器口（86DG－006、86DG－003）　3、6、8、9. 器底（86DG－014、86DG－007、86DG－015、86DG－016）　4、5、7. 纹饰陶片（86DG－002、86DG－012、86DG－013）

座遗址的文化性质同属于骟马文化。

　　据近年在南湖乡西土沟遗址调查试掘可知，此地的史前文化包含两种不同性质的遗存。一类属于“过渡类型”，如西土沟内发现的红陶和彩陶即是，年代在公元前2千年前后。另一类是灰褐、褐、灰和红色夹砂陶，流行在器耳刻划折线人字纹、器口堆塑附加堆纹、刻划斜线纹，另发现有鸡冠耳等，此类遗存属于骟马文化，绝对年代在公元前1千年左右。

（二）马圈湾遗址

　　马圈湾遗址位于敦煌市西北95公里，东距小方盘城（即玉门关遗址）12公里，西距后坑2.5公里，北距疏勒河8公里。遗址东侧为盐池湾，北为汉长城，地理坐标为93°23′50″，北纬40°20′47″；海拔946米（见图二五九）。

　　1979年，甘肃省文物工作队与敦煌县文化馆合组汉代长城调查组前往敦煌西部调查汉长城烽燧。当年秋季对马圈湾遗址进行试掘，在马圈湾硝厂附近采集到少量早期遗物。

　　陶单耳杯　1件。藏敦煌市博物馆（馆藏号79－04452－2－34）。夹砂红褐陶，器表灰褐色，色泽不匀，夹杂灰黑色斑块。微侈口，圆唇，弧腹，平底。素面。表面经打磨处理，较光滑。高15、口径10.5、底径6厘米（图版三一，1）①。

陶钵　1件。藏敦煌市博物馆（编号不详）。夹砂红褐陶，器表灰褐色，夹杂灰黑色斑块，色泽不匀。大敞口，厚圆唇，弧腹较深，器腹中部捏塑三枚突起的錾纽，平底。素面。表面略经打磨处理。高9.5、口径17、腹径16.3、底径8.7厘米（图版三一，2）。

以上两器尽管不很典型，根据其造型风格并参考敦煌附近一带的发现，推测它们应属于骟马文化的遗物。

---

① 在最近出版的《敦煌文物》一书（30～31页），介绍单耳杯系1990年在敦煌南湖西土沟遗址（西土沟遗址位于敦煌市西南南湖林场东南约3公里处、阳关大道附近，其东南方向为古董滩。这是条西北—东南向的冲沟，宽约百米，深约10米，沟内有少许流水，植被尚好。沟之上地表为沙丘、戈壁。遗址坐落在沙砾地上，海拔1250～1280米。2000年曾在此沟西侧一带调查发现有早期遗址）发现，此说似有误。1986年我们在敦煌调查时在陈列品中即见过此物，并绘有草图，特别是此杯一侧用毛笔写有编号（79－04452－2－34）。字首79表明此器发现于1979年（即马圈湾试掘那年），而非1990年。特此说明。

拾玖　肃北蒙古族自治县

肃北蒙古族自治县位于甘肃省西部、河西走廊西端。该县被分成两块，一块位于酒泉地区南部，另一块位于酒泉地区北部。南部为肃北蒙古族自治县本部，政府所在地党城湾。这里东邻张掖地区；北靠玉门市、瓜州县和敦煌市；西与西南连接阿克塞哈萨克族自治县；东南界青海省。北部为马鬃山飞地，此地毗邻新疆维吾尔自治区；西南与南部与瓜州县和玉门市为邻；东靠内蒙古自治区额济纳旗；北界蒙古人民共和国。地理坐标为东经94°33′51″~97°36′06″，北纬38°20′13″~40°01′05″，面积55000平方公里（图二六三）。

肃北蒙古族自治县本部位于祁连山西段高山地带，大部地区海拔3000米以上。靠近敦煌的西部海拔2000~3000米。县境内山地由三条西北—东南平行的高峻山岭组成，自北而南依次为野马山—大雪山、陶勒南山，野马南山—疏勒南山，党河南山。这些山脉海拔多在4000米以上，团结峰最高达5808米，是甘肃省最高峰。境内较大河谷有疏勒河谷、野马河谷地与党河河谷。北部马鬃山飞地海拔高2000米左右，最高的马鬃山高2583米，大部属中、低山残丘，山间分布广阔的戈壁。

县境内河流、泉水众多，水资源蕴藏达26.69万千瓦。常年性河流有4条，主要有党河及支流野马河、疏勒河及支流榆林河等。马鬃山区没有河流，有泉水分布。本县南部属高寒半干旱气候，气候特征主要表现为四季气候变化大，年均温 -2.5℃，年降水100余毫米。北面马鬃山区属温带干旱性气候，年均温3.9℃，年降水76毫米，蒸发量3300余毫米。县境范围无天然林，草场分布较广，全县可使用草原面积4187万亩，是甘肃省重要的畜牧业基地之一，经济活动以畜牧业为主。

本县原属敦煌。1950年7月份置，建立肃北自治区[①]。1954年改为肃北蒙古族自治区；1955年改为今名，是甘肃省唯一以蒙古族为主体的少数民族自治县。全县总人口13000余（第五次普查），居民有汉、蒙、回、藏等。汉族占56%，蒙古族占38.9%。

---

① 由于本县地处肃州（酒泉）以北，故名。

图二六三　肃北蒙古族自治县地图

　　1986 年 9 月，河西史前考古调查队来到肃北蒙古族自治县党城湾。在当地拜会了文化局官员。但被告知该县分管文物的专干前往北京参加国庆文艺调演，无法观摩当地所藏文物。后在文化局长帮助下，找人打开了县文管所库房。但所藏文物有限，仅有一块半古墓砖、几块出自某石窟的饰件、一片佛经（写本）等。最重要的一件文物是一张保存尚好的古弓箭，出自马鬃山区一座古墓，墓主为冻尸，其他细节均不清楚（图版三一，3）。

　　据了解，本县主要文物点是位于石包城、党城一带的小型石窟寺，年代均较晚近，当地人多将其附会为唐代薛仁贵征西遗迹。鉴于此，我们没有在肃北县过多停留。据近年调查资料报道，肃北县发现有1处旧石器时代遗址，具体内容不详。另外，2007年甘肃省文物考古研究所与北京大学考古文博学院在肃北马鬃山飞地镇北约15公里的河盐湖径保尔草场2平方公里内调查发现古代开玉矿的遗址。2008年，甘肃省文物考古研究所与北京科技大学再次进行复查，两次共发现古矿坑5处，采集一批陶片和石器。根据对采集陶片的初步观察，其中最早的属于四坝文化，但为数极少；大量陶片属于骟马文化。据此推测，这些玉矿最早开采的时代有可能早到四坝文化，延续到魏晋时期。这是甘肃境内目前发现的唯一一处早期玉矿遗址，也是中国目前发现时代最早的玉矿遗址。

近年来，在肃北马鬃山区发现一处骟马文化遗址[①]。

① 甘肃省文物考古研究所、北京大学考古文博学院、北京科技大学：《甘肃肃北马鬃山古玉矿遗址调查简报》，《文物》2010年10期27~33页。

贰拾 内蒙古自治区额济纳旗

额济纳旗位于内蒙古自治区阿拉善盟西北边陲，境内辖一镇、7 苏木，总人口 1.62 万，有蒙古、汉、回、满、土、藏、达斡尔等族群，地理坐标为东经 99°40′41″ ~ 101°43′28″，北纬 40°19′42″ ~ 42°29′10″，总面积 114606 平方公里（图二六四）。

绿城（瑙高苏木）遗址

瑙高苏木为蒙古语"绿色城"之意。此地位于额济纳旗"四一"农场三队东南 35 公里的戈壁上（彩版一六，3）。地理坐标为东经 101°10′52″，北纬 41°47′32″；海拔 946 米。1976 年，甘肃省文物考古研究所岳邦湖等先生赴额济纳旗调查汉代烽燧，在瑙高

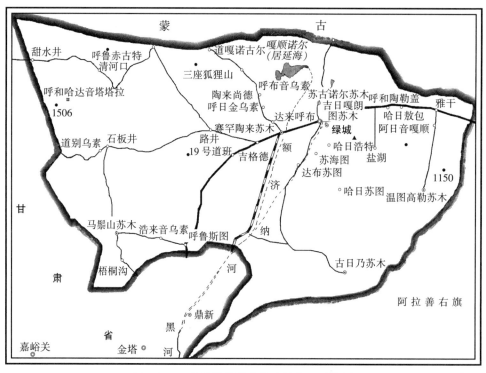

图二六四 额济纳旗及史前遗址位置示意图

苏木西南约 500 米的红柳丛中发现一处古城址，城南端为通向瑙高苏木的水渠。城南北向，城墙夯筑而成。北墙、东墙被洪水冲毁，现存西墙、南墙。在城墙夯层内夹杂有胡杨木棒，地面分布汉代陶片。估计此城墙垣可能为汉代修建，也可能是在早期基础上汉代进行了修补。值得注意的是，此城恰好建在一处早期遗址之上。在城墙夯土内夹杂一些早期陶片。遗址内灰层丰富，内含夹砂粗红陶、灰陶。以红陶为主，陶胎较厚。还发现有红地黑彩陶片，器形主要为罐类器，也有陶鬲，纹饰多为附加堆纹。岳邦湖先生认为，这座遗址的时代相当于河西地区的骟马文化或四坝文化。这一发现表明，早在汉代以前，当地已有人类活动①。

以下是 1976 年采集的少量遗物。

小口瓮　1 件。编号 76EL－002，夹砂红褐陶。胎厚约 1.5 厘米。侈口，尖圆唇，斜直短领，广肩，以下部位残失。器口素面，器颈下捏塑一周附加堆纹，肩部以下施篦梳状密集压划细绳纹。残高 10、口径 22 厘米（图二六五，1）。

器口　2 件。编号 76EL－001，夹砂灰褐陶。胎厚约 1 厘米。侈口，圆唇。器口外侧捏塑短条鸡冠耳附加堆纹（图二六五，2）。编号 76EL－003，小口瓮器口残片。夹砂红陶。侈口，圆唇，高领。素面。口径 16、残高 6 厘米（图二六五，3）。

器底　2 件。编号 76EL－004，夹砂红褐陶。平底。素面。残高 6、底面直径 13 厘米（图二六五，7）。编号 76EL－005，夹砂红褐陶。原器较大。平底。器表饰竖列类绳纹。残高 5、底面直径 20 厘米（图二六五，10）。

器耳　1 件。编号 76EL－007，此器系单把杯器耳上部残件。夹砂红褐陶。胎较薄。素面（图二六五，5）。

鬲裆　1 件。编号 76EL－008，为陶鬲裆部残件。夹砂红陶。厚胎。素面（图二六五，6）。

鬲足　2 件。编号 76EL－009，夹砂红褐陶。胎较厚。乳状袋足，尖足，无实足根。器表原似有紫红陶衣（图二六五，9）。编号 76EL－010，夹砂红陶。胎较厚。乳状袋足，尖足，无实足根。器表似有紫红陶衣（图二六五，8）。

彩陶片　1 件。编号 76EL－006，夹粗砂灰褐胎，泥质红陶表皮。胎厚 1 厘米。器表施紫红色陶衣，绘黑彩，颜料略显浓稠。残存横条宽带纹（图二六五，4）。

附记：

1）1986 年底，李水城在甘肃省文物考古研究所整理河西走廊调查资料。有一次和岳邦湖先生聊天，他提到曾在额济纳旗的绿城采集一些陶片，后将这些陶片转交给我

---

① 甘肃省文物工作队：《额济纳河下游汉代烽燧遗址调查报告》，《汉简研究文集》62～84 页，甘肃人民出版社，1984 年。

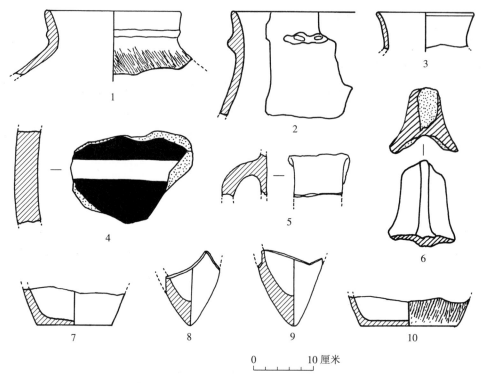

0　　　　　　10厘米

图二六五　绿城（瑙高苏木）遗址采集陶器

1. 小口瓮（76EL－002）　　2、3. 器口（76EL－001、76EL－003）　　4. 彩陶片（76EL－006）　　5. 器耳（76EL－007）　　6. 鬲裆（76EL－008）　　7、10. 器底（76EL－004、76EL－005）　　8、9. 鬲足（76EL－010、76EL－009）

们，希望我们能深入全面了解这批遗物的性质和年代。现将这批材料收集于此，并向岳邦湖先生表示谢意！

　　2）2000 年以来，内蒙古自治区文物考古研究所曾在额济纳旗绿城遗址一带进行调查发掘。在绿城遗址的土围子内试掘发现 1 座土坯墓、1 座土坯房屋基址，出土大批陶器（残片）①。其中，有相当一部分为陶鬲残件。其质地以夹砂红陶、红褐陶为主，也有少量灰褐陶，造型多为鋬手鬲。后复原的一件形态为高直领，器口外侈，器领下捏塑鸡冠状鋬耳，袋足高而瘦的乳状袋足鬲，无明显实足根。但在该址发现的部分陶鬲残件也有一些有长短不等的柱状实足根。这些陶鬲以"∧"形分裆者居多，器表均素

①　应原内蒙古自治区文物考古研究所魏坚先生（现中国人民大学）邀请，2001 年 10 月，李水城曾赴绿城遗址观摩考察了 2001 年的遗址发掘现场。此前，同年 8 月，经魏坚先生同意，李水城等在内蒙古自治区文物考古研究所曹建恩陪同下，赴内蒙古察哈尔右翼前旗庙子沟工作站参观了 2000 年绿城遗址部分发掘资料，对我们深入认识 1976 年的采集品很有帮助，在此向上述各位一并表示感谢！

面，或在口沿下饰一周附加堆纹；有的在袋足上压印连续捺窝。目前尚不清楚绿城遗存的分布和年代，根据与陶鬲共出的部分彩陶观察，它们似乎与河西走廊西部的四坝文化靠近，但绝对年代似乎偏晚，但不排除二者有某种亲缘关系。令人迷惑的是，四坝文化是不用陶鬲的，绿城遗址有大量陶鬲，年代又似乎较四坝文化为晚。这一现象值得关注①。

---

① 李水城：《华夏边缘与文化互动：以长城沿线西段的陶鬲为例》，《新世纪的考古学——文化、区位、生态的多元互动》292～313页，紫禁城出版社，2006年。

贰拾壹　结语

本报告收入自 1986 年 9 月以来在河西走廊（含永登、景泰两县）考古调查发现的古遗址 72 处①，古墓葬 5 座。其中，史前遗址 70 处②，古墓葬 5 座；汉魏时期或略晚的墓地和城址 2 处。这其中还包括文化内涵不很明确或文化性质较复杂的个别遗址和遗存，具体内容已在有关章节作了介绍。

以上资料除 1986 年河西走廊史前考古队调查及 1987 年酒泉干骨崖遗址发掘期间调查的发现之外，另包括河西地区各县、市（另含景泰县）博物馆、文化馆旧藏的部分史前文物。本报告还整理收录了近些年来甘肃省文物考古研究所在河西走廊调查发现的几处重要遗址的资料，以弥补 20 世纪 80 年代中期以来河西地区考古调查的某些不足，这也使得本报告的资料更为全面。

（一）河西走廊的史前文化发展序列

前述各章节全面介绍了河西地区史前考古调查及其收获。这些新的资料不仅极大丰富并充实了河西走廊的史前文化，也为日后这一地区的历史、文化、地理、民族、艺术史、冶金史等领域的研究有重要的推动作用。经过系统的整理研究，现将我们根据调查资料建构的河西地区史前考古学文化发展序列和编年介绍如下：

1. 新石器时代

（1）仰韶文化

仰韶文化是我国黄河中上游地区最具代表性的史前考古学文化。根据现有的资料，该文化分布的西界止步于青海省东部黄河上游（循化、化隆两县）③ 和湟水下游

---

① 上述遗址包括个别未能前往现场考察、但在当地收藏有采集标本者。另有部分遗址我们前往现场进行了调查，但未能采集到任何遗物，这里都作为遗址点记录在案。
② 本报告史前时代的概念包括汉代以前的整个先秦时期。
③ 青海省文物考古研究所：《青海化隆、循化两县考古调查简报》，《考古》1991 年 4 期 313～331 页。

（民和县）一带①；其相对年代处在仰韶文化中晚期，绝对年代应在公元前 4 千纪的后半叶②。

仰韶文化向西不断扩展，是否有能力进入河西走廊，一直是个谜。从逻辑上分析，既然仰韶文化中晚期已进驻河湟地带，那么，它也应该有能力进入河西走廊。但在考古上还一直没有任何这方面的线索。

2007 年 6 月，北京大学、甘肃省文物考古研究所等单位结束"河西走廊环境考古"调查后，返回兰州途中，有部分成员前往古浪县考察。在县文化馆的旧藏文物中意外发现 1 件泥质红陶彩陶钵。此器大口，圜底，口缘绘窄细的黑彩条带纹（图三五，1），其造型、花纹具有仰韶文化半坡类型的典型特征（至少不晚于仰韶文化庙底沟类型）。根据古浪县文化馆的文字记录，此器出土于古浪县民权乡三角城遗址③。若此说无误，这也是河西走廊首次发现的仰韶文化遗存。此陶钵保存完好，应该是墓中随葬品。陶钵的出土地点位于河西走廊的最东端。迄今为止，在古浪以西尚未发现任何仰韶文化的遗物。

根据以往甘肃省的考古工作，仰韶文化半坡类型的分布西界仅限于天水地区，在秦安大地湾④、王家阴洼⑤等遗址曾发现这一时期的聚落和墓地。但在陇山以西地区还从未有过类似发现，仅此足以见证古浪县这件彩陶钵的发现是何等重要！

（2）马家窑文化

马家窑文化⑥的发现在河西走廊仅限于武威地区，而且遗址点分布稀疏，仅在个别地点发现零星的遗物。20 世纪 70 年代中期以来，先后在永昌三角城遗址西部⑦、武威新华乡五坝山⑧、磨嘴子⑨、塔儿湾⑩，民勤黄蒿井、芨芨槽，酒泉照壁滩等地发现马

---

① 青海省文物考古队：《青海民和阳洼坡遗址试掘简报》，《考古》1984 年 1 期 15～20 页。

② 学界对陇山以西发现的仰韶文化有着不同的认识，有人认为属于仰韶文化的庙底沟类型，也有人认为属于马家窑文化早期阶段的石岭下类型，或属于仰韶文化晚期（即大地湾四期）。

③ 甘肃省文物考古研究所王辉与北京大学考古系李水城在古浪县博物馆考察时见告。

④ 甘肃省文物考古研究所：《秦安大地湾——新石器时代遗址发掘报告》，文物出版社，2006 年。

⑤ 甘肃省博物馆大地湾发掘小组：《甘肃秦安王家阴洼仰韶文化遗址的发掘》，《考古与文物》1984 年 2 期 1～17 页。

⑥ 本报告的马家窑文化仅指马家窑文化的马家窑类型。

⑦ 甘肃省文物考古研究所：《永昌三角城与蛤蟆墩沙井文化遗址》，《考古学报》1990 年 2 期 205～237 页。

⑧ 甘肃省文物考古研究所：《武威塔儿湾新石器时代遗址及五坝山墓葬发掘简报》，《考古与文物》2004 年 3 期 8～11 页。

⑨ 孙寿岭：《舞蹈纹彩陶盆》，《中国文物报》1993 年 5 月 30 日第三版。

⑩ 甘肃省文物考古研究所：《武威塔儿湾新石器时代遗址及五坝山墓葬发掘简报》，《考古与文物》2004 年 3 期 8～11 页。

家窑文化的居址、墓葬并采集到少量遗物。根据目前掌握的线索，马家窑文化在河西地区的分布表现为东部较多，如武威 9 处，民勤、金昌合计 3 处。在走廊西部，仅在酒泉发现 2 处（见附录一）。

酒泉照壁滩遗址发现马家窑文化是河西走廊史前考古调查的重大收获之一，这一发现将马家窑文化的分布西界向西推进了近 400 公里，远远超出了学界以往的传统认识。无疑，这一发现也为探索马家窑文化有可能向疏勒河流域扩散提供了想象的空间。

根据现有认识，河西走廊的马家窑文化是从河湟地区迁徙来的。研究表明，马家窑文化向河西迁徙开始于马家窑文化早期，并逐步向西扩散。如在走廊东侧天祝、古浪两县发现的马家窑文化遗物与河湟地区几乎完全一致，且发展序列完整。这其中，古浪陈家厂子遗址发现的彩陶小口平底瓶（见图三五，3；图版四，2、3）年代或可早到石岭下类型阶段，这也是目前河西走廊所见马家窑文化中年代最早者。

在走廊东段的武威市，考古发现的马家窑文化遗存分为早晚两段。早期遗存的文化面貌接近兰州雁儿湾类型①，在武威市塔儿湾遗址发现有这个阶段的遗存。如彩陶盆口缘较宽、浅腹，内外施彩，器口与腹径之比约 2∶1，腹部最大径置贯耳一对。彩陶线条纤细、流畅，花纹构图繁缛，器内壁满绘花纹，构图密不透风，流行弧边三角、细线、圆圈卵点、勾连、螺旋、同心圆、旋涡、花瓣等纹样。如塔儿湾彩陶盆（F10∶22）内彩所绘花瓣旋涡纹与陇西吕家坪②喇叭口尖底瓶、东乡林家③小口长颈瓶（H20∶201）风格类似；外彩图案与东乡林家小口长颈壶（F21∶5）花纹相近。另一件彩陶盆（F102∶1）内彩所绘同心圆纹也是河湟地区的流行样式。类似纹样还见于民勤黄蒿井遗址、金昌蛤蟆墩遗址等。马家窑文化早期的夹砂陶主要有瓮、罐一类，胎质粗，肩腹部流行拍印散乱的交错绳纹，常贴塑横带附加堆纹，这些也是河湟地区的常见特征。根据上述遗物可知，河西走廊东段马家窑文化早期的年代大致与东乡林家、陇西吕家坪等遗址靠近，其绝对年代估计为距今 5000 年左右。

马家窑文化晚期阶段的遗存在河西走廊东西部均有发现。东部以武威五坝山墓葬出土物为代表，这也是迄今所知河西发现的唯一一座马家窑文化墓葬。此墓随葬盆、罐、瓶等彩陶器。其中，彩陶盆为大口、窄沿、深腹，下腹弧曲内敛，腹最大径处置贯耳（或鸟喙状錾），器口与腹径之比约为 3∶2。此种造型的彩陶盆在河湟地区鲜见，

① 严文明：《甘肃彩陶的源流》，《文物》1978 年 10 期 62～76 页。
② 张学正等：《谈马家窑、半山、马厂类型的分期和相互关系》，《中国考古会第一次年会论文集》50～71 页，文物出版社，1980 年；另见：甘肃省博物馆、甘肃省文物工作队：《甘肃彩陶》图 133，文物出版社，1979 年。
③ 甘肃省文物工作队等：《甘肃东乡林家遗址发掘报告》，《考古学集刊》（4）111～161 页，中国社会科学出版社，1984 年。

应该是河西马家窑文化晚期的新创器形。马家窑文化晚期彩陶的特点是，流行线条宽粗的几何纹，间或在黑彩中点缀白彩。以彩陶盆为例，外表构图简洁，腹部绘横竖条带、斜线、弯钩、弧线、弧边三角纹；内壁则满绘花纹，包括粗大的锯齿带、弧线、弧边三角、圆圈网格、十字纹等；另在武威一带发现个别人物舞蹈纹，画面精美。在河西走廊西部发现少量马家窑文化晚期遗存。其中在照壁滩遗址发现的器类有彩陶深腹盆、彩陶钵、彩陶瓶等，特点是构图饱满，线条宽粗。唯一不同的是，在照壁滩发现的马家窑文化彩陶中有个别绘画动物象生纹，如羊、鹿一类，这是走廊东部所不见的。走廊西部马家窑文化的夹砂陶以橙黄、红褐陶为主，胎内掺加较粗的石英砂粒，器表拍印散乱的交错绳纹，贴塑横条附加堆纹，器类有深腹罐、瓮等。总体看，以武威旱滩坡、酒泉照壁滩为代表的河西地区马家窑文化晚期遗存与兰州小坪子阶段特征接近，个别因素或可早到王保保城阶段，绝对年代估计在距今 4800 年上下[①]。

河西马家窑文化石器发现不多。除在酒泉照壁滩遗址发现个别打制石器外，在民勤等地采集有磨制长方形穿孔石刀和陶刀。

整体看，河西地区的马家窑文化遗址分布稀疏，尤以西部为甚。此外，东部与西部之间的马家窑文化不仅年代上有差异，空间上也有变化。东部的文化序列相对完整，并较多地保留了河湟地区的传统特征；西部则仅发现偏晚阶段的遗存，且地方色彩突出，彩绘动物纹的存在暗示其经济形态有所变化。

（3）半山文化

半山文化被视为马家窑文化的继续和发展。河西地区比较典型的半山遗存仅见于走廊东侧的天祝、古浪两县，且年代略微偏晚。迄今为止，河西走廊仅在永昌鸳鸯池墓地发掘 7 座属于半山文化的墓葬，随葬彩陶仍沿用黑红复彩，保留传统的锯齿纹样。在这 7 座墓中，有两组分别被马厂文化墓葬打破，这也为半山文化早于马厂文化提供了宝贵的地层证据[②]。另在武威博物馆收藏 2 件出自四坝乡半截墩滩遗址[③]的彩陶，其作风与鸳鸯池半山墓葬所出接近。

河西地区所见半山文化的器类仅有双耳罐、单耳瓶、大口罐、小口瓮和陶盂等几类。彩陶流行四分式构图，沿用黑红复彩和锯齿纹，所见纹样有菱形网格纹、旋涡齿带纹等。特点是锯齿纹均斜向排列，锯齿细瘦，齿尖锋利且密集，具半山文化晚期特征。同时期的夹砂陶多素面，个别在肩腹部贴塑细泥条附加堆纹，总体特征接近兰州土谷

---

① 严文明：《甘肃彩陶的源流》，《文物》1978 年 10 期 62～76 页。

② 甘肃省博物馆文物工作队、武威地区文物普查队：《永昌鸳鸯池新石器时代墓地的发掘》，《考古》1974 年 5 期 299～308、289 页；甘肃省博物馆文物工作队、武威地区文物普查队：《甘肃永昌鸳鸯池新石器时代墓地》，《考古学报》1982 年 2 期 199～227 页。

③ 该址位于武威市北面的金羊乡，1986 年调查无任何发现。该址所出彩陶双耳罐藏武威市博物馆。

台遗址的半山遗存。

河西地区的半山文化遗物均为出自墓葬的陶器，其他遗物罕见。根据现有的考古发现，可知其分布西界未逾永昌县。问题是，如果半山文化是马家窑文化的延续，为何在河西走廊仅见半山最晚期的遗留，而无早期的？为何在走廊西部不见半山文化的遗存？河西地区的马家窑文化是否有着与河湟地区不同的发展脉络？若扩大范围，在永登、景泰两县均有早期半山文化，为何它们没有进入河西走廊？这些问题还需要进一步的考古工作寻找答案。

（4）马厂文化

河西地区的马厂文化有空前的发展。具体表现为遗址数量大大增加，分布范围广为扩展。但在酒泉以西地区，发现的马厂文化很少。早年瑞典学者贝格曼（F. Bergman）曾提到，1927 年，随同斯文·赫定在西北考察的布林（B. Bohlin）博士在玉门曾采集有马厂期的遗物。其中一件陶碗[①]被安特生认为与其在狄道（今临洮）购买的马厂期彩陶风格一致[②]。这也是目前有记录发现马厂遗物分布最西的地点。

经初步研究，将河西地区马厂文化的陶器按文化面貌和时间差异分为如下三组：

1）甲组

以 1959 年山丹四坝滩遗址调查报告[③]发表的 2 件马厂文化彩陶单耳瓶为代表。另在山丹县博物馆还收藏 1 件双耳大口彩陶盆[④]。这 3 件彩陶与湟水和大通河流域发现的马厂文化早期遗物风格一致，在乐都柳湾、民和阳山等地的出现率都很高。但迄今为止，除了山丹县以外，在河西其他县市尚未发现此类风格的马厂文化器皿。因此猜测这几件器物有可能是从河湟地区输入的。

2）乙组

以永昌鸳鸯池墓地、武威磨嘴子墓地为代表[⑤]。鸳鸯池墓地的马厂文化流行不规则长方形竖穴土圹墓，墓主多仰身直肢，少量屈肢葬、二次葬和少量的上肢扰乱葬；还发现有儿童瓮棺葬；墓主大多头朝东南；以单人葬为主，合葬分为双人合葬、三人合葬与多人合葬。按结构可再分出成人合葬、成人与儿童合葬、儿童合葬几种。另在古浪老城发现头向朝南的仰身屈肢葬，比较少见[⑥]。乙组的陶器以红陶、红褐陶为主，部分灰陶、黑

---

① 这件陶器的图像未见发表，从文字描述并比对安特生发表的资料，所谓的陶碗很可能是彩陶盆。
② Andersson, J. G., Researches into the Prehistory of the Chinese, *BMFEA*. No. 15, pp. 278 – 279. Stockholm, 1943.
③ 安志敏：《甘肃山丹四坝滩新石器时代遗址》，《考古学报》1957 年 3 期 7 ~ 16 页。
④ 1986 年河西调查所见，应为路易·艾黎的捐赠品。
⑤ 甘肃省文物考古研究所与日本秋田县教育委员会合作发掘资料（非正式出版物）。
⑥ 见本报告古浪老城遗址调查部分。

灰陶。基本组合包括双耳罐、单耳罐、瓮、单把杯、盆、钵和盂等。特点是流行在器口捏塑盲鼻、突纽，在器颈和器耳部位戳印圆形小凹窝①。彩陶约占随葬器皿的50%。特点是普遍施红衣或黄白衣，绘黑彩。花纹均为几何构图，可分为如下几类：1）用较宽粗的线条勾勒"凹"、"凸"、"X"、"折线"为骨架，在空白处填充细线网格，有较强的层次感。2）用较宽粗的线条绘"W"或上下呈镜像式的三角大锯齿，形若列列山峰及水中倒影，构图简洁明快。3）陶瓮一类大型器皿的腹部绘四大圆圈纹，特点是呈多重同心圆或相互套叠的"回"字形，也有的填充棋盘格、网格等。4）盆、钵、盘一类敞口浅腹器皿内外施彩，外表绘八卦垂弧线纹，内壁绘菱形网格、折弧线、星形纹等。乙组的夹砂陶多素面，有些在器表贴塑细泥条堆纹。

乙组遗存是河西走廊马厂文化的主流，其分布范围主要集中在永昌及其以东地区，另在张掖、高台、酒泉也有少量发现。

3）丙组

以酒泉高苜蓿地遗址为代表。丙组陶器的质地、色泽、器类组合与乙组接近，比较明显的不同是：器盖数量增加，均作斗笠状，顶面设圆形捉纽。泥质陶质地略显粗糙，个别甚至含少量细砂。彩陶比例降低②，内彩较少见，普遍施红衣或黄白衣，绘黑色彩，流行简约的几何花纹构图。夹砂陶以素面为主，也有的在肩腹部贴塑细泥条堆纹、刻划竖列水波纹；器口、腹部常见捏塑的盲鼻或乳突，器颈和器耳戳印圆形小凹窝，或在器耳刻划短线纹，或贴塑小泥饼乳钉等。

酒泉西河滩遗址年代稍晚，或可间接为丙组遗存的聚落和墓葬提供某些参照。西河滩清理的房屋分半地穴和地面两种结构，面积20平方米左右。半地穴式房屋平面长方形，地穴深0.25米，室内设烧烤坑，门向东或南；地面式房屋建木骨泥墙，结构分长方形单室、附加半圆形、长方形套间、侧室双间和多间等几种，门向东或南。多在室内建深1.5~2米、直径约2米的储物窖穴。在聚落内还发现有制造陶器的窑场和面积达200平方米的畜栏。墓葬发现不多，均为竖穴土圹式，墓主骨架凌乱③。丙组遗存主要集中分布在河西走廊的西部。

河西马厂文化乙组和丙组的石器分为三类：1）磨制石器，如斧、锛、凿、刀等；2）细石器，以制作复合工具的嵌刃石叶居多；在鸳鸯池墓地发现有嵌入石叶的骨梗刀；

---

① 这类凹窝实际上是镶嵌石珠一类装饰物的痕迹。
② 至今未发现马厂文化丙组的墓葬。此处参考了酒泉西河滩遗址的发掘资料。调查资料亦显示其彩陶比例较乙组低。
③ 甘肃省文物考古研究所：《酒泉西河滩——新石器晚期—青铜时代遗址》，《2004中国主要考古发现》44~47页，文物出版社，2005年；赵丛苍：《酒泉市西河滩史前时期和汉至魏晋遗址》，《中国考古学年鉴》（2005）367~369页，文物出版社，2006年。

3）打制石器，数量较少，所见有刮削器、盘状器、石核等。另在酒泉丰乐照壁滩、高苜蓿地等马厂丙组的遗址内发现少量早期铜器，包括铜锥和冶炼红铜块（见附录二）。

上述三组遗存大略可代表河西马厂文化的三个发展阶段。甲组属于外来因素，年代也最早。乙组遗存为河西马厂文化的主体，年代略晚于甲组，主要分布在走廊东部地区，部分影响到走廊西部。丙组遗存为乙组向西继续发展的异化产物，年代最晚，主要分布在走廊西部。现有发现表明，随着时间推移，马厂文化在不断向西发展，而造成这一现象的根源很可能与齐家文化进入河西走廊有关。

（5）"过渡类型"遗存

距今4000年前后，河西地区的马厂文化演变为"过渡类型"，开始进入到后马厂阶段，在文化面貌上呈现出承上启下的特征，并开始向青铜时代过渡。

"过渡类型"遗存①首次见于武威皇娘娘台遗址②，此前曾长期被纳入齐家文化系统。通过对皇娘娘台墓地所出彩陶进行分析，逐步认识到"过渡类型"的内涵和特殊性质。皇娘娘台墓地的彩陶分为两组："甲组"均为泥质红陶，器表打磨光滑，绘红色单彩，流行几何线条组成的连续倒三角、蝶形纹等，构图简洁、疏朗，所见器类主要有双大耳罐、双耳罐等。"甲组"彩陶在齐家文化中数量不多，且集中于洮河流域以西和湟水流域，在河西地区仅见于古浪和武威。"乙组"彩陶以红陶、橙红陶为主，器类也以双耳罐和单耳罐居多，器表经打磨，施红衣或橙红衣，绘黑色单彩，构图繁缛，纹样设计较为规范，如器领、颈部常绘菱形网格、倒三角网格；腹部绘粗细条带、折线、菱形网格或棋盘格等；器颈、器耳常戳印圆形小凹窝，最大腹径处流行捏塑乳突饰等。据现有发现，"乙组"彩陶主要分布在河西走廊。最近，在邻境的青海大通县也有零星发现③。

鉴于皇娘娘台墓地同时发现甲、乙两组彩陶，而且"乙组"彩陶有着明显的马厂文化印记，故有学者据此认为齐家文化是从马厂文化发展而来④。通过河西史前考古调查的一系列发现证实，"乙组"彩陶应是河西马厂文化丙组遗存进一步发展演变的结果，其年代略晚于马厂文化，与齐家文化曾经并存。皇娘娘台墓地甲乙两组彩陶共存

---

① 学界一般不主张使用"过渡"概念。鉴于目前此类遗存的归属确实有困难，不得已而为之。有关这方面的研究参见：李水城：《四坝文化研究》，《考古学文化论集》（三）80～121页，文物出版社，1993年。

② 甘肃省博物馆：《甘肃武威皇娘娘台遗址发掘报告》，《考古学报》1960年2期53～71页；甘肃省博物馆：《武威皇娘娘台遗址第四次发掘》，《考古学报》1978年4期421～448页。

③ 青海省文物考古研究所：《青海大通长宁遗址》，《2006中国重要考古发现》27页，文物出版社，2007年。

④ 中国社会科学院考古研究所编：《新中国的考古发现和研究》122页，文物出版社，1984年。

的现象说明，它曾接纳了"过渡类型"的彩陶元素，但二者之间并非线性发展关系①。

　　酒泉西河滩遗址属于"过渡类型"遗存，也提供了这个阶段的聚落遗址资料。在瓜州（原安西）潘家庄曾发掘三座单纯的"过渡类型"墓葬，其结构为不规则圆角长方形土圹式，墓主行上肢扰乱葬、或乱骨葬，头向均朝北。随葬品主要有彩陶双耳罐、素面双耳罐和少量装饰品②。

　　此外，在金塔、张掖等地调查发现有"过渡类型"阶段的冶铜遗迹、遗物③，显示出这一时期的金属冶炼技术较之于马厂文化有了进一步的发展。

　　整体观察，"过渡类型"阶段的聚落形态和埋葬习俗与河西地区的马厂文化非常接近。包括陶器形态、器类组合、彩陶花纹等也都很相似，甚至包括一些非常细节的内涵，如在器颈、器耳戳印圆形小凹窝，腹部捏塑乳突装饰等。可见河西马厂文化的不少元素被"过渡类型"所承继。初步研究表明，"过渡类型"本身也有早晚之别，早期阶段的陶器形态、花纹接近马厂文化；器类以双耳罐、单耳罐为主，流行在器腹最大径处捏塑乳突饰。晚期阶段的陶器形态、花纹作风靠近四坝文化，部分罐类器折腹明显。可见此类遗存带有强烈的"过渡"性质。1987年，通过对酒泉干骨崖墓地的发掘，找到了"过渡类型"遗存被四坝文化所叠压的层位关系④，证实四坝文化晚于"过渡类型"，而后者的年代恰好处在马厂文化与四坝文化之间。

　　鉴于目前的认识和"过渡类型"遗存本身具有的特征性质，很难将其简单地归并到马厂文化或四坝文化。本报告暂时将其作为一个独立的文化发展阶段。

　　经调查发现，"过渡类型"遗存主要分布在河西走廊的山丹县以西地区，而且发现有内涵单纯的聚落和葬地，表明"过渡类型"的分布中心就在河西走廊西部。目前发现比较重要的"过渡类型"遗址有：张掖西城邑，金塔砖沙窝、二道梁、缸缸洼、火石梁，酒泉西河滩、三奇堡，瓜州（原安西）潘家庄，敦煌西土沟乙地点等。新的考古发现证实，"过渡类型"的分布西界已超越河西走廊，进入新疆东部的哈密地区⑤。

　　在山丹以东的"过渡类型"遗存仅有零星发现，而且往往与齐家文化共存，如武威皇娘娘台墓地和青海大通长宁聚落遗址⑥。另在张掖西城邑等"过渡类型"遗址发现

---

① 李水城：《四坝文化研究》，《考古学文化论集》（三）80～121页，文物出版社，1993年。
② 西北大学考古专业、甘肃省文物考古研究所、安西县博物馆：《甘肃安西潘家庄遗址调查试掘》，《文物》2003年1期65～72页。
③ 甘肃省文物考古研究所等2007年调查资料。
④ 甘肃省文物考古研究所、北京大学考古学系：《酒泉干骨崖》，文物出版社，待刊。
⑤ 李水城：《天山北路墓地一期遗存分析》，《纪念俞伟超先生文集·学术卷》193～202页，文物出版社，2009年。
⑥ 青海省文物考古研究所：《青海大通长宁遗址》，《2006中国重要考古发现》27页，文物出版社，2007年。

少量的齐家文化的陶器，这表明二者不仅在时间上共时，且互有影响。特别是大通长宁齐家文化遗址发现少量"过渡类型"的彩陶，证实河西走廊与青海之间的文化互动与族群交往是沿着大通河—俄博—祁连山扁都口—黑河一线进行的。

依照现有的认识，"过渡类型"遗存的绝对年代应在公元前 2000 年前后。

（6）"另类"遗存

随着马厂文化的不断西渐，文化面貌也在发生变化，这反映出该文化居民为适应新环境、应对各类挑战、在文化上进行必要的调整。长此以往，河西地区的马厂文化在文化面貌上逐渐与河湟地区拉大了距离。由于河西境内的地理环境复杂、气候多变，使得某些小区域内的文化与主流文化出现离异。在河西调查中就发现有这样的遗存，这里暂称之以"另类遗存"，以待将来确认其归属后再另行归类。

1）永昌马家山湾遗址第三类遗存

本报告在介绍永昌马家山湾遗址资料时，将该址采集遗物分作三类：第一类是以永昌县文化馆旧藏双大耳罐为代表的齐家文化遗存；第二类是在马家山湾遗址舌形台地后缘高地采集的以泥质红陶和彩陶为代表的马厂文化遗存；第三类遗存采自遗址舌形台地的前缘，包括同一位置清理的一座残墓及随葬陶器，此类遗存主要为灰陶双耳罐（见图七〇、七二）。

马家山湾第三类遗存的夹砂灰陶双耳罐大小、造型略有差异，器表素面无纹，普遍打磨十分光滑，以至于给人以细泥陶的质感。根据现场清理的残墓分析，这些双耳罐有可能都是随葬器皿。此类陶器仅在马家山湾有发现。初步断定其相对年代为新石器时代晚期，与马厂文化、齐家文化接近。类似造型的双耳罐在马厂文化、齐家文化中均有所见，在马家山湾遗址也发现了这两类不同的文化遗存，到第三类遗存到底应归入马厂、还是齐家？目前尚难决断。

2）永昌风垄庄遗址小口彩陶壶

在永昌县文化馆库房收藏一件 1973 年采自风垄庄遗址的彩陶长颈壶（见图六四，1）。此器系夹砂灰陶，厚胎，器表色泽灰黄，略经打磨，显得有些粗糙。器形为小口、长颈、鼓腹、平底。颈部绘黑褐彩横条纹、锯齿带纹，腹部绘竖列的粗细条带纹。此种形态的陶壶在马家窑文化、半山文化中较常见，但绝无绘画此类纹样者。观察此器的彩陶花纹，颈部锯齿带纹多见于半山文化，而且其造型也与半山文化的彩陶壶接近，但腹部主体纹样则迥异于半山文化。反之，却非常像四坝文化流行的花纹款式，但后者又绝不见此类造型的陶壶，而且所使用的彩陶颜料质地也与四坝文化不同。

1986 年在永昌风垄庄遗址调查采集遗物未见有超出马厂文化者，但此彩陶壶的造型和花纹都很难与马厂文化挂钩。20 世纪 40 年代，裴文中先生在永昌曾发现沙井文化遗址，后者的彩陶均绘红彩，也有个别绘锯齿条带纹者。但同样难以解释的是沙井文化中也从未见有类似的彩陶壶。故此器归属亦待查。

3）酒泉西高疙瘩滩单把杯

酒泉西高疙瘩滩遗址的文化属性大致可纳入河西马厂文化"丙组"范畴。但该址出土的一批大口单把杯（见图一六七）在以往发现的马厂文化或"过渡类型"遗存中均不见，有可能代表一种新的因素，我们曾推测它可能与新疆东部青铜时代早期的单把杯、单耳大口罐有渊源关系[1]。总之，此类遗存的归属也只能暂时存疑。

2. 青铜时代

（1）齐家文化

齐家文化是从陇东逐步向西发展演变形成的，后来成为河湟地区最重要的史前文化。根据以往的考古发现，学术界将齐家文化的分布西界划在武威市至内蒙古自治区阿拉善旗的白音浩特一线。1986 年进行河西史前考古调查时，在永昌以西未发现明确的齐家文化遗址，并据此提出齐家文化的分布西界未逾永昌[2]。

1987 年在发掘酒泉干骨崖墓地期间，曾发现极个别的陶片器表施绳纹、篮纹，像是齐家文化的遗存，但数量极少，且陶片非常破碎。出于慎重考虑，未将此类遗物与齐家文化相联系[3]。2003～2004 年，在酒泉西河滩遗址发现少量施篮纹的陶片[4]。2007 年夏，河西环境考古调查队在张掖西城邑遗址采集有高领篮纹罐、绳纹罐残片，具典型的齐家文化特征，证实齐家文化已西进至黑河流域，并间接证实此前在酒泉干骨崖、西河滩等地发现的篮纹陶片应属齐家文化。但值得注意的是，在永昌以西，凡发现齐家文化遗物的地点，陶片数量并不多，且至今未见一处单纯的齐家文化遗址，此其一。第二，在永昌以西发现齐家文化遗存的地点往往与"过渡类型"遗存共存。这些现象使我们不得不考虑以下几个方面的问题：1）在河西走廊，齐家文化的分布西界究竟划在何处？2）如何解读河西走廊西部新见的齐家文化遗存？3）河西走廊西部所见零星的齐家文化遗物是表示该文化已经西进至当地呢，还是当地的文化受到了齐家文化影响？4）抑或说走廊西部的齐家文化遗存是当时贸易交换的产物？

上述问题尚需从深层次角度予以思考。现有资料证实，"过渡类型"遗存与齐家文化共存，四坝文化也曾受到齐家文化影响，甚至接受了后者的部分文化特质，如彩陶

---

[1] 李水城：《河西走廊新见马家窑文化及相关遗存》，《苏秉琦与当代中国考古学》121～135 页，科学出版社，2001 年。

[2] 李水城：《四坝文化研究》，《考古学文化论集》（三）80～121 页，文物出版社，1993 年。

[3] 甘肃省文物考古研究所、北京大学考古学系：《酒泉干骨崖》，文物出版社，待刊。

[4] 甘肃省文物考古研究所：《酒泉西河滩——新石器时代晚期—青铜时代遗址》，《2004 中国重要考古发现》44 页，文物出版社，2005 年。

双大耳罐、豆、夹砂绳纹罐等，可见齐家文化也是河西地区不可小觑的一股文化势力。鉴于目前考古资料的缺乏，还难以对河西走廊西部的齐家文化做出准确的评判。

（2）四坝文化

四坝文化的主体是河西地区的马厂文化经"过渡类型"遗存发展出来的青铜文化。该文化曾接受了齐家文化某些因素的影响。

四坝文化以夹砂红陶、褐陶为主，彩陶比例较高，在遗址中占 25%，随葬彩陶最高达 50%。特点是普遍施红衣、紫红衣，绘黑色彩，特点是颜料非常浓稠，以至于花纹线条常常凸起于器表，使画面显得黏滞而不流畅。彩陶花纹分两类：一类为象生纹，包括动物和人物，前者有羊、鹿、兔、犬（狼）等，后者多见舞蹈人物，有些比较写实，大多已图案化。另一类为几何线条构成的三角、网格、横竖条带、折线、"N"、"Z"等纹样。夹砂陶以素面居多，部分施刻划纹、戳印纹、附加堆纹、捏塑乳钉等。器类较简单，主要为平底器和圈足器，圜底器罕见。陶器中的大宗为带耳罐和壶，其他还有瓮、器盖、盘、豆、尊形器、长方盒、四足盒等。个别器表粘贴绿松石片或蚌片①。石器分三类：1）打制石器，所占比例较大，主要为带柄的石斧和盘状器，其他还有石锤、砺石、砍砸器、石球等。2）磨制石器。以穿孔石刀为主，其他还有小石斧、石磨盘、石磨棒、石臼、环状穿孔石器等。3）细石器。以燧石、玛瑙等为原料，器类有石叶、刮削器、尖状器、镞、石片等。还发现有个别玉器，如权杖头、斧等。其他还有骨锥、骨笄、骨管、蚌片、牙饰及海贝等。

四坝文化的铜器比较普及。器类主要是小件工具、武器、装饰品，造型具有浓郁的北方草原特色。研究表明，四坝文化的铜器分为红铜、砷铜和锡青铜。在制作工艺上有铸造、冷锻和热锻等②。此外还发现少量金银装饰品。

目前对四坝文化的聚落形态还缺乏了解。在民乐东灰山遗址发现有土坯③，可知当时存在土坯建筑。已经发掘的四坝文化墓地有玉门火烧沟、民乐东灰山、酒泉干骨崖、瓜州（原安西）鹰窝树等。这些墓地均安排在聚落附近，埋葬习俗显示出地域区别。如玉门火烧沟流行竖穴偏洞室墓、竖穴土坑墓，以单人仰身直肢葬为主，以及少量侧身屈肢葬和

---

① 火烧沟墓地出土有粘贴绿松石的双大耳彩陶罐和粘贴蚌片的四耳带盖罐。前者图像见：大阪府立近つ飞鸟博物馆：《シルゥロ∣ドのまもり——その埋もれた记录开馆纪念特别展》28 页，日本大阪，1994 年。

② 孙淑云、韩汝玢：《甘肃早期铜器的发现与冶炼、制造技术的研究》，《文物》1997 年 7 期 75～84 页。

③ 甘肃省博物馆、吉林大学考古系：《民乐东灰山考古——四坝文化墓地的揭示与研究》，科学出版社，1998 年。

俯身葬，合葬少见①。民乐东灰山流行竖穴土圹墓和乱骨葬，合葬墓比重很大，有些墓在头前挖有壁龛，内置随葬品。酒泉干骨崖流行竖穴土坑墓，常在墓主身体上压放砾石，流行仰身直肢葬和上肢扰乱葬，也有二次葬及合葬。瓜州（原安西）鹰窝树均为土坑葬，墓内人骨缺失，葬制不明。

对于四坝文化的发展去向还缺乏了解。河西地区年代晚于四坝文化的有东部的沙井文化和西部的骟马文化，但它们均与四坝文化有年代差距，也看不出丝毫的文化联系。20 世纪 70 年代在内蒙古自治区额济纳旗绿城遗址发现既有彩陶又使用陶鬲的遗存，其双耳罐、器盖和彩陶的风格与四坝文化非常接近，为寻找后者的去向提供了线索②。另在新疆哈密市发现了四坝文化的墓地，可见向新疆移民也是四坝文化居民的一个选项。但为何四坝文化要向西迁移？四坝文化的居民是否全部西迁走了？如果不是的话，滞留在当地的四坝文化又发展去哪儿了？这些都是将来需要深入探讨的课题。

四坝文化主要分布在河西走廊的山丹县以西地区，西界已进入新疆东部。经碳 - 14 检测，该文化的绝对年代为公元前 1950 ~ 前 1550 年③。

（3）董家台文化

20 世纪 50 年代在天祝县董家台遗址发现一批陶器，其造型均作尖圆底。彩陶罐的特征为小口、长颈、球形腹、尖圆底，通体绘红褐彩花纹，构图极有规律，自器颈以下绘菱格条带和呈下垂流苏状的细长条带纹，底部残留抹压未净的疏浅细绳纹；素面单耳罐为卵圆器腹、尖圆底，器表亦施细绳纹。

此类遗存曾长期被归入沙井文化④。后来在甘肃武山⑤、榆中⑥、甘谷⑦、古浪⑧等地发现同类彩陶，在民勤发现有彩陶片⑨。初步研究表明，董家台文化的分布东起天水、西至民勤。甘谷毛家坪遗址发现的墓葬层位显示，其相对年代介于齐家文化与西

---

① 甘肃省文物考古研究所王辉先生见告。
② 绿城遗址调查资料见本报告。另见李水城：《华夏边缘与文化互动：以长城沿线西段的陶鬲为例》，《新世纪的考古学——文化、区位、生态的多元互动》292 ~ 313 页，紫禁城出版社，2006 年。
③ 中国社会科学院考古研究所编：《中国考古学中碳十四年代数据集》（1965 ~ 1981），文物出版社，1983 年。
④ 甘肃省博物馆：《甘肃古文化遗存》，《考古学报》1960 年 2 期 11 ~ 52 页。
⑤ 伊藤道治：《图说中国的历史》1，日本讲谈社，1976 年（该书刊载有武山出土的董家台文化彩陶壶）。
⑥ 张朋川：《中国彩陶图谱》图 1251 ~ 1253，文物出版社，1990 年。
⑦ 甘肃省博物馆文物工作队、北京大学考古学系：《甘肃甘谷毛家坪遗址发掘报告》，《考古学报》1987 年 3 期 359 ~ 396 页。
⑧ 见本报告。
⑨ 见本报告。

周之间，大致在公元前 2 千纪的后半叶。董家台文化彩陶及器物造型与洮河流域发现的齐家文化圜底红彩器近似，年代也大致先后衔接，二者之间或许有渊源关系。另一方面，沙井文化的个别圜底红彩器与董家台彩陶接近，在民勤还发现有董家台文化的彩陶片，暗示后者的部分因素可能被沙井文化所继承①。

（4）骟马文化

20 世纪 50 年代在玉门发现一组极富特色的陶器遗存，遂被命名为"骟马式"陶器。此类遗存的典型器为双大耳夹砂罐，质地较粗，素面，突出特征是在上腹部正中位置捏塑高翘的乳突，器耳刻划繁密的折线纹。此类遗存最初被定在汉代以前、新石器时代以后这一期间②。1976 年，在发掘火烧沟墓地时发现在四坝文化的墓葬之上叠压有浅薄的骟马文化层，可证其年代晚于四坝文化③。

经初步研究，酒泉赵家水磨、瓜州（原安西）兔葫芦、敦煌古董滩和马圈湾④等遗址属于骟马文化。前不久在敦煌西土沟⑤、玉门古董滩和火烧沟遗址南侧、肃北马鬃山等地也发现了骟马文化遗址，进一步加深了对该文化分布面的了解。有学者根据文献记载乌孙居住于酒泉、敦煌之间，主张该文化的族属为乌孙⑥。

骟马文化的分布东起张掖、酒泉，西至敦煌迤西，绝对年代约为公元前 1 千年⑦。该文化与四坝文化的分布面重合，但还看不出二者之间有丝毫的瓜葛，况且年代缺环也较大。骟马文化是使用陶鬲的，其陶鬲造型与沙井文化的同类器比较接近，二者之间是否存在文化互动？值得关注。

3. 铁器时代

（1）沙井文化

沙井文化的发现很早。20 世纪 20 年代，瑞典学者安特生在镇番（今民勤）沙井子发掘了柳湖墩遗址及两处墓地，随后调查了黄蒿井、三角城等遗址。后来他将沙井一带所获遗物列为中国西北地区史前文化的最后一个发展阶段，即沙井期，属于青铜时

---

① 李水城：《论董家台类型及相关问题》，《考古学研究》（三）95～102 页，科学出版社，1997 年。
② 甘肃省博物馆：《甘肃古文化遗存》，《考古学报》1960 年 2 期 11～52 页。
③ 甘肃省博物馆：《甘肃省文物考古工作三十年》，《文物考古工作三十年》（1949～1979）139～153 页，文物出版社，1979 年。
④ 敦煌市博物馆编：《敦煌文物》30～32 页，甘肃人民美术出版社，2002 年。
⑤ 西北大学考古系、甘肃省文物考古研究所、敦煌市博物馆：《甘肃敦煌西土沟遗址调查试掘简报》，《考古与文物》2004 年 3 期 3～7 页。
⑥ 甘肃省博物馆：《甘肃古文化遗存》，《考古学报》1960 年 2 期 11～52 页。
⑦ 甘肃省博物馆：《甘肃省文物考古工作三十年》，《文物考古工作三十年》（1949～1979）139～153 页，文物出版社，1979 年。

代，年代为公元前 2000～前 1700 年①。后改为公元前 700～前 500 年②。

沙井文化以手制红陶、褐陶（红褐、灰褐）为主，陶器均夹砂，且羼和料较粗，胎体厚重；素面陶为主，也有的施简单纹样，如附加堆纹、刻划纹、乳钉纹等。彩陶为数不多，流行在器表施紫红色陶衣，绘红彩，特点是彩绘涂料与所施红衣属同类矿物颜料。花纹构图简单，常用横竖线条、三角、水波等几何纹组成的花纹带；个别绘动物纹，包括排列成行的水鸟及人物肖像，非常有特色。陶器分为平底器、三足器、圈足器和少量的圜底器。其他还有木盘、木筒等有机质器皿及雕凿的石碗。石器有打制石斧、环状穿孔石器、磨制石刀、石斧、石锄、石磨盘、石杵、石臼等，也有少量细石器③。骨角器数量较多，分为武器、工具、装饰品和占卜用具。铜器较多，主要为小件工具和武器，以及装饰衣物、马具和皮革一类的饰件。沙井文化晚期出现铁器，所见有臿、铲、刀和剑等。另外还有少量的金耳环、石瑗等奢侈品。

沙井文化的聚落分为三个层级。第一级为城池，以金昌三角城为代表，面积 2 万余平方米，建有高大的城墙，有良好的防御性能。第二级为带围墙的土围子，以民勤柳湖墩遗址为代表，直径 40～50 米，内建村落，周遭围墙具有一定的防御功能。第三级为家居房屋，平面方形或圆形，均平地起建。三角城内发掘的房屋直径 4.5 米，室内建有灶坑和火墙，屋外四周构筑散水。柴湾岗发现面积 40 余平方米的椭圆形房屋，室内建有火塘和储物窖穴，屋外构筑散水。

沙井文化的葬地建在聚落附近的坡岗高地上，有的墓地多达 500 座，排列有序，延续时间久，显示出稳定的生活状态。沙井文化早期流行竖穴土圹墓，晚期出现偏洞室墓、土洞墓，流行单人仰身直肢葬，也有少量侧身屈肢葬、乱骨葬、二次葬及合葬。个别墓葬填土中发现人骨、殉牲，被认为是杀殉的遗迹④。

早年裴文中先生指出："沙井文化仅广泛地分布在蒙古沙漠的边缘上"⑤。后有学者推测该文化分布在东起兰州、西至张掖的范围内⑥。根据此次河西调查的线索，沙井文化主要分布在张掖、民勤、金昌、永昌、武威、古浪一带，也就是河西走廊的东北部。根据历史地理学家的研究，在史前自然水系时代，民勤沙井子至金昌双湾一线恰好位

① 安特生：《甘肃考古记》，地质专报甲种第五号，1925 年，北平。
② J. G. Andersson：Researches into the Prehistory of the Chinese，*BMFEA*. No 15，Stockholm，1943.
③ 裴文中：《中国西北甘肃走廊和青海地区的考古调查》，《裴文中史前考古学论文集》256～273 页，文物出版社，1987 年。
④ 甘肃省文物考古研究所：《永昌西岗柴湾岗——沙井文化墓葬发掘报告》189 页，甘肃人民出版社，2001 年。
⑤ 裴文中：《中国西北甘肃走廊和青海地区的考古调查》，《裴文中史前考古学论文集》256～273 页，文物出版社，1987 年。
⑥ 蒲朝绂：《试论沙井文化》，《西北史地》1989 年 4 期 1–12 页。

于石羊河、金川河下游尾闾地带，并在此积聚形成广阔的终端湖，沙井文化的居民就居住在湖沼沿岸，过着半农半牧的田园生活。

根据碳－14 检测，沙井文化的绝对年代为公元前 1000～前 645 年①。

对于沙井文化的族属，有月氏②和乌孙③两说。考虑到河西走廊从很早起就是一个多民族杂居之地，而且一直与氏、羌有染，这也包括沙井文化在内。特别是沙井文化的个别彩陶与董家台文化相似，为此说做了注脚。受环境制约，沙井文化带有强烈的北方草原文化特色，这在河西诸多考古学文化中均有不同程度的体现。因此，沙井文化的来源也应在河西内部寻找。沙井文化的消亡则与匈奴的崛起有关④。

（2）其他（汉以后）

本报告还收录了少量汉代或稍晚的资料，如玉门骟马城附近的采集品及骟马城北侧采集的棺板画等。高台红山嘴墓地的调查资料未能收录进本报告，只能简单地介绍调查过程及征集的文物⑤。其他有关资料已超出本报告范围，不赘。

最后，我们以表格形式将河西走廊的史前文化发展脉络作初步归纳。

表一　甘肃河西走廊史前文化发展谱系

时代 ＼ 地区	东部地区	西部地区
500BC		
1000BC	沙井文化/辛店文化（局部）	骟马文化
1500BC	董家台文化	
2000BC		（额济纳旗，绿城遗址）四坝文化
2500BC	"过渡类型"遗存/齐家文化	"过渡类型"遗存/齐家文化
	马厂文化/齐家文化	马厂文化
3000BC	半山文化	
3500～4000BC	马家窑文化 仰韶文化	马家窑文化

① 中国社会科学院考古研究所编：《中国考古学中碳十四年代数据集》（1965～1991），文物出版社，1991 年。
② 俞伟超先生记："张学正同志告诉我，沙井很像是大月氏人的遗存，这个推测是很有道理的"。见：俞伟超：《关于"卡约文化"和"唐汪文化"的新认识》，《先秦两汉考古学论集》193～210 页，文物出版社，1985 年。
③ 赵建龙：《关于月氏族文化的初探》，《西北史地》1992 年 1 期 67～74 页。
④ 李水城：《沙井文化研究》，《国学研究》（二）493～523 页，北京大学出版社，1994 年。
⑤ 高台红山嘴墓地调查资料后移交当地文管所，遗憾的是，至今这批资料尚未发表。

　　需要说明的是，分布于河西地区东部和西部①的史前文化存在一些差异。东部的考古学文化序列为：仰韶文化—马家窑文化—半山文化—马厂文化/齐家文化/"过渡类型"遗存—董家台文化—辛店文化/沙井文化。其中，齐家文化、马厂文化和"过渡类型"遗存的年代有共存。西部的考古学文化序列为：马家窑文化—马厂文化—"过渡类型"遗存/齐家文化—四坝文化—骟马文化。同样，西部的齐家文化与"过渡类型"遗存的年代也有共存。

　　河西地区东部与西部的考古学文化序列差异主要表现在晚期阶段。东部的区域文化包括董家台文化、沙井文化，在天祝一带还有辛店文化；西部的地域文化为四坝文化、骟马文化，其中也包括内蒙古额济纳旗绿城遗址发现的含彩陶和陶鬲因素的遗存。

（二）河西走廊的史前生业

　　俞伟超先生曾就中国西北地区自齐家文化开始，农业经济向畜牧经济转变的复杂历程进行过论述，强调了这一区域的经济形态演变模式在我国及世界其他地区的古代社会中存在的史实和重要意义②。这一认识对于研究河西走廊史前时期的经济形态及其演变有重要的指导意义。

　　考古发现和研究表明，中国西部史前时代的族群迁徙相当频繁，并呈现出不断向西移动的趋势。大约从公元前4000年开始，居住在陇山左近的仰韶文化族群开始向西移动。其中，一部分沿渭河河谷上溯进入河湟地区③；另有部分沿洮河谷地南下到四川西北部的岷江上游地区④。这一西渐南下趋势延续到公元前3000年以降的马家窑文化时期，且迁徙范围不断扩展，向西已经深入到黄河上游的同德盆地⑤及河西走廊境内⑥。

　　最早进入河西走廊的是马家窑文化族群，从河湟地区进入河西的通道不外乎以下

① 我们主张将河西走廊东西部的界线划在张掖市。

② 俞伟超：《关于"卡约文化"和"唐汪文化"的新认识》，《先秦两汉考古学论集》193～210页，文物出版社，1985年。

③ 青海省文物考古研究所：《青海近十年考古工作的收获》，《文物考古工作十年》（1979～1989）327～333页，文物出版社，1990年。

④ 成都市文物考古研究所等：《四川茂县营盘山遗址试掘报告》，《成都考古发现》（2000）1～77页，科学出版社，2002年。

⑤ 青海省文物管理处等：《青海同德县宗日遗址发掘简报》，《考古》1998年5期1～14、35页；陈洪海、格桑本、李国林：《试论宗日遗址的文化性质》，《考古》1998年5期15～26页。

⑥ 李水城、水涛：《酒泉丰乐乡照壁滩和高苜蓿地遗址》，《中国考古学年鉴》（1987）272页，文物出版社，1988年；甘肃省文物考古研究所：《武威塔儿湾新石器时代遗址及五坝山墓葬发掘简报》，《考古与文物》2004年3期8～11页。

三条：1）从兰州向西渡过黄河，沿庄浪河谷上溯，翻越乌鞘岭进入古浪县。2）沿湟水转入大通河谷地，上溯至俄博，穿越祁连山扁都口，经民乐抵河西重镇张掖。3）向北渡黄河至景泰，再向西，沿腾格里沙漠南缘进入古浪县。鉴于至今尚未在景泰发现任何马家窑文化遗址，故选择前两条通道的可能性为大。

张光直先生曾指出："我们对西北彩陶文化到来以前的居民状态还不熟悉。因此还不能作'移民'的结论，纵然这个可能性是很大的。不论如何，西北在马家窑文化到来之前已有人类居住。马家窑文化对他们的文化作如何的接触？有何样的影响？……马家窑传入西北以后对当地的环境作何适应？有何变化？这些问题，在西北史前史的研究上都有绝顶的重要性"[①]。

现有的考古发现证实，河西走廊的马家窑文化显然属于最早的"移民"。迄今为止，在河西地区未见任何早于马家窑文化的史前遗址，该区域内是否存在更早的人类文化活动，是否存在青海拉乙亥那种细石器遗址，目前仍是个谜。根据严文明先生的推测，中国西部地区在仰韶文化早期阶段也有人类活动，但人数不多，不易发现，主要从事狩猎采集经济。随着仰韶文化的西渐，与当地土著接触并发生融合，马家窑文化极有可能就是这种力的作用结果[②]。对此，夏鼐先生也曾表示出类似的看法。

鉴于目前在河西发现的马家窑文化遗址甚少，经正式发掘者寥寥，因此还缺少这一阶段确切的农业证据。可以肯定马家窑文化是以农业为主要生业的，西迁至河西走廊的马家窑文化居民也不会轻易改变其原有的生活方式。而且河西地区那些水热条件好、黄土堆积深厚的山前冲积台地也为农业的发展提供了可能。推测迁移至河西地区的马家窑文化先民仍延续着种植粟、黍一类旱地作物的传统。另一方面，在民乐东灰山遗址发现了距今4500年左右的炭化小麦和大麦，因此亦不能排除当时有麦类作物种植的可能[③]。考虑到河西地区的地理环境复杂，气候多变，不同区域间的资源条件差异甚大，特别是河西走廊西部，在那些土壤贫瘠、水资源缺乏、环境条件差的地区，会相应的发展半农半牧的经济形态。如在酒泉照壁滩遗址就发现描绘有羊、鹿等动物形象的马家窑文化彩陶，暗示那里的畜牧业、狩猎经济的成分要更大一些。

半山文化的遗存在河西走廊鲜有所见，对其经济形态缺乏了解，但估计不会超越马家窑文化，应该延续以农为本的生业方式。

早年在永昌鸳鸯池墓地曾出土随葬装有粟米（黍）的陶罐，可证马厂文化延续了

---

① 张光直：《考古学上所见汉代以前的西北》，《中央研究院历史语言研究所集刊》第42本第一分91页，1970年，台北。

② 严文明：《论仰韶文化的起源和发展阶段》，《仰韶文化研究》160页，文物出版社，1989年；严文明：《甘肃彩陶的源流》，《仰韶文化研究》326页，文物出版社，1989年。

③ 李水城、莫多闻：《东灰山遗址炭化小麦年代考》，《考古与文物》2004年6期51~60页。

西北旱地农业的传统，但这一时期麦类作物的种植应较前一时期有所发展。由于麦类作物的种植需仰仗灌溉，在河西这个极度干旱的地区，还需要有一定的水利设施建设。马厂文化时期的主要家畜有猪、羊和牛①。在酒泉西河滩"过渡类型"遗址发现的牲畜栏面积达200平方米，由此可以想见马厂时期的畜养业规模亦不可小。联想到河西走廊马厂文化乙组流行的单把深腹陶杯，此类器皿被认为与奶制品的制作和使用有关。若是，也从另一侧面传递出畜养业的进一步发展和新的食物结构。再有，河西地区的马厂文化使用细石器现象比较普遍，在永昌鸳鸯池发现有镶嵌石叶的骨梗刀，暗示此时河西走廊的生业方式与河湟地区拉大了距离。

玉门火烧沟四坝文化墓地也随葬有存放粟米的陶瓮②。特别是在民乐东灰山遗址发现大量的小麦、大麦、燕麦、黑麦、粟和黍等作物籽粒，表明这一时期已普遍经营多种谷物栽培，麦类作物的种植更为普及③。另一个大的变化是，此时的家畜饲养业发展甚快，种类齐全，包括猪、牛、羊、马、驴和狗。与中原内地不同，四坝文化豢养的家畜主要为羊和牛。此外，狩猎业也是当时重要的经济补充，猎取的动物主要是鹿、麝、黄羊、羚羊等④，当时的彩陶中绘画有羊、犬、鹿、兔、羚羊等野兽可以为证，生动地再现了当时的家畜饲养与狩猎活动。四坝文化的经济生产与其所在的地理环境适应，在条件较好的冲积台地及河流尾闾，农业经济相对发达；在资源条件较差的荒漠边缘，则相应地发展半农半牧的生活方式，甚至有可能存在以畜牧为主业的群体。

前不久，甘肃省文物考古研究所对玉门清泉火烧沟南侧的遗址进行了发掘，为了解骟马文化的经济形态提供了重要的实物资料。该址出土有大麦籽粒及大量家畜骨骼，种类有羊、牛、骆驼、马等。反之，却没有发现猪骨⑤，这是个值得关注的变化，一方面说明畜养业非常发达，另一方面显示出向畜牧业经济转化的趋势。特别是该文化已经在驯养马、驼一类大型食草动物，这为逐水草而居、居无定所的游牧文化的出现奠定了物质基础。但另一方面，大麦的存在则表明，该文化尚保留部分农业经济成分，

---

① Rowan K. Flad, Yuan Jing and Li Shuicheng, Zooarchaeological Evidence for Animal Domestication in Northwest China, *Late Quaternary Climate Change and Human Adaptation in Arid China*, pp. 167 – 203. edited by David B. Madson, Chen Fa-hu and Gao Xing, Elsevier (Amsterdam Boston Heidelberg London New York Oxford Paris San Diego San Francisco Singapore Sydney Tokyo), 2007.

② 甘肃省博物馆：《甘肃省文物考古工作三十年》，《文物考古工作三十年》（1949~1979）139~153页，文物出版社，1979年。

③ Rowan Flad, Li Shuicheng, Wu Xiaohong and Zhao Zhijun, Early Wheat in China: Results from New Studies at Donghuishan in the Hexi Corridor, *The Holecene* Volume 20, Number 6, pp. 955 –965, September 2010.

④ 同②。

⑤ 甘肃省文物考古研究所王辉先生见告。

固定的村落和使用陶鬲的现象也为此说作了注脚。

总之，从史前到青铜时代，河西地区诸考古学文化的经济形态表现出较复杂的特征和阶段性的变化特点。自马家窑文化进入河西以后，为适应当地的自然环境和气候特点，一直在对原有的生产生活方式进行调整，以至于没有哪一支文化固有地坚持单一性质的生产活动。一方面是维系原有的农业生产，同时尝试发展半农半牧或畜牧业。这种多元经济并举、因地制宜、互为补充的文化现象在我国其他地区也存在，但在河西走廊西部似乎表现得更加突出。

在这二千余年的历史进程中，各考古学文化群体的生业呈现出明显的阶段性变化，而且这一变化是循序渐进的，这从各个阶段生产工具的形态和种类也能看出个端倪。马家窑文化到马厂文化时期，磨制石器比例较高，制作较精，如穿孔石刀、陶刀、石斧、石锛等与农业生产关系密切的工具数量较多，显示出农业经济的比重较大。从马厂文化开始，畜养业的成分逐步加大，具体表现在细石器数量的增加及制作奶制品器皿的出现上。四坝文化延续了马厂文化以来的生业体系，尽管仍保有一定比例的农业，但石器做工普遍粗糙，打制手斧和盘状器占到生产工具的很大比例，细石器普遍，生产方式相当粗放。骟马文化时，农业比重进一步削弱，畜牧业强化，这种趋势一直延续到铁器时代和先秦时期。

进入历史时期后，随着河西走廊人口的增加和结构变化，其生业方式在不同朝代经历了数次反复，人为的生产方式轮替对河西地区的生态环境产生了很大的负面影响。自西汉收复河西，出于政治和军事需要，大力移民实边屯垦、发展农业，这一过程持续了近500年。至西晋末年、五凉时期，中原内地战乱频仍，河西相对偏安，畜牧业和农业经济得以发展，河西也因此一度成为国内经济翘楚。唐代，农业再度扩张。玄宗时的屯田达到历史最高水平，经济发展看好，以至于当时享有"天下富庶莫过陇右"的美誉。"安史之乱"导致全国大乱，河西先后陷入吐蕃、西夏政权，农业全面萎缩，这种情况延续至元。明清两代，中央政府极力推行边地屯垦政策，河西走廊的农业生产再度复苏。近现代以来，随着人口无限制的增长，水资源过度耗费，沙漠化日趋严重，已严重地影响了当地的民生和经济的发展。

（三）河西走廊的古环境与人地关系

张光直先生曾指出：西北史前文化包含着中国远古史研究上好几组极端重要的文化理论问题，其中最显然的便是文化与环境有机性联系的研究[①]。这一认识是

---

① 张光直：《考古学上所见汉代以前的西北》，《历史语言研究所集刊》第42第一分81～112页，1970年，台北。

相当有见地的。

　　河西走廊是个独立的地理单元，这里地处亚洲内陆纵深区域，地形复杂，气候多变，生态环境极度脆弱。其景观地貌早在更新世晚期业已形成。进入全新世以后，全球气候日趋暖化，进入到非常适宜人类生存发展的时期。截至目前，在河西走廊尚未发现早于马家窑文化的遗迹和遗物。在此之前，当地是否有人类活动，尚不知晓。但即便在马家窑文化居民迁入河西走廊以后，当地的人口密度也一直很低，河西的生态环境应该很好。但换个视角，从河湟地区迁入河西以后，外来移民对当地的特殊环境和恶劣气候毕竟有个适应的过程，需要培养新的适应能力和生存技巧。河西走廊也因此而成为探索环境变迁与人地关系的重要地区之一。

　　评判一个地区环境优劣的重要指标是水资源的分布。河西走廊的河流几乎全部发源于祁连山。这些河流在涌出山口后，在山前形成冲积扇台地，扇体相互连接形成广阔的冲积平原。由于走廊内的地势南高北低，若无自然屏障，所有河流将一路向北倾泻，或在中途渗漏消失，或在北面的低洼处形成终端湖泊和湿地。若遇到阻拦，河水也将曲折向北。如黑河即先行向西、再折向北，最终汇入居延泽。疏勒河则是先向北流，再折往西，最终流向罗布泊。这样的河流布局对于史前时期的人类生活和居址选择有重要的影响。

　　以武威地区为例，当地的地貌环境分为三大块：西南一带为祁连山和山前台地，海拔 2200~2400 米；中部为相对平坦的走廊绿洲，海拔 1500~1800 米；北面为巴丹吉林沙漠、腾格里沙漠，海拔降至 1500~1600 米。当地发源于祁连山的数条河流在涌出山口时犹如脱缰的野马一般奔腾而下。由于河水落差大，奔涌的水流随地势变化任意摆动，在冲积扇下缘形成宽广的发辫状河道，剧烈的冲刷造成大量水土流失，形成砾石裸露的广袤戈壁滩。再向下，地势逐渐平坦，河道渐趋稳定，形成河谷绿洲。在武威地区，由数条较小的河流汇集而成石羊大河①，一路向北在民勤形成终端湖。

　　根据考古发现，在武威南侧的新华乡一带，山前冲积扇一带的黄土发育很厚，河谷下切较深，这一带的高台地既能躲避水患，又有可资利用的充裕水资源，很多史前遗址就建在冲积高台地上。在磨嘴子及其附近就先后发现有马家窑文化、马厂文化、齐家文化、汉代、西夏乃至更为晚近的遗址。可见，自古至今这类台地都是理想的聚落首选。在磨嘴子以北，虽然地势渐趋平缓，但从山口涌出的河水随意摆动，形成大

①　石羊河古称"谷水"、"白亭河"。传说有石羊在河边饮水，故名。它由发源于古浪、天祝、武威和肃南的东大河、西营河、金塔河、杂木河、黄羊河、古浪河等数条支流汇集而成，北流至民勤县境内形成猪野泽、白亭海。20 世纪在红崖山一带修建水库，导致石羊河断流，下游终端湖全面干涸。

片戈壁，完全不适宜人类居住。因此，这一带也鲜有古遗址发现。穿过这一区段，在石羊河下游绿洲及民勤境内的古终端湖周边才再次出现史前遗址。在沙井文化的彩陶上，常常见到绘画着成排的飞鸟和天鹅，形象地再现了湖边水肥草美、涉禽遍地、牛羊成群的景象。通过调查这一区域内的古遗址分布，可知这座古终端湖的南岸沿民勤沙井子、黄蒿井、四方墩至昌宁一线分布；北界到民勤西渠、红沙梁、团山子一带。这座巨大的终端湖即古文献记载的战国时期的猪野泽①。

永昌的情况与武威类似。县东部的东大河自南向北流，西面的金川河沿北侧山谷流向东北，两条河的尾闾汇集于宁远堡，造就了双湾绿洲。就在20世纪50年代出版的地图上，双湾以北还有座被称作玉海的湖泊，可见历史上当地的环境是比较好的。也正因为如此，金昌和永昌发现的40余处史前遗址中的绝大部分就分布在那里。进入青铜时代及以后，在双湾附近的三角城是沙井文化的中心。此后那里一直是永昌的经济文化重心。随着金川峡水库的建成，玉海最终消失，双湾也渐渐失去了往日的繁荣。

民乐的案例更能说明问题。当地仅发现两座史前时期的遗址。其中东灰山位于洪水河下游；西灰山位于大都麻河下游。如今这两条河早已不见了踪影。东灰山一带沦为荒漠，西灰山则被戈壁滩包围，四周渺无人迹。此种现象在河西走廊很有代表性。

以水资源的丰富程度论，张掖在河西地区独占鳌头，"金张掖"之美誉也由此而来。令人不解的是，张掖一带的史前遗址数量与当地的良好环境非常不匹配。只是近年来才发现少量史前遗址。而这些遗址大多都位于废弃的古河道两侧。可见，由于环境恶化，河流消失，很多适宜人类生存的聚落遗址也远离了人们的视线。如玉门大垜湾遗址的发现就很偶然。该址位于戈壁滩上，以今日之标准，人类根本无法生存。但通过调查发现，在遗址台地东侧有一条泄洪河道，两侧的断崖剖面保留着水平层理堆积，显示早年这里曾有座稳定的湖泊，其水源就来自南侧的祁连山。该址北面不到1公里即著名的火烧沟墓地，二者之间似乎存在某种因果联系。上述案例说明，环境巨变使得河西地区不少史前遗址埋没于荒漠，很难被发现。如金塔县城以北的荒漠内就发现有多处被埋没的遗址，地表散落大量被风沙吹出的陶片、石器及冶炼金属遗物②。类似现象也见于玉门花海和瓜州（原安西）鹰窝树等地。

随着学术界对河西地区环境问题的关注和研究的加强，将有更多的史前遗址被发现，对河西走廊史前史的研究也将更加深入。以史为鉴，可以知兴替。通过对河西地区史前遗址的深入调查并开展多学科的综合研究，将有助于了解河西走廊的环境变迁

---

① 冯绳武：《民勤绿洲的水系演变》，《地理学报》29 卷 3 期 241～249 页，1963 年。

② 甘肃省文物考古研究所调查资料，见本报告金塔部分。

与人地关系，有关这方面的研究不仅有重要的历史意义，也有着更为强烈的现实意义，特别是在人类愈益关注全球环境变化的今天。

（四）河西走廊的冶金考古

河西走廊是探索中国冶金技术起源和发展的重要地区之一。检索以往的考古发现，在河西走廊发现的早期铜器有如下一批：

1）1948 年，在山丹四坝滩遗址出土一批四坝文化遗物，其中就有铜器和个别的金器，可惜这批金属遗物全部散失[①]。

2）20 世纪 60～70 年代，在武威皇娘娘台墓地先后出土一批齐家文化铜器，种类有刀、锥、钻、耳环、管等[②]。这一发现让学术界认识到齐家文化已经迈向青铜时代。

3）1976 年，在玉门火烧沟墓地发掘的 312 座四坝文化墓葬中，有 106 座墓随葬铜器，种类有斧、锛、镰、凿、刀、削、匕首、矛、镞、锥、针、泡、耳环、钏、管、锤、权杖头、镜形器等多种，总量超过 200 件。此外，还在火烧沟遗址采集到一件铸造铜镞的石范[③]，证实这批铜器应该是在当地制造的。此外，还发现有一批金银装饰品。

4）1986 年，在河西史前考古调查中，在安西（现瓜州）鹰窝树、民乐西灰山等遗址试掘、采集到少量四坝文化的铜器，包括耳环、镞、锥、泡、刀、削、珠等。

5）1987 年，甘肃省文物考古研究所与吉林大学考古系合作发掘了民乐东灰山遗址，出土有铜器 16 件及个别金耳环。

6）1987 年，甘肃省文物考古研究所与北京大学考古系合作发掘了酒泉干骨崖墓地，出土四坝文化铜器 48 余件，主要为工具、武器和装饰品；另在照壁滩和高苜蓿地遗址试掘并出土了马厂文化的铜锥、冶炼红铜块各 1 件[④]。

迄今为止，在我国西北的甘青地区共发现马厂文化铜器 3 件[⑤]。其中，酒泉就占了 2 件。马厂文化的铜器仅有小刀和铜锥，器类比较简单。经检测分析，酒泉照壁滩和高苜蓿地出土的铜器均为红铜，分别使用了热锻（局部经冷加工）和铸造技术（见附录

---

① 四坝滩遗址的出土文物后全部移交甘肃省文管会。但此次发现的金属器则散失。
② 甘肃省博物馆：《甘肃武威皇娘娘台遗址发掘报告》，《考古学报》1960 年 2 期 53 页；甘肃省博物馆：《武威皇娘娘台遗址第四次发掘》，《考古学报》1978 年 4 期 421 页。
③ 甘肃省博物馆：《甘肃省文物考古工作三十年》，《文物考古工作三十年》（1949～1979）139～153 页，文物出版社，1979 年。
④ 参见本报告酒泉部分及其附录。
⑤ 另一件是 1975 年甘肃省文物工作队在永登县连城蒋家坪遗址发掘出土的残铜刀（残留前半段，75YJX5T47：③）。参见李水城：《西北与中原早期冶铜业的区域特征及交互作用》，《考古学报》2005 年 3 期 239～278 页。

二）。这表明，在公元前 3 千纪末叶，河西地区已经出现了较为成熟的冶炼金属技术。

武威皇娘娘台墓地出土的齐家文化铜器大多为红铜，在制作上有锻造、也有铸造①，冶铜工艺与马厂文化相比差别不是很大，但在数量和种类上显示了更多的进步因素。

四坝文化的冶金术有了明显进步。玉门火烧沟墓地所出铜器仍以红铜为主，但出现了比较复杂的合金铜，特别是砷铜、锡青铜比例增加。在经对瓜州（原安西）鹰窝树遗址采集和出土的 7 件铜器进行扫描电镜能谱分析，全部为锡青铜。在经金相检测的 4 件铜器中，除 1 件系锻造外，余皆为铸造（见附录三）。特别是火烧沟墓地出土的四羊首权杖头采用了复杂的镶嵌分铸技术，集中显示了这一时期冶金术的进步。

骟马文化的铜器也以小件工具、武器和装饰品为主②。这些铜器尚未进行检测分析，对其工艺技术缺乏实质性了解。但从某些器类的造型看，制作工艺进一步提高。不仅采用了铸造技术，像管銎锤戈、铜铃等器类还使用了较为复杂的合范铸造工艺。

沙井文化的铜器种类变化不大。经检测分析，金昌蛤蟆墩、西岗墓地所出铜器为含少量砷和锑的高铅高锡青铜，合金成分接近，工艺性能也较稳定，说明其冶金术具有较高水平，使用了铸造及少量热锻工艺③。鉴于蛤蟆墩、西岗两座遗址均属沙井文化的晚期，以上成果代表了该文化偏晚阶段的水平。但此时沙井文化已经出现了冶铁术，产品包括农具、工具和武器，率先进入了铁器时代。

总体看，冶金术在河西走廊地区出现的时间相对较早，而且地域色彩很突出，器类以小型工具、武器和装饰品为主，形态上带有明显的北方草原色彩。研究表明，在公元前 2 千年前后，即马厂文化、齐家文化和四坝文化相互衔接的阶段，中国西部地区的冶铜业进入到重要的转折期。此前，铜器数量少，类别简单。此后，铜器数量明显增加，器类渐趋复杂，制作工艺更加进步，特别是铸造及合金工艺的使用。至此，以河西为标志，中国西部的冶铜业完成了从红铜时代向青铜时代的转变。

（五）余论

1. 收获及存在问题

1986 年 10 月至 1987 年 5～6 月进行的河西走廊史前考古调查是新中国建立以来首

---

① 北京钢铁学院冶金史组：《中国早期铜器的初步研究》，《考古学报》1981 年 2 期 287 页。
② 见本报告玉门一节。另见李水城、水涛：《公元前 1 千纪的河西走廊西部》，《宿白先生八秩华诞纪念文集》63～76 页，文物出版社，2002 年。
③ 甘肃省文物考古研究所：《永昌西岗柴湾岗——沙井文化墓葬发掘报告》292 页，甘肃人民出版社，2001 年。

次进行的全面的、系统的大规模调查，取得了一系列重要发现，收获甚丰。在此次调查获取资料的基础上，通过系统的整理研究，建立了河西走廊的史前考古学文化发展谱系，解决了以往的部分疑难问题，也提出了一系列值得继续深入思考的课题，为下一步研究提出了更高要求。

（1）收获

1）通过此次调查及初步研究，构建了该区域史前考古学文化的发展序列和文化编年。尽管还有个别空白有待于填补，也有些局部盲点需要厘清，但基本框架已经建立，并为下一步的深入研究奠定了良好基础。

2）在河西走廊东侧的古浪县首次发现仰韶文化早中期的彩陶钵。尽管目前在河西腹地尚未看到有关这方面的线索，但这个重要发现提醒要多加关注这个问题。

3）在走廊西部的酒泉照壁滩、高苜蓿地遗址发现马家窑文化遗存，将该文化的分布西界一下子向西推进了400公里。此外，这一发现也为在地理位置更西的疏勒河流域寻找马家窑文化提供了可能。

4）通过此次调查，确认了"过渡类型"遗存的存在。通过对此类遗存特征、性质和相对年代的研究，明确了河西地区的马厂文化通过"过渡类型"遗存向四坝文化演变的清晰过程。

5）对齐家文化在河西走廊西部的分布和内涵有了不同于以往的新认识。

6）对董家台文化的性质和内涵有了进一步的了解。

7）通过在瓜州（原安西）、玉门的调查，对于骟马文化的性质和内涵有了更深入的了解，明确了该文化的分布范围、相对年代，以及该文化使用陶鬲的习俗及铜器的种类和工艺特征。

8）通过对内蒙古额济纳旗绿城遗址采集遗物的观察，认识到这是一个年代晚于四坝文化、并与后者存在某种联系的史前遗存。

（2）存在的问题

1）迄今为止，尚未在河西走廊发现年代早于马家窑文化的土著遗存。河西地区是否存在类似青海贵南拉乙亥遗址那样的细石器遗存？尚无任何线索，这将是下一步需要努力的目标。

2）从河湟地区迁徙到河西地区的马家窑文化经历了怎样的发展历程？类似的迁徙活动是一次性的，抑或是持续不断的？

3）至今在河西地区没有发现典型的半山文化？特别是早期的半山文化。这一区域内的马家窑文化、半山—马厂文化是怎样的关系？这种不整合的文化现象是否与不同时期的移民先后进入河西地区有关？

4）河西走廊的齐家文化有着怎样的发展历程？该文化分布的西界在何处？西部的

齐家文化与"过渡类型"共存是相互之间的融合？抑或是陶器贸易使然？

5）自"过渡类型"遗存开始向新疆东部迁徙，这一现象持续到四坝文化，是何原因和压力导致河西地区的史前文化继续向西迁移？

6）河西地区的四坝文化发展到哪里去了？额济纳旗绿城遗址含彩陶和陶鬲的遗存是否代表了四坝文化的去向？

7）骟马文化从何发展而来？又去了哪里？该文化使用陶鬲的习俗与沙井文化的影响有关吗？

看来，河西地区的史前文化还有不少谜团有待于破解。需要继续加强在这一区域的调查研究，弥补缺环，加强系列的年代检测，确定各考古学文化的绝对年代和相互关系。

2. 东西方早期文化交流

这个问题包括两个层面：公元前4000年以降，地处中原腹心地带的考古学文化开始四处扩张。这一方面导致中原的强势文化不断地向周边的考古学文化注入活力，另一方面也对各地的弱势土著文化造成巨大的冲击和挤压。这个现象在中国西北地区表现得尤为突出。

公元前3500年前后，地处陇山左近的仰韶文化逐步向西扩散，向西向南分别进抵河湟地区和岷江上游。至马家窑文化阶段，西迁趋势愈演愈烈。到了公元前3千纪后半叶的龙山时代，地处关中的客省庄文化再次向西北寻求发展空间，并在其西迁过程中造就了齐家文化。随着齐家文化西进至洮河流域和湟水河谷，土著的马厂文化被挤压到更为偏远的黄河上游、河西走廊。马厂文化到"过渡类型"期间，占据了河西走廊西部的广大地区，并与齐家文化保持密切的接触，与此同时，不知何因又出现了新一轮的西进大潮，"过渡类型"和四坝文化的领地进一步扩展到新疆东部的哈密地区。以上趋势全面展现了中原系统的考古学文化不断向西发展和人群迁徙的过程。

伴随着上述持续的族群迁徙和文化扩张，也极大地带动了不同区域间的文化交互，促进了不同文化群体的接触交流。中国的大西北已属于广义的中亚范畴，这里与中亚、阿尔泰、俄罗斯南西伯利亚和蒙古毗邻，相互间的接触频率高，交流面广，因此成为黄河文明与中亚文明接触的前哨，而率先迁徙进入河西走廊的马家窑文化、马厂文化和四坝文化成为最有机缘与"域外"文明进行接触与文化交流的群体。

根据现有的发现，有关东西方早期文化交流的实例有如下一些：

1）在甘肃民乐东灰山遗址发现了距今4500年左右的麦类作物。现有的发现与研究表明，小麦与大麦是在地中海东岸的利万特（Levat）最早被驯化栽培的，时间早到距今约 10000 年。河西走廊发现的早期麦类作物显然应来自西方[①]。

2）考古发现和动物考古研究表明，绵羊、山羊、牛、马、骆驼等食草类动物是在西亚和中亚一带率先被驯化的。绵羊、山羊和牛的驯化时间很早，大约在距今 8000 年，马和骆驼等大型食草动物约在公元前 2 千纪在中亚一带被驯化。后来，这些驯化的家畜通过新疆传入中原内地[②]。在这个过程中，河西走廊扮演了怎样的角色？这是一个重要的研究课题。

3）现有考古发现表明，中国西部考古发现的早期铜器数量明显高于中原腹地，而且年代早，形制也较特殊。中国西部的冶金术（冶铜和冶铁）均早于中原，后者发达的冶金术很可能是在外力作用下经中国西部的影响发展起来的[③]。这一事件的深层背景与东西方的文化交互有关，中国西部的史前文化率先接触到来自中亚一带的冶金术，继而通过河湟地区影响到中原内地。这其中，四坝文化的砷铜合金技术与西亚和中亚的早期冶金工艺发展历程相似，应该有东西文化交流影响的因素[④]。但也有学者对此不认同，认为砷铜合金是早期冶金术的普遍现象，其中所含的砷并非工匠有意的合并，而是铜矿石内所含杂质使然[⑤]。要真正解决这个问题，还需要更加深入的研究。

4）世界上最早的权杖出现在西亚和埃及，河西走廊很早就出现了权杖头这一文化特质，这不是黄河文明的原创，而是西亚通过中亚向远东施加影响的结果[⑥]。近年来在新疆不少遗址都发现了此类遗物，进一步证实了这一认识。

总之，上述一系列发现为探索东西方早期文化交流提供了重要信息，要解决这些问题，在时间和空间上都绕不开河西走廊。这也是我们此次河西史前考古调查的重要收获之一。

[①]　李水城：《中国境内考古所见早期麦类作物》，《亚洲文明》（第 4 集）50～72 页，三秦出版社，2008 年。

[②]　Rowan K. Flad, Yuan Jing and Li Shuicheng, Zooarchaeological Evidence for Animal Domestication in Northwest China, *Late Quaternary Climate Change and Human Adaptation in Arid China*, pp. 167 – 203. edited by David B. Madson, Chen Fa-hu and Gao Xing, Elsevier (Amsterdam Boston Heidelberg London New York Oxford Paris San Diego San Francisco Singapore Sydney Tokyo), 2007.

[③]　李水城：《西北与中原早期冶铜业的区域特征及交互作用》，《考古学报》2005 年 3 期 239～278 页。

[④]　李水城：《西北与中原早期冶铜业的区域特征及交互作用》，《考古学报》2005 年 3 期 239～278 页。

[⑤]　孙淑云、韩汝玢：《甘肃早期铜器的发现与冶炼、制造技术的研究》，《文物》1997 年 7 期 75～84 页。

[⑥]　Li, Shuicheng (2002), The Mace-head: An Important Evidence of the Early Interactions along the Silk Roads, In *Commemoration of Completion of the Hyrayama Silk Roads Fellowships Programme UNESCO International Symposium on the Silk Roads*, pp. 157 – 160.

3. 理论建设

中国西部的史前文化和社会发展进程与中原内地有着很大的不同。特别是在齐家文化之后，西北地区相继出现数支青铜文化并存、各自割据一方的局面，这也为日后西部地区多民族混杂、各种经济成分并举的文化格局打下了深深的烙印。

中国西北地区的史前文化发展表现出逐渐分化、群体规模不断萎缩、各自割据一方、诸多民族杂处的态势。直至汉武帝时才最终纳入统一的王朝体系。这与中原地区自公元前4千纪开始出现大规模的扩张融合、整合不同的群体文化、向着集中强化的演进历程形成巨大的反差。这种我们姑妄称之为"西北模式"的文化发展进程对于深入理解多线进化理论、解读中原以外各边地的文化演进历程提供了重要的实例，由此引出的一系列研究课题对于中国考古学的理论建设也是大有裨益的。

附录一　河西走廊史前遗址一览表

李水城

（北京大学考古学系）

县市	乡镇	遗址名称	考古学文化	时代	面积（平方米）	文化层（米）
景泰	芦阳镇	席滩	半山	新石器	24000	0.2～1
		张家台	半山	新石器	150000	1～2
		营盘台	半山	新石器	150000	1～2
	喜泉乡	喜集水	半山	新石器	15000	1～2
	八道泉乡	猎虎山	半山	新石器	1000	0.3
永登	红城镇	岔路口	马厂	新石器	2800	0.5～1
		凤凰山	马厂	新石器	45000	0.5
		薛家坪	马厂	新石器	160000	0.7～1.3
		把家坪	马厂	新石器	200000	1
		庙儿坪	马厂	新石器	120000	1.2～2.7
		大坪	马厂	新石器	75000	1.5
		葛砂沟	马厂	新石器	150000	1.5
		张河台	马厂	新石器	4000	0.3
		庙湾墓群	马厂	新石器	1200	
	连城镇	连城	马家窑	新石器	30000	0.5～2
		圆台	马家窑—马厂	新石器	40000	0.3
		空壕	马家窑—马厂	新石器	150000	1
		杨家墩	马家窑—马厂	新石器	7500	0.3～1
		杜家坪	马家窑—马厂、辛店	新石器 - 青铜	24000	1～1.5
		地湾	马厂	新石器	3500	0.2～0.3

续表

县市	乡镇	遗址名称	考古学文化	时代	面积（平方米）	文化层（米）
永登	连城镇	金门台	马厂	新石器	3850	0.4～1
		山城坪	马厂	新石器	37500	0.5
		山岑坪	马厂	新石器	30000	0.3～1.5
		西瓜园	马厂	新石器	30000	0.5
		省家庄	马厂	新石器	100000	0.7～1
		下坪墓群	马厂	新石器	10000	
		二关堡坪墓群	马厂	新石器	10000	
		嘛呢疙瘩墓群	马厂	新石器	12000	
	苦水乡	砂沟口	马家窑—齐家	新石器—青铜	25000	0.5～1
		团庄	马家窑—马厂	新石器	100000	1～1.5
	河桥镇	蒋家坪下坪	马家窑—马厂	新石器	45000	0.5～1.5
		蒋家坪上坪	马家窑—马厂	新石器	20000	0.8
		盘盘山	马家窑—马厂	新石器	7000	0.5
		马军坪	马厂	新石器	45000	0.3
		四渠	马厂	新石器	15000	0.3～1.1
		乐山大坪墓地	半山—马厂	新石器		
		鳌塔	马厂	新石器	10000	0.4～0.7
		古城子	马厂	新石器	300000	0.3～1
		小岭坪	马厂	新石器	60000	0.5～1.5
		长阳圧墓群	马厂—辛店	新石器—青铜	12000	0.5
		长阳圧遗址	马家窑	新石器	1800	
		鳌塔墓群	半山—马厂	新石器	60000	
		峨岜坪墓群	马厂	新石器	12000	
	龙泉寺乡	喇嘛台墓群	马厂	新石器	2000	
		山岑坪墓群	马厂	新石器	18000	
		杨家营一区	马厂	新石器	120000	0.4～0.6
		杨家营二区	马厂	新石器	150000	不详
		上坪	马厂	新石器	400000	1.5
		下坪	马厂	新石器	210000	1.5
		惠家坪	马厂	新石器	120000	0.5～1.5

续表

县市	乡镇	遗址名称	考古学文化	时代	面积（平方米）	文化层（米）
永登	龙泉寺乡	柴家坪	马厂	新石器	30000	0.5
	大同乡	徐槽沟	马厂	新石器	17500	1.2～2.3
		贾家场	马厂	新石器	20000	0.5～1
	柳树乡	龙家湾	马厂	新石器	300000	1～1.5
		前坪	马厂	新石器	20000	0.5～1.5
	中堡镇	翻山岭	马厂	新石器	45000	1～1.5
		邢家湾	马厂	新石器	25000	0.5～1
		马场沟	马厂	新石器	15000	0.5
		翻山岭墓群	马厂	新石器	1500	
	金嘴乡	向阳屲墓群	马家窑	新石器	1800	
	树屏乡	榆树沟墓群	沙井（？）	青铜		
	城关镇	大沙沟	马厂	新石器	55000	0.3
		朱砂湾	马厂	新石器	375000	0.3～0.5
		红砂川	马厂	新石器	50000	0.5～1
		东坪	马厂	新石器	1800	0.2～0.5
天祝	东坪乡	小沟	马家窑—半山—马厂	新石器	15000	1.4
		罗家湾	马家窑—马厂—辛店	新石器—青铜	200000	1.2
	天堂乡	那威村	齐家	青铜		
	安远镇	董家台	董家台	青铜		
古浪	土门镇	浪湾	马厂	新石器	800000	0.5～1
		杨家场	马厂	新石器	500000	0.6～1.1
		三官	马厂	新石器	90000	
		过草沟	马厂	新石器	1000000	1
		清萍	马厂	新石器	30000	0.5
		台子	马厂	新石器	120000	1
		青石湾子	马厂	新石器	250000	0.5
		谷地沟	齐家	青铜	400000	0.8～1.2
	裴家营乡	老城	马厂	新石器	200000	1
		营盘梁	马厂	新石器	60000	0.5～0.8

续表

县市	乡镇	遗址名称	考古学文化	时代	面积（平方米）	文化层（米）
古浪	裴家营乡	高家滩	马厂	新石器	200000	0.6~1
		陈家庄	马厂	新石器		
	定宁乡	水口子	马厂—齐家	新石器-青铜	60000	0.8
		魏家崖	马厂	新石器	20000	1~1.5
		黄家墩	马厂	新石器	150000	0.6~1
	十八里堡乡	王家河	马厂	新石器	810000	1
	海子滩	海子滩	马厂	新石器	300000	1.2
		土沟井	马厂	新石器	90000	
	民权乡	潘家嘴	马厂	新石器	12000	0.8~1.2
		三角城	仰韶	新石器		
		鱼儿山	马厂	新石器	15000	
	黑松驿乡	小坡	马家窑—马厂	新石器	150000	0.5~1
		谷家坪滩	马厂	新石器	120000	0.6~0.8
	永丰滩乡	白板滩	马厂	新石器	1200	
		王家窝铺	马家窑	新石器		
		六墩	马厂	新石器	150000	0.8~1.2
	胡家边乡	朵家梁	半山—齐家	新石器—青铜	100000	1
	大靖镇	大墩滩	马厂	新石器	60000	0.5
	西靖乡	古山墩	马厂	新石器	120000	
	泗水乡	李圪塔	齐家	青铜	30000	1
		蓆芨沟	沙井	青铜	100000	
	城关镇	土坝	董家台	青铜	25000	1.5
		西台	马厂	新石器	75000	0.6~1
		双汉店	马厂	新石器	110000	1
		定宁寨	马厂	新石器		
		大坡	马厂	新石器		1.5
		丰泉村砖厂	马厂	新石器		0.6~1
	黄花滩乡	陈家厂子	马家窑	新石器		1
		周家山	马厂	新石器		
		四墩	董家台	青铜		

右上角：续表

县市	乡镇	遗址名称	考古学文化	时代	面积（平方米）	文化层（米）
武威	下双乡	瓦罐滩	马家窑	新石器	250000	0.2～0.5
	东河乡	王景寨	马家窑—马厂	新石器	2000000	
		新墩滩	马厂	新石器	450000	0.5
	庙山乡	小崖子疙瘩	马厂	新石器	160000	0.3～1
		李府寨	马厂	新石器	150000	1.1
		鱼儿山	马厂	新石器		
		陈家疙瘩	马厂	新石器		
		纱帽山	马厂	新石器		
		毛家头山	马厂	新石器		
	西营乡	五沟湾	马厂	新石器	75000	0.4～1.2
	四坝乡	半截墩滩	半山—马厂	新石器	600000	1～3
	南营乡	青嘴湾子	马厂	新石器	15000	
	中路乡	磨庄子	马厂	新石器	100000	
	长城乡	北湾	马厂	新石器	10000	0.8
		桦杨墩滩	马厂	新石器	250000	1.2
		头墩营	马厂	新石器	750000	0.2～1.2
		驼骆骆垵	马家窑—马厂—齐家—沙井	新石器—青铜		
		王家台	马厂	新石器		
		李家新庄	马厂	新石器		
		六坝坪	马厂	新石器		
	新华乡	磨嘴子	马厂—齐家	新石器—青铜	40000	1.2
		茂林山	马厂	新石器	60000	2.5
		五坝山	马家窑	新石器		
		寺底下	马厂	新石器		
	吴家井乡	七星三队	马厂	新石器	20000	1.2
		小甘沟	马厂	新石器		
	丰乐镇	郭家山	马厂	新石器	50000	1.8～2.2
		棋盘山	马厂	新石器	200000	0.5
		新寨	马厂	新石器	25000	1.2

续表

县市	乡镇	遗址名称	考古学文化	时代	面积（平方米）	文化层（米）
武威	黄羊镇	新店	马厂	新石器	60000	0.8~1
	古城乡	塔儿湾	马家窑—马厂	新石器	800000	0.2~2.8
	金羊乡	皇娘娘台	齐家	青铜	370000	0.6~3.7
		海藏	齐家	青铜	5000	1~2
	九墩乡	小泉塌墩	马家窑	新石器		
	张义乡	小洪沟	马厂	新石器		
民勤	薛百乡	柳湖墩	沙井	青铜	15000	0.3
		黄蒿井	马家窑—沙井	新石器—青铜		
		茨茨槽	马家窑	新石器		
	红沙梁乡	三角城	沙井	青铜	4000	0.6
	西渠镇	柴湾	沙井	青铜	10000	0.9
		火石滩	沙井	青铜		
	大滩乡	大滩	沙井	青铜	250000	0.2
		北新	沙井	青铜	250000	0.2~0.3
	昌宁乡	四方墩	沙井	青铜	3000	0.3
	泉山镇	小井子滩	沙井	青铜	100000	0.4
		砖井道	沙井	青铜		
金昌	双湾乡	九个井	马厂	新石器	400000	0.5~1
		三角城	马厂—沙井	新石器—青铜		0.5~2.2
		野马墩	马厂	新石器		
		大河滩墓群	马厂	新石器	320000	
		西岗墓地	沙井	青铜	150000	
		柴湾岗墓地	沙井	青铜	2500	
		蛤蟆墩西	马家窑	新石器		
		蛤蟆墩墓群	沙井	青铜	700	
		上土沟岗	沙井	青铜	700	

县市	乡镇	遗址名称	考古学文化	时代	面积（平方米）	文化层（米）
金昌	金川区	新华墓群	马厂	新石器	150000	
	宁远堡乡	夹沟墓群	马厂	新石器	105000	
		上高崖墓群	马厂	新石器	60000	
		下高崖墓群	马厂	新石器	20000	
		高四墩墓群	马厂	新石器	90000	
		黄毛沟墓群	马厂	新石器	50000	
		夹沟	马厂	新石器		
永昌	六坝乡	北滩	马厂	新石器	30000	0.2~2
		下滩	马厂	新石器	60000	0.2~0.3
		大墩井墓群	马厂	新石器	120000	
		九坝滩墓群	马厂	新石器	150000	
	水源乡	乱墩子	马厂	新石器	45000	0.2
		双豁落滩墓群	马厂	新石器	10000000	
	河西堡镇	鸳鸯池墓地	马厂	新石器	200000	
		西庄墓群	马厂	新石器	8000	
		黑石嘴墓地	马厂	新石器	20000	
		火石台墓地	马厂	新石器	500	
		河西堡墓地	马厂	新石器	200000	
	红山窑乡	上北滩墓地	马厂	新石器	30000	
		下安门遗址	马厂	新石器	400000	
	东寨乡	北山湾墓群	马厂	新石器	15000	
		马家湾墓群	马厂	新石器	200000	
		二坝墓群	马厂	新石器	60000	
	焦家庄乡	水磨关	马厂	新石器	6600	
		窄峡寨墓群	马厂	新石器	150000	
	新城子镇	马营沟墓群	马厂	新石器	5000	
	北海子乡	马家山湾墓群	马厂—齐家	新石器—青铜	2400	

续表

县市	乡镇	遗址名称	考古学文化	时代	面积（平方米）	文化层（米）
永昌	二坝乡	风垄庄	马厂	新石器		
		高庙	沙井	青铜		
山丹	城关镇	壕北滩	四坝	青铜	200000	0.3～0.8
	清泉乡	四坝滩	马厂—四坝	新石器—青铜	200000	0.5～3
		草场洼墓地	马厂	新石器	4000	
	东乐乡	山羊堡滩	四坝	青铜	800000	0.5
民乐	六坝	东灰山	四坝	青铜	240000	0.5～2
	李寨	西灰山	四坝	青铜	150000	0.5～1.5
张掖	明永乡	西城驿	马厂—齐家—四坝	新石器—青铜	350000	0.3～1.8
	大满镇	西闸村	马厂	新石器		
		滚家村	？（有彩陶）	？		
		毛家寺	？（有彩陶）	？		
	乌江乡	下崖子	马厂	新石器		
	沙井乡	上寨				
	甘俊乡	西洼	马厂	新石器		
		碱滩	马厂	新石器		
		老寺庙农场	马厂	新石器		
		安阳	马厂	新石器		
		花寨	马厂	新石器		
高台	红崖子乡	直沟沿	马厂	新石器		
		六洋坝	四坝	青铜	240000	
		羊蹄古城	彩陶（？）	？		
肃南	降畅河北	波罗台子	马厂	新石器		
	城关区	喇嘛坪	马厂	新石器		
酒泉	清水镇	西河滩	马厂—四坝	新石器—青铜	2400000	0.4～0.5
	下河清乡	下河清	马厂	新石器	20000	0.4
	丰乐乡	高苴蓿地	马厂	新石器	40000	0.3～0.5
		夹梁	四坝	青铜	1000	？
		大树台	四坝	青铜、汉	5000	0.1～0.2

续表

县市	乡镇	遗址名称	考古学文化	时代	面积（平方米）	文化层（米）
酒泉	丰乐乡	干骨崖墓地	四坝	青铜	4000	
		干骨崖遗址	马厂—四坝	新石器—青铜	200000	0.1～0.5
		照壁滩	马家窑—马厂	新石器	4000	
		东岭岗	马家窑—马厂—齐家—四坝	新石器—青铜	200	
		三坝洞子	四坝	青铜	5000	
		刘家沟口	四坝	青铜	500	
	金佛寺镇	西高疙瘩滩	马厂	新石器	160000	0.3
		古坟滩	四坝	青铜、汉	200000	0.35
	怀茂乡	红山湾	四坝	青铜	1000	0.1～1.2
	果园乡	赵家水磨	马厂—四坝—骟马	新石器—青铜	30000	0.6～1
	总寨镇	孟家石滩	四坝	青铜	3000	0.3～0.5
		三奇堡	马厂—四坝	新石器—青铜	5000	0.3～0.8
		柴石滩	四坝	青铜	4200	0.1～0.3
		崔家南湾	四坝	青铜		
金塔	金塔乡	砖沙窝	马厂	新石器	10000	0.5
		西三角城西	四坝	青铜	15000	0.5
		小三角城	四坝	青铜	15000	0.5
		长沙窝井	四坝	青铜	40000	0.5
		石岗	四坝	青铜	75000	0.5
		板地井南2号	四坝	青铜	7500	0.1～0.6
		沙门井北	四坝	青铜	6400	0.5
		沙窝东	四坝	青铜	5000	0.1～0.2
		秃疙瘩3号	四坝	青铜	900	0.3
		一堵墙北2号	四坝	青铜	4000	0.15
		上黄刺梁	四坝	青铜	3500	0.3～0.45
		火石滩	四坝	青铜	75000	0.1～0.5

续表

县市	乡镇	遗址名称	考古学文化	时代	面积（平方米）	文化层（米）
金塔	金塔乡	转嘴东	四坝	青铜	75000	0.5
		窑洞滩东1号	四坝	青铜	175000	0.1~0.8
		琵琶头湾	四坝	青铜	45000	0.5
	大庄子乡	行口	四坝	青铜	15000	0.8
		二道梁	马厂—四坝	新石器—青铜	20000	0.5~0.8
		尖顶井南2号	四坝	青铜	30000	0.5
		尖顶井南3号	四坝	青铜	20000	0.8
		尖顶井南4号	四坝	青铜	10000	0.3~0.5
		尖顶井南5号	四坝	青铜	30000	0.1~0.5
		西沙井	四坝	青铜	200	0.2~0.6
		黄鸭墩西	四坝	青铜	1000	0.1
		羊头泉	四坝	青铜	62500	0.1~0.4
		三道沙行东	四坝	青铜	75000	0.2
		火石梁西	四坝	青铜	30000	0.2~0.4
		甘草秧井东	四坝	青铜	70000	0.17
		缸缸洼	马厂—四坝	新石器—青铜	75000	0.9
		缸缸洼西口	四坝	青铜	50000	0.1~0.5
		火石梁	四坝	青铜	95000	0.3~2.2
		火石梁西2号	四坝	青铜	2000	0.2~0.5
		尖顶井1号	四坝	青铜	14700	0.09
玉门	花海乡	沙锅梁	四坝	青铜	6000000	0.7~1.5
		古董滩	骟马	青铜	560000	
		下灰庄	四坝	青铜	3000000	
		小金湾墓地	四坝	青铜	已毁	
	赤金镇	天津卫	四坝	青铜	1000000	不详
	清泉乡	骟马城	骟马	青铜	？	
		火烧沟墓地	四坝	青铜	已发掘	
		火烧沟路南	四坝—骟马	青铜	已发掘	
		大坎湾	四坝	青铜	3000	
	昌马乡	拱柏滩	四坝	青铜	？	

续表

县市	乡镇	遗址名称	考古学文化	时代	面积（平方米）	文化层（米）
瓜州（原安西）	布隆吉乡	兔葫芦	四坝—骟马	青铜	250000	0.6
	桥子乡	鹰窝树遗址	四坝	青铜	300000	0.35～0.55
		鹰窝树窑址	四坝	青铜	500	1.4
		鹰窝树墓地	四坝	青铜		
	河东乡	五道沟		青铜	500000	
	南岔乡	塔儿泉墓群	春秋—秦	青铜	250000	
	双塔乡	潘家梁墓地	过渡类型	新石器		
敦煌	南湖乡	西土沟	马厂—骟马	青铜	6500000	
		红山口	骟马	青铜	1200	
		古董滩	骟马	青铜		
	转渠口乡	五圣宫	四坝（？）	青铜	1400000	不详
	玉门关	马圈湾	骟马	青铜		
肃北	马鬃山镇	河盐湖径保尔草场	四坝—骟马	青铜	2000000	
	党城湾镇	哈然扎德盖		旧石器		地表1米以下

说明：

1. 在《河西史前考古调查报告》编写后期，甘肃省文物考古研究所赵雪野先生提供了河西走廊部分县市的文物普查资料，现将这批资料重新整理核对，并与以往调查所得合并制成《河西走廊史前遗址一览表》，作为附录收录。在此特向赵雪野表示感谢！

2. 此表收录遗址时代局限于先秦时期。有些遗址面积达上百万平方米，因为包含了汉代及以晚的墓群，史前阶段的遗址均达不到这一规模。特此说明。

附录二 酒泉高苜蓿地、照壁滩遗址 出土早期铜器鉴定报告*

孙淑云

（北京科技大学冶金与材料史研究所）

酒泉干骨崖出土早期铜器 2 件（图版三二，1、2），对其进行扫描电镜 X 射线能谱分析和金相检验的结果如表一、二所示。

表一　酒泉高苜蓿地、照壁滩遗址出土早期铜器成分分析结果

实验室编号	器物名称原编号	分析部位	重量（%）							
			铜（Cu）	锡（Sn）	砷（As）	铅（Pb）	铁（Fe）	硫（S）	氯（Cl）	其他
1722	铜块 87JG–I–049	残留金属 1	98.1	0.0	微	0.0	微	0.0	0.0	硅（Si）微
		残留金属 2	98.0	0.0	微	0.0	微	0.0	0.0	硅（Si）微
		残留金属 3	97.5	微	微	微	0.0	0.0	微	–
1723	锥 87JFZ–Ⅲ–001	残留金属 1	99.0	微	微	微	0.0	0.0	0.0	–
		残留金属 2	99.1	0.0	微	微	0.0	0.0	0.0	–

注：表中"微"表示此元素含量甚低，已超出仪器精确检测的范围；"–"表示在 X 射线能谱图上未见其他元素峰存在。

* 本文对甘肃酒泉出土的 2 件铜器的金属学分析研究，属于教育部科学研究重点项目"早期冶金技术对中华文明起源的作用"（99015）和博士点基金项目"中国西北地区的早期冶金技术对中华文明形成的影响"（20010008006）的研究内容，得到经费资助，特此感谢。

表二　酒泉高苜蓿地、照壁滩遗址出土早期铜器金相检验结果

实验室编号	器物名称及原编号	金相组织
1722	铜块 87JG - Ⅰ - 049	铸造红铜 α 等轴晶组织，晶粒存在拉长变形现象（图版三二，1）
1723	锥 87JFZ - Ⅲ - 001	红铜 α 固溶体再结晶晶粒及孪晶组织。局部晶粒变形，孪晶界弯曲（图版三二，2）。此样品为红铜热锻组织，局部经冷加工

附录三 瓜州（原安西）鹰窝树墓地采集及出土四坝文化铜器鉴定报告[*]

孙淑云

（北京科技大学冶金与材料史研究所）

我们对甘肃瓜州鹰窝树四坝文化铜器7件进行扫描电镜能谱分析，并对其中4件进行了金相检验（图版三二，3~6）。分析检验结果（表一、二）表明，7件材质都是锡青铜，1件锻造成形，其余3件都为铸造成形。

表一 铜器成分分析结果

实验室编号	名称原编号	分析部位	重量（%）							其他
			铜（Cu）	锡（Sn）	砷（As）	铅（Pb）	铁（Fe）	硫（S）	氯（Cl）	
1724	刀柄（86AY－006）	金属部位	89.1	10.0	0.0	0.0	微	0.5	0.3	
		金属部位	79.6	19.4	0.0	0.0	微	0.4	0.4	
1725	镞（86AY－004）	内部锈蚀1	74.4	0.0	0.0	0.0	0.0	0.3	25.4	
		内部锈蚀2	79.6	16.8	0.0	0.0	微	0.5	3.1	
1726	锥（86AY－007）	金属部位	94.8	4.9	微	0.0	0.0	0.0	0.0	
		内部不完全锈蚀区域1	86.0	11.9	0.0	0.0	微	0.5	1.4	
		内部不完全锈蚀区域2	83.5	12.7	0.0	0.0	微	0.5	3.1	
		内部不完全锈蚀区域3	69.9	21.6	微	0.0	微	0.2	7.6	

* 对甘肃瓜州鹰窝树遗址四坝文化7件铜器的金属学分析研究，属于教育部科学研究重点项目"早期冶金技术对中华文明起源的作用"（99015）和博士点基金项目"中国西北地区的早期冶金技术对中华文明形成的影响"（20010008006）的研究内容，得到经费资助，特此感谢。

续表

实验室编号	名称原编号	分析部位	重量（%）							其他
			铜（Cu）	锡（Sn）	砷（As）	铅（Pb）	铁（Fe）	硫（S）	氯（Cl）	
1727	扣（86AY-009）	内部锈蚀1	74.1	14.4	微	0.0	0.1	0.6	10.0	
		内部锈蚀2	74.1	微	0.0	0.0	0.0	0.6	25.2	
		内部锈蚀3	29.6	62.4	微	0.0	微	1.2	5.8	
1728	耳环（86AY-008）	锈蚀外层	97.9	微	微	0.0	0.0	微	1.5	
		中心锈蚀1	68.7	28.0	微	微	0.0	0.6	2.3	
		中心锈蚀2	52.1	43.0	微	微	0.0	1.0	2.3	
1729	镞（86AY-005）	枝状锈蚀深色	54.9	26.2	微	0.0	微	0.5	17.3	
		枝状锈蚀浅色	27.1	63.7	0.0	0.0	微	0.4	8.3	硅（Si）微
1730	刀（86AY-M3:4）	内部锈蚀1	87.3	9.9	0.0	微	0.0	0.3	1.8	
		内部锈蚀2	79.1	3.9	0.0	微	微	0.5	16.4	

注：表中"微"表示此元素含量甚低，已超出仪器精确检测的范围。

表二　铜器金相检验结果

器物及编号		金相组织
1724	刀柄（86AY-006）	铜锡 α 固溶体枝晶偏析，大量细小 δ 相。部分 δ 相以及 α 枝晶富锡部分遭腐蚀呈黑色（图版三二，3）。样品为锡青铜铸造组织
1726	锥（86AY-007）	铜锡 α 固溶体枝晶偏析，并有（ $\alpha + \delta$ ）共析组织存在。样品表面枝晶发育较中心好。表面锈蚀沿枝晶富锡部位向内部伸展。部分（ $\alpha + \delta$ ）共析组织也遭腐蚀（图版三二，4）。此样品为锡青铜铸造组织
1728	耳环（86AY-008）	样品全部锈蚀。经扫描电镜观察和能谱分析锈蚀分层，不同部位锈蚀的成分不同，内部中心部位锡含量达28%～43%，可观察到 α 固溶体等轴晶粒，晶界明显（图版三二，5）。外层锈蚀锡含量仅有0.46%，主要是铜的氧化锈蚀产物。此样品似锡青铜热锻组织
1729	镞（86AY-005）	样品全部锈蚀。不同区域锈蚀产物不同，表面为铜的氧化锈蚀产物碱式碳酸铜和氧化亚铜，偏光下观察呈绿色和红色，同时有少量氯化物。内部锈蚀为铜、锡的氧化物及氯化物。部分区域锈蚀还保留着树枝状晶形态，成分上有偏析，金相观察有深、浅不同之区别。局部有滑移带残留痕迹，扫描电镜下观察十分明显（图版三二，6）。此样品为锡青铜铸造组织，局部具有冷加工组织

以上分析检验结果表明，鹰窝树四坝文化铜器都是锡青铜制成，材质较纯净，以铸造成形为主。但由于检验的铜器数量少，仅 7 件，故分析检验结果的代表性还有待更多的样品结果来验证。此外，样品锈蚀较严重，影响进行金相检验。此次虽然热锻组织的样品仅发现 1 件，但说明鹰窝树四坝文化铜器的制作与干骨崖四坝文化铜器一样有铸也有锻。

锈蚀的分析表明，此 7 件样品都有氯，有的氯含量较高，建议在保存样品时注意防止青铜疫的发生。

附录四　河西走廊史前考古调查记略

（1986 年 9 ~ 12 月）

李水城

（北京大学考古学系）

9 月 6 日

李水城乘火车从成都抵达兰州。水涛前往接站，入住甘肃省文物考古研究所水涛宿舍。

9 月 7 日

参观甘肃省博物馆"丝绸之路"展览。是时，偶遇中国科学院院长方毅先生参观展览。

9 月 8 日

上午，会见甘肃省文物考古研究所蒲朝绂先生。蒲先生是甘肃省文物考古研究所的前辈，曾与严文明先生一同发掘兰州青岗岔遗址。先后主持发掘广河地巴坪、兰州土谷台、永昌鸳鸯池、金昌三角城及西岗、柴湾岗等多处遗址。此后，参观甘肃省文物考古研究所库房。下午，李水城在水涛陪同下拜会甘肃省文物考古研究所副所长张学正先生，就河西走廊史前考古调查交换意见。张学正先生建议李水城最好去发掘临夏盐场辛店文化墓地，后就河西走廊的史前考古调查达成初步意向。

9 月 9 日

上午，继续在甘肃省文物考古研究所库房观摩文物并作记录。下午，前往市区购物，为即将开始的野外考察做准备。

9 月 10 日

上午，前往甘肃省博物馆历史部会见张朋川先生。再次参观甘肃省博物馆的历史文物展。

9 月 11 日

李水城感冒发烧，水涛陪同前往甘肃省陆军总医院看医生。

9月12日

上午，预定去酒泉的火车票。再次前往市区购买考察用具。顺道前往兰州市博物馆，因闭馆，未能参观。

9月13日

上午，准备野外考察资料。下午，前往甘肃省文物考古研究所库房观摩火烧沟墓地出土陶器。

9月15日

上午9：30，李水城、水涛乘243次普快列车前往酒泉。

9月16日

凌晨4时许抵达酒泉火车站。车站距市区很远。据说中国西部的火车站都是前苏联专家帮助选点设计，距城市远是出于备战需要，但极不方便。出站后，汽车站人多车少，场面极度混乱，毫无秩序可言。好不容易才挤进赶往市区的巴士。7时许在街上小摊点早餐，随即搭乘长途汽车赶往敦煌。车到安西县小憩，李水城下车购物发现钱包和所有证件均遭窃，估计是凌晨在酒泉火车站挤乘汽车时被窃。中午1：30抵达敦煌，宿县委招待所。下午前往县博物馆拜会荣馆长。不巧，敦煌博物馆正在维修，幸好保留了一个小规模的"敦煌文物展"，展出文物中有几件出自古董滩遗址的陶片及玉门关马圈湾遗址出土的完整器，有可能是史前时期（青铜时代）的东西，敦煌的史前应延续至先秦时期。

9月17日

上午8时前往莫高窟，讲解员宣讲内容千篇一律，寡淡无味。前往鸣沙山石窟对面荒山观赏破败的佛塔，倒有几许苍凉的历史感。午餐后去敦煌研究院拜访樊锦诗院长，不遇。在楼上遇见一位四川大学毕业支边的年轻人，据说上过报纸，被树为青年支边楷模。不料此人在我们面前竟对宿白先生的研究出言不逊，面目可憎。4时许前往月牙泉。回到旅社得知当地为我们租到一辆北京吉普，翌日可前往阳关一带调查，甚慰！

9月18日

上午8时，县委招待所说有会议接待，竟然轰客人走，无理至极。无奈，只能迁至沙洲宾馆，为此耽误不少时间。10时许，乘租来的车前往阳关烽燧下的古董滩调查。第一次经历沙漠考古，天气酷热、也极干燥，出的汗很快就干了，皮肤上留下渗出的盐分。没想到沙漠里的苍蝇很厉害，不住围着你的脸打转，挥之不去，很讨厌。水涛告诉我甘肃三大石窟的三害：敦煌的苍蝇、炳灵寺的蚊子、麦积山的老鼠。有趣。由于这块沙地面积太大，我和水涛只好分别行动。我在途中发现一块含文化层的沙堆，内含一些石器和陶片，真不容易。4时许返回敦煌，前往长途汽车站购买明早去肃北的车票。

9 月 19 日

8 时，乘巴士前往肃北蒙古族自治县。一路向东南沿党河河谷行驶，大片的戈壁，景致荒凉。午前时分抵达，住县委招待所。肃北县治在党城湾镇，地方不大，四处修路，挖得乱七八糟。饭后前往当地文化局拜访，姚姓局长告知，他们仅有文物专干 1 人，已于日前赴北京参加国庆调演，无法观看当地所藏文物。下午，李水城再次前往文化局，不料姚局长竟找人打开了文物库房。此地仅藏一块半古墓砖、几件宗教文物、一块藏文（或蒙文）佛经。另有一张古弓，保存尚好，据说出自北部马鬃山区的一座冻尸墓内，时代较晚。晚饭后，前往党河岸边看看景观，与农民聊天，得知肃北地处偏鄙，但水肥草美，小麦、胡麻的产量都很高。

9 月 20 日

上午，乘长途车返回敦煌，中午抵达，仍宿县委招待所。

9 月 21 日

晨 7：40，乘长途车前往安西。10 时许抵达，宿县委招待所。前往县文化馆，方知今天是周日，无人上班。

9 月 22 日

上午，到县文化馆见到文物专干李春元。此人系老知青，酷爱历史文物，曾多次只身探险考察。他带我们观摩了馆藏文物。重点介绍镇馆之宝——象牙佛（复制品，原件藏中国历史博物馆）。此物在方寸之间雕刻近 300 位人物，描绘了佛祖释迦牟尼从诞生至涅槃的完整过程。但我们最感兴趣的是他们新近征购的一批史前遗物，大多属四坝文化。征得许可，随即对这批文物进行绘图、照相。

9 月 23 日

上午，租到北京吉普一辆，前往兔葫芦调查。此地位于西域古道上，传说唐高僧玄奘赴西天取经，在此被官卡所阻，后得贵人相助，趁夜色渡过疏勒河，前往天竺。据说文成公主当年入藏也是走这条路。兔葫芦遗址位于沙丘中，很不好找。好不容易采到一些遗物，想不到竟有陶鬲残件，这应该是目前所知鬲分布的最西界。鬲这种文化特质历来被视为华夏文明的标志物。可见，早在青铜时代，来自黄河流域的文化因素已西进至疏勒河流域了。

9 月 24 日

今日前往桥子乡。8 时许出发，路过破城子，这是座汉唐时期的古城，城墙很高，保存尚好。前行不久车子发生故障，悻悻而归。当晚，团中央组织的植草种树考察团抵达安西，当地政府非常重视，组织歌舞欢迎晚会，我等受邀前往，现场人满为患，场面嘈杂难耐。

9月25日

这两天为租车，李春元几乎跑遍全县，四处碰壁。好不容易在县粮食局租到一辆车。晨8时出发，县公安局派人同行，大概觉得考古很新鲜。快到桥子乡，路况甚差，人坐车中犹同簸中之粟，五脏六腑几乎乱了套。村子里没人知道遗址在哪儿。李春元到北桥子村找到那位经常出入遗址区域的牧羊人作向导。谁知此人不久前又捡回一批文物，当即卖给李春元。我觉得不妥，但也无奈。车子出行1时许再无路可走，遂下车午餐。安西（现瓜州）的9月，荒漠内酷热难挡，午餐只有锅盔（大饼），装在塑料桶内的水经一路加温，味道恐怖，幸好带了两个小西瓜解渴。此后一路步行，途中发现一处遗址，地表陶片、石器不少，决定返回时调查。又走了一会儿抵达鹰窝树，很快发现几座出露的墓。李水城和李春元随即进行清理。墓内所填沙土极松软，找不到墓边。奇怪的是墓内均无人骨，也不大像火葬。随葬品有陶器、铜器和金耳环等。向导见到金耳环煞是亢奋。我对他说是黄铜，但此公死活不信。但愿我们走后，这座墓地不会遭到灭顶之灾。清理工作行将结束，突然起了沙尘暴，霎时间天昏地暗，飞沙走石。原定返回调查遗址的计划也只好放弃。途中，向导在下了夹子的地方捕到一只小黄羊，腿已被夹断，连带着筋骨，仍跑得飞快，最后还是被这群人给捉住了，惊恐万状。这个小插曲让众人一度兴奋。不想乐极生悲，前行不久，车陷沙丘，一直折腾到月上中天才挣脱出来。当时我已准备露宿沙丘了。半夜返回北桥子村，就在向导家的炕上和衣而卧到天明。

9月26日

早晨起来，房东给我们每人一小碗煮黄羊的汤水，寡淡且腥膻。当地村民生活清苦，一年到头难得吃上回肉。捕到只黄羊，亲朋好友都要沾光，给我们喝点汤也就不错了。罪过啊！黄羊可是国家二类保护动物。10时驱车前往锁阳城（唐代）、五塔寺（元代）。春元执意要带我们去看附近的魏晋大墓，可车子未出锁阳城又差点陷进沙窝，司机死活不肯前行。返回桥子乡午餐，转去万佛峡（榆林窟），6时许抵达蘑菇台。此地尚未开放，工作人员带我们观摩了洞窟。有几个窟的壁画相当精美，特别是西夏的几个窟。我们在此蹭了顿晚饭，难为人家如此厚待这些不速之客。回到县城已近午夜，今日长途奔波，疲惫不堪。

9月27日

在县文化馆整理挖掘采集标本。县领导发话，必须留下鹰窝树遗址挖出的金耳环，其他文物可以带走。真不明白是当地领导乱弹琴，还是县文化馆小家子气。无奈只好同意。但我一再告诫，为了确保那座墓地的安全，此物尽可能不要展出。当晚，李水城在县招待所巧遇北京大学社会学系的蔡文眉老教授，二人站在楼道聊至月上中天，分手时相约回京继续再叙。

9月28日

清晨，乘长途巴士离开安西。11时许抵玉门镇。玉门是石油城，政府治所在老君庙，一些事业单位在玉门镇。下午到文化馆拜会王维馆长，此公天津人，系首批支边青年，对文物不大通。承蒙恩准，翌日可对当地所藏文物进行绘图、拍照。

9月29日

全天在玉门镇文化馆绘图、拍照。绝想不到此地竟藏有一批骟马文化遗物，却长期不为外界所知。不仅有陶器，还有铜器，极难得。此外，还有一些出自沙锅梁的四坝文化遗物。

9月30日

今日去酒泉，在玉门镇长途车站候车，早餐牛肉面非常牙碜。我们坐的长途车见人就停，能挤上来都是英雄。最后一车人挤成了沙丁鱼。11时抵达酒泉，宿市委招待所。下午去市博物馆，已放假。

10月1日

今日是国庆，也该休息了。水涛出身生产建设兵团，对这儿较熟，带我去逛泉湖公园。过节了，街上彩旗飘扬，节日氛围挺浓。但我等只盼望考察配备的车早日到来。

10月2日

趁着人家休假，我们去金塔。酒泉境内路况甚差，极颠簸。进入金塔，路况立马变好，心情也顿时好起来。估计是卫星基地设在金塔之故，这也是中国特色。到了金塔好不容易找到县文化馆，当地文物专干小刘是水涛办班教过的学生。国庆休假，人家还在睡懒觉。此人五短身材，非常强壮，据说有些武功。他带我们到县委招待所住下，然后租了3辆自行车，直奔县城东北的榆树井。说是15里路，我觉得足足骑了30里。时而断路就在戈壁滩上骑，颠的人手臂发麻，双股生疼。我们是根据酒泉博物馆展出的一件彩陶得知这处遗址的。到了那里，远远看见一棵榆树，据说当地人奉为神树，不得随意攀爬。河西气候干旱，不少地名与水有关。榆树极耐旱，适宜干旱地区。糟糕的是，我们在榆树井周围只发现一些汉魏时期的灰陶片。我前往不远处的沙丘，那儿不少人在挖甘草，此物可入药，也是固沙植物，越挖沙漠化越严重。想不到小刘竟在沙丘下发现一座"残墓"，随葬陶器、彩陶和上百颗小料珠，算是不虚此行。骑车返回金塔天已全黑，这一天真不易。

10月3日

早晨起身，双股甚痛，走路都困难，都是昨天骑车颠的。在文化馆见到新近征集的2件彩陶，保存极好，很像是马厂文化向四坝文化过渡之物，遂即绘图照相。下午前往长途车站，人山人海，好不容易等了张退票，挤上车又补了一张。一路黄尘滚滚，车厢空间甚低，我几乎被挤成虾米。2 个多小时站着，加上昨日骑车，疲惫不堪。至酒泉下车几不能行走。

10 月 4 日

上午去酒泉市博物馆借钱。下午前往赵家水磨调查。据 20 世纪 60 年代初的报告，这是一处马厂遗址，但今天采集的遗物完全不识其文化性质。傍晚，酒泉博物馆冯明义馆长、郭俊峰前来看望，一起晚餐。今日收到严文明先生来信，告诫调查时注意人地关系和不同时期的遗址特征。

10 月 5 日

上午我在博物馆绘图。有位着风衣操东北口音的男子进来，说是想加入我们的考察，并自我介绍是吉林大学的许永杰。未曾谋过面，但通过硕士论文知道此人。我随即邀他参与绘图。此人曾在甘肃省文物考古研究所工作，参加过大地湾遗址发掘，后考回吉大读研究生，现留校任教。今日收到张学正的来信及 3000 元汇款，可解我等燃眉之急。但车子要 10 号左右才到。

10 月 6 日

继续在博物馆绘图、照相，等待。

10 月 7 日

今天在冯明义、郭俊峰陪同下考察丰乐乡干骨崖遗址，这处遗址范围不小，既有聚落，也有墓地。采集陶片有四坝文化的，也有似为马厂文化的彩陶，相当不错。考察中发现一件大陶瓮，像是瓮棺，但不见人骨。回来顺路考察了下河清、总寨和孟家石滩等遗址。可惜，下河清遗址已破坏殆尽。

10 月 8 日

今天仍由冯明义、郭俊峰陪同考察玉门火烧沟遗址。墓地位于清泉乡学校西墙处。1976 年发掘的墓坑仍历历在目。我们的目的是寻找聚落遗址，也想了解墓地上层的堆积，我在墓坑内刮剖面，但文化层太薄，连 10 厘米都不到，且无任何包含物。他们几个在兰新公路南侧发现一些线索，但也不清楚其性质。回程顺便考察了位于白杨河畔的骟马城，城垣高耸，保存尚好，附近住着几户河南移民，一位老妇恳求我们买下她收藏的几件汉魏大陶罐，非常完整，但没法带，也不能买。最后老妇甚至央求给两袋洗衣粉的钱就行。在骟马城北侧台地发现几座被挖开的墓，人骨、棺木被随便抛弃。我借来两把锹，和水涛一通挖，一无所获。许永杰蔫不出的在冲沟里捡到块残棺板，上面竟保留墨绘的狩猎图和穹庐牛车图，殊为难得。4 时许赶到嘉峪关，拜会杨惠福关长，他是北京大学考古系 76 级学生，我们在学校都住 38 楼。他热情地邀请大家去家中晚餐。不想在此见到一位北大中文系 78 级同学，在当地报社任职，与我们的同学黄力平夫人马悦为同窗。诸位能在西北钢城相聚，不易。

10 月 9 日

继续在酒泉市博物馆整理标本，绘图、照相、装箱。

10 月 10 日

上午继续在博物馆整理、装箱。原定去玉门考察租的车子告吹。水涛等想利用空闲去地湾城，正好甘肃省文物考古研究所在那里发掘汉代烽燧。因地处军事禁区（酒泉卫星发射场），需办理各种通行证，非常麻烦。我没兴趣。

10 月 13 日

继续等待。晚饭时分，甘肃省文物考古所岳邦湖所长率领的河西岩画考察队从肃北蒙古族自治县抵达。他们也是钱粮两空。聊天时得知他们在肃北新发现一批岩画。

10 月 14 日

李水城留守酒泉，余等随岩画考察队前往 10 号地区（地湾城）参观。晚上他们回来说，此次发掘收获不大，但挖到了瑞典人贝格曼当年丢弃的酒瓶子，也算是件难得的文物。今晚，配给我们考察的车终于到了，司机姓郭。下一步可以自由行动了。

10 月 15 日

李水城突发气胸，留守酒泉。调查队在冯明义、郭俊峰陪同下前往玉门花海沙锅梁考察。今天收获颇丰，采集大量四坝文化遗物。

10 月 16 日

今天随同冯明义、郭俊峰前往玉门昌马乡，李水城抱病前往。据玉门的同志介绍，那儿曾发现四坝文化遗址。今日路程，往返 400 余公里，途中还要翻越海拔 3000 米的妖魔山，上下山时，耳朵有明显的压力感。中午抵达昌马，此地坐落在祁连山谷内，不想竟有 2 户来自温州的商人。其中一户是裁缝，租了个小套间，外屋兼作铺面，月租 30 元。他告诉我们，两台缝纫机都是到这儿买的。可见温州人不仅会经营，也很能吃苦。我们好不容易找到一口饭吃，然后去拱柏滩调查。此地位于疏勒河上游，偌大的空旷河谷，没有向导，毫无目标，盲人瞎马，结果可想而知。返回途中，我们到白杨河谷内向南继续寻找骟马遗址，仍一无所获。晚 8：00 抵达嘉峪关晚餐。返回酒泉早已月上中天。

10 月 17 日

上午在市博物馆整理采集文物。下午参观丁家闸魏晋砖画墓。

10 月 18 日

车子刚来就坏，送去修理。天气明显转凉。晚 9：30，李水城乘 244 次列车返回兰州取过冬衣物。

10 月 20 日

调查队抵张掖，考察民乐东灰山遗址，采集遗物颇丰，其性质属四坝文化。据说那里曾发现炭化小麦，也不知是何时的小麦，但这个信息很重要。

10 月 21 日

清晨，李水城乘火车返回张掖。9：00，调查队前往地区公署文化处，在卢科长陪同下前往黑水国考察，在城外路上看到有汉魏砖室墓出露。黑水国墙垣保存尚好，据说附近曾发现过史前遗物。为此，李水城沿城墙外侧走了一大圈，没任何发现。下午前往地区文化处参观当地收藏的文物。个别属于史前时期，但均系民乐东灰山所得。当地征集有一批北方青铜器，有护臂、铜鹿、车饰等，但却不许我们绘图、拍照。

10 月 22 日

清晨，许永杰离队去青海，我们送他到长途车站，相互告别！随后我们去地侯堡（匈奴）、汉屋兰县旧址考察。下午前往民乐西灰山遗址，此地位于戈壁滩内，周围无人烟，极难寻找，调查结束时天已全黑了。这是座四坝文化遗址，人为破坏很小，地表散落大量石器，采集到不少遗物。

10 月 23 日

上午前往黑河上游的龙渠乡，目的是寻找发现北方系青铜器的地点。无意间竟遇见了当年发现青铜器的那位年轻人，遂由他带路。此人一路抱怨前次上交文物给的钱太少，最后差点将我们的车引入百米深渊。到了山上方知，遗址位于海拔很高的祁连山半山腰处，根本无法前往。下午返回张掖，参观大佛寺。

10 月 24 日

上午前往肃南裕固族自治县，车行 60 公里后进山，一路崎岖蜿蜒，远处山峰已积满白雪。中午抵达红湾，县治所在，宿县委招待所。肃南人口仅 3 万，蒙古族 7000，裕固族 8000，余为汉人。此地山高天寒，屋内早已生起炉火。下午去文化馆，当地仅藏有少量汉代文物和民族宗教文物。

10 月 25 日

晨起，修车加油。午饭后路过一处养鹿场参观。行至大河乡，参观裕固族毡房，不远处卧着一条毛驴般大的黑色藏獒，狂吠不止，无人敢近。傍晚 5 时抵达高台，宿县委招待所。

10 月 26 日

上午前往县文化馆，新上任的馆长告知此地从未发现史前文物。不料随后我就在他们的小库房内找到 4 件彩陶，其中 2 件为马厂文化，2 件为四坝文化，均出自南面祁连山山前冲积扇上，可见当地业务干部之水平。随后他们坚持要我们先去考察罗城乡红山嘴遗址，并展示了几件那里新出的棺画，画为墨绘，有风景，有人物，非常不错。我们驱车沿黑河西北行，一路甚荒凉。到了那儿才知道，当地修路发现古墓，遭村民哄抢。现场狼藉一片，墓中棺木和尸骨被拉出，随葬的木质明器和陶器打碎一地，包括削制的木马、木虎等。棺木均系独木，窄小，外表绘彩。按规矩都应该运回收藏。但当地文管所没兴趣，我们也只能点到为止。调查时刮起沙尘暴，天昏地暗。由此向北不远的山顶筑有长城，估计这批墓主即当时镇守边关的官兵，造孽啊！随后我们前往村内，部分村民将哄抢文物交来，有铜尺、铜镜、木牍、丝绸等。大略属于汉魏时期。原准备下午由此去黑河北岸调查，但沙尘暴太凶猛，又无任何线索，遂返回高台。

10月27日

昨夜突降大雪，无法出野外。下午到文化馆绘图、照相。

10月28日

上午前往红崖子乡调查。此地位于祁连山山前地带，很不容易才找到一处遗址，但四野白茫茫一片，毫无收获。返回途中，道路极差，险些翻车。

10月29日

原定上午离开高台，不想县里来人告知，红山嘴墓地征集的文物必须留下。水涛为此与对方发生争执。后经请示省考古所领导，明示我们必须将文物悉数带回。这事难办！高台全力阻止我们离开，并在招待所布下眼线监控。无奈，我们只能见机行事。下午前往高台红军烈士陵园参观，麻痹对方！

10月30日

上午8∶30，县文化馆再次派员索要文物，并声言已得到省文化厅乔处长同意。水涛只好再请示省所领导。张学正回示，文物务必带回。中午11∶30，趁监控人员去吃午饭，我等立即退房，避开大道，经南华斜插至兰新公路，一路狂奔，12∶30抵临泽。到县文化馆询问，当地从未发现史前遗址。遂驱车赶往张掖，在地区文化处取到寄存的标本，继续东行。17∶00抵山丹，宿县招待所。

10月31日

上午前往县文化馆。路易·艾黎①捐赠文物陈列馆落成不久，获捐献文物3000余件，展出约千件。其中数百件为北方系青铜小件，可惜均无出土地点，年代也很混乱。当地无人陪同。午后，我们一路摸索找到四坝滩，这里是四坝文化的命名地，遗址保存尚好，采集到一些标本。

11月1日

上午到县文化馆绘图、照相。当地收藏史前文物不多，除四坝滩遗址采集品外，个别为路易·艾黎捐赠。午后扬起沙尘暴。鉴于当地再无可考察的地点，遂决定赶去永昌。下午3∶30出发，一路可见明长城时隐时现于漫漫黄沙之中，愈发显得苍凉。当

---

① 路易·艾黎为新西兰著名社会活动家，曾长期在中国工作生活，是四坝文化最初的发现者。

夜，宿永昌县招待所。

11 月 2 日

上午 10：00 去文化馆，敲门许久，方有人出来带我们去找馆长，方知今日是星期天。找到馆长，引我们再回文化馆。文物专干张育德还在睡觉，起身后介绍了永昌县的文物概况，带我们参观库房。午后陪我们去二坝乡风垄庄遗址调查，采集一批马厂文化遗物。返回文化馆绘图、拍照。

11 月 3 日

晨 7：00，街上的高音喇叭把人闹醒。今日考察任务很重。我们先是沿兰新公路西行考察了水磨关（圃园庄）遗址，采集少量马厂遗物。约 11：00 前往北山山坳内的毛卜拉乡，调查新队下安门遗址，在当地一户农家午餐。午后，沿明长城东行至金川河水库，调查马家山湾遗址，清理一座暴露的残墓，采集不少纯灰色陶片，比较少见。遗址性质既有马厂文化，也有齐家文化。返回途中，很长一段无路，车子竟在河道中前行，极危险。很晚才回到县城。

11 月 4 日

上午 10：00 出发，张育德陪同我们前往河西堡。到鸳鸯池遗址，希望能找到聚落遗址，惜无任何线索，附近村庄周围新建了工厂。正午时分赶到金昌，这里是著名的镍都，发展很快。下午 3：00，前往双湾乡三角城调查。甘肃省文物考古研究所曾在此发掘，途中路过西岗、柴湾岗，当年发掘的墓穴没有回填，人骨也没取，一切历历在目。三角城保存尚好，规模不大，城内发掘痕迹尚存，地表随处可见陶片和石器残件。

11 月 5 日

上午 10：00 与张育德分手。我们向北去民勤。这条路通向内蒙古雅布赖盐场。车行不久即进入戈壁荒漠，一路都是搓板路，每小时仅行 10 余公里。周围景观与酒泉以西的大戈壁不同。几十公里不见人烟。在阿拉善右旗与民勤岔路口附近，可见远处奔跑的小群黄羊，难得。由此东行，偶尔能见到几匹骆驼。午后 1：00 抵达民勤，宿县委招待所。下午去文化馆，无人。

11 月 6 日

上午 10：00，文管所一位李姓同志来见，向我们介绍民勤情况。特意强调沙井遗址非常不好找，车子进不去，要雇骆驼云云。我们请他尽力相助，租骆驼也行。下午我们驱车前往县城西北 60 公里外的火石滩遗址考察，采集少量遗物。返回时，天落雪。

11 月 7 日

大雪，无法外出。在文化馆绘图、拍照。

11月8日

上午前往沙井子，此地位于县城西南20公里的薛百乡。县里派的向导竟不识路，只好到沙生植物研究所林场求助。场长是位热心人，60年代来这里工作，对周围情况很熟悉，但对考古遗址也不了解。他带我们到柳湖墩采集到少量陶片。1924年瑞典人安特生曾在此挖掘。20世纪40年代，夏鼐、裴文中等先生先后来此考察。由于沙丘流动，地貌变化很大，遗址很不好找。今天没吃早饭，午时饥饿难当，只好敲打树上的沙枣充饥。下午2:00返回林场，食堂为我们做了午餐，连吃三大碗拉面，撑的胃生痛，考古学家就是这样饥一顿、饱一顿，生胃病是常事。

11月9日

原定今日去黄蒿井考察。出门在外已无时间概念，又是周日，没有向导，一事无成。冬季又很难租到骆驼，最后只好放弃计划。午后南下至武威。下午4:00许抵达，宿文庙后面的天马招待所。

11月10日

上午去文庙，博物馆就在庙内。文庙是武威的标志，建于明代，保存尚好。拜会党寿山馆长，参观博物馆陈列，有一些史前彩陶。河西气候干燥，大量汉代的有机文物保存完好，很难得。我们的车又犯毛病，送去检修。

11月11日

上午去武威地区博物馆遇梁姓领导，此公系民勤人。谈到我们在民勤考察，他表现出对那里文物专干的极端不满，说有人监守自盗。地区博物馆也有个陈列室，收藏有永昌、民勤、古浪、天祝等地的文物，但观者寥寥。下午再去文庙，在党馆长办公室遇一上海年轻人，头戴毡帽，误以为蒙古汉子。此人自1981年开始骑车周游全国，至今已6年。准备走完宁夏、内蒙古停下来。下辈子还要去国外，颇有些气魄。我问他经费如何解决，答曰企业赞助。说以后可以写些游记、出版影集。此人对民族文物、民俗有些兴趣，头上的毡帽据说是柯尔克孜族的。我问党馆长，可否打开展柜绘图、照相，遭婉拒。

11月12日

上午去文庙，希望当地能派员陪同我们调查，答曰无人。午后，前往长城乡驼骆骆垮、吴家井七星三队、小甘沟等地调查，小有收获。

11月13日

上午原计划去新华乡寻找李富遗址，但车子竟开到了磨嘴子，只好将错就错。在山下村边购得完整陶器3件（付8元）。老乡讲，昨日也有人开车至此，收走不少文物，说是文物部门的。我们估计是文物贩子。遗址在村后半山腰，当地村民络绎不绝地赶着车来挖土，而且特别喜欢挖文化层的黑土。估计这处遗址要不了多久就没了。

我们在老乡挖土处采集不少彩陶碎片。

11 月 14 日

上午继续到文庙绘图。午后驱车至北面的四坝乡，没任何发现。返回时到海藏寺、皇娘娘台。顺便参观雷台汉墓，进入地下的墓室才知其规模还真不小。

11 月 15 日

上午整理标本，装车。午后 1：20 前往古浪。不料，县里的文物专干去武威参加普查，不知何时归来。据说此地收藏上百件史前文物，可惜看不到。

11 月 16 日

上午 10：00 前往天祝，一路向乌鞘岭，海拔逐渐抬高，四周群山满是积雪，路况尚好。自古浪至打柴沟一段地势险要，据说 60 年代仍有劫匪越货。天祝县治设在安远驿，地方小，街道狭窄，有一些店铺。此地是藏族自治县，但一路见不到几个藏族打扮的人。在县文化馆见到柴所长，他是藏族，却是汉人打扮，家中墙上挂着班禅的彩照和黑白照，下面挂着红黄布条。他告诉我们，当地文物专干掌管库房钥匙，此人回家奔丧，一时回不来。并介绍天祝藏有 20 来件新石器时代陶器，多为马厂文化，还有件马家窑文化的尖底瓶。可惜都看不到，悻悻离去。下午 3：00 抵达永登，宿红玫瑰宾馆。

11 月 17 日

上午去县文化馆，当地收藏大量新石器时代陶器，多为前不久收缴的盗掘品。下午，前往大沙沟调查，采集一批遗物。

11 月 18 日

上午整理考察采集遗物，托熟人带往兰州。然后轻装去青海西宁。午前11：00出发，中午抵达红古（窑街），此地是兰州所辖的一个区，著名的土谷台墓地就在这里。午饭后到区文化馆找人带我们去红大坂坪调查，没有任何发现。驱车前往乐山大坪。此地前不久发生了大规模的盗掘，约 200 座半山马厂墓葬在 3 天内被盗掘一空，仅收缴回来的陶器就有近千件，分别被兰州市博物馆、红古区文化馆和永登县文管所收藏。遗址现场一片狼藉。我们采集一批陶片，其中包括陶鼓残片。

11 月 19 日

上午出发，出窑街不久，进入大通河谷。路一侧是悬崖深谷，另一侧是峭壁，对岸是铁路。出峡谷入湟水谷地，途经乐都，中午 1：00 抵西宁。

11 月 20 日

上午前往考古所，想不到北大考古系的研究生张弛也在这儿。他在此参与整理青海民和阳山墓地的资料。拜会许新国所长。下午前往湟中县塔尔寺参观。

11 月 21 日

上午，水涛先行返回兰州。李水城在西宁收集资料。下午参观省博物馆。此地原为青海军阀马步芳宅邸，保存尚好。

11 月 22 日

上午与文物处李智信联系，约定下午去博物馆绘图，但直至 4：30 才有人来上班，太潇洒了！

11 月 24 日

上午 6：30 去火车站，李智信、张弛送行。乘 92 次列车，12：30 抵达兰州。

11 月 26 日

到省文物考古研究所拜会张学正先生，他希望我们继续前往景泰调查。那里将要开发 50 万亩荒地，是世界银行资助项目。

11 月 27 日

为赴景泰调查做准备。

11 月 28 日

上午 9：30 出发前往景泰。换了部车，司机小马是甘肃礼县人，有 7 年驾龄，不嗜烟酒，难得。张学正先生与我们同行，一路滔滔不绝，谈他当年如何从景泰步行 6 天到兰州求学，大有忆苦思甜之意。但他家成分是地主，可见当时的地主也不富裕。12：15 抵达景泰，赶上当地开党代会，县招待所不接待。只好落脚到一家服务公司的小旅馆。张先生找来县文管所干部与我们接洽调查事宜，他回五佛寺老家省亲。晚上，甘肃省军区歌舞团慰问演出，当地送来票，难以辞就，只好去坐坐。

11 月 29 日

上午 10：30 与县领导就调查事宜再次交换意见。下午去县文管所参观。

11 月 30 日

在县文管所绘图、拍照。

12 月 1 日

上午在焦信馆长陪同下调查张家台、席滩遗址，下午调查喜集水遗址。附近有家乡镇企业的罐头厂，制作狗肉和牛肉罐头，卫生状况堪忧。厂长热情地请我们品尝狗肉罐头，实在不敢恭维。也不知他们从哪儿弄来那么多狗。返回县城继续到文管所绘图。傍晚 6：00，张先生乘火车返回兰州。天开始落雪。

12 月 2 日

午饭后与文管所焦、陈二位去即将开发的 50 万亩荒滩调查，当地计划兴建黄河二期提灌工程。我们的车在荒滩上狂奔，车后扬起漫天灰尘。向北一直跑到内蒙古的界桩处才停下来。再折向西，奔往古浪，回返时一度误入歧途，返回县城已是傍晚。这种没有任何目标的调查，不会有收获。

12 月 3 日

上午 10∶00 西行去古浪，试图弥补前次调查的缺憾。刚下过雪，四野银装素裹。11∶00 抵裴家营，前往老城调查。武威地区曾在此作过试掘。在村边发现并清理一座马厂文化的残墓，村里老乡热情地送给我们几件马厂陶器。下山后直奔县城，文管所依旧无人。再去天祝，文物专干也没回来。下午 6∶30 赶至永登。

12 月 4 日

上午，李水城将调查采集标本悉数运抵省文物考古研究所。

12 月 5 日

上午，到省考古所拜会张学正先生并作汇报。

12 月 8 日

上午，将河西调查所获标本运往考古所二楼开箱，开始室内整理。

附录五　有关河西走廊史前考古报告资料整理的通信

李水城

（北京大学考古学系）

河西走廊史前考古调查采集资料自 1987 年初便开始整理。1987 年 4 月下旬，河西史前考古调查队为配合当时的第二次全国文物普查，曾一度前往甘肃合作县的甘南草原进行调查，但调查随着当地突发的一场特大暴风雪而中止。此后，经国家文物局批准，北京大学与甘肃省文物考古研究所继续合作，我和水涛前往酒泉发掘干骨崖墓地，至当年 6 月中旬结束。

此后，有关河西调查资料的整理工作时断时续，李水城一直与河西走廊各县市基层单位的同志保持联系，为整理过程中发现的问题随时咨询求证，并得到各地基层单位的热情帮助，此事不可不提。其中有些信件一直保存至今。在河西调查报告行将出版之际，我们考虑，可将一些涉及当地古遗址及以往工作的信息收集下来，一是为了保留历史记录，二来也向有关基层单位的同志表达我们的感谢！

以下通讯内容按地点和时间先后收录如下：

1. 中国科学院地理研究所李非的来信

水城

你好，代问家人好。感谢老同学对我的关心与帮助。

河西自然环境变迁问题目前我尚未找到直接材料，有人做过时代很早的孢粉、地层和汉以后的历史地理文章。全新世 8000 ~ 4000 这一段缺，周围地区倒有，兰州、青藏高原。我们所这方面资料不多，因为兰州有冰川冻土所、沙漠所、兰州地理所、兰大地理系，所以这是他们的工作范围，北京地理所很少到那里去做细致的工作。如果到兰州收集资料，很可能找到一些，我再留心找找。因为我对这一地区也有些兴趣，先搜集了一些现代地理环境的资料，不知对你的论文前言是否有用，就这点东西也是在资料室费了几天工夫才搞出来，无用就算了。对这个课题如有需要和我再商量，咱们见面再谈。

我调北大事现在情况是：北大已发来商调函，我所已回函，现在等北大调令。恐怕你回来后不久我们就能在一个单位工作了，互相关心，长期合作吧！

　　祝

安

李非

1988 年 2 月 26 日午

附：河西走廊现代自然地理环境资料

2. 安西县（现瓜州县）博物馆李宏炜、李春元的来信

李老师

你好，来信早已收到，只是终日在野外奔忙，未及时给你去信，实在对不起。

前日刚刚结束了全部田野调查工作，今就你信中所问诸问题作一答复。第一，《考古》1987 年 1 期简报中图一：5，图二：4 的器物肯定是在兔葫芦遗址采集到的（查原始登记册，采集人有名有姓）。共出的完整器物就简报上那些。第二，这件器物上没有黄油漆写的编号。第三，我馆自建馆以来从未和玉门借调过任何器物。第四，你和春元编号的 30、03、20 这三件器物，仅 03 是兔葫芦所出。第五，我在简报中谈到兔葫芦采集到彩陶片是夹砂红陶片，彩陶片仅火柴盒那么大，彩陶图案已模糊不清。

许是我复信太迟，误了你的事情，在此向你致歉。

　　顺颂

生活愉快！

李宏炜

1987 年 11 月 27 日

李老师，

10 月份来信收到，其时我正在野外考察，至 11 月普查结束。我于 11 月 25 日给你写了回信，按信封地址已寄往甘肃省考古研究所。前几天收到韩翀飞同学来信，他说见到了给你的信后已给你转寄去了（北大）。

就《考古》杂志上兔葫芦遗址的简报，其中有一件骟马类型的陶器（图一：5，图二：4），此器物是我馆从兔葫芦村的老人那里征集到的（该村距遗址最近，是老人们由遗址采集的）。另，我馆从没有借过玉门文化馆的任何器物。因为从我馆最初的组

建到现在，从没有任何单位借调任何陶器。

上次信中讲的最清楚，请查阅。这次见到你 12 月 10 日来信，实在内疚。

顺颂如意！

祝新年好！

李宏炜

1987 年 12 月 18 日

李老师你好，

信早已收到，时正值文物普查资料大检查，昼夜加班，一连半月余，随后又往酒泉、金塔出差，一去又是半月。归家时，又值文物库房移交，连着加班近十天。近日方告结束。需查对核实的几件器物，又不敢粗心，所以拖至近日才给你去信，实在对不起。

核对结果是：

1）《考古》1987 年 1 期发表的图一：3 双耳罐与你所编 04 不是一件器物。一是形误，二是陶色不符。04 号为夹砂红陶，而图一：3 为灰陶。请再核对原文便知。

2）19 号双耳罐即为图一：4；39 号石坠为石质。

3）编号为 03（双耳大口罐）、30（无耳罐）为兔葫芦遗址出土。20（单耳圈足壶）为锁阳城出土。

4）86 年编号为 33～38 的纺轮，已随部分彩陶移往外单位保管（因我馆无正式库房），暂时无法查对。

5）一枚铜耳环，这里也未正式编号（已移交外单位保管）。

6）山字形牌饰及半月形石刀已移交外单位，暂无法核对绘图。

7）鹰窝树遗址是 1986 年 9 月 23 日，李水城、水涛、李春元第一次调查的。征集器物是同年 8 月 11 日在北桥子村五队傅生贵家首次征集。

8）兔葫芦遗址的长、宽范围是根据实地踏察及当地口碑初步估算的，但不包括鹰窝树遗址。

另，根据我们掌握的有关资料看，兔葫芦遗址和鹰窝树遗址相距情况不太清楚。我先后查对 40 万分之一、30 万分之一、20 万分之一等几种地图，没有见到直接标出两处地名的地图。为了准确地标出两地位置，我又费了一天工夫专门找了一套万分之一的分幅地图，基本弄清了这一问题。并临摹了一份 30 万分之一的草图，此一并寄去，望酌定。

祝好

又及：

1）兔葫芦遗址北距双塔村 4 公里；

2）鹰窝树遗址北距兔葫芦遗址为 4 公里，东距半个城 5 公里，西距硬苇子沟 2 公里。

上面的四置方位是根据万分之一地图核对，如实抄录，供参考。

李宏炜

1989 年 8 月 18 日

李老师，

您好！

来信收到了，遵嘱将 86 年《考古》（应为 87 年）上发表文章时附刊的一批陶器的出土地点作个说明。

这批陶器是 1985 年秋，我和李春元同志在距离鹰窝树最近的村子——桥子乡北桥子村五组农户傅生贵和吴朝顺两家收购的。据他们讲，这批器物是他们历年来在鹰窝树和羊圈湾子、兔葫芦等处放牧时陆续拣到的（放牧者对那一带的地名叫法没有严格意义上的划分）。当时发文前后，我们对兔葫芦遗址先后深入到其沙漠的腹地作过调查并采集许多石器标本和陶器等物。裸露在地表和出土最多的是各类石器，其次是各类陶器，包括陶罐、陶纺轮等。在 1985 年建国 35 周年之际，由我和赵德弼先生配合国庆还搞过一个文物展览。仅文物就有三个展厅。第一部分展出的就是新石器时代的各类器物。当时，我们只认为兔葫芦遗址是新石器时代的遗址，发文时就主要只提到了兔葫芦遗址，实际上这批陶器还应该包括一部分在鹰窝树和个别在羊圈湾子出土的器物。现傅生贵老人已作古多年。但有一点可以肯定和明确地讲，当年刊发在《考古》上的陶器，全部出土于兔葫芦、鹰窝树、羊圈湾子遗址。当时，我馆的文物由我一手经管，从来没有从别的博物馆收集和交换过文物。这一点是没有疑义的。

祝工作愉快！

李宏炜拜上

1998 年 9 月 27 日

水城

您好，一别不觉近三年，甚念！来信昨日宏炜转我拜读，内情尽详。感谢您对安西文物的关切！

近三年来基本完成田野普查任务与资料整理，备省、地文物部门验收，忙得紧。

鹰窝树遗址器物除 86 年 8 月征集 21 件，后又征集 19 件，计 40 件。彩陶、红陶居多，黑、灰陶次之。另获少数石、陶纺轮及汉、唐遗物。因器物移交外单位保管，无法核对绘图，见谅。

博物馆上年四月成立，现增至九人，困难不少，但可克服。如得便，务请旧地重游，以叙友情。水涛若在，代转问候。

顺祝

秋安

李春元

1989 年 8 月 17 日上

水城先生钧鉴，

信今日收悉，方知您近况，欣慰！15 年前，我们 3 人野外考察那段艰苦历程和由此建立的深厚友谊至今难忘。每当我思念您和水涛先生时，便翻阅您刊于《文物天地》那篇《三下河西》，目睹您跪地清理鹰窝树墓葬之情景，便浮想连翩！

玉门市文化馆馆长王维与敦煌博物馆馆长荣恩奇先生已于数年前退休安度晚年。难怪您书信联系无音。玉门市已成立博物馆，在火烧沟遗址西约 10 公里清泉乡政府东侧建原始村落遗址陈列馆。1972 年省考古所发掘出土部分器物在此陈列展出。

……敦煌的材料较零散且破碎。1997 年布展时，因缺少标本，由我馆调剂部分石器、陶器充实。

酒泉史前材料较丰富。近年新馆迁至东文化街。在原陈列基础上补充新内容，展出部分精品。上月我前往参观，一些展品也是首次见到，您应该去看看。

金塔县在 1987 年文物普查期间发现一批新材料，是您所未见的。1991 年 4～5 月，我同刘玉林在省文化厅编写《中国文物地图集·甘肃分册》时将榆树井、缸缸洼、黑沙窝等遗址收录。

另外，1997 年 12 月，我同省考古所周广济、王辉等勘察疏勒河流域移民开发区文物，在玉门花海乡西北下回庄戈壁北缘风蚀地发现史前城址，夯土墙残高 1.2～1.6、底宽 2.4、顶宽 1.2 米，墙外分布窑址 8 处，文化层厚 1.2～1.6 米，内含彩陶、黑砂陶片、灰烬等，十分丰富。据周广济说，是迄今为止河西首次发现的史前城址，十分重要。因省考古所近年来忙于东部铁路沿线发掘，无暇顾及勘察。

自 1986 年 9 月您走后至今，我馆进行数次文物普查，除兔葫芦、鹰窝树遗址外，1993 年在河东乡五道沟村铁路南发现史前遗址，约 30 万平方米。因地层扰乱，零星发现彩陶片及石器，你未见。另去年 3 月，在布隆吉潘家庄西发现彩陶器 10 余件及少量石器。

总之，西部大开发涉及文物调查多，但我馆人少且局限性大，不能进行系统勘察，10 多年来，大批新遗址、新材料出现，但无人系统研究。由于大规模开荒、迁移民，对文物安全造成威胁。您若对此感兴趣，何不立项对河西史前文化进行系统调查研究，届时我可协助您。我已退居二线，时间充裕。您来实地勘察，将新遗址和新材料补充进去，我想或可成为一部系统专著。意为如何？及早信告，我好准备。

春安

老友：春元

2001 年 4 月 10 日敬上

4. 永昌县文化馆张育德的来信

水城同志：你好，

来信已收阅，关于你在信中提及的几个问题，我做了一些了解，现在提供与你。

1987 年我们对全县文物进行了一次比较系统全面的调查。省文物考古所田建参加，经普查又发现几处新石器遗址，其时代类型基本属于同一时期（即马厂类型）。并在金昌市金昌区宁远乡夹沟发现大型遗址。1981 年，农民在该遗址上修建房屋，发掘出大量彩陶器，大部分已就地打碎，完整的只剩下数件。其中有三角折线单耳彩陶杯（与永昌鸳鸯池遗址出土器物相似）、波纹彩陶盆、骨珠项链一串（长 80 厘米）等遗物。这次你在信中寄来的单耳彩陶杯，我馆没有，可能是民勤县的。如果上次你来时有永昌鸳鸯池遗址出土的器物，可能不是此件器物。我馆内没有永昌鸳鸯池器物，大部分都在省博物馆存放。永昌乱墩子遗址出土器物现给你绘去图一份（彩陶单把杯、彩陶双耳杯），还有几件石器没绘图。我们在 1987 年普查时，其遗址表层有大量彩陶片、泥质红陶片、夹砂红陶片，现遗址已被风吹雨浸，像灶膛只能看个大致轮廓。我们初步探查完整遗物很少，以上情况就这样。你如还有什么所需，随时都可来信联系。

张育德

1989 年 5 月 23 日

水城：你好，

来信已收阅，因我到外地出差不在，没给你及时回信，很抱歉。你一并寄来的报名单，我们单位不让去，也就没有办法。

关于几处遗址的情况，当时不知你是否把器物与遗址地点同时记清，我不甚记得。但就馆藏的几件文物情况向你作一介绍，毛卜拉村下安门遗址（新队）馆藏的只有一件，即单把小彩陶杯，再没有出土其他完整的器物；二坝遗址（风垄庄）也只出土了一件，即高颈彩陶罐。金川峡的几件和水磨关的几件可能没有什么疑问，还有一件双耳彩陶罐，器物比较小，是水源（乡）乱墩子遗址出土的。馆藏器物就这么几件。至于被上调的器物，都是在河西堡鸳鸯池遗址出土的。其他遗址出土的器物没有被上调过，最近我回来后，把有关资料和器物对照着查看了一下，情况就这样。

我们在 1987 年进行了一次全市文物大普查。在普查中又发现多处新石器遗址。大都属马厂文化，特别是在宁远乡夹沟发现的遗址规模相当大。现收集到了折线纹单把杯 2 件、波纹彩陶盆 1 件以及骨珠项链一串（长 80 厘米），器物都比较完整。乱墩子遗址范围虽然大，但地表破坏比较严重，现仅存一些碎陶片，乱墩子遗址位于永昌县水源乡杜家寨村西约 2 公里，距县城约 45 公里（现画一草图如下）。

大致情况就这样。如果还有什么问题，请随时来信。最近一个时期因在忙于修建北海子塔，可能不出去，再见！

张育德

1989 年 8 月 4 日

水城：你好，

来信收悉，1986 年你们来永昌，以及我在第一封信中对其中两件器物出土地有些矛盾，其原因是在 1987 年我们进行文物普查时核对出来的，请谅解！其原因，当时征集文物的黄兴玉同志（原任文化馆长）将文物移交管理员，后因管理员调动多次，在登记造册中有时将出土地写清，有时不写。后来将几件新石器器物的出土地同时登记于一地，1987、1988 年我们在文物普查时，对新石器遗址的文物进行了核实，并到以前在馆人员中进行了解，因此在第二封信中进行了纠正。单把杯出土于下安门遗址。那件橙黄泥质陶器和一件残石刀确出土于下安门遗址。而一串石珠是乱墩子遗址中捡回来的，不是下安门的遗物。第二封信中说下安门除单把杯外再无完整器物，是指其他两件器物不完整。当时在信中没有阐述清楚。其他遗物再没有误。1988 年我们在整理文物普查资料中，还特意在下安门遗址和乱墩子遗址中出土的器物进行了核实。我们在表中也重新纠正登记，以免有误。这几件文物，当时我们没有亲自征集和登记，现在馆里的一位原管理人员问了也说不清楚，我只好去找当时征集文物的黄兴玉同志。他才说明白。

以上情况就这样。如果还有什么不清楚的地方，请随时来信告知，一并查对核实。

张育德

1989 年 9 月 9 日

5. 酒泉市博物馆冯明义先生的来信

水城同志，

近安，诸事顺遂，为祝。欣悉你的论文答辩已通过，并已留校任教，特向你表示衷心地祝贺，并愿你在考古领域内取得新的成就，同时我们也盼你的河西调查报告早期刊行问世，以资我等就教，则不胜幸甚。来函所提及三个问题，今奉复如下。

1）关于干骨崖遗址的发现人和发现时间及过程？

该遗址确系我发现的。发现时间是1971年12月。那年11月下旬，我刚被"解放"（"文革"中被专政，至此时"解放"）。组织上派我去丰乐乡当农宣队员，驻该乡大庄村第八生产队（原地名曰"下乱沟"），即干骨崖遗址所在地，直至1972年8月方才回单位。在任农宣队员期间，整天和农民劳动在田间，先是在刘家沟口（干骨崖东南几百米处）北侧的弃耕地上发现了一些彩陶片；继又在农民挖过土的坑壁上找到了一点灰层，内含少量兽骨和红、灰色陶片。时在1971年12月间。后来和驻地农民谈及有关陶片的事，并让他们看了我所采集的彩陶片和1件在刘家沟口地面捡到的极小的青花瓷酒杯。他们说在干骨崖地方那种"瓦片子"（彩陶片）比刘家沟口还多，并说崖壁间还压有"干骨"，仰身的屈肢的都有。于是，我便邀青年农民杨乐年引我到"干骨崖"去查看，实地情况确如他们所说。此后，我每到该处便仔细寻觅并采集不同的陶片标本。不久又在干骨崖以南几百米的"三坝洞子"地方发现了石斧、石手磨和面积较大的灰层。同时，农民杨渭学还说，1958年开挖"三坝干渠"时，在"刘家沟口"地方还曾挖出"金环环"，也被水冲出过红色陶器等。综合上述所见所闻，断定这里是一处新石器时代的遗址。时因自己处于被夺权后的压抑境地，无处去表露此发现。直至1976年，省博张学正同志在玉门火烧沟发掘期间来酒泉时，我向他言及此遗址时，他很热情，并给予积极主动的关心，让我领他到现场调查后，他说和火烧沟系同一类型的遗址。此后，省馆岳邦湖馆长来酒泉，我也请他去看过。1979年市博物馆成立后，于1981年又在全县范围内做了一次文物普查。同时也对丰乐下乱沟的刘家沟口、干骨崖、三坝洞子作了复查，于同年12月报酒泉县人民政府公布为县级重点文物保护单位，定名曰"干骨崖遗址"。1987年全面普查后，我们拟报为省级保护单位。但至今尚未见批。

2）关于张绪实（你的来信所称）其人。经查，我馆所展的一件石犁上，贴有一张说明：张绪富于1955年捐赠，出土地点是柳湖墩。说明上是张绪富，并非张绪实（此人我们不知其情，请你详之）。关于柳湖墩，经查《甘肃省级文物保护单位分布图》，图中列有一"柳湖墩遗址"，地点确在民勤县范围内。此石犁编号为7871，另有一件编号为7405的石凿，没有说明是何人收集，亦无出土时间和地点。这两件石器是1980年

4月2日由我向省博物馆保管部杨德安处借展的。当时，我们要借酒泉下河清农场1956年出土的马厂文化遗址的石凿、环形石锄、石手磨等石器，以供展出。老杨同志说，原保管下河清出土文物的库房倒塌过，一时不便找到，就将柳湖墩出土的、由张绪富捐赠的石犁借给我们。那件石凿据老杨说，可能是1956年下河清出土的；环形石锄则出于下河清无疑。我们是为了宣传，也就把出自民勤柳湖墩的石犁一并展出了，文物上的编号都是省博物馆的。

3）1987年发现的酒泉西河滩遗址不在马营河边（马营河在屯升乡境内），而在清水镇的白沙河东岸上，在清水镇东北4.3公里处。此河总名曰白沙河（系季节河），根据流经地段的不同，又有不同的名称。在西河滩的南段称"中寨河"（因穿过清水镇中寨村而名）。在"西河滩遗址"的这一段又称"双疙瘩河"（因河东岸上有两座高大的土疙瘩——实为汉墓封土，而名。遗址便在双疙瘩南北两侧）。下游则称为"燕子河"，该遗址位置本在白沙河东岸上，但为什么又称作"西河滩"呢？这是因为遗址东边紧靠清水镇盐池村，也就是位在盐池村之西，村民们便称之为"西河滩"。再重复一遍，"西河滩遗址"其东有清水镇盐池村八组耕地，南依中寨村七组耕地，北邻酒泉市三合林场，遗址中有"双疙瘩汉墓群"。遗址面积南北长约1.5公里，东西宽约500米。地面遗有彩陶和灰陶碎片、石刀等石器。1987年文物普查时发现，未发掘过。

奉告如上，不知如愿否。如有不详或还有需者，请来信，我必再奉告。至迟到今年年底我就要退休了，不过有需用我处，你尽可来信。我是个不够格的文物工作者，无专业知识，提供个本市的一般情况也许还能尽点力。今后还希望你多赐教，朝闻道，夕死可矣。

谢谢你对我的问候，现在身体还好，也祝你腾达日上。小郭同志问你好，照片底片她早已收到。你的来信我也向陈、田、刘诸同志转告了。都祝你好，恕不一一。

顺祝

夏祺

冯明义拜上

1989年5月22日

李老师

你好，

6月15日函收到，你所附问的诸同志一一拜问你好。今对你来函中所提两个问题答复如下：

1）崔家南湾和下河清是否为一码事？

这两地不是一码事。崔家南湾在城东南15公里处，属总寨镇西店村的一处砾石滩。滩上有许多晋墓，为甘肃省重点文物保护单位。墓群中暴露有新石器时代的灰层，遗有夹砂红陶片。采集束腰石斧 1 件。遗迹遗物量少而又极小（除石斧），无以断其文化性质。

下河清在城东南 50 多公里处。那里有下河清乡，下河清农场，下河清机场。在农场于 1956 年由省文管会兰新铁路文物清理组调查发现马厂类型文化遗址一处，出有石斧、石磨盘和磨棒、环形石锄、石网坠、石纺轮、石凿等，还有细石器。

2）编号 505[#]手斧出于何地？

该手斧是 1973 年春季由我从崔家南湾砾石滩上露有一点灰层附近采集的，今陈展。即此不赘。

顺祝

秋祺！

冯明义拜上

1989 年 8 月 11 日

编后记

1986~1987 年进行的河西走廊史前考古调查已过去 20 余年了，这部报告的编写时间不可谓不长矣。延宕如此之久，除了某些客观原因之外，整理上要求比较高也是一个重要因素。

本书属于考古调查报告性质，技术手段相当传统，没什么新奇的玩意儿……但若以参加人员之少、调查范围之广、考察时间之久、经历过程之艰苦等方面而论，恐怕还真的可以在中国考古学史上留下一笔。以上还仅仅限于形式，若论调查内容，以往对于中国西部、特别是河西走廊的考古调查绝大多数限于汉唐以晚的历史时期，如此全面地以史前为调查研究对象，也是划时代的。此话绝非夸张，如果诸位认真浏览阅读，可能会有体会。

考古调查是考古学最最基础的工作，也长期不为学界所看重，乃至于上不了台面。依照我们当学生时的理解，考古调查无非就是边走边看，找找哪儿有瓦片、骨头、石器的，捡回去，整理一下，写个简报而已。但严格而论，一部合格的考古调查报告，绝非如此简单！

20 多年前，当我在进行河西史前考古调查的过程中，近三个月的野外生活，一路步行、骑车、驱车，四处颠簸，面对戈壁、大漠、疾风、白草……有时脑子里还真的想过，这考古调查究竟该怎么个搞法……尽管最终也没悟出个道道来，但也明白了一个浅显的道理，即只要把活儿做细、视角放开，大致应该不误！否则，再说的神乎其神，也是瞎掰！

另有一点点的觉悟：考古调查是一切考古工作的基础，它就像科学研究中的基础研究，万万不可轻视。

河西调查结束以后、20 世纪 80 年代末，老同学李非调回北大考古系，在试验室"玩"计算机，这在当年是个时髦的玩意儿。有时没事我会到他那儿坐坐，聊聊天。记得是 1990 年初，施雅风院士开始主持科学院一个重大项目："中国气候与海面变化及其趋势和影响"。其中的"历史气候变化"这部分交给了中国科学院地理研究所的张丕远先生负责。因为李非曾在地理所工作过，张先生便找到他，问能否选个小流域作点环境考古，作为他所领导的研究课题的一个子项目，探索中国先秦时期及更早的气候变化及其与文化之间的关系。那时，李非、王一曼两口子正在翻译（美）布策尔（Karl W. Butzer）的著作《作为人类生态学的考古学》（Archaeology as Human Ecology），倒还真有些想法。于是，他找到我合计，这活儿能不能干？要干，该怎么个干法？那时，我正整理河西走廊的考古调查资料，也有些不成熟的想法。经过多次商量，甚至为此专门去请教严文明先生，并邀请他和张丕远先生担任我们将要做的这个子项目的顾问。

最后我们商定，将作业地点选在渭河的支流葫芦河流域。这条河不太大，但跨越甘宁两省区，恰好位于六盘山的西侧。中国是个受季风影响强烈的国家，夏天季风最远能吹到的地方也就在六盘山和葫芦河一带，因此那儿是个地理上的敏感带和脆弱带，非常适宜进行环境考古。经与当时在甘肃省文物考古研究所工作的老同学水涛联系，大家一拍即合。剩下的事，就是找一位地理学家。我提议选一位搞历史地理的，但李非强烈反对，并讲出他的理由，我觉得有些道理，遂商定邀请北大地理系（今天的城市与环境学系）著名教授王乃樑先生的学生莫多闻加入到我们的考察队伍。

事既定，下来便是为调查做物质准备，制订考察计划。8月，各位分头赶往兰州，然后驱车沿甘肃天水（部分）、秦安、庄浪、静宁及宁夏西吉、海原（部分）的葫芦河流域选择重点遗址进行实地考古调查。晚上，还要将上述各县市发现的遗址逐个读取到万分之一地图上，标注各遗址点的海拔位置、距离河面高度、面积、范围、遗址文化堆积厚度、年代及文化发展序列等，回北京后进行统计分析，获取各方面数据，年底便完成了考察研究报告《葫芦河流域的古文化与古环境》①，系统阐释了葫芦河流域近万年来考古学文化的时空分布、人类活动规模、植被、环境、气候演变以及人地关系的互动等诸多问题。稍晚，莫多闻等发表了《甘肃葫芦河流域中全新世环境演化及其对人类活动的影响》②。这两篇文章在考古学界和地学界均产生了较大反响。再后来，由施雅风先生领衔的这项研究荣获了1999年中国科学院自然科学研究一等奖③。

提起这件事是想说明，当初我们设计和实施这项环境考古调查作业时，尚不知大洋彼岸的美国人早就搞起了"区域覆盖式考古调查"（或"拉网式区域密集考古调

---

① 李非、李水城、水涛：《葫芦河流域的古文化与古环境》，《考古》1993年9期822～842页。此文最初发表时，将表一及所附516处遗址目录删除。后在施雅风、张丕远主编：《中国气候与海面及其趋势和影响①：中国历史气候变化》一书中得以恢复（山东科学技术出版社，1996年）。

② 莫多闻、李非、李水城、孔昭宸：《甘肃葫芦河流域中全新世环境演化及其对人类活动的影响》，《地理学报》1996年第五卷1期59～69页。

③ 中国科学院重大项目"中国气候与海面变化及其趋势和影响"于1999年荣获中国科学院自然科学研究一等奖。

查"）了①。想不到的是，我们所设计的调查方法和某些理念竟然与美国人所作的基本相同。譬如，我们的调查区域覆盖了一整条河，采用的也是传统的踏查法，调查成员除了考古学家之外，也有其他自然科学工作者参与，在调查过程中对遗址及周围景观、环境给予了很大关注，并利用大比例地图读取数据，采取细致的统计分析法，从多个角度观察不同时段的古遗址，进而系统探讨古文化、古环境、人类的生业和人地间的互动关系等，最终给出总括性的结论。今天回过头再看，上述方法可能还有这样或那样的不足，参与调查的人员也相对有限，但较之以往传统的考古调查方法已经有了很大突破，也获取了更多的历史信息，观察的视角也更为广泛，也因此才得到学术界的好评，以至于被认为是"区域覆盖式考古调查"在中国的滥觞②。此后，到了 20 世纪 90 年代中期以后，美国人发明的"区域覆盖式考古调查"法才以国际合作形式被正式引入国内。

特别需要说明的是，当时之所以能有上述思考并加以具体实践，与我们曾经在河西走廊进行较长时段的大范围史前考古调查有着密切的关系。因此也可以说，葫芦河流域环境考古作业是河西史前考古调查间接获取的另一项重要成果。

本书行将出版之际，特别感谢北京大学严文明教授为本报告题写书名。

感谢北京大学城市与环境学院夏正楷教授提供夏鼐先生 1947 年河西地区考察日记的部分资料。

在此，特别感念 苏秉琦 、 俞伟超 先生当年对河西考古调查工作的关心；感谢甘肃省文物考古研究所老领导岳邦湖、 张学政 先生对河西史前考古调查及相关工作的支持；感谢甘肃省文物考古研究所的继任领导杨惠福、王辉先生对本报告后期整理和出版的大力支持；感谢 蒲朝绂 、周佩珠、 周广济 、马建华、赵雪野、郭振威、马更生等先生给予的帮助。

由衷感谢河西走廊各市、县基层文物部门领导和同事对此项工作给予的支持和帮助，恕不能一一。

报告内天祝、古浪两县馆藏的史前文物资料由王辉、陈国科（甘肃省文物考古研究

---

① 此调查方法始于 20 世纪 40 年代美国学者维利（G. Willey）在秘鲁威鲁（Virú）河谷所作的聚落考古调查（Willey, G. R.（1953）. *Prehistoric Settlement Patterns in the Virú Valley, Peru.* Washington, D. C.：U. S. Government Printing Office）；但真正将此方法系统化的是 20 世纪 60~70 年代美国人在墨西哥盆地所作的工作（Sanders, William T., Jeffrey R. Parsons, and Robert S. Santley（1979）. *The Basin of Mexico：Ecological Processes in the Evolution of a Civilization.* New York：Academic Press）。

② 赤峰中美联合考古研究项目：《内蒙古东部（赤峰）区域考古调查阶段性报告》22 页，科学出版社，2003 年。

所）先生专程前往搜集，并得到当地博物馆的全力支持；张掖西城驿、玉门古董滩两座遗址的部分采集文物由王辉、陈国科（甘肃省文物考古研究所）、李延祥、潜伟（北京科技大学冶金与材料史研究所）等先生调查获取并提供；玉门骟马城 1976 年发掘墓葬资料由 周广济 （甘肃省文物考古研究所）先生提供。上述资料对于本报告资料的充实有重要价值。此外，中国社会科学院考古研究所科技中心的王辉先生就报告结语中的古环境部分提出了中肯的意见，有些已被采纳。这里谨向他们表示衷心感谢！

报告中各分县地图的清绘由赵吴成（甘肃省文物考古研究所）先生负责（其中肃南飞地、额济纳旗两幅由李水城制作）；天祝、古浪两县馆藏史前陶器、张掖西城驿采集遗物（甲组）、玉门古董滩部分采集遗物的底图由孙明霞（甘肃省文物考古研究所）女士绘制；玉门镇文化馆藏骟马文化部分铜器及瓜州（原安西）馆藏石器、铜器和装饰品的底图由水涛先生负责绘制；王辉、韩翀飞（甘肃省文物考古研究所）二位帮助绘制了玉门沙锅梁、火烧沟遗址的个别遗物底图。其余各地馆藏文物及各类采集遗物的底图及清绘工作由李水城负责完成。另有部分遗物的清绘得到王辉（甘肃省文物考古研究所）、曹玮（陕西秦始皇兵马俑博物馆）二位先生的帮助。报告中的图版我们尽力选用 1986～1987 年拍摄的老照片，限于历史条件及其他原因，有个别遗址照片缺失或质量欠佳，为此我们补拍了一些新照片。这项工作得到王辉、陈国科（甘肃省文物考古研究所）、李延祥（北京科技大学）等先生的支持，在此向各位表示感谢！

在报告编写过程中，曾就有些问题请教李非（原任教于北京大学考古系，现移居海外）、李宏炜、李春元（原安西县博物馆）、张育德（永昌县文化馆）、冯明义（酒泉市博物馆）等位先生，并得到他们的热情帮助，在此向他们致以特别的谢意！

本报告在后期整理工作期间，北京大学考古文博学院杨宪伟先生帮助制作了张掖西城驿遗址的纹饰拓片；讲师张海，博士生陈玭、曲彤丽，硕士生丁建祥、彭鹏、温成浩、艾婉乔、梁佩华，本科生丁雨、邓振华、王一如、白晨等分别承担部分制图及扫描、照片洗印、资料核实的工作。特别是陈玭、温成浩做了较多的事务工作，谨向上述各位表示感谢！

报告英文摘要由美国哈佛大学东亚系博士候选人傅希明（Chris Foster）先生翻译。北京大学考古文博学院研究生艾婉乔在英文提要的审校上提出了一些好的建议，美国加州大学洛杉矶分校罗泰教授（Lothar von Falkenhausen）对英文提要进行了审校，在此特向他们致以诚挚的谢意！

最后需要说明的是：凡涉及本次调查的资料以本报告发表为准。

李水城

2011 年春于北京蓝旗营小区

The Report on the Survey of Prehistoric Archaeology in the Hexi Corridor

(Abstract)

Translated by Chris Foster (Harvard University)

From September to December 1986, Peking University's Department of Archaeology and the Gansu Provincial Institute of Cultural Relics and Archaeology carried out a comprehensive survey of prehistoric remains in the Hexi Corridor of Gansu. The aim of this project was to understand the developmental sequence and spatial distribution of prehistoric cultures found in the Hexi region. Over the course of the survey, prehistoric artifacts previously obtained by the various municipal and county museums within the Hexi Corridor were collected and recorded.

In May and June of 1987, Peking University's Department of Archaeology and the Gansu Provincial Institute of Cultural Relics and Archaeology jointly excavated the Ganguya cemetery in Jiuquan. This work was complemented by surveying and trial excavation at a number of sites in the surrounding area. Moreover, the present report also contains some new data from discoveries made by the Gansu Provincial Institute of Cultural Relics and Archaeology in recent years.

This report consists of, altogether, seventy-two sites and five burials discovered during the survey of the Hexi Corridor (including the counties of Yongdeng and Jingtai of Gansu and Ejina Qi of Inner Mongolia). The vast majority of these data may be classified as late-Neolithic or Bronze Age materials, though individual finds date as late as the Han and Wei periods.

1. Developmental Sequence of Cultures in the Hexi Corridor

(1) Neolithic

Yangshao Culture: Among the items in the collection of Gulang County Museum, located on the eastern side of the Hexi Corridor, was a painted ceramic *bo* bowl from the Yangshao Culture, which we estimate dates to 6000 – 5500 BP, currently making it the earliest prehistoric artifact found in the Hexi region.

Majiayao Culture: Around 5000 BP, the Majiayao Culture from the Hehuang region (the drainage area of Huangshui River and Yellow River along the border of Gansu and Qinghai) began to move into the Hexi Corridor. The early remains of this culture are distributed only in the Wuwei region, while in later periods they extend further west Jiuquan City. The survey work reported herein discovered that the western limit for the distribution of the Majiayao Culture extends approximately 400 kilometers to the west.

Banshan Culture: The Banshan Culture is a continuation of the Majiayao Culture, with absolute dates from 4650 – 4300 BP. From this survey it is now known that the distribution of the Banshan Culture is limited to the eastern portion of the Hexi Corridor, where it occurs at only a very small number of sites, with relatively late dates.

Machang Culture: The Machang Culture is a continuation of the Banshan Culture, with absolute dates from 4300 – 4000 BP. The distribution of this culture extends throughout the Hexi region; its regional diversification becomes increasingly pronounced over time. Early Machang remains preserve the Hehuang region style, but only few examples have been discovered in the Hexi Corridor. Sites from the middle period of the Machang Culture are far greater in number, and their cultural features begin to depart from those typical of the Hehuang region. Late Machang Culture is mainly distributed in the western part of the Hexi Corridor, and the remains display a much more prominent local flavor, and are relatively late in date.

Remains of a 'Transitional Type': with the Machang Culture in the Hexi region as its predecessor, the 'Transitional Type' remains date to around 4000 BP. While in the earlier stages these remains still clearly retain the Machang Culture style, later instances have characteristics similar to the Siba Culture. 'Transitional Type' remains are distributed in the western part of the Hexi Corridor, already reaching as far west as Hami City in Xinjiang.

Stray Finds of Unknown Affiliation: Certain individual remains discovered in the Hexi Corridor could not be easily assigned to any known cultural entity. They date to about 4000 BP. Any decision concerning their cultural affiliation must await future archaeological discoveries and further research.

(2) Bronze Age

Qijia Culture: Formerly, Wuwei (in the eastern part of Hexi Corridor) was thought to demarcate the westernmost boundary for the Qijia Culture. Our survey has determined that this culture tended to expand in a westward direction. But while a small number of Qijia Culture artifacts have been discovered in Zhangye, Jiuquan and other similar areas, we have not found any typical Qijia Culture sites or cemeteries there. According to our current state of knowledge, it is very difficult to fit the Qijia Culture into the sequence of prehistoric cultures in the western part of the Hexi Corridor. Furthermore, most of newly discovered Qijia Culture remains were found together with those of the 'Transitional Type'. For these reasons, the Qijia remains in the western part of the Hexi Corridor are perhaps the result of cultural insertion or trade exchange.

Siba Culture: The Siba Culture emerged as a result of the Hexi Machang Culture developing through the stage of the 'Transitional Type', during which time it received at some point a definite influence from the Qijia Culture. The Siba Culture is distributed in the western part of the Hexi Corridor, as far west as Hami City in Xinjiang, and it dates to 3950 – 3550 BP. The Siba Culture already demonstrates a mastery of metallurgy, as its alloying technology evolves in a complete course from the use of copper alone to arsenical copper and then to tin bronze.

Dongjiatai Culture: The Dongjiatai Culture is distributed from central Gansu to the eastern part of the Hexi Corridor. Its origins are perhaps related to the red globular-bottomed pottery found in the Qijia Culture, and individual elements were then inherited by the Shajing Culture. This culture dates to around the period between the Qijia Culture and the Western Zhou, making it contemporaneous with the Late Shang. Our understanding of this culture is still incomplete.

Shanma Culture: The Shanma Culture is principally distributed from Zhangye in the east to Dunhuang in the west; including the Mazongshan Mountain region in Subei. It dates to about 3000 BP. The ceramic *li* tripods used by this culture are likely derived from the Shajing Culture in the eastern part of the Hexi Corridor. At present, the origins and development of this culture remain poorly understood.

(3) Iron Age and Later Periods

Shajing Culture: The Shajing Culture is distributed in the eastern part of the Hexi Corridor, in a line running from Minqin to Jinchang and Yongchang counties. It dates to 3000 – 2500 BP, with the early stages of the culture belonging to the Bronze Age, but the later stages entering into the Iron Age. Some scholars believe that the people of this culture were ethnically Rouzhi (Yüeh-chih), while others propose that they were the Wusun (Uysun) instead. In light of the fact that some of the painted pottery from this culture is similar to that of the Dongjiatai Culture, we would like to suggest that their ethnicity was rather that of the Qiang people indigenous to the Hexi region, who later perished following the rise of the Xiongnu (Hun).

Han and Later Remains: During our survey of prehistoric archaeology in the Hexi Corridor we discovered a large number of sites and remains from the Han and later periods, but this material is not discussed in the present report.

The Hexi archaeological survey has confirmed that a clear distinction may be drawn between the prehistoric cultures in the eastern and western portions of the Hexi Corridor. The sequence for the archaeological cultures in the eastern part is as follows: Yangshao Culture (?) – Majiayao Culture – Banshan Culture – Machang Culture/Qijia Culture – Dongjiatai Culture – Shajing Culture/Xindian Culture. The sequence for the archaeological cultures in the western part amounts to: Majiayao Culture – Machang Culture – 'Transitional Type' remains/Qijia Culture – Siba Culture – (the Lücheng site) – Shanma Culture. There is some degree of intermixture between these developmental sequences in the central portion of the Hexi Corridor.

At present, we have yet to discover any evidence of cultural remains earlier than the Majiayao Culture in the Hexi Corridor. The earliest of the local prehistoric cultures comes from the Hehuang region, from which it then develops and fragments over the course of a continuous westward migration. After entering into the Bronze Age, the archaeological cultures in Hexi split apart even further, evolving into individual regional cultures. This pattern persists up until the campaigns of Emperor Wu of the Han Dynasty against the Xiongnu, at which time he established four prefectures in Hexi and thereby returned the region to a unified administration.

2. The Early Economy of the Hexi Corridor

The Majiayao Culture of the Hexi Corridor primarily maintained a crop farming economy, growing *su* foxtail millet and *shu* broomcorn millet, which are dryland (non-irrigated) crops. At the site of Donghuishan in Minle, we discovered carbonized wheat and barley that dated to approximately 4500 BP, and therefore we cannot rule out the possibility that wheat and barley-type crops were already planted at this time as well, but not at a very large scale. The Majiayao Culture in the western part of the Hexi Corridor saw an economy that was based in part on crop farming, but was also partly pastoralist, with animal husbandry and hunting serving as important supplements. This east-west difference, reflecting human adaptation to differences in the local environments, became the normal condition for the Hexi Corridor. The Machang Culture continued this tradition, with livestock rearing that included pig, sheep-goat, and ox. At the site of Xihetan in Jiuquan, we discovered a corral measuring 200 square meters, making it clear that at this time livestock rearing had already grown significantly in scale. In this period, microlith technology was already in widespread use, suggesting that animal husbandry and hunting represented a larger proportion in the local economy.

The Siba Culture continued as before to engage in dryland farming. At the site of Donghuishan we discovered numerous samples of wheat, barley, *su* foxtail millet and *shu* broomcorn millet, showing that many types of cereals were already being planted at this point, along with a clear expansion in the planting of wheat and barley-type crops. Livestock rearing in this period included pig, ox, sheep-goat, horse, donkey and dog, with sheep-goat and ox as the majority, in a distinct contrast to the practices of the Central Plains region. However, in the desert areas of the western region, where the environment and natural resources are fairly poor, the economic pattern of semi-farming and semi-pastoralism, as well as that of the husbandry, account a prominent portion in the local economy. In the eastern part of the Hexi Corridor, the Qijia Culture more or less holds to this same type of pattern.

For the Shanma Culture we discovered barley, as well as sheep-goat, ox, camel, horse and other livestock, though we did not find pig. This represents a very large change, as it demonstrates that the inhabitants had already reoriented their livelihood to be predominantly pastoralist. Of particular importance is the rearing of large herbivores such as horse and camel that first appears here, as keeping such animals would encourage migration in the search of water sources and grasses, which is the foundation for the emergence of a nomadic culture lacking permanent long-term settlements. However, the existence of fixed villages and the presence of barley indicate that crop farming continued to represent a small part of the economy at this time. The Shajing Culture in the east is for the most part similar in this regard.

In historical times, the economic conditions of the Hexi Corridor have undergone several reversals. In the Western Han, the stationing of troops in the hinterlands to open

wasteland and farm crops was greatly encouraged, and the economy flourished as a conse-
quence. Throughout the Southern and Northern Dynasties, Hexi was for the most part at
peace, and the people prospered. During the reign of Emperor Xuanzong in the Tang, sol-
diers were again sent out to open up fields in Hexi in unprecedented numbers, and because
of this Hexi also became one of the richest and most populous regions at the time. After
this, Hexi fell under the control of the Tubo (Tibetan) and Xixia (Tangut) empires,
and agriculture went into a decline that lasted up until the Yuan Dynasty. In the Ming and
Qing periods, the government once again put into practice a policy of stationing troops here
to open up the land, and agriculture recovered. In recent times, a dramatic increase in
population, the exhaustion of water resources, and severe desertification have seriously in-
fluenced people's livelihood and limited the economic growth of this region.

3. The Environment of the Hexi Corridor and the Relationship between Humans and the Environment

The Hexi Corridor is in a unique geographical position. Located deep within the interi-
or of Asia, its terrain is diverse, its climate is variable, and its ecology is fragile. After
entering into the Holocene, as the climate warmed globally, the Hexi region too became
hospitable to human settlement. Presently, indigenous remains earlier than the Majiayao
Culture have not yet been found in the Hexi Corridor. After about 5000 BP, the Majiayao
Culture entered into the Hexi region. The population density always remained fairly low, as
the ecological environment was fragile. This area is indeed one of the most important loca-
tions for studying environmental changes and the relationship between humans and their en-
vironment.

Nearly all of the rivers in the Hexi Corridor trace their source to the Qilian
Mountains. The rivers flow down from the mountain passes, forming alluvial fans at the
base of the mountains, which join into a broader alluvial plain. Since the physical elevation
of the Hexi Corridor is higher in the south and lower in the north, all rivers flow north-
ward, ultimately forming lakes or swamps in low-lying areas. This hydrographic pattern has
deeply impacted how people in this region have chosen to live and settle. According to our
archaeological survey of the Hexi region, sites dating to the prehistoric period are mostly
distributed either on the alluvial fans near the upper reaches of the rivers or in the oases at
the tails of the rivers. Future multi-disciplinary research on the Hexi Corridor will help us

understand the environmental changes in this region and their relationship to the development of human cultures, which not only bears important historical significance, but also has immense practical value.

4. Archaeometallurgy in the Hexi Corridor

The Hexi Corridor is an important region for studying the origin and development of metallurgy in China. Archaeological discoveries indicate that in Hexi copper smelting not only appears at a very early date, but also that its local characteristics are quite prominent, with vessel types and shapes clearly representing a 'steppe culture' style. About 2000 BCE, the copper casting industry in Western China hit a crucial turning point. Before this moment, the number of bronze objects discovered archaeologically was limited, and they were only of simple types. Afterward however, the number of bronze vessels increased, object types become more numerous, the craftsmanship became much more complex and advanced, and the casting and alloying techniques used in bronzes from the Hexi region changed as well. Such changes reflect the fact that in Western China the metal used in casting changed from copper alone to arsenical copper and then to tin bronze.

5. Additional Discussion

（1） The Results of the Hexi Survey and Problems Requiring Further Investigation

1) Results

①The Hexi survey has established a developmental sequence for the prehistoric cultures in the Hexi Corridor, laying a foundation for future research.

②We have for the first time discovered Yangshao Culture remains in Guliang County.

③We discovered Majiayao Culture sites at Zhaobitan and Gaomuxüdi in Jiuquan, pushing the distribution of this culture westward by 400 kilometers.

④We discovered and confirmed the existence of 'Transitional Type' remains, demonstrating that the Machang Culture of the Hexi Corridor developed through this 'Transitional Type' into the Siba Culture.

⑤We discovered Qijia Culture remains in the western part of the Hexi Corridor, and have provided new insights into the nature and characteristics of this culture.

⑥We have clarified the distribution, nature, characteristics and origin of the Dongjiatai Culture.

⑦We have confirmed the distribution, dating, nature and characteristics of the Shanma Culture.

⑧We now have a preliminary understanding of the nature and dating of the Lücheng site in Ejina Qi, Inner Mongolia, as well as its possible relationship to the Siba Culture.

2) Problems

①Further investigations are necessary to search for indigenous remains that date earlier than the Majiayao Culture.

②After the Majiayao Culture entered into the Hexi Corridor, what sort of development did it undergo? How does it relate to the Banshan-Machang Culture that arrived in the region afterward?

③What is the westernmost limit to the distribution of the Qijia Culture in Hexi? What is its relationship to the 'Transitional Type'?

④What caused the prehistoric cultures in the Hexi Corridor to migrate constantly toward the east of Xinjiang?

⑤The origins of the Shanma Culture remain enigmatic.

(2) Early Cultural Exchange between East and West

In the Hexi Corridor survey, we discovered some important material evidence pertaining to early cultural exchange between East and West.

①We discovered wheat-type crops at the site of Donghuishan in Minle that date to around 4500 BP.

②Sheep, goat, ox, horse, camel and other herbivores were first domesticated in Western Asia and Euroasia, and then the domesticated breeds of these animals were successively introduced into the Central Plains. During this procedure, the Hexi Corridor has played an important role.

③At the earliest stages of metallurgical development, bronze objects were clearly more numerous in the Hexi Corridor than in the Central Plains, and metallurgy was clearly more advanced here than the Central Plains. The arsenical copper found in the Siba Culture is similar to that found in Western Asia and Central Asia; does it have a local origin, or was it imported?

④The use of mace heads in the Hexi region was evidently introduced from Central

Asia through Xinjiang since this particular cultural feature ultimately derives from Western Asia and Egypt, it appears that cultural interaction between the East and West not only occurred early in time, but also over vast distances.

The data presented herein demonstrate that scholars who desire to address topics relating to early cultural exchange between East and West, regardless of whether they are interested in the temporal or spatial scope of this exchange, cannot possibly afford to ignore the Hexi Corridor.

(3) Theoretical Innovation

The social development in Western China was very different from that in the Central Plains. Following the Qijia Culture, a number of bronze-using cultures branched off in the Hehuang region and Hexi Corridor. This phenomenon laid the foundation for the cultural pattern we see later in Western China, where numerous ethnic groups intermingled and different types of economy developed simultaneously alongside one another.

The pattern displayed by prehistoric cultures in Western China is one of increasing fragmentation, forming local military regimes, with many ethnic groups living together. This pattern stands in stark contrast to the cultural consolidation that occurred in the Central Plains from 4000 BCE onwards, where there was a trajectory towards centralization. This alternative type of cultural development, which might be designated informally as the 'Northwestern Model', provides a valuable point of reference for reconsidering multilinear evolution theory and for working out the evolution of cultures along the peripheries of the Central Plains region, and a series of research topics to be followed may be expected to promote further theoretical innovation in Chinese archaeology.

河西走廊全境地图

1. 彩陶双耳壶（001，小沟，马家窑文化）

2. 彩陶双耳壶（002，小沟，马家窑文化）

3. 彩陶禽形壶（008，小沟，半山文化）

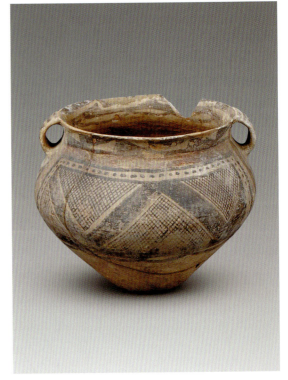

4. 彩陶双耳罐（0039，小沟，马厂文化）

天祝藏族自治县小沟遗址采集陶器

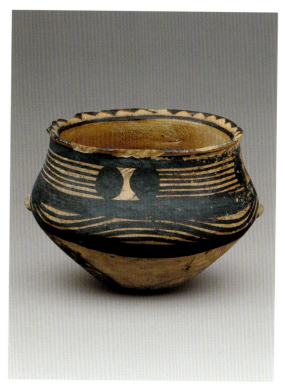

1. 彩陶大口盆（0010，地点不详，马家窑文化）

2. 彩陶腹耳瓮（0049，罗家湾，马厂文化）

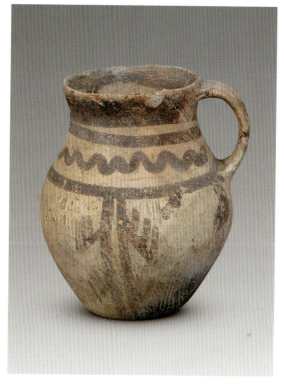

3. 彩陶单耳罐（0031，地点不详，辛店文化）

4. 单把鬲（0036，地点不详，辛店文化）

天祝藏族自治县馆藏陶器

1. 彩陶带嘴罐（0073，老城，马厂文化）

2. 彩陶曲腹盆（0016，陈家厂子，马家窑文化）

3. 彩陶腹耳瓮（0006，朵家梁，半山文化）

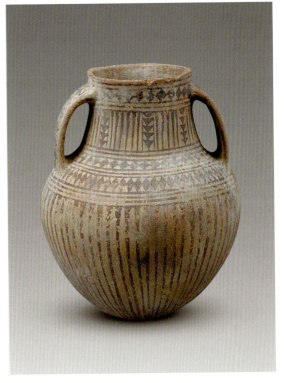

4. 彩陶双耳圜底罐（0021，四墩，董家台类型）

古浪县老城、陈家厂子、朵家梁、四墩遗址采集陶器

1. 四坝滩遗址（1986年）

2. 东灰山遗址（1986年）

山丹县四坝滩遗址及民乐县东灰山遗址景观

1. 地表遗物（2007年）

2. 文化层堆积剖面（2005年）

民乐县东灰山遗址地表遗物及地层堆积剖面

1. 南区地表（2007年）

2. 南区地层剖面（2007年）

张掖市西城驿遗址南区地表遗物及地层堆积剖面

1. 干骨崖墓地（2007年）

2. 照壁滩遗址（2007年）

酒泉市干骨崖墓地及照壁滩遗址景观

1. 高苜蓿地遗址景观（2007年）

2. 铜锥（87JFZ-Ⅲ-001，照壁滩，马厂文化）　　3. 铜炼块（87JG-Ⅰ-049，高苜蓿地，马厂文化）

酒泉市高苜蓿地遗址景观及照壁滩、高苜蓿地遗址出土铜器

1. 西高疙瘩滩遗址远眺（2007年）

2. 赵家水磨遗址地层堆积剖面（1986年）

酒泉市西高疙瘩滩遗址远眺及赵家水磨遗址地层堆积剖面

1. 缸缸洼遗址（2007年）

2. 火烧沟墓地（2007年）

金塔县缸缸洼遗址及玉门市火烧沟墓地景观

1.彩陶双耳罐（76YH-04）

2.彩陶双耳罐（76YH-M17∶1）

3.彩陶单把杯（76YH-M14∶4）

4.彩陶小口壶（76YH-03）

5.彩陶四耳罐（76YH-06）

6.彩陶盆（76YH-M103∶?）

酒泉市博物馆藏玉门市火烧沟墓地出土彩陶（均为四坝文化）

1. 外景（2007年）

2. 俯瞰

3. 棺板画（86-001）

玉门市骟马城故址景观及采集的棺板画

2. 铜锤斧（YSH-A012，玉门市博物馆藏，骟马文化）

1. 铜牌饰（YSH-A013，玉门市博物馆藏，骟马文化）

3. 铜镜（YSH-A014，玉门市
博物馆藏，骟马文化）

4. 铜螺旋状管饰（YSH-A025，玉门市博物馆藏，骟马文化）

5. 鹰窝树墓地（2007年）

玉门市博物馆藏骟马文化铜器及瓜州（原安西）县鹰窝树墓地附近景观

3. 铜刀（86AY-006，鹰窝树）

1. A型铜镞（86AY-004，
鹰窝树）

2. B型铜镞（86AY-005，
鹰窝树）

5. 铜刀（86AY-M3：4，鹰窝树）

4. 铜扣（86AY-009，鹰窝树）

6. 金耳环（86AY-M1：4，鹰
窝树）

7. 串珠（86AT-A060，兔葫芦）

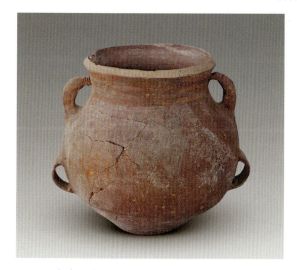

8. 彩陶羊角四耳罐（85AY-A001，鹰窝树）

9. 彩陶双耳盆（85AY-A002，鹰窝树）

瓜州（原安西）县鹰窝树墓地、兔葫芦遗址采集遗物（均为四坝文化）

1. 兔葫芦遗址（2007年）

2. 古董滩遗址（2007年）

3. 绿城遗址（2008年）

瓜州（原安西）县兔葫芦、敦煌市古董滩及内蒙古额济纳旗绿城遗址景观

1. 彩陶腹耳瓮（JZ–A001，张家台，半山文化）

2. 彩陶瓶（JZ–A005，张家台，半山文化）

3. 双耳大口罐（JZ–A013，张家台，半山文化）

4. 彩陶壶（JY–A01，营盘台，半山文化）

5. 彩陶壶（JY–A02，营盘台，半山文化）

6. 彩陶腹耳罐（JY–A03，营盘台，半山文化）

景泰县文化馆藏张家台、营盘台遗址采集陶器

1. 大沙沟遗址（2010年）

2. 乐山大坪遗址盗掘景象（1986年）

永登县大沙沟、乐山大坪遗址景观

1. 彩陶小口瓮（0056，天祝小沟，马家窑文化）

2. 彩陶双耳盆（0040，天祝小沟，马厂文化）

3. 小口圜底瓮（0027，天祝罗家湾，辛店文化）

4. 高领篮纹罐（0080，天祝那威，齐家文化）

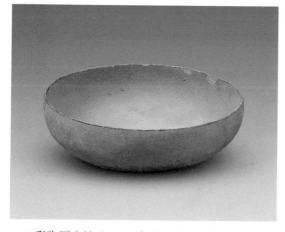

5. 彩陶圜底钵（0039，古浪三角城，仰韶文化）

6. 彩陶小口罐（0003，古浪王家窝铺，马家窑文化）

天祝藏族自治县、古浪县馆藏陶器

1. 古浪县老城遗址（1986年）

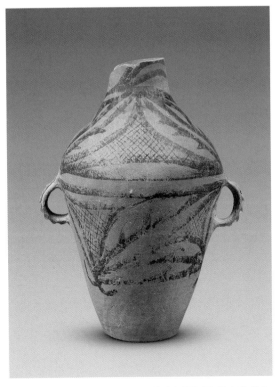

2. 彩陶小口瓶（0044，正面，陈家厂子，马家窑文化）

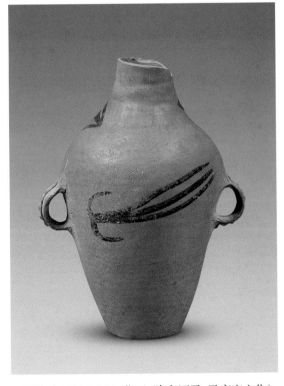

3. 彩陶小口瓶（0044，背面，陈家厂子，马家窑文化）

古浪县老城遗址景观、陈家厂子遗址采集陶器

1. 彩陶双大耳罐（0004，朵家梁，齐家文化）

2. 双大耳罐（0064，朵家梁，齐家文化）

3. 双大耳罐（0057，朵家梁，齐家文化）

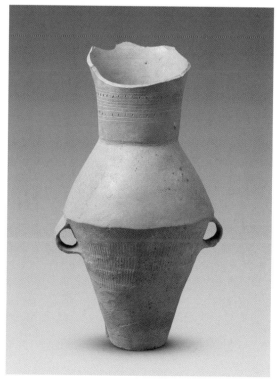

4. 高领篮纹罐（0103，朵家梁，齐家文化）

古浪县文化馆藏陶器

1. 彩陶双耳罐（0053，丰泉村砖厂，马厂文化）

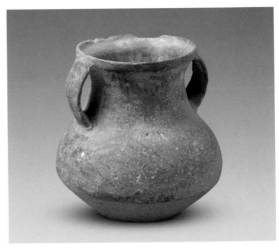

2. 双耳罐（0074，高家滩，马厂文化）

3. 彩陶单耳罐（0071，台子，马厂文化）

4. 彩陶单把杯（0062，周家山，马厂文化）

5. 彩陶双耳罐（0068，青石湾子，过渡类型）

6. 彩陶双耳圜底罐（0164，土坝，董家台类型）

古浪县文化馆藏陶器

1. 彩陶双耳罐（0075，地点不详，马厂文化）

2. 彩陶双耳罐（0052，地点不详，马厂文化）

3. 彩陶双耳罐（0060，地点不详，马厂文化）

4. 彩陶双耳罐（0061，地点不详，过渡类型）

5. 双大耳罐（0065，地点不详，齐家文化）

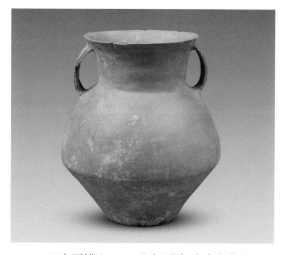

6. 双大耳罐（0032，地点不详，齐家文化）

古浪县文化馆藏陶器

1. 遗址（1986年）

2. 遗址远眺（2004年）

武威市磨嘴子遗址景观

1. 七星三队遗址（1986年）

2. 柳湖墩遗址（1986年）

武威市吴家井七星三队、民勤县柳湖墩遗址景观

1. 火石滩遗址（1986年）

2. 三角城遗址（1986年）

民勤县火石滩、金昌市三角城遗址景观

1. 城内地表遗物（1986年）

2. 城外墓地（1986年）

金昌市三角城城内地表遗物及城外墓地

1. 遗址（1986年）

2. 86YJM—M1

永昌县马家山湾遗址景观及残墓

1. 外景（2007年）

2. 地层堆积剖面（1986年）

民乐县西灰山遗址景观及地层堆积剖面

1. 北区景观（2007年）

2. 彩陶片（2007年）

4. 石斧（ZHX-012，2007年）

3. 陶片（2007年，齐家文化）

5. 铜矿炼渣（2007年）

张掖市西城驿遗址景观及采集遗物

1. 六洋坝遗址（1986年）

2. 彩陶双耳罐（GZ–01，直沟沿，马厂文化）

3. 彩陶双耳小罐（GL—02，六洋坝，四坝文化）

高台县六洋坝遗址景观及县文化馆藏彩陶

1. 干骨崖遗址（1986年）

2. 二道梁遗址（2007年）

酒泉市干骨崖、金塔县二道梁遗址景观

1. 第一地点

2. 第三地点

酒泉市照壁滩遗址采集马家窑文化彩陶片

1. 金塔县砖沙窝遗址景观（1986年）

2. 彩陶双耳罐（JZH-A001，过渡类型）

3. 彩陶双耳罐（JZH-A003，过渡类型）

金塔县砖沙窝遗址景观及采集彩陶双耳罐

1. 遗址（2007年）

2. 采集遗物（2007年，四坝文化）

玉门市大坳湾遗址景观及采集遗物

1. 遗址（1986年）

2. 地表遗物（1986年）

玉门市沙锅梁遗址景观及地表遗物

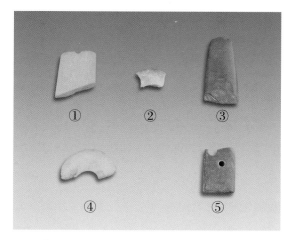

1. ①玉斧（YS-A015）　②、④玉权杖头（YS-A018、YS-A017）　③A型石斧（YS-A012）　⑤穿孔玉器（YS-A016）（沙锅梁，四坝文化）

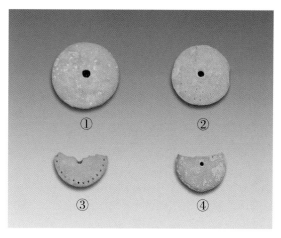

2. 陶纺轮①YS-A005　②YS-A004　③YS-A006　④YS-A007（沙锅梁，四坝文化）

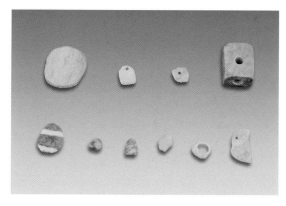

3. 装饰品（沙锅梁，四坝文化）

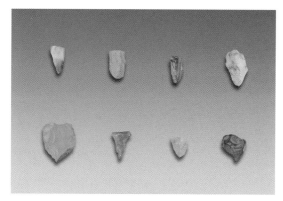

4. 细石器（沙锅梁，四坝文化）

5. 古董滩遗址（2007年）

玉门市沙锅梁遗址采集遗物及古董滩遗址景观

1. 围墙（2007年）

2. 房屋遗迹（2007年）

玉门市古董滩遗址围墙、房屋

1. 土坯房屋（2007年）

2. 房屋垮塌的土坯（2007年）

玉门市古董滩遗址建筑遗迹

1. 地表铜矿石等遗物（2007年）

2. 掺有铜珠的陶器耳残片（07YG-016，骟马文化）

3. 石容器残纽（07YG-026，骟马文化）

4. 炼铜坩埚残片（内）（骟马文化，2007年）

5. 炼铜坩埚残片（外）（骟马文化，2007年）

玉门市古董滩遗址地表及采集遗物

1. 陶夹砂双耳罐（YSH-A006）

2. 陶夹砂双耳罐（YSH-A006）

3. 陶夹砂双耳罐（YSH-A002）

4. 陶夹砂高领罐（YSH-A003）

5. 陶夹砂高领罐（YSH-A010）

6. 石权杖头（07-SHM001）

玉门市博物馆藏骟马文化陶器及骟马城址外采集石权杖头（1~5为骟马文化，6文化不详）

1. 墓地景观（1986年）

2. 86AY–M1

瓜州（原安西）县鹰窝树墓地景观及墓葬

1. 86AY–M2

2. 86AY–M3

瓜州（原安西）县鹰窝树墓地墓葬

1. 彩陶双耳罐（85AY-021）

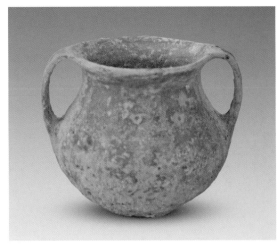

2. 双大耳罐（85AY-025）

3. 夹砂双耳罐（85AY-023）

4. 夹砂单耳罐（85AY-028）

5. 彩陶双耳罐（86AY-A001）

6. 四系罐（86AY-016）

瓜州（原安西）县博物馆藏鹰窝树墓地出土陶器（均为四坝文化）

1. 遗址景观（1986年）

2. 地表遗物（1986年）

瓜州（原安西）县鹰窝树遗址景观及地表遗物

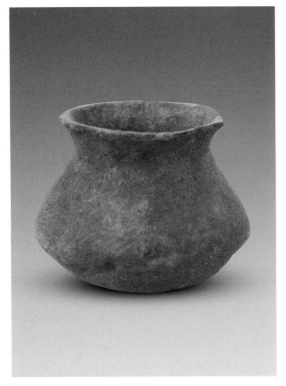

1.陶釜（AT–A027，骟马文化）

2.陶双大耳乳突罐（72AT–A008，骟马文化）

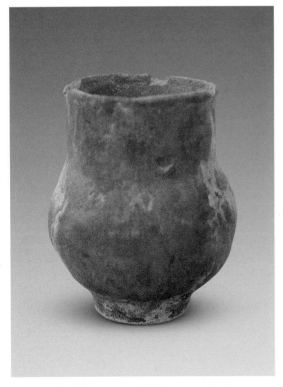

3.陶长颈罐（AT–A026，骟马文化）

4.陶单耳圈足瓶（AT–A007，唐代）

瓜州（原安西）县兔葫芦遗址采集陶器

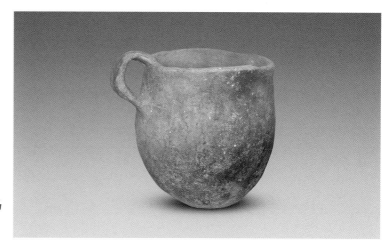

1. 陶单耳杯（79-04452-2-34，马圈湾，骟马文化）

2. 陶钵（编号不详，马圈湾，骟马文化）

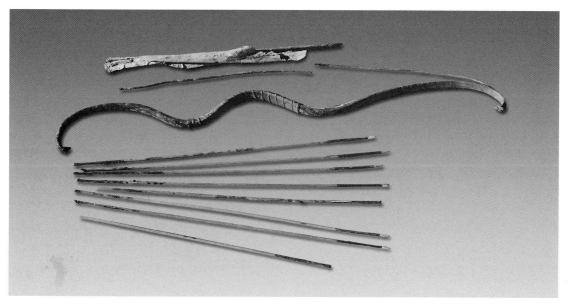

3. 弓箭（马鬃山区，时代不明）

敦煌市马圈湾遗址出土陶器及肃北蒙古族自治县马鬃山区古墓出土弓箭

图版三二

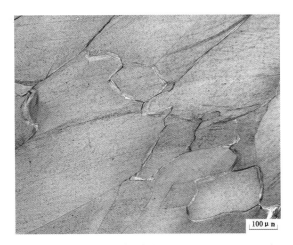

1. 高苜蓿地遗址出土铜块（87JG-Ⅰ-049, JZ-1722）金相组织（样品经三氯化铁盐酸乙醇溶液侵蚀）

2. 照壁滩遗址出土铜锥（87JG-Ⅲ-001, JZ-1723）金相组织（样品经三氯化铁盐酸乙醇溶液侵蚀）

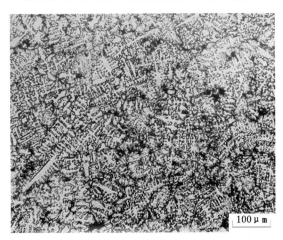

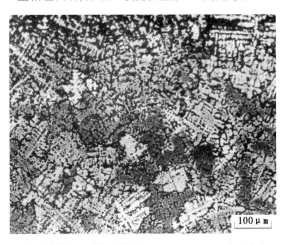

3. 鹰窝树墓地采集铜刀柄（86AY-006, 1724）金相组织（样品经三氯化铁盐酸乙醇溶液侵蚀）

4. 鹰窝树墓地采集铜锥（86AY-007, 1726）金相组织（样品经三氯化铁盐酸乙醇溶液侵蚀）

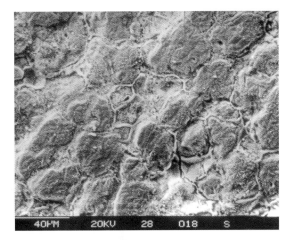

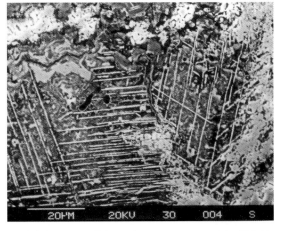

5. 鹰窝树墓地采集耳环（86AY-008, 1728）扫描电镜二次电子像（样品经三氯化铁盐酸乙醇溶液侵蚀）

6. 鹰窝树墓地采集铜锥（86AY-005, 1729）扫描电镜二次电子像（样品经三氯化铁盐酸乙醇溶液侵蚀）

酒泉市照壁滩、高苜蓿地遗址及瓜州（原安西）县鹰窝树墓地采集、出土铜器金相显微照片